D1717336

Hinhören und Hinsehen

Слышать и видеть друг друга

HINHÖREN UND HINSEHEN

Beziehungen zwischen
der Russischen Orthodoxen Kirche
und der Evangelischen Kirche
in Deutschland

Слышать и видеть друг друга

Взаимоотношения между
Русской Православной Церковью
и Евангелической Церковью
в Германии

Herausgegeben vom Kirchenamt
der EKD in Hannover und dem Kirchlichen
Außenamt des Moskauer Patriarchats

Издание Церковного управления
Евангелической Церкви в Германии
и Отдела внешних церковных связей
Московского Патриархата

Die Deutsche Bibliothek – CIP Einheitsaufnahme

Hinhören und Hinsehen : Beziehungen zwischen der
Russischen Orthodoxen Kirche und der Evangelischen
Kirche in Deutschland / hrsg. vom Kirchenamt
der EKD in Hannover und dem Kirchlichen Außenamt
des Moskauer Patriarchats.
Orig.-Ausg. - Leipzig : Evangelische Verlagsanstalt GmbH
(EVA), 2003
ISBN 3-374-02100-X

Слышать и видеть друг друга : Взаимоотношения
между Русской Православной Церковью и
Евангелической Церковью в Германии / Издание
Церковного управления Евангелической Церкви
в Германии (Ганновер) и Отдела внешних церковных
связей Московского Патриархата.
Оригинал - Лейпциг : ООО «Евангелический
издательский центр» (EVA), 2003
ISBN 3-374-02100-X

Redaktion:
Dr. h. c. Claus-Jürgen Roepke, München
und Erzpriester Wsewolod Tschaplin, Moskau.
Nadja Simon, Köln (Übersetzung). Gerd Drahn,
München (Konzeption). Erika Preißler, Tutzing
(Mitarbeit).

 2003 Evangelische Verlagsanstalt GmbH, Leipzig
ISBN: 3-374-02100-X
www.eva-leipzig.de

Редакционная коллегия:
Почетный д-р Клаус-Юрген Рёпке, Мюнхен
и протоиерей Всеволод Чаплин, Москва.
Надя Симон, Кельн (перевод). Герд Дран,
Мюнхен (оформление). Эрика Прайслер,
Тутцинг (сотрудники).

 2003 Лейпциг, ООО «Евангелический
издательский центр»,
ISBN: 3-374-02100-X
www.eva-leipzig.de

Printed in Russia 2003

Сделано в России 2003

In den zurückliegenden Jahrzehnten ist ein vielfältiges und außerordentlich lebendiges Beziehungsgeflecht zwischen der Evangelischen Kirche in Deutschland (EKD) und der Russischen Orthodoxen Kirche entstanden. Es gibt zahlreiche intensive Partnerschaften zwischen Gemeinden und Diözesen bzw. Landeskirchen, in der diakonischen Zusammenarbeit und in Begegnungen junger Menschen. Zu dem, was uns verbindet, gehören auch der wissenschaftliche Austausch von Studierenden und theologischen Lehrern sowie die offiziellen theologischen Dialoge unserer beiden Kirchen.

Diese Gespräche reichen bis in das Jahr 1959 zurück. Im Mittelpunkt zahlreicher Begegnungen standen die Diskussion von Lehrfragen und von Fragen des geistlichen Lebens und der seelsorgerlichen Praxis. Die Vertreter der EKD haben dabei gelernt, genauer hinzusehen und die manchen von ihnen unbekannten Symbole der Ikonen zu entschlüsseln und die Kraft der Liturgie zu entdecken. Umgekehrt haben die Vertreter der orthodoxen Tradition aus Russland erfahren, was die evangelische Kirche unter der Auslegung des Wortes Gottes versteht, warum die Predigt einen so großen liturgischen Stellenwert im evangelischen Gottesdienst besitzt und warum das diakonische Handeln nach evangelischem Verständnis ganz wesentlich auch als »Gottesdienst im Alltag« verstanden wird.

Das vorliegende Buch gewährt Einblicke in die Geschichte und die Gegenwart des jeweiligen kirchlichen Lebens, aber auch in die Fülle der Themen in den Begegnungen. Auch legt es Rechenschaft ab über die Ergebnisse der Konsultationen, die von Lehrenden an den Universitäten und Amtsträgern in den Kirchen gemeinsam erarbeitet worden sind. Mein Dank gilt den Mitgliedern der beiden Redaktionsgruppen, namentlich Bischof Dr. h. c. Rolf Koppe für die beharrliche und geduldige Arbeit auf diesem Feld.

Die Idee zu einer Veröffentlichung der Texte entstand beim Besuch der EKD-Delegation unter Leitung meines Vorgängers Bischof Dr. Klaus Engelhardt im Jahr 1997 in Russland. Ich freue mich sehr, dass dieses Dokument der Gemeinsamkeit rechtzeitig zum Besuch der EKD-Delegation im Jahr 2003 erscheint. Es ist zu wünschen, dass es zahlreiche Leser findet und der weiteren Verständigung, nicht nur zwischen Christen unterschiedlicher Tradition, sondern auch zwischen Deutschen und Russen dient. Beide Völker haben im 20. Jahrhundert durch den Zweiten Weltkrieg unendliches Leid erfahren und sehnen sich nach einem friedlichen Zusammenleben in Europa. Möge der Dreieinige Gott allen Bemühungen um einen gerechten Frieden seinen reichen Segen schenken.

Hannover, am Fest der Auferstehung des Herrn 2003

Präses Manfred Kock,
Ratsvorsitzender der Evangelischen Kirche in Deutschland

За прошедшие десятилетия между Евангелической Церковью в Германии и Русской Православной Церковью возникли многообразные и чрезвычайно оживленные взаимосвязи. Существуют многочисленные интенсивные партнерские отношения между приходами и епархиями или земельными Церквами в сфере диаконического сотрудничества, налажены контакты между молодыми людьми. К тому, что объединяет нас друг с друом, принадлежит и научный обмен между обучающимися и преподавателями богословия, а также официальные диалоги наших обеих Церквей.

Начало собеседованиям было положено в 1959 году. В центре многочисленных встреч стояли вопросы вероучения, духовной жизни и практики душепопечения. В ходе встреч представители Евангелической Церкви в Германии научились внимательнее смотреть, чтобы познать некоторые не известные им символы иконописи и открыть для себя силу, содержащуюся в литургии. И наоборот, представители православной традиции из России познакомились с тем, что подразумевает Евангелическая Церковь под толкованием Слова Божия, почему проповедь занимает столь важное литургическое место в евангелическом богослужении и почему столь существенным в евангелическом понимании является представление о диаконическом служении как о «будничном богослужении».

Настоящая книга не только позволяет заглянуть в историческое прошлое и в настоящую жизнь обеих Церквей, но и погрузиться в полноту тематики встреч. Вместе с тем эта книга – отчет о результатах консультаций, подготовленный общими силами преподавателей университетов и церковнослужителей. Особой благодарности заслуживают члены обеих редакционных коллегий, в частности, епископ почетный д-р Коппе, приложивший столь настойчивый и терпеливый труд на этой ниве.

Идея публикации текстов возникла во время визита делегации Евангелической Церкви Германии во главе с моим предшественником епископом д-ром Клаусом Энгельгардтом в Россию в 1997 году. Я очень рад, что это свидетельство нашей общности увидит свет своевременно, к предстоящему визиту делегации Евангелической Церкви в Германии в Россию в 2003 году. Хочется пожелать, чтобы книга нашла многих читателей и послужила дальнейшему взаимопониманию не только между христианами различных традиций, но и между немцами и русскими. Оба народа испытали на себе в XX столетии нескончаемое горе, вызванное Второй мировой войной и они чают мирной жизни вместе друг с другом в Европе. Да ниспошлет Триединый Бог Свое благословение на все усилия, направленные к достижению справедливого мира.

Ганновер, праздник Воскресения Господня 2003 года

Презес Манфред Кок,
председатель Совета Евангелической Церкви в Германии

Сердечно приветствую всех читателей книги «Слышать и видеть друг друга», посвященной жизни и взаимоотношениям Русской Православной Церкви и Евангелической Церкви в Германии.

Многие события и факты, о которых говорится в этом издании, знакомы мне не понаслышке. Я неоднократно бывал в Германии и участвовал во встречах с немецкими христианами, проходивших в нашей стране. Ровно 40 лет назад мне довелось возглавить делегацию Русской Православной Церкви на Вторых собеседованиях «Арнольдсхайн», которые проходили в Сергиевом Посаде в 1963 году.

Мы установили контакты в период «холодной войны», когда взаимоотношения граждан тогдашнего СССР с жителями зарубежных стран были почти невозможны, особенно для представителей Церкви. Однако церковные деятели встречались и даже начали богословский диалог, который продолжается и по сей день. Обсуждение вероучительных, церковно-практических и исторических тем в рамках этого диалога весьма сблизило наши позиции по многим вопросам, хотя мы никогда не скрывали и не игнорировали наших расхождений.

Диалоги и контакты сближали нас и на личном уровне. Мы помним имена известных немецких церковных деятелей, заложивших основы добрых отношений между Церквами России и Германии. Среди них пастор д-р Мартин Нимёллер, презес д-р Генрих Хельд, профессор Ханс Иванд, презес Эрнст Вильм, Адольф Вишман и многие другие. Мы были рады принять у себя председателей Совета Евангелической Церкви в Германии епископа профессора Эдуарда Лозе, епископа д-ра Мартина Крузе, епископа д-ра Клауса Энгельгарда.

Встречи и беседы проходили и проходят на разных уровнях и между разными людьми: представителями духовенства и духовных школ, сотрудниками центральных церковных учреждений и простыми верующими.

Христиане двух стран свидетельствуют в этой книге о своей вере. Ведь в конечном случае утверждение веры – это вопрос личного совершенствования каждого христианина, его поведения в обществе, убеждения ближних словом и делом. Эта книга – наше общее свидетельство секулярному миру о Христе, равно как и о возможности для разных народов находить мир и взаимопонимание в общих духовных ценностях.

Господь наделяет человека многими дарами и способностями, чтобы он умножал мир и добро, расширял союз любви с ближними. Будем же следовать заветам апостола: «Если возможно, со всеми мир имейте» (Рим. 12. 18).

Патриарх Московский и всея Руси Алексий II

Ich begrüße herzlich alle Leser des Buches »Hinhören und Hinsehen«, das dem Leben und den Beziehungen zwischen der Russischen Orthodoxen Kirche und der Evangelischen Kirche in Deutschland gewidmet ist.

Viele Ereignisse und Tatsachen, von denen in diesem Buch die Rede ist, kenne ich nicht nur vom Hörensagen. Ich habe mehrfach Deutschland besucht und mich an Begegnungen mit deutschen Christen beteiligt, die in unserem Land stattgefunden haben. Vor genau vierzig Jahren war ich Leiter der Delegation der Russischen Orthodoxen Kirche bei den zweiten »Arnoldshainer Gesprächen«, die 1963 in Sergijew Posad stattfanden.

Wir haben die ersten Kontakte während des »Kalten Krieges« aufgebaut, als Beziehungen zwischen den Bürgern der damaligen Sowjetunion und Ausländern – insbesondere für Vertreter der Kirche – praktisch unmöglich waren. Dennoch kamen die Kirchenvertreter zusammen und begannen sogar einen theologischen Dialog, der bis heute fortgesetzt wird. Die Erörterung von Glaubensfragen, von praktischen kirchlichen und historischen Themen im Rahmen dieses Dialogs hat unsere Positionen in vielen Fragen einander näher gebracht. Dabei haben wir unsere Divergenzen niemals verheimlicht oder ignoriert.

Diese Dialoge und Kontakte haben uns auch persönlich einander näher gebracht. Wir erinnern uns an die Namen der bekannten deutschen Kirchenmänner, die die Grundlagen für die guten Beziehungen zwischen den Kirchen Russlands und Deutschlands gelegt haben. Unter ihnen waren Pastor Dr. Martin Niemöller, Präses Dr. Heinrich Held, Prof. Hans Iwand, Präses Ernst Wilm, Adolf Wischmann und viele andere. Wir waren auch glücklich, die Ratsvorsitzenden der Evangelischen Kirche in Deutschland, Bischof Professor Eduard Lohse, Bischof Dr. Martin Kruse und Bischof Dr. Klaus Engelhardt, bei uns zu empfangen.

Begegnungen und Gespräche fanden und finden auf unterschiedlichen Ebenen und auch zwischen verschiedenen Menschen statt: Zwischen Vertretern der Geistlichkeit und der geistlichen Schulen, zwischen Mitarbeitern zentraler kirchlicher Einrichtungen und einfachen Gläubigen.

Christen beider Länder bezeugen in diesem Buch ihren Glauben. Denn die Festigung im Glauben ist letztendlich eine Frage der persönlichen Vervollkommnung jedes einzelnen Christen, seines Verhaltens in der Gesellschaft und seiner Überzeugungskraft in Wort und Tat. Mit diesem Buch legen wir unser gemeinsames Zeugnis über Christus vor der säkularen Welt ab. Aber wir zeigen auch die Möglichkeiten zweier verschiedener Völker auf, Frieden und gegenseitige Verständigung in gemeinsamen spirituellen Werten zu finden.

Der Herr beschenkt den Menschen mit vielen Gaben und Fähigkeiten, damit er den Frieden und das Gute mehre und den Bund der Liebe mit den Nächsten erweitere. Lasst uns dem Gebot des Apostels folgen: »Ist's möglich, soviel an euch liegt, so habt mit allen Menschen Frieden« (Römer 12,18).

Aleksij II.,
Patriarch von Moskau und ganz Russland

Весьма рад выходу в свет этой книги, которая явилась результатом упорной и нелегкой работы на протяжении шести лет. Довольны ли мы результатом? В целом да. Но и сегодня иногда кажется, что какой-то важный факт не упомянут, какой-то важный вывод не сделан. Хочется добавить материалы последних месяцев и кое-что пересмотреть. Видимо, книга делалась слишком долго, и совершенствовать ее содержание уже вошло в привычку.

Но, как представляется, мы сделали главное: показали, что христиане Запада и Востока понимают друг друга, относятся друг к другу с уважением и могут жить как добрые соседи, помогая один другому в трудные моменты истории. Так было во времена Советского Союза, когда связи с Церквами Германии способствовали выживанию нашей Церкви в атеистическом государстве. Сейчас мы благодарны немецким энтузиастам, которые активно помогают восстановлению диаконической работы в нашей Церкви, участвуют в восстановлении храмов и монастырей. Об этом говорится в нашей книге – впервые так подробно и правдиво.

Авторы открыто высказали свою точку зрения, которая не всегда нравилась составителям книги. В то же время было очевидно, что хорошая книга должна быть честной, и не наше дело приспосабливать каждую фразу авторского текста, подгоняя ее под собственные представления.

Книга призвана отразить историю и сегодняшний день взаимоотношений двух Церквей. На самом деле ее содержание оказалось значительно шире. Фактически она посвящена контактам между народами России и Германии, которые выражались, в частности, в религиозных связях, установленных в результате длительного поиска путей к взаимопониманию и соработничеству.

Надеюсь, что книга внесет свой вклад и в новый образ Европы. Активная позиция Церквей в его созидании основана прежде всего на реальной обеспокоенности за судьбу верующих, их убеждений и образа жизни. Для многих из нас все более очевидной становится опасность господства идеологии, ориентированной исключительно на житейские интересы людей, на их материальное благосостояние, стяжаемое в отрыве от какой-либо системы нравственных ценностей. При этом религия может остаться лишь сугубо частным делом человека. Творцы подобной идеологии рискуют оставить за бортом огромный слой духовной культуры, который движет умами и сердцами многих политиков, общественных деятелей, ученых, людей искусства, религиозных лидеров, простых жителей Европы. Так не должно произойти. Будучи убеждены в этом, мы описываем в книге глубокие культурные связи между нашими странами, в основе своей имеющие христианские корни.

Наша книга наглядно демонстрирует, что вера, святыни, возможность вести образ жизни, соответствующий религиозным убеждениям, значат не меньше, чем житейское благополучие, материальные ценности, здоровье и сама земная жизнь. Более того, тесные связи между верующими являются гарантией мира и творческого развития континента.

Буду рад, если эта книга сблизит наших христиан двух Церквей и послужит делу разумного формирования европейских структур и законов.

Митрополит Смоленский и Калининградский Кирилл,
председатель Отдела внешних церковных связей Московского Патриархата

Ich bin glücklich über das Erscheinen dieses Buches. Es ist das Ergebnis einer beharrlichen, nicht leichten Arbeit im Laufe von sechs Jahren. Sind wir mit dem Ergebnis zufrieden? Man kann sagen: Im Ganzen ja. Heute scheint es freilich doch, dass manche wichtige Tatsache nicht erwähnt und manche Schlussfolgerung nicht gezogen wurde. Man möchte manche Materialien der letzten Monate hinzufügen und einiges noch einmal überprüfen. Wahrscheinlich wurde ja an diesem Buch viel zu lange gearbeitet; man gewöhnte sich sozusagen daran, seinen Inhalt immer weiter zu vervollkommnen.

Aber mir scheint, wir haben das Wichtigste getan: Wir haben gezeigt, dass Christen aus Ost und West einander verstehen, einander mit Respekt behandeln und als gute Nachbarn leben und einander in schwierigen Zeiten helfen können. So war es zur Zeit der Sowjetunion, als die Verbindungen zu den Kirchen Deutschlands einen Beitrag zum Überleben unserer Kirche in einem atheistischen Staat leisteten. Und jetzt sind wir all den Deutschen dankbar, die aktiv und mit Enthusiasmus beim Neuanfang der Diakonie in unserer Kirche helfen und sich am Wiederaufbau von Kirchengebäuden und Klöstern beteiligen. Davon wird in unserem Buch berichtet – zum ersten Mal so ausführlich und wahrheitsgetreu.

Die Autoren haben offen ihre Standpunkte dargelegt. Nicht immer gefielen diese den Redakteuren des Buches. Andererseits ist es klar, dass ein gutes Buch ehrlich sein soll; es gehört nicht zu unserer Aufgabe, jeden Satz eines Autors den eigenen Vorstellungen anzupassen.

Das Buch soll die Geschichte und die heutige Entwicklung der Beziehungen zwischen unseren beiden Kirchen wiedergeben. In Wirklichkeit reicht es aber viel weiter. Denn tatsächlich widmet sich dieses Buch den Kontakten zwischen den Völkern Russlands und Deutschlands, die oft in religiösen Beziehungen ihren Ausdruck fanden. Diese Beziehungen wurden in langwierigem Suchen nach Wegen zur gegenseitigen Verständigung und Zusammenarbeit aufgebaut.

Ich darf hoffen, dass dieses Buch zugleich einen Beitrag zur neuen Gestalt von Europa leistet. Die aktive Position der Kirchen bei der Schaffung dieses neuen Europa beruht vor allem auf der realen Sorge um das Schicksal der Gläubigen, ihrer Überzeugungen und ihrer Lebensweise. Für viele von uns wird die Gefahr der Herrschaft einer Ideologie immer offensichtlicher, die ausschließlich an den Alltagsinteressen der Menschen und am materiellen Wohlstand orientiert ist, der weit entfernt von irgendeinem System ethischer Werte erworben wird. Dabei kann dann die Religion nur eine ausgesprochen private Angelegenheit des Menschen bleiben. Die Vertreter einer solchen Ideologie gehen das Risiko ein, eine gewaltige geistige Kultur über Bord zu werfen, die die Geister und Herzen vieler Politiker, Vertreter der Öffentlichkeit, Wissenschaftler, Religionsführer und einfacher Menschen in Europa bewegt. Es darf nicht dazu kommen. Aus dieser Überzeugung heraus beschreiben wir in diesem Buch die tiefgreifenden kulturellen Verbindungen zwischen unseren beiden Ländern, die sich auf christliche Wurzeln gründen.

Unser Buch zeigt anschaulich, dass der christliche Glaube und all das, was ihm heilig ist, dass auch die Möglichkeit, ein Leben entsprechend den religiösen Überzeugungen zu führen, keinesfalls weniger bedeuten, als das alltägliche Wohlergehen mit seinen materiellen Werten, als Gesundheit und selbst das irdische Leben. Mehr noch: Enge Verbindungen unter den Christen sind eine Garantie für den Frieden und die schöpferische Entwicklung unseres gesamten Kontinents.

Ich würde mich freuen, wenn dieses Buch die Christen in unseren beiden Kirchen einander näher bringt und zur vernünftigen Gestaltung der neuen europäischen Strukturen und Gesetze einen Beitrag leisten kann.

Metropolit Kyrill von Smolensk und Kaliningrad,
Vorsitzender des Kirchlichen Außenamtes des Moskauer Patriarchats

An den seit 1959 geführten Dialogen zwischen der Evangelischen Kirche in Deutschland (EKD) und der Russischen Orthodoxen Kirche waren viele Theologen und kirchenleitende Personen beteiligt. Sie haben nicht nur Fragen der kirchlichen Lehre und der seelsorgerlichen Praxis diskutiert, sondern auch persönliche Beziehungen geknüpft.

Auf dieser Grundlage entstand 1997 die Idee zu dem vorliegenden Buch. Ich entsinne mich genau: Es war am 27. März, dem ersten Arbeitstag während des Besuches einer Delegation der EKD in Moskau, am Gründonnerstag nach der westlichen Tradition. Schon am Vormittag bei unserer ersten Arbeitssitzung im Moskauer Kirchlichen Außenamt war der Gedanke aufgetaucht, und beim intensiven Austausch über die Krise der Ökumene wurde immer wieder darauf verwiesen, dass die guten Erfahrungen der ökumenischen Beziehungen zu wenig in die Kirchen hinein vermittelt werden. Zunächst hatte Oberkirchenrat Claus-Jürgen Roepke auf die bedrückende Schilderung der Lage in Russland mit der Frage reagiert: »Können Sie nicht etwas tun, dass die Ergebnisse des Dialogs zwischen der Russischen Orthodoxen Kirche und der Evangelischen Kirche in Deutschland bekannt gemacht werden, damit etwa die jüngeren Bischöfe merken: Da gibt es einen theologischen Dialog!« Auch für Deutschland wurde an dieser Stelle ein Defizit gesehen. Darauf ging Metropolit Kyrill zum Abschluss dieses Gesprächs ein: »Wir müssen schnell und konkret etwas unternehmen, was nicht nur zur Entwicklung unserer Beziehungen beiträgt, sondern auch zur ökumenischen Situation in Russland beitragen würde. Unsere Erfahrungen der bilateralen Beziehungen sind einzigartig, aber sie greifen nicht in großem Ausmaß, nicht in Russland, aber vielleicht auch nicht in Deutschland. Wir müssten ein Buch vorbereiten ...«

Bis dahin war dies nur eine Überlegung. Fast dramatisch war es, dass dann am Abend bei der Einladung in die noch winterliche Residenz von Metropolit Kyrill dieser Gedanke ganz konkrete Gestalt annahm. Der Leiter der Auslandsarbeit der Russischen Orthodoxen Kirche legte ein Schriftstück vor, in dem es unter anderem hieß: »In der nächsten Zukunft soll ein gemeinsames Buch vorbereitet werden über die Geschichte der bilateralen Beziehungen, inklusive einer Zusammenfassung des theologischen Dialogs sowie eines ausführlichen Berichtes über gemeinsame Initiativen auf der Ebene der Diözesen, der Landeskirchen der EKD, der Kirchengemeinden und anderer Arbeitsfelder im Bereich der Diakonie, der Jugendarbeit usw.«

Es wurde abgesprochen, dass bereits drei Monate später im Zusammenhang mit dem Evangelischen Kirchentag in Leipzig mit der Vorbereitung des Buches begonnen werden sollte. Schon von Anfang an gab es die Überlegung, dass das Buch illustriert und zweisprachig erscheinen sollte. Es wurde sogar die Hoffnung geäußert, dass die Druckfahnen zur nächsten Dialog-Begegnung vorliegen könnten. Es dauerte dann doch etwas länger. Ein Grund dafür war die notwendige inhaltliche Diskussion über Fragen der unterschiedlichen Ekklesiologien, der Relevanz der Kirche für die Gesellschaft und der internationalen ökumenischen Situation. Hinzu kamen die Ausgewogenheit der Darstellung, die Berücksichtigung der Verstehensmöglichkeiten und die Beschreibung der eigenen Besonderheiten ohne Verletzung der anderen Seite. Aber nach sechs Jahren liegt nun die Frucht dieser anstrengenden Arbeit vor.

In mehr als dreißig Artikeln von Autoren beider Seiten ist es gelungen, einen eindrucksvollen Überblick über die gemeinsame Geschichte unserer beiden Kirchen, ihre konkreten Begegnungen, ihre Rolle in ihrer jeweiligen Gesellschaft sowie ihr religiöses Leben zu geben. Dabei werden die kulturellen Wechselbeziehungen zwischen den beiden Ländern im Allgemeinen beleuchtet wie auch im Speziellen die dynastischen Verbindungen. Das russisch-or-

thodoxe Leben in Deutschland wie evangelisches Leben in Russland kommen in den Blick. Anhand von zwei Figuren – dem Heiligen Johann von Kronstadt und der Großfürstin Elisaweta Feodorowna –, die die Beziehungen zwischen beiden Kirchen beispielhaft verkörpern, wird der generelle geschichtliche Überblick vor dem 20. Jahrhundert noch lebendiger und konkreter. Der schwierigen gemeinsamen Geschichte im 20. Jahrhundert ist ein eigenes Kapitel gewidmet, in dem die jeweilige spezielle Situation der beiden Kirchen in der Sowjetzeit und im Nationalsozialismus dargestellt wird, bevor ein dritter und vierter Teil der Begegnung beider Seiten gewidmet ist, wie sie in den Gesprächen seit den 50er Jahren des 20. Jahrhunderts im Rahmen der Versöhnungsarbeit zwischen den beiden Völkern aufgenommen wurden. Dabei kommen außer den offiziellen theologischen Dialogen auch spezifische Projekte wie die Bereitstellung von Stipendien für orthodoxe Studierende in Deutschland, die Begegnungstagungen von jungen Theologen und Theologinnen, soziale Arbeit und Kirchenpartnerschaften in den Blick. Und im fünften Teil wird das Leben der beiden Kirchen im Hinblick auf Frömmigkeit und gottesdienstliches Leben, religiöse Erziehung und geistliche Ausbildung und die diakonische Arbeit thematisiert. Anhand zweier Artikel wird die jeweilige Rolle der Kirchen in ihrer Gesellschaft beschrieben. Dabei kommen auch die Lutherische Kirche in Russland und die Russische Orthodoxe Diözese in Deutschland zur Darstellung. Ein sechster Teil bietet die Perspektiven beider Seiten im Hinblick auf die Existenz der Kirchen im derzeitigen und künftigen Europa.

Bei allen Autoren und Autorinnen handelt es sich um Männer und Frauen, die sich theologisch oder anderweitig wissenschaftlich qualifiziert haben und aktiv im Dienst ihrer Kirche stehen. Sie möchten über Aspekte der Lehre und des geistlichen Lebens ihrer Kirche informieren. Dabei werden auch Unterschiede erkennbar: Orthodoxe Christen werden manchem, was sie in diesem Buch über die Kirchen der Reformation lesen, widersprechen. Umgekehrt wird auch evangelischen Christen manches, was sie in diesem Band über das Leben der Russischen Orthodoxen Kirche erfahren, neu oder gar fremd sein.

»Hinhören und Hinsehen« haben wir dieses Buch genannt. Wir hoffen, dass es Menschen aus unseren beiden kirchlichen Traditionen anregt, sich gegenseitig zuzuhören und genauer hinzusehen, Interesse an den jeweils anderen zu entwickeln, so dass gegenseitige Kenntnis und gegenseitiges Verständnis wachsen.

Zum Gelingen dieses Unternehmens haben viele Personen beigetragen. Besonderer Dank für die Fertigstellung dieses Buches gebührt auf Seiten des Kirchlichen Außenamtes in Moskau Bischof Ilarion (Alfejew), Frau Elena Speranskaja und Vater Wsewolod Tschaplin, die sehr sorgfältig Texte gelesen und mit den deutschen Partnern abgestimmt haben. Auf deutscher Seite waren es vor allem Oberkirchenrat i. R. Dr. h. c. Claus-Jürgen Roepke, der die Texte bearbeitet sowie Fotos und Geld besorgt hat, und Oberkirchenrat i. R. Heinz Klautke und Oberkirchenrätin Dr. Dagmar Heller im Kirchenamt der EKD, die großen Anteil am Erscheinen dieses Buches haben. Außerdem wäre ohne die Hilfe von Frau Nadja Simon, die die Texte in geduldiger Arbeit übersetzt hat, und ohne den Grafiker Gerd W. Drahn dieses Werk nicht zustande gekommen.

Wir wünschen allen Leserinnen und Lesern viel Freude beim Lesen sowie neue Entdeckungen und Anregungen zu Begegnungen und Diskussionen.

Hannover, Ostern 2003

Bischof Dr. h. c. Rolf Koppe,
Leiter der Ökumene- und Auslandsarbeit der
Evangelischen Kirche in Deutschland

В диалоге между Евангелической Церковью в Германии и Русской Православной Церковью, который ведется с 1959 года, принимали участие многие богословы и ведущие церковные деятели. В ходе этих собеседований не только обсуждались вопросы церковного учения и душепопечительной практики, но и налаживались личные отношения.

На этой основе в 1997 году появилась идея написания настоящей книги. Я точно помню, когда это произошло: 27 марта, в Великий Четверг по западному календарю, на который выпал первый день визита делегации Евангелической Церкви в Германии в Москву. Эта мысль была высказана уже во время нашего утреннего рабочего заседания в Отделе внешних церковных связей Московского Патриархата. В ходе интенсивного обмена мнениями о кризисе экумены многократно указывалось на то, что положительный опыт экуменических отношений не нашел достаточного распространения в Церквах. Вначале старший церковный советник Рёпке, реагируя на рассказ о печальной ситуации в России, задал вопрос: «А нельзя ли предпринять что-либо для того, чтобы результаты диалога между Русской Православной Церковью и Евангелической Церковью в Германии стали известны, дабы, к примеру, молодые епископы поняли, что здесь имеет место богословский диалог!». Соответствующая нехватка информации ощущалась и в Германии. Митрополит Кирилл подытожил беседу следующими словами: «Мы должны быстро и конкретно что-то предпринять, дабы внести вклад не только в развитие наших отношений, но также в экуменическую ситуацию в России. Наш опыт двусторонних отношений является уникальным, но он не нашел широкого распространения ни в России, ни, вероятно, в Германии. Мы должны подготовить книгу...».

До этого высказывания данный проект существовал лишь как идея. А вечером, при посещении резиденции митрополита Кирилла, эта мысль получила конкретное выражение. Руководитель Отдела внешних церковных связей Русской Православной Церкви представил документ, в котором, помимо прочего, говорилось: «В ближайшем будущем подготовить совместную книгу об истории двусторонних отношений, в которую войдут итоги богословского диалога, а также подробное повествование о совместных инициативах на уровне епархий, земельных Церквей ЕЦГ, приходов и иных церковных структур в области диаконии, молодежных контактов и так далее».

Было решено, что подготовка книги начнется уже через три месяца, в связи с Евангелическим Кирхентагом в Лейпциге. С самого начала было задумано снабдить эту книгу иллюстрациями и издать ее на двух языках. Была даже высказана надежда, что гранки этой книги будут готовы к следующей встрече в рамках диалога. Правда, в конечном итоге, работа продолжалась несколько дольше. Причиной тому были необходимые дискуссии по содержанию о вопросах различных учений Церкви, значимости Церкви в обществе, международной экуменической ситуации. Помимо этого, понадобилось время на сбалансированное изложение, на анализ того, как тексты будут поняты другой стороной и на размышления о том, как можно описать особенности своей Церкви, не ущемляя другой стороны. И вот, наконец, плод напряженного шестилетнего труда лежит перед нами.

В более чем 30 статьях авторам с обеих сторон удалось представить впечатляющий обзор истории двух Церквей, их конкретные встречи, ту роль, которую они играют в своих обществах, а также их религиозную жизнь. Здесь освещаются как общие культурные взаимоотношения между нашими странами, так и особенности династических связей. В поле зрения попадает православная жизнь в Германии и

евангелическая жизнь в России. Две личности – святой Иоанн Кронштадтский и великая княгиня Елизавета Федоровна – показательно воплощают в себе отношения между нашими Церквами. На этом фоне общий исторический обзор XX столетия приобретает еще большую живость и конкретность. Особая глава посвящена сложному периоду совместной истории XX века. В ней речь идет о специфической ситуации, в которой обе Церкви оказались в советский период и в период национал-социализма. Затем следует третья часть книги, посвященная встрече двух Церквей и развитию собеседований, начало которым было положено в 50-х годах XX столетия в рамках деятельности по примирению между нашими народами. В поле зрения попадают не только официальные богословские диалоги, но и такие специфические проекты, как предоставление стипендий для православных студентов в Германии, встречи между молодыми богословами, социальная работа и партнерские отношения между Церквами. В двух статьях описывается роль обеих Церквей в своих обществах, а в пятой главе речь идет о жизни Церквей в свете благочестия, богослужения, религиозного воспитания, духовного образования и диаконического служения. Рассказывается о жизни Лютеранской Церкви в России и Русской Православной Церкви в Германии. Шестой раздел посвящен перспективам существования обеих Церквей в нынешней и будущей Европе.

Все авторы обладают богословской или научной квалификацией и несут активное служение в своих Церквах. Их цель – распространить информацию о многих аспектах учения и духовной жизни своих Церквей. При этом проступают и различия: некоторые факты о Церквах Реформации, с которыми православные христиане смогут познакомиться в этой книге, вызовут у них возражение. И наоборот, некоторые моменты из жизни Русской Православной Церкви, изложенные в этой книге, покажутся новыми или даже чуждыми евангелическим христианам.

«Слышать и видеть друг друга» – так мы назвали книгу. Надеемся, что это сможет послужить для людей из обеих наших церковных традиций импульсом к тому, чтобы внимательнее прислушаться и пристальнее присмотреться друг к другу. Это будет способствовать пробуждению взаимного интереса, расширению обоюдного знакомства и взаимопонимания.

Много людей способствовали удачному завершению этой книги. Особую благодарность за ее подготовку хотелось бы высказать представителям Отдела внешних церковных связей Московского Патриархата – епископу Илариону (Алфееву), госпоже Елене Сперанской и отцу Всеволоду Чаплину, которые очень тщательно прочли текст книги и согласовали его с немецкими партнерами. С немецкой стороны подготовка текстов, отбор фотографий и изыскание средств были организованы старшим церковным советником на покое Клаусом-Юргеном Рёпке, в подготовке к изданию книги особое участие приняли старший церковный советник на покое Гейнц Клаутке и старший церковный советник в церковном управлении Евангелической Церкви в Германии госпожа д-р Дагмар Хеллер. Кроме того, этот труд не смог бы быть издан в таком виде без поддержки госпожи Нади Симон, подготовившей тщательный перевод текстов, и художника-оформителя Герда Драна.

Я желаю читательницам и читателям этой книги большого удовольствия при чтении, новых открытий и импульсов для встреч и дискуссий.

Ганновер, Пасха Христова 2003 год

Епископ почетный д-р Рольф Коппе,
руководитель Отдела по экумене и деятельности за границей
Евангелической Церкви в Германии

I

Russische Orthodoxie und deutscher Protestantismus vor der Revolution von 1917

Русское Православие и немецкий Протестантизм до революции 1917 года

Dynastische Verbindungen zwischen der Zarenfamilie und deutschen Herrscherhäusern

Династические связи Российской Императорской Фамилии с Германскими Владетельными Домами

1721 wurden in Russland Mischehen zwischen Christen unterschiedlicher Konfession gesetzlich erlaubt. Dabei wurde nicht direkt an die Entwicklung dynastischer Verbindungen mit dem Westen gedacht. Im Gesetzesakt selbst wurde als Grund des Erlasses das Ersuchen vieler schwedischer Kriegsgefangener erwähnt, ihnen die Ehe mit russischen Mädchen zu erlauben. Die kanonisch nicht unbestrittene Legitimierung wurde mit Präzedenzfällen aus der Geschichte der spätbyzantinischen Kaiserhäuser begründet. In der Praxis eröffnete dann das neue Gesetz in erster Linie die Möglichkeit einer Annäherung an die protestantischen Herrscherhäuser West- und Nordeuropas. Denn die römisch-katholische Kirche schloss Mischehen zwar nicht kategorisch aus, band sie aber an strenge Bedingungen, die mit der Würde der Russischen Orthodoxen Kirche und des russischen Kaiserhauses nicht vereinbar waren.

В 1721 году в России был издан Указ, дозволявший смешанные браки с инославными христианами. Но этот Указ не столько относился к династическим бракам, сколько отвечал на многочисленные просьбы шведских пленных разрешить им жениться на русских девицах. В качестве обоснования этого Указа были упомянуты многочисленные прецеденты династических браков с инославными, заключавшихся поздневизантийскими Царствующими Домами. На практике новый закон открывал возможность сближения в первую очередь с протестантскими Владетельными Домами, поскольку Римско-Католическая Церковь, не исключая смешанных браков категорически, обставляла их такими жесткими условиями, которые были несовместимы с достоинством Русской Православной Церкви и Российского Императорского Дома.

Die kaiserlichen Eheschließungen des 18. und 19. Jahrhunderts

Im Jahre 1711, noch vor der Verabschiedung des oben genannten Gesetzes, verheiratete Peter der Große seinen Sohn Aleksej mit der Prinzessin Sophie-Charlotte von Wolfenbüttel. Aus dieser Ehe ging Kaiser Peter II. (Regierungszeit 1727–1730) hervor, der letzte Vertreter der männlichen Linie der Romanows.

1710 wurde die Tochter des Zaren Ioann, des ältesten Bruders von Peter dem Großen, Anna Ioannowna, mit Herzog Friedrich Wilhelm von Kurland verheiratet.

Императорские браки XVIII и XIX столетий

Еще до того, в 1711 году, Петр Великий женил своего сына Алексея на Принцессе Софии-Шарлотте Вольфенбюттельской. От этого брака родился Император Петр II (годы правления 1727–1730), последний представитель мужской линии Романовых.

В 1710 году дочь старшего брата Петра Великого, Царя Иоанна, Анна Иоанновна была выдана за Герцога Курляндского Фридриха Вильгельма. Быстро овдовев, она впоследствии была вызвана в Россию и целое десятилетие занимала русский престол (годы

1 *Die orthodoxe Kirche des Hlg. Alexander Newskij: 1826 in der russischen Kolonie Alexandrowka bei Potsdam errichtet blieb sie bis heute – wie es der preußische König Friedrich Wilhelm III. gewünscht hatte – »ein bleibendes Denkmal der Erinnerung an die Bande der Freundschaft« zwischen Russland und Deutschland im 19. Jahrhundert.*

Православная церковь святого Александра Невского: построенная в 1826 году в русской колонии Александровка под Потсдамом, она и поныне остается – в соответствии с пожеланием Прусского Короля Фридриха Вильгельма III – «постоянным памятником в память об узах дружбы» между Россией и Германией в XIX веке.

Schnell verwitwet, wurde sie anschließend nach Russland zurückgerufen und saß ein ganzes Jahrzehnt lang auf dem russischen Thron (1730–1740). Die Schwester von Anna, Katharina, heiratete Herzog Karl Leopold von Mecklenburg-Schwerin. Später verließ sie allerdings mit ihrer dreijährigen Tochter Elisabeth ihren Gatten und kehrte nach Russland zurück. 1733 nahm die 14-jährige Elisabeth den orthodoxen Glauben an und erhielt dabei den Namen Anna, zu Ehren ihrer Tante, der Kaiserin.

1739 schloss Anna Leopoldowna die Ehe mit dem Prinzen Anton Ulrich von Braunschweig-Lüneburg. Den aus dieser Ehe geborenen Sohn Ioann bestimmte Anna Ioannowna zu ihrem Thronfolger. Unmittelbar nach dem Tod der Kaiserin Anna wurde Biron Regent, der kurz zuvor auf Betreiben von Anna zum Herzog von Kurland ernannt worden war. Nach weniger als einem Monat wurde Biron entmachtet und Anna Leopoldowna zur Regentin bestimmt. Sie regierte Russland nur etwas mehr als ein Jahr. Ihre Regierungszeit endete mit einem Umsturz, der die Tochter Peters des Großen, Elisabeth (1741–1761) auf den Thron brachte.

Nach der Thronbesteigung von Elisaweta Petrowna wurde der nominierte Kaiser Ioann Antonowitsch von seinen Eltern getrennt und vollständig von der Welt isoliert. 1756 war Ioann nach Schlüsselburg verlegt worden und dort in Einzelhaft gehalten. Jemand brachte dem Gefangenen Lesen und Schreiben bei. Dem zukünftigen Kaiser wurde erlaubt, die Bibel zu lesen. Unter Peter III. und später unter Katharina II. veränderte sich die Lage des unglücklichen Häftlings nicht. 1764 unternahm der Leutnant des Semjonowskij Regiments, Wasilij J. Mirowitsch, den Versuch, Ioann zu befreien und auf den Thron zu bringen. Allerdings wurden die Absichten des meuternden Leutnants der Zarin im Voraus bekannt. So wurde Ioann während der versuchten Befreiungsaktion von der Wache getötet. Heimlich wurde der Zar an der Mauer der Festung Schlüsselburg beerdigt und sein Grab dem Erdboden gleichgemacht.

Ioanns Eltern wurden mit den anderen Söhnen und Töchtern verbannt. Nach ihrer Thronbesteigung 1762 erlaubte Katharina II. dem zu diesem Zeitpunkt bereits verwitweten Anton Ulrich, Russland zu verlassen. Er zog es allerdings vor, mit seinen Kindern in Russland zu bleiben, wo er 1774 starb. Auf Ersuchen seiner Schwester, der Königin von Dänemark, wurden seine vier Kinder nach Dänemark entlassen. Zu ihrem Bedienstetenpersonal gehörten auch ein orthodoxer Priester und niedere Geistliche.

Elisaweta Petrowna bestimmte zu ihrem Nachfolger Peter, den Sohn ihrer Schwester Anna und des Herzogs Karl-Friedrich von Schleswig-Holstein-Gottorp. Der Knabe er-

2 *Katharina die Große (1729–1796), eine geborene deutsche Prinzessin von Anhalt–Zerbst.*
Екатерина Великая (1729–1796), урожденная принцесса Анхальт–Цербстская .

правления 1730–1740). Сестра Анны Екатерина Иоанновна вышла за Герцога Мекленбург-Шверинского Карла Леопольда, но затем с трехлетней дочерью Елизаветой оставила своего супруга и вернулась в Россию. В 1733 году 14-летняя Елизавета приняла православную веру и была названа Анной в честь тетки-императрицы.

В 1739 году Анна Леопольдовна сочеталась браком с Принцем Антоном-Ульрихом Брауншвейг-Люнебургским. Родившегося у них сына Иоанна Анна Иоанновна назначила своим Наследником. Сразу после смерти Императрицы Анны регентом стал Бирон, незадолго до того назначенный по настоянию Анны Владетельным Герцогом Курляндским. Но и месяца не прошло, как Бирон был лишен власти и Правительницей стала Анна Леопольдовна. Лишь год с небольшим правила она Россией: конец ее правлению положил переворот,

hielt eine lutherische Erziehung. Auch nach seinem Übertritt zur Orthodoxie bewahrte er seine protestantischen Sympathien und Antipathien und machte daraus kein Hehl. Besondere Entrüstung rief aber die Tatsache hervor, dass er, als glühender Verehrer von Friedrich dem Großen, alle Erfolge Russlands im Siebenjährigen Krieg annullierte. Etwa ein halbes Jahr bekleidete Peter III. Feodorowitsch den russischen Thron (1761–1762). Er wurde schließlich abgesetzt und anschließend ermordet. Den Thron bestieg daraufhin seine Gattin Katharina II. Aleksejewna (1762–1796). Die Regierungszeit von Katharina der Großen wurde zu einer der bedeutendsten Perioden in der Geschichte Russlands. Die Tochter des Fürsten von Anhalt-Zerbst hatte bei der Taufe den Namen Sophie-Friederike-Augusta erhalten; sie war lutherisch erzogen worden, kam allerdings in ziemlich jungen Jahren nach Russland und nahm mit Aufrichtigkeit den orthodoxen Glauben an.

Ihr Sohn und Thronfolger Paul I. Petrowitsch war verheiratet mit Natalja Aleksejewna (Prinzessin Wilhelmine von Hessen-Darmstadt). Nach dem vorzeitigen Ableben seiner Gattin heiratete er Maria Fjodorowna (Prinzessin Sophie-Dorothea-Augusta-Louise von Württemberg). Aus dieser Ehe stammten zehn Kinder. Alle diese Kinder, mit Ausnahme einer Tochter, die im Säuglingsalter verstarb, schlossen Ehen mit Persönlichkeiten aus deutschen Herrscherhäusern. Unter ihnen befanden sich zwei russi-

возведший на престол дочь Великого Петра Елизавету (годы правления 1741–1761).

После восшествия на престол Елизаветы Петровны нареченный Император Иоанн Антонович был отделен от родителей и совершенно изолирован от мира. В 1756 году Иоанн был переведен в Шлиссельбург и содержался там в одиночном заключении. Кто-то научил узника грамоте, и бывшему императору разрешено было читать Библию. При Петре III, а затем и Екатерине II положение несчастного узника не изменилось. В 1764 году подпоручик Смоленского полка Василий Яковлевич Мирович предпринял попытку освободить Иоанна Антоновича и возвести его на престол. Однако о намерениях мятежного подпоручика стало известно Императрице Екатерине заранее. В результате во время акции Мировича Иоанн Антонович был убит приставленной к узнику охраной. Императора тайно похоронили у крепостной стены Шлиссельбурга, а его могилу сравняли с землей.

Родители его с другими сыновьями и дочерьми пребывали в ссылке. Екатерина II по восшествии своем на престол в 1762 году разрешила овдовевшему к тому времени Антону Ульриху покинуть Россию, но он предпочел остаться с детьми в России, где и скончался в 1774 году. По ходатайству его сестры, Датской Королевы, четверо его детей были

3 *Die evangelische Bevölkerung von Ost-preußen begrüßt 1813 Zar Alexander I. nach seinem Sieg über die Napoleonischen Truppen als Befreier.*
Евангелическое население Восточной Пруссии приветствует в 1813 году Царя Александра I как освободителя после его победы над наполеоновскими войсками.

sche Zaren. Der älteste Sohn und Thronfolger von Paul, Alexander (Regierungszeit 1801–1825) heiratete Elisaweta Aleksejewna (Prinzessin Louise-Maria-Augusta von Baden-Durlach). Der Bruder und Nachfolger von Alexander, Zar Nikolaus I. (1825–1855), war verheiratet mit Alexandra Fjodorowna (PrinzessinFriederike-Louise-Charlotte-Wilhelmine von Preußen). Der zweite Sohn von Paul, Zarewitsch Konstantin, heiratete Anna Fjodorowna (Herzogin von Sachsen-Coburg). Der vierte Sohn Pauls war verheiratet mit Elena Pawlowna (Prinzessin Friederike-Charlotte-Maria von Württemberg).

Ihre Töchter heirateten auch Deutsche: Elisabeth den Herzog Adolph von Nassau und Katharina den Herzog Georg von Mecklenburg-Strelitz. Alexandra, eine der Töchter des Kaisers Paul, heiratete Erzherzog Joseph von Österreich. Nachdem sie mit 17 Jahren verstarb, errichtete ihr Bruder Alexander eine orthodoxe Kirche über ihrer Gruft in Ofen. Elena Pawlowna war verheiratet mit Herzog Friedrich-Ludwig von Mecklenburg-Schwerin, Maria mit Großherzog Karl-Friedrich von Sachsen-Weimar, Katharina mit Prinz Georg-Peter von Holstein-Oldenburg; mit ihnen beginnt die Linie der im russischen Dienst stehenden und auf besondere Weise in die kaiserliche Familie aufgenommenen Prinzen von Oldenburg. In zweiter Ehe heiratete Katharina Pawlowna König Friedrich-Wilhelm von Württemberg. Anna Pawlowna war verheiratet mit dem König der Niederlande.

Diese engen dynastischen Verbindungen zwischen der kaiserlichen Familie in Russland und verschiedenen evangelischen Herrscherhäusern in Deutschland setzen sich auch in der folgenden Generation fort. Der älteste Sohn und Thronfolger von Nikolaus I., Alexander II. (Regierungszeit 1855–1881), war verheiratet mit Maria Alexandrowna (Prinzessin Maximiliane-Wilhelmine-Augusta-Sophie-Maria von Hessen-Darmstadt). Auch andere Söhne von Zar Nikolaus I. waren mit deutschen Prinzessinnen verheiratet: Konstantin mit Alexandra Josifowna von Sachsen-Altenburg und Nikolaus mit Alexandra Petrowna von Oldenburg. Diese hat die Orthodoxie nicht nur von ganzem Herzen angenommen, sondern sogar am Ende ihres Lebens die Nonnenweihe unter dem Namen Anastasia empfangen; sie erlangte Berühmtheit als großzügige Wohltäterin und Begründerin des Kiewer Nonnenklosters Maria-Schutz. Michail Nikolajewitsch schließlich war verheiratet mit Olga Fjodorowna (Prinzessin Cäcilia von Baden).

Von den Töchtern Nikolaus I. heiratete Maria Herzog Maximilian von Leuchtenberg, der mütterlicherseits ein Enkel des Königs von Bayern war. Ihre Kinder wurden in die kaiserliche Familie unter dem Namen der Fürsten Ro-

4 *Sarkophag der Herzogin Elisabeth von Nassau, einer Nichte der russischen Zaren Alexander I. und Nikolaus I., in der Wiesbadener Kirche der Hlg. Elisabeth* Саркофаг герцогини Елизаветы из Нассау, племянницы Российских Царей Александра I и Николая I, установленный в церкви святой Елизаветы в Висбадене.

отпущены в Данию. В их штате состоял православный священник с причтом.

Елизавета Петровна назначила преемником Петра сына своей сестры Анны и Герцога Шлезвиг-Гольштейн-Готторпского Карла Фридриха. Воспитанный в лютеранстве, он и после присоединения к Православию сохранял и открыто выражал свои протестантские симпатии и антипатии. Но особенное возмущение вызвало то, что он, будучи горячим почита-

5 *Europäisches Familientreffen 1903 in Darmstadt: Großherzog Ernst-Ludwig von Hessen-Darmstadt (links) mit seinen vier Schwestern und deren Ehemännern (von links nach rechts): Zarin Alexandra mit Zar Nikolaus II. von Russland, Prinzessin Irene mit Prinz Heinrich von Preußen, Großfürstin Elisabeth mit Großfürst Sergej, einem Onkel des Zaren, und Prinzessin Viktoria mit Prinz Ludwig von Battenberg.*

Европейская семейная встреча в 1903 году: Великий Герцог Эрнст-Людвиг Гессен-Дармштадтский (слева) со своими четырьмя сестрами и их супругами. Слева направо – Царица Александра с Российским Императором Николаем II, Принцесса Ирена с Принцем Генрихом Прусским, Великая Княгиня Елизавета с Великим Князем Сергеем, дядей Царя, и Принцесса Виктория с Принцем Людвигом Баттенбергским.

manowskij aufgenommen und waren ebenfalls mit deutschen Prinzen bzw. Prinzessinnen verheiratet.

Der Sohn und Thronfolger von Alexander II., Alexander III. (1881–1894), war verheiratet mit Maria Fjodorowna, der dänischen Prinzessin Maria-Sophie-Friederike-Dagmar. Ihr Vater, König Christian IX., war der Sohn des Herzogs von Schleswig-Holstein-Sonderburg-Glücksburg. Er hatte den dänischen Thron nicht ohne Unterstützung Russlands erhalten.

телем Фридриха Великого, аннулировал все успехи России в Семилетней войне. Всего около полугода занимал Петр III Федорович русский престол (годы правления 1761–1762). Он был свергнут и затем убит. После этого на престол взошла его супруга Екатерина II Алексеевна (годы правления 1762–1796). Царствование Екатерины Великой стало одним из самых значительных в истории России. Дочь Князя Анхальт-Цербстского, она получила в крещении имя София Фредерика Августа; будучи воспитана в лютеранстве, она в весьма юном возрасте прибыла в Россию и искренне приняла православную веру.

Сын и Наследник Екатерины II Павел I Петрович был женат на Наталии Алексеевне (Вильгельмине, Принцессе Гессен-Дармштадтской). После ее преждевременной кончины он вступил в брак с Марией Федоровной (Софией-Доротеей-Августой-Луизой, Принцессой Вюртембергской). От этого брака родилось 10 детей, и все они, за исключением одной дочери, умершей в младенчестве, заключили браки с германскими Владетельными Особами. Среди них два Российских Императора: старший сын и Наследник Павла Александр (годы правления 1801–1825) был женат на Елизавете Алексеевне (Луизе-Марии-Августе, принцессе Баден-Дурлахской), а другой сын, брат и преемник Александра, – Николай I

Der letzte russische Kaiser, der älteste Sohn Alexanders III., Nikolaus II. (Regierungszeit 1894–1917), war verheiratet mit Alexandra Fjodorowna (Alex-Victoria-Helena-Louise-Beatrice, Tochter des Großherzogs Ludwigs IV. von Hessen-Darmstadt). Das kaiserliche Paar hatte fünf Kinder: Aleksej, Olga, Tatjana, Maria und Anastasia. Am 17. Juli 1918 wurden alle sieben Mitglieder der Zarenfamilie von den Bolschewiken erschossen. Patriarch Aleksij II. von Moskau und ganz Russland hat in den vergangenen Jahren das ganze Volk mehrfach zur Buße für diese Sünde aufgerufen. Im August 2000 beschloss die Jubiläums-Bischofssynode der Russischen Orthodoxen Kirche einstimmig die Heiligsprechung von Zar Nikolaj II. und seiner Familie. Während des feierlichen Gottesdienstes kurz nach der Synode in der wieder aufgebauten Christi Erlöser-Kathedrale wurde zum ersten Mal die Ikone der Synaxis der Russischen Neumärtyrer und Bekenner mit der Zarenfamilie in ihrer Mitte aufgestellt. Den ganzen Tag über pilgerten Tausende gläubiger orthodoxer Christen zu dieser Ikone.

Die Nachkommenschaft von Zar Nikolaus I. und Zar Alexander II. hat einige Seitenzweige. Viele dieser Nachkommen waren im 19. Jahrhundert durch Heirat mit den verschiedensten deutschen Herrscherhäusern eng verbunden.

Auch nach der russischen und der deutschen Revolution von 1918 wurden immer wieder dynastische Ehen zwischen Romanows und deutschen Herrscherhäusern geschlossen. Fürstin Kira, die Tochter des Großfürsten Kyrill Wladimirowitsch, heiratete Prinz Louis-Ferdinand

(годы правления 1825–1855) был женат на Александре Федоровне (Прусской Принцессе Фредерике-Луизе-Шарлотте-Вильгельмине). Второй же сын Павла Цесаревич Константин женился на Анне Федоровне (Герцогине Саксен-Кобургской). Четвертый сын Павла Михаил был женат на Елене Павловне (Принцессе Вюртембергской Фредерике-Шарлотте-Марии).

Из их дочерей Елизавета вышла за Адольфа, Герцога Нассауского, а Екатерина – за Георга, Герцога Мекленбург-Стрелицкого. Из дочерей Императора Павла Александра вышла за Иосифа, Эрцгерцога Австрийского. После ее смерти в 17-летнем возрасте ее брат Александр воздвиг над ее гробницей в Офене православную церковь. Елена Павловна была замужем за Фридрихом Людвигом, Герцогом Мекленбург-Шверинским, Мария – за Карлом-Фридрихом, Великим Герцогом Саксен-Веймарским, Екатерина – за Георгом-Петром, Принцем Гольштейн-Ольденбургским; от них пошла линия состоявших в русской службе и определенным образом включенных в Императорскую Фамилию Принцев Ольденбургских. Вторым браком Екатерина Павловна вышла за Фридриха-Вильгельма, Короля Вюртембергского. Анна Павловна была за Королем Нидерландским.

Эти тесные династические связи между Императорской Фамилией в России и различными евангелическими Владетельными Домами в Германии были продолжены и в последующих поколениях.

6 *Das Europa der Monarchen beim Wiener Kongress 1814: Kaiser Franz I. von Österreich, Zar Alexander I. von Russland und König Friedrich Wilhelm III. von Preußen.*
Европа монархов накануне Венского Конгресса в 1814 году: Российский Царь Александр I, Австрийский Император Франц I и Прусский Король Фридрих Вильгельм III.

von Preußen, das Oberhaupt des preußischen königlichen und deutschen kaiserlichen Hauses, den Enkel Kaiser Wilhelms II. Ihre Nichte, Großfürstin Maria Wladimirowna, Tochter des Großfürsten Wladimir Kyrillowitsch, schloss die Ehe mit Prinz Franz-Wilhelm von Preußen. Nach dem Übertritt zur Orthodoxie erhielt er den Namen Großfürst Michail Pawlowitsch. In dieser Ehe wurde 1981 ein Sohn, Großfürst Georgij Michajlowitsch, geboren.

Bis in die 60er Jahre des 19. Jahrhunderts war es üblich, für das gesamte kaiserliche Haus während des Gottesdienstes zu beten. Dabei wurden die Ehepartner der russischen Großfürsten nicht mit Namen genannt. So lautete beispielsweise das Gebet: »... für die rechtgläubige Großfürstin Maria Pawlowna und für ihren Gemahl ...«. Da das Haus Romanow stark gewachsen war, ging man in der Regierungszeit Alexanders II. dazu über, nur die Namen des Kaisers, der Kaiserin bzw. der Kaiserin-Witwe und des Thronfolgers im Gottesdienst zu kommemorieren.

Für die Mitglieder des Herrscherhauses wurde das kirchliche Gebet auch dann gesprochen, wenn sie zu einer anderen, nicht orthodoxen Kirche gehörten. So erging etwa nach der Eheschließung des Großfürsten Wladimir Alexandrowitsch mit Maria, der Tochter des Großherzogs von Mecklenburg-Schwerin, obwohl diese weiterhin lutherisch blieb, die kaiserliche Verfügung an den Heiligen Synod, den Geburtstag der Großfürstin und ihren Namenstag zu feiern. In solchen Fällen wurde allerdings für die Großfürstinnen nicht die Bezeichnung »rechtgläubig« gebraucht.

Ruhm und Ende des »Europas der Monarchen«

Das Beziehungsgeflecht zwischen dem russischen Kaiserhaus und den verschiedenen Herrscherhäusern in Deutschland – und Dänemark – ist nicht leicht zu durchschauen. Es ist vor allem ein eindrucksvolles Zeugnis für die engen Verbindungen, die auf dieser Ebene das ganze 18. und 19. Jahrhundert hindurch bewusst gesucht, geknüpft und gepflegt wurden.

Die Vielzahl dieser dynastischen russisch-deutschen Ehen lässt sich nicht nur durch die engen historischen Verbindungen zwischen Russland und Deutschland, sondern auch durch die große Anzahl der deutschen Herrscherhäuser erklären. Zum 1871 entstandenen Deutschen Reich gehörten mehr als zwei Dutzend Monarchien. Hinzu kamen die Donau-Monarchie sowie Luxemburg und Liechtenstein. Bei einer solchen Anzahl deutscher Dynastien kam es natürlich zur Berufung einiger ihrer Zweige auf die Throne anderer Staaten. Deutsche Dynastien regierten sowohl in einigen orthodoxen Ländern – Grie-

Старший сын и Наследник Николая I Александр II (годы правления 1855–1881) был женат на Марии Александровне (Принцессе Гессен-Дармштадтской Максимилиане-Вильгельмине-Августе-Софии-Марии). Также и другие сыновья Царя Николая I были женаты на немецких Принцессах: Константин – на Александре Иосифовне, Принцессе Саксен-Альтенбургской, а Николай – на Принцессе Ольденбургской Александре Петровне. Последняя не только всем сердцем приняла Православие, но и приняла в конце жизни монашество с именем Анастасии; она прославилась как щедрая благотворительница и основательница Киевского Покровского монастыря. Наконец, Михаил Николаевич был женат на Ольге Федоровне (Цецилии, Принцессе Баденской).

Дочь Николая I Мария вышла замуж за Максимилиана, Герцога Лейхтенбергского, который по матери был внуком Баварского Короля. Их дети были включены в Императорскую Фамилию с именем Князей Романовских и также были замужем за немецкими Принцами или женаты на немецких Принцессах.

Сын и Наследник Александра II, Александр III (годы правления 1881–1894), был женат на Марии Федоровне, Датской Принцессе Марии-Софии-Фредерике-Дагмаре. Ее отец, Король Христиан IX, сын Герцога Шлезвиг-Гольштейн-Зондербург-Глюксбургского, занял Датский престол не без поддержки России.

Последний Русский Император, старший сын Александра III Николай II (годы правления 1894-1917), был женат на Александре Федоровне (дочери Людвига IV, Великого Герцога Гессен-Дармштадтского, Аликс-Виктории-Елене-Луизе-Беатрисе). Царственная чета имела пятерых детей: Алексия, Ольгу, Татьяну, Марию и Анастасию. 17 июля 1918 года все семь членов Царской Семьи были расстреляны большевиками. Святейший Патриарх Московский и всея Руси Алексий II в течение последних лет неоднократно призывал к всенародному покаянию в этом грехе. В августе 2000 года Юбилейный Архиерейский Собор Русской Православной Церкви принял единогласное решение о канонизации Императора Николая Александровича и его Семьи. За торжественным богослужением, совершенным вскоре после Собора, в воссозданном Храме Христа Спасителя была впервые помещена икона Собора новомучеников и исповедников Российских с Царской Семьей в центре. Весь день к этой иконе шли тысячи православных верующих.

chenland, Bulgarien und Rumänien – als auch in Großbritannien, Belgien, Dänemark, den Niederlanden und Norwegen. Die europäischen Monarchen waren auf diese Weise durch vielfältige verwandtschaftliche Bande miteinander verbunden. So war Kaiser Wilhelm II. mütterlicherseits ein Vetter von Alexandra Fjodorowna, der Gemahlin von Zar Nikolaus II.

Die Kommunikation der königlichen Verwandten stellte die obersten diplomatischen Kanäle dar. Und in den letzten vier Jahrzehnten des alten Europa gab es für die Diplomatie viel zu tun. Die europäischen Staaten hatten sich, nach den Worten des Historikers Kljutschewskij, »zur eigenen Sicherheit auf dem Pulverfass« eingerichtet und versuchten dort, den Krieg zu vermeiden. Zum allgemein anerkannten »Schöpfer des europäischen Friedens« wurde Kaiser Alexander. Russland trifft zwar die geringste Schuld am Ausbruch der Katastrophe von 1914. Es liegt aber doch eine große Tragik in der Tatsache, dass es den miteinander engstens verwandten Monarchen letztlich nicht gelang, den Ausbruch des Ersten Weltkrieges zu verhindern.

Im überspannten Nationalismus, der die europäischen Völker in diesem verhängnisvollen Jahr 1914 erfasste, sind die jahrhundertealten Verbindungen zugrunde gegangen, die Europa in ein zwar kompliziertes, aber einheitliches Ganzes verwandelt hatten. Damit wurde der Weg frei für die nachfolgenden unumkehrbaren Veränderungen. Die russische Revolution, die gedankenlos von Deutschland unterstützt wurde, eröffnete den Weg für den Totalitarismus in Russland, genauso wie die Abschaffung der Monarchie in Deutschland den Weg zum Totalitarismus in Deutschland eröffnete. Der Erste Weltkrieg nahm für Europa eine Wendung, die außenpolitisch zum Verlust seiner Führungsrolle in der Welt und innenpolitisch zu der bis heute anhaltenden Krise des Christentums führte.

Bei der Bewertung der intensiven russisch-deutschen dynastischen Verbindungen von Peter dem Großen bis zu Nikolaus II. müssen wir anerkennen: Dies war der beste Zeitabschnitt in der russischen Geschichte. Der persönliche Beitrag der deutschen Prinzessinnen und Prinzen zur Entwicklung Russlands wie auch der russischen Großfürstinnen zur Entwicklung der deutschen Staaten kann nicht hoch genug veranschlagt werden. Dies gilt für alle Gebiete – für den staatlichen, kulturellen, ökonomischen, geistigen und geisteswissenschaftlichen Bereich. Es würde den Rahmen eines kurzen Beitrags sprengen, wenn dies alles dargelegt werden sollte. Das Haus Romanow verband in sich die Treue zur erhabenen mittelalterlichen christlichen Tradition mit dem aufgeklärten Liberalis-

Потомство Николая I и Александра II имеет несколько ветвей. Многие из этих потомков были в XIX столетии связаны брачными узами с различными немецкими Владетельными Домами.

После российской и немецкой революций 1917-1918 годов династические браки между Романовыми и германскими Домами продолжали заключаться. Княжна Кира, дочь Великого Князя Кирилла Владимировича, вышла за Принца Прусского Луи-Фердинанда, Главу Прусского Королевского и Германского Императорского Дома, внука Императора Вильгельма II. Ее племянница Великая Княгиня Мария Владимировна, дочь Великого Князя Владимира Кирилловича, вступила в брак с Принцем Прусским Францем-Вильгельмом, в Православии принявшим имя Великого Князя Михаила Павловича. От этого брака в 1981 году родился сын – Великий Князь Георгий Михайлович.

До шестидесятых годов XIX века за богослужением поминался весь Императорский Дом, причем владетельные супруги русских Великих Князей не назывались по имени. Это звучало примерно так: «о Благоверной Государыне Великой Княгине Марии Павловне и о Супруге ея». При Александре II, в связи с разрастанием Дома Романовых, за богослужением стали поминать только Императора, Императрицу, вдовствующую Императрицу и Наследника.

Члены Дома не лишались церковной молитвы, даже если были инославными. Так, после брака Великого Князя Владимира Александровича с дочерью Великого Герцога Мекленбург-Шверинского Марией последовало Высочайшее повеление Святейшему Синоду праздновать рождение Великой Княгини и ее тезоименитство, хотя она по-прежнему оставалась лютеранкой. В таком случае Великие Княгини не получали титула «Благоверные».

Расцвет и закат «Европы монархов»

Отношения между Российским Императорским Домом и различными Владетельными Домами в Германии (и Дании) являются не только сложным переплетением родственных уз. Они служат свидетельствами тесных связей, которые эти Дома сознательно искали, устанавливали и укрепляли на протяжении XVIII и XIX веков.

Большое число династических русско-немецких браков объясняется не только тесными историческими связями России и Германии, но и множественностью германских Владетельных Домов. Возникшая в 1871 году Германская Империя

mus. Selbst während der schrecklichen Jahre des Ersten Weltkrieges herrschte in Russland größere Freiheit als in Frankreich oder Deutschland. Gerade in diesen zwei Jahrhunderten trug die große russische Kultur ihre reifsten und schönsten Früchte. Gerade in dieser Zeit entfaltete die russische Seele ihre Gabe des »Mitempfindens mit der ganzen Welt« in besonderer Intensität. Von ihr sprach mit leidenschaftlicher Begeisterung nicht nur der Slawophile Dostojewskij.

Während der gesamten Regierungszeit der Kaiser aus dem Geschlecht der Romanows verfügte Russland sowohl über nationale Eigenständigkeit als auch über einen im wesentlichen europäischen Charakter. Bezeichnend war aber ein Paradoxon: Je mehr deutsches Blut in den Adern der Romanows floss, umso »slawophiler« und »volkstümlicher« wurden sie, umso »russischer« also. Zu einer besonderen Entfaltung kam diese Entwicklung bei Nikolaus II. und seiner deutschen Gemahlin, die von ganzem Herzen die Orthodoxie angenommen hatte. In seinem Glaubenseifer zum Ruhme der Orthodoxen Kirche übertraf das Zarenpaar manchmal sogar die kirchliche Hierarchie: So kam es etwa zur Heiligsprechung eines der größten russischen Heiligen, des ehrwürdigen Serafim von Sarow (1754–1833), vor allem auf Drängen des Zaren und der Zarin. Sie mussten in dieser Angelegenheit den Widerstand des Heiligen Synods überwinden.

Der von den Feinden der Monarchie verleumdete Nikolaus II. leistete sein ganzes Leben seinem Volk treue Dienste. Nach dem Ausbruch des Krieges teilte die Zarenfamilie mit ihrem Volk die Lasten der Kriegszeit. Die Kaiserin half mit ihren älteren Töchtern bei der Pflege der Verwundeten in den Hospitälern, die sie aus ihren eigenen Mitteln einrichtete. Der minderjährige, schwerkranke Thronfolger hielt sich über längere Zeit bei seinem Vater im Hauptquartier des Oberkommandos auf. Bis 1917 waren fast alle finanziellen Mittel der Zarenfamilie für die Hilfe an Verwundete verbraucht. Unter furchtbaren Haftbedingungen bewahrte die Zarenfamilie ihre herzliche Liebe zum irregeführten russischen Volk und glaubte an seine Wiedergeburt. Nikolaus II. pflegte zu sagen, dass es kein Opfer gebe, das er für Russland nicht darbringen würde. Die Zarenfamilie hat das größte Opfer gebracht, das Menschen bringen können, denn sie zeigte die »größere Liebe«, von der Jesus im Johannisevangelium sagt: »Niemand hat größere Liebe denn der, der sein Leben lässt für seine Freunde« (Johannes 15,13). Dieses Opfer erscheint für die neuen Generationen russischer Menschen als das herrliche Bild des alten und ewigen Russland.

Erzpriester Valentin Asmus, Moskau

включала в себя более двух десятков монархических государств. Помимо этого, существовали Австрийская Империя, Люксембург и Лихтенштейн. При таком количестве немецких династий ветви некоторых из них естественным образом призывались и на престолы других стран. Немецкие династии царствовали в православных странах: Греции, Болгарии и Румынии, а также в Великобритании, Бельгии, Дании, Нидерландах и Норвегии. Таким образом, европейских монархов связывали многочисленные родственные узы. Так, Император Вильгельм II был по материнской линии кузеном Александры Федоровны, супруги Царя Николая II.

Высшими дипломатическими каналами было общение царственных родственников. А дел у дипломатии в последние четыре десятилетия старой Европы было немало. Устроившись, по выражению Ключевского, «для собственной безопасности на пороховом погребе», европейские державы пытались там избежать войны. Признанным всеми «творцом европейского мира» стал Император Александр. В причинах катастрофы 1914 года вина России, правда, минимальна, но великий трагизм состоит в том факте, что, несмотря на тесные родственные связи, монархам в конечном счете не удалось предотвратить начала Первой мировой войны.

В страшном накале национализма, поразившем европейские народы в этом роковом году, рушились вековые связи, делавшие Европу единым, сложным целым, и открывались пути для последующих необратимых изменений. Русская революция, бездумно поддержанная Германией, открыла путь тоталитаризму в России, равно как и в Германии после отмены монархии и краткого республиканского периода последовали годы национал-социалистического тоталитаризма. Первая мировая война обернулась для Европы утратой мирового лидерства во внешнем плане, а в плане внутреннем – продолжающимся и по сей день кризисом христианства.

Оценивая интенсивные российско-германские династические связи от Петра Великого до Николая II, нужно признать, что это был лучший период русской истории. Личный вклад немецких Принцесс и Принцев в развитие России, также как русских Великих Княгинь – в развитие германских государств, невозможно переоценить. Причем это касается всех областей – государственной, культурной, экономической, духовной, гуманитарной. Это могло бы стать темой фундаментального исследования, а не короткой статьи. Романовы сочетали

верность благородным средневековым христианским традициям с просвещенным либерализмом. Даже в страшные годы Первой мировой войны в России было куда больше свободы, чем во Франции и Германии. Именно в эти два века великая русская культура принесла самые зрелые и прекрасные свои плоды, именно в это время с особой силой раскрылся в русской душе дар «всемирной отзывчивости». И не один только славянофил Достоевский говорил об этом со страстным воодушевлением.

На всем протяжении царствования Императоров Романовых Россия, глубоко самобытная, имела в то же время существенно европейский характер. Но, парадоксальным образом, чем больше было в Романовых немецкой крови, тем бо́льшими они были «славянофилами» и «народниками», а значит, тем бо́льшими «русскими». Наиболее полно это раскрылось в Николае II и его немецкой супруге, всем сердцем принявшей Православие. В своей ревности о славе Православной Церкви Царственная чета иногда даже опережала церковную иерархию: так, к примеру, канонизация одного из величайших русских святых, преподобного Серафима Саровского (1754–1833), состоялась прежде всего по настоянию Царя и Царицы. В этом деле им пришлось преодолеть сопротивление Святейшего Синода.

Оклеветанный врагами монархии, Николай II всю жизнь верно служил своему народу. Когда разразилась война, Царская Семья делила с народом тяготы. Императрица со старшими дочерьми работала в госпитале, который устроила на свои средства. Несовершеннолетний и тяжело больной Наследник подолгу находился при отце в Ставке Верховного командования. К 1917 году почти все капиталы Царской Семьи были употреблены на помощь раненым. В ужасных условиях заточения Царская Семья сохраняла горячую любовь к заблудившемуся русскому народу и верила в его возрождение. Николай II говорил, что нет такой жертвы, которую он не принесет для России. Царская Семья принесла высшую жертву, на которую способен человек, явив «наибольшую любовь», о которой Господь Иисус сказал в Евангелии от Иоанна: «Нет больше той любви, как если кто положит душу свою за друзей своих» (Ин. 15. 13). Эта жертва является новым поколениям русских людей прекрасный образ старой и вечной России.

Протоиерей Валентин Асмус, Москва

7 *Die Zarenfamilie wenige Jahre vor ihrer Ermordung 1918: Nikolaus II. und Alexandra Fjodorowna, eine geborene Prinzessin von Hessen-Darmstadt, mit dem Thronerben Aleksej und den vier Töchtern Olga, Tatjana, Maria und Anastasia. Die Russische Orthodoxe Kirche verehrt die Zarenfamilie als Leidensdulder.*

Царская Семья за несколько лет до ее убийства летом 1918 года: Император Николай II и его супруга Александра Федоровна, урожденная Принцесса Гессен-Дармштадская, с Престолонаследником Алексеем и четырьмя дочерьми: Ольгой, Татьяной, Марией и Анастасией. Русская Православная Церковь почитает членов Царской Семьи как страстотерпцев.

Russisch-orthodoxes Christentum im Deutschland des 19. Jahrhunderts

Русское православное христианство в Германии в XIX столетии

Erst in neuerer Zeit sind die infolge der Auseinandersetzungen der beiden Weltkriege verdrängten oder vergessenen vielschichtigen positiven deutsch-russischen Wechselbeziehungen wieder bewusst geworden. Sie sind aufs engste mit der Anwesenheit russisch-orthodoxer Christen in Deutschland verbunden.

Kapellen und Friedhöfe

Es ist fast 300 Jahre her, dass russisch-orthodoxe Priester in Deutschland erste Gottesdienste zelebrierten. Das

8 *König Friedrich Wilhelm I. nimmt die Parade seiner »Langen Kerls« ab, die Zar Peter der Große 1718 dem Soldatenkönig auf dem Preußenthron geschenkt hatte.*
Король Фридрих Вильгельм I принимает парад «гренадеров», которых Царь Петр Великий подарил Королю в 1718 году .

Многогранные, добрые и конструктивные германо-российские отношения, складывавшиеся на протяжении веков, стали забываться в конце XX века, поскольку две мировые войны наложили свой отпечаток на отношение к немцам в России. Значительная часть этих контактов была связана с пребыванием в Германии русских православных верующих мирян и духовенства.

Часовни и кладбища

Более трехсот лет русские православные священники совершают богослужения в Германии. Первый русский приход возник, по имеющимся свидетельствам, в Кенигсберге в 1655 году. Традицию же основания православных храмов на немецкой земле начал Император Петр Великий. В 1718 году он определил на службу в Потсдам, при дворе Прусского Короля Фридриха Вильгельма I, группу гренадеров – в знак вечной дружбы между двумя монархами и странами. Гренадеры сразу же объединились в небольшую православную общину, но храмовое здание они получили значительно позже – в 1734 году, когда им был передан в пользование дом, построенный в стиле «фахверк» (строение, имеющее деревянный каркас и глиняные или кирпичные стены. – Ред.). Эта община просуществовала до 1805 года. Затем, подобно Петру I, Император Александр I направил в 1812 году в Потсдам русский военный хор, также в знак неизменной дружбы с Пруссией. В то время там продолжало существовать небольшое русское поселение потомков обосновавшихся здесь сто лет назад гренадеров. После приезда хора поселок назвали Александровка – «как вечный памятник дружеских связей с Царем Александром I». Со временем в Александровке построили православный храм во имя святого благоверного князя Александра Невского, который был освящен в 1829 году в присутствии Царя Николая I. Этот приход действует и поныне. Приход в Потсдаме окормлялся благочинными русского дипломатического представительства в Берлине.

9 *Die russisch-orthodoxe Kirche der Hlg. Elisabeth auf dem Neroberg in Wiesbaden (erbaut 1845–1855).*
Русская православная церковь святой Елизаветы на горе Неро в Висбадене (построена в 1845–1855 гг.).

Entstehen einer ersten russischen Gemeinde in Königsberg wird für das Jahr 1655 bezeugt. Eine erste russische Gemeinde, die bis 1805 bestand, gab es in Potsdam für eine Gruppe von Riesengrenadieren, die Zar Peter der Große 1718 dem preußischen König Friedrich Wilhelm I. überlassen hatte. 1734 erhielten sie zunächst eine Fachwerkkirche. Für einen russischen Soldatenchor, den Zar Alexander I. 1812 dem preußischen König überließ, entstand in der nach ihm benannten Kolonie Alexandrowka in Potsdam »als bleibendes Denkmal der freundschaftlichen Bande mit Zar Alexander I.« die noch heute gottesdienstlich genutzte Kirche des Hlg. Fürsten Alexander Newskij, die 1829 im Beisein von Zar Nikolaus I. geweiht und von den Pröpsten der russischen Gesandtschaft in Berlin versorgt wurde.

Deutschland bestand im 19. Jahrhundert noch aus einer Vielzahl von eigenständigen Königreichen und Fürstentümern. Somit hing das Entstehen russischer Kirchen und Gemeinden in Deutschland in hohem Maße mit der Aufnahme diplomatischer Beziehungen dieser Teilstaaten mit dem russischen Kaiserreich sowie mit dynastischen Verbindungen zusammen. Gesandtschaftsangehörige er-

И это не случайно, ведь в XIX столетии Германия еще была раздроблена и состояла из большого числа самостоятельных монархических государств-королевств, княжеств и так далее. В результате основание русских приходов в Германии было связано с установлением официальных дипломатических отношений между Россией и отдельными немецкими королевствами и княжествами. Другая причина – это заключение многочисленных династических браков как между монархами, так и между представителями Российского Императорского Дома и германских Владетельных Семей. Часто эти причины переплетались и зримо выражались в строительстве православных церквей, часовен, в устройстве православных кладбищ. Причем в штате посольства всегда состоял священник, а иногда и церковный причт.

Так, в 1706 году Петр Великий открыл постоянное дипломатическое представительство в Берлине, при Прусском дворе. С 1718 года при нем начала действовать русская «походная церковь», размещавшаяся вначале в помещениях представительства. Возможно, именно в этой церкви молились русские гренадеры из Потсдама до получения ими церковного здания. В 1837 году Император Николай I, женатый на дочери Прусского Короля Фридриха Вильгельма III, купил новое посольское здание на Унтер ден Линден. Сюда же была переведена и «походная церковь», преобразованная в домовую, – во имя святого равноапостольного князя Владимира. Этот домовый храм просуществовал до начала Первой мировой войны.

В 80-х годах XIX века православный приход в Берлине насчитывал 5000 членов, в число которых также входили православные сербы, румыны и болгары, поскольку посольства этих стран не имели домовых церквей. Стало ясно, что одного православного храма недостаточно для столицы провозглашенной в 1871 году Германской Империи. При содействии Германского Императора Фридриха III в 1888 году в самом аристократическом квартале Берлина – Тиргартене – был построен православный собор.

Появление целого ряда других православных храмов связано, в свою очередь, с установлением дипломатических отношений между отдельными германскими Владетельными Домами и Царским Двором. В 1789 году открылась российская дипломатическая мисссия в Мюнхене, при Баварском Королевском Дворе. Ее сотрудники, в штат которых входил и православный священник, использовали

hielten für ihre orthodoxen Gottesdienste eigene Kapellen und kirchliches Personal.

Für die von Peter dem Großen 1706 in Berlin am preußischen Hofe gegründete ständige diplomatische Vertretung gab es seit dem Jahre 1718 zunächst in den Räumen des jeweiligen Gesandten eine russische »Feldkirche«. Es ist möglich, dass eben in dieser Kirche die russischen Grenadiere aus Potsdam beteten, bevor sie ihr eigenes Kirchengebäude draußen in Potsdam errichteten. Als Zar Nikolaus I., der die Tochter des preußischen Königs Friedrich Wilhelm III. geheiratet hatte, 1837 in Berlin das Gebäude Unter den Linden 7 als dauernden Sitz für die russische Gesandtschaft erwarb, errichtete man dort die Hauskirche des Hlg. und Apostelgleichen Großfürsten Wladimir. Sie bestand bis zum Ersten Weltkrieg.

Da sie für die russische Gemeinde von damals etwa 5000 Menschen sowie für die orthodoxen Serben, Rumänen und Bulgaren, deren Gesandtschaften über keine eigene Kirche verfügten, nicht ausreichte, sprach sich auch der deutsche Kaiser Friedrich III. 1888 für die Errichtung einer repräsentativen russisch-orthodoxen Kathedrale im Berliner Tiergartenviertel, dem repräsentativen Zentrum der Hauptstadt des deutschen Kaiserreiches, aus.

Eine Reihe weiterer russischer Gotteshäuser steht eben-

для богослужений греческий храм во имя Спаса Нерукотворного. В Дрездене православные богослужения начали совершаться с 1813 года в представительстве министериального резидента Королевства Саксония, Великого Герцогства Саксония-Веймар и Герцогства Брауншвейг. В 1872–1884 годах в Дрездене, на средства живших там русских Семена Семеновича Викулина и его сестры Татьяны Семеновны Наровой, был возведен храм во имя преподобного Симеона Дивногорца. В Штутгарте же строительство православного храма, завершившееся в 1859 году, опередило появление посольской церкви во имя святителя Николая в 1895 году.

Как уже говорилось, помимо развития дипломатических отношений с разными германскими государствами, причиной появления православных храмов стали и династические браки. Дело в том, что русские Великие Княгини, выходя замуж за представителей немецких Владетельных Домов, как правило, оставались православными и нуждались в православном священнике и храме. Так, в XIX веке православные храмы появились в Карлсруэ, Кобурге, Висбадене, Дармштадте, Бад Наугейме. Строились храмы и как памятники скончавшимся в Германии

10 *Zarin Maria Alexandrowna, eine geborene Prinzessin von Hessen-Darmstadt, begrüßt auf dem Bahnhof des Kurortes Bad Ems ihren Mann, Zar Alexander II., der 1881 bei einem Attentat in St. Petersburg ums Leben kam.*

Царица Мария Александровна, урожденная Принцесса Гессен-Дармштадская, приветствует на вокзале курорта Бад Эмс своего супруга, Царя Александра II, погибшего в 1881 году во время покушения в Санкт-Петербурге.

falls mit der Aufnahme diplomatischer Beziehungen einzelner deutscher Herrscherhäuser mit dem Zarenhof in Verbindung. Für die 1789 am bayerischen Königshof in München eingerichtete russische Gesandtschaft wurde die griechisch-orthodoxe Salvatorkirche genutzt. In Stuttgart gab es seit 1859 eine Kirche auf dem Rotenberg, seit 1895 die Gesandtschaftskirche des Hlg. Nikolaus. Am Sitz des russischen Repräsentanten für das Königreich Sachsen, das Großherzogtum Sachsen-Weimar und das Herzogtum Braunschweig feierte man in Dresden seit 1813 orthodoxe Gottesdienste. Die heutige Dresdener Kirche des Hlg. Simeon vom Wunderbaren Berge wurde 1872–84 vorwiegend durch Spenden des dort lebenden Russen Simeon Simeonowitsch Wikulin und seiner Schwester Tatjana Simeonowa Narowaja errichtet.

Andere Gottesdienststätten wurden in den Residenzen für die russischen Fürstinnen und ihre Bediensteten eingerichtet, die in regierende deutsche Fürstenhäuser einheirateten und in aller Regel nicht zum evangelischen Glauben konvertierten, sondern orthodox blieben: 1862 wurde in Weimar die Kirche der Hlg. Apostelgleichen Maria Magdalena geweiht, Namenspatronin der verstorbenen Großherzogin Maria Pawlowna, einer Tochter Zar Pauls I. Durch Eheschließung mit russischen Großfürstinnen entstanden im 19. Jahrhundert. orthodoxe Gottesdienststätten in Karlsruhe, Coburg, Wiesbaden, Darmstadt und Bad Nauheim.

Erwähnt sei schließlich die Leipziger Kirche des Hlg. Aleksij, die 1912/13 zum Gedächtnis der in der Völkerschlacht von Leipzig 1813 im Kampf gegen die Truppen Napoleons gefallenen 23.000 russischen Soldaten erbaut wurde.

Zahlreiche russische Adlige, Kaufleute, Schriftsteller und Denker – unter ihnen Nikolaj Gogol, Leo Tolstoj, Fjodor Dostojewskij und Wladimir Solowjow – weilten wiederholt in deutschen Kurorten. In diesem Zusammenhang entstanden u. a. Kirchen in Baden-Baden (1882; seit 1858 Kapelle) und in Bad Ems (1874; vorher Kirchsaal).

Alle diese Kirchen wurden nach Möglichkeit mit russischen Priestern, Diakonen, Psalmsängern und Chorsängern versorgt. Neben manchen der russischen Kirchen wurden Friedhöfe angelegt.

Das Wirken von Propst Maltzew

Durch die orthodoxen Gemeinden und besonders durch die literarische, soziale und karitative Tätigkeit einer Reihe der vom Heiligen Synod nach Deutschland entsandten Geistlichen ergaben sich vielfältige Kontakte. Mit der Übersetzung und Erläuterung liturgischer Texte sowie weiterer theologischer Publikationen vermittelten nicht

Великим Княгиням. В 1862 году в Веймаре был освящен православный храм во имя святой равноапостольной Марии Магдалины, Небесной покровительницы умершей здесь Великой Княгини Марии Павловны, дочери Императора Павла I, бывшей замужем за Карлом-Фридрихом, Великим Герцогом Саксен-Веймарским.

Знаменитым православным храмом-памятником стала лейпцигская церковь во имя святого Алексия, человека Божия, построенная в 1912–1913 годах в память 23 000 русских солдат, погибших в «битве народов» с армией Наполеона под Лейпцигом в 1813 году.

Были построены православные русские храмы и в курортных местах Германии, где любили бывать представители русской аристократии, купечества, интеллигенции. Среди них были знаменитые русские писатели и мыслители – Николай Гоголь, Лев Толстой, Федор Достоевский и Владимир Соловьев. Так появились русские православные храмы в Баден-Бадене (1882) и Бад Эмсе (1874).

Все русские православные храмы имели русского священника, причт и хор. Естественным образом при некоторых храмах появились и русские кладбища.

Деятельность благочинного Мальцева

Среди русских православных священников, несших свое служение в XIX веке в Германии, было много образованных энергичных людей, активно занимавшихся богословской, литературной и социальной работой. Именно эти пастыри, переводя на немецкий язык и публикуя православные литургические тексты и работы русских богословов, познакомили немецкоязычных лютеран и католиков с многовековыми традициями Русской Православной Церкви. В то же время, живя в Германии и изучая религиозные традиции страны, эти священники публиковали результаты своих наблюдений и изысканий в русских журналах и побуждали православных богословов глубоко изучать вероучение и практику других христианских конфессий.

Так, протоиерей Никита Ясновский служил в Веймаре более тридцати лет: с 1804 по 1837 год. Приходскую жизнь он сочетал с работой библиотекаря у Великого Герцога, бывал частым гостем в доме Гете. В 1826 году он опубликовал первый в истории перевод на немецкий язык чинопоследования православной Божественной литургии. Затем составил Малый православный катехизис, послуживший лучшему пониманию православной традиции на Западе. Но

wenige von ihnen deutschsprachigen Gemeindegliedern und interessierten lutherischen und römisch-katholischen Christen Kenntnisse von Gottesdienst und orthodoxer Glaubenswelt. Sie regten darüber hinaus orthodoxe Theologen zur Beschäftigung mit anderen christlichen Kirchen an.

Dazu nur wenige Beispiele: Der 1804–37 in Weimar tätige Erzpriester Nikita Jasnowskij, der auch im Hause Goethes verkehrte und als großherzoglicher Bibliothekar tätig war, publizierte 1826 eine erste deutsche Übersetzung der »Göttlichen Liturgie« und verfasste zur Vermittlung von Kenntnissen über die Orthodoxie einen kleinen Katechismus. Da die Nachkommen der russischen Chorsänger in Potsdam nicht mehr genügend Russisch bzw. Kirchenslawisch verstanden, gestattete der Heilige Synod durch einen Erlass vom Jahre 1838 das Zelebrieren der Liturgie in deutscher Sprache. Zu diesem Zweck gab der Berliner Gesandtschaftsgeistliche Wasilij Palisadow 1858 eine deutschsprachige Liturgieausgabe und Predigtsammlung heraus. In Wiesbaden veröffentlichte Erzpriester Sergij Wasiljewitsch Protopopow 1892 sein Buch »Vom Reiche Gottes, das inwendig in uns sein soll. Predigten bei den nach dem byzantinischen Ritus in deutscher Sprache zelebrierten Gottesdiensten, gehalten in Wiesbaden«.

Besonders hervorgehoben sei der seit 1886 in Berlin

переводческая работа служила не только делу распространения знаний о Православии. Потомки первых выходцев из России, в том числе потсдамских певчих, оставаясь православными, уже почти совсем не понимали по-русски, а тем более не владели церковнославянским языком. Поэтому в 1838 году Святейший Синод Русской Православной Церкви позволил совершать службы в Германии на немецком языке. И тогда уже перевод Божественной литургии на немецкий послужил не только научным, но и чисто практическим задачам. В 1858 году берлинский посольский священник Василий Палисадов издал свой перевод литургии и сборник проповедей на немецком языке. В 1892 году протоиерей Сергий Протопопов опубликовал в Висбадене свою книгу «О Царствии Божием, долженствующем пребывать в нас вечно. Проповеди, произнесенные в Висбадене за богослужениями, совершаемыми по византийскому обряду на немецком языке».

Особо следует отметить многостороннюю деятельность протоиерея Алексия Мальцева (1854-1915), с 1886 года служившего благочинным и настоятелем императорской российской посольской церкви в Берлине. Он поддерживал тесные контакты с немецкими богословами, и его публикации до сих пор

11 Erzpriester Aleksij Maltzew, einer der profiliertesten Vertreter der russischen Orthodoxie im 19. Jahrhundert in Deutschland, in der Kapelle des Hlg. Großfürsten Vladimir in der Russischen Botschaft zu Berlin.
Протоиерей Алексий Мальцев, один из выдающихся представителей Русского Православия в XIX веке в Германии, в часовне святого великого князя Владимира в Российском посольстве в Берлине.

wirkende Propst und Vorsteher der kaiserlich-russischen Gesandtschaftskirche, Erzpriester Aleksij Petrowitsch Maltzew (1854–1915), der in enger Beziehung zu deutschen Theologen stand und dessen Publikationen noch immer zu den wichtigsten Quellen über die russischen Gemeinden in Deutschland gehören. Zwischen 1890 und 1911 veröffentlichte er, unter Mithilfe seines Berliner Amtsbruders, des vom Katholizismus zur Orthodoxie konvertierten gebürtigen Berliners jüdischer Abstammung Wasilij Antonowitsch Göcken, fast sämtliche gottesdienstlichen Texte in deutscher Übersetzung mit parallelem kirchenslawischen Text und Erläuterungen. Er publizierte kirchengeschichtliche sowie apologetisch-polemische Bücher und Aufsätze in russischer und in deutscher Sprache; 1913/14 gab er in Berlin die Halbmonatszeitschrift »Cerkownaja Prawda« heraus.

Als markantes Beispiel seines Wirkens sei die im Jahre 1890 gegründete und von ihm geleitete »Hlg. Fürst-Wladimir-Bruderschaft« genannt, die vom russischen Zarenhaus sowie von einigen deutschen Herrscherhäusern gefördert wurde. Am Vorabend des Ersten Weltkrieges zählte sie über 1000 Mitglieder. Sie widmete sich einer breitgefächerten Aufgabenstellung. Es ging ihr um karitative Hilfe für russische Staatsangehörige aller Bekenntnisse und orthodoxe Christen aller Nationalitäten. Hierfür errichtete sie 1895 das Kaiser-Alexander-Heim in Berlin-Tegel; ein Altersheim entstand vor dem Ersten Weltkrieg in Bad Nauheim.

Die Bruderschaft bemühte sich um Bau und Unterhaltung russisch-orthodoxer Kirchen und Kapellen. Auf Anregung von Propst Maltzew entstand im Norden außerhalb Berlins (jetzt: Berlin-Tegel) ein noch heute genutzter russisch-orthodoxer Friedhof. Um die Verstorbenen in heimatlicher Erde ruhen zu lassen, wurde in Eisenbahnwaggons Erde aus dem Zarenreich angefahren. Namhafte russische Diplomaten, Künstler und Gelehrte fanden hier ihre letzte Ruhestätte. Ein schlichter Gedenkstein erinnert daran, dass der Tod in Berlin 1857 den Komponisten Michail Glinka ereilte, der mit dem deutschen Musiktheoretiker S. Dehn Studien über Melodien der russischen Liturgie machte.

Die Bruderschaft schuf auf diesem Friedhof die Kirche der Hlg. Apostelgleichen Konstantin und Helena (1893–94). Mit ihrem Wirken verbunden sind ferner die Kirche Aller Heiligen in Bad Homburg (1899), des Hlg. Sergij von Radonesch in Bad Kissingen (1901), des Erzengels Michael in Görbersdorf (1901), die Hauskirche des Hlg. Nikolaus des Wundertäters in Hamburg (1901; schon vorher gab es wiederholt orthodoxe Gottesdiensträume), die Kirche des Hlg. Innokentij von Irkutsk und

служат важным источником для изучения жизни русских православных общин в Германии. За двадцать лет – с 1890 по 1911 год – он издал немецкие переводы почти всех богослужебных книг, с параллельным церковнославянским текстом и комментариями. В этом грандиозном деле ему помогал священник Василий Гекен, коренной берлинец иудейского происхождения, обратившийся в Православие из католичества. Кроме того, отец Алексий Мальцев писал и публиковал книги по церковной истории, апологетические и полемические трактаты (например «Нравственная философия утилитаризма», «Основание педагогики») и другие сочинения на русском и немецком языках. В 1913–1914 годах он начал издавать в Берлине журнал «Церковная правда», выходивший два раза в месяц.

Большое место в трудах отца Алексия занимала практическая деятельность – благотворительность, строительство новых храмов, распространение знаний о Православии в немецком обществе. Все это неутомимый протоиерей Алексий осуществлял вместе с основанным им в Берлине Православным Свято-Владимирским братством. Эта православная организация со временем стала получать поддержку от Германской Императорской Фамилии и некоторых немецких Владетельных Домов. Накануне Первой мировой войны братство насчитывало более тысячи членов. Оно оказывало благотворительную помощь русским гражданам всех исповеданий и православным любой национальности. Благотворительность братства имела разные формы. Так, в 1895 году оно открыло приют имени Императора Александра в Берлине-Тегеле, а непосредственно перед Первой мировой войной – дом престарелых в Бад Наугейме.

Братство оказывало поддержку при постройке и содержании русских православных церквей и часовен. По инициативе протоиерея Алексия Мальцева на севере Берлина (ныне – Берлин-Тегель) было заложено и поныне используемое русское православное кладбище. Для того, чтобы похоронить усопших в родной земле, земля привозилась из царской империи в железнодорожном вагоне. Именитые русские дипломаты, артисты и ученые обрели здесь свой последний покой. Скромный монумент напоминает о том, что в 1857 года смерть внезапно застигла в Берлине композитора Михаила Глинку, занимавшегося вместе с немецким теоретиком музыки С. Деном исследованием мелодий русской православной литургии.

В 1893–1894 годах Владимирское братство

des ehrwürdigen Serafim von Sarow in Bad Nauheim (1908), der Hlg. Apostelgleichen Maria Magdalena in Bad Brückenau (1908) sowie eine Gottesdienststätte im Hotel »Kaiserhof« in Bad Wildungen (1913).

Schließlich widmete sich die Bruderschaft der katechetischen Unterweisung von Kindern und Erwachsenen, richtete in Berlin-Tegel eine Bibliothek ein und schuf ein eigenes Verlagswesen.

Den deutsch-russischen Wechselbeziehungen diente die durch den Pietismus in den Franckeschen Anstalten und der Universität in Halle entfaltete Russlandkunde. An der 1810 gegründeten Berliner Universität begann die Begegnung mit der Orthodoxie und die Beschäftigung mit den orthodoxen Kirchen bereits im 19. Jahrhundert. Entsprechendes findet sich in der Publizistik. Kenntnisse über die Geschichte der russischen Gemeinden wurden auch Gegenstand von Studienaufenthalten russischer Theologen in Deutschland.

Die zahlenmäßig sehr kleinen russisch-orthodoxen Gemeinden haben sich nach der Oktoberrevolution durch Flüchtlinge vergrößert. Im Zweiten Weltkrieg entstandene Schäden an russischen Kirchengebäuden wurden z.T. mit tatkräftiger Mithilfe der evangelischen Kirchen wieder beseitigt. Die meisten der genannten russisch-orthodoxen Gotteshäuser stehen auch heute noch russisch-orthodoxen Gläubigen für Gottesdienste zur Verfügung. Vielerorts kommt es heute zu guten ökumenischen Begegnungen zwischen Angehörigen der orthodoxen und der evangelischen Gemeinden.

Hans-Dieter Döpmann, Berlin

построило на кладбище в Берлине-Тегеле церковь во имя святых равноапостольных Константина и Елены. Братство также способствовало строительству храма в честь Всех святых в Бад Гомбурге (1899), храма преподобного Сергия Радонежского в Бад Киссингене (1901), храма Архангела Михаила в Герберсдорфе (1901), домовой церкви святителя Николая в Гамбурге (1901), церкви святого Иннокентия Иркутского и преподобного Серафима Саровского в Бад Наугейме (1908), церкви святой равноапостольной Марии Магдалины в Бад Брюкенау (1908), а также богослужебного помещения в гостинице «Kaiserhof (Императорский двор)» в Бад Вильдунгене (1913).

И, наконец, Владимирское братство часть времени посвящало катехизации детей и взрослых. С этой целью оно организовало в Берлине библиотеку и наладило собственное издательское дело.

Германо-русским отношениям способствовало также изучение российского краеведения, получившее развитие в пиетистских благотворительных заведениях Франке, а также в университете в Галле. В свою очередь, и в Германии начали серьезно изучать Православие. В XIX веке в Берлинском университете уделялось определенное место знакомству с православным вероучением и историей Православных Церквей. Соответствующую информацию можно обнаружить и в публицистических изданиях. Знакомство с историей русских приходов стало также целью научных поездок в Германию русских исследователей-богословов.

Ранее незначительные русские православные приходы разрослись после Октябрьской революции за счет беженцев. Ущерб, нанесенный русским церковным зданиям во время Второй мировой войны, был устранен не в последнюю очередь благодаря ощутимой помощи евангелических церквей. Большинство названных русских православных храмов и по сей день пригодны для богослужений и находятся в пользовании русских православных верующих. И в наши дни во многих местах возникают добрые экуменические контакты между представителями Православной и ЕвангелическойЦерквей.

Ганс-Дитер Дёпман, Берлин

12 *Die im Kurort Bad Homburg 1899 erbaute russisch-orthodoxe Kirche Aller Heiligen.*
Русская православная церковь во имя Всех святых, построенная в 1899 году в курортном городе Бад Гомбург.

Gelebte Toleranz – Evangelisches Leben im alten St. Petersburg

Подлинная терпимость: евангелическая жизнь в старом Санкт-Петербурге

Im Herzen St. Petersburgs, am Newskij-Prospekt 22/24, steht die lutherische St.-Petri-Kirche. Ein kleiner Vorplatz trennt die doppeltürmige Kirche vom Lärm und Getriebe des großstädtischen Boulevards. Auch als diese Kirche in der Sowjetzeit geschlossen und für einige Jahrzehnte sogar als Schwimmbad missbraucht wurde, blieb sie stets eine stumme, aber doch eindrucksvolle Erinnerung an das reiche evangelische Leben in der ehemaligen Hauptstadt des russischen Kaiserreiches.

Ein vielsprachiges lutherisches Kirchenleben

Zugleich mit dem Bau der Festung und den Anfängen der Stadt an der Newa kamen auch die ersten Protestanten als Bauleute und Militärs nach St. Petersburg. Für sie ließ Zar Peter I. 1704 eine erste kleine hölzerne Kirche in der Festung errichten. Daraus entwickelten sich sehr bald schon die ersten lutherischen und reformierten Kirchen-

В сердце Санкт-Петербурга, на Невском проспекте, дом 22/24, стоит лютеранская церковь во имя святого апостола Петра. Крошечная предфасадная площадь отделяет храм с двумя башнями от шума и суеты бульваров большого города. Даже в годы советского режима храм, приспособленный под бассейн, оставался немым, но в то же время величественным свидетелем богатой евангелической жизни в бывшей столице Российской Империи.

Многоязычие лютеранской церковной жизни

Первые лютеране появились в Петербурге с момента закладки города. Это были и солдаты, и строители. Царь Петр повелел соорудить для них деревянную церквушку в крепости, скоро ставшей Санкт-Петербургом. Эта церквушка, притягивавшая к себе все

13 *Inneres der lutherischen St. Petri-Kirche am Newskij-Prospekt in St. Petersburg im 19. Jahrhundert. Das nach den Plänen von Alexander Brüllow errichtete und 1838 eingeweihte Gotteshaus bot Platz für 3.000 Menschen. Es wurde 1937 geschlossen und 1962 in ein Hallenbad umgebaut: An der Stelle des Altars erhob sich für drei Jahrzehnte der Sprungturm.*
Лютеранский храм святого Петра на Невском проспекте в Санкт-Петербурге в XIX веке (вид изнутри). Этот храм, построенный по проекту архитектора Александра Брюллова и освященный в 1838 году, вмещал 3000 человек. Он был закрыт в 1937 году, а в 1962 году превращен в бассейн. На месте алтаря на протяжении трех десятилетий возвышалась вышка для прыжков в воду.

gemeinden. Die aufstrebende Hauptstadt zog immer mehr Ausländer an, die in die Dienste des Zaren traten oder sich hier als Ärzte, Kaufleute, Unternehmer oder Handwerker usw. niederließen. Auch die finnischen Ingermanländer, die nahe der Stadt am Finnischen Meerbusen siedelten, waren Lutheraner. Viele Deutsche kamen aus dem im Nordischen Krieg (1700–1721) von Russland eroberten Teil des Baltikums, den Ostseeprovinzen, in die Stadt. Unter Katharina II. wurden deutsche Kolonisten in mehreren Dörfern im Umland St. Petersburgs angesiedelt, und schließlich wurden hier im 19. Jahrhundert immer mehr Letten, Esten, aber auch Finnen ansässig.

Dadurch wuchs die Zahl der Evangelischen in St. Petersburg bis 1889 auf ca. 95.000. Das waren mehr als neun Prozent der damaligen Bevölkerung der Stadt. Die überwiegende Mehrzahl gehörte 13 lutherischen Gemeinden von sehr unterschiedlicher Größe an – von der 15.000 Mitglieder zählenden Petri-Gemeinde bis hin zu den sehr kleinen Gemeinden in Einrichtungen wie dem evangelischen Hospital oder der Mariengemeinde im Stadtarmenhause mit 300 bzw. 200 Mitgliedern. Die Lutheraner gehörten seit 1832 zur Evangelisch-Lutherischen Kirche Russlands. Von St. Petersburg aus wurde auch einer ihrer beiden innerrussischen Konsistorialbezirke geleitet, der sich im europäischen Teil Russlands vom Eismeer bis ans Schwarze Meer erstreckte und 1914 117 Kirchspiele mit ca. 641.000 Gemeindegliedern umfasste.

An diese lutherische Kirchenverwaltung waren auch in gewisser Weise die Reformierten angeschlossen, die in der Stadt über drei Gemeinden verfügten. Außerdem gab es noch kleine Gemeinden der Herrnhuter, der Kongregationalisten und der Anglikaner.

Deutsche stellten gegen Ende des 19. Jahrhunderts nur noch knapp 50 Prozent der evangelischen Christen. Dagegen wuchs die Zahl anderer Nationalitäten, etwa die der Letten und Esten, rasch an. Und es gab nicht wenige evangelische Gemeindeglieder, die nicht mehr deutsch sprachen. Neben rein deutschen gab es auch gemischt deutsch-lettische, estnisch-deutsche, finnische, schwedische und lettische lutherische Gemeinden sowie eine niederländische, französische und deutsche reformierte Gemeinde. »Allsonntäglich wird in der russischen Hauptstadt evangelischer Gottesdienst in neun Sprachen gehalten (deutsch, französisch, englisch, holländisch, russisch, finnisch, schwedisch, estnisch, lettisch)«, schreibt Hermann Dalton, der langjährige Pastor an der deutschen reformierten Gemeinde.

Seinen sichtbarsten Ausdruck fand das evangelische Leben in den zahlreichen Kirchengebäuden, die vor allem im 19. Jahrhundert errichtet wurden. Neben der Petri-

больше иностранцев, стала ядром, вокруг которого развивались и распространялись лютеранские и реформатские приходы в столице. Иностранцы поступали на цареву службу или обосновывались здесь как врачи, купцы, ремесленники. Многие немцы прибывали в город из остзейских провинций – части прибалтийских земель, завоеванных Россией в Северной войне (1700–1721). В царствование Екатерины II в окрестностях Петербурга немецкие колонисты селились целыми семьями. Но среди лютеран – жителей Петербурга и его предместий – были не только немцы. Лютеранами были и финские ингерманландцы, селившиеся у Финского залива. В XIX веке вокруг Петербурга селилось все больше латышей, эстонцев и финнов.

В результате к 1889 году в Санкт-Петербурге жили уже 95 000 протестантов, что составило более 9% населения города. Они сформировали 13 лютеранских общин, разных по величине и составу. Самая большая община – приход церкви святого Петра – насчитывала 15 000 верующих, а самая маленькая – приход святой Марии в приюте для бедняков – включала 200 человек. В 1832 году в России была создана Евангелическо-Лютеранская Церковь с двумя большими консисториальными округами. Один из них, охватывавший Европейскую часть России, от Северного до Черного моря, и к 1914 году насчитывавший 117 приходских домов с 641 000 верующих, управлялся из Санкт-Петербурга.

В структуру Евангелическо-Лютеранской Церкви на особых правах входили и три реформатских прихода Петербурга: голландский, французский и немецкий. Кроме того, в городе действовали небольшие общины гернгутеров, конгрегационалистов и англикан.

Интересно отметить, что к концу XIX века среди протестантов в России только 50% составляли немцы. В то же время среди лютеран быстро возрастала доля представителей иных национальностей, например, латышей и эстонцев. Члены некоторых лютеранских общин, немецкие предки которых давно прибыли в Россию, стали забывать немецкий язык. Принцип организации приходов по национальному признаку отступил на второй план. В Петербурге стали возникать «смешанные» приходы – немецко-латышские, эстонско-немецкие, финские, шведские и латышские лютеранские общины. По поводу национального и языкового разнообразия протестантских приходов немецкий реформатский пастор Герман Дальтон, много лет служивший в Петербурге, писал: «Каждое воскресенье в российской столице совер-

14 *Der russische Komponist Dimitrij Bortnianskij (1751–1825). Der angesehene Kapellmeister am Zarenhof komponierte auch die Chorsätze für die lutherische Liturgie in den evangelischen Kirchen St. Peterburgs.*
Дмитрий Бортнянский (1751–1825). Видный капельмейстер при Царском дворе был также сочинителем хоровых произведений для литургии, использовавшейся в лютеранских церквах Санкт-Петербурга.

Kirche am Newskij-Prospekt erinnern noch heute daran die lutherische Annenkirche (ul. Kirotschnaja 11), auf der Wasilij-Insel die Katharinenkirche (Bolschoj-Prospekt 1) und die Michaeliskirche (Bolschoj-Prospekt 18), die schwedische Katharinenkirche (Mal. Konjuschennaja ul. 1), die finnische Marienkirche (Bol. Konjuschennaja ul. 8) und die holländische reformierte Kirche (Newskij-Prospekt 1).

Nicht allein die Zahl der Gemeinden und Kirchen zeugte von der Toleranz gegenüber den evangelischen Bewohnern der Stadt, sondern auch das Leben der einzelnen Gemeinden. Dies zeigt ein Blick auf die größte deutsche lutherische Gemeinde St. Petri. Mit ihren 15.000 Gliedern sowie mit einem beachtlichen Vermögen war sie zwar keineswegs repräsentativ für die Lage der evangelischen Diasporagemeinden in Russland insgesamt, aber an ihrem Beispiel lassen sich eindrucksvoll die Möglichkeiten für die Entfaltung eines alle Lebensbereiche umfassenden evangelischen Gemeindelebens vor Augen führen.

Für die evangelischen Gemeinden in Russland galt damals, dass »sie nach ihrer Struktur freie Gemeinden waren. Sie waren lebensfähig, wo sie von lebendigen Gliedern erhalten wurden. Ihre Freiheit war nicht eingeschränkt, sondern legitimiert durch kaiserliche Genehmigung, denen sich später Genehmigungen des Ministeriums des Inneren hinzugesellten« (H. Dalton). Ein aus 12 gewählten Mitgliedern bestehender Kirchenrat verwaltete

шается евангелическое богослужение на девяти языках – немецком, французском, английском, голландском, русском, финском, шведском, эстонском, латышском».

Свидетельством активности лютеран в Петербурге служит множество лютеранских храмов, уцелевших до сего дня. Кроме храма святого Петра, в XIX веке были построены лютеранская церковь святой Анны на Кирочной улице, Екатерининская церковь на Васильевском острове, церковь Архангела Михаила на Большом проспекте, шведская Екатерининская церковь на Малой Конюшенной, финская церковь святой Марии на Большой Конюшенной и голландская реформатская церковь на Невском проспекте.

Большое количество лютеранских храмов в столице империи служило не единственным доказательством терпимого отношения к протестантам – жителям города как со стороны правительства, так и со стороны граждан России. Показательным в этом отношении является самый крупный лютеранский приход храма святого Петра. Этот приход, насчитывавший 15 000 прихожан и располагавший значительным состоянием, вряд ли можно рассматривать как образец обычной жизни лютеранских общин в различных уголках России, но на его примере впечатляюще прослеживается обилие возможностей, которыми обладали лютеранские приходы для развития всеохватывающей приходской жизни.

Имевшиеся в ту пору в России протестантские приходы рассматривались «по своей структуре как свободные общины, существование которых охранялось законом, периодически подтверждалось императорскими указами и распоряжениями Министерства внутренних дел» (Г. Дальтон). Но главной причиной жизнеспособности каждой общины была заинтересованность в ее существовании со стороны ее членов.

Управление общиной храма святого Петра находилось в руках церковного совета, состоявшего из 12 членов. В его ведении находился надзор за порядком совершения богослужений. Совет также распоряжался зданиями, принадлежавшими общине, и управлял финансами – не только собственно прихода, но и церковноприходских школ, и благотворительных заведений.

В церковный совет входили также 3 приходских пастора. Вначале священники прибывали из-за границы, главным образом из Германии. Однако пасторов, которых присылали из Германии, было недостаточно, и со второй половины XIX века их стали

die Gebäude der Gemeinde und die Kirchenkasse, beaufsichtigte die Gottesdienste und übte die Aufsicht über die finanzielle Verwaltung der Kirchenschulen und Wohltätigkeitseinrichtungen inklusive der Armenpflege aus.

Dem Kirchenrat gehörten ferner auch die drei Pastoren der Gemeinde an. Stammten die Geistlichen zunächst ausschließlich aus dem Ausland, vor allem natürlich aus Deutschland, so kamen im 19. Jahrhundert auch Absolventen der Theologischen Fakultät der Universität Dorpat im damaligen Livland hinzu. Um 1890 stammte einer der Pastoren an der St.-Petri-Kirche aus Deutschland und zwei aus den Ostseeprovinzen, von denen einer in Dorpat und der andere in Deutschland studiert hatte. Der Pastor war auch selbstverständlich Repräsentant der Gemeinde gegenüber den Behörden, und er nahm auch die Aufgaben eines Standesbeamten wahr, solange es in Russland noch keine Zivilstandsregister gab. Aber natürlich stand die geistliche Versorgung seiner Gemeinde im Mittelpunkt seiner Tätigkeit, so die Gottesdienste in der großen St.-Petri-Kirche, die zu jener Zeit im Kirchenschiff sowie auf drei übereinander angeordneten Emporen 3000 Menschen Platz bot. Das große Altarbild stellte die Kreuzigung Christi dar und war ein Werk des bekannten

готовить на территории Российской Империи – в Дерптском университете в Лифляндии. Теперь будущие пасторы учились и в Германии, и в России. Около 1890 года один из пасторов церкви святого Петра был родом из Германии, а два – из остзейских провинций, которые, в свою очередь, получили богословское образование в Дерпте и в Германии. Естественно, что пастор представлял интересы прихода перед властями. До тех пор, пока в России не появился реестр гражданских сословий, он исполнял также функции сословного чиновника. Однако основной заботой пастора было духовное окормление прихода и, прежде всего, совершение богослужений в огромном, вмещавшем 3 тысячи человек храме святого Петра. Храм этот был знаменит и своей архитектурой, и живописным изображением Христа в алтаре кисти знаменитого русского художника Брюллова, и замечательным органом. В 1863 году, то есть через 25 лет после освящения храма, в день празднования дня Реформации, был приобретен церковный колокол.

Наряду с обычными богослужениями по воскресным и праздничным дням, совершались и вечерние,

15 *Ein großes Fest für die Familien und die Gemeinden war in der alten Lutherischen Kirche in Russland die Konfirmation. Das Bild zeigt die Konfirmandengruppe mit ihrem Pastor in einer Stadtgemeinde des Konsistorialbezirks Moskau. Bei der Konfirmation bestätigen noch heute die jungen Christen ihre Taufe.*

Крупным семейным и приходским праздником в старых лютеранских церквах в России была Конфирмация. На фотографии изображена группа конфирмандов со своим пастором в городском приходе Московского консисториального округа. При Конфирмации молодые христиане и поныне подтверждают свое Крещение.

Künstlers Karl Brjullow (Brüllow). Am Reformationstag des Jahres 1863, also 25 Jahre nach der Einweihung der Kirche, erklang erstmals das Glockengeläut.

Neben den üblichen Hauptgottesdiensten an Sonn- und Feiertagen fanden auch Vesper- und Beichtgottesdienste, Passions- und Abendmahlsgottesdienste sowie Konfirmationsgottesdienste statt. Ebenso versammelte sich die Gemeinde zu besonderen Anlässen, so beispielsweise am 2. März 1881 zu einem Trauergottesdienst nach der Ermordung Zar Alexanders II. Seit 1889 wurde jeden Sonntag, mit Ausnahme der Sommermonate, Kindergottesdienst gehalten. Die rund 350 Kinder wurden dabei von etwa 35 Helferinnen und Helfern betreut. Aus dieser Arbeit mit den Kindern entwickelten sich dann auch Jugendgruppen, für die Jungen ein »Jünglings-« und für die Mädchen ein »Jungfrauenverein«. In den Gottesdiensten benutzte man in der zweiten Hälfte des 19. Jahrhunderts das »Evangelische Gesangbuch für die Gemeinden in Russland«, das zu Beginn des 20. Jahrhunderts durch das »Gesangbuch für evangelisch-lutherische Gemeinden im Russischen Reich« abgelöst wurde.

Die großen evangelischen Kirchen verfügten über Orgeln. 1840 hatte die St.-Petri-Kirche eine Orgel der Firma Walcker erhalten, die über drei Manuale, ein Pedal und 63 klingende Stimmen verfügte. Sie diente nicht nur der Begleitung des Gesangs im Gottesdienst, sondern seit 1886 wurden auch geistliche Konzerte, mitunter für wohltätige Zwecke, veranstaltet. So wurden auch das Oratorium »Der Messias« von Georg Friedrich Händel und die »Matthäus-Passion« von Johann Sebastian Bach aufgeführt. Zu Beginn des 20. Jahrhunderts wurde ein Kirchenchor zur »Pflege wertvoller Kirchenmusik im Gottesdienst und in allgemein zugänglichen Musikabenden« gegründet.

Die Toten der St.-Petri-Gemeinde, aber auch anderer evangelischer Gemeinden der Stadt fanden vor allem auf dem Wolkowo-Friedhof ihre letzte Ruhe, wo heute noch viele Grabsteine an Gemeindemitglieder dieser vergangenen Zeiten erinnern.

Sozialarbeit der Petersburger Gemeinde

Getragen wurde das Leben der Gemeinden vor allem durch die Treue und Opferbereitschaft ihrer Mitglieder. Die Einkünfte einer großen und durch ihre vielen einflussreichen und wohlhabenden Mitglieder gut situierten Kirchengemeinde wie St. Petri bestanden nicht nur aus Beiträgen der Mitglieder, aus Kollekten sowie Gebühren für Trauungen und Beerdigungen, sondern auch aus den Mieteinnahmen der im Herzen der Stadt gelegenen Häuser. Obwohl zwei Drittel der Gebäude von der Gemeinde

покаянные, страстные и евхаристические, а также конфирмационные богослужения. Совершались службы и по особым случаям, значимым для всей Российской Империи. Например, 2 марта 1881 года состоялось траурное богослужение в связи с трагической гибелью от рук террористов Царя Александра II. Начиная с 1889 года каждое воскресенье, за исключением летних месяцев, в храме святого Петра совершались богослужения для детей. Обычно 35 помощников и помощниц помогали опекать 350 мальчиков и девочек. Работа с детьми шла столь успешно, что со временем были организованы постоянно действующие молодежные группы – «Юношеские союзы» и «Союзы молодых женщин». Богослужение строилось с учетом традиций российских лютеранских приходов. Использовался «Евангелический сборник церковных песнопений для приходов в России», на смену которому в начале XX века пришел «Сборник песнопений для евангелическо-лютеранских приходов в Российской Империи».

В крупных евангелических храмах имелись органы. В 1840 году церковь святого Петра приобрела орган фирмы «Валькер», который имел 3 мануала, одну педаль и 63 звучащих тона. Орган употреблялся не только для сопровождения пения за богослужением. С 1886 года в храме святого Петра проходили духовные концерты, нередко устраивавшиеся и с благотворительными целями. На этих концертах прозвучали оратории «Мессия» Георга Фридриха Генделя и «Страсти по Матфею» Иоанна Себастьяна Баха. В начале XX века был создан церковный хор с целью «попечения об имеющей ценность церковной музыке, звучащей за богослужением, а также на общедоступных музыкальных вечерах».

Свой последний покой прихожане церкви святого Петра, а также других евангелических приходов города обретали на Волковом кладбище, где и по сей день многие памятники напоминают о лютеранских жителях Петербурга этих давно ушедших дней.

Социальная работа в петербургских приходах

Большое место в жизни лютеранских приходов занимала социальная работа, требовавшая больших средств, которые вносили, как правило, состоятельные члены общин. Здесь проживало немало влиятельных и состоятельных прихожан. Доходы такого крупного и хорошо обеспеченного церковного прихода, как прихода церкви святого Петра, складывались не только из церковных взносов прихожан и тарелочного сбора. Кроме того, часть помещений и

selbst mietfrei genutzt wurden, bildete dies den Haupteinnahmeposten.

Die beachtliche Finanzkraft der großstädtischen Gemeinden wie der von St. Petri kam auch einer stetig wachsenden sozialen Arbeit zugute. Bereits im 18. Jahrhundert gab es schöne Beispiele christlicher Liebestätigkeit. So hatte die St-Annen-Gemeinde dank der Stiftung eines Lederfabrikanten schon 1785 das erste evangelische Waisenhaus in Russland errichten können. 1788 hatte man einen Verein für Krankenpflege gegründet. »Ohne Rücksicht auf Nationalität und Konfession wurden durch diesen Verein, dem von allen Seiten, auch von der Kaiserlichen Familie, Geldmittel zuflossen und die Beteiligung von Ärzten und Apothekern zugesichert war, mehrere Jahre hindurch unbemittelte Kranke in ihren Wohnungen verpflegt« (H. Dalton). Ebenso gab es 1830 eine Armenspeisung auf der Wasilij-Insel.

Zu voller Blüte gelangte die diakonische Arbeit ab der Mitte des 19. Jahrhunderts. In der Jubiläumsschrift der St.-Petri-Gemeinde von 1910 werden die Petri-Waisenanstalten, das Alexanderstift mit Frauen-, Mädchen- und Knabenasyl, wie auch Armenwohnungen genannt. 1885 kam die Gemeindediakonie hinzu, wobei die Diakonissen

16 *Pastor Anton Büsching, der im 18. Jahrhundert das evangelische Schulwesen in St. Petersburg aufbaute.*
Пастор Антон Бюшинг, создавший в XVIII веке евангелическую школьную систему в Санкт-Петербурге.

квартир, принадлежавших приходам, община сдавала внаем, и полученные доходы также шли на благотворительность. И хотя 2/3 этих зданий община использовала бесплатно, для собственных нужд, квартплата составляла главную статью дохода.

Значительная часть финансов мощного городского прихода церкви святого Петра использовалась для постоянно растущей социальной работы. Великолепные примеры христианской деятельной любви были явлены в XVIII веке. Так, еще в 1785 году приход святой Анны, благодаря щедрому пожертвованию владельца кожевенной фабрики, смог открыть первый в России сиротский дом. В 1788 году в Петербурге лютеранские приходы основали «Союз по уходу за больными», который «осуществлял заботу о больных на дому, независимо от их вероисповедной и национальной принадлежности. Союзу финансово помогала и Императорская Фамилия, и множество частных жертвователей. Кроме того, ему была гарантирована поддержка со стороны врачей и аптекарей города» (Г. Дальтон). В 1830 году лютеране организовали бесплатную раздачу пищи бедным на Васильевском острове.

Диаконическая деятельность достигла своего полного расцвета в середине XIX века. В юбилейном издании прихода святого Петра за 1910 год упоминаются Петровские сиротские заведения, Александровская обитель с приютами для женщин, девочек и юношей, а также кварталы для бедных. В 1885 году к этому добавилась и приходская диакония. Диаконисы не только посещали бедных и больных на дому, но и присматривали за детьми. Эта инициатива вылилась впоследствии в школу с заведением по присмотру за детьми дошкольного возраста.

К 1860 году лютеранская социальная работа приобрела широкие масштабы и вышла далеко за пределы внутреннего дела лютеранских церквей. Безупречной репутацией пользовался лютеранский госпиталь в Петербурге и другие заведения. Тогда же, движимые духом «внутренней миссии» – диаконии, – лютеранские приходы основали в Петербурге Евангелический дом трудолюбия, где безработным и бездомным мужчинам за выполнение определенной работы предоставлялись еда и ночлег. Параллельно лютеране стремились таким путем поднять и моральный уровень этих людей. В 1905 году в городе насчитывалось 105 немецких благотворительных заведений.

Когда в 1877 году вспыхнула русско-турецкая война, евангелические клирики города призвали жителей города вносить деньги для помощи раненым. На

17 *Das Evangelische Hospital in St. Petersburg (1873), in dem bis zum Jahr 1909 über 20.000 Patienten behandelt wurden.*
Евангелический госпиталь в Санкт-Петербурге (1837 год), в котором до 1909 года была оказана медицинская помощь более 20 000 пациентов.

sowohl Arme und Kranke zu Hause besuchten als auch tagsüber Kinder betreuten. Aus dieser Initiative entwickelte sich eine Schule, an die wiederum ein kleines Asyl für Kinder unter sieben Jahren angeschlossen war.

Etwa seit den 1860er Jahren entfaltete sich auch eine evangelische Sozialarbeit in der Stadt über Gemeinde- und Konfessionsgrenzen hinweg. Hierzu zählten das Evangelische Hospital und viele andere Einrichtungen. Ein gutes Beispiel für diese vom Geist der Inneren Mission getragenen Initiativen war das Evangelische Arbeitshaus, das Not leidenden Männern gegen gewisse Arbeitsleistungen Kost und Logis bot und dadurch gleichzeitig bestrebt war, das sittlich-moralische Niveau dieser Menschen zu heben. 1905 zählte man in St. Petersburg 105 evangelische deutsche Wohltätigkeitseinrichtungen.

Als der Krieg zwischen Russland und der Türkei 1877 ausbrach, riefen die evangelischen Geistlichen der Stadt zu Spenden auf, mit denen ein Feldlazarett eingerichtet wurde, das sich bald schon in der russischen Öffentlichkeit einen guten Ruf erwarb.

Das kirchliche Schulwesen

Eine besondere Bedeutung, die weit über den Bereich des evangelischen Lebens in die Gesellschaft hinausreichte, erlangte das evangelische kirchliche Schulwesen in St. Petersburg. Schon 1710 wurde bei der St.-Petri-Kirche

собранные средства был открыт полевой лазарет. Вскоре он снискал себе блестящую репутацию среди русской общественности.

Школьное дело

Лютеранские приходы придавали большое значение школьному делу. Оно выходило далеко за пределы непосредственной евангелической жизни и оказывало влияние на всю жизнь городской общественности. Первая церковная школа была открыта еще в 1710 году при храме святого Петра. Этому примеру последовали и другие лютеранские общины. Школа была, по словам Германа Дальтона, «тщательно оберегаемым любимым детищем Евангелической Церкви». Прежде всего, на лютеранских школах (и не только петербургских) лежала обязанность обучения родному немецкому языку. Дети не должны были забыть язык своих отцов и дедов. Одновременно школы готовили детей к конфирмации.

Особую известность в деле лютеранского школьного образования снискал профессор Геттингенского университета, пастор церкви святого Петра Фридрих Антон Бюшинг. Он подготовил новую школьную программу, основанную на педагогике пиетизма из Галле и на методике берлинского реального училища, и ввел ее в практику в 1762 году. Программа Бю-

18 *Der letzte Bischof der alten Lutherischen Kirche in Russland, Arthur Malmgren, der 1936 zur Ausreise nach Deutschland gezwungen wurde.*
Последний епископ старой Лютеранской Церкви России Артур Малмгрен. В 1936 году его вынудили выехать в Германию.

шинга не только предусматривала обучение общеобразовательным предметам – латинскому и греческому языку, математике, физике, рисованию и моделированию, – но и уделяла особое внимание русскому языку, географии и истории России. По его убеждению, ученик должен был «прежде всего хорошо знать Российскую Империю, дабы не быть чужаком в своем отечестве». По той же программе работала и приходская школа при церкви святой Анны. Известностью также пользовалась реформатская школа, основанная в 1818 году пастором Йоханнесом фон Муральтом.

В течение XIX века при ряде лютеранских школ открылись отделения гимназии, которые со временем получили статус «коронных заведений». Это означало, что ее выпускники без дополнительных эк-

eine Schule eingerichtet. Andere Gemeinden folgten. Die Schule galt, wie es Hermann Dalton formulierte, als die »wohlgehütete Lieblingstochter der evangelischen Kirche«. In St. Petersburg – aber auch an anderen Orten im Russischen Reich – sollte sie die in fremder Umgebung aufwachsenden Kinder die Muttersprache lehren und sie zudem auf die Konfirmation vorbereiten. Aus diesen Anfängen entwickelten sich Schulen, die ein hohes Ansehen erlangten.

Eine große Rolle spielte der Beitrag des Göttinger Professors und Pastors an der St.-Petri-Kirche Friedrich Anton Büsching, der für die Schule seiner Gemeinde einen neuen Plan entwickelte. Dieser orientierte sich an der Pädagogik des Hallenser Pietismus und auch am Plan der Berliner Realschule. Diese neue Petri-Schule eröffnete 1762 den Lehrbetrieb mit einem Fächerkanon, der von Latein und Griechisch über die mathematischen Wissenschaften und Naturlehre bis zu Zeichnen und Modellieren reichte und dabei die russische Sprache ebenso wie die Geographie und Geschichte Russlands berücksichtigte. Denn nach dem Willen Büschings sollten die Schüler »das Russische Reich vor allen anderen wohl kennen lernen, um keine Fremdlinge im Vaterland zu sein«. Eine ähnliche Entwicklung nahm auch die Schule der St.-Annen-Gemeinde. Erst später richtete auch die Katharinen-

19 *Von Umfang und Qualität evangelischer Bildungsarbeit zeugen noch heute die Gebäude der ehemaligen Petri-Schule neben der Kirche am Newskij prospekt.*
Об объеме и качестве евангелической образовательной деятельности и поныне свидетельствует здание бывшей школы рядом с храмом святого Петра.

Schule auf der Wasilij-Insel einen Gymnasialzweig ein. Ebenso muss die von Pastor Johannes von Muralt 1818 gegründete Schule der drei reformierten Gemeinden der Stadt erwähnt werden.

Im Verlauf des 19. Jahrhunderts erlangten die Gymnasialzweige der Petri-Schule und der anderen genannten Kirchenschulen den Status von Kronsanstalten, d. h. die Absolventen konnten ohne eine externe Prüfung in eine russische Hochschule eintreten. Die Schulen nahmen immer mehr russischsprechende Schüler auf. Dies geht indirekt aus Konfessionsstatistiken hervor. So betrug um 1912 der Anteil der orthodoxen Schüler in der Petri-Schule 24 Prozent und in der Annen-Schule sogar 49 Prozent. Bis zum Ausbruch des Ersten Weltkrieges entwickelte sich die Petri-Schule zu einem Riesenorganismus, der fünf verschiedene Schulen umfasste – je eine Elementarschule für Jungen und Mädchen, ein Gymnasium, eine Realschule mit einer Handelsabteilung sowie eine Höhere Töchterschule. Es gab 42 Klassen, 1667 Schüler und 69 Lehrende. Ähnlich groß war die Annen-Schule. Den heutigen Betrachter aus Deutschland erinnern sie mitunter an den Typus der Gesamtschule.

»Möge die 200jährige Feier der St.-Petri-Gemeinde aber nicht nur zu dankbarem Rückblick die Herzen bewegen, sondern auch zu hoffnungsvollem Ausblick in das dritte Jahrhundert ihres Bestehens und Gedeihens ...« (H. Dalton). Als dieser Wunsch 1910 niedergeschrieben wurde, konnte der Verfasser nicht ahnen, was die evangelischen Gemeinden in diesem Jahrhundert erwartete. Weltkrieg, Revolution und kirchenfeindliche Politik der Sowjetmacht schwächten die Gemeinden bis schließlich in der Zeit des Stalinterrors in den 30er Jahren jedes geordnete kirchliche Leben endete. Viele Jahre erinnerten nur noch die geschlossenen Kirchen und die Gräber auf den Friedhöfen an die einstigen evangelischen Bewohner und ihre Gemeinden. Erst 50 Jahre später im Zeichen der Politik der Perestroika wurde ein Wiederbeginn möglich.

Heute wird in mehreren evangelischen Kirchen der Stadt, darunter in der im September 1997 feierlich wieder eingeweihten Petri-Kirche, Gottesdienst gehalten. Es gibt Ansätze zu diakonischer Arbeit und auch im Schulbereich versucht man, an die großen Traditionen der Petri-Schule anzuknüpfen.

Alle am Newskij-Prospekt errichteten Gotteshäuser – die reformierte (holländische) und die lutherische St.-Petri-Kirche, die russisch-orthodoxe Kathedrale der Gottesmutter von Kazan sowie die römisch-katholische und die armenische Kirche – erinnern noch heute an die gelebte Toleranz unter den christlichen Konfessionen im alten St. Petersburg.

Heiner Koch, Hannover

заменов могли поступать в высшие учебные заведения Российской Империи. Интересно отметить, что в пользовавшиеся высоким авторитетом немецкие школы поступали и русскоязычные учащиеся. Это можно косвенно проследить по статистике о принадлежности к различным конфессиям. Так, в 1912 году доля православных учеников в школе святого Петра составляла 24%, а в школе святой Анны – 49%. К 1914 году приход святого Петра обладал целой сетью учебных заведений, включавших в себя пять школ: две начальных (для мальчиков и девочек), гимназию, реальное училище с торговым отделением, а также школу для благородных девиц. Всего в школах общины было 42 класса, 1667 учащихся и 69 преподавателей. Таким же учебным комплексом обладал и приход святой Анны.

«Пусть же празднование 200-летия прихода святого Петра подвигнет наши сердца не только к тому, чтобы с благодарностью оглянуться назад, но с упованием обратить свой взор в будущее, в третье столетие его успешного бытия». Когда в 1910 году автор этих строк Г. Дальтон записал их на бумагу, он не мог предвидеть, какая судьба уготована евангелическим приходам в XX столетии. Первая мировая война, Октябрьская революция и антицерковная политика советской власти ослабили лютеранские приходы, а в эпоху сталинских репрессий в 30-х годах XX века их существование прекратилось. Лишь закрытые церкви да кладбищенские могилы служили на протяжении многих лет напоминанием о бывших евангелических обитателях и их приходах. И только через 50 лет, на волне «перестройки» в бывшем Советском Союзе, лютеранская церковная жизнь в Санкт-Петербурге стала возрождаться.

В наши дни во многих евангелических церквах города опять совершается богослужение. Был отреставрирован и в 1997 году вновь торжественно освящен храм святого Петра. Начинает разворачиваться диаконическое служение. В настоящее время предпринимаются попытки возродить и школьное дело на основе богатых традиций прошлого.

Церковные же здания на Невском проспекте – реформатская церковь и храм святого Петра, православный Казанский собор, римско-католическая и армянская церкви – по сей день свидетельствуют об атмосфере подлинной терпимости, которая царила между христианскими конфессиями в старом Санкт-Петербурге.

Гейнер Кох, Ганновер

Der heilige Johann von Kronstadt, der große Hirte des russischen Landes

Святой праведный Иоанн Кронштадтский, великий пастырь Земли Русской

Der Dienst der Wohltätigkeit und Barmherzigkeit ist ein nicht wegzudenker Teil der orthodoxen kirchlichen Tradition. Es ist nicht zutreffend, dass die tätige Nächstenliebe keine unbedingt notwendige Sache für einen orthodoxen Christen ist, weil – wie man manchmal meint – in der orthodoxen Lebensweise eine mystische, vollständig auf das Gebet und die Sakramente konzentrierte Frömmigkeit vorherrsche. Tatsächlich ist die Geschichte der Russischen Orthodoxen Kirche voller Beispiele eines wahren christlichen Dienstes an kranken, armen, obdachlosen und hilflosen Menschen. Man braucht nur an die Wohltätigkeit der Klöster zu erinnern, die über viele Jahrhunderte Tausende von Menschen in Hungerzeiten mit Nahrung und Unterkunft versorgten, die Waisen pflegten, Kranke heilten, den Sterbenden das letzte Geleit gaben und die Verstorbenen während der Epidemien bestatteten. Im Evangelium wird die Liebe Christi als Dienst am Nächsten und als Nachsicht mit den Kleinen (Matthäus 10,42) und Schwachen beschrieben. Jede Tat, auch die geringste, soll man aus Liebe und Mitgefühl mit dem Nächsten vollbringen.

Ein bedeutender Vertreter der orthodoxen Diakonie im 19. Jahrhundert war der heilige und gerechte Johann von Kronstadt (1828–1908), der noch heute eine besondere Verehrung genießt.

Es gibt zwei Arten von Diakonie in der Russischen Orthodoxen Kirche. Auf der einen Seite kann man unter Diakonie diejenigen Maßnahmen verstehen, die von der Kirche selbst getroffen werden, um Menschen unmittelbar zu helfen. Auf der anderen Seite kann man als Diakonie auch die kirchlichen Appelle an Staat und Gesellschaft bezeichnen, die darauf zielen, dass diese sich ihrer Verantwortung für hilfsbedürftige Menschen bewusst werden. Bei seiner Bekämpfung der Armut verband Johann von Kronstadt auf erstaunliche Weise diese beiden Aspekte des sozialen Dienstes – den »kirchlichen« und den »politischen« – miteinander.

Als junger Mann begann Vater Johann seinen Dienst in Kronstadt, auf der Insel Kotlin gelegen, im Osten des Finnischen Meeresbusens nahe von St. Petersburg. Gleich am Anfang seines Priesterdienstes wurde seine Uneigennüt-

Служение благотворительности и милосердия является неотъемлемой частью православной церковной традиции. Неверно думать, что благотворительность – дело совсем необязательное для человека церковного, что в православном образе жизни присутствует лишь мистическая сторона, целиком сосредоточенная на молитве, созерцании и Таинствах. На самом деле история Русской Православной Церкви изобилует примерами истинного христианского служения больным, бедным, бездомным, беспомощным. Достаточно вспомнить о благотворительности монастырей, которые на протяжении веков давали пищу и кров многим тысячам людей в голодные годы, призревали сирот, лечили больных, преподавали последнее напутствие и погребали умерших во время эпидемий. В Евангелии любовь Христова определяется как служение ближним и снисхождение к малым (Мф. 10. 42), немощным. Всякое дело, даже незначительное, должно совершаться из любви и сострадания к ближнему.

Видным представителем православной диаконии, являющейся неотъемлемой частью церковной традиции XIX–XX столетий, был святой праведный Иоанн Кронштадтский (1828–1908).

Диакония в Православной Церкви развивается по двум направлениям. Во-первых, это благотворительность, осуществляемая самой Церковью. Во-вторых, это церковные призывы, побуждающие государство и общество вспомнить о своей ответственности перед людьми, нуждающимися в помощи. В милосердии отца Иоанна Кронштадтского сочетаются оба пути социального служения. Архивные документы, составляющие целый том в истории церковной благотворительности, содержат свидетельства широты его деятельности.

Будучи еще молодым священником, отец Иоанн начал свою деятельность в Кронштадте, расположенном на острове Котлин в восточной части Финского залива, неподалеку от Санкт-Петербурга. С первых же шагов своего пастырства он проявлял

zigkeit und Barmherzigkeit offenbar. Manchmal kam er ohne Stiefel und Gewand nach Hause, die er auf dem Heimweg den Bettlern geschenkt hatte. Für Vater Johann war Wohltätigkeit keine einmalige Aktion, sondern das alltägliche Tun aus Liebe zum Nächsten. Oft war dies eine Arbeit ohne sichtbare Ergebnisse, denn das Gespendete wurde ziemlich schnell verwendet und ausgegeben. Arbeit ohne sichtbare Ergebnisse ist aber die mühsamste Arbeit.

Oft fiel es Vater Johann unerträglich schwer, diesen ständigen Kampf gegen die Armut und Not zu führen. Wahrscheinlich war es ein solcher Augenblick, in dem sich Vater Johann an seine Gemeinde mit dem folgenden

нестяжательность и милосердие, приходя иной раз домой без сапог и рясы, которые он по пути жертвовал нищим. Для отца Иоанна процесс благотворительности был не разовой акцией, но повседневным трудом во имя любви к ближнему. Часто это был труд без видимых результатов, так как пожертвование использовалось и расходовалось довольно быстро. Труд без видимых результатов – самый тяжелый труд.

Очень часто отцу Иоанну становилось невыносимо тяжело в этой постоянной борьбе с нищетой и нуждой. Видимо, в одну из таких тяжелых минут

20 *Kronstadt, vor der Revolution der wichtigste russische Flottenstützpunkt und eine Stadt mit vielen sozialen Problemen. 1917 war Kronstadt einer der Hauptausgangspunkte des bolschewistischen Umsturzes.*
До революции Кронштадт был важнейшей морской базой России. В 1917 году город, в котором было немало социальных проблем, стал одним из главных исходных пунктов большевистского переворота.

Aufruf wandte: »Brüder! Vor Gott sage ich euch, dass ich die Hälfte meines Vermögens an Bettler verteile. Habt Erbarmen auch mit mir, befreit mich von der überflüssigen Last, teilt die Wohltätigkeit gerechter auf. Folgt meinem Beispiel nach! Brüder! Bettler dürfen nicht vergessen werden!«

Ein Vater der Armen und Helfer der Notleidenden

Die Wohltätigkeit von Johann von Kronstadt war eine Lebensweise und keine einmalige Aktion des guten Willens. Dabei war er in jedem Fall zunächst ein Mann der Tat und nicht der Planung, ein Mann, der unmittelbar zupackte und keiner, der Freude am Organisieren hatte. Der Sekretär von Vater Johann führte eine Liste von Überweisungen, auf der beträchtliche Summen vermerkt wurden. Auf jede Bitte oder auf jeden Brief mit der Bitte um Hilfe folgte unverzüglich eine Postüberweisung. Dies zeigen die erhaltenen Unterlagen. 3000 Rubel spendete er für den Schulrat der Eparchie von Archangelsk für Bedürfnisse des Seminars und der Schule, 300 Rubel an die Geistliche Mission im Altaj-Gebiet. Der Priester A. Jakubow aus Finnland bedankte sich für die Unterstützung in Höhe von 300 Rubel für die kirchliche Gemeindeschule. Die Gesellschaft für die gegenseitige finanzielle Unterstützung

отец Иоанн обращается к своей пастве со следующим призывом: «Братья! Перед Богом говорю, что я полагаю половину своего достояния на нищих. Пожалейте и меня, избавьте меня от лишней тяготы, распределите благотворительность более правильным образом. Следуйте моему примеру! Братья! Нищих нельзя забывать!»

Отец бедняков и помощник нуждающимся

Благотворительность Иоанна Кронштадтского была именно образом жизни, а не разовыми актами доброй воли. Причем он был в первую очередь человеком дела, а не планирования, человеком, который сразу же помогал, а не увлекался организацией помощи. У секретаря отца Иоанна находился список переводов, который был весь испещрен весьма значительными суммами. На любую записку или письмо с просьбой о помощи немедленно высылался почтовый перевод. Из сохранившихся документов видим: 3000 рублей он жертвует в Архангельский епархиальный училищный совет на нужды семинарии и школы, 300 рублей – Алтайской духовной миссии, священник А. Якубов из Финляндии благодарит за помощь в размере 300 рублей для

der Volksschullehrer spricht Vater Johann Dank für großzügige Spenden aus »für die Unterkunft von Kindern der Dorflehrer und Dorflehrerinnen, die Petersburger Schulen besuchen«. Anna Arapowa, die Kuratorin des Waisenhauses »Die Krippe«, bedankt sich für die Sorge um die Waisenkinder; für eine großzügige Spende bedankt sich auch die Schule für Blinde in Perm. Das Geistliche Konsistorium von Archangelsk bestätigt den Erhalt von 1000 Rubel von Vater Johann »für den Unterhalt von Waisenkindern und Witwen der im Krieg gegen Japan gefallenen Offiziere und Unteroffiziere«.

Johann von Kronstadt unterstützt die bedürftigen Studenten der geistlichen Akademien und Seminare. Er erhält Dankschreiben für seine großzügigen Wohltaten aus den Geistlichen Akademien in Kasan, Moskau und Kiew. An ihn wenden sich sogar ganze Dörfer mit Hilferufen, etwa die Bauern aus dem Gouvernement Archangelsk, die nicht genügend Mittel für die Aussaat besaßen. Es wird der Erhalt von 1000 Rubel von Vater Johann zum Erwerb von Samen bestätigt; das Schreiben haben 382 Bauern mit ihren Unterschriften quittiert. Eine derartige Wohltätigkeit wäre undenkbar gewesen, hätte der Priester nicht diese selbst für die damalige Zeit gewaltigen Summen als Spenden erhalten. Zahllose Menschen hatten sie ihm in Kenntnis seiner Anständigkeit und Uneigennützigkeit überwiesen.

Johann von Kronstadt unterstützte auch Klöster und Kirchen. Seine Wohltätigkeit erstreckt sich dabei nicht nur auf Orthodoxe, sondern auch auf Angehörige anderer christlicher Kirchen und sogar auf Nichtchristen. Er spendete auch für jüdische Vereine und für Tataren. Dabei ließ er sich von dem Grundsatz leiten: »Bei Gott gibt es weder Griechen noch Juden. Ich besitze kein eigenes Geld. Man spendet an mich und ich gebe weiter. Manchmal weiß ich nicht einmal, wer spendet und woher mir die eine oder andere Spende zugeflossen ist. Aus diesem Grund spende ich dort, wo Not am Mann ist und wo dieses Geld Nutzen bringen kann.«

Bekannt ist folgende interessante Geschichte. An Vater Johann von Kronstadt wandten sich einmal Katholiken mit der Bitte, ihnen bei der Beschaffung einer anständigen Glocke für ihre Kirche zu helfen, weil die Behörden, die sie um die notwendigen Mittel ersucht hatten, ihre Bedürfnisse völlig ignorierten. Der Hirte gab ihnen die notwendige Summe zum Erwerb der Kirchenglocke, ohne ein Wort zu sagen. Nachträglich fügte er hinzu: »Mögen sie Gott loben.«

Die Wirksamkeit Johann von Kronstadts erstreckte sich – wie man sieht – von der Ostküste aus über die Weiten des russischen Landes. Dabei kamen ihm natürlich die in

21 *Der heute in Russland als Heiliger und Gerechter verehrte Johann von Kronstadt (1828–1908).*
Иоанн Кронштадтский (1828–1908), почитаемый сегодня как святой праведник.

церковно-приходской школы, Общество взаимного вспомоществования учителям народных школ выражает благодарность отцу Иоанну за щедрые пожертвования для «приюта, в котором живут учащиеся в Петербурге дети сельских учителей и учительниц». Анна Арапова, попечительница приюта, благодарит его за попечение о детях-сиротах; за щедрое пожертвование благодарит и Пермское училище слепых. Архангельская духовная консистория уведомляет о получении от отца Иоанна 1000 рублей «на содержание детей-сирот и вдов офицеров и нижних чинов, павших в войну с Японией».

Иоанн Кронштадтский помогает нуждающимся студентам духовных академий и семинарий. Он получает благодарности за щедрые благодеяния из Казанской Духовной академии, из Московской и из Киевской. К нему обращались за помощью даже целыми селами, как это сделали крестьяне Архангельской губернии, которым не хватало средств на посевы полей. Сохранилась ведомость с расписками 382 крестьян в получении от отца Иоанна 1000 рублей на приобретение семян. Такая благотворительность была бы невозможна, если бы самому пастырю не присылали громадные, по тем временам, суммы пожертвований. Очень много людей жертвовало ему, зная его порядочность и нестяжательность.

Иоанн Кронштадтский оказывает поддержку также монастырям и храмам. Его благотворительность простирается не только на православных, но и на иные христианские церкви и даже на

der zweiten Hälfte des 19. Jahrhunderts neu entwickelten Techniken des Nachrichtenwesens und des Verkehrs zugute: Die Post wurde in Waschkörben angeliefert und Vater Johann reiste bis in die Ukraine und an die untere Wolga. In seinem berühmten Bericht über die Reise zur Insel Sachalin im Fernen Osten schrieb Anton Tschechow im Jahr 1890: »In welches Haus ich auch geriet, überall sah ich an der Wand ein Porträt von Vater Johann.« Es war wohl diese Reisetätigkeit, die Johann von Kronstadt den Ehrentitel »Hirte aller Russen« einbrachte.

Im Kampf gegen das Großstadtelend des 19. Jahrhunderts war Vater Johann bemüht, die Wurzeln der Armut, die die Stadt Kronstadt heimsuchte, zu entdecken. Die Stadt wurde nicht nur durch die Seefestung und den Kriegshafen der baltischen Flotte des russischen Reiches geprägt. Sie diente auch als Verbannungsort für die verschiedensten asozialen Elemente, die man aus der Hauptstadt St. Petersburg auszuweisen pflegte. Diese hausten in Hütten und Erdlöchern am Rande der Stadt, wo regelrechte »Slums« entstanden waren.

Johann von Kronstadt sprach dieses Großstadtelend in seinen Predigten offen an und fand auch – nach anfänglichen Schwierigkeiten – Zugang zu den Kindern und den Armen in diesen Stadtvierteln. »Wer kennt nicht die Schwärme der Kronstädter Bettler aus dem Kleinbürgertum, Frauen und Kinder in verschiedenem Alter? Kommt aber wirklich jeder hinter die wahren Gründe einer solchen Menge von Armut in Kronstadt? Man muss doch wissen, was uns so nah liegt, womit wir leben und was sozusagen einen täglichen, wenn auch oft nicht sehr angenehmen Abschnitt unseres Lebens ausmacht.« Vater Johann fand viele Gründe für die Armut seiner Stadt. Es gibt Armut von Geburt an, Armut der Waisen, Armut nach Unglücksfällen, Armut wegen Krankheit oder aus Altersgründen. Zugleich weist er darauf hin, dass es auch Armut wegen »Verlust einer Stelle gibt, wegen Trunksucht, und in den meisten Fällen wegen des Mangels an Arbeit und des Mangels an Mitteln, die man benötigt, um eine Arbeitstätigkeit aufzunehmen. Dazu braucht man doch anständige Kleidung, Schuhe, das tägliche Brot, Werkzeug oder Ausrüstung«. Der Hirte von Kronstadt bemühte sich in erster Linie um die Bekämpfung all dieser Gründe, die zur Armut führten. Darin liegt wahrscheinlich die besondere Bedeutung seiner sozialen und diakonischen Tätigkeit in Kronstadt.

Im Jahr 1882 errichtete Johann von Kronstadt das »Haus der Arbeitsliebe«. Für seinen Bau verwendete man nach damaligen Verhältnissen gewaltige Geldsummen. Als das Haus fast fertig war, brach im benachbarten Freudenhaus Feuer aus. Die Flammen ergriffen die neuerrich-

иноверцев. Он жертвует и еврейским обществам, и татарам, при этом он руководствуется принципом: «У Бога нет ни эллинов, ни иудеев. У меня своих денег нет. Мне жертвуют, и я жертвую. Я даже часто не знаю, кто и откуда прислал мне то или другое пожертвование. Потому и я жертвую туда, где есть нужда и где эти деньги могут принести пользу».

Известен весьма любопытный случай о том, что к отцу Иоанну Кронштадтскому обратились католики с просьбой приобрести им приличный колокол для своего костела, так как власти, у которых они просили нужные средства, совершенно игнорировали их нужды. Пастырь, не говоря ни единого слова, дал им нужную сумму для приобретения колокола, а после прибавил: «Да славят они Бога».

Деятельность Иоанна Кронштадтского распространялась, как мы видим, от западных берегов, уходя вглубь российской земли. И тут ему, несомненно, пошло на пользу развитие во второй половине XIX века техники связи и транспорта. Почта доставлялась в бельевых корзинах, а отец Иоанн мог путешествовать на Украину и в низовья Волги. В своих заметках о путешествии на остров Сахалин Антон Чехов писал в 1890 году: «В какой бы дом я ни вошел, повсюду я видел на стене портрет отца Иоанна». Благодаря своим путешествиям отец Иоанн Кронштадтский, видимо, и был назван «всероссийским пастырем».

Борьба против городской нищеты в XIX веке

Отец Иоанн пытается найти корни нищеты, которая поразила Кронштадт. Жизнь города определялась не только тем, что здесь была морская крепость и военный порт Балтийского флота Российской Империи. Одновременно Кронштадт служил местом ссылки различных асоциальных элементов, обычно выселявшихся из столичного Санкт-Петербурга. Эти люди прозябали в хижинах и землянках на окраине города. Со временем здесь образовались настоящие трущобы.

Иоанн Кронштадтский открыто говорил об этой городской нищете в своих проповедях. После начальных трудностей он сумел найти подход к детям бедняков, живших в этих городских кварталах. «Кому не известны, - говорил он, - рои кронштадтских нищих-мещан, женщин и детей разного возраста? …Но всякий ли додумывается до настоящей причины такого множества бедных в Кронштадте? … Как не знать того, что так близко к нам, с чем мы живем, что составляет, так сказать, ежедневный фазис нашей

22 *Mit Ausbildungsstätten und Schulen, einer ärztlichen Versorgungsstation, Wohnheim und Großküche war
das »Haus der Arbeitsliebe« eine der fortschrittlichsten
Sozialeinrichtungen im Russland seiner Zeit.*
Благодаря своему училищу и школам, амбула-
торной лечебнице, общежитию и кухне, Дом
Трудолюбия стал одним из наиболее передовых
социальных учреждений того времени в России.

teten Bauten, und in wenigen Stunden verwandelte sich
das gesamte Werk von Vater Johann in einen Haufen
Asche. Dabei beschäftigten sich die Feuerwehrleute trotz
all seiner Bitten mit dem Feuerlöschen in benachbarten
Häusern, so als wollten sie bewusst das »Haus der Arbeitsliebe« ohne Schutz lassen. Nach dieser Prüfung
nahm Vater Johann seine Arbeit wieder auf und bereits
am 10. Oktober 1882 konnte das »Haus der Arbeitsliebe«
wieder feierlich eingeweiht werden.

In diesem Haus errichtete man Werkstätten zur Herstellung von Hanfseilen. Diese Arbeit verlangte keine starken Anstrengungen. Deswegen konnten hier Menschen
mit schwacher Gesundheit tätig sein. Sie konnten sich
hier das Essen und eine würdige Übernachtung verdie-
nen. Es wurden auch Werkstätten für Frauen eröffnet, deren Absolventinnen Zeugnisse mit der Bezeichnung
»Meisterin« erhielten. Hier fanden etwa 50 junge Frauen
Ausbildung und Arbeit. 16 Gesellen waren unter der Anleitung erfahrener Meister in der Schuhmacherei tätig. Im
»Haus der Arbeitsliebe« erhielten außerdem 22 Frauen
Unterkunft, die aus gesundheitlichen Gründen arbeitsun-
fähig waren. Ein Ambulatorium leistete allein in dem einen Jahr 1896 an 2721 Menschen kostenlos medizinische
Hilfe. Alle Patienten erhielten Medikamente ohne Bezah-
lung. Die Volksschule unterrichtete bereits 1897 unentgeltlich 279 junge Leute, und die Jugendbibliothek lieh allein im Schuljahr 1896 mehr als 4500 Bücher aus. Die
Volksschule besaß sogar eine eigene zoologische Samm-
lung und bot so einzigartiges Material für den Zoologie-
kurs an. Mehr als 800 Menschen besuchten das Lesezim-
mer, die Besucherzahl der Sonntagsschule betrug 167 Personen. Das außerhalb der Stadt liegende Landhaus, genannt »Vater Johanns Barmherzigkeitshaus«, übernahm
die Erziehung und Ausbildung bettelnder Kinder. Das
beim »Haus der Arbeitsliebe« angebaute Gemüse reichte
nicht nur für die Versorgung des Hauses und der Herber-
ge aus. Es blieb einiges auch zum Verkauf. Vater Johann
eröffnete schließlich auch ein Nachtasyl mit 110 Plätzen,
das insbesondere durch seine Sauberkeit und Ordentlich-
keit auffiel.

жизни, хотя часто и не совсем приятный». Отец
Иоанн находит, что бедность бывает от рождения,
сиротства, несчастных случаев, болезни и старости,
но также он указывает, что бедность бывает от «по-
тери места, пристрастия к хмельным напиткам, и в
наибольшей части случаев, от недостатка труда и от
недостатка средств, с которыми бы можно было
взяться за труд: порядочной одежды, обуви, насущ-
ного хлеба, инструмента или орудия». Кронштадтский пастырь прежде всего старается бороться с
причинами, порождающими нищету. В этом, видимо, и заключается особое значение его социальной
и диаконической деятельности в Кронштадте.

В 1882 году отцом Иоанном был построен Дом
Трудолюбия. На его строительство ушли громадные
по тем временам суммы, но, когда Дом был уже
почти готов, в соседнем увеселительном заведении
вспыхнул пожар. Огонь перекинулся на новые по-
стройки, и в течение нескольких часов детище отца
Иоанна превратилось в груды пепла. Причем, несмотря на его уговоры, пожарные занимались туше-
нием соседних домов, как бы намеренно оставляя
Дом Трудолюбия без защиты. Пережив это испыта-
ние, отец Иоанн вновь берется за работу, и уже 10
октября 1882 года Дом был торжественно освящен.

В Доме были основаны мастерские, вязали канаты
из пеньки. Причем этот труд не требовал особых
усилий, поэтому там работали люди со слабым
здоровьем. Это позволяло им заработать себе на еду
и достойный ночлег. Были также открыты женские

Mit seinen Lehrwerkstätten und Bildungseinrichtungen, dem Obdachlosen-Asyl und der Pilgerherberge, dem angeschlossenen Waisenhaus, dem Frauenhaus, dem Kindergarten und der medizinischen Praxis war das »Haus der Arbeitsliebe« eine einmalige Einrichtung. Ohne Zweifel lässt sich dieses breit angelegte Sozialwerk mit den großen Werken der »Inneren Mission« vergleichen, die ein Hinrich Wichern oder Wilhelm Löhe im 19. Jahrhundert in Deutschland ins Leben riefen. Das Wirken Johann von Kronstadts widerlegt eindrücklich die auch in Deutschland noch heute verbreitete Ansicht, die Russische Orthodoxe Kirche habe das soziale Elend in der zweiten Hälfte des 19. Jahrhunderts nicht gesehen und Diakonie sei ihr fremd.

Erstaunlich ist noch ein Umstand. Warum begann die Geschichte der Diakonie in der Stadt Kronstadt ausgerechnet mit diesem Priester? Gab es denn vor ihm hier kein Elend, keine Trunksucht, keine Obdachlosigkeit? Gab es hier keinen Menschen, der diesen sozialen Übelständen den Kampf angesagt hätte?

Ein großer Seelsorger, Prediger und Beter

Die Antwort auf diese Fragen findet sich in den theologischen Ansichten von Vater Johann. In seinem Wirken der Barmherzigkeit ließ er sich von der orthodoxen Sicht der hohen Würde und des Wertes jedes einzelnen Menschen als eines Ebenbildes Gottes leiten. »So wie Gott über die gesamte Schöpfung herrscht – über den Himmel und die Erde und über alle Tiere, die Himmel und Erde bewohnen – so wurde auch der Mensch von Gott zum König der Erde eingesetzt, wie ein Stellvertreter des himmlischen Königs.« Diese hohe Meinung über die Würde des Menschen veranlasste Vater Johann, in jedem Vagabunden oder Bettler die Gottesebenbildlichkeit zu suchen. »Der Mensch ist geschaffen für das Leben in der Gemeinschaft, und die ganze Vielfalt der Menschen soll nach der Absicht Gottes einen Leib darstellen, jeder für sich aber eines seiner Glieder.«

Diese Betrachtung der menschlichen Gemeinschaft als Leib, als eine Art von Bruderschaft, bestimmte den Charakter seiner »politischen« Diakonie, seinen Appell an die Solidarität und die Barmherzigkeit der ganzen Gesellschaft. Liebe und Barmherzigkeit waren die Hauptpostulate seiner Ethik. »Freue dich« – schreibt Vater Johann einmal – »wenn du die Gelegenheit erhältst, Liebe zu erweisen. Erweise Liebe einfach, ohne kleinliche, alltägliche, eigennützige Berechnungen, denke daran, dass Gott selbst Liebe ist.« Dabei sah Vater Johann – wie die Väter der Diakonie in Deutschland auch – die Diakonie letztlich in der Armenpflege der ersten christlichen Gemeinde in Je-

мастерские, выпускницы которых получали свидетельства на звание мастериц. Здесь учились и трудились около 50 девочек. В сапожных мастерских работали под руководством опытного мастера 16 учеников. Дополнительно в Доме Трудолюбия получили приют 22 женщины, по состоянию здоровья неспособные к труду. В одном только 1896 году амбулаторная лечебница оказала бесплатную медицинскую помощь 2721 человеку. Всем приходящим больным также выдавались бесплатные медикаменты. Народное училище уже в 1897 году бесплатно обучало 279 молодых людей, а детская библиотека только за учебный сезон 1896 года выдала более 4500 книг. При народном училище была даже своя зоологическая коллекция, предоставляющая уникальный материал для прохождения курса зоологии. Услугами народной читальни пользовались более 800 человек, а в воскресной школе занимались 167 человек. Загородный приют или Дом милосердия имени отца Иоанна взял на себя воспитание и обучение нищенствующих детей. Овощей, выращиваемых на огородах, относящихся к Дому Трудолюбия, хватало не только на сам Дом и приют, но еще и оставалось для свободной продажи. Наконец, отцом Иоанном был открыт и ночлежный приют на 110 мест, который отличался прежде всего своей чистотой и опрятностью.

Мастерские и училища, приют для бездомных и ночлежка, сиротский дом и женские мастерские, детский приют и лечебница делали Дом Трудолюбия единственным в своем роде учреждением. Такое налаженное на широкую ногу социальное служение, вне сомнения, можно сравнить с крупными учреждениями «внутренней миссии», основанными в XIX веке в Германии Хинрихом Вихерном или Вильгельмом Лейе. Служение Иоанна Кронштадтского служит впечатляющим опровержением до сих пор распространенных в Германии представлений, будто Русская Православная Церковь не замечала социальных нужд второй половины XIX века и будто ей была чужда диакония. Удивляет еще одно обстоятельство. Почему история благотворительности в городе Кронштадте началась именно с этого пастыря? Неужели до него в городе не существовало нищеты, пьянства и бродяжничества и не нашлось человека, вступившего бы в борьбу с этим социальным злом?

Великий пастырь, проповедник и молитвенник
Ответ мы можем найти в богословских воззрениях отца Иоанна, в его последовательной христианской

rusalem verankert. So erklärte er einmal: »Die kirchliche Fürsorge ist eine Einrichtung der frühesten christlichen Zeiten, der apostolischen, wo man infolge der brüderlichen Liebe so umeinander besorgt war, dass es nicht einen einzigen Armen gab.«

Der Mensch ist freilich nach Johann von Kronstadts Auffassung nicht nur ein leibliches, sondern auch ein geistiges Wesen. Darum können auch die Erscheinungsformen der Barmherzigkeit und des Mitleids unterschiedlich aussehen, sie bestehen nicht nur in der materiellen Versorgung des Bedürftigen. Jeder Rat und jede Bezeugung von Achtung sind bereits Erscheinungsformen der Liebe. »Wendet euer Gesicht nicht von den Hilfsbedürftigen ab, gleich worum es gehen mag, um einen Kranken oder Bettler, um einen Bedürftigen oder Traurigen, um einen, der Trost braucht, oder um einen, der sich in starker Bedrängnis befindet, oder um einen, der Erbauung, Belehrung und moralische Unterstützung oder auch eure Geduld, Nachsicht, Vergebung und Schutz braucht; erweist auf unterschiedliche Weise euren Nächsten Erbarmen, denn wir sind ja alle Kinder des einen himmlischen Vaters, und wir müssen in brüderlicher Liebe zueinander leben und einer die Lasten des anderen tragen.«

Die Wirksamkeit Johann von Kronstadts und die Verehrung, die er im ganzen russischen Volk genoss, lassen sich nur erklären, wenn man berücksichtigt, dass sein ganzes soziales Engagement zutiefst verbunden war mit seiner Tätigkeit als Seelsorger, Prediger und Erbauungsschriftsteller. Die Geistlichen, die mit ihm zusammen die »Göttliche Liturgie« feierten, äußerten sich immer wieder tief beeindruckt vom Ernst und von der tiefen Herzensfrömmigkeit des Priesters. Die Kronstädter schätzten nicht nur seine durch und durch biblischen Predigten, sondern suchten ihn auch bevorzugt als Beichtvater auf. Als Anfang der neunziger Jahre täglich 150 bis 300 Menschen bei ihm beichten wollten – in der Fastenzeit sogar täglich 6000 –, mussten allgemeine Buß- und Beichtgottesdienste eingerichtet werden. Dieser gewaltige Zustrom der Menschen war bestimmt Teil der allgemeinen Bußbewegung, die um die Jahrhundertwende auch in vielen anderen Teilen der Christenheit zu beobachten war.

Vater Johann war aber auch als der große Beter und Fürbitter in allen Schichten der Bevölkerung gesucht. Dabei kam es in seinem Umfeld immer wieder zu Krankenheilungen. Er selber freilich wollte nie als Wundertäter gelten, sondern sagte einmal: »Ich bin nur ein Mensch. In mir wirkt ununterbrochen die Barmherzigkeit, die Wahrheit und die Gerechtigkeit Gottes. Ich kann keine Wunder tun, aber ich bete immer, und sehr oft sind es Gebet und Glaube der Kranken, die ihn heilen.«

антропологии и этике, которая прежде всего и определяла его отношение к людям. «Как Бог царствует над всем созданием – над небом и землей и над всеми животными тварями, населяющими небо и землю: так и человек поставлен от Бога царем земным или как бы наместником Царя небесного».

Такой высокий взгляд на достоинство человека заставлял отца Иоанна искать богоподобие в любом оборванце или нищем. «Человек создан для общежития, - писал он, - и все множество людей должно, по намерению Божию, составлять одно тело, а порознь члены».

Воззрение на человеческое сообщество как на единое тело, как на некое братство, обусловливало характер его понимания диаконии как призыва к состраданию и милосердию общества. Любовь и милосердие – вот основные постулаты его этики. «Радуйся, – пишет отец Иоанн, – когда тебе предстоит случай оказать любовь. Оказывай любовь просто, без мелочных, житейских корыстных расчетов, памятуя, что любовь есть Сам Бог». При этом отец Иоанн – как и отцы диаконии в Германии – считал, что начало диаконии было заложено в уходе за больными в первых христианских общинах в Иерусалиме. Поэтому он пишет: «Церковное попечительство – это учреждение раннего христианства, времен апостольских, когда, движимые братской любовью, все так заботились друг о друге, что не было ни одного бедного».

Однако, человек, по мнению Иоанна Кронштадтского, есть существо не только телесное, но и духовное, поэтому и способы проявления милосердия и сострадания могут быть разными и не заключаться только в материальном обеспечении нуждающегося. Любые совет и внимание уже являются проявлениями любви: «Не отвращайте же лица своего от нуждающегося в помощи, будет ли это больной или нищий и нуждающийся, или печальный, требующий утешения, или вообще находящийся в тесных обстоятельствах или нуждающийся в наставлении и вразумлении и поддержке нравственной, или в вашем терпении, снисхождении, прощении, защите; оказывайте различным образом милость ближним своим ради того, что все мы дети одного Отца небесного и должны жить в братской любви, носить тяготы друг друга».

Эффективность дел Иоанна Кронштадтского, уважение, которым он пользовался во всем русском народе, становятся понятны лишь при учете того, что все его социальное служение было тесно связано с

23 *Vor allem den Waisenkindern und Sozialwaisen der Hafenstadt an der Ostsee galt die Fürsorge des »Arbeiterpriesters« von Kronstadt.*
Забота «пастыря трудящихся» Кронштадта была направлена в первую очередь на сирот, бездомных, нищих портового города Балтийского моря.

Die Bedeutung Vater Johanns für das geistliche Leben der russischen Orthodoxie ist auch in seiner Tätigkeit als Erbauungsschriftsteller begründet. Seine gedruckten Predigten und Tagebücher trugen seine religiösen Gedanken ins ganze Land. Besonders weite Verbreitung fand sein umfangreiches Hauptwerk unter dem Titel »Mein Leben in Christo oder Minuten geistlicher Nüchternheit und Betrachtung, andächtigen Gefühls, seelischer Besserung und Ruhe in Gott«.

Es erstaunt, dass dieser praktisch – diakonisch tätige Seelsorger und Priester auch in den öffentlichen Auseinandersetzungen seiner Zeit seine Stimme erhob. Allerdings rief seine Art, sich als Mitglied des »Bundes des russischen Volkes« zu aktuellen politischen Fragen zu äußern, zuweilen auch Kritik hervor. Leidenschaftlich setzte sich Johann von Kronstadt zum Beispiel mit den weltanschaulichen Ansichten des Grafen Leo N. Tolstoj auseinander. Als treuer Sohn seiner Kirche warf er ihm Abfall vom rechten orthodoxen Glauben vor. Auch mit

деятельностью пастыря, проповедника и назидательного писателя. Более 32 лет отец Иоанн был горячо любимым учителем Закона Божия в кронштадтских школах. Священники, служившие вместе с ним Божественную литургию, всегда рассказывали, какое большое впечатление произвели на них серьезность и глубокое сердечное благочестие батюшки. А кронштадтцы не только ценили его проповеди, насквозь пронизанные Библией, но и старались попасть на исповедь именно к отцу Иоанну. Когда в начале 90-х годов ежедневно у него желали исповедоваться от 150 до 300 человек, а в великопостные дни даже более 6000 человек каждый день, пришлось устраивать богослужения с общим покаянием и исповедью. Этот колоссальный приток людей, несомненно, был частью движения покаяния, наблюдаемого на рубеже веков во многих частях христианства.

К отцу Иоанну прибегали как к великому молитвеннику и ходатаю представители всех слоев населения. При этом вокруг него многократно были случаи исцеления больных. Многие из них были поистине чудодейственными исцелениями, правда, эти сообщения нельзя было проверить в научном отношении. Однако имеются достоверные сообщения, подтверждающие, что Иоанн Кронштадтский был человеком, способным силой своих молитв творить чудеса. Впрочем, он сам не хотел, чтобы его считали чудотворцем, однажды он даже сказал: «Я всего лишь человек. Во мне непрерывно действует милость, истина и правда Божия. Я не могу творить чудеса, но я постоянно молюсь, и очень часто именно молитва и вера исцеляют больного».

Значение отца Иоанна для духовной жизни Русского Православия объясняется и его деятельностью в качестве назидательного писателя. Опубликованные проповеди и дневники отца Иоанна сделали его религиозные мысли известными по всей стране. Особенно широкое распространение получил его главный, обширный труд «Моя жизнь во Христе, или минуты духовного трезвения и созерцания благоговейного чувства, душевного исправления и покоя в Боге».

Удивительно, что этот практически деятельный в диаконии пастырь и священник поднимал свой голос и в общественной дискуссии своего времени. Правда, его манера высказываться по насущным политическим вопросам в качестве члена Союза русского народа вызывала иногда и критику. Например, Иоанн Кронштадтский вступил в страстную полемику с мировоззренческими воззрениями графа

dem Volksschriftsteller Nikolaj Leskow, der zu den Freunden Tolstojs zählte, kam es zu einer heftigen Fehde. Doch nicht weniger als die Angriffe seiner Gegner machten Vater Johann in den letzten Jahren seines Lebens die Verstiegenheiten seiner Anhänger zu schaffen. In manchen Gegenden Russlands kam es zu regelrechten »Sektenbildungen« der Verehrer, die er nur mit Mühe korrigieren konnte.

Wenn wir eine solch eindrucksvolle Gestalt wie Johann von Kronstadt betrachten – eine Gestalt, in der sich der evangelische Geist der Liebe voll verwirklicht hat –, dann kann man nicht behaupten, dass Wohltätigkeit und Sozialarbeit keinen Platz in der orthodoxen Tradition hätten. Man kann lediglich sagen, dass es immer wieder Menschen gab und gibt, die von der wahren kirchlichen Tradition der Barmherzigkeit und Nächstenliebe abweichen.

Wenn wir keine Nächstenliebe unter den Menschen finden, die sich als Christen bezeichnen, bedeutet dies, dass die Liebe nicht zum grundlegenden Prinzip ihres Lebens geworden ist; ein solcher Mensch ist also nicht in vollem Maß von der christlichen Barmherzigkeit erfüllt.

Das Beispiel von Vater Johann macht deutlich: Die Geschichte der Orthodoxie kennt Gerechte, die in vollem Umfang die lebendige Sorge der Kirche um die bedürftigen Schwestern und Brüder in sich verkörpern und die ihr Streben zu Gott im Gebet nicht vernachlässigen oder von ihrem sozialen Dienst trennen. So appelliert Vater Johann an seine gegenüber der Armut gleichgültigen Mitbürger: »Im Namen des Christentums, im Namen der Menschenliebe und Humanität rufe ich euch auf: Lasst uns diesen obdachlosen Armen helfen, lasst uns sie moralisch und materiell unterstützen, lasst uns ihnen wie Menschen und Mitbrüdern Solidarität erweisen. So werden wir beweisen, dass in uns das Gefühl der Menschenliebe noch lebt und dass die Selbstsucht uns nicht verzehrt hat.«

Der Versuch der geistlichen Erneuerung des orthodoxen Russland an der Wende des 19./20. Jahrhunderts ist für immer mit dem Namen Johann von Kronstadts verbunden. Die Tragik der Russischen Orthodoxen Kirche im 20. Jahrhundert besteht darin, dass in den Jahren der Sowjetmacht versucht wurde, die kirchliche Tradition des Dienstes am Menschen zu vernichten. Jetzt aber wird die Tradition zu neuem Leben erweckt. Und das Beispiel von Vater Johann von Kronstadt dient dabei als Grundlage.

Diakon Igor Iwonin, St. Petersburg

Льва Толстого. Будучи верным сыном своей Церкви, он обвинял Толстого в отпадении от истинной православной веры. Крупные споры вспыхнули и с народным писателем Николаем Лесковым, принадлежавшим к кругу друзей Толстого. Правда, в последние годы жизни отца Иоанна экзальтированность его поклонников порой доставляла ему не меньше неприятностей, чем нападки врагов. В некоторых регионах России дело дошло до появления настоящих сект почитателей отца Иоанна, в деятельность которых ему с трудом удавалось вносить поправки.

Взирая на столь яркий образ Иоанна Кронштадтского, реализовавшего в себе евангельский дух любви, нельзя говорить, что благотворительность и социальная диакония не нашли своего места в православной традиции. Можно лишь утверждать, что постоянно встречаются люди, отходящие от исконно церковной традиции милосердия и благотворительности.

Если мы не встречаем дел благотворительности в среде тех людей, которые называют себя христианами, – значит, любовь не стала основополагающим принципом их жизни, значит, человек не исполнился полной меры христианского милосердия. Пример отца Иоанна показывает, что история Православия являет нам праведников, в полной мере воплотивших в себе живую заботу Церкви о нуждающихся братьях и не отделяющих свое молитвенное устремление к Богу от социального служения. Так, отец Иоанн обращается к своим равнодушным к нищете согражданам: «Во имя христианства, во имя человеколюбия, гуманности взываю, поможем этим бесприютным беднякам, поддержим их и нравственно, и материально; не откажемся от солидарности с ними, как с человеками и собратами, и докажем, что чувство человеколюбия в нас еще живуче и себялюбие не заело нас».

Попытка духовного обновления православной России на рубеже XIX и XX веков неразрывно связана с именем Иоанна Кронштадтского. И трагедия Русской Православной Церкви XX века в том, что за годы советской власти традицию социального служения постарались уничтожить. Но сейчас эта традиция восстанавливается, и пример отца Иоанна служит основанием для ее возрождения.

Диакон Игорь Ивонин, Санкт-Петербург

Auf der Suche nach der Fülle: Großfürstin Elisaweta Feodorowna und die Martha-Maria-Schwesternschaft

В поисках полноты: Великая Княгиня Елизавета Федоровна и Марфо-Мариинская обитель

Nur wenigen Heiligen der russischen Orthodoxie ist die Aufmerksamkeit zuteil geworden, im Bühnenwerk eines westeuropäischen Autors verewigt zu werden. Eine Heilige unseres Jahrhunderts aber fand, wenn auch ohne Nennung ihres Namens, diese Beachtung: Großfürstin Elisaweta Feodorowna, geborene Prinzessin Elisabeth von Hessen und bei Rhein, der Albert Camus (1913–1960) in seinem 1949 uraufgeführten Werk »Les Justes« ein literarisches Denkmal gesetzt hat.

In der Tat haben wir es in Elisaweta Feodorowna (1864–1918) mit einer faszinierenden Gestalt zu tun, die zudem Russland, Deutschland und England in einzigartiger Weise miteinander verbindet. Man wird sie als eine der großen Frauengestalten dieses Jahrhunderts bezeichnen können, als eine Frau, der es gelang, tiefe Unterschiede, ja Gegensätze zu versöhnen: »Der Geburt nach eine deutsche Prinzessin mit einem großen Anteil englischen Blutes, wurde sie in den englischen Traditionen und in dieser Sprache erzogen. Doch dessen unbeschadet, hat sie – wie fast alle Ausländerinnen, die Ehefrauen von Mitgliedern der Kaiserlichen Familie und sogar unsere Zarinnen geworden sind, die unsere zukünftigen Zaren geboren und erzogen haben – schnell alles für sie geistlich Notwendige gelernt, um ein echt russischer Mensch zu werden. Wenn wir ihr Leben bei uns in Russland betrachten, so ergibt sich zweifelsfrei, dass ihre innere neue Verwurzelung echt und nicht nur äußerlich oder oberflächlich war.« So urteilte Protopresbyter Aleksander Kiselew.

Vom außergewöhnlichen Charisma dieser Frau war offenbar der französische Botschafter in St. Petersburg des beginnenden Jahrhunderts, Maurice Paléologue, fasziniert. Der äußerst kritische Beobachter der Petersburger Gesellschaft notierte in seinem Tagebuch: »Groß, schlank, mit hellen, unschuldsvollen tiefen Augen, zärtlichem Mund, weichen Zügen, einer geraden und feinen Nase, reinen, ebenmäßigen Linien, ist sie im Gang und in den Bewegungen von bezauberndem Rhythmus. Ihr Gespräch verriet einen schönen Geist, natürlich und ernst veranlagt.«

Vor allem erwies sich Elisaweta Feodorowna als eine

Немногим святым Русского Православия довелось быть увековеченными в пьесе западноевропейского автора. Лишь одна православная святая XX века была удостоена такого внимания, хотя и без упоминания ее имени. Речь идет об урожденной принцессе Гессенской и Рейнской, Великой Княгине Елизавете Федоровне. Именно ей посвятил свой литературный памятник Альберт Камю (1913–1960) в пьесе «Les Justes», впервые поставленной на сцене в 1949 году.

Судьба святой Княгини Елизаветы Федоровны неповторимым образом соединяет в себе судьбы России, Германии и Англии. Пожалуй, она представляет собой один из величайших женских образов рубежа XIX и XX столетий. Эта женщина не только сумела примирить друг с другом глубокие различия, но и свести воедино противоположности. «Родившись немецкой Принцессой с большой долей английской крови, она была воспитана в английских традициях и на английском языке. Но, несмотря на это, она – как почти все иностранки, ставшие супругами членов Императорской Фамилии и даже нашими Царицами, рождавшими и воспитывавшими наших будущих Царей, – быстро научилась всему, духовно важному для того, чтобы стать истинно русским человеком. Рассматривая ее жизнь у нас в России, неизбежно приходишь к выводу, что ее внутреннее перерождение было истинным, а не только внешним или поверхностным», – таково суждение протопресвитера Александра Киселева.

Морис Палеолог, служивший французским послом в Санкт-Петербурге в начале века, был совершенно очарован необыкновенной харизмой этой женщины. Будучи крайне критичным наблюдателем петербургского общества, он записывает в своем дневнике: «Высокая, стройная, со светлыми, невинными, глубоко посаженными глазами, с нежным ртом, мягкими чертами лица, прямым и тонким носом, с чистыми, правильными линиями, с очаровательным ритмом в походке и движениях. Ее речь выдает изящный дух, естественный и серьезный склад ума».

И прежде всего Елизавета Федоровна оказалась убежденной и убедительной христианкой. Это побудило соприкасавшихся с ней различных современников еще при жизни называть ее святой. Так, один англиканский епископ говорил о Великой Княгине как о «самой любимой женщине не только во всей Москве, но, пожалуй, и по всей России». Затем он почти пророчески продолжает: Когда-нибудь ее имя обязательно будут произносить, предваряя словом «святая»».

Социальное служение, неразрывно связанное с именем Елизаветы Федоровны, вне всякого сомнения, является одним из прекраснейших плодов русской православной традиции. И это оправдано тем более, что оно было исполнено духом экуменического великодушия.

Путь Елизаветы в Православную Церковь

Когда 1 ноября 1864 года у будущего Великого Герцога Людвига IV Гессенского, Прирейнского (1837–1892) родилась дочь, при крещении по лютеранскому обряду она была названа Елизаветой Александрой Луизой Алисой. Ее матерью была Алиса Великобританская и Ирландская (1843–1878), дочь Английской Королевы Виктории (1819–1901). Имя Елизавета было, вне сомнения, избрано в память о прародительнице и «домашней святой» семьи – святой Елизавете Тюрингской (1207–1231).

Тесные родственные и еще более близкие духовные отношения с Англией имели определяющее значение для развития молодой Гессенской Принцессы: будучи формально дочерью одного из германских Владетельных Домов, Елизавета ощущала себя все же скорее англичанкой. Это английское влияние еще более усилилось после ранней кончины матери. Королева Виктория с присущей ей категоричностью стала значительно больше, чем ранее, влиять на воспитание девочки. Тем не менее Елизавета сохранила свой твердый характер и сама избрала себе мужа: не наследного Великого Герцога Фридриха Баденского или Принца Карла Шведского, которым отдавала предпочтение Королева Виктория, а пятого сына Российского Императора Александра II, Великого Князя Сергея Александровича (1857–1905).

Это был брак по любви, который не так уж часто встречался в правящих домах того времени. Он был заключен вопреки воле именно английских родственников. 15 июня 1884 года состоялась свадьба. После православного бракосочетания в дворцовой церкви в Санкт-Петербурге свадебный кортеж

24 *Großfürstin Elisaweta Feodorowna (1864–1918), Enkelin der Queen Victoria von England und Schwester der russischen Zarin Alexandra.*
Великая Княгиня Елизавета Федоровна (1864–1918), внучка Английской Королевы Виктории и сестра Царицы Александры.

überzeugte und überzeugende Christin, die schon zu Lebzeiten verschiedene Zeitzeugen, die ihr begegneten, veranlasste, ihr den Titel einer Heiligen zuzusprechen. So tat dies ein anglikanischer Bischof, der von der Großfürstin als der »meistgeliebten Frau ganz Moskaus, ja ganz Russlands« sprach und – fast prophetisch – fortfuhr: »Später wird wohl aller Wahrscheinlichkeit nach ein ‚heilig‘ ihrem Namen vorangestellt werden.«

Zu den schönsten Früchten, die die russisch-orthodoxe Tradition hervorgebracht hat, gehört zweifelsohne jenes Sozialwerk, das mit dem Namen Elisaweta Feodorownas untrennbar verbunden ist, zumal es getragen wurde vom Geist der ökumenischen Weite.

Elisabeths Weg in die orthodoxe Kirche

Als am 1. November 1864 dem späteren Großherzog

Ludwig IV. von Hessen und bei Rhein (1837–1892) eine Tochter geboren wurde, erhielt sie in der nach lutherischem Ritus gespendeten Taufe den Namen Elisabeth Alexandra Louisa Alice. Ihre Mutter war Alice von Großbritannien und Irland (1843–1878), eine Tochter der Königin Victoria von England (1819–1901). Der Vorname Elisabeth wurde ohne Zweifel im Gedenken an die große Ahnin und »Hausheilige« der Familie, die Hlg. Elisabeth von Thüringen (1207–1231) gewählt.

Die enge verwandtschaftliche und noch engere geistige Beziehung nach England wurde für die Entwicklung der jungen hessischen Prinzessin von ausschlaggebender Bedeutung: Formal zwar die Tochter eines deutschen Herrscherhauses, fühlte sich Elisabeth doch zunächst mehr als Engländerin. Dieser englische Einfluss verstärkte sich noch entscheidend nach dem frühen Tod der Mutter. Queen Victoria nahm mit der ihr eigenen bestimmenden Art nun noch weit mehr als bisher Einfluss auf die Erziehung. Trotzdem entwickelte sich Elisabeth zu einer selbstbewussten Persönlichkeit, wie sich spätestens bei der Wahl ihres Ehegatten zeigte. Gegen die von der Queen gewünschten Kandidaten, Erbgroßherzog Friedrich von Baden oder Prinz Karl von Schweden, entschied Elisabeth sich für den fünften Sohn Kaiser Aleksanders II. von Russland, den Großfürsten Sergej Aleksandrowitsch (1857–1905).

Dabei handelte es sich um eine – in regierenden Häusern der Zeit nicht unbedingt häufige – Liebesheirat, die gegen den Widerstand gerade auch der englischen Verwandtschaft durchgesetzt werden musste. Am 3./15. Juni 1884 fand die Vermählung statt: Nach der orthodoxen Trauung in der Hofkirche in St. Petersburg begab sich die Hochzeitsgesellschaft in den Alexander-Saal des Winterpalastes, wo die evangelisch-lutherische Einsegnung durch drei Pastoren vorgenommen wurde. Für die Zarenfamilie im engeren Sinn galt der Grundsatz, dass ihre Mitglieder der Russischen Orthodoxen Kirche angehören mussten. Für die übrigen Mitglieder des Kaiserlichen Hauses herrschte dagegen eine weitgehende Freiheit, weshalb mehrere deutsche Prinzessinnen, die nach Russland geheiratet hatten, ihren lutherischen Glauben beibehalten konnten – was auch Großfürstin Elisaweta Feodorowna zunächst tat.

Die tiefe Religiosität Elisabeths, welche verschiedenen Beobachtern immer wieder auffiel, führte sie dann jedoch einige Jahre später einen anderen Weg. Bereits in den ersten Jahren ihres Aufenthaltes in Russland hatte sie sich verhältnismäßig intensiv mit der vorherrschenden Landesreligion, deren Gottesdiensten und spirituellen Traditionen beschäftigt, wenn sie auch weiterhin von Zeit zu

направился в Александровский зал Зимнего дворца, где три пастора совершили евангелическо-лютеранское благословение брака. Для Царствующей Фамилии действовал принцип, согласно которому ее члены должны были принадлежать к Русской Православной Церкви. Для остальных же членов Императорского Дома порядок был другим. Германские Принцессы, выходившие замуж за русских Князей, при желании могли сохранить свою лютеранскую веру. Великая Княгиня Елизавета Федоровна так и поступила.

Однако глубокая религиозность Елизаветы, многими замеченная, несколькими годами позже направила ее по иному пути. Уже в первые годы своего пребывания в России Елизавета, регулярно посещая евангелические богослужения, одновременно глубоко изучала литургические и духовные традиции Православия. Возможно, интерес к Православию у Великой Княгини был в какой-то степени связан с ее любовью к богатой литургической жизни Церкви Англии. Эта любовь пробудилась в ней во время пребывания Елизаветы в Великобритании. Правда, в первые годы ей порой было нелегко привыкнуть к бытовавшему в России православному народному благочестию, к его порой спонтанным проявлениям, так резко отличавшимся от лютеранских представлений о богопочитании. Но постепенно она стала все больше и больше ценить православную духовность своей новой родины, «нередко сопоставляя ее с духовной бедностью выхолощенного протестантизма» – по выражению одного из ее русских биографов.

Решающим толчком к окончательному обращению Елизаветы Федоровны в Православие послужило паломничество во Святую Землю, предпринятое ею вместе с супругом через четыре года после свадьбы, в связи с освящением русского храма святой Марии Магдалины на Масличной горе в Иерусалиме. Особенно волнующими были переживания, испытанные Великой Княгиней в Иерусалиме. Она писала брату в Дармштадт: «Ты не можешь себе представить, какое глубокое впечатление получаешь, входя в Святой Гроб, и как радостно видеть все эти места, где жил и которые исходил наш Господь». Участие в многочисленных православных богослужениях во Святой Земле усилило у Великой Княгини ее внутреннюю тягу к Православию.

В письмах к близким Елизавета Федоровна пыталась объяснить созревшее после этой поездки решение принять Православие и подтвердить его искрен-

Zeit evangelische Gottesdienste besuchte. Wie sich aus verschiedenen Äußerungen entnehmen lässt, dürfte dabei ihre bei den Aufenthalten in Großbritannien entwickelte Liebe zur hochkirchlichen Richtung der Kirche von England mit ihrem reichen liturgischen Leben eine gewichtige Rolle gespielt haben. Allerdings hatte sie in den ersten Jahren manchmal auch Schwierigkeiten, sich mit der gelebten orthodoxen Volksfrömmigkeit und deren manchmal spontanen Äußerungen anzufreunden, die dem vergeistigten Protestantismus so wenig ähnelten. Zunehmend aber lernte sie die orthodoxe Spiritualität ihrer neuen Heimat schätzen und »stellte sie nicht selten der geistlichen Armut eines entleerten Protestantismus gegenüber«, wie einer ihrer russischen Biografen einmal sagte.

Den entscheidenden Anstoß zu ihrer endgültigen Zuwendung zur Orthodoxie gab vier Jahre nach der Hochzeit eine Pilgerfahrt, die sie mit ihrem Mann aus Anlass der Einweihung der russischen Kirche der Hlg. Maria Magdalena auf dem Ölberg in Jerusalem unternahm. Besonders tief waren die Impressionen in Jerusalem, von wo aus sie ihrem Bruder nach Darmstadt schrieb: »Du kannst dir nicht vorstellen, welch tiefen Eindruck es macht, wenn man in das Heilige Grab eintritt und wie erfreulich es ist, all diese Orte sehen zu können, wo unser Herr wandelte und lebte.« So verstärkte die Teilnahme an zahlreichen orthodoxen Gottesdiensten im Heiligen Land bei der Großfürstin die innere Auseinandersetzung mit ihrem eigenen Glaubensverständnis.

Die sich abzeichnende Entscheidung zum Konfessionswechsel und deren Aufrichtigkeit versuchte sie nach der Reise in einer Reihe von Briefen den Ihren zu verdeutlichen, denn es war ihre Sorge, dadurch ihre Familie zu verärgern. So schrieb sie an ihren Vater: »Liebster Papa, es gibt etwas, das ich dir erzählen und für das ich deinen Segen erbitten möchte. Du wirst bemerkt haben, als du zuletzt hier warst, welch tiefe Verehrung ich für die Religion hier habe. Seit mehr als anderthalb Jahren denke ich nun nach, lese und bete zu Gott, dass er mir den rechten Pfad weise, und jetzt bin ich zu dem Schluss gekommen, dass ich nur in dieser Religion den ganzen wahren und starken Glauben finden kann, den man an Gott haben muss, um ein guter Christ zu sein. Wie einfach wäre es, alles so zu belassen wie jetzt, aber wie heuchlerisch, wie falsch – ich würde ja alle belügen, wenn ich vorgäbe, nach außen hin in allem ein Protestant zu sein, während meine Seele doch wirklich zu der hiesigen Religion gehört. Ich habe immer wieder so tief über all das nachgedacht, da ich jetzt schon über sechs Jahre in diesem Land bin, und weiß, dass ich die Religion ‚gefunden' habe. Ich weiß, es wird viele leid-

25 *Die Kirche Mariä Schutz, 1908 im neurussischen Stil mit Elementen des Jugendstils errichtet, steht noch heute auf dem Gelände des Stiftes im Zentrum der Stadt.* Покровский храм, построенный в 1908 году в новорусском стиле с элементами модерна, до сих пор находится на территории обители в центре города.

ность. Она боялась огорчить семью. Так, она пишет своему отцу: «Дорогой папа, мне хотелось бы сообщить тебе кое-что и попросить твоего благословения. Когда в последний раз ты был у нас, ты явно заметил, с каким почитанием я отношусь к здешней религии. Вот уже более полутора лет я раздумываю, читаю и молю Бога указать мне путь истины, и сейчас я пришла к выводу, что только в этой религии я смогу найти такую настоящую и сильную веру, с которой следует веровать в Бога, чтобы стать добрым христианином. Как просто было бы оставить все как есть, но как это было бы лицемерно и лживо. Мне пришлось бы лгать всем, во всем быть напоказ протестанткой, в то время как душа моя в действительности тянется к здешней религии. Я часто глубоко раздумывала над всем этим, поскольку я ведь живу в этой стране уже более шести лет, и я знаю, что я «нашла» религию. Я знаю, мне предстоит пережить много мучительных моментов, ибо не все поймут этот шаг».

Опасения оправдались. Реакция отца была очень резкой. В своем письме он заявил, что не видит необходимости в перемене веры. Братья и сестры

volle Momente geben, da nicht alle diesen Schritt verstehen werden.«

Mit dieser Vermutung hatte sie nur zu Recht. Ihr Vater reagierte – in einem deutsch geschriebenen Brief – tief betroffen und erklärte, er sehe die Notwendigkeit der Konversion nicht ein. Auch ihre Geschwister zeigten kein Verständnis für den Schritt Elisaweta Feodorownas. Ihr Bruder warf ihr vor, sie sei oberflächlich und habe sich nur durch den äußeren Glanz der orthodoxen Kirche anziehen lassen. Daraufhin antwortete sie ihm und erläuterte das Wesen des orthodoxen Gottesdienstes: »Du nennst mich oberflächlich, und sagst mir, der äußere Glanz der Kirche habe mich verzaubert. Darin hast du Unrecht. Nicht eines der äußeren Zeichen hat mich angezogen, nicht der Gottesdienst – sondern die Grundlagen des Glaubens. Die äußeren Zeichen sind ja nur dazu da, uns an die inneren Dinge zu erinnern.«

In einem weiteren Schreiben an den Vater berichtet sie auch, dass keine neue Taufe bei ihrer Aufnahme in die orthodoxe Kirche verlangt würde, sondern nur die Myronsalbung, die sie als Protestantin ja bei ihrer evangelischen Taufe nicht erhalten habe. Zugleich versichert sie, dass sie ihrer ersten Kirche immerdar weiter in Liebe gedenken werde.

Doch unter all ihren Verwandten brachten nur die englischen dem Schritt Elisaweta Feodorownas Verständnis entgegen – vielleicht auch, weil die Anglikanische Kirche, der sie angehörten, zur Orthodoxie engere Beziehungen anstrebte und in ihrem reichen Ritual der orthodoxen Spiritualität sicher näher stand als der damals vom Rationalismus geprägte deutsche Protestantismus. Die Queen jedenfalls kommentierte den Schritt ihrer Enkelin in einem Brief mit den Worten: »Hauptsache, du fühlt dich besser dabei.«

Elisabeth beschränkte sich nicht darauf, die Ernsthaftigkeit ihres Schrittes zu betonen, sondern versuchte, ihn ihren Angehörigen auch inhaltlich zu verdeutlichen: So kündigte sie in einem weiteren Brief an ihren Vater diesem die Zusendung einer Übersetzung des Aufnahmeritus an und betonte noch einmal, dass es sich nicht um eine erneute Taufe handele; vielmehr habe sie einfach das Glaubensbekenntnis zu sprechen, werde dann gesegnet und gesalbt, küsse Kreuz und Evangelium und werde dann die hlg. Kommunion empfangen. Nicht einmal die Beichte würde von ihr verlangt, wenn sie dies nicht selber wünsche.

Am Samstag vor dem Lazarussonntag im April 1891 fand in aller Stille die Aufnahme der Großfürstin nach dem von ihr beschriebenen Ritus in die orthodoxe Kirche statt. Dabei behielt sie ihren Taufnamen Elisabeth bei, er-

также отнеслись к решению Елизаветы Федоровны отрицательно. Брат упрекал ее в легкомыслии, думая, что ее привлекла лишь внешняя «мишура» Православной Церкви. На это Великая Княгиня ответила: «Ты называешь меня легкомысленной и утверждаешь, будто меня очаровал лишь внешний блеск Церкви. В этом ты не прав. Меня не прельщает ни одно из внешних проявлений, меня притягивает к себе не богослужение, а основы веры. Ведь внешние проявления существуют лишь для того, чтобы напомнить нам о вещах внутренних».

В следующем письме к отцу она сообщает, что для принятия ее в Православную Церковь не потребуется нового Крещения. Ей предстоит лишь Миропомазание, ибо, будучи протестанткой, она не получила его при евангелическом Крещении. Одновременно она уверяет отца, что будет всегда с любовью помнить о своей первой Церкви.

Только английские родственники с пониманием отнеслись к решению Елизаветы Федоровны. Возможно, это объяснялось тем, что Англиканская Церковь стремилась к установлению более тесных отношений с Православием. Имея богатый духовный опыт и обряд, Церковь Англии, несомненно, была значительно ближе православной духовности, чем германский протестантизм, отличавшийся в то время рационализмом. По крайней мере английская Королева в одном из своих писем прокомментировала шаг своей внучки такими словами: «Самое главное, чтобы ты при этом чувствовала себя лучше».

Елизавета старалась раскрыть своим близким внутренние мотивы своего шага. Так, в одном из последующих писем к отцу она обещает послать ему перевод текста обряда присоединения к Православию и еще раз подчеркивает, что речь идет не о повторном Крещении. Ей предстоит произнести Символ веры, затем она получит благословение и Миропомазание, должна будет поцеловать Крест и Евангелие и, наконец, подойдет к Причастию. Если она сама не захочет, от нее не потребуют даже исповеди.

В Лазареву субботу 1891 года произошло принятие Елизаветы в лоно Православной Церкви по вышеописанному обряду. Великая Княгиня сохранила данное ей при лютеранском Крещении имя Елизавета, получив, правда, новую небесную покровительницу – Елизавету, матерь Предтечи и Крестителя Иоанна. В честь совершившегося знаменательного события Император Александр III подарил своей невестке драгоценную икону – образ Спаса

hielt allerdings eine neue Schutzpatronin, nämlich Elisabeth, die Mutter des Vorläufers und Täufers Johannes. Kaiser Aleksander III. schenkte seiner Schwägerin aus Anlass ihrer Konversion eine kostbare Ikone des Mandylions, des nicht von Menschenhand gemalten Bildes des Erlösers, die Elisaweta Feodorowna ihr ganzes Leben sehr hoch schätzte.

Die Frömmigkeit Elisabeths zeichnete sich dadurch aus, dass sie zutiefst in den genuinen Traditionen der orthodoxen Kirche verwurzelt war und daher jeden falschen Mystizismus ablehnte, ja ihm, wo es ging, entgegentrat. So verweigerte sie später beispielsweise allen Bewerberinnen, die ihr von irgendwelchen Visionen berichteten, die Aufnahme in ihre Schwesternschaft. Es sei auch an ihre strikte Ablehnung Rasputins erinnert. Elisaweta Feodorowna verstand ihre Konversion als Vervollkommnung ihres Glaubens. Sie wusste aber sehr wohl um das Gute, das sie in ihrer Jugend im deutschen Luthertum und in der Kirche von England erfahren hatte.

Im Dienst an Kranken und Armen

Das Jahr 1905 markierte im Leben Elisaweta Feodorownas eine entscheidende Wende. Während der Unruhen dieses Jahres wurde ihr Mann, der in Moskau als Generalgouverneur amtierte, ermordet. Der tragische Tod ihres Mannes erschütterte Elisaweta Feodorowna zutiefst und führte dazu, dass sie ihr Leben radikal änderte: Wie die Hlg. Elisabeth von Thüringen beschloss sie, sich fortan ausschließlich den Armen, Kranken und Sterbenden zu widmen. Vertraut mit den diakonischen Traditionen im deutschen Protestantismus und in der Kirche von England, aber nun in Russland auch bekannt geworden mit der Tradition orthodoxer Frauenklöster, suchte sie einen Weg, soziales Engagement und russisches Klosterleben miteinander zu verbinden. Ihr Bruder erläuterte dies später so: »Sie hatte mit den Jahren beobachtet, dass es außer den Nonnen, die beinahe zu nichts nutz waren als zum Sticken, noch freie Schwestern in den Kliniken gab, die aber so freidenkend waren, dass sie den gewöhnlichen Russen abstießen. Nun wollte sie ein Mittelding zwischen Kloster und Schwesternschaft gründen. Sie musste etwas, was dem russischen religiösen Geist genehm war, schaffen. So gründete sie das Kloster oder Stift der Martha-Marien-Schwestern.«

Die Großfürstin sah es jetzt als Witwe in der Tat als ihre Aufgabe, ja ihre christliche Pflicht an, einen Konvent neuer Art in Russland zu gründen. Dessen Tätigkeit sollte vor allem in aktiver Sozialarbeit bestehen. Damit wollte sie auch ein Zeichen setzen in der politischen Umbruchssituation ihrer Zeit, sozusagen eine Antwort geben auf die

26 *Elisaweta Feodorowna 1910 als Vorsteherin des von ihr gegründeten Stiftes in einer Tracht, die dem Gewand der Hlg. Elisabeth von Thüringen nachempfunden ist.*
1910 год: Елизавета Федоровна, настоятельница основанной ею обители, в облачении, напоминающем облачение святой Елизаветы Тюрингской.

Нерукотворного. Елизавета Федоровна горячо почитала и любила эту икону всю свою жизнь.

Благочестие Елизаветы опиралось на исконные традиции Православной Церкви, поэтому она не только отвергала ложный мистицизм, вошедший в моду в аристократических и творческих кругах России, но и выступала против его проявлений при всякой возможности. Так, позднее она отказывалась принимать в сестричество тех кандидаток, которые рассказывали ей о каких-либо посещавших их видениях. Известно и ее резко отрицательное отношение к Распутину. Елизавета Федоровна воспринимала свой переход в Православие как совершенствование своей веры. Она хорошо сознавала все то положительное, чему она смогла научиться в молодости от немецкого лютеранства и также в Церкви Англии.

revolutionäre Bewegung, die ihrem Mann das Leben gekostet hatte. Elisawetas Reaktion darauf war »eine Antwort der Liebe und des Glaubens auf Hass und Fanatismus« dieser Jahre; so formuliert es die heutige Vorsteherin der wieder neu entstandenen Schwesternschaft.

Zu Recht galt Elisaweta Feodorowna nach dem Tod ihres Mannes als eine der reichsten Großfürstinnen Russlands. Nun teilte sie ihren ganzen Besitz: Einen Teil erhielt die Staatskasse, einen anderen die Erben ihres Mannes, den größten Teil aber verkaufte sie, um Geld für ihre soziale Arbeit zu haben. Für sich persönlich behielt sie – zur Verwunderung ihrer Verwandtschaft – nichts, nicht einmal ihren Ehering.

Dabei betrieb die Großfürstin die Vorbereitungen für ihre Schwesternschaft mit großer Sorgfalt. Sie besuchte verschiedene Sozialeinrichtungen in Moskau und studierte Autoren der westlichen Christenheit – wie Vinzenz von Paul und Teresa von Avila –, die sich intensiv mit der geistlichen Begründung christlicher Sozialarbeit beschäftigt hatten. Vor allem aber besorgte sie sich die Regeln evangelischer Diakonissenanstalten sowie anglikanischer und römisch-katholischer Schwesternschaften für den karitativen Dienst. Intensiv studierte sie das Leben der Kaiserswerther Diakonissen und der auch in London wirkenden »Little Sisters of Love«, einer französischen römisch-katholischen Gemeinschaft. Nicht von ungefähr charakterisierte der englische Diplomat Sir Samuel Hoare die Atmosphäre des Martha-Maria-Stiftes als etwas ihm sehr Vertrautes »wie bei anglikanischen Schwesternschaften«.

Der Name der von Elisaweta Feodorowna gegründeten neuen Schwesterngemeinschaft macht schon deutlich, wo der Schwerpunkt des Konventes liegen sollte, nämlich in der Verbindung von sozialer und geistlicher Aktivität. Daher wurden die beiden Schwestern des Lazarus zu Patronen des Stiftes gewählt: Martha, die »sich um vieles sorgt«, und Maria, die weiß »dass nur eins notwendig ist« (Lukas 10,41 f.). Dazu vermerkte Erzbischof Anastasij: »Schon der Name, den die Großfürstin ihrer Gründung gab, war sehr bezeichnend: Martha-Marien-Konvent. In ihm wurde schon die Mission desselben angekündigt. Die Gemeinschaft war bestimmt wie das Haus des Lazarus zu werden, in dem Christus oft in Bethanien weilte. Die Schwestern des Konventes sind gerufen, in sich das hohe Los der Maria, die die ewigen Worte des Lebens vernimmt, und den Dienst der Martha zu vereinen, indem sie Christus im kleinsten seiner Brüder für sich erkennen.« Die Besonderheit des Stiftes wurde schon an der Kleidung der Schwestern deutlich, die sich vom üblichen schwarzen Habit einer russisch-orthodoxen Nonne abhob und eine völlige Neuentwicklung darstellte.

Служение больным и беднякам

1905 год стал поворотным в жизни Елизаветы Федоровны. Террористом был убит ее супруг, служивший московским генерал-губернатором. Эта смерть глубоко потрясла ее. Следуя примеру святой Елизаветы Тюрингской, она приняла решение посвятить всю свою жизнь служению бедным, больным и умирающим. Зная традицию служения диаконис в германском протестантизме и в Церкви Англии, а также познакомившись в России с жизнью православных женских монастырей, Елизавета стала искать путь соединения протестантского социального служения и русской монастырской жизни. Как впоследствии пояснял ее брат: «С годами она заметила, что кроме монахинь, почти ни на что не пригодных, разве что для вышивания, в клиниках служили также и независимые сестры, но эти сестры отличались таким свободомыслием, которое отталкивало простых русских людей. Ей захотелось создать нечто среднее между монастырем и сестричеством. Ей нужно было изобрести такую форму служения, которая была бы приемлемой для русского религиозного духа. Результатом стало основание монастыря или обители Марфо-Мариинских сестер».

Став вдовой, Великая Княгиня действительно сочла своим христианским долгом основать в России христианское сообщество нового образца. Его деятельность должна была состоять в первую очередь в активном социальном служении. Ей хотелось, чтобы новое сестричество стало как бы ответом на революционное движение, стоившее жизни ее мужу. Реакция Елизаветы явилась, по словам настоятельницы ныне возродившейся Марфо-Мариинской обители, «ответом любви и веры на ненависть и фанатизм» тех лет.

После кончины Великого Князя Сергея Александровича Елизавета Федоровна по праву считалась одной из самых богатых Великих Княгинь России. Большую часть своего имущества она использовала для создания обители. Остальное отошло в государственную казну и наследникам ее мужа. Себе княгиня, к удивлению ее родственников, не оставила ничего. Отказалась даже от обручального кольца.

Открытию сестричества предшествовала большая подготовительная работа. Елизавета посещает различные социальные учреждения в Москве, изучает западных христианских авторов, занимавшихся разработкой духовных основ служения милосердия, таких как Винцент де Поль или Тереза Авильская. Великая Княгиня внимательно читает уставы организа-

27 *Die Ordnungen evangelischer Diakonissenmutterhäuser und anglikanischer Schwesternschaften standen Pate bei der Gründung des Martha-Maria-Konvents durch die zur Russischen Orthodoxen Kirche übergetretenen Großfürstin Elisaweta Feodorowna.*
Уставы обителей евангелических диаконис в Германии и англиканских сестричеств послужили перешедшей в Православие Великой Княгине Елизавете Федоровне прообразом для основания Марфо-Мариинской обители.

Zentrum aller Aktivitäten der neu gegründeten Schwesternschaft wurde ein Anwesen an der Bolschaja Ordynka im Herzen Moskaus. Hier hatte die Großfürstin einen Garten mit vier Häusern erworben. Zum Zellentrakt kam bald ein Ambulatorium, ein kleines Krankenhaus, ein Altersheim, ein Waisen- und Gästehaus sowie ein Haus für Geistliche hinzu. Im Ambulatorium hielten mehr als 30 Ärzte Sprechstunden ohne Honorarforderungen ab. Im Jahr 1913 wurden hier fast 11.000 Patienten betreut. Auch die Apotheke gab an die Armen unentgeltlich Medikamente ab. Und eine Küche für Bedürftige versorgte im Jahr 1913 rund 140.000 Bedürftige mit einer kostenlosen Mahlzeit. Ergänzt wurde diese soziale Tätigkeit durch Fort- und Ausbildungskurse für junge Menschen, eine Sonntagsschule und die Führung einer Bibliothek.

Die Schwestern arbeiteten aber nicht nur in ihren Häusern, sondern begaben sich auch in die Stadt zu den Ärmsten, den Kranken und den verwahrlosten Kindern. Als ein Zentrum des städtischen Elends und der Kriminalität galt damals der Stadtteil Chitrowka. Dorthin machten sich die Schwestern auf, und Elisaweta Feodorowna persönlich wagte sich in diese verrufene Gegend. Als die Polizei sie wissen ließ, man könne hier für ihre Sicherheit nicht garantieren, soll sie – so berichtete ihr Bruder – geantwortet haben, ihr Leben stünde in Gottes Hand und nicht in der Hand der Polizei. Die besondere Fürsorge der Schwestern galt den Kindern. Die Schwestern redeten mit den Eltern, vermittelten aber auch Internats- und Ausbildungsplätze.

ций евангелических диаконис, а также английских и римско-католических сестричеств, занимавшихся благотворительностью. Она глубоко изучила жизнь диаконис из Кайзерсверта, одного французского римско-католического объединения, а также деятельность «малых сестер любви» в Лондоне. Не случайно английский дипломат сэр Самуэль Гоар, делясь впечатлением о Марфо-Мариинской обители, отметил, что она напомнила ему «английские сестричества».

Само название основанного Елизаветой Федоровной сестричества указывало на сочетание социальной и духовной деятельности: его небесными покровительницами были избраны две сестры Лазаря – Марфа, «заботящаяся о многом», и Мария, знающая, что «одно только нужно» (Лк. 10. 41-42). По этому поводу архиепископ Анастасий заметил: «Уже само имя, которое Великая Княгиня дала сестричеству, было весьма показательным: Марфо-Мариинская обитель. Это имя само по себе содержало свидетельство о его миссионерской направленности. Обители была уготована роль подобия дома Лазаря, который часто посещал Христос, будучи в Вифании. Сестры обители должны были соединить в себе высокий жребий Марии, внимающей бессмертному Слову жизни, и служение Марфы, видящей Христа в самом малом брате своем». Своеобразие обители бросалось в глаза уже по облачению сестер, отличавшемуся от обыч-

Dass dies alles nicht nur Zustimmung fand, verwundert nicht: Selbst bei einigen Mitgliedern des Heiligen Synod, der ja das Projekt einer solchen neuartigen Schwesternschaft zu billigen hatte, stieß Elisaweta Feodorowna in der ersten Zeit eher auf Skepsis. Dass der Gedanke einer solch neuartigen Gründung von einer Großfürstin, zudem der leiblichen Schwester der Kaiserin ausging, war dabei keineswegs hilfreich, denn einige Bischöfe konnten sich kaum vorstellen, dass eine Angehörige des Kaiserhauses, darüber hinaus eine konvertierte Ausländerin, zur Verwirklichung der anspruchsvollen Pläne unter Wahrung der orthodoxen Identität fähig wäre. Insbesondere riefen die Pläne Elisawetas, durch ihre Schwestern zu einer Erneuerung des altkirchlichen geistlichen Diakonissenamtes beizutragen, Einwände hervor und trugen ihr sogar den Vorwurf des heimlichen Protestantismus ein. Die Großfürstin berief sich freilich darauf, dass es nach dem Zeugnis des berühmten byzantinischen Kanonisten Balsamon das Amt und einen entsprechenden Weiheritus für Diakonissen in Konstantinopel noch am Ende des 12. Jahrhunderts sehr wohl gegeben hatte. Dieser Ritus unterschied sich nur in unwesentlichen Dingen von der entsprechenden Ordination für männliche Diakone, wenn auch die Einsegnung der Diakonissen nicht als priesterliche Weihe verstanden wurde.

Trotzdem löste der Gedanke, den Schwestern der Martha-Marien-Kommunität eine kirchliche Weihe als Diakonissen zu spenden, in konservativen kirchlichen Kreisen heftige Diskussionen aus, als die Frage im Herbst 1911 auf die Tagesordnung des Heiligen Synods gesetzt wurde. Besonders der damalige Bischof von Saratow, Germogen (1858–1918), »beschuldigte die Großfürstin ohne jegliche Begründung protestantischer Tendenzen (was er später selbst bereut hat) und beschwor sie, von ihrer Idee zu lassen«, wie einer ihrer Biografen vermerkt. Auch seine Anhänger ergriffen Partei. Bald schaltete sich der bekannte Priestermönch und jetzige Rasputin-Gegner Iliodor (1880–1958) auf Germogens Seite in den Streit ein: »Der Moskauer Metropolit Wladimir möchte der Großfürstin Elisaweta Feodorowna gefallen, die in ihrer Martha-Marien-Gemeinschaft den Stand der Diakonissen nach protestantischer Ordnung einführen möchte. Die Mitglieder des Synods haben zugestimmt. Allein Germogen, der zur Wintersession des Synods geladen war, leistete Widerstand: Er forderte, in dieser Frage sich nicht von dem Wunsche Elisaweta Feodorownas leiten zu lassen, sondern allein von den kirchlichen Kanones.«

Um die Anklagen Bischof Germogens und seine landesweit in der Presse verbreiteten Verdächtigungen gegenstandslos erscheinen zu lassen, bestanden nun allerdings

ной черной одежды русских православных монахинь и представлявшему собой нечто совершенно новое.

Помещения новой обители расположились на Большой Ордынке, в центре Москвы. Здесь великая княгиня приобрела сад с четырьмя строениями. Кроме келлий, довольно скоро здесь появились амбулатория, небольшая больница, богадельня, сиротский приют и маленькая гостиница, а также дом для духовенства. В амбулатории вели бесплатный прием больных более 30 врачей. В 1913 году здесь побывало более 11 000 пациентов. Аптека выдавала беднякам бесплатные медикаменты. Кухня для нуждающихся обеспечила в 1913 году около 140 000 человек бесплатной едой. Это социальное служение дополнялось курсами для обучения и переобучения молодых людей, воскресной школой и библиотекой.

Но сестры трудились не только у себя дома – они шли в город и посещали бедняков, больных и беспризорных детей. Тогдашний район Хитровки был центром городской бедноты и рассадником преступности. Именно туда и направлялись сестры. Кстати, и сама Елизавета Федоровна не боялась посещать этот район, пользовавшийся дурной славой. Когда полиция предупредила ее, что не может гарантировать ее безопасность, Великая Княгиня ответила, что жизнь ее в руках Божиих, а не в руках полиции. Особую заботу сестры проявляли по отношению к детям. Они беседовали с родителями, заботились о получении мест в интернатах и в образовательных учреждениях.

Деятельность Елизаветы Федоровны далеко не всем пришлась по вкусу. В первое время она натолкнулась на скептическое отношение даже у некоторых членов Святейшего Синода, который должен был одобрить проект нового сестричества. Тот факт, что идея основания нового сестричества исходила от Великой Княгини, бывшей к тому же родной сестрой Императрицы, ни в коей мере не облегчал осуществление проекта. Некоторые епископы с трудом представляли себе, как столь претенциозные планы собиралась осуществить представительница Императорского Дома, да еще и недавно принявшая Православие иностранка. Возражения также вызывали планы Елизаветы по возрождению с помощью сестричества древнего церковного служения диаконис. Это намерение даже вызвало в ее адрес упрек в тайном протестантизме. Однако Великая Княгиня ссылалась на то, что, по свидетельству известного византийского канониста Вальсамона, в Константинополе в конце XII века еще существовало и такое

28 Archimandrit Sergij (Srebrjanskij) im Jahr 1920, als er noch die Aufgaben eines geistlichen Vaters in der Martha-Maria-Schwesternschaft wahrnehmen konnte.
Архимандрит Сергий (Сребрянский) в 1920 году. В то время он еще мог служить духовным отцом сестричества Марфо-Мариинской обители.

die Hierarchen des Synod gegenüber Elisaweta Feodorowna darauf, dass die Frage nach der Wiedereinführung eines mit der Weihe verbundenen Diakonissenamtes nicht im Alleingang gelöst werden könne, sondern einem zukünftigen Landeskonzil zur Entscheidung vorgelegt werden müsse. Zum anderen forderten sie eine deutlich geänderte Fassung der Regel, die jeden Gedanken an eine Diakonissenweihe klar ausschloss. Diese Neufassung fand schließlich die Billigung durch den Heiligen Synod und definierte die Martha-Marien-Gemeinschaft so, dass sie »das Ziel habe, durch die Arbeit der Schwestern, und andere mögliche Mittel im Geiste des reinen Christentums den Kranken und Armen zu helfen und Hilfe und Trost den Leidenden und denen in Kummer und Leid zu spenden«.

Der offizielle Titel der Gemeinschaft lautete nun nach den Vorstellungen des Heiligen Synod »Kreuzesschwestern der Liebe«, um sie deutlicher von den »normalen« Nonnen zu unterscheiden. Tatsächlich war die Schwesternschaft in ihrer Regel stärker auf die Erfüllung sozialer Aufgaben ausgerichtet, als dies bei den Nonnen der orthodoxen Frauenklöster üblich war. Dennoch darf nicht übersehen werden, dass und wie Elisaweta Feodorowna den Dienst ihrer Schwestern auch als eine geistliche Aufgabe sah. So sagte sie einmal: »Bei all dem muss natürlich die Hauptaufgabe der Schwestern in der moralischen und spirituellen Betreuung liegen. Die unglücklichen Men-

служение, и обряд посвящения в диаконисы. Этот обряд лишь незначительно отличался от поставления диаконов-мужчин, хотя посвящение (хиротесия) диаконис не было поставлением в священный сан.

Когда осенью 1911 года вопрос о возрождении чина диаконис в Марфо-Мариинской обители был поставлен на заседании Святейшего Синода, он вызвал бурную дискуссию в консервативных церковных кругах. При этом, как заметил один из биографов Елизаветы Федоровны, особенно старался тогдашний Саратовский епископ Гермоген (1858–1918), который «без всякого на то основания обвинял (о чем позднее он сам очень сожалел) Великую Княгиню в протестантских тенденциях и умолял ее оставить эту свою идею». Гермогена поддержала группа духовенства, в частности, знаменитый иеромонах Илиодор (1880–1958), который был известен как яростный противник Распутина. Он писал: «Московский митрополит Владимир старается угодить великой княгине Елизавете Федоровне, которая намерена ввести в своей Марфо-Мариинской обители чин диаконис по протестантскому обряду. Члены Синода высказали свое одобрение. Сопротивление оказал один лишь Гермоген, приглашенный на зимнюю сессию заседаний Синода. Он потребовал от Синода, чтобы в этом вопросе он руководствовался не пожеланиями Елизаветы Федоровны, а лишь церковными канонами».

Для того, чтобы показать беспредметность обвинений Гермогена, а также подозрений, повсеместно распространявшихся в печати, иерархи Синода настаивали перед Елизаветой Федоровной на том, что вопрос о введении служения диаконис и их посвящения полномочен рассматривать только будущий Поместный Собор. Кроме того, Синод потребовал значительного изменения Устава сестричества, чтобы исключить из него даже намек на возможность посвящения диаконис. Именно эта новая формулировка Устава и была в конце концов поддержана Святейшим Синодом. В новом Уставе говорилось, что деятельность Марфо-Мариинской обители «ставит перед собой цель, трудом сестер, а также иными возможными средствами, в соответствии с духом истинного христианства, помогать больным и бедным и оказывать поддержку и утешение бедствующим и пребывающим в заботах и страдании».

Чтобы подчеркнуть отличие сестер Марфо-Мариинской обители от обычных монахинь, они, по представлениям Святейшего Синода, должны были именоваться «крестовыми сестрами любви». Действи-

schen, die in den so genannten Löchern wohnen, bedürfen noch mehr als andere der geistlichen Hilfe.« So ermahnte die Priorin ihre Schwestern immer wieder, den Todkranken und Sterbenden Beichte und Kommunion anzubieten. Auch im Konvent an der Ordynka spielte das gottesdienstliche Leben neben allem sozialen Engagement eine große Rolle. Auch wenn die Priorin wegen der Arbeitsbelastung ihrer Schwestern keine nächtlichen Gebete eingerichtet hatte, fanden an jedem Tag das Morgengebet und die abendliche Vesper statt; vormittags wurde regelmäßig die »Göttliche Liturgie« gefeiert, an der alle Schwestern, die gerade nicht arbeiteten, teilnahmen.

Als Bischof Trifon 1909 die erste Kirche einweihen konnte, betrug die Zahl der Schwestern, die zunächst nach einer provisorischen Satzung arbeiteten, 30. Im Jahr 1914 beim Ausbruch des Ersten Weltkrieges war der Konvent auf 97 Schwestern angewachsen, 1918 zählte die Ge-

29 *Von den Bolschewisten auf grausame Weise ermordet wird Elisaweta Feodorowna heute von den russisch-orthodoxen Christen als Märtyrerin und Heilige verehrt.* Большевики жестоко расправились с Елизаветой Федоровной. Сегодня она почитается русскими православными христианами как святая преподобномученица .

тельно, сестричество в своем Уставе делало значительно больший упор на выполнение социальных задач, чем это было обычно принято у монахинь православных женских монастырей. Тем не менее, нельзя упускать из виду и того, что Елизавета Федоровна рассматривала служение своих сестер как духовную миссию. Однажды она сказала по этому поводу: «Главная задача сестер должна, конечно же, заключаться в моральном и духовном окормлении. Несчастные люди, обитающие в так называемых трущобах, нуждаются в духовной помощи значительно больше, чем другие». Поэтому настоятельница постоянно учила своих сестер предлагать смертельно больным и умирающим людям возможность для исповеди и Причастия. Наряду с социальной работой, большое место в жизни сестер занимало богослужение. И хотя настоятельница отказалась от совершения ночных молитв из-за большой нагрузки сестер, ежедневно в обители совершалась Божественная литургия, за которой молились все сестры, не занятые в этот момент трудами, читались утренние молитвы и совершались вечерние службы.

Когда епископ Трифон освятил в 1909 году первый храм в обители, там, по временному Уставу, уже проживало 30 сестер. К началу Первой мировой войны, в 1914 году, число насельниц обители составляло 97 сестер, а в 1918 году здесь уже проживало 105 сестер. Лишь немногие из них дали обет безбрачия. Жизнь подтвердила, насколько «актуальной» оказалась идея Елизаветы Федоровны давать обет безбрачия лишь на время. Сестры имели возможность покидать обитель и выходить замуж. В этом случае сестра получала от обители приданое и была хорошо обеспечена. Опережая время, Великая Княгиня смогла в своем сестричестве воплотить в жизнь столь специфическую форму общежития, как «монастырь на время» или то, что сегодня в Германии называется «диаконическим годом».

Мученическая кончина великой княгини Елизаветы и возрождение Марфо-Мариинской обители

Деятельность сестер Марфо-Мариинской обители производила впечатление на многих людей, которые критически относились к Русской Православной Церкви. Но, конечно, большевики не пощадили сестричества. В 1917 году Елизавета Федоровна отказалась от предложения своих немецких родственников эмигрировать за границу. Она категорически заявила: «Я никому не причинила зла. Да сбудется воля

meinschaft sogar 105 Schwestern. Von ihnen hatte allerdings nur ein kleiner Teil das Gelübde der Ehelosigkeit abgelegt. Wie »modern« Elisaweta Feodorowna dachte, zeigt sich auch daran, dass dieses Gelübde durchaus auch auf Zeit abgelegt und eine Schwester wieder austreten und heiraten konnte. In diesem Fall erhielt sie vom Konvent eine Aussteuer und wurde gut versorgt. Weit vorausschauend verwirklichte die Großfürstin in ihrer Schwesternschaft so etwas wie eine spezifische Form von »Kloster auf Zeit« oder das, was man heute in Deutschland das »diakonische Jahr« nennt.

Martyrium und Neuanfang der Martha-Maria-Schwesternschaft

Die Arbeit der Martha-Maria-Schwestern beeindruckte viele Menschen, die ansonsten der Russischen Orthodoxen Kirche eher reserviert gegenüberstanden, ob es sich nun um kritische Russen oder ausländische Besucher Moskaus handelte. Dennoch fiel der Konvent und seine Priorin der Religionsfeindlichkeit des Bolschewismus zum Opfer. Elisaweta Feodorowna lehnte 1917 alle Angebote ihrer deutschen Verwandten, sie ins sichere Ausland zu holen, ab. Kategorisch erklärte sie: »Ich habe niemandem etwas Böses getan. Gottes Wille geschehe.« In der Osterwoche 1918 wurde sie verhaftet und – zusammen mit zwei Schwestern und zahlreichen Mitgliedern der Kaiserlichen Familie – in ein kleines Uralstädtchen bei Ekaterinenburg gebracht. In der Nacht des 18. Juli 1918 wurden die Inhaftierten dort auf brutale Weise ermordet: Man warf sie lebendig in den Schacht einer alten Mine, wo sie unter Qualen zu Tode kamen. Ein Bauer – so wird berichtet – habe noch lange die ersterbenden Hymnen der Schwestern vernommen. Die später hier operierenden Soldaten der »Weißen Armee« bargen die Toten und brachten die Särge nach China. Von dort wurde der Leichnam Elisaweta Feodorownas nach Palästina überführt. Dort wurde die Großfürstin in der Kirche der Hlg. Maria Magdalena am Ölberg beigesetzt, dem Gotteshaus, das in ihrem Leben eine so große Rolle gespielt hatte.

1981 kanonisierte die Russische Orthodoxe Kirche im Ausland im Zusammenhang mit anderen Märtyrern der kommunistischen Ära Elisaweta Feodorowna, im Jahr 1992 wurde die Großfürstin und Gründerin der Martha-Maria-Schwesternschaft auch in ihrer Heimatkirche in Russland in die Schar der Heiligen der orthodoxen Kirche eingereiht. Die Erinnerung an die Großfürstin ist nicht nur in Russland lebendig: 1998 wurde in der Westminster Abtei in London im Kreis der Märtyrer des 20. Jahrhunderts auch eine Skulptur von Elisaweta Feodorowna enthüllt.

Божия». В пасхальную неделю 1918 года она была арестована и вместе с двумя сестрами и многочисленными членами Императорской Семьи доставлена в небольшой уральский городок Алапаевск под Екатеринбургом. В ночь 5/18 июля 1918 года арестованные были зверски убиты. Их живьем сбросили в шахту старого рудника, где они мученически погибли. Один крестьянин сообщил, что из шахты долго были слышны церковные песнопения, которые пели умиравшие сестры. Подошедшие позднее войска Белой армии извлекли трупы погибших из шахты и перевезли их останки в Китай. Оттуда тело Елизаветы Федоровны позднее было доставлено в Палестину. Гроб был установлен в храме Марии Магдалины на Масличной горе – в той самой церкви, которая сыграла столь решающую роль в ее жизни.

В 1981 году Русская Православная Церковь за границей причислила Елизавету Федоровну, вместе с другими мучениками коммунистического режима, к лику святых, а в 1992 году Великая Княгиня, основательница Марфо-Мариинской обители, была включена в сонм святых также и в ее родной Русской Церкви. Память о Великой Княгине сохраняется не только в России. В 1998 году ее скульптурное изображение было установлено в Вестминстерском аббатстве в Лондоне в числе других девяти христианских мучеников XX века.

После 1918 года оставшиеся в Москве сестры еще несколько лет под руководством княгини Голицыной продолжали свою работу в больницах. Однако в 1928 году деятельность этой ранее столь цветущей обители была окончательно прекращена.

Жизнь Марфо-Мариинской обители возродилась только после падения коммунистического режима. В 1992 году, постановлением городской администрации Москвы, при деятельной поддержке мэра города Ю. М. Лужкова, вновь обретенные строения обители на Ордынке были переданы в распоряжение возрождавшегося Марфо-Мариинского сестричества. Правда, споры из-за земельного участка и зданий, расположенных в центральной части Москвы, продолжались и продолжаются до сих пор. Несмотря на это, в мае 1994 года первые сестры поселились в обители вместе со своей настоятельницей, бывшей журналисткой Марией Ивановной Крючковой, ныне монахиней Елизаветой. Благодаря ее энергии идеи Великой Княгини Елизаветы Федоровны возродились к новой жизни.

В 1995 году Святейший Патриарх Московский и всея Руси Алексий II благословил официальное

Die Schwestern in Moskau konnten nach 1918 noch einige Jahre – zuletzt unter der Leitung der Fürstin Golicyn – im Krankenhaus weiterarbeiten. 1928 musste jedoch die Arbeit des einst blühenden Konvents eingestellt werden. Nach dem Ende des kommunistischen Regimes freilich erwachte der Konvent zu neuem Leben. Durch Entscheid der Moskauer Stadtregierung und mit tatkräftiger Unterstützung von Bürgermeister I. M. Luschkow wurden 1992 die erhaltenen Gebäude des Stiftes an der Odrynka der neu zu gründenden Martha-Maria-Schwesternschaft übergeben. Die Auseinandersetzungen um Grundstück und Gebäude in zentraler Lage der Stadt zogen sich hin. Aber im Mai 1994 konnten die ersten Schwestern mit ihrer Leiterin Marija Iwanowna Krjutschkowa, einer ehemaligen Journalistin, die als Nonne heute den Namen Elisaweta trägt, wieder in das Kloster einziehen. Ihrer Energie vor allem ist es zu verdanken, dass das Gedenken an das segensreiche Wirken der russischen Großfürstin Elisaweta Feodorowna der Vergessenheit entrissen und ihre Idee zu neuem Leben auferstehen konnte.

1995 erteilte Patriarch Aleksij II. seinen Segen für die offizielle Wiedereröffnung des Stiftes. Zur gleichen Zeit wurde auch das Waisenhaus für zehn Mädchen neu eröffnet. Genauso wie vor der Revolution beschäftigen sich auch heute die Martha-Maria-Schwestern mit sozialer Tätigkeit, die jetzt professionell gestaltet wird.

Die Schwesternschaft besitzt ein Ausbildungszentrum für Medizin und Pharmazeutik, das auf der Basis entsprechender staatlicher medizinischer Schulen arbeitet. Die Aufgabe des Zentrums ist es, den Auszubildenden auch geistige Qualitäten und Fähigkeiten zu vermitteln, die es erlauben, ihnen die hohe Würde einer barmherzigen Schwester zu verleihen. Aus diesem Grund werden in dieser Schule außer medizinischen Grundfächern auch spezielle Kurse über die geistlichen Grundlagen der Barmherzigkeit sowie theologische Themen angeboten. Die Studentinnen erhalten auch Unterricht im Kirchengesang.

Bei der Auswahl der Kandidatinnen bemühen sich die Schwestern, in erster Linie solchen orthodoxen Frauen zur Ausbildung zu verhelfen, die über keine eigenen Mittel verfügen. Die Studentinnen werden vom Stift voll versorgt, sie erhalten also Unterkunft, Verpflegung und einen Fahrausweis für öffentliche Verkehrsmittel. Zur Zeit wer-

30 *Erzbischof Longin von Klin (rechts) lässt sich von einer Schwester des 1992 neu gegründeten Martha-Maria-Stiftes über die Arbeit der Schwesternschaft in Moskau informieren.*

Архиепископ Клинский Лонгин (справа) слушает рассказ одной из сестер возрожденной в 1992 году Марфо-Мариинской обители о работе сестричества в Москве.

открытие обители. Тогда же был открыт приют для девочек-сирот на 10 человек.

Как до революции, так и сегодня сестры Марфо-Мариинской обители заняты большой социальной работой, которая теперь поставлена на профессиональный уровень.

В обители действует Учебный центр по медицинскому и фармацевтическому образованию, функционирующий на базе государственного медицинского колледжа. Задачей центра является воспитание у учащихся духовных качеств и способностей, позволяющих присвоить им высокое звание сестер милосердия, поэтому в колледже, помимо базовых медицинских предметов, преподаются также специальный курс «Духовные основы милосердия» и богословские дисциплины. Воспитанницы изучают церковное пение. Создан студенческий хор.

Подбирая кандидатов для обучения, сестры обители стараются прежде всего помочь получить образование тем православным девушкам, которые не имеют собственных средств для обучения. Студентки находятся на полном обеспечении обители (общежитие, питание, проезд на городском транспорте). В настоящий момент в колледже обучаются 45 студен-

den im Zentrum 45 junge Frauen aus verschiedenen Bistümern der Russischen Orthodoxen Kirche ausgebildet.

Diese Ausbildungstätigkeit der Schwesternschaft wird jetzt auf ganz Russland ausgeweitet. Das Stift arbeitet bei der Vorbereitung und Ausbildung von Schwestern mit den Schwesternschaften in Sankt Petersburg, Wladikawkas, Joschkar-Ola, Pjatigorsk, Tscheboksary, Rostow am Don, Nabereshnyje Tschelny, Schachty und Iwanowo zusammen. Auf entsprechende Bitten hin bildet das Stift auch Schwestern aus Riga/Lettland aus. Zusätzlich zur Zusammenarbeit mit anderen Schwesternschaften eröffnete das Martha-Maria-Stift eine Zweigstelle in Orel; die Eröffnung von Zweigstellen in Twer und Ekaterinenburg ist geplant.

Die Martha-Maria-Schwesternschaft verfügt in Moskau über einen eigenen Pflegedienst, in dem heute 100 Schwestern tätig sind. Sie arbeiten in Krankenhäusern und Altenheimen, sie machen Hausbesuche und begleiten Sterbende. In ihren Gebeten halten sie die Erinnerung wach an die Gründerin des Konvents, die heilige ehrwürdige Fürstin Elisaweta Fjodorowna. Die Vorsteherin der Schwesternschaft, Marija Iwanowna Krjutschkowa, sagt: »Elisaweta Fjodorowna, eine geborene Prinzessin von Hessen und Enkelin der englischen Königin Victoria, die Russland von ganzem Herzen geliebt hat und den Märtyrertod durch die Hand der Revolutionäre gefunden hat, wartet auf unsere Buße«. *Nikolaus Thon, Bochum*

ток из различных епархий Русской Православной Церкви.

Образовательная деятельность обители расширяется по всей территории России, и не только. Обитель взаимодействует в подготовке и обучении сестер с сестричествами из Санкт-Петербурга, Владикавказа, Йошкар-Олы, Пятигорска, Чебоксар, Ростова-на-Дону, Набережных Челнов, Шахт, Иванова. По просьбе соотечественников из Латвии обитель обучает сестер из Риги. Помимо сотрудничества с другими сестричествами, Марфо-Мариинская обитель открыла филиал в Орле и планирует открыть филиалы в Твери и Екатеринбурге.

Обитель имеет свою патронажную службу, в которой занято 100 сестер. Они трудятся в госпиталях, домах для престарелых, посещают больных на дому, поддерживают умирающих, сохраняя при этом молитвенную память об учредительнице обители – святой благоверной Княгине Елизавете Федоровне. Как говорит настоятельница сестричества монахиня Елизавета: «Елизавета Федоровна, урожденная принцесса Гессенская и внучка Английской Королевы Виктории, которая от всей души любила Россию и мученически погибла от руки революционеров, ждет нашего покаяния».

Николаус Тон, Бохум

Durch Demut hast du die fürstliche Würde verhüllt, gottweise Elizaweta.
Durch den innigen Dienst Marthas und Marias hast du Christus verehrt.
Durch Barmherzigkeit, Geduld und Liebe geläutert hast du dich
als rechtschaffenes Opfer Gott dargebracht.
Wir, die dein tugendhaftes Leben und deine Leiden ehren,
bitten dich, unsere wahre Führerin, eifrig:
Heilige Märtyrerin Großfürstin Elisaweta,
bitte flehentlich Christus, unsern Gott,
dass er unsere Seele erretten und uns erleuchten möge.

Troparion zum Gedächtnis der Hlg. Märtyrerin Elisaweta Feodorowna

Смирением достоинство княжеское сокрывши, богомудрая Елисавето,
сугубым служением Марфы и Марии Христа почтила еси.
Милосердием, терпением и любовию себе предочистивши,
яко жертва праведная Богу принеслася еси.
Мы же, чтуще добродетельное житие и страдания твоя,
яко истинную наставницу усердно просим тя:
святая мученице великая княгине Елисавето,
моли Христа Бога спасти и просветити души наша.

Тропарь святой мученице Елизавете Федоровне

Fremdheit und Faszination – Kulturelle Wechselbeziehungen vom 16. bis 19. Jahrhundert

Отчужденность и очарованность – Культурные взаимоотношения с XVI по XIX вв.

Beim Rückblick auf vier Jahrhunderte deutsch-russischer Beziehungen lässt sich verfolgen, wie die Kenntnisse vom anderen Land und seiner Kultur allmählich umfangreicher und genauer wurden, wie die persönlichen Begegnungen zwischen Kaufleuten und Händlern, Diplomaten und Herrschern, Gelehrten und Dichtern häufiger wurden, wie schließlich die wechselseitigen literarischen und künstlerischen Einflüsse intensiver wurden. Jedoch führten die vielseitigen kulturellen Beziehungen erst spät zu einem selbstverständlichen, gleichberechtigten Austausch von Ideen und Wertvorstellungen; vielmehr schwankten sie meist zwischen begeisterter Aneignung und ängstlicher Abwehr, zwischen überheblicher Missachtung und übertriebener Verehrung.

Denn die Zugehörigkeit der geografisch so nahen Länder Deutschland und Russland zur westeuropäischen, lateinisch geprägten Kultur einerseits und zur östlichen, griechisch geprägten Kultur andererseits wirkte über Jahrhunderte hin trennend, und in der europäischen Machtpolitik wechselten politische und militärische Konfrontationen und Allianzen zwischen Russland und Deutschland einander ab. So hielten sich im kollektiven Bewusstsein beider Völker hartnäckig stereotype Fremdenbilder, die durch Propaganda leicht in Feindbilder verwandelt werden konnten.

Daneben aber bildete sich auch das Bewusstsein einer besonderen geistigen Verbundenheit – vielleicht in Abgrenzung zu der romanischen europäischen Zivilisation – heraus, in der die Unterschiede in Mentalität und kulturellen Leistungen als Möglichkeiten zu glücklicher gegenseitiger Ergänzung empfunden wurden. Der russische Germanist Lew Kopelew hat diese Verbundenheit »deutsch-russische Wahlverwandtschaft« genannt.

In diesem Verwandtschaftskreis spielten die russischen orthodoxen und die deutschen evangelischen Christen – Brüder und Schwestern in Christo – eher die Rolle von Vettern und Cousinen, die sich nicht besonders gut kannten. Auf der theologisch-kirchlichen Ebene kamen sie sich

Оглядываясь на четыре столетия немецко-русских отношений, можно проследить за тем, как постепенно расширялись и углублялись знания о той и другой стране и ее культуре, как учащались личные встречи между купцами и торговцами, дипломатами и правителями, учеными и писателями, как усиливались взаимные литературные и художественные влияния. Однако эти разносторонние взаимоотношения не сразу привели к естественному и равноправному обмену идейными ценностями; напротив, отношения чаще всего колебались между восторженным усвоением и настороженным неприятием, между надменным пренебрежением и преувеличенным уважением.

Ибо Германия и Россия, страны столь близко географически расположенные, принадлежали к разным культурам – с одной стороны, к западноевропейской латинизированной культуре, с другой стороны, к восточной грецизированной, – и это оказало на много веков разъединяющее влияние; а в европейской политике чередовались политические и военные столкновения и союзы между Россией и Германией. Таким образом в коллективном сознании обоих народов упорно сохранялся стереотипный взаимный «образ чужого», который через пропаганду легко мог быть превращен в образ врага.

Но наряду с этим постепенно образовывалось и осознание тесной духовной связи (может быть, как результат некоторого отмежевания от романской европейской цивилизации), в рамках которой разница в ментальности и в культурных достижениях воспринималась как возможность удачного взаимного дополнения. Русский германист Лев Копелев назвал эту взаимосвязь «немецко-русским родством душ».

В кругу этого «родства» русские православные христиане и немецкие евангелические христиане, будучи братьями и сестрами во Христе, играли скорее роль двоюродных братьев и сестер, не так уж хорошо знающих друг друга. На богословском и

31 *Siegmund Freiherr von Herberstein, 1516–18 und 1526 zu ausgedehnten Reisen in Russland, im pelzbesetzten Gewand, das der Zar ihm verehrte.*
Зигмунд фон Герберштейн в 1516–1518 и 1526 годах находился в длительном путешествии по России. Изображен в одежде, отороченной мехом, преподнесенной ему Царем.

trotz der gemeinsamen Gegnerschaft zum Katholizismus nicht wesentlich näher. Denn aus der östlichen Sicht wurde Luthers Reformation nicht als Besinnung auf die Grundlagen der alten, noch ungeteilten Kirche wahrgenommen, sondern als eine neuerliche Häresie innerhalb der weströmischen Häresie; und dies, obwohl Luther – und erst recht sein Freund und Mitstreiter Melanchthon – die Schriften der östlichen Kirchenväter mit Freude studierten und die griechische Kirche gegenüber den römischen Theologen gegen den Vorwurf der Häresie verteidigten. Dennoch spürten immer wieder einzelne Christen und christliche Bewegungen aus beiden Konfessionen eine enge religiöse Verwandtschaft.

Erste Annäherungen

Eine kontinuierliche Annäherung des Moskauer Großfürstentums an den Westen begann erst im 16. Jahrhundert; doch blieb sie zunächst noch äußerlich. Eine gründliche Auseinandersetzung mit dem Humanismus und mit der Reformation fand zu dieser Zeit noch nicht statt.

Umgekehrt herrschte damals wie in ganz Westeuropa, so auch in den deutschen Ländern, eine vage, noch aus der Antike stammende Vorstellung von den Russen als den »wilden, barbarischen Moskowitern« vor. Da erschien um die Mitte des Jahrhunderts – zuerst in lateinischer, dann in deutscher Sprache – der Reisebericht des

церковном уровне, несмотря на общую дистанцию от католицизма, они существенно не сблизились. Ибо, с точки зрения Восточной Церкви, Реформация Лютера была воспринята не как напоминание об основах древней, еще не разделившейся Церкви, а как ересь; так исторически сложилось, несмотря на то, что Лютер и тем более его друг и сподвижник Меланхтон с радостью изучали труды восточных Отцов Церкви и защищали Греческую Церковь от римских теологов. Однако отдельные христиане и христианские движения обеих конфессий порой ощущали религиозную близость.

Первые моменты сближения

Постоянное сближение Московского великого княжества и Западной Европы началось лишь в XVI веке; но и оно имело сначала скорее внешний характер. Основательная оценка Эпохи гуманизма и Реформации произошла в России лишь значительно позже.

С другой стороны, в немецких землях, как и во всей Западной Европе, преобладало смутное, восходящее еще к античности представление о русских, как о «диких, варварских москвитянах». Тогда, примерно в середине века, сначала на латинском, а потом на немецком языке появилось описание путешествия, сделанное габсбургским императорским послом Зигисмундом фон Герберштейном (1486–1566), который два раза ездил в Россию. «Я с усердием и зорким глазом исходил страну» – пишет он в предисловии. Систематически, но большей частью без оценки, он описывает русские обычаи и учреждения, с особой подробностью Православную Церковь и богопочитание. Причем он не может не отметить, «что русские называют себя единственными истинными христианами. Нас они упрекают в том, что мы, дескать, отпали от древней Церкви и от учения отцов». Отчет о путешествии этого «Колумба России» надолго определил представление немцев.

Между тем при Царе Иване IV в России проживало уже большое число евангелических немцев. Отчасти это были специалисты, завербованные Царем, прежде всего врачи, оружейные мастера, строители и ремесленники, а также балтийские немцы, которые во время Ливонской войны были угнаны в Россию. Когда иезуитский теолог Поссевино по поручению Папы Римского хотел привлечь Царя к соединению с Римско-Католической Церковью и потребовал от него изгнания из Москвы «ядовитых лютеранских магистров», Царь дал величественный ответ: «В нашем государстве проживает много инославных, и Мы им

kaiserlichen Gesandten Sigismund von Herberstein (1486-1566), der Russland zweimal bereiste. »Ich habe das Land eifrig und mit offenen Augen durchstreift«, schreibt er im Vorwort. Systematisch und weitgehend ohne Wertung beschreibt er russische Sitten und Einrichtungen, besonders ausführlich die orthodoxe Kirche und Religion, wobei er nicht umhin kommt festzustellen: »Die Russen rühmen sich, die einzig wahren Christen zu sein. Sie werfen uns vor, wir wären von der alten Kirche und von der Lehre der Väter abgefallen.« Der Bericht dieses »Kolumbus' Russlands« hat das Russlandbild der Deutschen nachhaltig bestimmt.

Inzwischen lebten unter dem Zaren Iwan IV. bereits zahlreiche evangelische Deutsche in Russland. Zum einen waren dies vom Zaren angeworbene Fachleute, vor allem Ärzte, Waffenschmiede, Baumeister und Handwerker, zum anderen waren es die deutschen Bewohner der Ostseeprovinzen, die im Livlandkrieg nach Russland deportiert worden waren. Als der jesuitische Theologe Possevino im Auftrag des Papstes den Zaren für die Union mit der römisch-katholischen Kirche gewinnen wollte und ihn aufforderte, »die giftigen lutherischen magistri« aus Moskau zu vertreiben, gab der Zar die souveräne Antwort: »In unserem Reich leben viele Andersgläubige, und wir belassen sie bei ihrer Überzeugung; nur dürfen sie dieselbe nicht unter unserem Volk verbreiten.«

Trotz der erstaunlichen Toleranz war damit also die Mission verboten, und Diskussionen über den christlichen Glauben zwischen evangelischen Ausländern und orthodoxen Einheimischen wurden mit Argwohn betrachtet. Der Zar selbst aber war neugierig, zumal er theologisch gebildet war, und so führte er in Moskau mit lutherischen Pastoren theologische Streitgespräche, in denen er als Hüter des reinen orthodoxen Glaubens auftrat.

Etwa ein Jahrhundert nach Herbersteins Reise erfuhren deutsche Leser aus dem Reisebericht des Adam Olearius (1603–1671) wiederum das Neueste aus Russland, das nun schon von einem Zaren der Romanow-Dynastie regiert wurde. Olearius reiste im Auftrag des Herzogs von Holstein-Gottorp mit einer Gesandtschaft durch Russland. Als typischer Vertreter der frühen Aufklärung beobachtete er – ohne jede Sprachkenntnis – Land und Leute recht kritisch; er tadelte die mangelnde Bildung der Geist-

32 *Palmsonntagsprozession in Moskau aus dem Reisetagebuch von Adam Olearius (1603–1671), das dieser 1647 in Deutschland herausgab.*
Крестный ход в Вербное воскресенье в Москве из «Описания путешествия в Московию» Адама Олеария (1603–1671), изданного в Германии в 1647 году.

оставляем их убеждения; только не позволяется им распространять свои убеждения в нашем народе».

Так, несмотря на удивительную терпимость, миссия распространения другой веры все-таки была запрещена, и беседы между евангелическими иностранцами и православными местными жителями о христианской вере наблюдались с недоверием. Однако сам Царь был человеком любознательным, тем более что он имел неплохое богословское образование, и поэтому он вел в Москве серьезные теологические дискуссии с лютеранскими пасторами, в которых он выступал как защитник чистого православного вероисповедания.

Через столетие после путешествия Герберштейна из описания путешествия, сделанного Адамом Олеариусом (1603–1671), немецкие читатели снова получили свежие сведения о России, тогда уже управляемой Царем из династии Романовых. Олеариус проезжал через Россию как член посольства, отправленного Герцогом Гольштейн-Готторпским. Будучи типичным представителем ранней эпохи Просвещения, он весьма критически описал страну и людей, причем не зная их языка. Он критиковал недостаточную образованность священнослужителей и возмущался тем, что иностранцам запрещалось входить в православные храмы. Он же сам участвовал в богослужении, но, как трезво мысля-

33 *Der sächsische Dichter Paul Fleming, der von seiner Russlandreise begeistert zurückkehrte, an ihren Folgen jedoch schon 1640 im Alter von 32 Jahren starb.*
Саксонский поэт Пауль Флеминг был в восторге от своего путешествия в Россию, однако скончался от последствий этой поездки в возрасте 32 лет.

lichen und empörte sich darüber, dass den Ausländern das Betreten orthodoxer Kirchen verwehrt wurde. Er selbst durfte wohl am Gottesdienst teilnehmen, brachte aber als nüchterner Protestant keinerlei Verständnis auf für die Schönheit der orthodoxen Liturgie.

Glücklicherweise hatte Olearius einen guten Freund mit auf die Reise genommen, den Pastorensohn und Barockdichter Paul Fleming (1609–1640). Dieser sah dasselbe fremde Land und dieselben fremden Menschen und Sitten mit völlig anderen Augen – mit den Augen des Wohlwollens und der Liebe. Vor dem düsteren Hintergrund der vom Dreißigjährigen Krieg verwüsteten deutschen Heimat erlebte Fleming das weite russische Land als eine friedliche Idylle. Er rühmte die Einfachheit, Friedfertigkeit und Frömmigkeit der Bewohner und begeisterte sich für die Städte Nowgorod und Moskau mit ihren zahllosen goldglänzenden Kuppeln.

Als erster deutscher Dichter wurde Fleming so aus eigener Anschauung zu einem wahren Russlandfreund und zu einem poetischen Vermittler zwischen den Kulturen. In seinem Abschiedsgedicht an »die große Stadt Moskau« redet er die Stadt zum Schluss so an:

Nimm itzo dies Sonett. Komm ich mit Glücke wieder,
so will ich deinen Preis erhöhn durch stärkre Lieder,
dass deiner Wolgen (Wolga) Schall auch
hören soll mein Rhein.

щий протестант, не был поражен красотой православной литургии.

К счастью, Олеариус взял с собой в путешествие своего хорошего друга Пауля Флеминга (1609–1640), сына лютеранского пастора и поэта стиля барокко. Тот смотрел на ту же самую чужую страну и на тех же самых чужих людей и их обычаи совершенно иными глазами – глазами благожелательности и любви. На мрачном фоне опустошенной Тридцатилетней войной Германии Флеминг воспринял русские просторы как идиллию. Он воспевал простоту, добродушие и благочестие жителей и восторгался городами Новгородом и Москвой, их многочисленными, блестящими золотом куполами.

Таким образом, Флеминг был первым немецким писателем, который по собственному опыту стал истинным другом России и поэтическим посредником между двумя культурами. В своем прощальном стихотворении к «великому городу Москве» он в самом конце так обращался к городу:

Прими этот сонет. Когда я счастливо приду опять,
то лучшими песнями я буду тебя восхвалять,
чтобы голос твоей Волги услышал мой Рейн.

Флеминг нашел единомышленника в лице немецкого пастора в Москве Иоганна Готфрида Грегория, который очень хорошо знал жизнь России изнутри. Сознательно возражая против распространенного тогда в германских землях отрицательного мнения о России, он писал в 1667 году,

…что в стране варваров
почти ничего варварского нет.

В 1672 году пастор Грегорий получил от Царя Алексея почетное поручение основать и возглавить первый придворный русский театр; он ставил пьесы по библейским сюжетам. Но в основном он осуществлял свою деятельность в обособленном квартале за воротами Москвы, в котором с 1652 года должны были жить все иностранцы, в большинстве своем лютеране; этот квартал так и назывался «Немецкой слободой» (кстати, прилагательным «немецкий» первоначально обозначались все западные иностранцы; их всех называли «немыми»). Это обособление не следует, пожалуй, рассматривать только отрицательно, так как оно содействовало упрочению немецкой лютеранской культуры в Москве.

Fleming fand einen Gesinnungsgenossen in dem deutschen Pastor in Moskau, Johann Gottfried Gregorij, der die russischen Verhältnisse sehr gut von innen kannte. Bewusst gegen die in den deutschen Landen verbreitete negative Meinung über Russland schrieb er 1667:

... dass in dem Barbarland
fast nichts barbarisch sei.

Pastor Gregorij bekam von Zar Aleksej im Jahre 1672 den ehrenvollen Auftrag, das erste russische Theater bei Hofe zu gründen und zu leiten; aufführen ließ er Dramen zu biblischen Themen. Im Übrigen tat er aber seinen Dienst in einem abgesonderten Stadtviertel vor den Toren Moskaus, in dem alle westlichen Ausländer, die meisten von ihnen deutsche Protestanten, seit 1652 leben mussten, in der »Nemeckaja sloboda«, wörtlich: »Deutsche Vorstadt« (wobei mit dem Adjektiv »nemeckij« ur-

Взаимное уважение

Здесь же будущий Царь Петр Великий получил первые впечатления от западноевропейского образа жизни. Как человек любознательный, он еще подростком часто бывал в Немецкой слободе, вопреки воле матери и Патриарха, и порой посещал лютеранские богослужения, однако внутренне не был склонен к лютеранской вере.

Во время ознакомительных путешествий по Германии, Голландии и Англии он охотно вел теологические беседы с лютеранами, кальвинистами и англиканами. В своем манифесте о свободе вероисповедания от 1702 года он подтвердил перед всей европейской общественностью, что не намерен насильственно влиять на религиозные убеждения, а допускает, «что каждый христианин несет под свою собственную ответственность заботу о своем высшем счастье». Так Царь Петр вводил в России дух

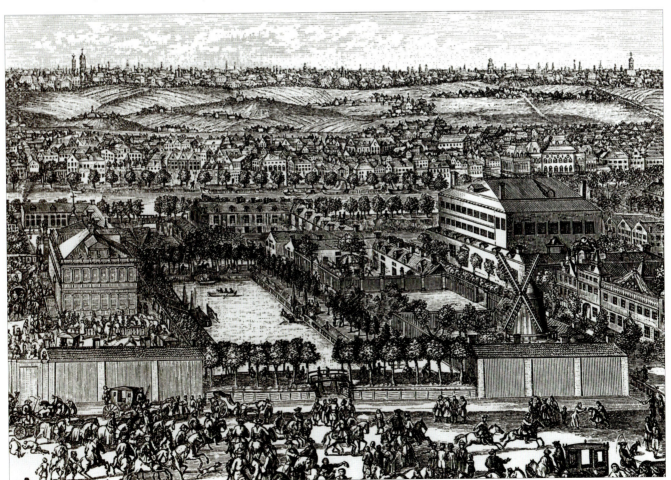

34 *Mit schönen Gartenanlagen und Häusern war die »Deutsche Vorstadt« in Moskau vielbewunderte Anregung für russische Stadtplaner. Bei Besuchen traf Peter der Große hier erstmals auf westliche Lebensart.*
Великолепно благоустроенные сады и строения «немецкой слободы» в Москве послужили источником для впечатляющих идей русских градостроителей. Царь Петр Великий часто бывал здесь.

35 *Der große deutsche Universalgelehrte Gottfried Wilhelm Leibnitz (1646–1716) pflegte einen engen geistigen Austausch mit Zar Peter dem Großen.*
Великий немецкий ученый-энциклопедист Готфрид Вильгельм Лейбниц (1646–1716) состоял в тесной духовной взаимосвязи с Царем Петром Великим.

sprünglich alle westlichen Ausländer bezeichnet wurden, nämlich als »stumm«). Diese räumliche Trennung sollte vielleicht nicht nur negativ beurteilt werden, da sie auch zur Stabilisierung der deutschen protestantischen Kultur in Moskau beigetragen hat.

Gegenseitige Achtung

Hier in der Vorstadt der Deutschen empfing der spätere Zar Peter der Große die ersten Eindrücke von der westeuropäischen Lebensweise. Als wissensdurstiger junger Mann hielt er sich – gegen den Willen seiner Mutter und des Patriarchen – oft in der Vorstadt auf und besuchte gelegentlich auch lutherische Gottesdienste, ohne jedoch innerlich zum lutherischen Glauben zu neigen. Auf seinen Bildungsreisen durch Deutschland, Holland und England führte er gern theologische Gespräche mit Lutheranern, Calvinisten und Anglikanern. Im Manifest über die Glaubensfreiheit von 1702 bestätigte er vor der gesamten europäischen Öffentlichkeit, dass er sich nicht anmaße, Zwang auf die Gewissen der Menschen auszuüben, sondern zulasse, »dass jeder Christ auf seine eigene Verantwortung für seine Seligkeit Sorge trage«. So ließ Zar Peter nicht nur in Wissenschaft und Technik, sondern auch in Glaubensfragen den Geist der europäischen Aufklärung in Russland einziehen.

Das 18. Jahrhundert war in Europa vergleichsweise frei

европейского просвещения не только в области науки и техники, но и в области религии.

Европа XVIII столетия была сравнительно свободна от разрушительных идеологий, и эта эпоха может быть названа особенно плодотворной для культурных отношений между Востоком и Западом. Ярким доказательством этого были, например, то уважение и та симпатия, которые объединяли немецкого ученого-энциклопедиста Готфрида Вильгельма Лейбница (1646–1716) и Царя Петра Великого. Эти отношения выразились в их переписке и в четырех личных встречах между 1711 и 1716 годами.

Как теолог Лейбниц преследовал цель воссоединения всех христианских конфессий; однако главной своей задачей он считал всемирную культурную миссию. В письме к Царю он так обосновал свой восторг перед искусством и наукой: «Именно ими постоянно укрепляются слава Божия и лучшие стремления всего рода человеческого». Лейбниц был убежден в том, что именно Россия при Петре Великом, Царе, Богом избранном для этой миссии, является наиболее подходящей в Европе страной, которая сможет перенять науки и искусства в неиспорченном виде, избежать злоупотреблений старой Европы и таким образом стать образцом для всего континента. Лейбниц ничего не знал об ожесточенном сопротивлении против слишком радикальных петровских реформ в консервативных кругах Православной Церкви, которые видели в Царе «Антихриста» и называли «протестантским еретиком» архиепископа Феофана Прокоповича, самого усердного соратника и советника Царя в богословии. В то время реформаторски настроенные русские богословы и церковные деятели действительно надеялись на объединение Лютеранской и Русской Православной Церкви, однако под эгидой, как предполагалось, Восточной Церкви.

Важным местом интенсивного обмена взглядами в духе соответствующей идеалам Просвещения толерантности стала Академия наук, основанная в 1725 году в столице России Санкт-Петербурге. Здесь с самого начала преподавали главным образом немецкие ученые, в первую очередь историки и востоковеды; они основательно изучали русский язык, русскую литературу и историю, и после своего возвращения распространяли эти знания по немецким университетам и академиям. Самым знаменитым из них был геттингенский ученый Аугуст Людвиг Шлёцер (1735–1809).

В этом избранном обществе оказался гениальный

von zerstörerischen Ideologien und kann daher eine besonders fruchtbare Epoche der kulturellen Ost-West-Beziehungen genannt werden. Ein schöner Beweis dafür war die Hochachtung und Sympathie, die den deutschen Universalgelehrten Gottfried Wilhelm Leibniz (1646–1716) und Zar Peter den Großen miteinander verbanden und die in ihrem Briefwechsel und in vier persönlichen Begegnungen zwischen 1711 und 1716 zum Ausdruck kamen.

Als Theologe hatte Leibniz die Vision einer Wiedervereinigung aller christlichen Konfessionen; sein Hauptanliegen aber war eine weltweite Kulturmission. Seine Begeisterung für die Künste und Wissenschaften begründete er in einem Brief an den Zaren so: »... weil dadurch die Ehre Gottes und das Beste des ganzen menschlichen Geschlechts beständig befördert wird.« Leibniz war überzeugt davon, dass gerade Russland unter Peter dem Großen, dem von Gott dazu bestimmten Zaren, das geeignetste Land in Europa sei, Wissenschaften und Künste in unverdorbener Form aufzunehmen, die Missbräuche des alten Westeuropa zu vermeiden und so ganz Europa mit gutem Beispiel voranzugehen. Leibniz wusste nichts von dem erbitterten Widerstand gegen die allzu radikalen petrinischen Reformen in den konservativen Kreisen der orthodoxen Kirche, die im Zaren den »Antichrist« sahen und seinen eifrigsten Mitstreiter und theologischen Ratgeber Erzbischof Feofan Prokopowitsch als protestantischen Häretiker beschimpften. Tatsächlich hofften damals reformfreudige russische Theologen und Kirchenführer auf eine Vereinigung der Lutherischen mit der Russischen Orthodoxen Kirche, doch vermutlich unter ostkirchlichem Vorzeichen.

Ein wichtiger Ort intensiven Austauschs im toleranten Geist der Aufklärung wurde die 1725 in der Hauptstadt St. Petersburg gegründete Akademie der Wissenschaften. Hier lehrten von Anfang an hauptsächlich deutsche Wissenschaftler, meist Historiker und Orientalisten, die die russische Sprache, Literatur und Geschichte erforschten und nach ihrer Rückkehr an deutschen Universitäten und Akademien verbreiteten. Am angesehensten unter ihnen war der Göttinger Gelehrte August Ludwig Schlözer (1735–1809).

In diesen erlauchten Kreisen war der geniale russische Universalgelehrte Michail Lomonosow (1711–1765), der aus einer armen Fischerfamilie stammte, ein streitbarer Kollege mit einem ausgeprägten patriotischen Selbstbewusstsein. Er verlangte von der Akademie eine bessere Förderung russischer Studenten, vor allem solcher aus nichtadeligen Schichten. Er hatte in seinen fünf Studienjahren in Marburg vielerlei Anregungen erhalten, die er 1755 bei der Gründung der ersten russischen Universität

русский ученый Михаил Ломоносов (1711–1765), из семьи бедного рыбака. Он был достойным коллегой, однако отличался боевым духом и абсолютной патриотической уверенностью в собственной правоте. Он потребовал от академии более активного продвижения русских студентов, прежде всего из простых семей. В течение пяти лет учебы в Марбурге он обогатился многими и разнообразными идеями, которыми смог воспользоваться в 1755 году, когда был создан первый русский университет в Москве. К тому же в Марбурге он женился на немке с евангелически-реформаторским вероисповеданием и получил через нее положительное впечатление от жизни в немецкой церковной общине. В частности, он ставил русским общинам в пример преподавание Закона Божия подросткам-конфирмандам и семейную жизнь немецких пасторов.

Пиетизм и православная мистика

Свободный обмен знаниями и опытом и личное сотрудничество помогали людям найти друг друга поверх конфессиональных различий. В том же XVIII веке возникло осознание удивительной религиозной близости среди верующих обеих Церквей, так как и в той, и в другой возрождались старинные мистические традиции. Общим источником мистического вдохновения явились проповеди восточных Отцов Церкви, прежде всего проповеди преподобного Макария Египетского (IV век). В лютеранской традиции некоторую роль играли и мистические тенденции учения молодого Лютера, в которых также отражалось близкое знакомство с духом Восточной Церкви первых христианских столетий. Именно на этих основах в Германии в конце XVII века развивался, как особый тип благочестия, так называемый пиетизм, который представлял собой мощное религиозное движение против преобладающей в то время закостенелой, рационалистической формы лютеранства. В пиетизме соединялось душевное благочестие сердца с благоразумно устроенной деятельной любовью к ближнему и с мирным миссионерским усердием.

Основоположник лютеранского пиетизма Аугуст Герман Франке (1663–1727) продвинул свою деятельность от германского города Галле далеко вглубь России. Многие из проживавших там немецких лютеран поддались «пробуждению», но и среди православных христиан появился интерес к религиозному обновлению. Этому существенно содействовал православный богослов Симеон Тодорский (1699–1754). Он изучал евангелическую теологию в

in Moskau nutzen konnte. Zudem hatte er in Marburg eine evangelisch-reformierte Deutsche geheiratet und über sie einen positiven Eindruck vom deutschen Gemeindeleben bekommen: Den Konfirmandenunterricht und die deutsche Pfarrfamilie stellte er zu Hause als beispielhaft vor.

Pietismus und orthodoxe Mystik

Der freie Austausch von Wissen und Erfahrungen und die persönliche Zusammenarbeit im Pietismus halfen Fremdheit zu überwinden und ließen die konfessionellen Unterschiede in den Hintergrund treten. Zugleich aber kam es in demselben 18. Jahrhundert zu einer erstaunlichen religiösen Vertrautheit unter Gläubigen beider Kirchen, weil hier wie dort alte mystische Traditionen wiederbelebt wurden. Eine gemeinsame Quelle der Inspiration waren die Predigten östlicher Kirchenväter, vor allem die des Mönchs Makarios von Ägypten aus dem vierten Jahrhundert. In der lutherischen Tradition spielten aber auch die mystischen Tendenzen des jungen Luther eine Rolle, in denen sich ebenfalls die Vertrautheit mit dem Geist der Ostkirche der ersten nachchristlichen Jahrhunderte widerspiegelte. Daraus entwickelte sich in Deutschland schon Ende des 17. Jahrhunderts der Pietismus als eine mächtige Gegenbewegung zu der damals vorherrschenden erstarrten, rationalistischen Form des Luthertums. Im Pietismus verbanden sich innige Herzensfrömmigkeit mit wohlorganisierter tätiger Nächstenliebe und einem friedlichen Missionseifer.

Der Begründer des lutherischen Pietismus, August Hermann Francke (1663–1727), wirkte von Halle aus weit nach Russland hinein. Viele der dort lebenden deutschen

Галле и перевел евангелические труды на русский язык, в том числе чрезвычайно популярную назидательную книгу Иоганна Арндта (1555–1621) «Четыре книги об истинном христианстве». Ему даже удалось ввезти этот труд в Россию и распространить его по русским монастырям.

Тот же Тодорский оказался хорошим наставником для Императрицы Екатерины II, родившейся и выросшей в Германии и воспитанной в строгом пиетистском духе. Когда в возрасте 16 лет она была выдана замуж в Россию, она перешла в православную веру. В этой ситуации Тодорский успокоил ее и ее родителей, мучимых внутренним конфликтом, уверяя их в том, что несмотря на бросающиеся в глаза различия в обрядах, разница в религиозных убеждениях в сущности невелика. Можно предположить, что такое великодушное отношение к теологии было даже в петровской России весьма редким исключением.

Когда эта Императрица в своем знаменитом манифесте от 1763 года призвала на Волгу западноевропейских поселенцев, приехали, как известно, около 25 000 крестьян из Германии, в большинстве своем евангелических, которые заложили образцовые колонии с церквами и школами. Немецкие крестьяне и в дальнейшем продолжали приезжать по экономическим причинам. Но у одного евангелического объединения, происходившего из Богемии (так называемая Гернгутская братская община), был свой особый христианский интерес: на южной Волге они основали миссионерскую станцию «Сарепта», чтобы оттуда обратить в христианство язычников-

36 *Die 1695 gegründeten Franckeschen Stiftungen waren im frühen 18. Jahrhundert ein Zentrum des geistigen Austausches mit Russland.* Основанные в 1695 году благотворительные учреждения Франке стали в XVIII веке центром духовных контактов между Россией и Германией.

Protestanten ließen sich »erwecken«, aber auch unter den orthodoxen Christen erwachte das Interesse an einer religiösen Erneuerung. Dazu trug der orthodoxe Theologe Simeon Todorskij (1699–1754) wesentlich bei. Er hatte selbst in Halle evangelische Theologie studiert und evangelische Schriften ins Russische übersetzt, darunter das außerordentlich beliebte Erbauungsbuch von Johann Arndt (1555–1621), die »Vier Bücher vom wahren Christentum«. Es gelang ihm sogar, dieses Werk nach Russland einzuführen und in russischen Klöstern zu verbreiten.

Für die Zarin Katharina die Große war Todorskij ein guter Seelsorger. Sie war in Deutschland geboren und aufgewachsen und streng pietistisch erzogen worden, und als sie mit 16 Jahren nach Russland verheiratet wurde und zum orthodoxen Glauben übertrat, da war es der undogmatische Todorskij, der sie und ihre Eltern in ihrem religiösen Gewissenskonflikt beruhigte, indem er ihnen versicherte, dass trotz der augenfälligen Differenzen im Kultus die Unterschiede in Glaubensfragen in Wahrheit gering seien. Eine derartig großzügige theologische Einstellung war vermutlich auch im petrinischen Russland eine ganz seltene Ausnahme.

Als diese Zarin in ihrem berühmten Manifest von 1763 westeuropäische Siedler an die Wolga rief, kamen bekanntlich ca. 25.000 mehrheitlich evangelische Bauern aus Deutschland und legten Musterkolonien mit Kirchen und Schulen an. Weitere deutsche Einwanderungswellen aus wirtschaftlichen Gründen folgten. Aus einer besonderen christlichen Motivation heraus gründete eine evangelische, ursprünglich aus Böhmen stammende Gemeinschaft (die Herrnhuter Brüdergemeine) an der südlichen Wolga die Missionsstation »Sarepta«, um von dort aus die heidnischen Kalmücken zu christianisieren. Aus der kleinen Station wurde eine Kolonie, die weithin den brüderlichen Geist urchristlicher Gemeinschaft ausstrahlte. Später siedelten sich deutsche Protestanten – wiederum auf Wunsch der russischen Regierung – auch in den neu von Russland eroberten Gebieten am Schwarzen Meer an. So wurde deutsche Kultur und evangelischer Glaube nicht nur in Moskau und Petersburg, sondern auch auf dem flachen Lande ansässig. Allerdings war die Distanz zur einheimischen ukrainischen und russischen Bevölkerung meist groß, und die Deutschen blieben Fremde – manchmal verhasst, oft nachgeahmt, halb belächelt und halb bestaunt.

Doch einmal, schon im folgenden Jahrhundert, kam es im südrussischen Siedlungsgebiet zu einer intensiven religiösen Begegnung. Infolge der geistigen Umbrüche nach der Französischen Revolution, zugleich aber auch aus

калмыков. Маленькая станция превратилась в колонию, из которой распространялся вширь братский дух первичной христианской общности. Позднее евангелические немцы поселялись, снова по желанию российского правительства, и в завоеванных Россией областях на Черном море. Таким образом немецкая культура и евангелическая вера укоренялись не только в Москве и Петербурге, но и в глубине России. И все же дистанция между населением украинцев и русских и колонистами была, как правило, большой, и немцы оставались чужими: их иногда ненавидели, часто им подражали, порой их осмеивали, порой им удивлялись.

Однако уже в XIX веке сложилось так, что в южнороссийском районе расселения немцев произошло интенсивное религиозное сближение. Вследствие духовного перелома после Французской революции, одновременно с протестом против казенного церковного рационализма в Вюртемберге, юго-западном регионе Германии, в кругах швабского пиетизма распространилось апокалиптическое ожидание конца света.

Романтично-мистический писатель Генрих Юнг-Штиллинг (1740–1817), глубоко сочувствующий православной духовности, еще раньше в своем романе «Тоска по родине» указал христианству путь спасения – побег на Восток. И сотни швабских крестьян отправились на Восток, причем в большинстве своем они осели в южной России.

Там они без всяких церковных служителей совершали свои обряды из «благочестия сердца»: собирались на так называемые «штунды» (уроки), читали Библию, молились и пели духовные песни. Местные русские и украинские сезонные рабочие, которым немецкие колонисты разрешали участвовать в «штундах», проявили интерес к этому простодушному благочестию. Впрочем, из этих молитвенных собраний вышел русский «штундизм», который, подобно другим русским сектам, был осужден Православной Церковью и преследовался властями вплоть до указа о религиозной терпимости, изданного Царем Николаем II в 1905 году.

Культурные отношения и большая политика

Между тем, университетская учеба в Германии стала уже традиционной для молодых россиян из высшего общества, жаждавших образования. В начале XIX века многие из них предпочитали Геттингенский университет; их так и называли «геттингенскими русскими». Как известно, в своем

Protest gegen einen verordneten kirchlichen Rationalismus in Württemberg, breitete sich in Kreisen des schwäbischen Pietismus eine apokalyptische Weltuntergangsstimmung aus. Der romantisch-mystische Schriftsteller Heinrich Jung-Stilling (1740–1817), der von der orthodoxen Spiritualität tief ergriffen war, hatte in seinem Roman »Heimweh« der Christenheit den Weg zur Rettung gewiesen – die Flucht nach Osten. So zogen Hunderte schwäbischer Bauern gen Osten; die meisten kamen nicht weiter als bis nach Südrussland.

Dort übten sie ohne kirchliche Obrigkeit ihre »Herzensfrömmigkeit« aus: Sie sammelten sich zu den sogenannten »Stunden«, lasen die Bibel, beteten und sangen geistliche Lieder. Von dieser Frömmigkeit fühlten sich einheimische Russen und Ukrainer, die als Saisonarbeiter bei den Kolonisten arbeiteten und an den »Stunden« teilnehmen durften, angesprochen. Sie wurden »Stundisten« genannt. Im Übrigen entwickelte sich aus diesen Gebetsversammlungen der russische »Stundismus«. Er wurde von der Russischen Orthodoxen Kirche abgelehnt und vom Staat ebenso wie die genuin russischen Sekten bis zum Toleranzedikt des Zaren Nikolaus II. von 1905 verfolgt.

Kulturelle Beziehungen und große Politik

Inzwischen war für bildungseifrige junge Russen der Oberschicht das Studium in Deutschland schon zur Tradition geworden. Um 1800 zeigten viele eine besondere Vorliebe für Göttingen; sie wurden die »Göttinger Russen« genannt. Bekanntlich setzte Puschkin in seinem Versroman »Ewgenij Onegin« einem solchen enthusiastischen Studenten ein Denkmal: »Wladimir Lenskij / mit einer wahrhaft göttingischen Seele« (Kapitel 2, Strophe VI). Leider weniger bekannt geworden, dafür aber nicht fiktiv, sondern historisch ist Aleksander Turgenew (1784–1845), ein entfernter Verwandter des später in Deutschland so beliebten Schriftstellers Iwan Turgenjew. Er begeisterte sich während seines Studiums in Deutschland nicht wie jener Lenskij für Kant, sondern für Luther. In einem Brief pries er den Reformator als einen großen Menschen, der »von Geschlecht zu Geschlecht, von Jahrhundert zu Jahrhundert« schreite.

Im Laufe von vierzig Jahren besuchte er immer wieder Deutschland, führte Gespräche mit Goethe in Weimar und pflegte eine enge Freundschaft mit dem Philosophen Schelling – dem Antipoden Hegels – , dessen ganzheitliches Denken der russischen Religionsphilosophie nahe stand. Für Turgenjew war klar, dass es die Mission Deutschlands sei, die Wiedervereinigung der christlichen Kirchen herbeizuführen. War ihm doch die Unsinnigkeit

37 *In sechs Bänden berichtete der russische Schriftsteller Nikolaj Karamsin (1766–1826) von seiner Deutschlandreise und den Begegnungen mit Kant, Herder, Wieland und Goethe.*
Русский писатель Николай Карамзин (1766–1826) посвятил шесть томов своих произведений рассказу о путешествии в Германию и встречам с Кантом, Гердером, Виландом и Гете.

романе в стихах «Евгений Онегин» Пушкин создал памятник такому восторженному студенту: «Владимир Ленской / С душою прямо Геттингенской» (глава 2, строфа VI). К сожалению, менее известным остался Александр Тургенев (1784–1845), хотя он был не выдуманным персонажем, а реальной исторической личностью, дядей позже столь популярного в Германии писателя Ивана Тургенева. Однако во время учебы в Германии он восторгался не Кантом (как тот же Ленский), а Лютером. В письме к своей русской приятельнице он в стихах восхвалял реформатора как великого человека, который пройдет «из рода в род, из века в век».

В течение 40 лет он ездил в Германию, вел разговоры с Гете в Веймаре и поддерживал большую дружбу с философом Шеллингом, антиподом Гегеля, целостное мышление которого было ближе к русской религиозной философии. Тургенев был убежден в том, что воссоединение христианских Церквей станет миссией Германии. Ведь уже в свои студенческие годы в Геттингене он стал критически относиться к конфессиональным ограничениям, когда был восхищен проповедью одного протестантского пастора, но не осмелился подойти к нему, чтобы переписать проповедь, так как тот принадлежал «к совершенно иной религии».

На протяжении XIX века культурные отношения между двумя народами подвергались сильным коле-

konfessioneller Schranken schon in der Studienzeit in Göttingen bewusst geworden, als er von der Predigt eines protestantischen Pastors gerührt war, sich aber scheute, zu ihm zu gehen, um sie abzuschreiben, weil dieser »einer ganz anderen Religion« angehöre.

Im Verlauf des 19. Jahrhunderts waren die kulturellen Beziehungen zwischen den beiden Völkern starken Schwankungen unterworfen, da die wechselnden politischen Konstellationen sich umfassend auswirkten. In den ersten beiden Jahrzehnten prägte die Waffenbrüderschaft gegen Napoleon die Beziehungen positiv: Eine massenhafte Russlandbegeisterung brach in Deutschland aus, die dem Zeitgeist entsprechend romantische und gelegentlich auch religiöse Züge annahm. So wurde Napoleon als Antichrist gedeutet, und Zar Alexander I. wurde nach der Vertreibung Napoleons aus Russland im Jahre 1812 als »Schutzengel Europas« stürmisch gefeiert. Doch der Zusammenschluss der drei christlichen Monarchien Russ-

баниям, так как чередующиеся политические стечения обстоятельств оказывали влияние на все области жизни. В течение двух первых десятилетий боевой союз против Наполеона наложил положительный отпечаток на взаимоотношения: в Германии разразился массовый восторг перед Россией, который в соответствии с духом времени принял романтические, а порой и мистические формы. В этой связи Наполеона рассматривали как Антихриста, и после изгнания Наполеона из России в 1812 году Царь Александр I был восторженно прославлен как «Ангел-хранитель Европы». Но соединение в 1815 году трех христианских монархий России, Австрии и Пруссии в «Святой альянс» привело в Германии к расколу общества. В консервативных кругах прусской аристократии царская Россия была весьма уважаемым союзником против опасных либеральных идей Французской революции. В отличие от них,

38 *Kosaken auf dem Hamburger Jungfernstieg: Unter der Führung des zaristischen Generals Friedrich Karl von Tettenborn (der aus Baden stammte) befreite 1813 ein Kosakenregiment die Stadt von der Franzosenherrschaft.*
Казаки на бульваре Юнгфернштиг в Гамбурге: под командованием царского генерала Фридриха Карла фон Теттенборна, родившегося в Бадене, полк казаков в 1813 году освободил город от французского владычества.

lands, Österreichs und Preußens im Jahre 1815 zur »Heiligen Allianz« unter russischer Führung führte in Deutschland zur Polarisierung der Gesellschaft: In den konservativen Kreisen des preußischen Adels war Russland unter den Zaren ein hoch geschätzter Verbündeter gegen die gefährlichen liberalen Ideen der französischen Revolution. Dagegen verabscheuten die liberal und patriotisch gesinnten deutschen Demokraten die russische Autokratie und übertrugen ihre Abneigung undifferenziert auf die russische Nation und die russische Kultur insgesamt; und nach der blutigen Niederschlagung des polnischen Befreiungskampfes von 1830 wurde aus der Abneigung wütender Hass.

Als dann Zar Nikolaus I. die Rolle eines »Gendarms Europas« übernahm und nach dem Scheitern der bürgerlichen Revolution von 1848 wuchs unter den Demokraten die Angst vor Russland als der stärksten europäischen Militärmacht, die die Vorherrschaft in Europa und schließlich die Weltherrschaft erringen wolle. Slawophile und panslawische Ideen verstärkten unter den Deutschen diese Angst. Wieder wurden Russen in Deutschland als »Moskowiter, Hunnen, Asiaten« beschimpft. Doch setzte bald eine Wende ein, als Russland im Krimkrieg besiegt war und der Beginn der Reformen unter Zar Alexander II. zu einer positiven, erwartungsvollen Einstellung gegenüber dem östlichen Nachbarn führte. Und natürlich spielte im letzten Drittel des Jahrhunderts eine wichtige Rolle, dass Bismarck für stabile politische Beziehungen zwischen den beiden Großmächten sorgte. Er hatte während seines dreijährigen Dienstes als Botschafter in St. Petersburg das Land persönlich kennen und schätzen gelernt und war wohl unter den deutschen Politikern der konsequenteste Russlandfreund.

Die Polarisierung, die sich im 19. Jahrhundert in Russland vollzog und die sich auf die Einstellung zur deutschen Kultur entscheidend auswirkte, hatte geschichtsphilosophische und religiöse Dimensionen. In der russischen Intelligenzschicht, die sich noch für Goethe und Schiller, Kant und Hegel begeistert hatte, entstand die antiwestliche Bewegung der Slawophilen, die sich zum Teil auch aus westlichen kulturpessimistischen Quellen speiste. Die Slawophilen glaubten, dass die individualistische, rationalistisch zergliedernde westliche Kultur künftig von der ganzheitlichen, auf das Wesen gerichteten slawischen Kultur abgelöst werde. Dies bedeutete für den religiösen Bereich eine Stärkung des Sendungsbewusstseins der russischen Orthodoxie, eine scharfe Abgrenzung gegen den Katholizismus und eine Geringschätzung des deutschen Protestantismus. Gerade Dostojewskij hat solche Ideen in seinen »Tagebüchern eines Schriftstellers« verkündet.

либерально и патриотически настроенные немецкие демократы испытывали неприязнь к русскому самодержавию и перенесли, не различая, свое враждебное настроение на русскую нацию и культуру вообще. После кровавого подавления польской освободительной борьбы в 1830 году неприязнь обратилась в ненависть.

Когда Царь Николай I перенял роль «жандарма Европы», и после того как буржуазная Французская революция 1848 года потерпела поражение, среди демократов вырос страх перед Россией как перед сильнейшей военной державой, которая хотела приобрести господство в Европе, а потом и мировое господство. Этот страх был усилен негативным восприятием славянофилов и панславистов. Опять в Германии русские назывались «москвитянами, гуннами, азиатами». Однако скоро произошел переворот в связи с тем, что в Крымской войне Россия потерпела поражение, а начало реформ при Царе Александре II еще более привело к положительной, полной надежды позиции по отношению к восточному соседу. И, конечно, в последней трети века важную роль играла политика Бисмарка, обеспечивающая прочные политические связи между двумя великими державами. Во время своей трехлетней службы в качестве посла в Санкт-Петербурге он лично познакомился со страной, оценил ее и был, пожалуй, самым последовательным другом России из всех немецких политиков.

Поляризация общества, которая наблюдалась в XIX столетии в России и которая существенно повлияла на отношение к немецкой культуре, произошла в широких историко-философских и религиозных масштабах. Среди представителей русской интеллигенции, которая еще недавно восторгалась Гете и Шиллером, Кантом и Гегелем, возникло антизападное движение славянофилов, которое отчасти питалось идеями западного культурного пессимизма. Славянофилы верили в то, что индивидуалистическая и рационалистически анализирующая западная культура будет заменена русской культурой, целостной и нацеленной на существенное. В сфере религии это убеждение обозначало укрепление миссионерского духа Русского Православия, резкое отмежевание от католицизма и пренебрежение протестантизмом. Не кто иной как Достоевский провозглашал такие идеи в своем «Дневнике писателя».

Однако и немецкий славянофил, католический профессор общественной философии Франц фон Баадер (1765–1841) надеялся на спасение христианства Русской Церковью от «окостенения христиан-

Die Kirche

Streng lutherisch will mir gefallen,
der Dienst am Höchsten, hehr und schlicht.
Ja, ich versteh der nackten Hallen
und kahlen Wände hohen Unterricht.

Ihr, vor dem Abschied, habt ihr nicht begriffen:
Das letzte Mal der Glaube zu euch spricht.
Noch hat er nicht die Schwelle überschritten,
doch steht sein Haus schon leer und nackt und schlicht.

Noch überschritt er nicht die Schwelle,
Doch naht die Stunde schon, sie schlägt…
Noch ist die Tür nicht zu, drum betet stille,
denn ihr sprecht letztmals ein Gebet.

Fjodor Tjutschew (1803-1873)

Церковь

Я лютеран люблю богослуженье,
Обряд их строгий, важный и простой –
Сих голых стен, сей храмины пустой
Понятно мне высокое ученье.

Не видите ль? Собравшися в дорогу,
В последний раз вам вера предстоит:
Еще она не перешла порогу,
Но дом ее уж пуст и гол стоит, -

Еще она не перешла порогу,
Еще за ней не затворилась дверь…
Но час настал, пробил… Молитесь Богу,
В последний раз вы молитесь теперь.

Федор Тютчев (1803-1873)

Doch auch ein deutscher Slawophile, der katholische Staatsphilosoph Franz von Baader (1765–1841), erhoffte sich die Rettung des Christentums von der russischen Kirche – »gegen die Erstarrung des Christentums in der römischen Kirche und seine Auflösung in den protestantischen Kirchen«.

Russische Literatur in Deutschland

Auf lange Sicht konnten aber die politisch-ideologischen Tendenzen zu Entfremdung, Feindseligkeit und Missachtung nicht verhindern, dass die kulturellen Beziehungen dichter und vielschichtiger wurden, bis es

ства в Римской Церкви и растворения его в протестантских Церквах».

Русская литература в Германии

Существовавшие тогда политико-идеологические тенденции к отчуждению, враждебности и пренебрежению все же не могли долго препятствовать тому, чтобы культурные отношения становились все теснее и разнообразнее, и наконец обмен стал поистине взаимным. Образованные немцы обнаружили за фасадом великой военной державы «великую державу духа» (Л. Копелев) и с удивлением узнали,

schließlich zu einem echten beidseitigen Austausch kam. Die gebildeten Deutschen entdeckten hinter der Fassade der militärischen Großmacht die »Großmacht des Geistes« (Kopelew), und staunend machten sie die Erfahrung, dass sie nunmehr zu Empfangenden wurden; dass dieses Russland nicht nur nahm und aneignete, sondern gab und neue Ideen ausstrahlte. Gegen Ende des 19. Jahrhunderts war die russische Kultur in all ihren Facetten in Deutschland eingebürgert und gehörte ganz selbstverständlich zum Alltag des deutschen Kulturlebens dazu: Russische Musik eroberte die Konzertsäle (am stürmischsten gefeiert wurde Tschaikowskij), russische Kunstwerke füllten die Galerien, russische Stücke wurden in deutschen Theatern gespielt.

Den Weg bereitet für diese begeisterte Aufnahme hatte die vorausgegangene Rezeption der russischen Literatur, denn erst durch sie konnten deutsche Leser das russische Volk und die östliche Mentalität von innen her kennen lernen und als eine Vertiefung ihres eigenen kulturellen Bewusstseins erfahren.

Als erster hatte Johann Gottfried Herder (1744–1803) zu einer freundlichen Aufnahme der slawischen Literatur in Deutschland beigetragen mit seiner berühmten Aussage, auch Völker, die nicht zum klassischen Europa gehörten, hätten »ihre Lieder«. Und Goethe hatte als einer der ersten russische Lyrik in einer englischen Anthologie mit großer Freude gelesen und »die entfernten östlichen Talente« gelobt. So empfing er in Jena und später noch einmal in Weimar den jungen Lyriker der russischen Romantik Wasilij Tschukowskij (1783–1853) voll Liebenswürdigkeit und schrieb danach, er fühle sich ihm »durch Lieb' und Freundschaft verwandt«. Gleichzeitig machte Tschukowskij durch seine einfühlsamen Übersetzungen die russischen Leser mit der Lyrik Goethes vertraut.

Zunächst wurden Aleksander Puschkin (1799–1837), Michail Lermontow (1814–1841) und Nikolaj Gogol (1809–1852) breiteren deutschen Leserkreisen bekannt, und zwar durch die Vermittlung baltendeutscher Literaturkenner: Unermüdlich übersetzten, edierten und rezensierten sie russische Prosa und Lyrik. Dabei bemühten sie sich anfangs, den deutschen Lesern durch vereinfachende, plakative Vergleiche eine vage positive Einstellung zu suggerieren. So wurde z. B. Nikolaj Karamsin (1766–1826), der unmittelbar vor Puschkin den modernen russischen Prosastil geschaffen hatte, der »Luther der russischen Literatur« genannt; Puschkin selbst hieß der »russische Byron« oder der »russische Schiller«; und noch in den 70er Jahren war es für Iwan Turgenjew (1818–1883) eine gute Empfehlung, der »deutscheste aller russischen Schriftsteller« zu sein.

40 *Aleksander Puschkin (1799–1837), aus einer alten Adelsfamilie stammend, wird noch heute in Russland und Deutschland als der größte Dichter russischer Sprache verehrt.*
Александр Пушкин (1799–1837), происходивший из древней дворянской семьи, до сих пор почитается в России и Германии как величайший поэт, писавший на русском.

что теперь они были перенимающими; что вот эта Россия не только воспринимала и присваивала, но также давала и излучала новые идеи. Под конец XIX века русская культура вошла в Германию во всем своем разнообразии и оказалась неотъемлемой составной частью обычной немецкой культурной жизни: русская музыка завоевывала концертные залы (самой бурной популярностью пользовался Чайковский), шедевры русской живописи наполняли картинные галереи, русские пьесы ставились в германских театрах.

Предшествующее усвоение русской литературы подготовило этот восторженный прием, так как только благодаря литературе немецкие читатели смогли познакомиться с русским народом и его восточной

Für den entscheidenden Durchbruch in der adäquaten Rezeption sorgte paradoxerweise der patriotische Demokrat Karl August Varnhagen von Ense (1785–1858), ein vehementer Gegner des Zarenregimes. Doch er vermochte zu differenzieren: »Ich glaube nicht, dass wir als gute Deutsche mit der russischen Politik zugleich auch die russische Literatur zu hassen brauchen.« Noch mit 55 Jahren lernte er Russisch, um russische Werke im Original richtig beurteilen und entsprechend in der deutschen Intelligenz verbreiten zu können, wobei auch der berühmte Berliner Salon seiner Frau Rahel eine wichtige Rolle spielte.

Schon 1838, ein Jahr nach Puschkins Tod, stellte er fest, welch hervorragender Platz in der Weltliteratur dem russischen Nationaldichter zustehe. Die zeitgenössische russische Literatur insgesamt charakterisierte Varnhagen von Ense als »volkstümlich, liebevoll, am Vergangenen hängend und dennoch kraftvoll der Zukunft zugewandt«. Eine besondere Nähe zur deutschen Literatur spürte er in dem »Ernst tiefer Gedanken« und dem »Grund echten Gefühls«. Wahrscheinlich war der Russen und Deutschen gemeinsame Überzeugung, die Literatur solle nicht nur ästhetisches Vergnügen bereiten, sondern auch weltanschauliche und religiöse Fragen wenn nicht beantworten,

41 *Das positive Russlandbild der Deutschen prägten im 19. Jahrhundert vor allem die Erzählungen und Romane Iwan Turgenjews (1818 –1883).*

Положительные представления немцев о России сложились в XIX веке, главным образом, под влиянием рассказов и романов Ивана Тургенева (1818–1883).

ментальностью изнутри, в результате углубляя собственное культурное сознание.

Немецкий философ Иоганн Готфрид Гердер (1744-1803) первым способствовал радушному приему литературы славянских народов в Германии своим знаменитым изречением о том, что у тех народов, которые не принадлежат к классической Европе, тоже есть «свои песни». И Гете, одним из первых с большой радостью прочитав русскую лирику в английской антологии, похвалил «далекие восточные таланты». Он также любезно принял – сначала в городке Йене, а позже у себя в Веймаре – молодого поэта-романтика Василия Жуковского (1783–1853) и отметил после этих встреч, что он чувствует себя «родным ему по любви и дружбе». Одновременно Жуковский своими чуткими переводами сделал творчество Гете родным русским читателям.

Сначала в широких кругах немецких писателей стали известны Александр Пушкин (1799–1837), Михаил Лермонтов (1814–1841) и Николай Гоголь (1809–1852). Это произошло благодаря посредничеству балтийских литературоведов, которые неутомимо переводили, издавали и комментировали русскую прозу и поэзию. При этом они вначале старались уже заранее внушить немецким читателям с помощью упрощающих, броских сравнений положительное о ней представление. К примеру, Николай Карамзин (1766–1826), создавший непосредственно перед Пушкиным современный язык русской прозы, был назван «Лютером русской литературы»; сам Пушкин назывался то «русским Байроном», то «русским Шиллером»; и еще в 70-е годы для Ивана Тургенева (1818-1883) считалось неплохой рекомендацией слыть «самым немецким из всех русских писателей».

Решающий прорыв в адекватном восприятии подготовил, как это ни парадоксально, патриот-демократ Карл Аугуст Варнхаген фон Энзе (1785–1858), ярый противник царской власти. Он умел различать русскую политику и искусство: «Я не думаю, что мы, будучи хорошими немцами, должны ненавидеть заодно с русской политикой и русскую литературу». В возрасте 55 лет он выучил русский язык, чтобы правильно оценить русские произведения в подлиннике и соответственно распространить их в кругах немецкой интеллигенции, в чем известный берлинский салон его жены Рахель играл немаловажную роль.

Уже в 1838 году, через год после смерти Пушкина, Варнхаген фон Энзе отвел российскому национальному поэту достойное место в мировой литературе. Современную русскую литературу вообще он харак-

so doch wenigstens aufwerfen, ein Grund für die gespannte Erwartung, die von nun an in Deutschland der russischen Literatur entgegengebracht wurde.

In den 70er Jahren gelang es Iwan Turgenjew, der ja seinerseits Deutschland als seine zweite Heimat liebte, zum beliebtesten Schriftsteller der Deutschen überhaupt zu werden. Er führte auf liebenswerte Weise in die noch fremdartige russische Welt ein: Entzückend waren seine Naturbeschreibungen, rührend seine Darstellungen der einfachen russischen Menschen auf dem Lande, hochinteressant seine Schilderungen russischer »Nihilisten« – alles war ungemein kunstvoll geschrieben und faszinierend zu lesen. Die stärkste Nachwirkung erzielte Turgenjew aber sicherlich mit dem Begriff der »russischen Seele«, der tief in das Denken und Fühlen der Deutschen einging. Die »russische Seele« wurde zu einem schönen, langlebigen, bis heute wirksamen Mythos.

Ganz außerordentlich und in Westeuropa einmalig war die intensive Rezeption der beiden Schriftsteller und religiösen Denker Leo Tolstoj (1828–1910) und Fjodor Dostojewskij (1821–1881). Als leidenschaftliche Wahrheitssucher und Gottsucher und als radikale Gesellschaftskritiker rüttelten sie – wie in Russland so auch in Deutschland – die bürgerlichen Kreise auf, die ein tiefes Unbehagen verspürten an einer Kultur, in der materialistisches naturwissenschaftliches Denken und geschlossene philosophische Systeme vorherrschten. Mit geradezu slawophilem Pathos rühmte ein deutscher Kritiker Dostojewskij als einen »Apostel der innerlichsten Kräfte des russischen Volkes«, ein anderer sah in Tolstoj »die vollendetste Verkörperung des russischen Volksgeistes«; er stelle das intuitive Russland dar, »das Russland, nach dem Europas Sehnsucht verlangt«.

Am Beispiel von Tolstoj und Dostojewskij wird ganz besonders deutlich, wie sich ost-westliche und west-östliche Einflüsse auf interessante Weise miteinander vermischen. In ihrer Kunst, ihrer Weltanschauung und in ihrem religiösen Gefühl unterschieden sie sich voneinander grundsätzlich, und dies wurde in ihrer Einstellung zur orthodoxen Kirche beispielhaft deutlich: Der rigorose Moralist Tolstoj, der eine eigene, antikirchliche, vom Anspruch her urchristliche Lehre schuf, wurde exkommuniziert; Dostojewskij, der Grenzgänger zwischen Atheismus und Christusglauben, erkannte letztlich die russische Orthodoxie als die wahre Heilslehre an. Die üblichen Zuordnungsversuche – hier der Westler Tolstoj, dort der Slawophile Dostojewskij – sind oberflächlich, denn gemeinsam ist ihnen die entschiedene Hinwendung zur Frömmigkeit des russischen Volkes und die lebenslange existenzielle und undogmatische Auseinandersetzung mit der Bibel.

теризовал как «близкую к народу, преисполненную любви, верную прошлому и тем не менее смело обращенную в будущее». Особенную близость к немецкой литературе он ощущал в «серьезности глубоких мыслей» и в «глубине подлинного чувства». Вероятно, общее для русских и немцев убеждение, что литература должна не только доставлять эстетическое удовольствие, но затрагивать, хотя и не всегда решать, мировоззренческие и религиозные вопросы, было причиной того напряженного ожидания, с которым в Германии тогда встречали русскую литературу.

В 70-е годы Ивану Тургеневу, который любил Германию как свою вторую родину, удалось стать самым любимым писателем немцев. Он привлекательным для читателей образом вводил их в русский мир, до тех пор им еще чуждый. Он восхищал описаниями природы, трогал изображениями простых русских деревенских жителей, возбуждал интерес характеристиками русских «нигилистов» – все было написано высокохудожественно и захватывающе. Но самый заметный след Тургенев оставил, несомненно, тем, что ввел понятие «русской души», глубоко вошедшее в мысли и чувства немцев. «Русская душа» стала прекрасным, долговечным, по сей день действенным мифом.

С удивительной и во всей Западной Европе уникальной интенсивностью проходило усвоение творчества двух великих писателей и религиозных мыслителей: Льва Толстого (1828–1910) и Федора Достоевского (1821–1881). Будучи страстными правдоискателями, богоискателями и радикальными общественными критиками, они, как в России, так и в Германии, будоражили те гражданские круги, которые испытывали сильную неудовлетворенность современной им культурой, где преобладало материалистическое, основанное на естественных науках мышление и замкнутые философские системы. Один из немецких критиков с почти славянофильским пафосом прославил Достоевского как «апостола сокровеннейших сил русского народа»; другой увидел в Толстом «совершеннейшее воплощение русского народного духа». По его мнению, Толстой представлял собой интуитивную Россию, «ту Россию, по которой соскучилась Европа».

На примере Толстого и Достоевского можно особенно ясно видеть, каким своеобразным путем осуществляются восточно-западные и западно-восточные взаимоотношения. В своем творчестве, мировоззрении и религиозных чувствах они существенно

42 *Obwohl der Gottsucher Fjodor Dostojewskij (1821–1881) keine Zuneigung zu Deutschland empfand gehört er doch bis heute zu den meist gelesenen russischen Schriftstellern in Deutschland.*

Несмотря на то, что богоискатель Федор Достоевский (1821–1881) не испытывал симпатии к Германии, он до сих пор принадлежит к числу русских писателей, наиболее читаемых в Германии.

Nur kurz angedeutet sei in diesem Zusammenhang, wie bei beiden Denkern auch im weitesten Sinne »protestantische« Züge zu entdecken sind. Tolstoj studierte während seiner Glaubenskrise gründlich die deutsche protestantische Theologie, einschließlich der Bibelexegese, und fühlte sich von Luthers Glaubenskampf persönlich ergriffen (auch wenn er das Luthertum wegen der Beibehaltung der kirchlichen Strukturen heftig kritisierte). In das Zentrum seiner eigenen Lehre stellte er die tätige Nächstenliebe und stimmte hierin zwar mit der protestantischen Ethik überein, doch blieb ihm der Kern des evangelischen Glaubens, das allem Tun vorangehende Vertrauen auf die Gnade Gottes, fremd.

Umgekehrt hatte Dostojewskij bei seiner tiefen Abneigung gegen alles Deutsche für den deutschen Protestantismus nur Geringschätzung übrig, da er ihn auf eine ne-

отличались друг от друга, и это явно сказывалось, к примеру, в их отношении к Православной Церкви: Толстой, как радикальный моралист, создал свое собственное христианское учение, направленное против официальной Церкви, претендующее на учение древнего христианства, и был отлучен от Церкви; Достоевский же, будучи на грани между атеизмом и верой во Христа, в конечном итоге признал Русское Православие как истинное христианское учение. Однако обычные попытки разграничить – Толстой-западник, Достоевский-славянофил – оказываются поверхностными, тем более что обоих соединяет решительный поворот в конце жизни к набожности русского народа, а также экзистенциальное и недогматическое истолкование Библии на протяжении всей жизни.

В этой связи я хочу вкратце указать на то, что можно обнаружить у обоих мыслителей «протестантские» черты в самом широком смысле этого слова. Во время своего религиозного кризиса Толстой основательно изучал немецкую протестантскую теологию, включая научное истолкование Библии, и был взволнован религиозной борьбой Лютера (несмотря на то, что он резко критиковал лютеранство за сохранение церковных структур). Как суть собственного учения он выделил деятельную любовь к ближнему, в чем сближался с протестантской этикой, но суть евангелической веры – доверие к Божией благодати, предшествующее всякой деятельности, – осталась для него чуждой.

Достоевский, напротив, в своей антипатии ко всему немецкому пренебрежительно относился и к немецкому протестантизму, приписывая ему исключительно отрицательную, протестующую функцию и рассматривая его как преходящее, чисто германское явление. Однако присущий Достоевскому метод радикального исследования совести и его внутренняя борьба за свободное, собственное решение в области веры вполне соответствовали протестантскому духу. И когда в своем главном произведении он вкладывает в уста старца Зосимы проповедь универсальной, мистически осознанной христианской веры, то здесь отмечается двойное влияние пиетистского благочестия, так как прообразом Зосимы был святой Тихон Задонский, назидательные проповеди которого Достоевский читал снова и снова. Этот ученый и мудрый пастырь, живший в XVIII веке, давал ищущим утешения православным верующим такой совет: читать денно и нощно Библию и Арндта – прародителя немецкого пиетизма.

gative Protestfunktion festlegte und als eine vorübergehende, rein germanische Erscheinung ansah. Doch entspricht Dostojewskijs Methode der radikalen Gewissenserforschung und das Ringen um die freie, persönliche Entscheidung zum Glauben durchaus dem protestantischen Geist. Und wenn er in seinem Hauptwerk »Die Brüder Karamasow« den Starzen Sosima einen universalen, mystisch erlebten christlichen Glauben verkünden lässt, so fließt hier durch zweifache Vermittlung pietistische Frömmigkeit mit ein: Das Urbild Sosimas war der Hlg. Tichon von Sadonsk, dessen erbauliche Predigten Dostojewskij wieder und wieder las. Dieser gelehrte und weise Seelsorger aus dem 18. Jahrhundert pflegte den Trostsuchenden zu raten, Tag und Nacht die Bibel zu lesen und »den Arndt« – den Urvater des deutschen Pietismus.

Im Bereich der Philosophie ist es kein Wunder, dass gerade Friedrich Nietzsche (1844–1900), damals der scharfsinnigste Kulturkritiker Deutschlands, in Dostojewskij einen Geistesverwandten erkannte: »Dieser tiefe Mensch, der zehn Mal Recht hatte, die oberflächlichen Deutschen gering zu schätzen!« Nietzsche hatte sich bereits mit dem Slawophilentum und dem Nihilismus in Russland befasst und sah in Übereinstimmung mit Dostojewskijs »slawischer Idee« in Russland die junge, vitale, zukunftsträchtige Macht gegenüber einem dekadenten Westen. Aber erst als er 1887 Dostojewskijs psychologisches Meisterwerk »Aus dem Kellerloch« (wörtlich: »Aufzeichnungen aus dem Untergrund«) in französischer Übersetzung las, begriff er, dass er seinen Lehrer gefunden hatte: »... der einzige Psychologe, von dem ich etwas zu lernen hatte ...«. Ihn fesselte an Dostojewskij die schonungslose Darstellung der Abgründe der menschlichen Seele. In dessen Romanen fand er Ideen wieder, die ihn selbst schon lange umtrieben: der Tod Gottes, der Übermensch, die ewige Wiederkehr. Doch während Dostojewskij in

Что касается философии, то нет ничего удивительного, что именно Фридрих Ницше (1844-1900), в то время самый острый критик культуры в Германии, узнал в Достоевском родственника по духу: «Этот глубокий человек, который был десять раз прав презирать поверхностных немцев»! Ницше до этого уже занимался славянофильством и нигилизмом в России и, в соответствии со «славянской идеей» Достоевского, он рассматривал Россию как молодую, живую, устремленную в будущее державу по сравнению с упадочническим Западом. Но когда в 1887 году он во французском переводе прочитал психологический шедевр Достоевского «Записки из подполья», он окончательно понял, что нашел в нем своего учителя: «...Единственный психолог, у которого я мог чему-то научиться».

Ницше увлекало беспощадное изображение неизведанных глубин человеческой души у Достоевского. В его романах Ницше нашел те идеи, которые его самого давно преследовали: смерть Бога, сверхчеловек, вечное возвращение. Но в то время как Достоевский в многоголосии своих романов-диалогов экспериментировал с этими идеями, в конечном итоге доводя их до абсурда, в философии Ницше они играли определяющую роль. Более того, православ-

43 »Nahrung für die Seele« suchte – wie viele Deutsche immer wieder – auch der Dichter *Rainer Maria Rilke (1875–1926) in den Weiten Russlands, hier 1913 im Schwarzwald.*
Как и многие немцы, поэт Райнер Мария Рильке (1875–1926) вновь и вновь искал «пищу для души» на просторах России.

der Vielstimmigkeit seiner Roman-Dialoge mit solchen Ideen experimentierte und sie letztlich ad absurdum führte, spielten sie in Nietzsches Philosophie eine konstitutive Rolle. Dostojewskijs orthodoxe Christlichkeit schließlich mit ihrer ausgeprägten Moral des Mitleids und der Demut waren Nietzsches Lebensphilosophie mit ihrem Willen zur Macht diametral entgegengesetzt.

Für Thomas Mann (1875–1955) war die russische Literatur sowohl in künstlerischer als auch in weltanschaulicher Hinsicht von größter Bedeutung, und sie begleitete ihn sein Leben lang. Schon in einer seiner frühen Novellen charakterisierte Thomas Mann die russische Literatur als »anbetungswürdig und heilig«. Neben Turgenjew war für ihn vor allem der Epiker Tolstoj das wichtigste künstlerische Vorbild, und als er in einer späteren Schaffensphase auf der Suche nach einer neuen Humanität war, erschien ihm unter dem Eindruck von Dostojewskijs Religiosität die besondere russische Ausprägung von Humanität wünschenswert und vorbildlich, nämlich eine »Humanität mit religiösem Vorzeichen«.

Aus der langen Reihe realer und geistiger deutsch-russischer Begegnungen sei zuletzt das Russlanderlebnis Rainer Maria Rilkes (1875–1926) herausgestellt. Für den neuromantischen Dichter war die soziale und politische Realität im Russland der Jahrhundertwende, kurz vor der ersten russischen Revolution, weitgehend unbekannt. Umso leichter konnte er seine romantische Sehnsucht auf das östliche Land projizieren, das ihm schließlich zur »Heimat meiner Seele« wurde.

Mit russischer Literatur war Rilke schon als Heranwachsender in seiner Heimatstadt Prag vertraut geworden. Als er sich 1887 in München mit der schönen und geistreichen Russin Lou Andreas-Salomé befreundete und mit ihrer Hilfe die russische Sprache erlernte, begann er sich in intensivster Weise die russische Literatur und Kultur anzueigen. Auf zwei Russlandreisen – 1899 und 1900 – begegnete er nicht nur den berühmtesten Schriftstellern und Künstlern, sondern auch Bauern und Pilgern. In religiöser Ergriffenheit wanderte er durch Dörfer und Klöster und empfand überall Tiefe und Stille, Güte und Einfachheit – ähnlich wie im 17. Jahrhundert der Barockdichter Paul Fleming. So fand er die berühmt gewordene dichterische Formulierung für Russland: »Das Land im Osten, das einzige, durch welches Gott noch mit der Erde zusammenhängt.«

Rilke war überzeugt davon, dass die russische Kultur insgesamt noch ganz von einem religiösen Bewusstsein geprägt sei, das im Westen längst verloren gegangen sei. Einen anschaulichen Beweis dafür fand er in der lebendigen Tradition der Ikonenmalerei, die er in den Klöstern

ное христианское вероисповедание Достоевского с его ярко выраженной моралью сострадания и смиренности было диаметрально противоположно ницшеанской философии, в которой провозглашается витализм и воля к власти.

Для Томаса Манна (1875–1955) русская литература имела огромное значение как в художественном, так и в мировоззренческом отношении, и она сопровождала его всю жизнь. В начале XX века, в одной из своих ранних повестей, Манн охарактеризовал русскую литературу как «достойную обожания и святую». В частности, он признал романиста Толстого наряду с Тургеневым своими главными художественными образцами. В более поздний период своего творчества, когда он находился в поисках «нового гуманизма», под влиянием религиозности Достоевского он считал русское проявление гуманности желательным и образцовым, как «гуманность под эгидой религиозности».

Из длинной череды реальных и духовных немецко-русских взаимовлияний я хотела бы выделить, в заключение, восприятие России поэтом Райнером Марией Рильке (1875–1926). Этот неоромантический писатель был мало знаком с социальной и политической действительностью в России на пороге XX века, незадолго до первой русской революции. Тем легче было для него направить свою романтическую тоску на эту восточную страну, которая стала для него «родиной души».

С русской литературой он близко познакомился, уже будучи подростком, в родном городе Праге. Когда в 1887 году в Мюнхене он подружился с красивой и одухотворенной россиянкой Лу Андреас-Заломе и с ее помощью выучил русский язык, Рильке начал особенно интенсивно усваивать русскую литературу и культуру. Во время двух путешествий по России – в 1899 и 1900 годах – он встречался не только с самыми знаменитыми писателями и художниками, но и с крестьянами и богомольцами. В глубоком религиозном умилении он скитался по деревням и монастырям, повсюду ощущая глубину и покой, доброту и простоту – точно так же, как поэт XVII века Пауль Флеминг. Таким образом он нашел поэтическое определение России, ставшее знаменитым: «Страна на Востоке, единственная, через которую Бог еще связан с землей».

Рильке был убежден, что русская культура в целом еще проникнута религиозным сознанием, на Западе давно уже потерянным. Наглядный пример этому он нашел в живой традиции иконописи, которую он

erforschte, und ebenso in dem eindrucksvollen, monumentalen Gemälde »Christus erscheint dem Volk«, das Aleksandr Iwanow im Laufe von zwanzig Jahren malte und das Rilke in der Tretjakow-Galerie in Moskau andächtig betrachtete. Er verstand den Maler so: »Im Grunde war es Frömmigkeit, innige russische Frömmigkeit, was bei ihm nach malerischem Ausdruck verlangte.«

Rilkes zauberhaftes Märchen-Russland versank in den Revolutionen und Kriegen des 20. Jahrhunderts. Aber die Sehnsucht vieler Deutscher, in Russland Nahrung für die Seele zu finden, ist bis heute geblieben.

Ilse Koppe-Hartmann, Hannover

изучал в монастырях, а также во впечатляющей монументальной картине «Явление Христа народу», созданной Александром Ивановым в течение двадцати лет, на которую Рильке смотрел с благоговением в Третьяковской галерее в Москве. Вот как он понял художника: «В сущности это было благочестие, искреннее русское благочестие, которое требовало от него художественного выражения».

Волшебная, сказочная Россия утонула в войнах и революциях XX века. Но по сей день у многих немцев осталось страстное желание найти в России пищу для души.

Ильзе Коппе-Гартман, Ганновер

In jeder Musik ist Bach – Randbemerkungen zu einem Buch von Albert Schweitzer

В каждой музыке Бах – Размышления о книге Альберта Швейцера

Der Einfluss der deutschen Kultur auf die russische und umgekehrt der russischen Kultur auf die deutsche war über mehrere Jahrhunderte hin außerordentlich bedeutsam. Besonders sichtbar wurde dieser Einfluss, nachdem der russische Zar Peter I. das »Fenster nach Europa« aufgestoßen hatte und Russland zu einem Bestandteil des europäischen Kulturraumes wurde. Seit dieser Zeit begann Russland, bedeutende Werke der deutschen Schriftsteller, Dichter, Philosophen, Komponisten und Maler für sich zu entdecken. Das 19. und 20. Jahrhundert wurden zu einer Zeit des besonders starken Vordringens der deutschen Kultur auf russischem Boden. Erinnert sei an den gewaltigen Einfluss des deutschen Idealismus – vor allem der Werke von Hegel, Kant und Schopenhauer – auf die Entwicklung der russischen Religionsphilosophie sowie den großen Einfluss der deutschen Literatur – hauptsächlich Goethes und Schillers – auf die russische Literatur.

Es besteht kein Zweifel: Groß war auch der Einfluss der deutschen klassischen Musik auf die russische Musik. Hier muss in erster Linie Johann Sebastian Bach (1685–1750) genannt werden. Alle russischen Komponisten, darunter Michail Glinka (1804–1857), Modest Musorgskij (1839–1881), Nikolaj Rimskij-Korsakow (1844–1908), Peter Tschaikowskij (1840–1893), Sergej Prokofjew (1891–1953), Sergej Rachmaninow (1873–1943), Dimitrij Schostakowitsch (1906–1975) und Alfred Schnitke (1934–1990), huldigten dem Genius von Bach und erfuhren an sich selbst den tief greifenden Einfluss dieses großen deutschen Komponisten.

Musik zur Ehre Gottes

Das Leben von Bach ist dem russischen Leser aus vielen Monographien gut bekannt. Die beste ist das Buch von Albert Schweitzer (1875–1965), eines der bedeutendsten Menschen des 20. Jahrhunderts, das 1965 auch in russischer Übersetzung in Moskau erschien. Dieses Buch Schweitzers über Bach hat eine besondere Eigenschaft: Sein Verfasser ist seinem Helden kongenial. Schweitzer schreibt über Bach nicht nur als Musiker, sondern auch als Theologe, als Philosoph und als hervorragender Re-

Влияние германской культуры на русскую, так же как и влияние русской культуры на немецкую, было весьма значительным на протяжении нескольких столетий. Оно стало особенно ощутимым после того, как российский Император Петр I прорубил «окно в Европу» и Россия стала частью европейского культурного пространства. С этого момента Россия начала открывать для себя выдающиеся произведения немецких писателей, поэтов, философов, композиторов, художников. XIX и XX столетия стали временем наиболее сильного проникновения немецкой культуры на русскую почву. Достаточно вспомнить о том колоссальном влиянии, которое оказал немецкий идеализм (прежде всего произведения Гегеля, Канта и Шопенгауэра) на развитие русской религиозной философии, об огромном влиянии, оказанном немецкой художественной литературой (прежде всего Гете и Шиллером) на русскую литературу.

Несомненно также глубокое влияние немецкой классической музыки на русскую музыку. И здесь следует прежде всего указать на Иоганна Себастьяна Баха (1685–1750). Все русские композиторы, включая Михаила Глинку (1804–1857) и Модеста Мусоргского (1839–1881), Николая Римского-Корсакова (1844–1908) и Петра Чайковского (1840–1893), Сергея Прокофьева (1891–1953) и Сергея Рахманинова (1873–1943), Дмитрия Шостаковича (1906–1975) и Альфреда Шнитке (1934–1990), преклонялись перед гением Баха и испытали на себе глубокое влияние этого великого немецкого композитора.

Музыка во славу Божию

Жизнь Баха хорошо известна русскому читателю по многочисленным монографиям, из которых лучшей является книга Альберта Швейцера, одного из наиболее замечательных людей XX века. Книга Швейцера о Бахе обладает одним особым свойством: ее автор конгениален своему герою. Швейцер пишет о Бахе не только как музыкант, но и как богослов, и как философ, и как выдающийся представитель

44 *Soli Deo Gloria – Gott allein gebührt die Ehre!*
Johann Sebastian Bach (1685–1750) auf der Orgelbank.
Soli Deo Gloria . Одному Богу слава! Иоганн
Себастьян Бах (1685–1750) за органом.

präsentant eines »tätigen Christentums«. Aus diesem
Grund löst die Lektüre dieses Buches Gedanken aus, die
den Leser weit über den Bereich der reinen Musikwissen-
schaft hinausführen.

Johann Sebastian Bach, geboren in Eisenach, widmete
einen bedeutenden Teil seines Lebens dem Dienst der lutherischen Kirche im Amt des Kantors an der Leipziger
Thomas-Kirche. Seine Musik stellt einen integralen Bestandteil der deutschen klassischen Musikkultur dar. Zugleich besitzt sie etwas Übernatürliches und Überkonfes-
sionelles. So schrieb der russische Dichter Joseph Brodskij
einmal, »in jeder Musik ist Bach, in jedem von uns ist
Gott«. Die Musik von Bach hat keine konfessionellen
Grenzen, sie ist ökumenisch im wahrsten Sinne des Wortes, denn sie gehört dem gesamten Universum und jedem
seiner Bewohner. Bach kann man sogar als einen orthodoxen Komponisten in dem Sinne bezeichnen, dass er
sein ganzes Leben lang bestrebt war, Gott auf angemessene Weise zu preisen. So schmückte er seine Partituren mit
Aufschriften wie »Gott allein gebührt die Ehre!« (Soli Deo
Gloria) oder »Jesus, hilf« (Jesu, juva). Dabei waren diese
Aufschriften für ihn keine leeren Formeln, sondern Glau-

«деятельного христианства». И потому чтение этой книги наводит на мысли, далеко выводящие за пределы чистого музыковедения.

Иоганн Себастьян Бах, уроженец немецкого Айзенаха, значительную часть жизни отдал служению Лютеранской Церкви в должности кантора церкви святого Фомы в Лейпциге. Его музыка является неотъемлемой составной частью немецкой классической музыкальной культуры. И вместе с тем в ней есть что-то наднациональное и сверхконфессиональное. Бах – явление всехристианского и всемирного масштаба. Как писал русский поэт Иосиф Бродский, «в каждой музыке – Бах, в каждом из нас – Бог». Музыка Баха – вне конфессиональных границ, она экуменична в самом исконном значении этого слова, ибо принадлежит вселенной и всякому ее гражданину. Баха можно назвать православным композитором в том смысле, что в течение всей своей жизни он учился правильно славить Бога: свои партитуры он украшал надписями «Одному Богу слава!» (Soli Deo gloria), «Иисус, помоги» (Jesu, juva), причем эти надписи были для него не словесными формулами, но исповеданием веры, проходящим через все его творчество. Музыка для него была богослужением.

Бах был истинным католиком – в исконном понимании греческого слова «кафоликос», означающего «всецелый», «всеобщий», «вселенский», ибо он воспринимал Церковь как вселенский организм, как некое всеобщее славословие, воссылаемое Богу, и свою музыку считал лишь одним из голосов в хоре воспевающих славу Божию. И, конечно же, Бах в течение всей жизни оставался верным сыном своей собственной Церкви – Лютеранской. Впрочем, как говорит Швейцер, подлинной религией Баха было даже не ортодоксальное лютеранство, а мистика. Музыка Баха глубоко мистична, потому что основана на том опыте молитвы и служения Богу, который выходит за пределы конфессиональных границ и является достоянием всего человечества.

Как и всякий пророк, в своем отечестве и в свое время Бах не был по-настоящему оценен. Его, конечно, знали как великолепного органиста, но никто не сознавал его гигантского композиторского масштаба. Тогда по всей Германии гремела слава Георга Филиппа Телемана – композитора, чье имя теперь мало кому известно. Генделем же тогда восхищалась вся Европа.

После смерти Бах был почти сразу и почти полностью забыт. Изданное посмертно «Искусство фуги» – величайший шедевр композиторского

bensbekenntnisse, die sein gesamtes Schaffen durchdrangen. Die Musik war für ihn Gottesdienst.

Bach war auch ein echter Katholik – im wahrsten Sinne des griechischen Wortes »katolikos«, d. h. »gesamt«, »allgemein«, »ökumenisch«–, denn er verstand die Kirche als einen ökumenischen Organismus, als einen »allgemeinen« Lobpreis Gottes, und seine eigene Musik hielt er lediglich für eine der Stimmen in einem Gott lobpreisenden Chor. Natürlich blieb Bach sein ganzes Leben lang ein treuer Sohn seiner eigenen lutherischen Kirche. Die wahre Religion von Bach war jedoch nach Schweitzer nicht eigentlich das orthodoxe Luthertum, sondern die Mystik. Die Musik von Bach ist tief mystisch, weil sie sich auf Erfahrungen des Gebets und des Dienstes vor Gott gründet. Solche Erfahrungen sprengen die konfessionellen Grenzen und gehören zum Gemeingut der gesamten Menschheit.

Wie jeder Prophet fand auch Bach in seiner Heimat und

мастерства, произведение безмерной духовной глубины – оказалось невостребованным: сыну Баха, Карлу Филиппу Эммануэлю, не удалось распродать более тридцати экземпляров; в конце концов пришлось пустить с молотка матрицы этого издания, чтобы хоть как-то покрыть понесенные убытки.

В XVIII веке именно Эммануэль Бах считался великим композитором, о сочинениях же его отца – Иоганна Себастьяна – знали лишь немногие. Рассказывают, что однажды Вольфганг Моцарт (1765–1791) оказался в церкви святого Фомы в Лейпциге во время исполнения мотетов Баха. Услышав лишь несколько тактов баховской музыки, он вскричал: «Что это?» и весь обратился в слух. По окончании исполнения он потребовал, чтобы ему показали все имевшиеся в наличии партитуры мотетов Баха. Партитур не было, но нашлись голоса. И вот Моцарт, разложив голоса на руках, на коленях, на ближайших

45 *Orgelempore in Reinhardtsgrimma bei Dresden: Eine der insgesamt 50 erhaltenen Orgeln des berühmten sächsischen Orgelbaumeisters Gottfried Silbermann (1683–1753), eines Zeitgenossen von Bach.*
Орган в Рейнгардсгримме под Дрезденом. Один из 50 сохранившихся органов известного саксонского органного мастера, современника Баха – Готфрида Зильбермана (1683–1753).

zu seiner Zeit keine richtige Anerkennung. Man kannte ihn natürlich als hervorragenden Organisten, keinem war aber seine gigantische Größe als Komponist bewusst. Damals erklang in ganz Deutschland der Ruhm von Georg Philipp Telemann – eines Komponisten, dessen Name heutzutage außerhalb Deutschlands wenig bekannt ist. Ganz Europa begeisterte sich damals im Übrigen für Georg Friedrich Händel.

Nach seinem Tod wurde Bach ziemlich bald und beinahe restlos vergessen. Die nach seinem Tod herausgegebene »Kunst der Fuge« – eines der größten Meisterwerke der Musik, ein Werk von grenzenloser spiritueller Tiefe – fand keinen Absatz. Seinem Sohn Karl Philipp Emanuel gelang es nicht, mehr als 30 Exemplare zu verkaufen; letztendlich mussten die Platten, auf denen das Werk geätzt war, versteigert werden, um wenigstens einen Teil der entstandenen Verluste wettzumachen.

Im 18. Jahrhundert galt Karl Philipp Emanuel Bach als der große Komponist, dagegen waren die Werke seines Vaters Johann Sebastian nur wenigen bekannt. Es wird folgende Geschichte erzählt: Eines Tages soll Wolfgang Amadeus Mozart (1756–1791) in die Thomas-Kirche in Leipzig gekommen sein, als dort Motetten von Bach gesungen wurden. Nachdem er nur ein paar Takte der Musik von Bach gehört hatte, soll er ausgerufen haben: »Was ist das?«, und nun schien seine ganze Seele in seinen Ohren zu sein. Nach dem Ende der Aufführung verlangte er, dass man ihm alle vorhandenen Partituren der Bach-Motetten zeigte. Man besaß aber keine Partituren, sondern es gab nur die herausgeschriebenen Einzelstimmen. Mozart verteilte die Stimmen um sich herum, in beide Hände, auf die Knie, auf die nächsten Stühle, und alles andere vergessend stand er nicht eher auf, bevor er alle Blätter studiert hatte. Der Einfluss von Bach machte sich ohne Zweifel im »Requiem«, dem größten und tiefsten Werk von Mozart, bemerkbar. Dabei gehörte Mozart zu den wenigen Ausnahmen des 18. Jahrhunderts: Den meisten Musikern dieser Zeit war der Name von Johann Sebastian Bach nicht einmal bekannt.

Die Wiederentdeckung Bachs im 19. Jahrhundert ist vor allem mit dem Namen von Felix Mendelssohn-Bartholdy (1809–1847) verbunden. »Dieser Leipziger Kantor ist eine Erscheinung Gottes: Klar, doch unerklärbar«, sagte Mendelssohn, nachdem er sich mit den Partituren der Werke von Bach vertraut gemacht hatte. Als der zwanzigjährige Mendelssohn 1829 in Leipzig die »Matthäuspassion« aufführte, mündete dies in einen wahren Triumph, eine echte Wiedergeburt der Musik eines der größten Komponisten, den die Geschichte je gesehen hat. Seit dieser Zeit wurde Bach nicht mehr vergessen, sein Ruhm

стульях, начал просматривать их и не встал, пока не закончил чтение. Влияние Баха, безусловно, сказалось на самом великом и самом глубоком произведении Моцарта – Реквиеме. Впрочем, Моцарт был одним из немногих исключений: большинству музыкантов XVIII столетия даже имя Иоганна Себастьяна Баха было неизвестно.

Возрождение интереса к Баху в XIX веке связано прежде всего с именем Феликса Мендельсона (1809-1847). «Этот лейпцигский кантор – Божие явление, ясное и все же необъяснимое», – сказал Мендельсон, ознакомившись с партитурами произведений Баха. Когда двадцатилетний Мендельсон в 1829 году исполнил в Лейпциге «Страсти по Матфею», это стало настоящим триумфом – подлинным возрождением к жизни музыки величайшего из композиторов, которых когда-либо знала история. С тех пор о Бахе больше уже не забывали, и слава его с годами только росла. И если в «галантном» XVIII веке музыка Баха вышла из моды, потому что устарела и стала казаться скучной, то и в XIX, и в XX, и ныне, в начале XXI века, музыка Баха как никогда современна. Бах с его глубиной и трагизмом особенно близок человеку нашего времени, прошедшему через весь ужас и все потрясения XX столетия и окончательно потерявшему веру во все гуманистические попытки преобразить мир без Бога. Человечеству понадобилось несколько веков, чтобы осознать то, что Бах сознавал всем своим существом: нет и не может быть на земле истинного счастья, кроме одного – служить Богу и воспевать славу Божию.

Сам Бах отличался глубоким смирением и никогда не думал о себе высоко. Своим главным положительным качеством он считал трудолюбие. На вопрос о том, как он достиг такого совершенства в искусстве, Бах скромно отвечал: «Мне пришлось быть прилежным. Кто будет столь же прилежен, достигнет того же». Бах всегда считал себя учеником, а не учителем. В детстве и юности он при свете свечи, втайне от родителей переписывал партитуры старых немецких мастеров, ходил пешком за много верст слушать игру знаменитого органиста Дитриха Букстехуде (1637-1707). Но и в зрелом возрасте он не переставал переписывать музыку Джованни Палестрины (1525-1594), Джироламо Фрескобальди (1583-1643), Георга Телемана (1681-1767), делал переложения музыки Антонио Вивальди (1678-1741) и других итальянских композиторов, у которых в течение всей жизни смиренно учился композиторскому мастерству.

46 *Reges Leben herrscht in den sieben Hoch-schulen für evangelische Kirchenmusik – hier in Bayreuth – und in den 22 staatlichen Musikhochschulen, wo die künftigen Organisten und Kantoren ausgebildet werden.*
Жизнь бурлит в 7 высших школах евангелической церковной музыки (на фотографии – музыкальная школа в Байрейте) и в 22 государственных музыкальных школах, где готовятся будущие органисты и канторы.

wuchs von Jahr zu Jahr. Und wenn im »galanten« 18. Jahrhundert die Musik von Bach aus der Mode gekommen war, weil sie veraltet und langweilig schien, so war sie im 19. und 20. sowie zu Beginn des 21. Jahrhunderts so modern wie nie. Mit seiner Tiefe und Tragik steht Bach dem Menschen unserer Zeit besonders nah, – dem Menschen, der durch alle Schrecken und alle Erschütterungen des 20. Jahrhunderts gegangen ist und dem der Glaube an die humanistischen Versuche, die Welt ohne Gott umzugestalten, abhanden gekommen ist. Die Menschheit brauchte einige Jahrhunderte, um das zu begreifen, was Bach mit seinem ganzen Wesen verstand: Es gibt kein anderes wahres Glück auf Erden außer dem Glück, Gott zu dienen und Gott zu preisen.

Bach selbst zeichnete sich durch tiefe Demut aus und dachte niemals hoch von sich selbst. Zu seiner wichtigsten positiven Eigenschaft zählte seine Arbeitskraft. Auf die Frage, wie er eine solche Vollkommenheit in der Kunst erreichen konnte, antwortete Bach bescheiden: »Ich habe fleißig sein müssen; wer ebenso fleißig ist, der wird es ebenso weit bringen können.« Bach betrachtete sich immer als Schüler und nicht als Lehrer. In seiner Kindheit und Jugend hatte er bei Kerzenlicht heimlich vor seinen Eltern die Partituren der alten deutschen Meister abgeschrieben, später machte er sich zu Fuß auf den Weg, um das Spiel des berühmten Organisten Dietrich Buxtehude (1637–1707) in Lübeck zu hören. Auch im reifen Alter hörte er nicht auf, die Werke von Giovanni Palestrina (1525–1594), Girolamo Frescobaldi (1583–1643) und Georg Ph. Telemann (1681–1767) abzuschreiben; er transkribierte auch die Werke Antonio Vivaldis (1678–1741) und anderer italienischer Komponisten, bei denen er sein ganzes Leben lang demütig die Kunst des Komponierens studiert hatte.

Bach lebte in der Epoche des Barock. Aber seine Musik

Бах жил в эпоху барокко. Но музыка его не обусловлена особенностями данной эпохи. Более того, Бах как композитор развивался в сторону, обратную той, в какую развивалось искусство его времени. Эпоха Баха характерна стремительным движением искусства в сторону обмирщения, гуманизации: на первое место все более выдвигается человек с его страстями и пороками, все меньше места в искусстве остается Богу. Уже сыновья Баха будут жить в «галантном веке» с его легковесностью и легкомыслием. У Баха же все наоборот: с годами в его музыке становится все меньше человеческого, все больше божественного. В музыке позднего Баха больше от готики, чем от барокко: подобно старым готическим соборам Германии, она вся устремлена в небо, к Богу. Последние сочинения Баха – «Музыкальное приношение» и «Искусство фуги» – окончательно уводит нас от эпохи барокко обратно во времена Букстехуде и Иоганна Пахельбеля (1653-1706).

Музыкант, богослов и верующий лютеранин

И здесь мы подходим к ключевому моменту: искусство Баха не было «искусством» в современном понимании, оно не было искусством ради искусства. Кардинальное отличие между искусством древности и средневековья с одной стороны, и искусством нового времени с другой – в его направленности: древнее и средневековое искусство было направлено к Богу, новое ориентируется на человека. Главный

war nicht durch die Besonderheiten dieser Zeit bedingt. Mehr noch: Bach als Komponist entwickelte sich eigentlich in eine Richtung, die der Entwicklung der Kunst seiner Zeit entgegengesetzt war. Die Epoche von Bach war durch eine rasche Bewegung der Kunst in Richtung Verweltlichung und Humanisierung gekennzeichnet: An die erste Stelle rückt jetzt immer stärker der Mensch mit seinen Lastern und Leidenschaften, für Gott bleibt immer weniger Platz in der Kunst. Bereits die Söhne von Bach werden im »galanten Jahrhundert« mit seiner Leichtlebigkeit und Leichtfertigkeit leben. Beim »alten« Bach war alles umgekehrt: Von Jahr zu Jahr tritt in seiner Musik das Menschliche immer mehr zurück und das Göttliche immer mehr in den Vordergrund. In der Musik des späten Bach spürt man mehr von der Gotik als vom Barock: Den alten gotischen Kathedralen in Deutschland gleich strebt die Musik zum Himmel, zu Gott. Die letzten Werke von Bach – das »Musikalische Opfer« und die »Kunst der Fuge« – führen uns endgültig weg vom Geist des Barock zurück in die Zeit von Dietrich Buxtehude und Johann Pachelbel (1653–1706).

Musiker, Theologe und gläubiger Lutheraner

Damit kommen wir zum zentralen Punkt: Die Kunst von Bach war nicht »Kunst« im modernen Verständnis, sie war nicht Kunst um der Kunst willen. Der entscheidende Unterschied zwischen der Kunst des Altertums und des Mittelalters einerseits und der Kunst der Neuzeit andererseits besteht in ihrer Ausrichtung. Die alte und mittelalterliche Kunst war auf Gott gerichtet, die neue Kunst orientierte sich am Menschen. Das Hauptkriterium der Wahrhaftigkeit in der alten Kunst war die Treue zur Tradition, die Verwurzelung in den Erfahrungen früherer Generationen. Dagegen wird in der Neuzeit die Originalität, die Neuartigkeit, die Nichtähnlichkeit mit dem, was früher geschaffen wurde, zum Kriterium wahrer Kunst. Bach stand an der Schnittstelle dieser beiden Kulturen, dieser unterschiedlichen Weltanschauungen, dieser beiden entgegengesetzten Kunstauffassungen. Er blieb zweifellos Teil der Kultur, die in der Tradition, im Kult, im Gottesdienst, in der Religion verwurzelt war. Erst nach Bach entwickelte sich in Deutschland eine Richtung der Kultur, die sich von ihren religiösen Wurzeln löste.

Bach strebte nicht nach Originalität, er wollte nicht um jeden Preis etwas Neues schaffen. Jedes Mal, wenn er sich hinsetzte, um etwas Neues zu komponieren, spielte er zuerst die Werke anderer, älterer Komponisten; aus ihnen schöpfte er seine Inspiration. Er scheute sich nicht, von anderen die Themen zu übernehmen, die dann nicht selten seinen Fugen, Chorälen, Motetten, Kantaten und

47 *Fest im mystisch vertieften Luthertum seiner Kirche verwurzelt: Das Denkmal Johann Sebastian Bachs vor seiner Thomaskirche in Leipzig.*
Иоганн Себастьян Бах был прочно укоренен в мистически углубленном лютеранстве. Великий композитор перед храмом Святого Фомы в Лейпциге.

критерий истинности в древнем искусстве – верность традиции, укорененность в опыте прежних поколений. В новое же время главным критерием подлинного искусства становится его оригинальность, новизна, непохожесть на что-либо из созданного прежде. Бах стоял на стыке этих двух культур, двух мировоззрений, двух противоположных взглядов на искусство. И он, безусловно, оставался частью той культуры, которая была укоренена в традиции, в культе, в богослужении, в религии и которая только после Баха отпочковалась от своих религиозных корней.

Бах не стремился быть оригинальным, не стре-

Konzerten zugrunde lagen. Bach fühlte sich nicht als isoliertes Genie, das seine Zeitgenossen überragte, sondern vor allem als integraler Bestandteil der großen musikalischen Tradition, der er angehörte. Das Geheimnis der beeindruckenden Originalität, der Unwiederholbarkeit, der Neuheit seiner Musik besteht eben darin, dass er auf das Vergangene nicht verzichtete, sondern sich auf die Erfahrungen seiner Vorgänger, die er verehrte, stützte.

Bach war ein Mann der Kirche. Er war nicht nur ein tief gläubiger Lutheraner, sondern ein Theologe, der sich in religiösen Fragen gut auskannte. In seiner Bibliothek standen eine vollständige Ausgabe der Werke Martin Luthers und solche Werke wie »Das wahre Christentum« von Johann Gottfried Arndt. Dieses Erbauungsbuch war auch ins Russische übersetzt worden und wurde im 18. Jahrhundert von den heiligen Bischöfen Dimitrij von Rostow und Tichon von Sadonsk gelesen.

Über die lutherische Frömmigkeit von Bach und über das Luthertum seiner Zeit lässt sich viel sagen, das Wichtigste scheint mir aber in Folgendem zu liegen. Viele zeitgenössische Orthodoxe und Katholiken haben sich angewöhnt, sich selbst für die Träger der wahren kirchlichen Tradition zu halten und die Lutheraner für Vertreter eines liberalen, leichten, »halbkirchlichen« Christentums. Für die Zeit von Bach kann das nicht gelten.

Das Luthertum war historisch als Reaktion auf die Unzulänglichkeiten der mittelalterlichen römisch-katholischen Kirche entstanden, die als Entstellungen der ursprünglichen Reinheit, Strenge und Klarheit des christlichen Glaubens und der kirchlichen Praxis wahrgenommen wurden. Das Hauptstreben der Lutheraner war es, das Christentum auf das zurückzuführen, was sie für die ursprüngliche, aus den ersten Jahrhunderten des Christentums stammende Tradition hielten. Nach orthodoxer Meinung ist ihnen das nicht gelungen. Es bestand aber ein großer Hang zum traditionellen Christentum, zum wahren Christentum, zu dem Christentum, das nach der Meinung von Martin Luther und seinen Nachfolgern im mittelalterlichen Katholizismus verloren gegangen war. So schufen die Lutheraner ihre eigene Tradition, die sie im Verlauf der nächsten Jahrhunderte auch sehr streng bewahrten.

Ein bekannter zeitgenössischer Theologe, der im hohen Alter vom Luthertum zur Orthodoxie übertrat, der Amerikaner Jaroslaw Pelikaw, äußerte 1986 in seinem Buch »Bach als Theologe« Folgendes: Wenn alle dichterischen Werke von Luther aus irgendeinem Grund verloren gegangen wären, könnte man sie ohne Mühe nach den Partituren von Bach wiederherstellen. Tatsächlich vertonte Bach die meisten Kirchenlieder von Martin Luther. Eben

мился во что бы то ни стало создать что-то новое. Всякий раз, садясь за новое сочинение, он прежде всего проигрывал для себя сочинения других композиторов, из которых черпал вдохновение. Он не боялся заимствовать у других темы, которые нередко ложились в основу его фуг, хоралов, мотетов, кантат и концертов. Бах ощущал себя не изолированным гением, возвышающимся над своими современниками, но прежде всего неотъемлемой составной частью великой музыкальной традиции, к которой принадлежал. И секрет потрясающей оригинальности, неповторимости, новизны его музыки – именно в том, что он не отказывался от прошлого, но опирался на опыт своих предшественников, к которым относился с благоговением.

Бах был человеком Церкви. Он был не просто глубоко верующим лютеранином, но и богословом, хорошо разбиравшимся в религиозных вопросах. Его библиотека включала полное собрание сочинений Лютера, а также такие произведения, как «Истинное христианство» Арндта – книгу, которую в России XVIII века читали святители Димитрий Ростовский и Тихон Задонский.

О лютеранстве Баха и его времени можно было бы сказать многое, но главное, мне кажется, заключается в следующем. Многие современные православные и католики привыкли думать о себе как о носителях церковной Традиции (с большой буквы), а о лютеранах как о представителях либерального, облегченного, полуцерковного христианства. В эпоху Баха дело обстояло совсем не так.

Лютеранство исторически возникло как реакция на те недостатки средневековой Католической Церкви, которые воспринимались как искажение первоначальной чистоты, строгости и ясности христианской веры и церковной практики. Главным стремлением лютеран было возвратить христианство к тому, что они считали изначальной Традицией, восходящей к первым векам христианства. По многим причинам сделать это им не удалось. Но была огромная тяга к традиционному христианству, к истинному христианству, к тому христианству, которое, как считали Лютер и его последователи, было утрачено в средневековом католичестве. И лютеране создали свою Традицию, которой строго придерживались на протяжении нескольких веков.

Один известный современный богослов, на склоне лет обратившийся из лютеранства в Православие, в своей книге «Бах как богослов» высказал мнение о том, что, если бы все поэтические сочинения Лютера

diese Lieder bildeten mit die Grundlage der kirchlichen Tradition, die die Lutheraner in der Bach-Zeit mit solchem Eifer pflegten. Bach selbst war Teil dieses schöpferischen Prozesses.

Zur Zeit von Bach begann die Welt, sich auf den Abgrund des revolutionären Chaos zu zubewegen, das in der Periode zwischen dem Ende des 18. und dem Anfang des 20. Jahrhunderts ganz Europa erfasste. Ein jüngerer Zeitgenosse von Bach war Voltaire, ein Humanist und Deist, der Verkünder der Ideen der »Aufklärung«. Vierzig Jahre nach dem Tode Bachs brach die Französische Revolution aus, die erste Revolution in einer Reihe blutiger, im Namen der »Menschenrechte« geführter Umstürze, die Millionen von Menschen ins Grab brachten. Dies alles geschah um des Menschen willen, der erneut – wie in vorchristlichen, heidnischen Zeiten – zum »Maß aller Dinge« erklärt wurde. Gott als Schöpfer und Herr des Universums geriet in Vergessenheit. In diesem Jahrhundert der Revolutionen haben Menschen die Fehler ihrer antiken Vorfahren wiederholt; sie begannen, neue Türme von Babel zu errichten – einen nach dem anderen. Diese aber stürzten ein, einer nach dem anderen. Und dabei begruben sie ihre Erbauer unter den Trümmern.

Bach lebte außerhalb dieses Prozesses, denn sein ganzes Leben verlief in einer anderen Dimension. Sein Leben vollzog sich nicht nach dem weltlichen, sondern nach dem kirchlichen Kalender. Zu jedem Sonntag musste Bach eine »frische« Kantate für den lutherischen Gottesdienst komponieren, zur Karwoche verfasste er »Passionen« – nach Matthäus oder nach Johannes; zu Ostern komponierte er das »Osteroratorium«, zu Weihnachten das »Weihnachtsoratorium« . Der Rhythmus des Kirchenjahres, der Rhythmus der Gedenktage bestimmte die gesamte Ordnung seines Lebens. Die Kultur seiner Zeit entfernte sich immer mehr vom Gottesdienst, er aber vertiefte sich immer mehr in die Tiefen des Gottesdienstes, in die Tiefen der Kontemplation im Gebet. Die Welt »humanisierte« und entchristlichte sich immer schneller, die Philosophen ergingen sich in der Erfindung immer neuer Theorien, die die Menschheit beglücken sollten, – Bach aber stimmte aus der Tiefe seines Herzens immer neu einen Lobgesang auf Gott an.

An der Schwelle des 21. Jahrhunderts sehen wir deutlich: Keine Erschütterungen waren imstande, die Liebe der Menschheit zu Bach ins Wanken zu bringen. So können auch keine Erschütterungen die Liebe der menschlichen Seele zu Gott ins Wanken bringen. Die Musik von Johann Sebastian Bach bleibt eine »feste Burg« an der alle Wellen des »irdischen Meeres« zerschellen.

Bischof Ilarion (Alfejew) von Wien und Österreich

были почему-либо сегодня утрачены, их без труда можно было бы восстановить по баховским партитурам. Действительно, Бах положил на музыку большинство церковных гимнов Лютера. Именно эти гимны легли в основу той церковной традиции, которую с таким усердием созидали лютеране времен Баха. И сам Бах был частью этого созидательного процесса.

Во времена Баха мир уже начал двигаться к той пропасти революционного хаоса, который в период с конца XVIII по начало XX века охватил всю Европу. Младшим современником Баха был Вольтер, гуманист и деист, провозвестник идей «Просвещения». Сорок лет спустя после смерти Баха грянула Французская революция, ставшая первой в ряду кровавых переворотов, совершенных во имя «прав человека» и унесших миллионы человеческих жизней. И все это делалось ради человека, вновь, как и в дохристианские, языческие времена провозглашенного «мерой всех вещей». А о Боге как Творце и Господине вселенной стали забывать. В век революций люди повторили ошибки своих древних предков и начали возводить вавилонские башни – одну за другой. А они – одна за другой – падали и погребали своих строителей под своими обломками.

Бах жил вне этого процесса, потому что вся его жизнь протекала в ином измерении. Она была подчинена не мирскому, а церковному календарю. К каждому воскресенью Бах должен был написать «свежую» кантату, к Страстной седмице писал «Страсти» – по Матфею или по Иоанну; к Пасхе писал «Пасхальную ораторию», к Рождеству – «Рождественскую». Именно этим ритмом церковных праздников, ритмом священных памятей определялся весь строй его жизни. Культура его времени все дальше отходила от культа, а он все глубже уходил в глубины культа, в глубины молитвенного созерцания. Мир все быстрее гуманизировался и дехристианизировался, философы изощрялись в изобретении теорий, которые должны были осчастливить человечество, а Бах воспевал Богу песнь из глубин сердца.

На пороге XXI века мы ясно видим: никакие потрясения не смогли поколебать любовь человечества к Баху, как не могут они поколебать любви души человеческой к Богу. Музыка Баха продолжает оставаться той скалой, о которую разбиваются все волны «житейского моря».

Епископ Венский и Австрийский Иларион (Алфеев), Вена

II

Martyrium, Entfremdung und Versöhnung im 20. Jahrhundert

Мученичество, периоды отчуждения и примирения в XX-м столетии

Zwei Jahrzehnte im Kampf gegen Religion und Kirche

Два десятилетия борьбы против религии и Церкви

Unmittelbar nach der Machtübernahme durch die Sowjets setzten in Russland die Verfolgungen gegen die Russische Orthodoxe Kirche ein. Das Dekret vom 20. Januar 1918 schuf die entsprechende Rechtsgrundlage. Nach diesem Dekret verlor die Kirche ihr gesamtes Vermögen und wurde rechtlos. Zu diesem Zeitpunkt begannen die planmäßigen, massenweisen Morde an Erzpriestern, Priestern und Laien. In manchen Eparchien (Bistümern) – so in Perm, Stawropol, Ekaterinenburg und Kasan – erreichten sie solche Ausmaße, dass ganze Landkreise ohne Geistliche blieben. Diese Zeit der ersten großen Verfolgung dauerte bis 1920. Dort aber, wo die Bolschewiken die Macht später übernahmen wie z. B. im Fernen Osten, zogen sie sich bis 1922 hin. Wegen der Brutalität und Grausamkeit dieser Verfolgungen kann man diese Zeit mit den ersten Jahrhunderten des Christentums vergleichen, als Christen nicht nur ermordet, sondern auch schwer misshandelt wurden, um sie auf diese Weise zu zwingen, ihren Glauben zu verleugnen.

Im Glauben treu bis in den Tod

Es gibt keine genaue Statistik über die Opfer dieser Zeit. Auch die Regierungskommission beim Präsidenten der Russischen Föderation für die Rehabilitierung der Opfer der politischen Repressalien nennt keine genauen Zahlen. Angegeben werden lediglich allgemeine Schätzungen, die vom Orthodoxen Theologischen Institut des Hlg. Tichon erarbeitet wurden. Nach diesen Schätzungen wurden 1918 etwa 3000 Geistliche erschossen und 1500 Geistliche

С момента установления советской власти в России начались гонения на Русскую Православную Церковь, законодательно оформленные декретом от 20 января 1918 года, по которому Церковь лишалась всего имущества и всех прав. Тогда же начались массовые и планомерные убийства архипастырей, пастырей и мирян. В результате некоторые уезды в Пермской, Ставропольской, Екатеринбургской и Казанской епархиях полностью лишились духовенства. Зверское истребление православных продолжалось до 1920 года, а на Дальнем Востоке, где большевики захватили власть позже, – до 1922 года. Этот исторический период вполне сравним с гонениями на христиан в Римской империи в первые века христианской эры, когда христиан не просто убивали, а подвергали жестоким мучениям с целью добиться от них отречения от веры.

Стояние в вере ценой смерти

Число пострадавших за это время неизвестно. Точных цифр не приводит и Комиссия при Президенте Российской Федерации по реабилитации жертв политических репрессий. Некоторые обобщения сделал Свято-Тихоновский православный богословский институт. По его расчетам, в 1918 году было расстреляно около 3 000 священнослужителей, около 1 500 подверглись другим репрессиям. В 1919 году была расстреляна 1 000 священнослужителей и

48 *Das Christi-Verklärungs-Kloster auf den Solowetzkij-Inseln im Weißen Meer: In den Jahren des Stalin-Terrors eines der berüchtigsten Straflager, in dem Tausende auf qualvolle Weise zu Tode kamen, unter ihnen zahlreiche russisch-orthodoxe Geistliche und viele lutherische Pastoren mit ihren Frauen. Heute beten am Ort des Grauens wieder Mönche.*

Спасо-Преображенский монастырь на Соловецких островах: здесь мученически погибли тысячи людей, и среди них– многочисленные русские православные священнослужители и многие лютеранские пасторы со своими женами. Сегодня здесь вновь возносится монашеская молитва.

anderen Repressalien unterworfen. 1919 wurden 1000 Geistliche erschossen und 800 inhaftiert, verschleppt oder misshandelt.

Als Märtyrer sind in dieser ersten Zeit der Verfolgungen folgende bekannte Hierarchen ums Leben gekommen: Metropolit Wladimir (Bogojawlenskij) von Kiew; Erzbischof Andronik (Nikolskij) von Perm und Kungursk; Erzbischof Silwester (Olschewskij) von Omsk und Pawlodar; Erzbischof Mitrofan (Krasnopolskij) von Astrachan; Bischof Lawrentij (Knjasew) von Balachnin; Bischof Makarij (Gnewuschkin) von Wjasma; Bischof Warsonofij (Lebedew) von Kirillow; Bischof Germogen (Dolganow) von Tobolsk; Bischof Feofan (Ilmenskij) von Solikamsk; Bischof Efrem (Kusnetzow) von Selengin und andere.

Die zweite Phase ebenso blutiger Verfolgungen begann im Frühjahr 1922. Durchgeführt wurde sie unter dem Vorwand der Konfiszierung der Kirchenschätze. Während die erste Phase der Verfolgungen von 1918 bis 1920 meist ohne Einhaltung irgendwelcher juristischen Formalitäten verlief, wurden die Verfolgungen von 1922 unter Einbeziehung von Gerichten und Revolutionstribunalen durchgeführt. Fast in allen Gouvernementsstädten wurden Gerichtsprozesse inszeniert und Bischöfe, Priester und Laien angeklagt. Einige dieser Prozesse, z. B. in Moskau, Petrograd und Smolensk, endeten mit Todesurteilen für einen Teil der Angeklagten. In diesem Zusammenhang wurden in Petrograd der heilige Märtyrer, Metropolit Wenjamin (Kasanskij) von Petrograd, Archimandrit Sergij (Schein) sowie die Laien Jurij Nowitzkij und Johann Kowscharow erschossen. In Moskau wurden die Erzpriester Alexander Saoserskij, Wasilij Sokolow, Christofor Nadeschdin, der Mönchspriester Makarij (Telegin) und der Laie Sergej Tichomirow exekutiert. Die Übrigen wurden zu Gefängnisstrafen und Verbannung in entfernte Ortschaften verurteilt. Obwohl die Anzahl der Opfer in dieser Zeit unter Priestern und Kirchenbediensteten Tausende erreichte, sind leider genaue Angaben darüber nicht bekannt.

Die dritte Phase der blutigen Verfolgungen umfasst die Zeitspanne zwischen 1929 und 1933. 1928 war das Jahr, in dem die Machthaber begannen, sich auf eine groß angelegte Aktion – die Verbannung der Bauern – vorzubereiten. Die meisten dieser Bauern waren orthodoxe Christen, die die alte religiöse Lebensweise im Alltag beibehalten hatten. Mit anderen Worten: Für sie war der Glaube nicht nur eine Art zu denken, sondern auch eine Lebensweise, Anleitung zum Handeln und Orientierung für das Leben.

Ende 1928 begann das Politbüro mit der Vorbereitung der Verfolgungen. Als Grundlage dieser Verfolgungen

800 человек были арестованы, выселены или подвергнуты жестокому обращению.

Из известных архипастырей, принявших насильственную смерть в эти годы, были священномученики митрополит Киевский Владимир (Богоявленский), архиепископы Пермский и Кунгурский Андроник (Никольский), Омский и Павлодарский Сильвестр (Ольшевский), Астраханский Митрофан (Краснопольский), епископы Балахнинский Лаврентий (Князев), Вяземский Макарий (Гневушкин), Кирилловский Варсонофий (Лебедев), Тобольский Гермоген (Долганев), Соликамский Феофан (Ильменский), Селегинский Ефрем (Кузнецов) и многие другие.

Второй этап кровавых гонений начался весной 1922 года и проходил под предлогом изъятия церковных ценностей. Если первый этап осуществлялся без соблюдения каких бы то ни было юридических формальностей, то второй период гонений был обставлен судами и трибуналами. Почти во всех губернских городах состоялись судебные процессы, на которые в качестве обвиняемых были привлечены архиереи, священники и миряне. Некоторые из этих процессов – Московский, Петроградский, Смоленский – завершились смертными приговорами для части обвиняемых. В результате в Петрограде были расстреляны священномученик митрополит Петроградский Вениамин (Казанский), архимандрит Сергий (Шеин) и миряне Юрий Новицкий и Иоанн Ковшаров. В Москве были расстреляны протоиереи Александр Заозерский, Василий Соколов, Христофор Надеждин, иеромонах Макарий (Телегин) и мирянин Сергий Тихомиров. Остальные приговаривались к заключению и ссылке в отдаленные места. Число жертв этого периода исчисляется тысячами. Точные цифры, к сожалению, неизвестны.

Третий период гонений на Церковь продолжался с 1929 по 1933 год. В 1928 году власти стали готовиться к массовой высылке крестьян, большую часть которых составляли православные, сохранившие старый религиозный уклад жизни. Для них вера была не только духовной частью их бытия, но и руководством к действию, правилом существования.

В конце 1928 года Политбюро ЦК ВКП (б) начало подготовку указа, который должен был сформулировать идеологию очередного гонения на христиан, его масштабы и границы. Написание указа было поручено помощнику Сталина по коллективизации и «большой чистке» в партийных органах Лазарю Кагановичу и председателю «Союза

49 Patriarch Tichon (rechts), der 1925 im Hausarrest starb, und Metropolit Pjotr (Poljanskij), seinem späteren Stellvertreter, der 1937 erschossen wurde.
Патриарх Тихон (справа), скончавшийся в 1925 году под домашним арестом, и его будущий Местоблюститель митрополит Петр (Полянский), расстрелянный в 1937 году.

50 Die aus Bischöfen zusammengesetzte Landwirtschafts-Brigade im Straflager auf den Solowetzkij-Inseln. Erzbischof Ilarion (3. von rechts hinten) war hier von 1924 an inhaftiert. Er starb 1929 im Alter von erst 43 Jahren im berüchtigten Gefängnis von Leningrad.
Сформированная из епископов сельскохозяйственная бригада в исправительном лагере на Соловецких островах. Архиепископ Иларион (третий слева сзади) находился здесь в заключении с 1924 года. Он умер в 1929 году в возрасте всего лишь 43 лет в пресловутой тюрьме в Ленинграде.

51 Metropolit Wladimir (1848–1918), in einer Winternacht im Kiewer Höhlenkloster ohne Prozess erschossen.
Митрополит Владимир (1848–1918). В одну из зимних ночей он был без суда и следствия расстрелян в Киево-Печерской Лавре.

52 Kirchenversammlung im Juli 1922 mit Metropolit Wenjamin von Petrograd, bei der über die geordnete Übergabe von Kirchenschätzen zur Linderung der Hungersnot beraten wurde. Einen Monat später wurde der Metropolit nach einem Schauprozess erschossen.
Церковное собрание в июле 1922 года с участием митрополита Петроградского Вениамина, где обсуждался вопрос об упорядоченной передаче церковных ценностей для смягчения голода. Уже через месяц митрополит был расстрелян после показательного процесса.

diente ein Dokument, in dem die Grenzen und Ausmaße genau abgesteckt worden waren. Mit der Ausarbeitung dieses Dokumentes beauftragte man Lazar Kaganowitsch, Stalins Verantwortlichen für die Zwangskollektivierungen und die großen Säuberungen in den Jahren 1935 bis 1938, und Emilian Jaroslawskij, den Vorsitzenden der »Union der Gottlosen«. Sie besprachen die vorläufige Fassung des Dokuments mit Nadeshda Krupskaja, Lenins Frau, und P. G. Smidowitsch. Am 24. Januar 1929 bestätigte das Zentralkomitee (ZK) der Kommunistischen Partei den endgültigen Text des Erlasses, der an alle ZK's der nationalen kommunistischen Parteien, an alle Komitees der Regionen, Gebiete, Gouvernements und Kreise – d. h. an alle Vertreter der Macht im sowjetischen Russland versandt wurde. Das Dokument trug den Titel »Über Maßnahmen zur Verstärkung der antireligiösen Arbeit«, stammt vom 14. Februar 1929 und trägt die Unterschrift des ZK-Sekretärs Lazar Kaganowitsch.

Dieses Dokument stand am Anfang der Massenverhaftungen von Geistlichen und Laien und leitete die Schließung der Kirchen ein. Im Einzelnen hieß es in diesem Dokument: »Die Beschleunigung des sozialistischen Aufbaus und die Verstärkung der sozialistischen Offensive gegen Elemente der Kulaken und der Gewinnler der Neuen Ökonomischen Politik provoziert den Widerstand der bürgerlichen und kapitalistischen Schichten. Dieser Widerstand macht sich besonders an der religiösen Front bemerkbar, wo wir die Belebung unterschiedlicher religiöser Organisationen beobachten. Nicht selten vereinigen sich diese Organisationen miteinander, sie nutzen die gesetzliche Lage und die traditionelle Autorität der Kirche aus.«

An anderer Stelle heißt es in diesem Dokument: »Die Verletzung der sowjetischen Gesetzgebung durch die religiösen Gemeinschaften darf unter keinen Umständen zugelassen werden, insbesondere wenn man berücksichtigt, dass die religiösen Organisationen ... die einzigen legal existierenden konterrevolutionären Organisationen sind, die über einen Einfluss auf die Massen verfügen. Das Volkskommissariat für innere Angelegenheiten (NKWD) muss seine Aufmerksamkeit auf die bis heute andauernden Zustände richten, dass städtische Wohn- und Gewerberäume als Gebetshäuser vermietet werden, und zwar häufig auch in Arbeiterbezirken. Schulen, Gerichte und Standesämter müssen den Geistlichen endgültig aus der Hand genommen werden. Partei- und Exekutivkomitees müssen die Frage stellen, wie die Standesämter zur Bekämpfung des Popentums, der kirchlichen Rituale sowie der Überbleibsel der alten Lebensweise genutzt werden können. Kooperative Organisationen und Kolchosen müssen darauf Acht geben, dass es notwendig ist, die von

безбожников» Емельяну Ярославскому. Предварительный вариант документа был согласован с Надеждой Крупской и Петром Смидовичем. 24 января 1929 года ЦК ВКП (б) утвердил окончательный текст указа с названием «О мерах усиления антирелигиозной работы», и 14 февраля документ был принят и подписан Лазарем Кагановичем как секретарем ЦК. Текст указа был разослан всем ЦК национальных компартий, крайкомам, обкомам, губкомам и окружкомам, то есть всем представителям власти в регионах Советской России.

Этот документ положил начало массовым арестам священнослужителей, мирян и закрытию храмов. В нем, в частности, говорилось: «Усиление социалистического строительства, социалистического наступления на кулацко-нэпманские элементы вызывает сопротивление буржуазно-капиталистических слоев, что находит свое яркое выражение на религиозном фронте, где наблюдается оживление различных религиозных организаций, нередко блокирующихся между собой, использующих легальное положение и традиционный авторитет Церкви».

В другом месте этого документа говорится: «Не допускать никоим образом нарушения советского законодательства религиозными обществами, имея в виду, что религиозные организации... являются единственной легально действующей контрреволюционной организацией, имеющей влияние на массы. НКВД обратить внимание на то, что до сих пор жилые торговые муниципализированные помещения сдаются в аренду под молитвенные дома, нередко в рабочих районах. Школы, суды, регистрации гражданских актов должны быть полностью изъяты из рук духовенства. Партийным комитетам и исполкомам необходимо поставить вопросы об использовании загсов в целях борьбы с поповщиной, церковными обрядами и пережитками старого быта. Кооперативным организациям и колхозам обратить внимание на необходимость овладеть вегетарианскими столовыми и другими кооперативными объединениями, созданными религиозными организациями».

Даже производство икон должно было быть приостановлено: «Куспромсоюзам позаботиться о создании новых кустарных промыслов в районах изготовления предметов религиозного культа, иконописи и т. п».

Призыв к борьбе против церквей и монастырей был высказан в этом документе совершенно недвусмысленно: «Фракциям советов необходимо взять

religiösen Organisationen gegründeten vegetarischen Kantinen in Besitz zu nehmen.«

Selbst die Ikonenherstellung sollte unterbunden werden: »Heimindustrieverbände müssen dafür Sorge tragen, dass in den Bezirken, wo Gegenstände des religiösen Kultes, der Ikonenmalerei u. a. hergestellt werden, neue Zweige der Heimindustrie gegründet werden.«

Der Aufruf zum Kampf gegen Kirchen und Klöster ließ in diesem Dokument nichts an Deutlichkeit vermissen: »Die Fraktionen der Sowjets müssen die Initiative übernehmen und eine Reihe von Maßnahmen erarbeiten, die es ermöglichen, die breiten Massen zum Kampf gegen die Religion zu organisieren. Die ehemaligen Kloster- und Kirchengebäude sowie die Ländereien sind richtig zu verwenden: In den ehemaligen Klöstern sollen starke landwirtschaftliche Kommunen, landwirtschaftliche Stationen, Verleihstellen, Industriebetriebe, Krankenhäuser, Schulen, Schulwohnheime usw. eingerichtet werden. Unter keinen Umständen ist die Existenz religiöser Organisationen in diesen Klöstern zuzulassen.«

Am 4. Juni 1929 legte der Vorsitzende der Antireligiösen Kommission, Emilian Jaroslawskij, dem Politbüro einen Bericht über die Tätigkeit dieser Kommission in den Jahren 1928 und 1929 vor. In diesem Bericht heißt es zur Situation der Klöster, die Antireligiöse Kommission habe einen speziellen Ausschuss beauftragt, die genaue Anzahl

на себя инициативу разработки ряда мероприятий, около проведения которых можно было организовать широкие массы на борьбу с религией, правильное использование бывших монастырских и церковных зданий и земель, устройство в бывших монастырях мощных сельскохозяйственных коммун, сельскохозяйственных станций, прокатных пунктов, промышленных предприятий, больниц, школ, школьных общежитий и т. п., не допуская ни под каким видом существования в этих монастырях религиозных организаций».

4 июля 1929 года председатель антирелигиозной комиссии Емельян Ярославский представил Политбюро докладную записку о деятельности этой комиссии за 1928-29 годы. В этом отчете о ситуации монастырей говорилось, что «антирелигиозная комиссия поручила специальной комиссии выяснить точное количество монастырей еще не ликвидированных и подготовить вопрос о превращении их в советские учреждения (под общежития, под колонии для малолетних, под совхозы и т. п.), держа курс на то, чтобы рассосать сконцентрированные в них элементы монашества, до сих пор нередко прикрывающие свою реакционную деятельность вывеской трудовых коммун».

Репрессии все больше нарастали, но с точки зрения

53 *Patriarch Tichon und Metropolit Wenjamin von Petrograd inmitten von Gläubigen. Bei der Bevölkerung war der 1922 erschossene Metropolit sehr beliebt. Nach Tausenden von Opfern in den zwanziger Jahren des 20. Jahrhunderts ließ Stalin in den Jahren 1937 bis 1941 noch einmal mehr als 110.000 Geistliche erschießen. Unzählige Märtyrer starben in Lagern.* Патриарх Тихон и митрополит Петроградский Вениамин среди верующих, которые чрезвычайно любили расстрелянного в 1922 году митрополита. После многотысячных жертв в 20-х годах XX столетия, в период с 1937 по 1941 год по приказу Сталина было расстреляно еще более 110 000 духовных лиц. Бесчисленное количество мучеников погибло в лагерях.

der noch nicht liquidierten Klöster zu ermitteln und ihre Umwandlung in sowjetische Einrichtungen (Wohnheime, Kolonien für Minderjährige, Sowchosen usw.) vorzubereiten. »Dabei wird Kurs gehalten auf die Zerstreuung der dort versammelten Elemente des Mönchtums, die ihre reaktionäre Tätigkeit unter dem Aushängeschild von Arbeitskommunen tarnen.«

Die Repressalien nahmen zu und immer mehr Kirchen wurden geschlossen. Aus der Sicht Stalins und des Politbüros war das Wirken der schwerfällig operierenden Antireligiösen Kommission dennoch ein Hindernis bei der groß angelegten Verfolgung gegen die orthodoxe Kirche. Die Verfolgungen und Erschießungen von Geistlichen in den Jahren 1918 und 1922 sollten ja jetzt nicht nur wiederholt werden, sondern die Maßstäbe dieser Verfolgungen sollten noch viel größer sein. Diesmal ging es um die Masse der Gläubigen der Russischen Orthodoxen Kirche, nämlich um die Bauern.

1929 eröffneten die Machthaber die neuen Verfolgungen gegen die orthodoxe Kirche. Dabei kam es erneut zu Erschießungen. So wurde etwa der heilige Märtyrer Fjodor Kolerow und mit ihm zwei Laien in der Stadt Kimry erschossen. Für das Jahr 1930 planten die Machthaber neue Verfolgungen, die noch umfassender und erbarmungsloser sein sollten. Am 30. Dezember 1929 verabschiedete das Politbüro des ZK die Verordnung über die Liquidierung der Antireligiösen Kommission und die Übergabe ihrer Angelegenheiten an das Sekretariat des ZK. Später wurde eine Kommission für Fragen der Kulte beim Präsidium des Zentralen Exekutivkomitees der UdSSR (ZEK) gegründet. So wurde die Steuerung der Verfolgungen an einer zentralen Stelle konzentriert.

Am 11. Februar 1930 bestätigte das Präsidium des ZEK der UdSSR die entsprechende Verordnung des ZEK und des Rates der Volkskommissare der UdSSR (RVK) »Über den Kampf gegen die konterrevolutionären Elemente in den führenden Organen der religiösen Vereinigungen«. In dieser Verordnung hieß es: »Mit dem Ziel, die Versuche sowjetfeindlicher Elemente zu bekämpfen, die religiösen Gemeinschaften als Stützpunkte für ihre konterrevolutionäre Arbeit zu benutzen, beschließt das ZEK und der RVK der UdSSR Folgendes: Den Regierungen der Unionsrepubliken wird vorgeschlagen, unverzüglich die Organe, welche die Registrierung der religiösen Gemeinschaften durchführen, zu beauftragen, die Zusammensetzung der leitenden Gremien dieser Gemeinschaften zu überprüfen mit dem Ziel, Kulaken, Personen, denen die Rechte aberkannt wurden, sowie andere sowjetfeindlich gesinnte Personen aus diesen Gremien zu entfernen. Das Eindringen der genannten Personen in diese Gremien soll in Zukunft

Сталина и Политбюро действия неповоротливо работавшей антирелигиозной комиссии только мешали полномасштабному раскату гонений на Православную Церковь, которые должны были не только повторить гонения и расстрелы священнослужителей в 1918 и 1922 годах, но значительно превысить их по масштабам. В данном случае затрагивалась основная масса мирян Русской Православной Церкви - крестьянство.

Итак, в 1929 году власти возобновили гонения на Православную Церковь, завершившиеся расстрелами, в частности, священномученика Федора Колерова и с ним двух мирян в городе Кимры. В 1930 году власти замыслили еще большие и беспощаднейшие гонения. 30 декабря 1929 года Политбюро ЦК приняло постановление о ликвидации антирелигиозной комиссии и передаче всех ее дел в секретариат ЦК (впоследствии была создана комиссия по вопросам культов при Президиуме ЦИК Союза ССР). Таким образом, управление гонениями собиралось в единый центр.

11 февраля 1930 года Президиум ЦИК Союза ССР утвердил соответствующее постановление ЦИК и Совета Народных Комиссаров Союза ССР «О борьбе с контрреволюционными элементами в руководящих органах религиозных объединений», которое гласило: «В целях борьбы с попытками враждебных советской власти элементов использовать религиозные объединения в качестве опорных пунктов для ведения контрреволюционной работы ЦИК и СНК Союза ССР постановляют: предложить правительствам союзных республик немедленно поручить органам, производящим регистрацию религиозных объединений, пересмотреть состав руководящих органов этих объединений в целях исключения из них кулаков, лишенцев и иных враждебных советской власти лиц. Не допускать впредь проникновения в эти органы указанных лиц, систематически отказывая в регистрации ими религиозных объединений при наличии упомянутых выше условий».

Умеренный успех антирелигиозной кампании
В начале 30-х годов коммунистические газеты стали публиковать материалы о закрытии храмов, подчеркивая размах и успех гонений. Но, в отличие от Льва Троцкого, который любил организовывать агитационные кампании с привлечением прессы, Ленин и Сталин предпочитали действовать исподтишка, с помощью секретных постановлений, принятых узким кругом лиц. Затем эти документы

nicht zugelassen werden. Die Registrierung der religiösen Gemeinschaften soll ihnen bei Vorliegen der genannten Umstände systematisch verweigert werden.«

Nur mäßige Erfolge der antireligiösen Kampagne

Die kommunistischen Zeitungen begannen Anfang der 30er Jahre mit der Publikation von Materialien über die Schließung von Kirchen. Sie prahlten mit der Breite und dem Ausmaß der Verfolgungen. In einem Fall führte das zu einem entgegengesetzten Ergebnis. Im Unterschied zu Leo Trotzkij, der mit Agitationskampagnen operierte, arbeiteten sowohl Lenin als auch Stalin ständig mit geheimen Verordnungen, die von einem engen Kreis beschlossen wurden. Die entsprechenden Behörden wurden davon erst später in Kenntnis gesetzt. Ihre Aufgabe bestand dann darin, die Kampagne zur Schließung und Zerstörung der Kirchen entschlossen und bis zum Ende durchzuführen. Als die Zeitungen von einer Welle von Berichten über rechtswidrige Schließungen von Kirchen überschwemmt wurden, schrieb das Politbüro des ZK am 25. März 1930 im Zusammenhang mit einem solchen Bericht an die Redaktion der Zeitung ›Rabotschaja Moskwa‹ (Arbeitendes Moskau): »Für den am 18. März in der Zeitung ›Rabotschaja Moskwa‹ veröffentlichten Bericht über die massenweise Schließung von Kirchen (58 Kirchen) wird dem Redakteur der Zeitung ›Rabotschaja Moskwa‹, Genossen Lasjan, ein Verweis erteilt und die Warnung ausgesprochen, dass im Fall der Veröffentlichung solcher Berichte in der Zukunft sich die Frage seines Ausschlusses aus der Partei stellt.«

Die Verfolgungen, die 1929 begonnen hatten, dauerten bis 1933. Viele Geistliche wurden in dieser Zeit verhaftet und in Lager verschickt, viele starben dort als Märtyrer. In der Zeit zwischen 1929 und 1933 wurden etwa 40.000 Kirchenbedienstete verhaftet. Allein in Stadt und Gebiet Moskau wurden 4000 Menschen inhaftiert. Die meisten der Verhafteten kamen in Konzentrationslager, die übrigen wurden erschossen. Diejenigen, die zu Haftstrafen verurteilt wurden und bis zur Verfolgung im Jahr 1937 noch am Leben waren, starben zu diesem Zeitpunkt als Märtyrer.

1935 zog das ZK der Kommunistischen Partei eine Bilanz der antireligiösen Kampagnen der letzten Jahre. Vor einem neuen Anlauf der Verfolgungen im Jahre 1937 wurde ein Abschlussdokument verfasst. In diesem Dokument bescheinigten die Verfolger der Russischen Orthodoxen Kirche dieser eine gewaltige geistige Kraft. Diese Kraft habe es ihr erlaubt, die Hälfte aller Gemeinden zu erhalten und dies trotz des ständigen Drucks des Staates, trotz der Verhaftungen und Erschießungen, der

доводились до соответствующих учреждений на местах. И уже местные органы власти должны были разными способами закрыть или разрушить тот или иной храм. Поэтому власти жестко остановили газетную шумиху. Так, 25 марта 1930 года было издано постановление Политбюро ЦК, в котором говорилось: «За напечатанное в «Рабочей Москве» от 18 марта сообщение о массовом закрытии церквей (56 церквей) объявить выговор редактору газеты «Рабочая Москва» т. Лазьяну с предупреждением, что в случае допущения впредь таких сообщений будет поставлен вопрос о его исключении из партии».

Гонения, начавшиеся в 1929 году, продолжались до 1933 года. За это время было арестовано около 40 000 церковносвященнослужителей. Только в Москве и Московской области было арестовано 4 000 человек. Большая часть из них была приговорена к заключению в лагерях, остальные – расстреляны. Находившиеся в заключении священно- и церковнослужители приняли мученическую кончину в период гонений 1937 года.

В 1935 году ЦК ВКП(б) подвел итоги антирелигиозных кампаний последних лет, и был составлен один из итоговых документов перед началом новых гонений в 1937 году. В этом документе гонители засвидетельствовали огромную духовную силу Русской Православной Церкви, позволившую ей, несмотря на постоянный гнет государства, аресты, расстрелы, закрытие храмов и монастырей, коллективизацию, уничтожившую значительную часть активных и самостоятельных мирян, сохранить половину всех приходов Русской Православной Церкви.

В этом документе гонители, однако, признавали: «За последний период все организации, ведущие антирелигиозную работу, резко ослабили свою деятельность. Союз воинствующих безбожников находится в состоянии почти полного развала, профсоюзы антирелигиозной работы не ведут. Комсомол ею также не занимается. Наркомпрос совсем забросил эту работу. Между тем, по имеющимся данным видно, что попы и сектанты разных мастей имеют густую сеть опорных пунктов для своей работы и не только пользуются влиянием среди некоторых групп населения, но пытаются усилить свои позиции, повышая свою активность».

Итог антирелигиозной кампании 30-х годов, подведенный ЦК, содержит интересные подробности о церковной ситуации того времени: «В Ивановской области в 1935 г. насчитывалось до 2000 молитвенных зданий и более 2500 служителей культа, в Горь-

Schließungen von Kirchen und Klöstern, trotz der Kollektivierung und Vernichtung eines bedeutenden Teils der aktiven und selbstständigen Gläubigen.

In diesem Dokument mussten die Verfolger allerdings auch einräumen: »In der letzten Zeit haben alle Organisationen, die antireligiöse Arbeit durchführen, ihre Tätigkeit stark reduziert. Der Verband der militanten Gottlosen befindet sich im Zustand fast völliger Auflösung, die Gewerkschaften führen keine antireligiöse Arbeit durch. Auch der Komsomol beschäftigt sich nicht damit. Das Volkskommissariat für Bildung hat diese Arbeit total vernachlässigt. Indessen zeigen die vorliegenden Daten, dass die Popen und Sektierer aller Schattierungen für ihre Arbeit über ein dichtes Netz von Stützpunkten verfügen. Dabei besitzen sie nicht nur Einfluss bei manchen Bevölkerungsgruppen, sondern sie versuchen sogar, ihre Positionen zu festigen, indem sie ihre Aktivität steigern.«

Diese ZK-Bilanz über die antireligiösen Kampagnen der 30er Jahre enthält interessante Einzelheiten zur kirchlichen Situation dieser Zeit: »Im Gebiet Iwanowo gab es 1935 bis zu 2000 Gebetshäuser und mehr als 2500 Kultdiener, in der Region Gorkij gab es bis zu 1500 Gebetshäuser und mehr als 1500 Kultdiener. Das Gebiet Leningrad zählte 1936 mehr als 1000 Kirchen und mehr als 2000 Kultdiener. Das Aktiv der Kirchen und Sekten betrug in den 958 amtlich registrierten Gemeinden des Gebietes Leningrad mehr als 19.000 Personen.

Im gesamten Land gibt es nicht weniger als 25.000 unterschiedliche Gebetshäuser (1914 gab es bis zu 50.000

ковском крае – до 1500 молитвенных домов и более 1500 служителей. По Ленинградской области в 1936 г. насчитывалось более 1000 церквей и более 2000 служителей культа, а церковного и сектантского актива в официально зарегистрированных 958 общинах Ленинградской обл. насчитывалось более 19 000 человек.

По всей стране насчитывается не менее 25 000 всяких молитвенных домов (в 1914 году церквей было до 50 000). О имеющихся еще религиозных влияниях свидетельствуют следующие данные. По городу Пскову из 642 чел., родившихся за 6 месяцев 1935 года, крещено в церквах 54%, из умерших похоронено по религиозному обряду 40%. По Амосовскому сельсовету Псковского района 75% крестьянских детей посещают церковь. 50% детей исповедуются и причащаются.

До 1932 г. Союз безбожников имел 50 000 низовых ячеек, около 5 миллионов членов и около 2 миллионов членов в группах «юных воинствующих безбожников». Из 5 миллионов членов осталось едва 350 000.

Значительное влияние на ослабление антирелигиозной работы и развал Союза безбожников оказали недостаточный контроль и руководство со стороны местных партийных организаций, а также наличие настроений, что борьба с религиозными влияниями у нас закончена и антирелигиозная работа является уже пройденным этапом».

54 *Den religiösen Vandalismus der Sowjetjahrzehnte hatten 1970 von den mehr als 1000 Klöstern im alten Russland nur 16 überlebt. Am Kloster des Hlg. Nikitas in Pereslawl-Salesski konnte man 1995 erste Restaurierungsarbeiten beobachten.*
В результате религиозного вандализма советских десятилетий от 1000 монастырей, существовавших в старой России, к 1970 году осталось лишь 16. В монастыре преподобного Никиты в Переславле-Залесском в 1995 году начались реставрационные работы.

Kirchen). Weiterhin zeugen von dem noch vorhandenen religiösen Einfluss folgende Daten: Von 642 Säuglingen, die in den ersten sechs Monaten des Jahres 1935 in der Stadt Pskow geboren wurden, wurden 54 Prozent in den Kirchen getauft; 40 Prozent der Verstorbenen wurden nach religiösem Ritus bestattet. Im Bereich des Dorfsowjets von Amosowo, Bezirk Pskow, besuchen 75 Prozent der Bauernkinder die Kirche. 50 Prozent der Kinder gehen zur Beichte und empfangen das Abendmahl.

Vor 1932 verfügte die »Union der Gottlosen« über 50.000 Basiszellen, etwa 5 Millionen Mitglieder und 2 Millionen Mitglieder in den Gruppen »der jungen militanten Gottlosen«. Von diesen mehr als 5 Millionen waren kaum 350.000 übrig geblieben.

Die mangelhafte Kontrolle und Führung seitens der lokalen Parteiorganisationen hatte erheblichen Einfluss auf die Schwächung der antireligiösen Arbeit, die zum Zerfall des Verbandes der Gottlosen führte. Eine bedeutende Rolle spielte dabei auch die vorherrschende Stimmung, der Kampf gegen den religiösen Einfluss sei bei uns bereits beendet und die antireligiöse Arbeit sei eine abgeschlossene Etappe. Soweit dieses hochinteressante, interne Dokument von 1935.

Anfang 1937 wurde in der Sowjetunion eine Volkszählung durchgeführt. Auf Vorschlag Stalins wurde dabei zum ersten Mal die Frage nach der Religion in die Befragungsformulare aufgenommen. Alle Bürger im Alter von über 16 Jahren hatten diese Frage zu beantworten. Die Regierung und insbesondere Stalin wollten wissen: Welche tatsächlichen Erfolge erzielten die Verfolger nach zwanzig Jahren der Bekämpfung des Glaubens und der Kirche, und wie bezeichnen sich Menschen, die in einem Staat leben, der als Religionssurrogat die militante Gottlosigkeit bekennt.

Die gesamte Bevölkerung der Sowjetunion zählte 1937 98,4 Millionen Menschen im Alter von über 16 Jahren. 55,3 Millionen Menschen bezeichneten sich als gläubig. Als ungläubig bezeichnete sich der kleinere, wenn auch ein bedeutender Teil der Bevölkerung des Landes, nämlich 42,4 Millionen. Lediglich 900.000 Menschen waren nicht bereit, diese Frage zu beantworten. Aber damit nicht genug: 41,6 Millionen Bürger oder 42,3 Prozent der gesamten erwachsenen Bevölkerung des Landes bzw. 75,2 Prozent aller, die sich als gläubig einstuften, bezeichneten sich als orthodox. 140.000 Menschen, d. h. 0,1 Prozent der gesamten erwachsenen Bevölkerung, bezeichneten sich als armenisch. Außerdem gab es 500.000 Katholiken, 500.000 Protestanten, 400.000 Christen anderer Glaubensbekenntnisse sowie 8,3 Millionen Muslime, 300.000 Juden und 100.000 Buddhisten und Lamaisten. Die An-

В начале 1937 года была произведена перепись населения СССР. Впервые по предложению Сталина в эту перепись был включен вопрос о религии. На этот вопрос отвечали все граждане начиная с шестнадцати лет. Правительству, и в особенности Сталину, хотелось узнать – каковы же за двадцать лет борьбы с верой и Церковью реальные успехи гонителей, как называют себя люди, живущие в государстве, исповедующем в качестве религиозного суррогата воинствующее безбожие.

Всего населения от шестнадцати лет и старше оказалось в РСФСР в 1937 году 98,4 миллиона человек. Верующими себя назвали 55,3 миллиона. Неверующими себя назвала меньшая часть населения страны, но все же достаточно значительная - 42,4 миллиона. Не пожелали ответить на этот вопрос всего лишь 900 000 человек. Но и это было не все. Православными себя назвали 41,6 миллиона или 42,3% всего взрослого населения страны и 75,2% от всех, назвавших себя верующими, армяно-григорианами назвали себя 140 000, или 0,1% всего взрослого населения, католиками – 500 000, про-

55 »Herzlich willkommen« im Kulturhaus des Landstädtchens Makarjew in Nordrussland (2003). Viele Kirchen wurden in der Sowjetzeit in Sportclubs, Kinos oder Kulturhäuser umfunktioniert.

Вывеска «Добро пожаловать» в доме культуры в Макарьеве на севере России (2003 год). В советский период многие церковные здания были превращены в спортивные клубы, кинотеатры, дома культуры.

zahl der Übrigen, die ihre Religion nicht genau bezeichneten, betrug 3,5 Millionen.

Aus der Volkszählung von 1937 ging deutlich hervor, dass die Bevölkerung des Landes orthodox geblieben war und ihre nationalen, geistigen Wurzeln bewahrt hatte, dass aber auch die religiösen Minderheiten durchaus stabil geblieben waren.

Die seit 1918 unternommenen Anstrengungen bei der Bekämpfung der Kirche und des Volkes – sowohl mit Hilfe der Gerichte als auch durch außergerichtliche administrative Verfolgungen – haben also nicht die erwünschten Erfolge erbracht.

Stalins Vernichtungsfeldzug gegen die Kirche im Jahr 1937

Genau genommen also führten die Ergebnisse der Volkszählung Stalin das Ausmaß des Misserfolges beim Aufbau eines gottlosen Sozialismus im Land vor Augen. Es wurde offensichtlich, dass die neuen Verfolgungen und der neue unerhörte »Krieg« gegen das Volk noch wesentlich erbarmungsloser und blutiger sein mussten. Das Ergebnis dieses Krieges sollte jetzt nicht Lager oder Strafarbeit für die Unbotmäßigen sein, sondern in umfassender Weise Erschießung und Tod. Dabei äußerte sich die Unbotmäßigkeit der Menschen nicht in Taten, sondern nur ideell, in ihrer Gläubigkeit. So begann also 1937 eine neue erbarmungslose Verfolgung, die letzte dieser Art. Sie sollte einen Schlussstrich unter die Geschichte des alten Russland ziehen und die Orthodoxie physisch vernichten.

Anfang 1937 stellten die Machthaber die Frage nach der Existenz der Russischen Orthodoxen Kirche als einer gesamtrussischen Organisation. Stalin hatte schon früher andere Menschen beauftragt, wenn Entscheidungen zu treffen waren, die man als historische und staatliche Verbrechen bezeichnen kann, weil sie zum Untergang von Millionen von Menschen führten. Dabei dienten diese Entscheidungen nicht der Verteidigung gegen äußere Feinde, sondern allein der Machterhaltung. Auch diesmal beauftragte Stalin mit den entsprechenden neuen Initiativen einen anderen, nämlich Georgij Malenkow.

Am 20. Mai 1937 richtete Malenkow an Stalin einen schriftlichen Bericht. In ihm heißt es: »Es ist bekannt, dass in der letzten Zeit die feindliche Tätigkeit der Kirchenanhänger aktiver wurde. Ich möchte Sie darauf hinweisen, dass das Dekret des Allrussischen Zentralexekutivkomitees (AZEK) vom 8. April 1929 über die religiösen Gemeinschaften nur dazu führt, dass sich die Kirchenanhänger besser organisieren. Dieses Dekret schafft die organisatorische Grundlage für die Formierung des aktivsten Teils der Kirchenanhänger und Sektierer.

тестантами – 500 000, христианами прочих исповеданий – 400 000, кроме того, магометанами – 8,3 миллиона, иудеями - 300 000, буддистами и ламаистами – 100 000, прочих и неточно указавших религию – 3,5 миллиона человек.

Из переписи населения 1937 года с ясностью следовало, что население страны осталось православным, сохранив национальные духовные корни; вполне стабильными остались и религиозные меньшинства.

Таким образом, предпринятые с 1918 года усилия в области борьбы с Церковью и народом, осуществленные как с помощью судов, так и с помощью внесудебных административных преследований, не привели к желаемому результату. Если исходить из данных переписи населения, то даже можно сказать, что они потерпели крах.

Сокрушительный удар Сталина по Церкви в 1937 году

Во всяком случае, результаты переписи продемонстрировали Сталину размеры неуспеха строительства безбожного социализма в стране, и стало ясно, что понадобятся новые гонения на Церковь и невиданная, беспощадно-кровавая война с народом. В результате этой войны теперь уже не лагерь, не каторжные работы ждали непокорных (причем, непокорных не на деле, а только идейно, отличных верой своей), а приговоры к расстрелу и смерть. Так началось новое беспощадное гонение - из подобного рода последнее; оно должно было подвести черту под историей России и физически сокрушить Православие.

В начале 1937 года власти поставили вопрос о существовании Русской Православной Церкви как всероссийской организации. Как и раньше в случаях принятия широкомасштабных решений, тех, которые называются историческими и государственными преступлениями и приводят к гибели миллионов людей (но не ради защиты от внешнего врага, а ради сохранения власти), инициативу возбуждения вопроса Сталин и на сей раз поручил другому лицу, в данном случае Георгию Маленкову.

20 мая 1937 года Маленков направил Сталину записку следующего содержания:

«Известно, что за последнее время серьезно оживилась враждебная деятельность церковников. Хочу обратить Ваше внимание на то, что организованности церковников содействует декрет ВЦИК от 8.IV.1929 года «О религиозных объединениях». Этот

56 *Verfallene Gotteshäuser (1998) an einer Landstraße im Gebiet Kostroma. Am Ende des Zweiten Weltkriegs gab es in der Sowjetunion nur etwa 3.000 offene Kirchen (vor der Revolution waren es ca. 55.000 gewesen).*
Разрушенные храмы Божии (1998 год) вдоль дороги в Костромской области. К концу Второй мировой войны в Советском Союзе осталось лишь около 3000 действующих храмов (до революции их было 55 000).

Im Artikel 5 dieses Dekrets heißt es: »Zur Registrierung einer religiösen Gemeinschaft haben ihre Gründer – nicht weniger als 20 Personen – einen Antrag auf Registrierung bei den in Artikel 4 genannten Organen einzureichen. Dieser Antrag muss der vom Volkskommissariat für innere Angelegenheiten festgelegten Form entsprechen.«

Wie man sieht, verlangt bereits das Verfahren der Registrierung den organisatorischen Zusammenschluss von zwanzig besonders aktiven Kirchenanhängern. Auf dem Lande sind diese Menschen unter dem Namen »die Zwanziger« gut bekannt. In der Ukraine benötigt man für die Registrierung einer religiösen Gemeinschaft nicht zwanzig, sondern fünfzig Gründer.

Nach dieser Analyse folgt Malenkows Vorschlag: »Ich halte es für zweckmäßig, dieses Dekret, das zur Organisierung der Kirchenanhänger beiträgt, aufzuheben. Wie mir scheint, ist es notwendig, die ›Zwanziger‹ zu liquidieren und ein Verfahren zur Registrierung von religiösen Gemeinschaften einzuführen, das den organisatorischen Zusammenschluss von besonders aktiven Kirchenanhängern nicht fördert. Genauso muss auch mit den Verwaltungsorganen der Kirchenanhänger in ihrer jetzigen Form Schluss gemacht werden.

Durch das Dekret haben wir selbst eine weit verzweigte, sowjetfeindliche, legale Organisation geschaffen. In der gesamten Sowjetunion beträgt die Anzahl der den ›Zwan-

декрет создает организационную основу для оформления наиболее активной части церковников и сектантов.

В статье пятой этого декрета записано: «Для регистрации религиозного общества учредители его в количестве не менее 20 человек подают в органы, перечисленные в предыдущей статье, заявление о регистрации по форме, устанавливаемой Народным Комиссариатом Внутренних Дел».

Как видим, уже сам порядок регистрации требует организационного оформления двадцати наиболее активных церковников. В деревне эти люди широко известны под названием «двадцатки». На Украине для регистрации религиозного общества требуется не двадцать, а пятьдесят учредителей».

После этого анализа следует предложение Маленкова: «Считаю целесообразным отменить этот декрет, содействующий организованности церковников. Мне кажется, что надо ликвидировать «двадцатки» и установить такой порядок регистрации религиозных обществ, который не оформлял бы наиболее активных церковников. Точно так же следует покончить, в том виде как они сложились, с органами управления церковников.

Декретом мы сами создали широко разветвленную враждебную советской власти легальную организацию. Всего по СССР лиц, входящих в «двадцатки», насчитывалось около шестисот тысяч».

26 мая 1937 года Сталин передал эту записку Маленкова членам Политбюро. Ответил на эту записку не Сталин и даже не кто-нибудь из Политбюро, но сам исполнитель – народный комиссар внутренних дел Союза ССР Николай Ежов. 2 июня 1937 года Ежов написал Сталину: «Ознакомившись с письмом т. Маленкова по поводу необходимости отмены декрета ВЦИКа от 8.IV.1929 года «О религиозных объединениях», считаю, что этот вопрос поднят совершенно правильно.

Декрет ВЦИКа от 8.IV.1929 года в статье 5-й о так называемых «церковных двадцатках» укрепляет церковь тем, что узаконивает формы организации церковного актива.

Из практики борьбы с церковной контрреволюцией в прошлые годы и в настоящее время нам известны многочисленные факты, когда антисоветский церковный актив использует в интересах проводимой антисоветской работы легально существующие «церковные двадцатки», как готовые организационные формы и как прикрытия.

Вместе с декретом ВЦИКа от 8.IV.1929 года нахожу

zigern‹ angehörenden Personen etwa 600.000 Menschen.«

Stalin reichte diesen Bericht von Malenkow am 26. Mai 1937 an die Mitglieder des Politbüros weiter. Doch weder Stalin noch jemand aus dem Politbüro antwortete, sondern der Vollstrecker selbst – der Volkskommissar für innere Angelegenheiten der Sowjetunion, Nikolaj Jeschow. Am 2. Juni 1937 schrieb Jeschow an Stalin: »Nach Durchsicht des Schreibens von dem Genossen Malenkow über die Notwendigkeit der Aufhebung des Dekrets des AZEK vom 8. April 1929 über die religiösen Gemeinschaften bin ich der Meinung, dass diese Frage zu Recht gestellt wurde. Das Dekret des AZEK vom 8. April 1929 mit seinem Artikel 5 über die so genannten ›Zwanziger‹ konsolidiert die Kirche, indem es die Organisationsformen des kirchlichen Aktivs legitimiert.

Aus der Praxis bei der Bekämpfung der kirchlichen Konterrevolution in den vergangenen Jahren und zum jetzigen Zeitpunkt sind uns viele Fälle bekannt, in denen das antisowjetische kirchliche Aktiv im Interesse der antisowjetischen Arbeit die legal existierenden ›kirchlichen Zwanziger‹ als fertige Organisationsformen und als Tarnung benutzt.

Außerdem halte ich es für notwendig, zugleich mit dem Dekret des AZEK vom 8. April 1929 auch die Instruktion der ständigen Kommission beim Präsidium des AZEK für Fragen der Kulte ›Über das Verfahren zur Umsetzung der Gesetzgebung über die Kulte‹ aufzuheben. Durch eine Reihe von Bestimmungen dieser Instruktion werden die religiösen Gemeinschaften fast den sowjetischen gesellschaftlichen Organisationen gleichgestellt. Dabei meine ich Punkt 16 und Punkt 27 der Instruktion, in denen religiöse Straßenprozessionen und Zeremonien sowie auch die Einberufung von Religionskongressen zugelassen werden.«

Nach den Angaben der Regierungskommission zur Rehabilitierung der Opfer der politischen Repressalien wurden im Jahr 1937 insgesamt 136.900 orthodoxe Geistliche verhaftet, 85.300 davon wurden erschossen. Im Jahr 1938 wurden 28.300 Geistliche verhaftet und 21.500 von ihnen erschossen. Im Jahr 1939 wurden 1500 verhaftet und 900 von ihnen erschossen; 1940 wurden 5100 verhaftet, 1100 von ihnen erschossen. Im Jahr 1941 wurden noch einmal 4000 Geistliche verhaftet und 1900 von ihnen erschossen.

Allein im Gebiet Twer wurden 1937 mehr als zweihundert Geistliche hingerichtet. Es waren Massenerschießungen in sehr kurzer Zeit, so dass der Trojkasekretär es nicht schaffte, die Stunde, in der das Urteil tatsächlich vollstreckt wurde, zu registrieren. Bei allen Protokollen trug er als Vollstreckungszeit 1 Uhr nachts ein. So konnte man

необходимым отменить также инструкцию постоянной комиссии при Президиуме ВЦИКа по вопросам культов – «о порядке проведения в жизнь законодательства о культах». Ряд пунктов этой инструкции ставит религиозные объединения на положение едва ли не равное с советскими общественными организациями, в частности, имею в виду п. 16 и п. 27 инструкции, которыми допускаются религиозные уличные шествия и церемонии, и созыв религиозных съездов».

По данным государственной Комиссии по реабилитации жертв политических репрессий, в 1937 году было арестовано 136 900 человек православных священнослужителей, из них было расстреляно 85 300 человек; в 1938 году арестовано 28 300 священнослужителей, расстреляно – 21 500; в 1939 году арестовано 1 500 священников, расстреляно – 900; в 1940 году арестовано 5 100, расстреляно – 1 100; в 1941 году было опять арестовано 4 000 священнослужителей, расстреляно – 1 900.

В одной Тверской области было расстреляно только в 1937 году более двухсот священников. Причем расстрелы были настолько массовые и ограниченные по времени, что секретарь «тройки» не успевал проставлять час, в который в действительности производилось исполнение приговора, и на всех выписках из акта поставил 1 час ночи, ибо легче и быстрее всего было проставить черту. И получалось, что все приговоренные в Тверской области были расстреляны в одно и то же время.

К весне 1938 года власти сочли, что Русская Православная Церковь физически уничтожена и отпала необходимость содержать специальный государственный аппарат по надзору за Церковью и проведению в жизнь репрессивных распоряжений властей. 16 апреля 1938 года Президиум Верховного Совета ССР постановил ликвидировать комиссию Президиума ЦИК ССР по вопросам культов. Из 25 000 церквей в 1935 году после двух лет гонений в 1937 и 1938 годах в РСФСР осталось всего 1 277 храмов. 1 744 храма оказались на территории Советского Союза после присоединения к нему западных областей Украины, Белоруссии и Прибалтики.

Таким образом, храмов во всей России в 1939 году стало меньше, чем в одной Ивановской области в 1935 году. Можно с уверенностью сказать, что гонения, которые обрушились на Русскую Православную Церковь в конце тридцатых годов, были исключительными по своему размаху и жестокости не только

leichter und schneller einen Schlussstrich ziehen. Man hat den Eindruck, dass alle Verurteilten im Gebiet Twer zur gleichen Zeit erschossen wurden.

Im Frühjahr 1938 gingen die Machthaber davon aus, dass die Russische Orthodoxe Kirche physisch vernichtet war, und nun die Notwendigkeit entfiel, einen speziellen staatlichen Apparat zur Kontrolle der Kirche und zur Durchsetzung der repressiven Verfügungen der Machthaber zu unterhalten. Am 16. April 1938 beschloss das Präsidium des Obersten Sowjet der UdSSR, die Kommission des Präsidiums des ZEK der UdSSR für Fragen der Kulte aufzulösen. Von 25.000 im Jahr 1935 noch vorhandenen Kirchen verblieben in der Sowjetunion nach zwei Jahren Verfolgung in den Jahren 1937 und 1938 nur noch 1277. Weitere 1744 Kirchen kamen nach dem Anschluss der westlichen Gebiete der Ukraine, Weißrusslands und des Baltikums dazu.

So gab es also im Jahr 1939 in ganz Russland weniger Kirchen als allein in dem kleinen Gebiet Iwanowo im Jahr 1935. Man kann mit Sicherheit sagen, dass die Verfolgungen, die Ende der 30er Jahre über die Russische Orthodoxe Kirche hereinbrachen, nach Ausmaß und Brutalität einmalig nicht nur in Russland, sondern in der ganzen Geschichte der Menschheit waren.

1938 beendete die Sowjetmacht die zwanzigjährige Verfolgungsperiode. Dabei war der Zerstörungsprozess in manchen Fällen unumkehrbar. Es wäre zwar möglich, die Kirchen, die als Lagerräume genutzt oder zerstört wurden, in absehbarer Zeit wiederherzustellen oder neu zu erbauen. Aber der Tod von mehr als hundert erschossenen Bischöfen, einigen zehntausend Geistlichen und einigen hunderttausend orthodoxen Laien war und bleibt ein unersetzbarer Verlust.

Die Folgen dieser Vernichtungskampagne machen sich bis heute bemerkbar. Die massenhafte Vernichtung von Bischöfen, gebildeten und eifrigen Priestern und einer großen Zahl von Glaubenshelden der Frömmigkeit hat das sittliche und kulturelle Niveau der ganzen Gesellschaft gesenkt. Während dieser zwei Jahrzehnte andauernden blutigen Verfolgungen wurde dem Volk seine Kraft – wie der Suppe das Salz – genommen. Es drohte dem Volk die Demoralisierung (Matthäus 5,13). Dabei hatten die Machthaber keinesfalls vor, den Prozess der Schließung von Kirchen in Zukunft zu stoppen. Dieser Prozess sollte fortgesetzt werden und es ist nicht bekannt, wie weit er geführt hätte, wäre nicht der »Große Vaterländische Krieg« – der Zweite Weltkrieg – ausgebrochen. Dieser verbesserte die Situation für die Kirche in der Sowjetunion zumindest vorübergehend.

Igumen Damaskin (Orlowskij), Moskau

57 *Mehr als 80 Jahre nach der Oktoberrevolution drängen die Menschen in Russland – nicht nur auf dem Land – wieder in die Gotteshäuser.*
Более чем через 80 лет после Октябрьской революции люди в России – и не только в селе – вновь потянулись в храмы.

в рамках истории России, но и во всей истории человечества.

В 1938 году советская власть завершила двадцатилетний период гонений. Причем в результате процесс разрушения в некоторых случаях был доведен до необратимости. Если храмы, которые были отданы под склады или разрушены, можно было в обозримой перспективе восстановить или отстроить заново, то более сотни архиереев, десятки тысяч священнослужителей и сотни тысяч православных мирян были расстреляны, и эта утрата была незаменима и навсегда останется невосполнимой потерей.

Последствия этих гонений сказываются и по сию пору. Массовое уничтожение святителей, просвещенных и ревностных пастырей, множества подвижников благочестия понизило нравственный уровень всего общества. За два десятилетия этих кровавых гонений из народа была выбрана сила, которая была ему нужна как пище соль. Это привело народ в угрожающее состояние разложения (Мф. 5. 13). Причем власти и дальше не собирались останавливать процесс закрытия храмов: он продолжался и неизвестно до чего бы дошел, если бы не Великая Отечественная – Вторая мировая война, которая временно улучшила церковную ситуацию в Советском Союзе.

Игумен Дамаскин (Орловский), Москва

Vereint in Verfolgung, Leiden und Tod

Соединенные гонением, страданием и смертью

Das Landeskonzil von 1917

Harte Konflikte der Kirche in Russland mit der Provisorischen Regierung – besonders in der Schulfrage – waren eine Folge des Sturzes des Zarismus durch die Februarrevolution 1917. Eine Bedrückung, dann Verfolgung der Kirchen und der Gläubigen begann bald nach der Oktoberrevolution 1917. Der erste, 1995 heilig gesprochene Märtyrer war der Erzpriester Ioann Aleksandrowitsch Kotschurow.

Die Reaktionen auf die Ermordung des Metropoliten Wladimir von Kiew (25. Januar 1918), des Ehrenvorsitzenden des in Moskau tagenden Landeskonzils der Orthodoxen Kirche in Russland, begründeten so etwas wie ein Gefühl der Solidarität, eine »Ökumene der Verfolgten«. Es kommt zu einem bewegenden geistlichen Briefwechsel zwischen dem Evangelisch-Lutherischen Generalkonsistorium in Petrograd und dem Landeskonzil, vertreten durch den Patriarchen Tichon. Der Patriach bittet

Поместный Собор 1917 года

Острые конфликты между Церковью и Временным правительством – в особенности по вопросу о школе – стали следствием свержения монархии в России в ходе Февральской революции 1917 года. Притеснения, а затем гонения на Церковь и верующих начались сразу же после Октябрьской революции 1917 года. Первым мучеником стал протоиерей Иоанн Александрович Кочуров, в 1995 году причисленный к лику святых Русской Православной Церковью.

Убийство почетного председателя проходившего в Москве Поместного Собора Православной Церкви митрополита Киевского Владимира 25 января 1918 года привело к возникновению у христиан разных конфессий в России острого чувства солидарности, своего рода «ойкумены гонимых», ибо все они оказались в условиях гонений и каждую минуту

58 *Im August 1917 konnte mit Zustimmung der »Provisorischen Regierung« in Moskau ein Landeskonzil tagen. Sein wichtigstes Ergebnis war die Wiedererrichtung des Patriarchats. In der Mitte Patriarch Tichon (1865–1925).*

В августе1917 года в Москве смог заседать Поместный Собор Русской Православной Церкви. Самым важным событием Собора было восстановление Патриаршества. В центре изображен Патриарх Тихон (1865–1925).

sowohl die orthodoxen Schwesterkirchen, als auch die Anglikanische Kirche um ihre Fürbitte. Das Konzil setzt eine Kommission ein, die die Verfolgung beobachten und die Opfer registrieren soll. In der letzten Sitzung des Landeskonzils legt die Kommission einen Bericht vor, nach dem bis September 1918 vier Bischöfe und etwa 120 Priester, Mönche und Laien den Märtyrertod starben, 97 werden namentlich genannt. Man vermutet, dass es vielleicht zehn Mal mehr sein könnten. Nach einer Statistik der Tscheka waren es in der Tat mehr als 800. In dieser apokalyptisch gedeuteten Situation versteht das Landeskonzil die Verfolgung als eine Lebensfrage für die Gesamtchristenheit. Es setzt einen Ausschuss für die Vereinigung der Kirchen ein. Das Landeskonzil beschließt, »die Schwierigkeiten zu untersuchen, die auf dem Wege zur Einigung liegen, um nach Möglichkeit dazu beizutragen, das letzte Ziel so schnell als möglich zu erreichen.«

Das Martyrium von Erzbischof Platon und Pastor Hahn

Gemeinschaft der Verfolgten zeigt sich nicht nur in der Solidarität von Kirchen, die der Lehre nach getrennt sind, nicht nur in der Arbeit und den Beschlüssen des Landeskonzils, des höchsten Beschlussorgans der Orthodoxen Kirche in Russland, sondern auch ganz konkret im gemeinsamen Zeugnis für den einen Herrn Jesus Christus und im geteilten Leid. Das bekannteste Beispiel dafür ist das gemeinsame Martyrium des orthodoxen Bischofs Platon, der beiden orthodoxen Erzpriester Nikolaj Beschanickij und Michail Blejwe und des evangelischen Pfarrers und Professors Traugott Hahn und einiger Laien in Dorpat, dem heutigen Tartu in Estland, im Januar 1919.

Bischof Platon (Kulbusch) wurde 1869 in der Familie eines Psalmensängers geboren. 1893 beendete er die Geistliche Akademie St. Petersburg und wurde zum Priester geweiht. 1904 ist er Vorsteher der Orthodox-Estnischen Kirche des Hlg. Isidor in St. Petersburg. Er wird zum Erzpriester erhoben, später zum Mönch geweiht. Im Januar 1918 erhält er die Weihe zum Bischof von Reval, eines Vikarbischofs der Eparchie Riga. Mit Eifer bemüht er sich, das Gemeindeleben zu erneuern. Persönlich besuchte er mehr als 70 Gemeinden. 1918 leitet er auch die Eparchie von Riga. Zusammen mit anderen Priestern wurde er am 2. Januar 1919 auf der Straße verhaftet und in ein Gefängnis geworfen, in dem er einen Tag später Pastor Hahn trifft (vgl. Manuil Lemeschewskij: »Die russischen orthodoxen Bischöfe von 1893 bis 1965«, Erlangen 1987).

Traugott Hahn, in einer Pastorenfamilie am 1. Februar 1875 in Rauge (Livland) geboren, studierte in Dorpat und

рисковали своей жизнью. Сразу после мученической кончины Владыки Владимира между генеральной консисторией Евангелическо-Лютеранской Церкви в Петрограде и Поместным Собором в лице Патриарха Тихона завязалась взволнованная переписка. Патриарх испросил молитв как у православных Церквей-сестёр, так и у Англиканской Церкви. Собор назначил комиссию для регистрации жертв и наблюдения за гонениями. На последнем заседании Собора комиссия представила отчёт, согласно которому до сентября 1918 года приняли мученическую кончину четыре епископа, более 120 священников, монахов и мирян. 97 из них были названы поимённо. Было высказано предположение, что в действительности мучеников гораздо больше. Так и оказалось. По учётным спискам Чрезвычайной комиссии тогда было расстреляно 800 человек. В этой поистине апокалиптической ситуации Собор расценил начавшиеся гонения как угрозу существованию христианства вообще. Это заставило участников Собора с особым вниманием отнестись к вопросу о единстве христиан. Они принимают решение «изучить сложности, стоящие на пути к единению, дабы по возможности внести свой вклад в скорейшее достижение конечной цели».

Мученическая кончина архиепископа Платона и пастора Хана

Но солидарность гонимых проявилась не только в деяниях и определениях Высшей церковной власти Православной Церкви в России – Поместного Собора. Главным было общее свидетельство о Христе Воскресшем во время пережитых страданий. Один из таких случаев общего мученичества за веру православного иерарха архиепископа Платона, двух православных священников, протоиерея Николая Бежаницкого и протоиерея Михаила Блейве, пастора профессора Трауготта Хана и мирян из Дерпта произошёл в январе 1919 года.

Епископ Платон (Кульбуш) родился в 1869 году в семье псаломщика. В 1893 году он окончил Санкт-Петербургскую Духовную академию и был рукоположен во священника. В 1904 году будущий архипастырь стал настоятелем эстонского православного храма во имя святителя Исидора в Петербурге. Вскоре его возвели в сан протоиерея, затем он принял монашеский постриг. В январе 1918 года отец Платон стал епископом Ревельским, викарием Рижской епархии. Он с большим рвением приступил к обновлению епархиальной жизни. Епископ Платон

Göttingen Theologie, wird Vikar in Reval und schon mit 27 Jahren Pfarrer der Universitätsgemeinde in Dorpat. Hier wird er auch zum Professor der Praktischen Theologie berufen. Er lebte ganz aus der Bibel, dem Gottesdienst, der Predigt. Er sagte, »ein Tag, an dem ich nicht meine stille Morgenandacht gehabt habe, ist für mich nicht zum Aushalten« (vgl. O. Schabert: »Baltisches Märthyrerbuch«, Berlin 1926). Die Gottesdienste feierte er mit großer innerer Hingabe. Er vermied alle Phrasen, vielmehr versuchte er, die Gemeinde dazu zu bewegen, dem Worte Gottes nachzuleben und Gott aus ganzem Herzen anzubeten.

In dieser biblischen Frömmigkeit sorgte er sich seelsorgerlich um alle, die ihm begegneten: Studenten, Kollegen, einfache Gemeindeglieder und Flüchtende. In seiner Seelsorge versuchte er vor allem, die anderen zu verstehen. Selbst Lenin, den so viele in dieser Zeit einfach einen »Bluthund« nannten, versuchte er zu verstehen, indem er sich bemühte, die Wurzeln des Bolschewismus in den Schäden der materialistischen, modernen Kultur zu entdecken.

Im Ersten Weltkrieg wurde er als Deutscher aus dem Baltikum ausgewiesen. Seine estnischen und lettischen Studenten erreichten, dass die russischen Behörden ihn zurückkehren ließen. Im Herbst 1917 eroberten die revolutionären Truppen Dorpat, im Februar 1918 wurden sie vertrieben, im Dezember 1918 kehrten sie wieder zurück. Pastor Hahn entschloss sich, mit seiner Familie seiner Gemeinde treu zu bleiben und nicht zu fliehen. Er wollte un-

60 *Pastor Traugott Hahn (1875–1919), einer der lutherischen Märthyrer im Baltikum.*
Пастор Трауготт Хан (1875–1919), один из лютеранских мучеников в Прибалтике.

лично посетил 70 приходов. В том же году он занял Рижскую кафедру. 2 января 1919 года святитель вместе с группой священников был арестован прямо на улице и брошен в тюрьму. Днем позже епископ Платон встретился в заключении с пастором Ханом. (Ср. Мануил Лемешевский: «Русские православные епископы с 1893 по 1965 годы», Эрланген 1987).

Трауготт Хан родился 1 февраля 1875 года в Рауге (Лифляндия) в семье пастора. Изучал богословие в Дерпте и Геттингене, затем был назначен викарием в Ревель. Уже в 27 лет Хан стал пастором университетского прихода в Дерпте и профессором практического богословия. Можно сказать, что пастор Хан жил Библией, богослужением и проповедью. Он совершал богослужения с большим духовным подъемом и любил говорить: «День, который я не смог начать утренней молитвой, для меня просто невыносим». Свое духовное горение он передавал своей пастве, побуждая общину жить по Слову Божию и всей душой поклоняться Господу.

Будучи человеком в высшей степени благочестивым в библейском понимании этого слова, пастор Хан заботился о духовном состоянии всех, кто встречался ему на пути: студентов, коллег, простых прихожан и беженцев. Как духовник он стремился прежде всего поставить себя на место другого человека. Он пытался понять даже Ленина, которого в то время многие называли просто «кровавым псом». Корни большевизма он видел в ущербе, нанесенном духовной жизни материалистической философией и культурой.

В годы Первой мировой войны пастор Хан как

59 *Bei der Plünderung und Zerstörung der Gotteshäuser machten die Bolschewisten keinen Unterschied zwischen den verschiedenen christlichen Konfessionen in Russland.*
Грабя и разрушая храмы Божии, большевики не делали различия между разными христианскими конфессиями в России.

ter keinen Umständen ein Mietling sein (Johannes 10,12). Keineswegs verlangte er dasselbe von allen Pastoren, vor allem nicht von denen, von denen man befürchten musste, dass sie bald verhaftet und ihren Gemeinden nicht weiter würden dienen können.

Am 3. Advent 1918, in einer seiner letzten Predigten sagte er: »Mein Tod liegt ganz in meines Herrn Hand. Er wird über Zeit und Art meines Todes bestimmen. Ich werde sterben sicher nicht, wenn Zufall oder blindes Schicksal mich trifft, oder wenn böse Menschen es wollen, sondern dann, wenn mein Herr es will, nicht einen Augenblick früher oder später – und dort, wo er gerade mein Sterben brauchen wird, und so, wie er es für nötig findet. Auch alle Umstände meines Todes wird er, wie einst beim Sterben seines Sohnes auf Golgatha, fügen ... Gegenüber den Mächten der Finsternis braucht der Herr jetzt so viele große Dienste und hochgesinnte Diener. Möge doch in uns der urchristliche Märtyrersinn wieder aufleben ... Er, der nun einmal der Herr der Märtyrer ist, braucht das Sterben der Seinen je und je, als die kostbarste Aussaat seines Reiches.«

Einem Amtsbruder schrieb er: »Ich glaube, wir werden es vor dem Herrn der Kirche sehr ernst zu verantworten haben, ob, wann und wie wir unsere Posten, die doch seine Posten sind, die er uns anvertraut, räumen. Der Wert des Hirtenstandes entscheidet sich ganz wesentlich in solchen Zeiten.«

Als Diener Christi, die geblieben und zum Martyrium bereit waren, traf Hahn im Gefängnis Bischof Platon und Erzpriester Nikolaj Beschanickij. Am 21. Dezember 1918 hatten die Kommunisten Dorpat zurückerobert. Die Weihnachtsgottesdienste wurden noch nicht gestört. Doch schon am 28. Dezember werden alle Gutsbesitzer und Pastoren, »deren verbrecherische Hände vom Blute der estnischen Arbeiter triefen«, für »vogelfrei« erklärt. Tags darauf wird das Abhalten von Gottesdiensten und jede rituelle Handlung streng verboten, die Kirchen werden entsprechend dem Dekret der Volkskommissare über die Trennung der Kirche vom Staat und der Schule von der Kirche vom 23. Januar 1918 zum Volkseigentum erklärt. Am 31. Dezember wird Pastoren und Priestern befohlen, Dorpat sofort zu verlassen. Am 3. Januar wird Pastor Hahn verhaftet und ins Gefängnis gebracht.

Um Bischof Platon, die Erzpriester Nikolaj Beschanickij und Michail Blejwe und Pfarrer Traugott Hahn bilden die bewussten Christen im Gefängnis eine besondere geistliche Gruppe. Sie versuchen, in den Qualen des Gefängnisses, der Drangsal der Verhöre, der Todesangst sich gegenseitig Trost und Ermutigung zuzusprechen. Pastor Hahn zitiert ein Gebet von Emmanuel Geibel:

немец был выслан из Прибалтики. Но его эстонские и латышские студенты добились от российских властей разрешения на возвращение уважаемого профессора и пастора. Осенью 1917 революционные войска заняли Дерпт, в феврале 1918 года они были изгнаны, а в декабре опять вернулись в город. Пастор Хан, вопреки здравому смыслу, принял решение вместе с семьей остаться в городе, храня верность своей общине. Он не хотел, уходя, оказаться не пастырем, а «наемником, которому овцы не свои», который «видит приходящего волка, и оставляет овец, и бежит» (Ин. 10. 12). Неожиданно для пастора Хана его примеру последовали и другие пасторы, даже те, кто был уверен, что их арестуют и не дадут продолжить служение в храме.

Предчувствуя трагический конец, пастор Хан накануне Рождества 1918 года в одной из своих последних проповедей сказал: «Моя смерть - целиком в руках моего Господа. Он решит, когда и как мне суждено умереть. Я умру не по воле случая или слепого рока и не по воле злых людей, а лишь тогда, когда это будет угодно Господу. Ни на миг раньше или позже – смерть застанет меня там, где это потребуется Ему, и именно так, как Он сочтет нужным. Да и все обстоятельства моей смерти сложатся по Его Промыслу, как это было во время смерти Его Сына на Голгофе... Чтобы противостоять властям тьмы, Господь нуждается сейчас в великом служении и в благородных служителях. Пусть же вновь возродится в нас древнехристианское рвение принять мученичество за веру... А Он, как Господь мучеников, во все времена нуждается в смерти верных Своих как в драгоценном семени Своего Царствия».

Одному из своих собратьев пастор Хан писал: «Я уверен, что нам придется держать серьезный ответ перед Господином Церкви за то, когда и как мы оставим свое служение, ибо это Его служба. Он доверил ее нам. Именно в такие времена по существу решается вопрос о ценности пастырского сословия».

Таких же слуг Христовых, не покинувших своих чад и готовых на мученичество за веру, пастор Хан встретил в тюрьме - епископа Платона и протоиерея Николая Бежаницкого.

21 декабря 1918 года коммунисты вновь захватили Дерпт. Рождественские богослужения прошли без помех. Но уже 28 декабря все помещики и пасторы, «преступные руки которых, – как писали большевики, – обагрены кровью эстонских рабочих», были объявлены вне закона. А еще через день, в

> »Herr, in dieser Zeit Gewoge,
> da die Stürme rastlos schnauben,
> wahr', o wahre mir den Glauben,
> der noch nimmer mich betrog ...
> Herr, der Erdball wankt und kreist,
> lass, o lass mir diesen Glauben,
> diesen starken Hort nicht rauben,
> bis mein Geist Dich schauend preist!«

Gemeinsames Zeugnis im Angesicht des Todes

Man verlangte von Bischof Platon, den Erzpriestern Nikolaj Beschanickij und Michail Blejwe sowie von Pfarrer Traugott Hahn, Christus nicht mehr zu predigen. Sie antworteten: »Sobald unsere Zungen wieder frei sind, werden wir Gott loben.« Hahn vertiefte sich immer mehr in seine Bibel. Zu einem Mitgefangenen sagte er: »Tausendmal lieber möchte ich hungern, als ohne Bibel sein.« Aus der Bibel Hahns lasen auch andere. Es bildete sich mitten in Verfolgung, Demütigung und Todesdrohung eine stille Gebetsgemeinschaft über ein von allen gelesenes Wort, da jede offene gesprochene Andacht verboten worden war.

Die Gefangenen beider Kirchen fanden hier im Gefängnis jene Freiheit und jenen Frieden in Christus Jesus, die ihnen niemand nehmen konnte und von denen Pastor Hahn in seiner letzten Adventspredigt gesagt hatte: »Jesus Christus gibt uns das Leben, indem er uns die Todesfurcht nimmt. Leben in vollem Sinne haben wir nur, wenn wir eine große, freudige, unzerstörbare Lebenshoffnung haben; eine Hoffnung für alle möglichen Fälle, auch für den Todesfall. So lebt eigentlich nur, wer durch Jesus Christus bewusst ein ewiges Leben lebt.« Hahn und gewiss alle anderen wollten »demütig und gehorsam, hoffnungsvoll und heilig sorglos« dem Herrn entgegengehen. So hatte es Hahn in seiner letzten Andacht gesagt.

Die »eine heilige Kirche«, die Christen beider Konfessionen in ihrem Glaubensbekenntnis bekennen, nahm durch das gemeinsame Gebet und das gemeinsame Leiden um Jesu Christi willen Gestalt an. Wenige Tage vor seiner Verhaftung hatte es Bischof Platon einem jungen Pastor gegenüber so ausgesprochen: »Deutlicher denn je sehen wir jetzt das, was wir schon längst hätten sehen sollen, dass die Unterschiede zwischen den Konfessionen nichts anderes sind als Mauern, von Menschen errichtet, doch diese Mauern sind nicht hoch, über ihnen thront ein Gott – unser aller himmlischer Vater.«

Kurz bevor sie befreit werden konnten, wurden am 14. Januar 1919 in Dorpat im Keller unter dem Gefängnis zuerst Bischof Platon, die Erzpriester Nikolaj Beschanickij und Michail Blejwe, dann Pfarrer Traugott Hahn und ei-

соответствии с декретом об отделении Церкви от государства, последовал строгий запрет на совершение богослужений и любых обрядовых действий. Храмы были провозглашены собственностью народа. 31 декабря пасторам и священникам было приказано немедленно покинуть Дерпт. 3 января пастор Хан был арестован.

В тюрьме вокруг епископа Платона, протоиерея Николая Бежаницкого, протоиерея Блейве и пастора Хана образовалась группа деятельных христиан. В тесноте застенков, в муках допросов, в ожидании смерти они старались утешать и подбадривать друг друга. Пастор Хан любил цитировать там молитву Эммануила Гайбеля:

> Господи, во дни волнений,
> С воем штурма неустанным,
> Сохрани мою мне веру,
> В ней одной лишь нет обмана...
> Господи, земля трепещет.
> Веры, прочного оплота,
> Не позволь меня лишить Ты,
> Пока дух мой непрестанно,
> Тебя видя, прославляет!

Совместное свидетельство перед лицом смерти

От епископа Платона, протоиерея Николая Бежаницкого, протоиерея Блейве и пастора Хана потребовали прекратить благовестие Христа. Они ответили: «Как только наши уста вновь обретут свободу, мы будем возносить хвалу Богу». Пастор Хан все больше погружался в чтение Библии. Одному из сидевших вместе с ним заключенных он сказал: «Мне в тысячу раз легче голодать, чем остаться без Библии». Библию читали и другие. Так, за чтением Слова Божия, среди гонений и унижений, перед лицом смерти, возникло внутреннее молитвенное общение. Ведь любая открытая общая молитва запрещалась.

Здесь, в темнице, узники, принадлежавшие к двум Церквам, обрели ту свободу и тот мир во Христе Иисусе, который никто не в силах отнять. Пастор Хан так сказал о жизни и смерти в своей последней проповеди на Рождество: «Иисус Христос дарует нам жизнь, лишая нас страха смерти. А живем мы в полном смысле слова лишь тогда, когда имеем огромную, радостную, несокрушимую жизненную надежду – надежду на все случаи жизни, также и на случай смерти. А так живет только тот, кто сознательно, через Иисуса Христа, живет жизнью

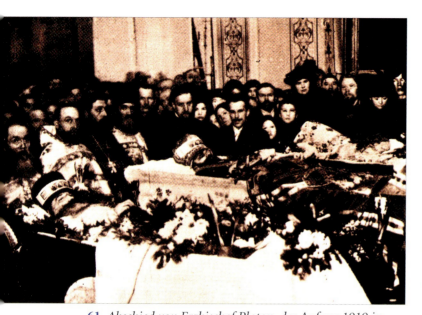

61 *Abschied von Erzbischof Platon, der Anfang 1919 in Dorpat (Tartu) zusammen mit Pastor Traugott Hahn von den Bolschewisten erschossen worden war.*
Отпевание архиепископа Платона, который вместе с пастром Трауготтом Ханом в начале 1919 года был расстрелян большевиками в Тарту.

nige Laien erschossen. Der Leichnam Bischof Platons wurde nach Tallinn/Reval überführt und hier am 9. Februar in der Preobraschenskij-Kathedrale feierlich beigesetzt. Den Märtyrern dankten die Gemeinden und viele Studenten für die Treue und das Leben in Jesus Christus, die sie mit dem Tode besiegelt hatten. Von der Gottesnähe, die sie gemeinsam in der Verfolgung erlebt hatten, sprachen später orthodoxe Priester am Sarge Hahns, »dieses Gottesmenschen«, und lutherische Pastoren an den Särgen Bischof Platons und des Priesters Nikolaj Beschanickijs.

Das Zeugnis Traugott Hahns beeindruckte Thadden von Trieglaff so tief, dass er zu einem der Organisatoren der bis heute wirkenden großen Laienbewegung der evangelischen Kirchentage wurde.

Doch auch die Verfolger konnten sich dem Lebens- und Todeszeugnis der orthodoxen Christen und Traugott Hahns nicht entziehen. Sowjetische Behörden ließen es zu, dass in der sowjetischen Besatzungszone der Bruder Traugott Hahns, Pastor Hugo Hahn, 1947 Bischof der größten Landeskirche, der Evangelisch-Lutherischen Landeskirche Sachsens (Dresden), wurde. So bewahrheitete sich auch in dieser Verfolgung des 20. Jahrhunderts das Wort des Kirchenvaters Cyprian von Karthago: »Wo die Kirche verfolgt wird, da wächst sie.«

Günther Schulz, Münster

вечной». Пастор Хан, как и все остальные, хотели предстать перед Господом «смиренно и послушно, с упованием, в святости и без забот». Такой была последняя молитва пастора Хана.

«Единая Святая Церковь», которую христиане обеих конфессий исповедуют в Никео-Цареградском Символе веры, воистину стала единой для мучеников благодаря общей молитве и общему страданию Христа ради. За несколько дней до своего ареста епископ Платон говорил о единстве Церкви с одним молодым пастором: «Яснее чем когда-либо мы видим теперь то, что должны были бы увидеть давно. Различия между конфессиями – это всего лишь стены, воздвигнутые людьми. Но эти стены не так уж высоки, ибо над ними пребывает Бог - наш общий Отец Небесный».

14 января 1919 года в Дерпте, накануне освобождения города от большевиков, в тюремном подвале были расстреляны вначале епископ Платон, протоиереи Николай Бежаницкий и М. Блейве, а затем пастор Трауготт Хан и группа мирян. Останки епископа Платона были перевезены в Таллин (Ревель) и 9 февраля торжественно захоронены в Преображенском соборе. Присутствовавшие на отпевании прихожане, а также студенты воздавали благодарность мученикам за их верность, за жизнь в Иисусе Христе, которую они засвидетельствовали своей смертью. Об ощущении близости Бога, испытанном вместе во время гонений, позднее говорили православные священники, стоя у гроба пастора Хана, «этого человека Божия», и лютеранские пасторы, молясь у могилы епископа Платона и протоиерея Николая Бежаницкого.

Немецкий дворянин Рейнгольд фон Тадден, глубоко потрясенный свидетельством о Христе пастора Хана, стал одним из организаторов крупного движения мирян – евангелических церковных съездов, которые собираются и поныне.

Совместное подвижническое свидетельство православных христиан и пастора Трауготта Хана, доказанное жизнью и смертью, превозмогло и самих гонителей. Коммунистические власти вынуждены были допустить, чтобы в советской оккупационной зоне в Германии в 1947 году епископом самой крупной земельной Церкви – Лютеранской Церкви Саксонии (Дрезден) стал брат пастора Трауготта Хана пастор Хуго Хан. Так и эти гонения, воздвигнутые в XX веке, в очередной раз послужили подтверждением слов святого Киприана Карфагенского: «Церковь растет там, где она гонима».

Гюнтер Шульц, Мюнстер

Widerstand gegen den Nationalsozialismus: Dietrich Bonhoeffer und die Studenten der »Weißen Rose«

Сопротивление национал-социализму: Дитрих Бонхёффер и студенты общества «Белая роза»

Anfang 1933 kam in Deutschland der Nationalsozialismus unter Führung Adolf Hitlers an die Macht. Der Übergang von der parlamentarischen Demokratie zu einer autoritären Diktatur wurde von vielen evangelischen Christen zunächst aufrichtig begrüßt, denn es schien so, als wollte Hitler ein christlich-konservatives Staatsgefüge errichten. Als in den folgenden Jahren die menschenfeindliche und antichristliche Ideologie des Nationalsozialismus immer deutlicher zutage trat, ließ die anfängliche Begeisterung nach; dennoch konnten sich viele Deutsche noch bis in die Zeit des Zweiten Weltkrieges mit den politischen Zielen Hitlers identifizieren.

Die evangelische Kirche als ganze hat es nicht als ihre Aufgabe angesehen, den Nationalsozialismus aktiv politisch zu bekämpfen. Zwar wehrte sie Übergriffe der Nationalsozialisten auf die Unabhängigkeit der Kirche ab und setzte sich für die Freiheit der christlichen Verkündigung ein, aber sie blieb politisch weitgehend loyal. Dies trifft auch für die so genannte »Bekennende Kirche« zu, in der sich Pfarrer, Laien und Gemeinden zusammengeschlossen hatten, die das nationalsozialistische Gedankengut aus religiösen Gründen ablehnten. Gerade die »Bekennende Kirche« galt jedoch als politisch unzuverlässig. Viele ihrer Pfarrer und Gemeindeglieder wurden von der Geheimen Staatspolizei überwacht und gemaßregelt, einige wenige gingen für ihren Glauben sogar in den Tod.

Dietrich Bonhoeffers Zeugnis

Zu den schärfsten Kritikern des Nationalsozialismus zählte von Anfang an der evangelische Theologe Dietrich Bonhoeffer. Bonhoeffer wurde 1906 in Breslau in Schlesien geboren. Seine Familie gehörte zu den führenden Kreisen der Akademikerschaft und war von hoher Kultur und liberaler Tradition geprägt, aber nicht unbedingt kirchlich orientiert. Dennoch studierte der hochbegabte Bonhoeffer Theologie. Bereits mit 24 Jahren bestand er die kirchlichen Examina und lehrte fortan als Privatdozent an der Evangelisch-Theologischen Fakultät in Berlin. Ökumenisch aufgeschlossen war er offen auch für Kirchen anderer Tradition. Den Nationalsozialismus lehnte er wegen

В начале 1933 года в Германии к власти пришли национал-социалисты во главе с Адольфом Гитлером. Многие евангелические христиане вначале искренне приветствовали переход страны от парламентской демократии к авторитарной диктатуре. Им казалось, что Гитлер стремится к созданию христианско-консервативного государственного устройства. Когда же в последующие годы все больше стала проявляться человеконенавистническая и антихристианская сущность национал-социализма, первоначальный восторг пошел на убыль. Тем не менее вплоть до начала Второй мировой войны многие немцы еще солидаризировались с политическими целями Гитлера.

Евангелическая Церковь в целом не стремилась к оказанию активного политического сопротивления национал-социализму. Оставаясь политически лояльной, она лишь пресекала покушения новой власти на независимость Церкви и выступала за свободу христианского благовествования. Это относится и к так называемой «Исповедующей Церкви», объединившей священников, мирян и общины, которые по религиозным соображениям отвергали национал-социалистические идеи. И все же именно «Исповедующая Церковь» считалась политически неблагонадежной. Не случайно гестапо установило слежку за священниками и прихожанами этой Церкви. Ее члены подвергались преследованиям, некоторые поплатились жизнью за свою веру.

Свидетельство Дитриха Бонхёффера

К числу наиболее резких критиков национал-социализма принадлежал евангелический богослов Дитрих Бонхёффер. Он родился в 1906 году во Вроцлаве в Силезии. Его семья принадлежала к влиятельным, высокообразованным и высококультурным кругам немецкого общества либеральной традиции. Однако Бонхёфферы не отличались большой приверженностью к Церкви. Тем не менее талантливый юноша решил посвятить свою жизнь изучению богословия. Уже в 24 года он сдал

seiner völkisch-nationalistischen Tendenzen und seiner kulturellen Barbarei ab.

Als 1933 die ersten gesetzlichen Maßnahmen gegen die Juden erlassen wurden, verbunden mit öffentlichem Terror, sah Bonhoeffer sich auf den Plan gerufen. Er meinte, wenn ein Staat eine Gruppe von Staatsbürgern rechtlos macht und damit bewusst gegen Recht und Ordnung verstößt, habe die Kirche nicht nur die Aufgabe, »die Opfer unter dem Rad zu verbinden«; in einer solchen Situation müsse sie »dem Rad selbst in die Speichen fallen«. Aber mit der Auffassung, dass die Kirche in bestimmten Situationen unmittelbar politisch handeln müsse, konnte Bonhoeffer sich in der evangelischen Kirche nicht durchsetzen. Er musste den Weg in den politischen Widerstand allein gehen.

Seit dem Winter 1940/41 führte er ein Doppelleben. Offiziell war er Pfarrer der oppositionellen »Bekennenden Kirche«, beurlaubt zu wissenschaftlicher Arbeit. Im Kloster Ettal in Oberbayern arbeitete er an seiner »Ethik«. Gleichzeitig stand er einer politischen Verschwörergruppe in der militärischen Abwehr zur Verfügung. Er nutzte sei-

церковный экзамен, стал приват-доцентом и преподавателем на факультете евангелического богословия в Берлине. Будучи открытым ко всему христианскому миру, Бонхёффер отвергал национал-социализм из-за главенствующего в нем национализма и присущего ему культурного варварства.

Когда в 1933 году были приняты первые законодательные акты против евреев, сопровождавшиеся публичным террором, Бонхёффер решил, что настало время выразить свой протест. Он считал, что если государство лишает прав какую-то часть своих граждан, сознательно попирая тем самым порядок и законность, Церковь должна не только «залечивать раны тех, кто попал под колеса», но и сама «ставить палки в колеса». Однако убеждение Бонхёффера в том, что в определенных ситуациях Церковь обязана прибегать к политическим действиям, не нашло отклика в Евангелической Церкви. Тогда он вынужден был встать на путь политического сопротивления в одиночку.

Начиная с зимы 1940-1941 годов Бонхёффер стал

62 *Dietrich Bonhoeffer, Glaubenszeuge und Märtyrer zur Zeit des Nationalsozialismus, beim Hofgang im Untersuchungsgefängnis in Berlin. Noch unmittelbar vor Kriegsende wurde er 1945 ohne Prozess hingerichtet.*
Дитрих Бонхёффер, подвижник и мученик периода национал-социализма, во время прогулки по двору следственной тюрьмы в Берлине. Он был казнен в 1945 году незадолго до окончания войны.

ne zwischenkirchlichen und internationalen Beziehungen, um die Regierungen in England und Skandinavien sowie den Ökumenischen Rat der Kirchen (ÖRK) in Genf im Auftrag dieser Widerstandsgruppe über die Pläne und Fortschritte der Verschwörung gegen Hitler zu informieren. Als die Geheime Staatspolizei von der Existenz dieser Widerstandsgruppe bei der militärischen Abwehr erfuhr, wurde Bonhoeffer im April 1943 verhaftet. Im Wehrmachts-Untersuchungsgefängnis Berlin-Tegel wartete er vergeblich auf seinen Prozess. Nach dem Fehlschlag des Putsches gegen Hitler am 20. Juli 1944 sah sich Bonhoeffer noch stärker belastet, ohne dass es jedoch zu einer ordentlichen Gerichtsverhandlung kam.

Als die russische Armee sich im Januar 1945 der deutschen Hauptstadt näherte, wurde er aus Berlin fortgeschafft und kam in das Konzentrationslager Flossenbürg in Bayern. Wenige Tage, bevor die amerikanischen Truppen dort eintrafen und der Krieg zu Ende ging, wurde Bonhoeffer zusammen mit einigen Mitverschwörern auf persönlichen Befehl Hitlers durch ein SS-Standgericht wegen Hoch- und Kriegsverrats zum Tode verurteilt und am 9. April 1945 gehängt.

Von seinem Ende berichtete später der Lagerarzt: »Durch die halbgeöffnete Tür seines Zimmers im Barackenbau sah ich vor der Ablegung der Häftlingskleidung Pastor Bonhoeffer in innigem Gebet mit seinem Gott knien. Die hingebungsvolle und erhörungsgewisse Art des Gebetes dieses außerordentlich sympathischen Mannes hat mich auf das Tiefste erschüttert. Auch an der Richtstätte selber verrichtete er noch ein kurzes Gebet und bestieg dann mutig und gefasst die Treppe zum Galgen. Ich habe in meiner fast 50-jährigen ärztlichen Tätigkeit kaum einen Mann so gottergeben sterben sehen.«

Die evangelische Christenheit verehrt ihre Märtyrer nicht in der Weise, wie dies russisch-orthodoxe Christen mit ihren Heiligen tun. Aber Bonhoeffer gilt im Protestantismus ohne Zweifel als Märtyrer des Glaubens und Heiliger der Kirche; sein Zeugnis ist auch in der nachwachsenden Generation in Deutschland lebendig.

Trotz seines kurzen Lebens hat Dietrich Bonhoeffer ein reiches literarisches Werk hinterlassen. In ihm spiegelt sich nicht nur seine tiefe Frömmigkeit, sondern auch seine theologisch reflektierte Entscheidung, in den politischen Widerstand zu gehen und dafür den Tod in Kauf zu nehmen. Das gilt besonders für Bonhoeffers »Ethik« und die Briefe und Aufzeichnungen, die er von seiner Verhaftung an bis zum Januar 1945 aus dem Untersuchungsgefängnis herausschmuggeln konnte. Sie wurden nach Bonhoeffers Tod unter dem Titel »Widerstand und Ergebung« veröffentlicht und gehören bis heute zu den meist

вести двойную жизнь. Официально он оставался священником «Исповедующей Церкви» и в указанное время находился в научном отпуске: в монастыре Этталь в Верхней Баварии он трудился над сочинением «Этика». Одновременно он включился в подпольную работу группы политических заговорщиков при военной контрразведке. Используя свои контакты в политическом и христианском мире, Бонхёффер по поручению группы информировал правительства Англии и скандинавских стран, а также Всемирный Совет Церквей в Женеве о заговоре против Гитлера. В апреле 1943 года гестапо раскрыло заговор. Бонхёффер был арестован и долго ждал судебного процесса в тюрьме в Тегеле под Берлином. 20 июля 1944 года провалился путч против Гитлера, что еще более усложнило положение Бонхёффера. Однако появление дополнительных отягчающих обстоятельств не привело к открытию судебного разбирательства.

Когда в январе 1945 года Советская армия подошла к немецкой столице, он был перемещен из Берлина в концентрационный лагерь Флоссенбюрг в Баварии. За несколько дней до окончания войны и вступления в Баварию американских войск военно-полевой суд СС по личному приказу Гитлера приговорил Бонхёффера и других заговорщиков к смертной казни за государственную и военную измену. 9 апреля 1945 года Бонхёффер был повешен.

Впоследствии лагерный врач вспоминал о его казни: «Через полуоткрытую дверь его комнаты в бараке я увидел, как пастор Бонхёффер, перед тем, как снять свою тюремную одежду, опустился на колени и погрузился в глубокую молитву. Покорность, с которой молился этот чрезвычайно симпатичный человек, а также его уверенность в том, что молитва будет услышана, потрясли меня до глубины души. На месте казни он опять кратко помолился, затем мужественно взошел на эшафот. За годы моей почти 50-летней врачебной практики я, пожалуй, не встречал человека, который бы шел на смерть с таким смирением и покорностью воле Божией».

Евангелические христиане чтят память своих мучеников не так, как почитают своих святых русские православные христиане. Однако Бонхёффер считается у протестантов мучеником за веру и святым Церкви. Его свидетельство о Христе живо и сегодня в памяти как старшего, так и подрастающего поколения Германии.

Несмотря на свою короткую жизнь, Бонхёффер оставил богатое литературное наследие, отразившее

verbreiteten Schriften eines evangelischen Theologen.

Dietrich Bonhoeffer war der Meinung, dass das »konkrete Gebot« Gottes den Christen dazu verpflichtet, in der Nachfolge Christi auch politische Verantwortung zu übernehmen, etwa für den Frieden in der Welt oder für den Kampf gegen eine antichristliche Tyrannei. Das verantwortliche Handeln des Christen, das unter Umständen auch den politischen Mord in Kauf nehmen muss, blieb für Bonhoeffer aber immer ein zweideutiges, schuldhaftes Handeln, das sich nicht aus sich selbst rechtfertigen kann. So ist für ihn gerade der verantwortlich Handelnde in besonderer Weise auf die Gnade und die Vergebung Gottes angewiesen.

Das Bewusstsein der gegenwärtigen Gnade Gottes hat Bonhoeffer auf seinem ganzen Lebensweg begleitet und ihn in den Jahren der Haft gestärkt und getröstet. Eines seiner letzten schriftlichen Zeugnisse ist das Neujahrsgedicht »Von guten Mächten«, das später vertont wurde und Eingang in das Gesangbuch der evangelischen Kirche gefunden hat. Viele evangelische Christen kennen insbesondere seine letzte Strophe als Gebet auswendig: »... Gott ist mit uns am Abend und am Morgen, und ganz gewiss an jedem neuen Tag.«

Alexander Schmorell – ein orthodoxer Märtyrer

Zu den in Deutschland bekanntesten Widerstandsgruppen gehört die »Weiße Rose«. Der Kern dieser Gruppe bestand aus den Münchner Studenten Hans und Sophie Scholl, Christoph Probst, Willi Graf und Alexander Schmorell.

Alexander Schmorell, in seiner Familie und von seinen Freunden meist »Schurik« genannt, wurde 1917 als Kind eines deutschen Arztes und einer Russin in Orenburg am Ural geboren und dort russisch-orthodox getauft. Nach dem frühen Tod der Mutter wurde Schmorell von einem russischen Kindermädchen betreut, das zusammen mit der Familie 1921 nach Deutschland übersiedelte und auf den Heranwachsenden prägenden Einfluss ausgeübt hat. Er wuchs als deutscher Staatsbürger zweisprachig in München auf; seine eigentliche Muttersprache blieb aber das Russische, und die russische Kultur war seine geistige Heimat. Künstlerisch hochbegabt und sensibel, lehnte er die Unfreiheit und Tyrannei des Nationalsozialismus entschieden ab. Er beschäftigte sich mit bildender Kunst, Musik und der Übersetzung russischer Dichtung und setzte nur den Eltern zuliebe sein Medizinstudium fort.

Als Student wurde Alexander Schmorell in die deutsche Wehrmacht eingezogen. Weil er den geforderten Eid auf Hitler nicht leisten konnte, bat er um Dispens und Entlassung aus dem Heer. Als dieser Bitte nicht entsprochen

не только глубокое благочестие автора, но и его богословски обоснованную решимость встать на путь политического сопротивления и идти этим путем до конца - до самой смерти. Прежде всего это относится к его главному сочинению - «Этике». Убеждения Бонхёффера ярко выражены также в его письмах и записках, составленных в тюрьме вплоть до января 1945 года и тайно переданных на волю. После смерти Бонхёффера эти свидетельства были собраны и опубликованы в книге «Сопротивление и покорность. Письма и записки из тюрьмы», которая по сей день является одним из самых читаемых произведений среди евангелических богословов.

Дитрих Бонхёффер считал, что «конкретная заповедь» Христа Его последователям обязывает их брать на себя и определенную политическую ответственность, например, за мир во всем мире или за противостояние антихристианской тирании. Но Бонхёффер все же ставил под сомнение правомерность политического убийства, какие бы обстоятельства к такому убийству ни побуждали. Он полагал, что это порождает вину, не находящую оправдания в самом подобном действии. Отсюда Бонхёффер делал вывод, что действующий с полной ответственностью христианин в особой степени зависит от благодати и прощения Божия.

Сознание присутствия благодати Божией не покидало Бонхёффера никогда. Оно укрепляло и утешало его и в тяжелые годы заключения. Одним из последних письменных свидетельств Бонхёффера о его вере является его новогоднее стихотворение «Властями добрыми объятый». Впоследствии оно было положено на музыку и вошло в сборник песнопений Евангелической Церкви. Многие лютеране знают наизусть особенно последние строки этого стихотворения. Они произносят их как молитву: «Бог с нами здесь и вечером и утром, И в каждом новом дне мы, без сомненья, с Ним».

Православный мученик Александр Шморелль

«Белая роза» - одна из наиболее известных групп Сопротивления в Германии. Ее ядром были мюнхенские студенты Ханс и Софи Шолль, Кристоф Пробст, Вилли Граф и Александр Шморелль.

Александр Шморелль, которого близкие и друзья называли просто «Шуриком», родился в 1917 году в России, в семье немецкого врача. Его мать, русская женщина, родилась в Оренбурге на Урале и была крещена в Православной Церкви. После ранней смерти матери за Шмореллем ухаживала русская

63 *Alexander Schmorell, aus einer deutsch-russischen Familie stammend, wurde 1943 wegen seines Widerstandes gegen die Hitler-Diktatur hingerichtet.*
Александр Шморелль, родившийся в немецко-русской семье, в 1943 году был казнен за сопротивление гитлеровской диктатуре.

няня, в 1921 году вместе с семьей переехавшая в Германию. Она оказала решающее влияние на мальчика, который также был крещен в Православной Церкви. Александр рос в Мюнхене, был немецким гражданином, но по-настоящему родным языком оставался для него русский, и его духовной родиной была русская культура. Шморелль, будучи высокоодаренным и чувствительным юношей, решительно отвергал национал-социализм. Он занимался живописью, музыкой, переводами на немецкий язык русской поэзии и, уступая настояниям отца, продолжал учебу на медицинском факультете.

Еще студентом Шморелль был призван в армию Вермахта. Но он был не в состоянии присягать Гитлеру и направил прошение о своем увольнении со службы. Отказ в этой просьбе еще больше настроил Шморелля против национал-социализма, ибо в силу своей тяги к свободе и независимости он не мог подчиниться военной муштре.

В родительском доме также царила атмосфера полного неприятия национал-социализма. Здесь регулярно собирались друзья «Шурика» - противники режима. Они вели богословские, философские и литературные дискуссии, сам дух которых был абсолютно несовместим с пришедшей в Германию властью. Начиная с июня 1942 года, Шморелль и его друзья стали выпускать листовки с символом «Белой розы», которые разоблачали преступления национал-социалистического режима и заявляли, что сопротивление «диктатуре зла» является моральным долгом всех немцев. Первоначально эти листовки рассылались по почте сравнительно небольшой группе молодых интеллектуалов.

В 1942 году Шморелль вместе с другими студентами-медиками на несколько месяцев был откомандирован в Россию на практику по военно-полевой медицине. Он воспринял эту поездку как возвращение на родину. Шморелль знакомил своих друзей с русскими людьми, Православием, русской культурой. Его любовь ко всему русскому не оставила равнодушными и его друзей. Они относились к русским не как к врагам на поле военных действий, а

wurde, nahm bei Schmorell, der sich mit seinem Freiheits- und Unabhängigkeitsbedürfnis nicht dem militärischen Drill unterwerfen wollte, die innere Opposition gegen den Nationalsozialismus mehr und mehr zu.

Schmorells Elternhaus in München vermittelte eine geistige Gegenkultur zum Nationalsozialismus und stand auch »Schuriks« Freunden offen. Hier versammelten sich regelmäßig Regimegegner, um theologische, philosophische und literarische Diskussionen zu führen. Von Juni 1942 an verfasste Schmorell gemeinsam mit seinen Freunden Flugblätter, die unter dem Symbol der »Weißen Rose« die Verbrechen des nationalsozialistischen Regimes anprangerten und den Widerstand gegen die »Diktatur des Bösen« zur sittlichen Pflicht aller Deutschen erklärten. Diese Flugblätter wurden mit der Post zunächst an eine nur relativ kleine Gruppe von jungen Akademikern versandt.

Zusammen mit anderen Medizinstudenten der »Weißen Rose« wurde Schmorell 1942 für einige Monate zu einer Feldfamulatur nach Russland abkommandiert. Schmorell erlebte dies wie eine Rückkehr in seine eigentliche Heimat. Er vermittelte seinen Freunden Zugang zu

russischen Menschen, ihrer Religiosität und ihrer Kultur, und seine Liebe zu den russischen Menschen ließ auch seine Freunde nicht unberührt. Sie sahen in den Russen nicht die Kriegsgegner, sondern mitleidende Brüder und Freunde. Durch die in Russland gemachten Erfahrungen verstärkte sich ihre Ablehnung der Unmenschlichkeit des Krieges und des Nationalsozialismus.

Nach der Rückkehr aus Russland gelang es den Freunden der »Weißen Rose«, ihre Widerstandsgruppe über München hinaus zu erweitern und auch Verbindungen zum Bonhoeffer-Kreis herzustellen. Sie nahmen ihre Flugblattaktionen wieder auf; die nun an »alle Deutschen« gerichteten Flugblätter wurden zu Tausenden vervielfältigt und über ganz Deutschland verteilt. Hans Scholl, Schmorell und Graf bemalten ferner nachts öffentliche Gebäude in München mit Parolen wie »Nieder mit Hitler«, »Hitler Massenmörder« und »Freiheit«.

In ihrem letzten Flugblatt, das von Schmorell mitverfasst wurde und an die Münchner Studentenschaft gerichtet war, reagierte die »Weiße Rose« auf die deutsche Niederlage in Stalingrad/Wolgograd und rief dazu auf, sich vom nationalsozialistischen System zu befreien. Bei der Verteilung dieses Flugblatts in der Münchner Universität im Februar 1943 wurden die Geschwister Scholl von einem Hausmeister beobachtet, denunziert und verhaftet. Vier Tage später wurden sie zusammen mit Probst zum Tode durch das Fallbeil verurteilt und noch am selben Tage hingerichtet. Am Tag seiner Hinrichtung schrieb Christoph Probst an seine Eltern: »Ich habe nicht gewusst, dass Sterben so leicht ist. Ich sterbe ganz ohne Hassgefühle. Vergesst nie, dass das Leben nichts anderes ist als ein Wachsen in der Liebe und ein Vorbereiten auf die Ewigkeit.«

Alexander Schmorell wollte zunächst mit Hilfe eines gefälschten Passes, den er von einem russischen Emigranten aus Bulgarien bekommen hatte, in einem Lager für russische Gefangene untertauchen. Dieser Plan wurde jedoch durch eine Verkettung unglücklicher Umstände vereitelt. Schmorell kehrte, obwohl steckbrieflich gesucht, nach München zurück und wurde während eines Fliegeralarms in einem Luftschutzkeller erkannt und festgenommen. Im April 1943 wurde ihm der Prozess gemacht. Weil er »in Flugblättern zur Sabotage der Rüstung und zum Sturz der nationalsozialistischen Lebensform unseres Volkes aufgerufen, defaitistische Gedanken propagiert und den Führer aufs gemeinste beschimpft und dadurch den Feind des Reiches begünstigt« hatte, wurde er zum Tode verurteilt und zwei Monate später durch das Fallbeil hingerichtet.

Ein in München lebender Priester der russisch-ortho-

как к страждущим братьям и друзьям. Благодаря опыту, приобретенному в России, они укрепились в своем неприятии бесчеловечной войны и преступного национал-социализма.

Вернувшись домой, друзья из «Белой розы» расширили свою группу Сопротивления и установили контакт с кругом Дитриха Бонхёффера. Они вновь стали выпускать листовки, которые теперь были адресованы «всем немцам». Листовки расходились в тысячах экземпляров по всей Германии. Кроме того, Ханс Шолль, Шморелль и Граф под покровом ночи наносили на стены общественных зданий в Мюнхене лозунги типа «Долой Гитлера», «Гитлер – массовый убийца» и «Свобода».

В своей последней листовке, сочиненной также с участием Шморелля и адресованной мюнхенским студентам, «Белая роза» говорила о поражении немецких войск под Сталинградом; листовка содержала призыв освободить страну от национал-социализма. Во время распространения этих листовок в Мюнхенском университете в феврале 1943 года брат и сестра Шолль были замечены завхозом и по его доносу арестованы. Через четыре дня после ареста они, а также Кристоф Пробст были казнены на гильотине. Перед казнью Кристоф Пробст написал своим родителям: «Я вовсе не предполагал, что умирать так просто. Никогда не забывайте, что жизнь – это не что иное, как возрастание в любви и подготовка к вечности».

Поначалу Александр Шморелль намеревался спрятаться от преследования в одном из лагерей для русских военнопленных по поддельному паспорту, который ему раздобыл русский эмигрант из Болгарии. Однако этот план провалился. И хотя приказ о его аресте был отдан и его разыскивала полиция, Шморелль все-таки вернулся в Мюнхен. Во время воздушной тревоги он был опознан и арестован в бомбоубежище. В апреле 1943 года Александр Шморелль предстал перед судом и был приговорен к смертной казни за сочинение и распространение листовок, в которых содержался призыв «к саботажу службы в армии, свержению национал-социалистического образа жизни нашего народа, упадочнические настроения и тем самым содействие врагам рейха». Двумя месяцами позже Александр Шморелль погиб на гильотине.

Незадолго до его казни Александра, молодого борца Сопротивления и верующего Русской Православной Церкви, посетил живший в Мюнхене священник русского православного прихода, помо-

doxen Gemeinde konnte den jungen Widerstandskämpfer und gläubigen Christen der Russischen Orthodoxen Kirche noch vor der Hinrichtung besuchen, mit ihm beten und ihm die heilige Kommunion spenden.

Ein starkes Zeugnis seiner orthodoxen Frömmigkeit sind die letzten Briefe Alexander Schmorells an seine Eltern. Er schrieb: »Sollte die Begnadigung abgelehnt werden, so bedenkt, dass ›Tod‹ nicht das Ende des Lebens bedeutet, sondern eigentlich das Gegenteil: Geburt, Übergang zu einem neuen Leben, einem herrlichen und ewig dauernden Leben!« Und im letzten Brief an seine Schwester heißt es: »Ich danke Gott, dass es mir gegeben war, den Fingerzeig Gottes zu verstehen. Denn was wusste ich bisher vom Glauben, vom wahren, tiefen Glauben, von der Wahrheit, der letzten und einzigen, von Gott? Wenig. Jetzt aber bin ich soweit – ruhig und zuversichtlich, mag kommen, was da kommen wolle.«

Das Ausland nahm von dem Schicksal der Mitglieder der »Weißen Rose« aufmerksam Kenntnis. Im Juni 1943 würdigte der Dichter Thomas Mann die Münchner Stu-

лился вместе с ним, исповедал и преподал мученику Причастие.

Предсмертные письма Александра Шмореля к родителям служат убедительным свидетельством его православного благочестия. Он писал: «Если просьба о помиловании будет отклонена, то помните, что «смерть» – не конец жизни, а, наоборот, рождение, переход к новой жизни, к жизни вечной и прекрасной!» А в последнем письме, адресованном сестре, он писал: «Я благодарю Господа за то, что мне дано было познать Промысел Божий. Ибо что я, собственно, знал до этого о вере, об истинной, глубокой вере, о последней и единственной истине, о Боге? – Немного. Сейчас же я созрел – я спокоен и уверен. Пусть же свершится то, чему суждено».

За пределами Германии с пристальным вниманием наблюдали за тем, как складывалась судьба членов общества «Белая роза». В июне 1943 года писатель Томас Манн посвятил мюнхенским студентам целую радиопередачу, а британские летчики сбросили на

64 *Altarrückwand der russisch-orthodoxen Kapelle im ehemaligen KZ Dachau: Christus führt die noch lebenden Häftlinge des Lagers im Mai 1945 in die Freiheit (Wandgemälde von Angela Heuser, 1994).*
Образ в русской православной часовне в бывшем концлагере Дахау: Христос выводит на свободу оставшихся в живых узников лагеря в мае 1945 года (Фреска Ангелы Хойзер, 1994).

denten in einer Rundfunksendung. Britische Flugzeuge warfen Tausende von Nachdrucken der Flugblätter über Deutschland ab.

Nach der Niederlage Deutschlands im Jahre 1945 dauerte es ziemlich lange, bis die Widerstandskämpfer auch im eigenen Lande geehrt wurden. Heute tragen viele Straßen und öffentliche Gebäude in Deutschland den Namen Dietrich Bonhoeffers und die Namen der Mitglieder der »Weißen Rose«.
Carsten Nicolaisen, München

Германию тысячи размноженных листовок «Белой Розы».

После поражения Германии в 1945 году прошло довольно много времени, прежде чем борцы Сопротивления получили достойное признание у себя на родине. В наши дни многие улицы и общественные здания в Германии носят имена Дитриха Бонхёффера и членов общества «Белая роза».
Карстен Николайзен, Мюнхен

Von guten Mächten still und treu umgeben,
behütet und getröstet wunderbar,
so will ich diese Tage mit euch leben
und mit euch gehen in ein neues Jahr.

Noch will das alte unsre Herzen quälen,
noch drückt uns böser Tage schwere Last.
Ach Herr, gib unsern aufgeschreckten Seelen
das Heil, für das du uns geschaffen hast.

Und reichst du uns den schweren Kelch, den bittern
des Leids, gefüllt bis an den höchsten Rand,
so nehmen wir ihn dankbar ohne Zittern
aus deiner guten und geliebten Hand.

Doch willst du uns noch einmal Freude schenken
an dieser Welt und ihrer Sonne Glanz,
dann woll'n wir des Vergangenen gedenken,
und dann gehört dir unser Leben ganz.

Laß warm und hell die Kerzen heute flammen,
die du in unsre Dunkelheit gebracht,
führ, wenn es sein kann, wieder uns zusammen.
Wir wissen es, dein Licht scheint in der Nacht.

Wenn sich die Stille nun tief um uns breitet,
so laß uns hören jenen vollen Klang
der Welt, die unsichtbar sich um uns weitet,
all deiner Kinder hohen Lobgesang.

Von guten Mächten wunderbar geborgen,
erwarten wir getrost, was kommen mag.
Gott ist bei uns am Abend und am Morgen
und ganz gewiß an jedem neuen Tag.

Dietrich Bonhoeffer

Властями добрыми, спокойствием
и верностью объятый,
Оберегаемый и утешаемый чудесно.
Вот так хотелось бы прожить мне эти дни
И вместе с вами встретить Новый год.

Год старый все еще сердца наши терзает
Еще гнетет нас бремя тяжких дней,
О Господи, подай смятенным нашим душам
Спасение – ведь Ты и сотворил нас для него.

Коль судишь Ты испить до дна нам чашу,
Наполненную до краев страданьем тяжким,
Ее мы с благодарностью, без содроганья примем
Из рук Твоих, столь добрых и любимых.

Захочешь же Ты вновь нам подарить усладу
От мира этого, от солнечного света,
Тогда позволь нам вспомнить то, что было,
А впредь вся наша жизнь Тебе принадлежит.

Пусть тихо и тепло сияют нынче свечи,
Которыми Ты осветил наш мрак кромешный,
Сведи нас вместе вновь, если возможно.
Мы знаем: свет Твой ярко светит и во тьме.

И если вдруг нас тишина глубокая объемлет,
Позволь нам насладиться полнозвучьем
Незримо всех нас обнимающего мира,
Услышать чад Твоих высокую хвалу.

Властями добрыми чудесно мы укрыты
И со спокойствием в грядущее глядим.
Бог с нами здесь и вечером и утром,
И в каждом новом дне мы, без сомненья, с Ним.

Дитрих Бонхёффер

Erfahrungen der Sowjetjahre: Solidarität mit dem verfemten Gott

Опыт советских лет: солидарность в Боге гонимом

In vielem war der Sowjetkommunismus unaufrichtig. Aber in einer Hinsicht war er völlig aufrichtig, besonders in seiner ersten Periode in den 20er und 30er Jahren. Ich meine den »militanten Atheismus«, der übrigens in der Frühzeit noch nicht durch das Fremdwort »Atheismus«, sondern auf gut Russisch »besboschije«, d. h. »Gottlosigkeit« hieß. »Besboschije« ist im System der russischen Lexika ein extrem drastisches, lebendiges, an Assoziationen überreiches Wort, das zugleich der Sakral- und Bibelsprache und dem derben und kernigen Alltagsidiom angehört, malerisch wie ein Schimpfwort.

Besboschnik kann eigentlich kein Atheist sein, sondern nur ein Fanatiker und ein Frömmler des Antiatheismus, der, wie es einem Frömmler ziemt, seinen Religionskrieg führt – gegen alle Religion. Oder, um die Phraseologie jener Zeit genauer wiederzugeben, gegen Gott selbst. Man veranstaltete förmliche Gerichtsprozesse, bei denen Gott immer zur Todesstrafe verurteilt wurde. Gott selbst wurde verfemt. Das Schicksal jener, die an Gott glaubten, erschien in diesem grandiosen, superkosmischen Umfeld als eine nicht zu beachtende Kleinigkeit.

Anders als der wesensgemäß christentumsfeindliche und doch die »Gott-mit-uns-Gesinnung« vortäuschende Nationalsozialismus, zeigte der Sowjetkommunismus eine vorbehaltlose Ergebenheit dem Prinzip des oben genannten militanten Atheismus gegenüber und erklärte der Religion, jeder Religion, einen Totalkrieg. Heinrich Böll erwähnte einmal, wie erschütternd es für ihn war, in der Hitlerzeit die uniformierten SS-Männer auf der Kommunionbank in einer katholischen Kirche zu sehen. Gott sei Dank waren wir in der kommunistischen Zeit vor derartigen Erlebnissen ziemlich gut beschützt. Die professionellen Menschenfresser erschienen bei uns nicht als Kommunizierende, sondern, viel ehrlicher, als »Gottlose«.

Eine Zerstörung ohnegleichen

Wir – und mit diesem »wir« meine ich nicht einfach »wir russische Gläubige« oder überhaupt »die Gläubigen in der damaligen Sowjetunion«, sondern gerade uns Ältere, die noch die Stalin-Ära mit eigenen Augen gesehen hatten – wir besitzen eine ganz besondere, einzigartige,

Советский коммунизм не был правдив во многом. Но в одном отношении он был совершенно откровенен, особенно в своей первой фазе, в 20-е и 30-е годы. Я имею ввиду «воинствующий атеизм», который, впрочем, в эту раннюю пору еще не назывался иностранным словом «атеизм», а именовался на хорошем русском

65 *Antireligiöse Karikatur der Zeitschrift der militanten Gottlosenbewegung in der Sowjetunion im Jahr 1929. Der Kampf der Bolschewisten galt – wie das Titelbild zeigt – allen Religionen ohne Ausnahme.*
Антирелигиозная карикатура на обложке журнала воинствующих безбожников в Советском Союзе в 1929 году. Борьба велась против всех религий, без исключения.

unschätzbare Erfahrung. Der Blick des Fürsten dieser Welt hat uns einmal durchaus unverhüllt und unvermittelt angeschaut.

Man soll darüber weder beschönigend noch larmoyant sprechen. Eine Zerstörung ohnegleichen hat die Werte vernichtet, die für immer unwiederbringlich dahin sind. So viele Gotteshäuser, vor allem unzählige schöne Kirchen Russlands, aber auch Synagogen und Moscheen wurden in die Luft gesprengt, so viele kostbare Ikonen sind in Flammen aufgegangen. Vor allem aber wurde, um es mit den unsterblichen Worten von Andreas Gryphius auszudrücken, »auch der Seelen Schatz so vielen abgezwungen«. Ja, der Massenabfall, durch die banalste Schwäche verursacht, macht ein ganz besonderes, unvergessbares Phänomen aus. Es gab Hunderte und Tausende von Glaubenshelden, von Märtyrern und Bekennern, aber Millionen von Konformisten, von Apostaten und auch Verrätern, und keiner, der es von innen her erfahren hat, kann darüber billige Urteile fällen.

66 *Plünderung einer Kirche. Der »Antireligiöse Fünfjahresplan« sah 1935 die Liquidierung aller Gotteshäuser vor.*
Ограбление церкви. «Антирелигиозная пятилетка» предусматривала ликвидацию всех храмов Божиих к 1935 году.

языке «безбожием». Слово «безбожие» в системе русской лексики – очень сильное, экспрессивное выражение. Оно до крайности богато ассоциациями и принадлежит одновременно как сакральному и библейскому языку, так и терпкой бытовой речи. Оно красочно как ругательство.

Безбожник, собственно, – не атеист, а всего лишь фанатик и ханжа богоненавистничества. Как и пристало ханже, он ведет свою религиозную войну – против всех религий; или, если мы пожелаем поточнее передать фразеологию того времени, против Самого Бога. Ибо тогда учиняли форменные судебные процессы, на которых Бог неизменно приговаривался к смертной казни. Бог Сам был гонимым. Судьба тех, кто в Бога веровал, представлялась в этом грандиозном сверхкосмическом контексте малостью, не заслуживающей внимания.

В отличие от национал-социализма, по сути своей враждебного христианству, но имитировавшего напоказ настроение в духе слов «С нами Бог», советский коммунизм проявлял безоговорочную преданность вышеназванному принципу воинствующего атеизма и объявлял религии – любой религии – тотальную войну. Генрих Бёлль упомянул однажды, до чего тягостно было ему видеть в гитлеровское время эсэсовцев в униформе, которые подходили в католической церкви к Причастию. Мы, благодарение Богу, были довольно надежно защищены от подобных переживаний. У нас профессиональные людоеды представали не как причастники у Чаши, а, что было много честнее, именно как «безбожники».

Беспримерное разрушение

Мы – я имею ввиду не просто «нас, верующих русских» или вообще «верующих в Советском Союзе былых времен», но специально людей нашего возраста, успевших собственными глазами увидеть сталинскую эпоху, – мы обладаем совершенно особым, единственным в своем роде, бесценным опытом. Однажды мы вдруг ощутили на себе ничем не прикрытый взгляд князя мира сего.

Говорить об этом следует как без прикрас, так и без слезливости. Беспримерное разрушение уничтожило ценности, утраченные навсегда и без возврата. Столько домов Божиих, прежде всего прекрасных русских церквей, но также синагог и мечетей, было взорвано, столько драгоценных икон погибло в пламени... Но в качестве главной утраты, выражаясь бессмертными словами Андреаса Грифиуса, отняты

Wenn die Verfolgung noch als etwas Neues, Tragisches, ja im gewissen Sinne Sensationelles erscheint, ist es relativ leicht, sich zusammen mit den ringsumher sich meldenden Gleichgesinnten für tapferen Widerstand zu entscheiden. Aber wenn die Repressalien über mehrere Jahrzehnte andauern und zum banalsten, selbstverständlichsten Alltag werden, wenn die kommenden Generationen in diese Atmosphäre von Anfang an hineingeboren werden, dann geht die »Unschuld von Empörung und Erstaunen« (Gilbert K. Chesterton, 1874–1936), die Spontaneität der menschlichen Reaktion auf das Widermenschliche, unaufhaltsam verloren.

Als ich etwa zehn Jahre alt war, hat mir eine alte Bauersfrau über das Leben in ihrem heimatlichen Dorf erzählt. Nebenbei teilte sie mir mit, wie zur Zeit, da die dörfliche Kirche noch nicht geschlossen und zerstört worden war, die lokalen »Komsomolzen« – die Mitglieder des kommunistischen Jugendverbandes – am Kirchweihfesttag auf den Glockenturm gestiegen sind, um die Prozession, also ihre eigenen Eltern und Großeltern, von oben her mit ihrem Urin zu besudeln. Wenn ich heute darüber nachdenke, so verblüfft mich nicht so sehr die Scheußlichkeit des Geschehens selbst als vielmehr der Tonfall unseres Gesprächs darüber. Weder die alte Frau, die ihrerseits ihren Glauben durchaus bewahrt hatte, noch ich, ein Junge aus einer sehr harmonischen Gebildetenfamilie, der doch zu Hause nur die schönsten Erfahrungen vom gegenseitigen Respekt der Eltern bekam, keiner von uns beiden fühlte und zeigte Erstaunen und Empörung. Traurig o ja, traurig waren wir beide, unglücklich, deprimiert, und noch heute fühle ich die lahme, hilflose Trübsal jener Stunden nach.

Vielleicht werde ich sie bis zu meiner Todesstunde in mir tragen. Da waren wir zusammen, eine alte Frau, ein Kind – schon unser Alter, das Alter der Hilflosigkeit, mahnte uns, dass wir alle beide angesichts der unbesiegten Unmenschlichkeit nichts und abermals nichts zu tun imstande waren. Aber weder Erstaunen noch Empörung waren möglich geblieben. Wird etwa jemand erstaunt und empört sein über eine Geschichte aus dem Alltagsleben? Und eine Alltagsgeschichte war es, eine Geschichte aus dem Leben der langen, scheinbar unendlichen sowjetischen Jahrzehnte. Als solche wurde sie erzählt und vernommen, und ich, ein unerfahrener Junge von zehn Jahren, war schon erfahren genug, um genau zu wissen, dass der Alltag außerhalb unseres Familienkreises – und das hieß, außerhalb der Türen unseres Zimmers in einer wohnheimartigen, von den verschiedensten Familien voll gestopften Sowjetwohnung – gerade so und nicht anders beschaffen ist.

были сокровища душ. Да, массовое вероотступничество, обусловленное самой банальной слабостью, являет собой совершенно особый, незабываемый феномен. Подвижники, мученики, исповедники исчислялись сотнями и тысячами, но конформисты, отступники, также и предатели – миллионами; и никто, переживший все это изнутри, не может позволить себе с легким сердцем кого-нибудь осуждать.

Пока преследование еще предстает как нечто новое, трагическое, в определенном смысле, если угодно, сенсационное, – сравнительно легко решиться на отважное сопротивление и найти вокруг готовых на то же единомышленников. Но когда репрессии продолжаются десятилетиями и превращаются в самую что ни на есть привычную обыденщину, когда новые поколения с самого начала своих жизней дышат этим воздухом, тогда уходит то, что Гилберт К. Честертон (1874-1936) назвал «невинностью гнева и удивления»: утрачивается спонтанность человеческой реакции на нечто противное человеческому естеству.

Когда мне было десять лет, одна деревенская старушка поделилась со мной воспоминаниями о жизни в ее деревне. Между делом она рассказала мне, как в то время, когда тамошняя церковь еще не была закрыта и снесена, местные «комсомольцы» забрались в престольный праздник на колокольню, чтобы сверху мочиться на крестный ход, то есть на своих же отцов и матерей, дедов и бабок. Раздумывая об этом сегодня, я удивляюсь больше всего не мерзости самого события, сколько интонации нашего разговора о нем. Ни старая женщина, которая сама полностью сберегла свою веру, ни я, мальчик из очень благополучной интеллигентной семьи, с самым утешительным опытом взаимного уважения между моими родителями, – никто из нас не почувствовал и не выказал ни удивления, ни гнева. Печальны, о да, мы оба были печальны, несчастны, подавлены, я и по сей день ощущаю бессильное, беспомощное уныние тех минут.

Наверное, это так и останется во мне до самого смертного часа. Вот мы сидим рядом, старая женщина и ребенок – уже наш возраст, возраст беспомощности, напоминал нам, что оба мы ничего, решительно ничего не в силах сделать перед лицом непобедимой бесчеловечности. Но ни для удивления, ни для гнева места не было. Кто станет удивляться и негодовать по поводу обыденной истории? А ведь это и была обыденная история из жизни долгих, казавшихся нескончаемыми советских десятилетий. В качестве таковой она была и рассказана, и выслу-

Erfahrungen des gemeinsamen Glaubens

So ging es, eine Zerstörung nicht nur des Glaubens, sondern der einfachsten Achtung und Selbstachtung. Zugleich aber schienen die Grenzen zwischen den Gläubigen in der Grenzsituation der allgemeinen Offensive gegen den Glauben in Frage gestellt zu sein, ja unwirklich zu werden. Die Herausforderung der Sowjetzeit gab eine Chance, den Weg zurück zum Eigentlichen, zur Sache selbst, und dadurch zur verlorenen Einheit zu finden. Bekanntlich hat der russisch-orthodoxe Philosoph Leo Karsawin, der den Katholizismus ziemlich stark kritisiert und seine Kritik niemals widerrufen hat, vor seinem Tod im GULAG aus den Händen eines katholischen Priesters die heilige Kommunion empfangen. Es ist ein berühmter Fall.

Ich werde Ihnen eine andere Geschichte aus der Zeit des Stalinschen GULAG erzählen. Ein damals junger, jetzt altgewordener, katholischer Priester lettischer Herkunft traf im GULAG einen Landsmann, einen älteren Letten lutherischer Konfession. Er sah, dass der Alte dem Sterben nahe war und bot ihm die heilige Kommunion an, natürlich ohne Vorbedingung irgendeines konfessionellen »Übertrittes«. Der Vorschlag wurde angenommen, und zwar mit großer Freude.

Nun fühlte sich der katholische Priester verpflichtet, den Kommunizierenden nach den Artikeln des Apostolikums zu fragen. Also musste es auch zum Artikel über »die heilige katholische Kirche« kommen. Natürlich ist das Apostolikum auch in der lutherischen Kirche angenommen, an dieser Stelle aber lautet die Formulierung »eine heilige, christliche Kirche«. Der alte Laie hatte keine theologischen Kenntnisse, also bestand die Gefahr, dass er das Wort »katholisch« im konfessionellen Sinne verstehen werde, als ein Beweis, dass er doch heimtückischerweise zum Übertritt genötigt werde. Darum hat der Priester seine Frage folgenderweise umformuliert: »Glaubst du an die Kirche, die vom Heiland begründet wurde?« Das war für den alten lutherischen Christen verständlich und im Nu waren die konfessionellen Unterschiede zwischen diesen Menschen mindestens für einen Augenblick verschwunden. Durch die schreckliche Wirklichkeit der Stalinzeit wurden sie beide zur primären christlichen Glaubenswirklichkeit zurückgewiesen, ja zurückgezwungen: Zur Kirche Christi.

Der Schritt des Priesters von der konfessionalistisch verstandenen Identität der »sancta ecclesia catholica« zur primären Identität der durch Christus selbst gestifteten Kirche war keine liberale Geste einer freieren, einer »ökumenischen« Gesinnung, sondern einfach und allein Entschluss seines Glaubens – und natürlich auch seiner mit dem Glauben verwachsenen Menschlichkeit.

шана, а я, неопытный десятилетний мальчик, был уже достаточно опытен, чтобы знать с несомненностью, что обыденщина за пределами нашего семейного круга (то есть за дверьми нашей комнаты в переполненной самыми разными семьями коммуналке) выглядит именно так и не иначе.

Опыт совместной веры

Так оно шло – разрушение не только веры, но и самого простого уважения и самоуважения. Но в то же время было чувство, что в пограничной ситуации общего наступления на веру оказывается поставлена под вопрос реальность границ между верующими. Как раз испытания советского времени давали шанс отыскать путь к самой сути, а через это – к утраченному единству. Как известно, православный русский философ Лев Карсавин, довольно сильно критиковавший католицизм и никогда от своей критики не отказывавшийся, перед своей смертью в ГУЛАГе принял Святое Причастие из рук католического священника. Об этом случае все знают.

Я расскажу вам другую историю из времен сталинского ГУЛАГа. Католический священник латышского происхождения, тогда еще молодой, а ныне состарившийся, встретился в ГУЛАГе со своим соотечественником, пожилым латышом-лютеранином. Он видел, что старик скоро умрет, и предложил ему причастить его, разумеется, не ставя никаких условий относительно перемены конфессии. Предложение было принято, и притом с большой радостью.

И тут католический священник счел себя обязанным задать причастнику вопросы по членам т. н. Апостольского Символа веры. Дошло до слов о «Святой Католической Церкви». Разумеется, Апостольский Символ принят и в Лютеранской Церкви, хотя на этом месте в формулировке «Святая Христианская Церковь». У старого лютеранина не было богословских познаний, и поэтому существовала опасность, что он поймет слово «Католическая» как конфессиональное обозначение, а значит как улику, что его все-таки коварно склоняют к перемене конфессии. Поэтому священник сформулировал свой вопрос иначе: «Веруешь ли ты в Церковь, которую основал Спаситель?» Это было понятно для старого лютеранина, и конфессиональные различия между двумя людьми хотя бы на мгновение исчезли. Страшная реальность сталинского времени побудила, более того, принудила их возвратиться к первич-

So war es einst, und wir sind verpflichtet, das einst Gewesene um Gottes willen nicht zu vergessen. Mit Mühe sollen wir wieder und wieder die ganze Situation dieser »ökumenischen Begegnung« nachfühlen, nachdenken, nacherfahren. Denn sonst – ich fürchte mich, solche entsetzlichen Worte auszusprechen, aber so liegen nun einmal die Dinge – sonst wird es wohl notwendig sein, uns alle wieder in GULAGartige Extremsituationen zu versetzen, auf dass wir mindestens in dieser Lage die richtigen Größenverhältnisse der Dinge zu erkennen imstande sind. Die kostbare Lehre wurde durch die Leiden der anderen erkauft, um uns angeboten zu werden. Es ist kaum zu verneinen, dass diese Ökumene des GULAG viel überzeugender erscheint als manche, an sich durchaus notwendigen offiziellen ökumenischen Kontakte heute.

Aber eigentlich habe ich kein Recht, den Todernst solcher Episoden durch mein Wort zu beschwören. Nur die Dulder, die tapferen Bekenner selbst, die Menschen, die selbst das Schwierigste auf sich genommen und ausgekostet hatten, dürfen darüber sprechen. Im Vergleich mit diesen Frontkämpfern des Glaubens war ich immer eine Etappenperson, nie vergesse ich das. Darum gehe ich zu einem bescheideneren Gegenstand über: zu meinen eigenen persönlichen Erfahrungen aus der Sowjetzeit.

Die Entdeckung der Leiblichkeit des Glaubens

Ich war in einer Gelehrtenfamilie geboren, die zwar weder kommunistisch noch atheistisch gesinnt war, aber viel vom Agnostizismus des vorigen Jahrhunderts, wenn nicht sogar vom Deismus der Aufklärungszeit, behalten hat. Darum hatte ich in meiner Kindheit und Jugend zwar religiöse Interessen und ziemlich verschwommene religiöse Vorstellungen, aber keine kirchliche Praxis, war eben kein »praktizierender« Christ. Zur gleichen Zeit aber verschlang ich eine Unmenge der religionsphilosophischen Literatur, die ich bei Freunden oder, durch ein Versehen der Behörden, in den Moskauer Bibliotheken und Antiquariatsbuchhandlungen aufzufinden imstande war.

Natürlich las ich viele Bücher orthodoxer russischer Autoren. Was ich aber heute hervorheben möchte, ist die Tatsache, dass es zwischen den Büchern, denen ich meine Bekehrung zur orthodoxen Praxis des sakramentalen und solidarischen Gemeindelebens verdanke, auch katholische, evangelisch-lutherische und anglikanische Werke gab, auch die Werke des großen reformierten Theologen Karl Barth. Ferner las ich Romano Guardini, Erich Przywara, Hans Urs von Balthasar, auch die deutschen evangelischen Theologen Paul Tillich und Dietrich Bonhoeffer, aber auch ein schlichtes, in der damaligen DDR erschienenes lutherisches Lehrbuch der praktischen Theologie.

ной христианской реальности их веры: к Церкви Христовой.

Тот шаг от конфессионалистски понимаемой идентичности «Sancta Ecclesia Catholica» в сторону изначальной идентичности Церкви, основанной Самим Христом, на который отважился священник, не был либеральным жестом вольного «экуменического» умонастроения, но исключительно решением его веры – и, разумеется, неотделимой от этой веры человечности.

Так было тогда, и Боже сохрани нас позабыть про это. Мы должны снова и снова прилагать усилия, чтобы во всей полноте перечувствовать, передумывать и сопереживать ситуацию подобного «экуменического контакта». Ибо в противном случае – мне страшно выговорить такие ужасающие слова, но такова реальность, – в противном случае окажется необходимым для всех нас быть ввергнутыми в подобные ГУЛАГу экстремальные ситуации, чтобы хоть в таком положении распознать правильное соотношение величин. Дорогой урок был оплачен страданиями других людей, чтобы вразумить нас. Вряд ли возможно отрицать, что такая экумена ГУЛАГа предстает куда более убедительной, нежели сегодняшние официальные экуменические контакты, которые сами по себе, разумеется, необходимы.

Но у меня, по правде говоря, нет права вызывать моим словом из забвения смертельную серьезность подобных эпизодов. Только страдальцы, только сами мужественные исповедники, взявшие на себя и испытавшие самое тяжелое, вправе об этом говорить. В сравнении с этими фронтовыми бойцами веры я всегда был лишь тыловиком и никогда не смею этого забывать. Поэтому позвольте мне перейти к более скромному предмету: к моему личному опыту советского времени.

Открытие телесности веры

Я родился в профессорской семье, и хотя мои родители не были настроены ни коммунистически, ни атеистически, в них много осталось от агностицизма прошлого столетия, если не от деизма эпохи Просвещения. Поэтому в моем детстве и юности у меня хоть и были религиозные интересы и довольно-таки неопределенные религиозные представления, однако не было религиозной практики: я не был «практикующим» христианином, как это называется на западных языках. В то же время я проглатывал великое множество религиозно-фи-

Mehr noch: unter den Denkern, die mir damals meinen Weg zur orthodoxen Kirche auf eine konkrete Weise gewiesen und erleichtert haben, muss ich auch den großen Deuter der jüdischen Tradition, Martin Buber, nennen: Natürlich das Buch »Ich und Du«, aber vor allem wohl seine Betrachtungen über die »Leiblichkeit« der Bibel und über das Gottesvolk als »Leib«. Es war mir nützlich als Heilmittel gegen jenen deistisch geprägten Spiritualismus, der gerade die Leiblichkeit von Sakrament und Gemeinde verachtet. Wenn schon die Schrift so leiblich erscheint, wie Martin Buber es zeigt, dann lohnt es sich wohl, durchaus leiblich das sakramentale Gemeindeleben zu teilen und zu einer Pfarrei zu gehören! So hat mir Martin Bubers »Leiblichkeit« geholfen, das eucharistische »das ist mein Leib« zu verstehen.

Aber auch die Bubersche Kritik des christlichen Glaubens, die scharf genug ist, doch immer in den Grenzen der intellektuellen Redlichkeit bleibt und darum kein Gift verspritzt, war mir eine rechtzeitige Mahnung, dass der Glaube, auch der christliche Glaube, kein bloßes Fürwahr-Halten, sondern vor allem Treue zum Geglaubten ist. Die Leiblichkeit des Gotteswortes und des Gottesvolkes, die Leiblichkeit der verfolgten und verachteten Kirche erschien also als Raum der Treue, die auch auf eine leibliche Weise bezeugt sein soll.

Zu derselben Zeit, da jene Wende zur Kirche in mir reif wurde, suchte und fand ein junger, mir befreundeter Jude seinen Weg zum Glauben seiner Väter. Wir haben uns die

лософской литературы – все, что только удавалось найти у моих друзей или, по недосмотру властей, в московских библиотеках и букинистических лавках.

Само собой разумеется, я много читал русских православных авторов. Но сейчас мне хотелось бы подчеркнуть то обстоятельство, что среди книг, которым я обязан моим обращением к православной практике приходской жизни с ее Таинствами и с ее солидарностью, были также книги католические, лютеранские и англиканские, равно как и труды великого реформатского богослова Карла Барта. С живейшим интересом я читал сочинения Романо Гвардини, Эриха Пшивары, Г.-У. фон Бальтазара, немецких лютеранских теологов Пауля Тиллиха и Дитриха Бонхёффера, – но также и скромный лютеранский учебник практического богословия, изданный в тогдашней ГДР.

Более того: среди мыслителей, в свое время конкретным образом указавших и облегчивших для меня путь к Православной Церкви, я должен назвать также и великого истолкователя иудейской традиции Мартина Бубера: конечно, книгу «Я и Ты», но прежде всего его размышления о «телесности» Библии и о народе Божием как «теле». Это было для меня полезно как лекарство против того деистически окрашенного спиритуализма, который презирает как раз телесность Таинства и общины. Уж если Писание предстает таким телесным, каким его показывает Мартин

67 *Gottesdienst als Gemeinschaft der Heiligen – der lebenden und der verstorbenen. Die himmlische Kirche ist für die Gläubigen in den Ikonen immer präsent.* Богослужение как общение святых – живых и усопших. Небесная Церковь присутствует в иконах.

Икона новомучеников и исповедников Российских в Храме Христа Спасителя в Москве свидетельствует о множестве страданий, вызванных самыми тяжкими в истории гонениями на христиан. Сотни тысяч русских православных христиан погибли в первой половине XX столетия за свою веру. Архиерейский Собор Русской Православной Церкви, состоявшийся в 2000 году, прославил более 1000 из них как страстотерпцев, исповедников и мучеников. Среди них на иконе изображена Царская Семья.

Бубер, тогда, пожалуй, есть смысл вполне телесно разделить Таинства общинной жизни и принадлежать к приходу! Так «телесность» Мартина Бубера помогла мне понять евхаристическое «Сие есть Тело Мое».

Однако даже и буберовская критика христианской веры, довольно острая, но всегда остающаяся в границах интеллектуальной честности и потому не источающая яда, вовремя напомнила мне, что вера, также и вера христианская, – это не просто принятие чего-либо за истину, но прежде всего верность тому, во что веруешь. Телесность Слова Божия и народа Божия, телесность преследуемой и презираемой Церкви предстала как пространство той верности, которая должна быть засвидетельствована также и телесно.

В то же самое время, когда во мне созрел этот поворот к церковности, один молодой еврей, мой добрый знакомый, искал и нашел путь к вере его отцов. Мы взаимно доверили друг другу тайну нашего двоякого обращения, моего – к Церкви, его – к синагоге, и мы чувствовали друг друга вправду близкими. Мне вспоминается, как мы сидели за столом его отца, по-прежнему неверующего: московские интеллигенты, ни один из которых не имел никакого конкретного опыта веры, несколько снобистски и самоуверенно рассуждали на религиозно-философские темы. Но оба мы молчали среди общей болтовни и смотрели друг на друга,

68 *Die Ikone der Neu-Märtyrer in der Christi-Erlöser-Kathedrale in Moskau vergegenwärtigt das Ausmaß der Leiden in der größten Christenverfolgung der Geschichte. Hunderttausende russisch-orthodoxer Christen kamen in der ersten Hälfte des 20. Jahrhunderts wegen ihres Glaubens ums Leben. Die Bischofssynode der Russischen Orthodoxen Kirche ehrte im Jahr 2000 mehr als 1000 von ihnen als Leidensdulder, Bekenner und Märtyrer. Die Ikone zeigt unter ihnen auch die Zarenfamilie.*

Geheimnisse unserer zweifachen Bekehrung – zur Kirche bei mir, zur Synagoge bei ihm – gegenseitig anvertraut und fühlten uns einander wirklich nah. Ich erinnere mich an eine Stunde am Tisch seines ungläubig gebliebenen Vaters: Moskauer Intellektuelle, die alle gar keine konkreten Erfahrungen des Glaubens besaßen, plauderten in etwas snobistischer und selbstsicherer Weise über religions-

philosophische Themen. Wir beide aber schwiegen bei dem Plaudern und sahen einander an mit demselben Gedanken: Du und ich, wir wissen, worum es geht, und darum schweigen wir.

Das Erbe der Bekenner und Märtyrer

Dank der Grenzsituation, die die Opfer unserer Vorfahren im Glauben gefordert hatte, haben wir erkannt: die Distanz zwischen den verschiedenen Konfessionen und vielleicht auch Religionen – wenigstens den monotheistisch-abrahamitischen – ist nicht so definitiv wie eine andere Trennung, die quer durch alle Konfessionen und Religionen geht: die Trennung zwischen denen, die ihren Glauben als das für sie wirklich Primäre betrachten und ihn folglich zu leben versuchen, und denen, die aus ihrer Religion eine Ideologie machen wollen. Im Glauben geht es um Treue. Und die Grenze zwischen den Treuen und den Treuebrüchigen geht quer durch alle Konfessionen.

Was wir einst erschaut haben, ist aufbewahrt in unserem Gedächtnis. Waren unser gegenseitiges Verständnis und unsere Einigkeit von gestern nur ein taktisches und pragmatisches Paktieren gegen die gemeinsamen Verfolger, eine nur durch ein »Feindbild« stimulierte vorübergehende Annäherung? Wenn es so wäre, was Gott verhüten möchte, dann wäre alles umsonst gewesen und eine große Chance vertan. Nein, wenn zwischen jenem neu zum Glauben seiner Väter gekommenen Juden und mir, dem zur Kirche gekommenen orthodoxen Christen, eine Einigkeit entstanden war, so war es eine Verschwörung der Treue – eine Verschwörung nicht etwa bloß gegen die sowjetkommunistische Ideologie, sondern zuallererst gegen unsere eigene innere Schwäche, gegen unsere eigene Untreue. Und diese Einigkeit der Treue und der Treuen soll bestehen bleiben, auch da, wo sie emotionell nun nicht mehr so lebendig empfunden wird.

Dem Zeitgeist gegenüber hat uns unsere Erfahrung recht misstrauisch gemacht. »Passt euch nicht diesem Äon an!«, so mahnt uns der Apostel Paulus im Römerbrief (12, 2). Und dieses Wort, das in der Sowjetwirklichkeit einst so erschütternd gewirkt hat, ist für alle Verhältnisse gültig, nicht nur für die einer totalitaristischen Gesellschaft. Es gibt einen Konformismus der alltäglichen Reaktionen, des Lebensstils, der für mich immer und überall etwas mit der politischen Sphäre zu tun hat. Aber ein konformistisches, ein angepasstes Christentum ist immer eine »contradictio in adjecto«, also eine Unmöglichkeit in sich selber. Es ist ein Salz, das seine Kraft verloren hat. Auch diese Lehre haben uns die Erfahrungen, die wir gemacht haben, für immer tief in unser Herz und unser Gewissen eingeprägt.

Sergej Awerincew, Moskau

думая одно и то же: ты и я, мы оба знаем, что это такое на самом деле, и как раз поэтому молчим.

Наследие исповедников и мучеников

Благодаря пограничной ситуации, потребовавшей неисчислимых жертв от наших предшественников по вере, мы с достоверностью осознали: дистанция между различными вероисповеданиями, а может быть, даже и религиями – не столь окончательна, как иное разделение, идущее через все вероисповедания и все религии: разделение между теми, кто видит в своей вере нечто для себя первостепенное и потому пытается жить ею, и теми, кто хочет сделать из своей религии род идеологии. Суть веры – в верности. И граница между теми, кто хранит верность, и теми, кто предает ее, проходит поперек вероисповедных границ.

Что мы однажды видели, сберегается в нашей памяти. Неужели наше вчерашнее взаимопонимание и единство были всего-навсего тактическим и прагматическим союзом против наших общих гонителей, временным сближением, которое питалось лишь «образом врага»? Если бы, не дай Бог, это подтвердилось, то все оказалось бы тщетным, великая возможность была бы упущена. Но ведь если между тем евреем, заново обретшим веру отцов, и мною, воцерковившимся православным христианином, возникло единство, это был своего рода заговор верности – союз не просто против советской идеологии, но прежде всего против нашей собственной внутренней немощи, против неверности в нас самих. И это единство верности и верных должно сохраняться также и там, где оно уже не ощущается с такой эмоциональной остротой.

В отношении духа времени наш опыт сделал нас весьма недоверчивыми. «Не сообразуйтесь с веком сим», – предостерегает нас апостол Павел в Послании к Римлянам (12. 2). И это слово, так потрясавшее посреди советской действительности, сохраняет свою силу в любых условиях, не только в применении к тоталитаристскому обществу. Есть и конформизм простейших реакций, стиля поведения, который для меня всегда и повсюду как-то связан и с политической сферой. Но конформистское, приспособленческое христианство, как мне кажется, – это всегда «contradictio in adjecto», нарушающее законы логики. Это соль, потерявшая силу. Такой урок тоже вытекает из нашего опыта, и он глубоко врезан в наши сердца и в нашу совесть.

Сергей Аверинцев, Москва

III

Kirchen in der Begegnung

Встречи Церквей

Kirchen im Gespräch

Диалог Церквей

Der Zweite Weltkrieg, mit dem das damalige Deutschland von 1941 bis 1945 auch die Sowjetunion überzog, hatte in Europa ein riesiges Trümmerfeld hinterlassen. Die Verluste an Menschenleben, an kulturellen Gütern und an menschlichem Vertrauen waren überall unermesslich, die politischen Veränderungen einschneidend und die Nachwirkungen des grausigen Geschehens tiefgreifend. Mit am stärksten betroffen von den inneren und äußeren Verwüstungen durch Gewaltherrschaft und Schrecken waren die beiden größten Nationen auf unserem Kontinent: das russische Volk, von seinem deutschen Nachbarn überfallen, hatte nach leiderfüllten Kämpfen den Sieg errungen; Deutschland lag besiegt zu Boden geworfen, in Schuld und Schande versunken. Beide Länder mussten miteinander ganz von vorn anfangen.

Wohl größer noch als die unerhörten Anstrengungen, die der Wiederaufbau der äußeren Lebensverhältnisse erforderte, waren die moralischen Anforderungen, um nach den unsagbaren Feindseligkeiten einen neuen Brückenschlag der Aussöhnung zwischen beiden Völkern zu versuchen. Der »Kalte Krieg« verhinderte auf Jahre hinaus die politische Begegnung und das verständnisvolle Gespräch zwischen den Regierungen. Auf beiden Seiten waren es die Kirchen, die in einem allgemeinen Klima des Misstrauens und der Angst zuerst den Schritt aufeinander zu taten, zu dem sich die Politiker noch nicht in der Lage sahen: die Russische Orthodoxe Kirche und die Evangelische Kirche in Deutschland (EKD).

Вторая мировая война превратила Европу в груду развалин, повлекла за собой неизмеримые людские жертвы, нанесла ущерб культурному достоянию, разрушила доверие между людьми, привела к радикальным политическим изменениям. Ужасающие события имели глубокие последствия для всех стран Европы. Но два великих народа европейского континента больше всех пострадали от внутренних и внешних разрушений, вызванных господством насилия и ужасов. Это были подвергшийся нападению со стороны своего немецкого соседа и одержавший победу в тяжелой борьбе русский народ и запятнавший себя виной и позором народ Германии, проигравшей войну. Обе страны вынуждены были начинать строить свои отношения с самого начала.

И все же невероятные усилия, потребовавшиеся для восстановления нормальной мирной жизни, не шли в сравнение с моральными требованиями, предъявлявшимися к обоим народам для того, чтобы после периода невероятной враждебности попытаться вновь заложить основы для взаимного примирения. «Холодная война» на много лет отсрочила политическую встречу и разумный диалог между правительствами. И именно Русская Православная Церковь и Евангелическая Церковь оказались первыми, решившимися в атмосфере всеобщего недоверия и страха сделать шаг навстречу друг другу, шаг, на который еще не были способны политики.

69 *Der Rat der EKD 1982 zu Besuch bei der Russischen Orthodoxen Kirche in Moskau: In der Mitte der EKD-Ratsvorsitzende Bischof Professor Eduard Lohse mit Patriarch Pimen (rechts) und Metropolit Aleksij von Tallin (Reval), dem heutigen Patriarchen von Moskau und ganz Russland.*

Совет Евангелических Церквей в Германии (ЕЦГ) в гостях у Русской Православной Церкви в Москве в 1982 году. На фото изображены (в центре) председатель Совета ЕЦГ епископ Эдуард Лозе с Патриархом Пименом (справа) и митрополитом Таллинским Алексием, нынешним Патриархом Московским и всея Руси.

70 *Metropolit Nikolaj (1891–1961), Leiter des Kirchlichen Außenamtes in den schwierigen Jahren der Chruschtschow-Zeit, mit Präses Heinrich Held 1955 in Düsseldorf.*
Митрополит Крутицкий и Коломенский Николай (1891–1961), бывший руководителем Отдела внешних церковных сношений в тяжелые хрущевские времена, с презесом Генрихом Хельдом в 1955 году в Дюссельдорфе.

Die Vorgeschichte

Schon im Jahre 1949 wurde eine erste Fühlung miteinander für einen möglichen Besuch aufgenommen. Zum Jahresanfang 1952 reiste Kirchenpräsident Martin Niemöller, der Leiter des Kirchlichen Außenamtes der EKD, auf Einladung des Patriarchen Alexej I. nach Moskau. Er berichtete der erwartungsvollen Öffentlichkeit in seiner Heimat von einer lebendigen Kirche in Russland. Zwei Jahre später konnte eine erste kirchliche Reisegruppe aus Ost- und Westdeutschland unter Führung von Dr. Gustav Heinemann, der damals Präses der EKD-Synode, des obersten Leitungsgremiums der EKD, war und später deutscher Bundespräsident wurde, die Kirchen in der Sowjetunion besuchen. Sie nahm den klaren Wunsch nach festen kirchlichen Kontakten von dort mit nach Hause.

Der erste russisch-orthodoxe Besuch in Deutschland fand Anfang April 1955 unter Leitung des Metropoliten Nikolaj, des Leiters des Kirchlichen Außenamtes in Moskau, auf Einladung der Evangelischen Kirche im Rheinland statt. Es kam zu einem ersten kirchlichen kennenlernen und zu theologischen Vorlesungen. Ein Gegenbesuch erfolgte im Frühherbst 1955 unter der Führung des rheinischen Präses Heinrich Held. Die mitreisenden evangelischen Professoren hielten Vorträge an den geistlichen

Предыстория

Уже в 1949 году между Церквами был установлен первый контакт с целью выяснения возможности взаимного посещения. В начале 1952 года в Москву по приглашению Патриарха Алексия I направился президент Управления внешних церковных сношений Евангелической Церкви в Германии Мартин Нимёллер. Общественности своей страны, которая с большой надеждой следила за его визитом, он рассказал, что Церковь в России жива. А еще через два года Русскую Православную Церковь смогла посетить целая делегация церковных деятелей из Восточной и Западной Германии под руководством доктора Густава Хайнемана, бывшего тогда президентом правящего органа Евангелической Церкви в Германии – Синода ЕЦГ – и ставшего впоследствии федеральным Президентом ФРГ. Из этого посещения немецкая делегация вынесла твердое желание и впредь поддерживать прочные церковные контакты.

Первый визит представителей русского Православия в Германию состоялся в начале апреля 1955 года. По приглашению Евангелической Церкви в Рейнланде в Германию приехала делегация во главе с председателем Отдела внешних церковных сношений Московского Патриархата митрополитом Николаем (Ярушевичем). Состоялось первое церковное знакомство, были прочитаны богословские лекции. Ответный визит последовал в начале осени 1955 года. Немецкой делегацией руководил рейнский презес Генрих Хельд. Сопровождавшие его профессора евангелического богословия выступили с докладами в духовных школах Русской Православной Церкви. Была достигнута договоренность об обмене профессорами, первая группа которых прибыла из России в Западную Германию в июне 1956 года. В ходе этого визита ленинградский профессор Л. Н. Парийский передал своему боннскому коллеге Хансу Иоахиму Иванду каталог вопросов, которые, по его мнению, следовало обсудить в ходе богословского диалога между двумя Церквами.

Желание церковного сближения и проведения богословских собеседований

Вопреки царившей в тогдашнее время атмосфере политического недоверия, в ходе этих посещений и переговоров говорилось о более хорошем межцерковном понимании и о выяснении спорных богословских вопросов, которые существовали между двумя Церквами. Несомненно, трудно было не за-

Schulen der Russischen-Orthodoxen Kirche. Man vereinbarte einen Professorenaustausch. Die erste Professorengruppe aus Russland kam im Juni 1956 nach Westdeutschland. Dabei übergab der Leningrader Professor L. N. Pariskij seinem Bonner evangelischen Kollegen Hans Joachim Iwand einen förmlichen Katalog von Fragen, die in einem theologischen Dialog zwischen den beiden Kirchen behandelt werden sollten.

Der Wille zu kirchlichem Brückenschlag und theologischem Gespräch

Entgegen allen damaligen politischen Verdächtigungen ging es bei diesen Besuchen und Gesprächen um ein besseres kirchliches Verstehen und um die Klärung von theologischen Streitfragen zwischen den beiden Kirchen. Natürlich waren die Einflüsse der aktuellen politischen Ereignisse auf die Entwicklung der kirchlichen Beziehungen nicht zu übersehen. Die weltpolitische Krise am Suezkanal und die Ereignisse in Ungarn im Spätherbst 1956 ließen es erst um Ostern 1958 zu dem Gegenbesuch evangelischer Theologieprofessoren aus Deutschland unter Führung des westfälischen Präses Ernst Wilm in Russland

метить, как актуальные политические события оказывали влияние на развитие церковных отношений. Мировой политический кризис вокруг Суэцкого канала и события в Венгрии поздней осенью 1956 года отсрочили ответный визит в Россию немецких профессоров. Только к Пасхе 1958 года удалось организовать поездку в СССР евангелических богословов во главе с вестфальским презесом Эрнстом Вильмом. Встречаясь с верующими во время богослужений, немецкие гости были потрясены готовностью к прощению со стороны тех людей, которым Германия причинила столько зла во время войны.

Когда в октябре 1959 года в Германию вновь смогла приехать русская православная делегация, в Евангелической академии в Арнольдсхайне на Таунусе было положено начало официальному диалогу между двумя Церквами. Он получил название «Арнольдсхайнские собеседования». Это был первый и до сих пор самый продолжительный богословский диалог, проводившийся в наши дни между Православной Церковью и Церковью лютеранской Реформации. Со стороны Русской Православной Церкви собеседо-

71 *Auf einem Schiff auf dem Moskaukanal traf man sich im Herbst 1955 zu ersten theologischen Gesprächen. In der Mitte (von links) Propst Heinrich Grüber (Berlin), kirchlicher Beauftragter bei der Regierung der DDR, Präses Ernst Wilm (Bielefeld), Metropolit Nikolaj (Moskau) und Präses Heinrich Held (Düsseldorf).*
Осенью 1955 года делегация германской Евангелической Церкви посетила Русскую Православную Церковь. На фото: участники встречи двух Церквей во время поездки на пароходе по каналу им. Москвы. В центре – уполномоченный Евангелической Церкви при Правительстве ГДР Генрих Грюбер (Берлин), презес Эрнст Вильм (Билефельд), митрополит Николай (Москва) и презес Генрих Хельд (Дюссельдорф).

72 *Bischof Johann Wendland, Exarch der Russischen Orthodoxen Kirche in Mitteleuropa, 1960 beim Besuch einer diakonischen Einrichtung in der Deutschen Demokratischen Republik.*
Епископ Среднеевропейский Иоанн (Вендланд), Экзарх Русской Православной Церкви, в 1960 году посетил диаконическое заведение Евангелической Церкви в Германской Демократической Республике.

kommen. Bei Begegnungen mit den Gläubigen in den Gottesdiensten beeindruckte die deutschen Gäste die Vergebungsbereitschaft der Menschen, denen im Krieg so viel Böses von deutscher Seite angetan worden war.

Als im Oktober 1959 wieder eine russisch-orthodoxe Delegation nach Deutschland reisen konnte, begann in der Evangelischen Akademie in Arnoldshain im Taunus der offizielle Dialog zwischen den beiden Kirchen (»Arnoldshainer Gespräche«). Es wurde das erste und bisher längste theologische Gespräch, das in unserer Zeit zwischen einer Kirche der Orthodoxie und einer Kirche der lutherischen Reformation geführt worden ist. Die Gespräche wurden auf Seiten der Russischen Orthodoxen Kirche in der Regel geleitet durch die Vorsitzenden ihres Kirchlichen Außenamtes, durch die Metropoliten Nikodim, Juwenalij und Filaret von Minsk.

Zwischen 1959 und 1992 fanden zwanzig Begegnungen abwechselnd in beiden Ländern statt. Zu ihnen gehörten auch die sieben Dialoge, die zwischen dem in der Deutschen Demokratischen Republik 1968 gebildeten Bund der Evangelischen Kirchen und der Russischen Orthodoxen Kirche geführt wurden. Sie begannen 1974 im Dreifaltigkeitskloster des Hlg. Sergij von Radonesch in Sagorsk – heute Sergijew Posad – und wiesen eine besondere Fruchtbarkeit und menschliche Nähe angesichts der

вания, как правило, проходили под руководством председателей Отдела внешних церковных сношений – митрополитов Никодима (Ротова), Ювеналия (Пояркова) и Филарета (Вахромеева).

С 1959 по 1992 год, поочередно в обеих странах, было проведено двадцать богословских встреч. Эти двадцать диалогов включают в себя также семь встреч между Русской Православной Церковью и образованным в 1968 году в Германской Демократической Республике Союзом Евангелических Церквей ГДР. Начало встречам с богословами из ГДР было положено в 1974 году в Троице-Сергиевой Лавре в Загорске (ныне – Сергиев Посад). Они оказались чрезвычайно плодотворными, продемонстрировав искреннюю человеческую близость между участниками, несшими церковное свидетельство в условиях социалистического общества («Загорские собеседования»).

Знакомство друг с другом во время богослужений

Для налаживания взаимопонимания в ходе всех собеседований большое значение имело взаимное посещение делегациями православных и евангелических богослужений. Ведь по-настоящему при-

gemeinsamen Herausforderung für Leben und Zeugnis der Kirche unter den Bedingungen einer sozialistischen Gesellschaft auf (»Sagorsker Gespräche«).

Das Kennenlernen beim Gottesdienst

Für die Verständigung bei allen Gesprächen war es von großer Bedeutung, dass die Delegationen sich wechselseitig bei der Feier ihrer Gottesdienste erleben konnten. Man lernt eine Kirche und ihre Theologie erst durch ihr Gebetsleben richtig kennen. Denn das Beten ist der Ursprung aller theologischen Erkenntnis. So zeigte sich etwa für den orthodoxen Beobachter beim Erleben des evangelisch-lutherischen Eucharistiegottesdienstes während des theologischen Gesprächs 1984 in Kiew, wie nah sich beide Kirchen im Grunde sind. Da ist nicht nur die gleiche Bibel, aus der unser Glaube lebt. Vielmehr ist da auch dieselbe Tradition des Gebets und des Gotteslobes, die seit den Zeiten der alten, ungeteilten Kirche in unseren Gottesdiensten lebendig ist.

So konnten beide Delegationen in ihrer Auswertung des bisherigen Dialogs im Jahre 1995 feststellen, dass beide Kirchen sich einig sind in ihrer unverbrüchlichen Bindung an die Heilige Schrift, an der sich Lehre und Leben der Kirche messen lassen muss, aber auch in ihrer Anerkennung der großen Bedeutung der Tradition in der Kirche.

Der Glaube und die guten Werke

Im Laufe der Gespräche hat es sich gezeigt, dass wir in unseren Kirchen nicht dieselbe theologische Sprache sprechen. Wenn wir uns verstehen wollen, müssen wir lernen, mit den von unseren Gesprächspartnern gebrauchten Begriffen auch das zu verbinden, was sie mit ihnen meinen, und nicht das, was wir selbst darunter verstehen. Es ist etwas vom Schwersten, aber doch Notwendigsten in einem Dialog, dass wir uns gleichsam an die Stelle des anderen begeben und mit ihm zu denken beginnen.

Das fängt schon mit dem Wort »Glauben« an, das in der evangelischen Theologie und Frömmigkeit eine so zentrale Rolle spielt. Damit ist nicht ein bloßes Verstehen und Vertrauen gemeint. Das »Glauben« ist für die evangelischen Christen der Inbegriff eines lebendigen, versöhnten Verhältnisses mit dem Dreieinigen Gott, der uns mit der Kraft seines Geistes begabt und uns zu seinen Mitarbeitern im Tun des Guten beruft und befähigt. Von daher vermag auch für orthodoxe Ohren verständlich werden, wenn die Kirchen der Reformation lehren, dass wir Menschen allein durch den Glauben das Heil empfangen und erlöst werden. Auf jeden Fall ist beiden Kirchen die Über-

73 *Die beiden tatkräftigen Förderer des zwischenkirchlichen Dialogs: Metropolit Nikodim (1929–1978) und Präsident Adolf Wischmann (1908–1983) bei einer Begegnung 1973.*
Митрополит Ленинградский и Новгородский Никодим (1929–1978) и председатель Отдела внешних церковных сношений ЕЦГ Адольф Вишман (1908–1983) во время одной из встреч в 1973 году.

близиться к пониманию Церкви и ее богословия можно лишь познакомившись с ее молитвенной жизнью, ибо молитва служит источником любого богословского знания. Так православным наблюдателям, присутствовавшим на евангелическом лютеранском евхаристическом богослужении во время богословских собеседований в Киеве, с особой силой открылась близость обеих Церквей. Причем дело не только в одной и той же Библии, которой питается вера. Скорее всего, это одна и та же традиция совершения молитв и вознесения хвалы Богу, сохранившаяся в наших богослужениях со времен древней неразделенной Церкви.

Именно поэтому при подведении итогов диалога в 1995 году представители обеих Церквей могли констатировать, что им удалось достичь действительного согласия как в вопросе о своей нерушимой связи со Священным Писанием, призванным служить мерилом учения и жизни Церкви, так и в признании большого значения церковного Предания.

zeugung gemeinsam, dass der Glaube an Christus sich durch ein Leben in Christus erweist. Der Glaube ist immer ein Glaube, der durch die Liebe tätig ist.

Daher fiel es nicht schwer, sich in den Gesprächen über die große Bedeutung der guten Werke für das Leben des Christen zu verständigen. Das geht aus den vielen karitativen Tätigkeiten hervor, die in den beiden Kirchen sowohl von Einzelnen wie von kirchlichen Gruppen und Organisationen ausgeübt werden. Davon konnten sich die Delegationen bei ihren Besuchen immer wieder überzeugen.

Die Heiligung und die Heiligen

Es ergab sich auch keine Meinungsverschiedenheit darin, dass wir Christen durch das Sakrament der heiligen Taufe die Gabe eines neuen Lebens aus Gott empfangen und dass wir auf den Weg der tätigen Nachfolge Christi geführt werden. Die uns mit der Taufe gegebene Berufung zur Heiligung stellt uns in einen täglichen, unablässigen Kampf gegen die Sünde, die uns freilich bis an unser Lebensende immer noch anhängt. Dennoch kommt es durch das Wirken des Heiligen Geistes in den Gläubigen zu einer unaufhörlichen Erneuerung im Sinne der Christusförmigkeit. Dabei konnte gemeinsam festgestellt wer-

Вера и добрые дела

В ходе собеседований выяснилось, что наши Церкви пользуются разным богословским языком. Если мы хотим понять друг друга, мы должны узнать содержание терминов, используемых нашими партнерами по собеседованию, и сравнить его с тем, что вкладываем в эти же слова мы сами. Самое сложное, но вместе с тем и самое необходимое в диалоге – это умение поставить себя на место другого и постараться проникнуться его мыслями.

Процесс познания друг друга начинается уже со слова «вера», играющего главную роль в евангелическом богословии и благочестии. Под «верой» подразумевается не просто понимание и доверие. «Вера» для евангелического христианина служит воплощением живых, примиренных отношений с Триединым Богом, Который дарует нам силу Своего Духа, призывает нас и наделяет нас способностью быть Его соработниками в делании добра. Такой подход может объяснить православным действительный смысл учения Реформации об оправдании только верой. В любом случае, две Церкви достигли действительного согласия в том, что вера во Христа

74 *Die evangelische Delegation beim IV. »Arnoldshainer Gespräch« in Leningrad (von links): Die Professoren Götz Harbsmeier, Georg Kretschmar, Fairy von Lilienfeld, Ernst Wolf, Edmund Schlink und Leonhard Goppelt.*
Евангелическая делегация во время собеседований « Арнольдсхайн-IV» в Ленинграде (слева направо): профессора Гётц Харбсмайер, Георг Кречмар, Фэри фон Лилиенфельд, Эрнст Вольф, Эдмунд Шлинк и Леонгард Гоппельт.

den, dass sie letzten Endes nicht auf unserer menschlichen Anstrengung beruht, sondern ihren Grund in der unverdienten Gnade Gottes hat.

Eine gottesdienstliche Verehrung der Heiligen, wie in den orthodoxen Kirchen, ist in der evangelischen Kirche nicht üblich. Für evangelische Christen gehören die Heiligen zu der »Wolke der Zeugen« im Sinne des Hebräerbriefes (Hebräer 12,1), deren sie zur Stärkung ihres Glaubens gedenken. Doch preisen wir gemeinsam den Dreieinigen Gott, dass er der Kirche bis in unsere Gegenwart einzelne Männer und Frauen geschenkt hat, in denen die von Christus geschenkte Heiligung in einer besonderen Weise aufleuchtet. Die Heiligen sind für beide Kirchen Helfer zur Treue im Glauben und Wegweiser in der Heiligung. Gott zeigt uns an ihnen, welche Möglichkeiten er hat, uns in diesem Leben durch die Kraft des Heiligen Geistes nach dem Bild Christi umzugestalten. Offen ist geblieben, ob und in welchem Sinn wir die Heiligen um ihre Fürbitte vor Gott anrufen sollen. Dies ist jedenfalls – trotz aller hohen Wertschätzung gerade auch der Gottesmutter – in den Kirchen der Reformation nicht üblich.

Die Sakramente und die Predigt

Unsere Kirchen bekennen sich gemeinsam zu den von Christus eingesetzten Sakramenten der heiligen Taufe und der heiligen Eucharistie. Durch sie handelt Gott selbst an uns Menschen durch das Wirken des Heiligen Geistes in der Kirche. Die Taufe verstehen beide Seiten als das Geschehen der Wiedergeburt. Sie ist einmalig und kann nicht wiederholt werden. Getauft wird in unseren beiden Kirchen – entsprechend der biblischen und apostolischen Tradition – mit Wasser auf den Namen des Dreieinigen Gottes, des Vaters, des Sohnes und des Heiligen Geistes. Wer getauft wird, ist zu einem Glied an dem geheimnisvollen Leib Christi in der Kirche geworden.

Ferner ergaben die theologischen Gespräche eine volle Lehrübereinstimmung darin, dass wir in der Feier der Eucharistie unter den Gaben von Brot und Wein den Herrn Jesus Christus in seinem Leib und Blut empfangen. Er selbst kommt im Sakrament zu uns und verbindet uns gnadenvoll mit sich und untereinander. Sein einmaliger und unwiederholbarer Opfertod am Kreuz zur Versöhnung für unsere Sünden wird für uns jedes Mal aufs Neue in der Eucharistie vergegenwärtigt. Er selbst ist dabei in geheimnisvoller Weise »der Darbringer und der Dargebrachte«, wie auch die evangelische Kirche mit der Orthodoxie überzeugt ist. Wir glauben auch gemeinsam, dass die Kirche und die Christen in der Kraft des Opfers Christi für uns zu einem Leben in Opferbereitschaft und Selbsthingabe berufen sind.

проявляется посредством жизни во Христе. Вера постоянно действует через любовь.

Поэтому в ходе собеседований оказалось несложным найти общий язык в вопросе о большом значении добрых дел в жизни христианина. Это вытекает уже из широкой благотворительной деятельности, осуществляемой в Русской Православной Церкви и Евангелической Церкви в Германии как отдельными лицами, так и церковными группами и организациями. Делегации смогли воочию убедиться в этом в ходе своих визитов.

Святость и святые

Не возникло расхождения во мнениях также и в том, что мы, христиане, благодаря Таинству Святого Крещения получаем дар новой жизни в Боге и становимся на путь деятельного следования Христу. Полученное нами с Крещением призвание к святости направляет нас на каждодневную, непрерывную борьбу с грехом. И хотя греховность остается присущей нам до конца наших дней, путем действия Духа Святого в верующих происходит непрерывное обновление в смысле обретения образа Христа. При этом мы смогли констатировать, что это обновление основывается не на наших человеческих усилиях, а имеет свое основание в благодати Божией, получаемой без сверхдолжных заслуг.

В Евангелических Церквах не принято богослужебное почитание святых в том виде, как это имеет место в Православных. Для евангелических христиан святые принадлежат к «облаку свидетелей», как об этом сказано в Послании к Евреям (Евр. 12.1). Евангелические христиане вспоминают о святых для укрепления своей веры. Вместе мы воздаем славу Триединому Богу за то, что вплоть до наших дней Он благодетельствует Церквам, посылая отдельных мужей и жен, в которых особым образом возгорается дарованная Христом святость. В наших обеих Церквах они служат помощниками в деле сохранения твердости в вере и указателями пути к святости. На их примере Бог показывает нам, какие у Него есть возможности для нашего преобразования в этой жизни силой Духа Святого по образу Христа. Невыясненным остался вопрос, следует ли нам, евангелическим христианам, – и если да, то в каком смысле, – призывать святых и испрашивать их предстательства перед Господом. Во всяком случае, несмотря на столь высокую оценку святых, и прежде всего Богоматери, это не принято в Церквах Реформации.

75 *Langjährige Mitglieder der russisch-orthodoxen Delegation beim Dialog der Kirchen: Die Professoren Aleksej Osipow (links) und Vitalij Borowoj in Moskau.* Профессора протопресвитер Виталий Боровой и Алексей Осипов (слева) в Москве. На протяжении многих лет они входили в состав русской православной делегации в ходе диалога Церквей.

In den Gottesdiensten unserer beiden Kirchen hat die Feier der heiligen Sakramente ebenso ihren festen Platz wie die Auslegung des Wortes Gottes in der Predigt. Dabei steht für die orthodoxe Kirche in der »Göttlichen Liturgie« die Sakramentsfeier im Mittelpunkt, während in der evangelischen Kirche der Predigt eine wesentliche Bedeutung zukommt. In ihrem Dialog stellten die beiden Delegationen fest, dass der ganze Gottesdienst in allen seinen Teilen vom Wirken des Heiligen Geistes zu unserem Heil durchdrungen ist. Die Predigt des göttlichen Wortes hat Anteil an diesem sakramentalen Charakter des Gottesdienstes. Sie ist nicht nur eine Belehrung über den Weg zum Heil. Sie ist vielmehr ein Geschehen, in dem Gott selbst durch den Prediger zu uns redet, den Glauben weckt und zu unserem Heil an uns handelt.

Таинства и проповедь

Обе наши Церкви единодушно признают Таинства Святого Крещения и Святой Евхаристии, установленные Христом. Посредством этих Таинств Бог Сам, через нас, людей, движет Церковью действием Духа Святого. Обе стороны достигли действительного согласия в понимании Крещения как акта нового рождения. Крещение совершается единожды и не может быть повторено. В обеих наших Церквах Крещение совершается – по библейской и апостольской традиции – водой во имя Триединого Бога, Отца и Сына и Святого Духа. Крещаемый становится членом таинственного Тела Христова – Церкви.

Далее богословские собеседования выявили действительное согласие в вероучительном вопросе о том, что, совершая Евхаристию и вкушая Дары под видом Хлеба и Вина, мы вкушаем Самого Господа Иисуса Христа с Его Телом и Кровью. Он Сам приходит к нам в Таинстве и благодатно соединяет нас с Собой и друг с другом. Его единократная и неповторимая жертва на Кресте во имя примирения за наши грехи каждый раз воспроизводится для нас в Евхаристии. При этом Он Сам таинственным образом есть «и Приносящий и Приносимый». Это убеждение разделяет с Православием и Евангелическая Церковь. Обе наши Церкви также разделяют веру в то, что Церковь и христиане, силой Жертвы Христовой за нас, призваны к жизни в жертвенности и самоотдаче.

В богослужениях обеих наших Церквей совершение святых Таинств занимает такое же прочное место, как и толкование Слова Божия в проповеди. При этом в центре Божественной литургии Православной Церкви стоит тайнодействие, в то время как в Евангелической Церкви существенное значение придается проповеди. В ходе диалога обе делегации констатировали, что все богослужение, в каждой своей части, пронизано действием Духа Святого во имя нашего спасения. Проповедь Слова Божия участвует в таинственном характере богослужения. Проповедь – это не только поучение о путях спасения. Это скорее акт, в котором Бог Сам говорит с нами через проповедника, пробуждает в нас веру и воздействует на нас ради нашего спасения.

Церковь и духовное служение – священство

Обе Церкви достигли действительного согласия в том, что Церковь – это «священнический» народ Божий в мире, который Господь избрал для бо-

76 *Schwierig waren 1987 die theologischen Gespräche über das königliche Priestertum der Getauften und das besondere apostolische Amt der Kirche. Im freundlichen Gedankenaustausch (von links nach rechts): Professor Fairy von Lilienfeld, Erzbischof Michail von Wologda und Professor Georg Kretschmar.* Нелегкими были богословские собеседования в 1987 году. В ходе этой встречи речь шла о царственном священстве крещеных и об апостольском служении в Церкви. За дружественным обменом мнениями (слева направо): профессор Фэри фон Лилиенфельд, архиепископ Вологодский и Великоустюжский Михаил и профессор Георг Кречмар.

Die Kirche und das geistliche Amt

Es ist die gemeinsame Überzeugung unserer Kirchen, dass die Kirche insgesamt das priesterliche Volk Gottes in der Welt ist, das er sich zum Gottesdienst und zum Dienst für die Menschen erwählt hat. Dieses königliche oder allgemeine Priestertum aller Getauften steht in keinem Gegensatz zu dem »besonderen« hierarchischen Priestertum (1. Petrus 2,9). Denn beide sind vom Sakrament der Taufe her zu verstehen und haben ihren Ursprung in demselben Heiligen Geist. Sie dienen gemeinsamen Aufgaben wie der Bezeugung und Weitergabe des Glaubens, dem Gebet und den Werken der Barmherzigkeit.

Doch kann das »besondere« Priestertum nicht unmittelbar aus dem königlichen Priestertum abgeleitet werden, weil es auf einer eigenen Einsetzung durch Christus beruht, der einzelne Menschen besonders beauftragt, als Nachfolger der Apostel in seiner Vollmacht die Kirche zu leiten. Daher wird dieses geistliche Amt in beiden Kirchen nur durch die besondere Ordination übertragen. Übereinstimmung ergab sich auch in der Notwendigkeit des bischöflichen Dienstes zur Leitung der Kirche. Diese »episkopé« wird freilich in den beiden Kirchen in unterschiedlicher Weise und unter verschiedenen Bezeichnun-

гослужения и служения человеку. Это «царственное», или всеобщее, священство всех крещеных ни в коей мере не вступает в противоречие с иерархическим священством (1 Пет. 2. 9). Ибо оба эти священства следует понимать исходя из Таинства Крещения: оба они берут свое начало в Том же Духе Святом. Они служат решению таких общих задач, как пробуждение и передача веры, молитва и дела милосердия.

Однако «особое» священство не может быть выведено непосредственно из «царственного», ибо иерархическое служение установлено Самим Христом, Который дает особое поручение и полномочия отдельным людям управлять Церковью как преемникам апостолов. Поэтому духовное священство передается в обеих Церквах лишь путем особого рукоположения. Согласие было достигнуто также в вопросе о необходимости епископского служения для управления Церковью. Правда, это «episkopé» осуществляется в обеих Церквах различным образом и под разными названиями. К числу по-прежнему сохранившихся расхождений в понимании священства принадлежит вопрос о допустимости женского священства.

gen ausgeübt. Zu diesen nach wie vor bestehenden Unterschieden im Verständnis des Amtes gehört auch die Frage, ob Frauen zum priesterlichen Amt zugelassen werden dürfen.

Weiterführung des Dialogs

Insgesamt haben unsere beiden Kirchen durch ihre Gespräche bedeutsame theologische Annäherungen erzielt, die die Hoffnung auf eine umfassende Verständigung geweckt haben. Wir sind aber noch nicht am Ziel. Doch ist eine neue Offenheit für einander entstanden. Ich glaube, wir haben uns vor allem als Kirchen lieben gelernt, die Gott zur Einheit berufen hat. Darum haben die Leitungen der Russischen Orthodoxen Kirche und der EKD beschlossen, den Dialog weiterzuführen.

Zu den verbleibenden Fragen gehören – wie schon angedeutet – der sakramentale Charakter der Ordination bzw. Weihe und die Bedeutung der apostolischen Sukzession für die gegenseitige Anerkennung der Sakramente und des kirchlichen Amtes, ferner das Verständnis der Einheit und der Heiligkeit der Kirche und das Kriterium für die rechte Auslegung der Heiligen Schrift und für die Autorität der heiligen Konzilien. Darüber hinaus müssten sich unsere Kirchen viel mehr von den Erfahrungen erzählen, die sie auf ihren Wegen durch die Geschichte bis heute gemacht haben. Nur so können sie besser verstehen, worin sie sich in Theologie und Frömmigkeit fremd erscheinen. Sie können noch viel voneinander lernen. Nicht zuletzt muss sich ihr kommender Dialog der Frage zuwenden, wie sie sich in der gegenwärtigen geistigen und kulturellen Krise helfen können, den Glauben an den Dreieinigen Gott zu bezeugen und den Menschen Hilfe und Orientierung in ihren persönlichen und sozialen Nöten zu geben.

Heinz Joachim Held, Hannover

Продолжение диалога

Подытоживая, следует отметить, что в ходе собеседований наши Церкви добились значительного богословского сближения. Это вселило в нас надежду на широкое взаимопонимание. И хотя мы еще не дошли до цели, приобретенное умение открыто говорить друг с другом является большим достижением. Прежде всего, как я считаю, мы смогли полюбить друг друга как Церкви, которые Бог призвал к единству, поэтому руководство Русской Православной Церкви и Евангелической Церкви в Германии приняло решение о продолжении диалога.

Все еще открытыми – как уже было сказано выше – остались такие вопросы, как значение апостольского преемства и таинственный характер рукоположения (без разрешения этого вопроса не может быть почвы для взаимного признания Таинств и церковного священства); понимание единства и святости Церкви; критерии для истинного толкования Священного Писания и авторитета Вселенских Соборов. Кроме того, наши Церкви должны поделиться друг с другом опытом, накопленным ими в ходе истории вплоть до наших дней. Лишь таким образом они смогут лучше понять причины ощущаемой ими отчужденности в богословии и благочестии. Нашим Церквам еще есть чему поучиться друг у друга. Не в последнюю очередь будущий диалог должен быть посвящен вопросу, как Церкви могут помочь друг другу справиться с нынешним духовным и культурным кризисом, как они могут свидетельствовать свою веру в Триединого Бога и оказывать помощь людям в удовлетворении их личных и социальных нужд.

Хайнц Йоахим Хельд, Ганновер

Orthodoxe Stipendiaten in Deutschland

Mit den zunehmenden Beziehungen der Evangelischen Kirche in Deutschland (EKD) zu verschiedenen orthodoxen Kirchen kamen vermehrt auch Stipendiaten aus diesen Kirchen zu einem Studienaufenthalt an evangelische Fakultäten nach Deutschland. Um die jungen Menschen kirchlich zu begleiten, ihnen beim Einleben in die neue Umgebung und beim Zurechtfinden in einem fremden

Православные стипендиаты в Германии

По мере развития отношений Евангелической Церкви в Германии (ЕЦГ) с различными Православными Церквами возросло число православных стипендиатов, обучающихся в университетах Германии. Для оказания им церковной помощи при адаптации к новым условиям в 1984 году в баварском университетском городке Эрланген усилиями Диа-

Universitätssystem zu helfen, wurde 1984 in der bayerischen Universitätsstadt Erlangen für Stipendiaten aus orthodoxen Kirchen ein Zentrum geschaffen, das Studienkolleg für orthodoxe Stipendiaten der EKD. Das Studienkolleg entstand und besteht im Zusammenwirken mit dem Diakonischen Werk der EKD, dem Deutschen Nationalkomitee des Lutherischen Weltbundes, dem Martin-Luther-Bund und der Evang.-Luth. Kirche in Bayern.

Die Stipendiaten leben im Studentenheim des Martin-Luther-Bundes mit evangelischen Studenten und Studentinnen aus Deutschland und vielen anderen Ländern zusammen. Das Haus dient auch als Ausgangspunkt, um evangelische Gemeinden und Institutionen kennen zu lernen.

Im Wohnheim befindet sich auch eine kleine orthodoxe Hauskirche der Hlg. Dreieinigkeit, in der die Stipendiaten aus der ganzen orthodoxen Welt das gottesdienstliche Leben in guter Ordnung pflegen und so auch geistliche Heimat während des Studiums in Deutschland finden. Zur Weihe dieser kleinen Kirche 1984 bei der Eröffnung des Studienkollegs stiftete der damalige Patriarch der Serbischen Orthodoxen Kirche, German, das Altartuch für den orthodoxen Gottesdienst (Antiminsion).

Die individuelle Beratung und Betreuung der einzelnen Stipendiaten gehört zu den Aufgaben eines evangelischen Pfarrers, der als Exekutivsekretär die Arbeit des Studienkollegs leitet. Da die Zahl der Stipendiaten seit der politischen Wende im Osten Europas stark angestiegen ist, studieren inzwischen auch an einigen anderen Orten in Deutschland junge orthodoxe Männer und Frauen mit Unterstützung eines Stipendiums des Diakonischen Werkes der EKD.

Unter den weit über hundert orthodoxen Stipendiaten und Stipendiatinnen, die seit seiner Eröffnung das Studienkolleg in Erlangen besuchten, befand sich auch rund ein halbes Dutzend aus dem Bereich der russischen Orthodoxie.

Die Theologische Fakultät der Universität Erlangen bietet dabei nicht nur die Möglichkeit, sich mit allen klassischen Fächern der Theologie, sondern auch mit den spezielleren Fragen der christlichen Kunst, der christlichen Publizistik und der Missionswissenschaft zu befassen. Von besonderer Bedeutung für die orthodoxen Stipendiaten ist dabei der Kontakt zum Lehrstuhl für die Geschichte und Theologie des christlichen Ostens, bei der Eröffnung des Studienkollegs besetzt von Frau Prof. Dr. Fairy v. Lilienfeld, danach von Prof. Dr. Karl Christian Felmy. Hier liegt der Schwerpunkt in Bibliothek und Lehrangebot der Erforschung der Orthodoxie in Russland.

Michael Hübner, Erlangen

конической службы ЕЦГ, Немецкого национального комитета Всемирной Лютеранской Федерации, Союза Мартина Лютера и Евангелической Лютеранской Церкви в Баварии была создана Учебная коллегия для православных стипендиатов ЕЦГ.

Стипендиаты живут в студенческом общежитии Союза Мартина Лютера вместе с евангелическими учащимися из Германии и многих других стран.

Это общежитие служит исходной точкой для знакомства с евангелическими общинами и заведениями.

В общежитии находится также небольшая православная домовая церковь Пресвятой Троицы, в которой стипендиаты, приехавшие со всего православного мира, могут, как положено, вести богослужебную жизнь. Таким образом они могут найти здесь свою духовную родину и во время учебы в Германии. При открытии Учебной коллегии эта небольшая церквушка была освящена тогдашним Патриархом Сербской Православной Церкви Германом, который передал храму антиминс.

Индивидуальная консультация и забота об отдельных стипендиатах были поручены евангелическому священнику, который, будучи исполнительным секретарем, руководит работой Учебной коллегии. После политического поворота на Востоке Европы число стипендиатов значительно возросло. Сейчас молодые православные мужчины и женщины получили возможность для обучения не только в Эрлангене, но и в других городах Германии. Эта возможность возникла у них благодаря стипендии, которую они получают от Диаконической службы Евангелической Церкви в Германии.

Среди ста православных стипендиатов, обучавшихся в коллегии в Эрлангене с момента ее основания, 6 человек были представителями Русской Православной Церкви.

Богословский факультет Эрлангенского университета не только дает возможность изучить основные богословские дисциплины, но также ведет учебные курсы по христианскому искусству, христианской публицистике и миссиологии. Особое научное значение для православных стипендиатов имеет контакт с кафедрой истории и богословия христианского Востока, которую при открытии коллегии возглавляла профессор Фэри фон Лилиенфельд, а в настоящий момент - профессор Карл Христиан Фельми. Библиотека и учебный план этой кафедры делают упор на изучение Православия в России.

Михаэль Хюбнер, Эрланген

Steter Tropfen höhlt den Stein – Chancen und Schwierigkeiten des orthodox-lutherischen Dialogs

Gutta cavat Lapidem[1] – Проблемы и перспективы православно-лютеранского диалога

Es gibt selten einfache Dialoge, insbesondere wenn es sich um interkonfessionelle Dialoge handelt. Werden sie aber aus freiem Willen begonnen, so sind sie in der Regel bereits das Zeichen eines bestimmten inneren Sieges beider Seiten. Das ist der Sieg der Wahrheit, und die Wahrheit ist die Liebe, in der es keine Besiegten gibt. Besonders eindrucksvoll bestätigen dies die zwischenchristlichen Begegnungen, denn sie haben eine gemeinsame Grundlage für ihre Glaubenslehre und Sittlichkeit im Evangelium und sie schöpfen in ge-

Диалоги редко бывают простыми, особенно диалоги межконфессиональные. Но когда они начинаются по доброй воле, то, как правило, сам по себе этот факт уже является определенной внутренней победой обеих сторон, победой той истины, которая есть любовь и в которой побежденных не бывает. Межхристианские встречи, имея общую евангельскую основу вероучения и нравственности и, в определенной степени, единые

[1] Капля камень точит – лат.

77 *Patriarch Aleksij I. (1877–1970) und Metropolit Nikolaj von Krutizkij und Kolomna im Jahr 1958 mit Besuchern aus der EKD (von rechts): Präsident Adolf Wischmann (Frankfurt), Präses Heinrich Held (Evangelische Kirche im Rheinland) und die Professoren Heinrich Vogel (Berlin) und Edmund Schlink (Heidelberg).*
Святейший Патриарх Алексий I (1877–1970) и митрополит Крутицкий и Коломенский Николай в 1958 году с гостями из Евангелической Церкви в Германии. Справа налево: председатель Отдела внешних церковных связей ЕЦГ Адольф Вишман, презес Генрих Хельд (Евангелическая Церковь в Рейнланде) и профессора Генрих Фогель и Эдмунд Шлинк.

wissem Grad auch aus den gleichen kulturellen Quellen. Trotzdem ist die Geschichte dieser Begegnungen nicht selten ziemlich dramatisch verlaufen.

Der Dialog zwischen der Russischen Orthodoxen Kirche und den lutherischen Kirchen wird seit einer langen Zeit geführt. Diese Zeit umfasst mehr als vier Jahrhunderte. Die größte Bedeutung kommt zweifellos dem letzten Dialog zu. Er wurde 1959 in Arnoldshain mit der Begegnung der Theologen der Rusischen Orthodoxen Kirche und der Evangelischen Kirche in Deutschland (EKD) eröffnet. Diese Treffen dienten als Anstoß für die Durchführung vergleichbarer Begegnungen zwischen den Theologen der russischen Orthodoxie und des Bundes der Evangelischen Kirchen in der ehemaligen DDR seit 1974 in Sagorsk, heute Sergijew Posad bei Moskau.

Eine neue Zeit in den theologischen Gesprächen begann nach der Vereinigung der evangelischen Kirchen in den bisherigen beiden deutschen Staaten. Die neue Gesprächsrunde wurde 1992 mit der Begegnung in Bad Urach (Bundesrepublik Deutschland) eröffnet und in Minsk im Mai 1998 fortgesetzt. So haben insgesamt 21 Gesprächsrunden stattgefunden. Bei diesen Treffen wurden ernste theologische und soziale Probleme erörtert.

1995 legte eine kleine Gruppe von Teilnehmern an den Gesprächen einen gemeinsamen Bericht über den Stand des bilateralen theologischen Dialogs den Leitungen der Russischen Orthodoxen Kirche und der Evangelischen Kirche in Deutschland vor. In diesem Schlussdokument wurde der erste gemeinsame Versuch unternommen, die kirchliche und politische Atmosphäre, in der die Gespräche stattgefunden haben, wiederzugeben sowie die Ergebnisse der Diskussionen in den grundlegenden theologischen und sonstigen Problemen, die Gegenstand der Diskussionen seit mehr als 35 Jahren waren, zu analysieren. In diesem Dokument wurden, wenn auch nicht immer direkt, folgende Fragen berücksichtigt:

- Was haben unsere Gespräche an tatsächlichen Übereinstimmungen erbracht?
- Wie sind die ungelösten Fragen genau zu bestimmen?
- Welcher Grad an kirchlicher Annäherung ist zwischen unseren Kirchen erreicht worden?
- Wie und mit welchen Themen sollen unsere Dialoge fortgeführt werden?

Diese Fragen verweisen auf besonders wichtige Schwerpunkte des Dialogs. Darum halte ich es für sinnvoll, einen Versuch zu unternehmen, diese Fragen noch einmal aufzuarbeiten.

78 *Generalsuperintendent Fritz Führ und Bischof Johann Wendland, der Exarch des Moskauer Patriarchats, in Berlin 1960 bei ersten theologischen Gesprächen.*
Генеральный суперинтендент Берлина (евангелический епископ) Фритц Фюр и епископ Среднеевропейский Иоанн (Вендланд) в 1960 году во время первых богословских собеседований.

культурные истоки, особенно ярко подтверждают это, хотя их история нередко носила достаточно драматический характер.

Диалог Русской Православной Церкви с Лютеранскими Церквами длится более четырех столетий. Но наиболее значимыми являются собеседования, ведущиеся с середины XX века. Они начинаются встречей богословов Русской Православной Церкви и Евангелической Церкви в Германии в Арнольдсхайне (ФРГ) в 1959 году, что впоследствии дало толчок к проведению подобных же встреч с 1974 года в Загорске (около Москвы; ныне – Сергиев Посад) богословов Русской Православной Церкви и Союза Евангелических Церквей в прежней ГДР.

После объединения Евангелических Церквей, бывших в обеих частях Германии, начался новый период в русско-евангелических богословских собеседованиях, который открылся в 1992 году встречей в Бад-Урахе (ФРГ) и был продолжен в Минске в мае 1998 года. Таким образом, состоялся 21 диалог, где рассматривались серьезные богословские и социальные проблемы.

Was haben unsere Gespräche an tatsächlichen Übereinstimmungen erbracht?

Verständlicherweise interessiert diese Frage unsere Kirchen am meisten. Von ihrer Beantwortung hängt in starkem Maße das weitere Schicksal des Dialogs ab. Zurzeit lässt sich diese Frage besonders schwer beantworten. Denn eine tatsächliche Übereinstimmung setzt einerseits immer eine bestimmte Vollständigkeit der Aufarbeitung der einen oder anderen Frage voraus, und dies kommt keinesfalls oft vor. Und andererseits lässt sich nicht alles *tatsächlich* Erreichte in Formulierungen kleiden. Es gibt nämlich eine Reihe von äußerst wichtigen Momenten, die nicht nur den Rahmen des rein theologischen Denkens, sondern auch den Rahmen der gesamten offiziellen Thematik der Gespräche sprengen.

Dennoch gibt es Fragen, in denen wir tatsächlich eine Verständigung und Übereinstimmung erreichen konnten.

Der erste und wichtigste Ertrag dieses Dialogs, der sich nicht sofort, sondern nach vielen Jahren bemerkbar machte, besteht darin, dass die Teilnehmer an den Gesprächen sich mit eigenen Augen und nicht aus Büchern oder Erzählungen anderer von der Aufrichtigkeit, Erkenntniskraft und Festigkeit des Glaubens an Christus und an das heilige Evangelium überzeugen konnten, die in beiden Kirchen gegenwärtig sind und die die Grundlage für ihre Theologie darstellen. Bei denjenigen, die mit der Geschichte der orthodox-protestantischen Beziehungen wenig vertraut sind, könnte ein solches Geständnis Befremden auslösen. Es bleibt aber dabei, dass in der Vergangenheit die Kenntnisse der christlichen Kirchen übereinander in der Regel äußerst oberflächlich waren. Besondere Beachtung fand dabei in erster Linie das liturgisch-gottesdienstliche Leben der Kirchen. Bei der gegenseitigen Einschätzung führte dies aber zur Entstehung gewisser Stereotypen, die oft der Wirklichkeit nicht entsprachen. Es ist kein Geheimnis, dass in früheren Jahrhunderten für einen bedeutenden Teil der Orthodoxen »die Häresie von Luther« fast so etwas wie Gottlosigkeit und ohne Zweifel ein nichtchristlicher Glaube war. Dagegen stellte sich im Bewusstsein vieler Protestanten die Orthodoxie als ein finsterer ritualistischer Aberglaube dar, oder bestenfalls als ein »quasi Katholizismus« ohne Papst und »filioque«.

Deshalb spielt im jetzigen Dialog das unmittelbare gegenseitige Kennenlernen von Leben und Glauben der Kirchen eine so große Rolle. Es ist kein Zufall, dass die ersten Gespräche »Arnoldshain I« den Fragen der kirchlichen Tradition und der Rechtfertigung aus Glauben gewidmet waren. Diese Fragen eigneten sich besonders gut, um den »Aberglauben« der Orthodoxen und die »Gottlosigkeit« der Lutheraner aufzudecken.

В 1995 году небольшой группой участников собеседований был разработан «Совместный отчет руководству Русской Православной Церкви и Евангелической Церкви в Германии о состоянии двустороннего богословского диалога». В этом итоговом документе была сделана первая совместная попытка отразить церковную и политическую атмосферу, в которой проходили собеседования, и проанализировать результаты дискуссий по основным богословским и другим проблемам, бывшим предметом рассмотрения на протяжении 35 лет. При этом в документе, хотя и не всегда прямо, были учтены следующие вопросы:

- В чем удалось достичь действительного согласия в ходе наших собеседований?
- Как точнее определить нерешенные вопросы?
- Какая степень церковного сближения была достигнута между нашими Церквами?
- Как и по каким темам должны быть продолжены наши диалоги?

Эти вопросы акцентируют внимание на наиболее важных сторонах данного диалога, и потому представляется полезным попытаться осмыслить их еще раз.

В чем удалось достичь действительного согласия в ходе наших собеседований?

Этот вопрос, естественно, более всего волнует Церкви-участницы. От ответа на него в значительной степени зависит последующая судьба диалога. Но он и наиболее трудный, поскольку, с одной стороны, действительное согласие всегда предполагает определенную полноту осмысления того или иного вопроса, что бывает совсем не часто. С другой стороны – далеко не все действительно достигнутое можно отразить в соответствующих формулировках, ибо есть целый ряд таких проблем, и подчас очень важных, которые выходят за пределы не только чисто богословской мысли, но и всей официальной тематики собеседований.

Тем не менее есть и то, в чем действительно удалось найти взаимопонимание и согласие.

Первое и важнейшее достижение этого диалога, пришедшее не сразу, а спустя многие годы, состоит в том, что участники собеседований увидели собственными глазами, а не по книгам и прошлым чужим впечатлениям, искренность, осмысленность и твердость веры во Христа и Его святое Благовестие,

Die wechselseitigen Berührungen mit dem Leben der Kirchen haben den Teilnehmern an den Begegnungen vieles erschlossen. Die Protestanten haben gesehen, dass die orthodoxen Russen nicht allein den »Aberglauben«, sondern auch den »vernünftigen Glauben« pflegen und über eine tatsächliche Theologie und gelehrte Theologen und Wissenschaftler verfügen. Die Orthodoxen ihrerseits haben bei den Protestanten nicht nur die »nackte ratio«, sondern auch den Glauben, echte Frömmigkeit und – in der lutherischen Kirche – sogar Nonnenklöster entdeckt, die entsprechend den Prinzipien der Kirchenväter über das monastische Leben der alten ungeteilten Kirche (nach dem Statut des Hlg. Benedikt von Nursia 6. Jahrhundert) eingerichtet sind. All das hat ohne Zweifel den Geist der tatsächlichen Übereinstimmung in das psychologische Klima des Dialogs hineingetragen und sich auf sehr positive Weise auf den Charakter der Diskussionen ausgewirkt.

In Bezug auf die rein theologische Seite des Dialogs sei Folgendes gesagt. Hier gab es, wie erwartet, bedeutend mehr Schwierigkeiten, eine tatsächliche Übereinstim-

присутствующую в обеих традициях и являющуюся основанием всего их богословия.

Для мало знакомых с историей православно-протестантских отношений такое признание может вызвать недоумение. Однако остается фактом, что в прошлом знание христиан разных Церквей друг о друге было, как правило, самым поверхностным, поскольку преимущественное внимание обращалось на обрядово-богослужебную сторону жизни Церквей, да и характер самих межцерковных отношений часто был совсем не простым, что, естественно, порождало сильные и нередко во многом искаженные стереотипы во взаимной оценке. Не секрет, что в прежние века для значительного числа православных «люторова ересь» являлась чуть ли не безбожием и, несомненно, верой нехристианской. А в сознании многих протестантов Православие представлялось каким-то темным обрядоверием или, в лучшем случае, католицизмом, лишь без папы и Filioque.

Поэтому столь большое значение в современном диалоге имел опыт непосредственного взаимного

79 *Diakonissen in Kaiserswerth im Rheinland begrüßen im Jahr 1959 in ihrer traditionellen Tracht die Besucher der Russischen Orthodoxen Kirche, Bischof Johann von Pskow und Abt Alexander aus Odessa.*
Диаконисы в Кайзерсверте (Рейнланд) приветствуют в своем традиционном облачении гостей из Русской Православной Церкви – епископа Псковского и Порховского Иоанна и игумена Александра из Одессы.

80 *Metropolit Nikodim und Präsident Adolf Wischmann 1967 im Dialog über das Verständnis der Versöhnung beim III. »Arnoldshainer Gespräch«.*

Митрополит Никодим и Адольф Вишман ведут диалог о понимании примирения (собеседования «Арнольдсхайн III», 1967 год).

mung zu erreichen. Dennoch ergab sich im Zuge der Gespräche die Möglichkeit, sich unmittelbar von der tatsächlichen Übereinstimmung der beiden Seiten zu überzeugen. Dies betrifft zumindest das Bekennen von zwei grundlegenden Wahrheiten. Erstens erkennen beide Kirchen die Apostolische Tradition als unerschütterliches Fundament des Glaubens und des Lebens der Kirche an. Die Grundlage dieser Tradition ist der Herr Jesus Christus selbst und seine Lehre, die uns von den Aposteln übermittelt wurde, sowie die Heilige Schrift. Zweitens war die Feststellung der tatsächlichen Übereinstimmung in Bezug auf die Autorität der Ökumenischen Konzile sehr wichtig, und zwar in dem Verständnis, dass »in den dogmatischen Entscheidungen dieser Konzile in Wahrheit die Stimme des Heiligen Geistes erkennbar ist« (Arnoldshein I, 1963). Die tatsächliche Übereinstimmung in der ersten wie in der zweiten Frage hat den Weg zur vertieften Untersuchung vieler wichtiger Fragen des christlichen Glaubens eröffnet, die daraus folgen. Aber hier eben entstanden auch neue Schwierigkeiten.

Im Verlauf dieses Dialogs kam es im Grunde zum ersten Mal auf einem so hohen theologischen Niveau zu einer Begegnung von zwei sehr unterschiedlichen Ansätzen im Verständnis des Christentums: des östlichen und des westlichen. Darüber hat bereits am Ende des vergangenen Jahrhunderts sehr eindrucksvoll und tief greifend der damalige Archimandrit und spätere Patriarch von ganz Russland Sergij (Stragorodskij) in seinem Buch »Die or-

ознакомления с жизнью и верой Церквей. И совсем не случайно для первого собеседования «Арнольдс-хайн» темами встречи были избраны вопросы церковного Предания и оправдания верой, которые лучше всего могли обнаружить и «суеверие» православных, и «безбожие» лютеран.

Соприкосновение с церковной жизнью друг друга многое открыло участникам встреч. Протестанты увидели, что у православных русских – не одно «суеверие», но есть и вера разумная, и богословие настоящее, и богословы ученые. Православные же нашли у протестантов не только «голый ratio», но и веру, и неподдельное благочестие, и – в лютеранской Церкви – даже... монастыри (женские), организованные на святоотеческих началах монашеской жизни древней неразделенной Церкви (по уставу VI века святого Венедикта Нурсийского). Все это не могло не привнести духа действительного согласия в психологический климат диалога и не отразиться самым положительным образом на характере дискуссий.

Если говорить о чисто богословской стороне диалога, то здесь, как и следовало ожидать, трудностей в достижении действительного согласия оказалось значительно больше. Тем не менее собеседования дали возможность непосредственно убедиться в действительном согласии сторон, по меньшей мере, в исповедании двух основополагающих истин. Во-первых, что обе они признают в качестве незыблемого фундамента веры и жизни Церкви Апостольское Предание, основанием которого является Сам Господь Иисус Христос и Его учение, переданное нам апостолами, и все Священное Писание. Второе и чрезвычайно важное – это установление факта действительного согласия в отношении к авторитету Вселенских Соборов, в частности, в понимании того, что «в догматических решениях этих Соборов воистину слышен голос Духа Святого» («Арнольдс-хайн – 2», 1963). Действительное согласие в том и другом открыло путь к углубленному рассмотрению многих вытекающих отсюда важных вопросов христианской веры. Но здесь и начались трудности.

Следует заметить, что в данном диалоге, фактически впервые на столь серьезном богословском уровне, произошла встреча двух очень разных подходов к пониманию христианства: восточного и западного. О них еще в конце XIX столетия ярко и глубоко писал в своей работе «Православное учение о спасении» архимандрит, впоследствии Патриарх Всероссийский, Сергий (Страгородский). Собеседования с Евангелической Церковью в Германии явились

thodoxe Lehre über die Erlösung« geschrieben. Die jetzigen orthodox-lutherischen Gespräche wurden zu einer lebendigen Illustration, die viele seiner Behauptungen bestätigte. Dies betrifft insbesondere das Verständnis des grundlegenden Problems der Erlösung.

Für Orthodoxe erschien die lutherische Lehre von der Rechtfertigung (Erlösung) durch den Glauben unabhängig von den Werken immer als etwas Seltsames und einfach Falsches. Der protestantischen Seite fiel es nicht leicht zu verstehen, wodurch sich der orthodoxe Standpunkt in dieser Frage vom katholischen unterscheidet (wenn er sich überhaupt unterscheidet), denn – wie es scheint – akzeptieren die Orthodoxen zwar voll und ganz die Worte des Apostels über unsere Erlösung »nur durch den Glauben« (Galater 2,16), zur gleichen Zeit bestehen sie aber auf der Notwendigkeit der Werke.

Erst nach langen Diskussionen stellte sich heraus, dass die Orthodoxen unter »Werken« den eigenen Antrieb zur Einhaltung der Gebote Christi verstehen. Allein das befähigt den Christen, von der rationalen zur empirischen Erkenntnis der eigenen Unfähigkeit zu kommen: Wir sind unfähig, ohne Gottes Hilfe »zur Einheit im Glauben und in der Erkenntnis des Sohnes Gottes zu gelangen, damit wir zum vollkommenen Menschen werden und Christus in seiner vollendeten Gestalt darstellen« (Epheser 4,13). Der folgende Gedanke des Hlg. Isaak des Syrers konnte dann endgültig diese Frage klären. »Nicht die Tugend und nicht die Mühen um ihretwillen werden belohnt, sondern die aus ihnen resultierende Demut. Kommt sie aber abhanden, so waren die ersten beiden umsonst.«

So stellt sich heraus, dass die »Werke« für die Orthodoxen keinesfalls »katholische« Verdienste vor Gott sind, sie »kaufen« die Sünden bzw. die Sündenstrafen nicht »los«, sie erlösen nicht, sie stellen lediglich das notwendige Mittel zur Erlangung des geistigen Zustandes der Demut dar, der den Christen befähigt, sich empirisch davon zu überzeugen, dass er allein durch den Glauben an Christus und nicht durch Werke erlöst wird. Ohne die auf diese Weise erworbene Demut sind alle Werke umsonst, denn es »glauben auch die Dämonen und sie zittern« (Jakobus 2,19). Ein solches patristisches Verständnis des Glaubens und der Werke wurde zum ernsthaften Faktor der Annäherung von zwei theologischen Positionen auf dem Weg zur tatsächlichen Übereinstimmung in dieser sehr wichtigen Frage des christlichen Glaubens.

Aber diese, wie auch eine ganze Reihe anderer Fragen der Glaubenslehre, die während der Gespräche betrachtet wurden – über die Heilige Tradition, über den Umfang und die Kriterien der Wahrheit, über die Kirche und ihre Grenzen, über die Sakramente, über die Taufe, die Eucha-

81 *Die Professoren (von links) Reinhard Slenczka, Fairy von Lilienfeld und Leonhard Goppelt beim Dialog über das Verständnis der Versöhnung 1967 in Höchst.* Профессора Рейнгард Сленцка, Фэри фон Лилиенфельд и Леонгард Гоппельт (слева направо) в ходе богословского диалога в 1967 году в Хёхсте (Германия).

живой иллюстрацией, подтверждающей многие его утверждения. Это в первую очередь относится к пониманию основной темы – спасения.

Для православных лютеранское учение о вере, оправдывающей (спасающей) независимо от дел, всегда выглядело чем-то странным и просто неверным. Протестантской же стороне нелегко было понять, чем отличается (если отличается) православная точка зрения от католической, поскольку православные, принимая, как кажется, полностью слова апостола, что мы спасаемся «только верою» (Гал. 2. 16), тем не менее настаивают на необходимости дел.

Лишь после долгих дискуссий выяснилось, что под делами православные понимают понуждение себя к исполнению заповедей Христовых, которое только и приводит христианина от чисто рационального к опытному познанию своей неспособности без помощи Божией прийти «в единство веры и познания Сына Божия, в мужа совершенного, в меру полного возраста Христова» (Еф. 4. 13). Следующая мысль святого Исаака Сирина, можно сказать, окончательно осветила этот вопрос: «Воздаяние бывает не

ristie, das geistliche Amt, über die Gnade und Heiligkeit, usw. –, gerieten in eine zweideutige Lage. Einerseits ergaben sich in all diesen Fragen Punkte einer tatsächlichen Übereinstimmung, andererseits wurde keine dieser Fragen wirklich bis zu Ende besprochen. In all diesen Fragen, auch wenn sie zu speziellen Themen der Gespräche erklärt wurden, blieb der Gedankenaustausch unvollendet. Das ist ein ernster methodologischer Fehlschlag. Man kann ihn nur auf eine Weise erklären – mit dem emotionalen Bestreben, möglichst schnell einen möglichst breiten Fragenkomplex zu erfassen. Dies führt zur Antwort auf die zweite Frage.

Wie sind die ungelösten Fragen genau zu bestimmen?

Es gibt ganz offensichtlich nur eine Antwort: Wir müssen die Ergebnisse unserer Diskussionen in den wichtigsten Fragen der Gespräche wieder aufgreifen, um noch einmal den Grad der von uns erreichten Übereinstimmung zu bewerten. Das ist dringend notwendig auch aus dem Grund, weil alle Fragen der Glaubenslehre unmittelbar miteinander verbunden sind. Das Fehlen einer klaren Position in einer Frage kann die Qualität der Analyse und die Begründung der Schlussfolgerungen in einer anderen

добродетели и не труду ради нее, но рождающемуся от них смирению. Если же оно будет утрачено, то первые будут напрасны».

Итак, «дела» для православных – это, оказывается, совсем не «католические» заслуги перед Богом, и они не «выкупают» грехи, не спасают, но являются необходимым средством приобретения того духовного состояния (смирения), которое дает христианину возможность лично, опытно убедиться в том, что он спасается только верою во Христа, а не делами. Без приобретенного же таким путем смирения и дела напрасны, и вера бесплодна, ибо «и бесы веруют и трепещут» (Иак. 2. 19). Такое святоотеческое понимание веры и дел оказалось серьезным фактором сближения двух богословских позиций на пути к достижению действительного согласия в этом главнейшем вопросе христианской веры.

Но как этот, так и целый ряд других важных вероучительных вопросов, поднятых на собеседованиях: о Священном Предании, его объеме и критериях истинности, о Церкви и ее границах, о Таинстве, о Крещении, Евхаристии, Священстве, о благодати и святости и другие – оказались в двой-

82 *Bischof Heinz Joachim Held, Leiter der deutschen Delegation, und Metropolit Sergij von Odessa bei der Eröffnung des theologischen Dialogs 1979 im Geistlichen Seminar in Odessa.*
Руководитель немецкой делегации епископ Хайнц Йоахим Хельд и митрополит Одесский и Херсонский Сергий открывают богословский диалог в 1979 году в Одесской Духовной семинарии.

Frage auf negativste Weise beeinflussen. Damit waren wir bedauerlicherweise ständig im Zuge der Diskussionen konfrontiert. Wie kann man z. B. über die Anerkennung der Sakramente in einer anderskonfessionellen Kirche sprechen, wenn zuvor nicht die Frage, was wir unter Kirche verstehen und nach welchen Kriterien wir den Grad der Kirchlichkeit einer konfessionellen Kirche bewerten, gelöst wurde? Oder, ein anderes Beispiel, inwieweit war es zweckmäßig, die Frage nach der Zulassung der Frauen zum priesterlichen Amt in den Kirchen zu diskutieren, die das priesterliche Amt überhaupt nicht zu den Sakramenten rechnen?

Das bedeutet, für die Bestimmung des Kreises der ungelösten, genauer gesagt der wichtigsten ungelösten Fragen, ist es zuerst notwendig, ein gewisses logisch geschlossenes Gesamtsystem der theologischen Probleme festzulegen, angefangen z. B. bei der Erlösungslehre oder dem Verständnis der Kirche. Das würde erstens ein klares Bild von der gesamten vorausgegangenen Arbeit geben. Zweitens würde es erlauben, alle notwendigen Fragen in der richtigen Reihenfolge zu untersuchen und das Chaos und die Zufälligkeit bei der Fragestellung zu vermeiden. Und drittens würde es dazu beitragen, zweitrangige Fragen, die keine grundsätzliche Bedeutung für den Dialog haben, auszuschließen.

Welcher Grad kirchlicher Annäherung ist zwischen unseren Kirchen erreicht worden?

Diese Frage ist schwierig zu beantworten. Sie illustriert zusätzlich, wie kompliziert einerseits die Probleme der interkonfessionalen Dialoge sind, die sich die Erlangung der kirchlichen Einheit zum Ziel setzen, und andererseits wie notwendig die oben erwähnte logische Reihenfolge bei der Betrachtung der theologischen Fragen für die Erlangung dieses Ziels ist.

In erster Linie stellt sich die Frage: Um welche kirchliche Annäherung handelt es sich dabei? Es ist offensichtlich, dass es sich dabei in erster Linie um eine solche Annäherung handelt, deren Endziel die Einigung der Kirchen in der einen, heiligen, katholischen und apostolischen Kirche ist. Diese Einigung ist natürlich nur bei Erfüllung von zwei zentral wichtigen Bedingungen doktrinellen Charakters möglich – Einheit der Glaubenslehre und Einheit im Verständnis der Grundlagen des spirituellen Lebens.

Eine solche Annäherung, die sich an der Einheit der ursprünglich gegebenen einen Kirche Christi orientiert, schließt die Möglichkeit des Eingehens eines einfachen menschlichen Vertrages auf der Grundlage beiderseitiger Zugeständnisse und des Abschlusses eines »Bundes über

ственном положении. С одной стороны, во всех обсуждавшихся темах наметились пункты действительного согласия, с другой – ни одна из них не была рассмотрена до конца. Остались нерешенными даже те проблемы, которые являлись основными предметами обсуждения того или иного диалога. Это был серьезный методологический просчет, допущенный в эмоциональном стремлении охватить как можно скорее наиболее широкий круг тем. В этом объяснении содержится и ответ на второй вопрос.

Как точнее определить нерешенные вопросы?

Совершенно очевидно, что ответ один: необходимо вернуться к результатам дискуссий по самым важным вопросам встреч и еще раз оценить степень достигнутого по ним согласия. Это крайне необходимо еще и потому, что все вопросы вероучительного характера прямо связаны между собой, и отсутствие ясности позиций сторон в одном вопросе может самым негативным образом повлиять на качественность анализа и обоснованность выводов в другом. С этим постоянно, к сожалению, приходилось сталкиваться в процессе дискуссий. Как можно, например, было говорить о признании Таинств в Церкви другой конфессии, если прежде не решен вопрос о том, что мы понимаем под Церковью и по каким критериям должно оценивать степень церковности любой конфессиональной церкви? Или насколько целесообразно было обсуждать вопрос о допустимости женского священства в Церквах, не считающих священство Таинством?

Поэтому, чтобы точнее определить круг нерешенных, точнее, важнейших из нерешенных вопросов, необходимо сначала разработать некую логически связанную, цельную систему основных богословских проблем, начиная, допустим, с учения о спасении или с понимания Церкви. Это, во-первых, даст четкую картину всей предстоящей работы; во-вторых, позволит в правильной последовательности рассматривать нужные вопросы и избежать хаотичности, случайности в их постановке; в-третьих, исключит вопросы второстепенные, не имеющие принципиального значения с точки зрения цели диалога.

Какая степень церковного сближения была достигнута между нашими Церквами?

Это трудный вопрос, и он представляет собой еще одну иллюстрацию, с одной стороны, того, насколько сложна проблема межконфессиональных диалогов,

die gegenseitige Liebe und über den einen Abendmahlskelch« aus. Denn die Wahrheit ist eins, deswegen kann es im Prinzip keine Kompromisse im Bereich des Glaubens geben. Insoweit kann man über den Grad der kirchlichen Annäherung immer nur dann sprechen, wenn eine tatsächliche lehrmäßige Übereinstimmung gegeben ist.

Über den Grad einer solchen Übereinstimmung im Bereich der Glaubenslehre wurde bereits gesprochen. Im Bereich der Probleme des spirituellen Lebens wurde inzwischen auch eine ganze Reihe von wichtigen übereinstimmenden Punkten im Verständnis des spirituellen Lebens gefunden. In erster Linie ist es die Überzeugung, dass die wahre Spiritualität allein in der Nachfolge Christi in seiner Kirche möglich ist; dass die Heiligung keine bloße sittliche Vervollkommnung, sondern etwas anderes, höheres – die Teilhaftigkeit am Heiligen Geist ist; dass die Gnade Gottes einen Menschen nicht kraft irgendwelcher Verdienste, sondern nach seinem Glauben und entsprechend seiner Demut heiligt; und dass den Sakramenten in diesem Prozess der Heiligung große Bedeutung zukommt. Gleichzeitig werden einzelne Lehrsätze über die Gnade und ihr Wirken in der Kirche und in der Welt, über die Heiligung und über die Wege ihrer Erlangung,

ставящих своей целью достижение церковного единства, с другой – как необходима только что упомянутая логическая последовательность в рассмотрении богословских вопросов для достижения этой цели.

Прежде всего, о каком церковном сближении идет речь? Совершенно очевидно, что в первую очередь о том, которое имеет своей конечной целью единство церквей в Единой, Святой, Соборной и Апостольской Церкви и которое возможно, конечно, лишь при выполнении двух главнейших условий доктринального характера: единства вероучительного и единства в понимании основ духовной жизни.

Такое сближение, ориентирующееся на единство в изначально данной Единой Церкви Христовой, исключает возможность его подмены обычным человеческим договором на основе взаимных уступок и заключения «союза о взаимной любви и единой Чаше». Ибо истина одна, и потому никаких компромиссов в области веры в принципе быть не может. С этой точки зрения о степени церковного сближения всегда можно говорить лишь постольку, поскольку существует действительное доктринальное согласие.

О степени такого согласия в вероучительной об-

83-86 *Dialog-Teilnehmer 1990 in Minsk: Links die Professorin Fairy von Lilienfeld (Erlangen) im Gespräch mit Erzpriester Wasilij Stojkow (St. Petersburg) und Erzpriester Wladimir Iwanow (Berlin). Rechts Priester Valentin Asmus (Moskau) beim Vortrag. Unten links Professor Aleksej Osipow. Daneben Olga Ganaba (Moskau, links) und Nadja Simon (Köln, rechts): Ohne Dolmetscherinnen ist auch beim intensivsten theologischen Gedankenaustausch keine Verständigung möglich.*

Участники диалога в 1990 году в Минске. Слева – профессора Фэри фон Лилиенфельд (Эрланген), протоиерей Василий Стойков (Санкт-Петербург) и протоиерей Владимир Иванов (Берлин) за беседой. Справа – священник Валентин Асмус (Москва) выступает с докладом. Внизу слева – профессор Алексей Осипов. Рядом Ольга Ганаба (Москва, слева) и Надя Симон (Кельн, справа): без переводчиков трудно добиться взаимопонимания даже при самом интенсивном богословском обмене мнениями.

87 *Eine der typischen Sitzungen im theologischen Dialog zwischen der Russischen Orthodoxen Kirche und der EKD – hier 1990 in Minsk. Im Präsidium (von links): Professor Fairy von Lilienfeld, Präsident Heinz Joachim Held, Metropolit Filaret von Minsk und Erzbischof Michail von Wologda.*

Одно из обычных заседаний в ходе богословского диалога между Русской Православной Церковью и Евангелической Церковью в Германии (Минск, 1990 год). В президиуме (слева направо): профессор Фэри фон Лилиенфельд, председатель Отдела внешних церковных связей ЕЦГ Хайнц Йоахим Хельд, митрополит Минский Филарет и архиепископ Вологодский Михаил.

über die Bedeutung der Askese sowie eine Reihe anderer Fragen in der Orthodoxie und im Luthertum nicht in gleicher Weise verstanden. Somit ist es noch zu früh, über das Erreichen der kirchlichen Annäherung im Bereich des spirituellen Lebens abschließend zu sprechen.

Es gibt aber auch andere Lebensbereiche, in denen die Kirchen über unterschiedliche Grade der Annäherung und Gemeinsamkeit verfügen können. Das sind die bilateralen Beziehungen und andere Formen der zwischenkirchlichen Kontakte, gemeinsame Aktionen von unterschiedlichem Ausmaß, identische oder ähnliche Einschätzungen bestimmter Bereiche des zwischenkirchlichen, religiösen, politischen und gesellschaftlichen Lebens usw. In diesen Bereichen haben die Beziehungen zwischen unseren Kirchen gelegentlich nicht nur einen starken Grad der Annäherung erreicht, sondern sogar einen positiven Einfluss auf die internationalen Beziehungen ausgeübt, wie z. B. während des Kalten Krieges in den 60er und 70er Jahren.

Der Dialog selbst begann in einer politisch keinesfalls einfachen Zeit. Nicht zufällig sagte man damals, er sei der einzige Faden, der noch den Osten und den Westen mit-

ласти уже было сказано. В сфере же проблем духовной жизни также был найден целый ряд важных совпадающих пунктов ее понимания. Это прежде всего убеждение, что истинная духовность возможна только в приобщении ко Христу в Его Церкви; что святость – это не просто моральное совершенство, но нечто иное и высшее – причастность Духу Святому; что благодать Божия освящает человека не в силу каких-то сверхдолжных заслуг, а по мере его веры и смирения, и что в этом процессе освящения большое значение имеют Таинства. В то же время отдельные положения учения о благодати и ее действии в Церкви и мире, о святости и путях ее достижения, о значении аскезы и ряд других неоднозначно понимаются в Православии и Лютеранстве, и потому говорить о достижении церковного сближения в области духовной жизни пока преждевременно.

Однако есть и иные сферы жизни, в которых Церкви могут иметь различную степень сближения и общности. Это – двусторонние отношения и другие формы межцерковных контактов, совместные акции служения разных масштабов, совпадающие или

einander verbindet. Zur gleichen Zeit hatte diese Annäherung eine große positive Bedeutung für das Leben der orthodoxen Kirche unter den Bedingungen des atheistischen sowjetischen Staates. Die Besuche unseres Landes durch hohe Würdenträger der EKD, ihre Begegnungen mit der Kirchenleitung und den Vertretern des Staates, ihre Beharrlichkeit bei der Klärung der Fragen nach der tatsächlichen religiösen Freiheit in der Sowjetunion haben positive Früchte getragen und natürlich die beiden Kirchen einander näher gebracht.

Wie und mit welchen Themen sollen unsere Dialoge fortgeführt werden?

Wir können einige Vorschläge über unsere Prioritäten unterbreiten. Rückblickend möchten wir darauf hinweisen, dass bei der Auswahl der Themen der theologischen Gespräche keine klare, bestimmte Folgerichtigkeit bestand. Es erübrigt sich, darüber zu diskutieren, inwieweit eine solche quasi Beliebigkeit der Thematik den Dialog »förderte«. Aus diesem Grund wäre es jetzt notwendig, die Struktur des gesamten Dialogs sorgfältig zu durchdenken und ein einheitliches, logisch geschlossenes und ausreichend vollständiges System der gesamten theologischen Problematik zu erarbeiten. Das würde uns die Möglichkeit geben, den Dialog im Ganzen zu sehen und entsprechend seinen Verlauf zu planen.

Wie bereits erwähnt, führte das »beschleunigte« Tempo der Untersuchung von grundlegenden theologischen Fragen dazu, dass die Betrachtung der meisten dieser Fragen tatsächlich nicht abgeschlossen wurde. Gerade mit diesen Fragen sollte man jetzt eine neue Gesprächsrunde beginnen. Man sollte sie in strenger Folgerichtigkeit und in der für den Dialog ausreichenden Vollständigkeit untersuchen. Dies würde eine solide theologische und psychologische Grundlage für die weitere Arbeit schaffen.

Es ist klar, dass die Kirche gegründet wurde und weiter existiert mit einem einzigen Ziel – der Erlösung des Menschen. Diese Erlösung ist nur bei einer entsprechenden spirituellen Befindlichkeit möglich. Aus diesem Grund ist die dogmatische Wahrheit des Glaubens lediglich eine der wichtigsten Bedingungen für die notwendige Gestaltung des Geistes des Menschen, aber allein kein ausreichender Faktor seiner Erlösung. Deshalb und weil sich in der modernen Welt immer stürmischer und immer schneller die unterschiedlichsten Formen von Mystizismus entwickeln und eine immer größere Zahl von Christen begeistern, wäre es angebracht, die Frage nach dem christlichen Verständnis der Spiritualität als die vorrangige Aufgabe bei den zukünftigen Begegnungen anzusehen.

Die interreligiösen und interkonfessionellen Dialoge

сходные оценки отдельных сторон межцерковной, религиозной, политической, общественной жизни. В этих сферах отношения между нашими Церквами достигали иногда не только большой степени сближения, но и оказывали благотворное влияние даже на международные отношения, как, например, в эпоху «холодной войны» 60-х – 70-х годов.

Сам диалог начался в непростое политическое время. И не случайно тогда говорили, что он – единственная нить, еще связывающая Восток и Запад. В то же время это сближение имело и большое положительное значение для жизни Русской Церкви в условиях атеистического советского государства. Визиты и посещения высокими церковными лидерами Евангелической Церкви в Германии нашей страны, их встречи с церковным руководством и с государственными лицами, их настойчивость в выяснении реальной религиозной свободы в Советском Союзе приносили свои добрые плоды и, естественно, сближали обе Церкви.

Как и по каким темам должны быть продолжены наши диалоги?

Можно внести несколько приоритетных, на наш взгляд, предложений. Оглядываясь на прошлое, хотелось бы прежде всего обратить внимание на отсутствие ясной, определенной последовательности в выборе богословских тем собеседований. О том, насколько такая своего рода случайность тематики «способствовала» диалогу, говорить не приходится. Поэтому теперь в первую очередь следовало бы тщательно продумать структуру диалога, разработав единую, логически связанную и достаточно полную систему всей богословской проблематики. Это дало бы возможность видеть весь диалог в целом и соответственно планировать его ход.

Как уже было сказано, «ускоренный» темп рассмотрения фундаментальных богословских вопросов привел к тому, что большинство из них в действительности осталось незавершенным. Именно с этих вопросов и следовало бы теперь начать новую серию собеседований, рассматривая их в строгой последовательности и достаточной для диалога полноте. Это создало бы прочную богословскую и психологическую базу для последующей работы.

Совершенно ясно, что Церковь создана и существует с одной и единственной целью. Это спасение человека, которое возможно только при его правильном духовном состоянии. Поэтому даже догматическая истинность веры является только одним из

sind ein Symbol unserer Epoche. Wie man dazu steht, das ist eine andere Frage. Aber ohne Zweifel können solche Begegnungen bei gutem Willen und aufrichtigem Streben zur Wahrheit – einem Bestreben, das Achtung für die Überzeugungen des Partners und Offenheit gegenüber seinen Meinungen voraussetzt – in vieler Hinsicht eine große positive Bedeutung erlangen. Der orthodox-lutherische, russisch-deutsche Dialog ist eine deutliche Bestätigung dessen sowohl in religiöser als auch in gesellschaftlicher und politischer Hinsicht. In seinem Verlauf wurden Misstrauen und Entfremdung langsam durch die christliche Freundschaft abgelöst, die uns erlaubte, offen und ohne Angst über die schwierigsten und strittigsten Fragen zu sprechen.

Ich erinnere mich an ein Erlebnis mit Frau Prof. Fairy von Lilienfeld, einer lutherischen Pastorin, die fast den Tränen nah sich darüber aufregte, dass wir Orthodoxe uns erlauben, Zweifel an der Möglichkeit des priesterlichen Amtes auch für Frauen zu äußern. Aber bereits eine halbe Stunde später scherzte sie selbst mit uns zusammen über ihren Ausbruch an Emotionen. So etwas ist nur möglich bei einer wahren Freundschaft, denn sie ist ja bekanntlich kein Honig, sondern das reine Wasser, wie ein russisches Sprichwort sagt.

Die Dialoge können erst dann richtig und fruchtbar sein, wenn ihre Teilnehmer geduldig Tropfen für Tropfen die Grundsätze der gegenseitigen christlichen Liebe erwerben, denn die Liebe ist die Quelle der Erkenntnis der Wahrheit. Der Tropfen aber höhlt den Stein nicht durch die Kraft, sondern durch das häufige Fallen: Gutta cavat lapidem.

Aleksej Osipow, Sergijew Posad

важнейших условий необходимого формирования его духа, но не самодостаточным фактором спасения. В силу этого, а также учитывая бурное и все ускоряющееся развитие в современном мире разных форм мистицизма и увлечение ими все большого числа христиан, было бы оправдано рассмотрение вопроса о христианском понимании духовности.

Межрелигиозные и межконфессиональные отношения и диалоги являются одним из символов нашей эпохи. Как к ним относиться – вопрос особый. Но бесспорно, что при доброй воле и искреннем стремлении к истине, стремлении, предполагающем уважение к убеждениям партнеров и открытость к их суждениям, подобные встречи могут иметь большое положительное значение во многих отношениях. Православно-протестантский русско-немецкий диалог ярко подтверждает это в плане как религиозном, так и общественно-политическом. Недоверие и отчужденность постепенно сменились в нем той христианской дружбой, которая позволила уже без опасения, открыто говорить о самых трудных и спорных вопросах.

Вспоминаю, как профессор Фэри фон Лилиенфельд (женщина-пастор) почти до слез возмущалась тем, что мы (православные) дерзнули выразить сомнение в возможности женского священства, и как через какие-то полчаса она сама вместе с нами уже иронизировала по поводу взрыва своих эмоций. Такое возможно при действительной дружбе, которая, как известно, не мед, а чистая вода.

Диалоги тогда только и могут быть и верными, и плодотворными, когда их участники совместно в терпении по капле приобретают начала взаимной христианской любви, которая есть источник познания истины. Капля же точит камень не силой, но частым паденьем.

Алексей Осипов, Сергиев Посад

Versöhnung im Dom. Patriarch Aleksij II. zu Besuch in Deutschland

Примирение в кафедральном соборе. Визит Святейшего Патриарха Московского и всея Руси Алексия II в Германию

Im Jahr 1995 besuchte zum ersten Mal ein Patriarch der Russischen Orthodoxen Kirche Deutschland. Kein Wunder, dass die Christen des Landes, die Medien und die politische Öffentlichkeit an diesem Deutschlandbesuch von Patriarch Aleksij II. von Moskau und ganz Russland lebhaft Anteil nahmen.

Wechselseitige Besuche haben in der Geschichte der Christenheit seit den Tagen der Apostel eine große Tradition. In früheren Jahrhunderten waren sie freilich mit vielen Beschwernissen verbunden. Das 20. Jahrhundert mit seinen modernen Verkehrsbedingungen und technischen Kommunikationsmitteln hat neue und intensivere Begegnungen ermöglicht. Ziel dieser Besuche kann es sein, das geistliche Leben in einer brüderlich verbundenen Kirche kennen zu lernen, den Dialog der Liebe zu vertiefen oder sich darüber zu verständigen, wie die Christenheit gemeinsam auf die Herausforderungen durch die Moderne reagiert.

Zwischen der Russischen Orthodoxen Kirche und den beiden großen Kirchen in Deutschland gab es in den zurückliegenden Jahrhunderten durchaus Kontakte. Sie waren freilich nicht offizieller Art, sondern eher zufällig. Dies änderte sich nach dem Ende des Zweiten Weltkrieges, der in Russland der »Große Vaterländische Krieg« genannt wird. Zu den ersten Repräsentanten der Evangelischen Kirche in Deutschland (EKD), die die Russische Orthodoxe Kirche besuchten, gehörte schon im Jahr 1952 Pastor Martin Niemöller. 1954 empfing Patriarch Aleksij I. in Moskau den Präses der EKD-Synode und späteren Bundespräsidenten Gustav Heinemann zusammen mit einer inoffiziellen EKD-Delegation. Umgekehrt weilte Metropolit Nikolaj von Kruticy und Kolomna, der damals das Kirchliche Außenamt des Moskauer Patriarchats leitete, im April 1955 zu einem Besuch bei der Evangelischen Kirche im Rheinland. Zum Gegenbesuch flog der Präses der rheinischen Kirche, Pastor D. Heinrich Held, im August desselben Jahres in die Sowjetunion.

1959 begann dann der offizielle theologisch-kirchliche Dialog zwischen der EKD und der Russischen Orthodo-

В 1995 году Предстоятель Русской Православной Церкви впервые в истории посетил Германию. Визит Святейшего Патриарха Московского и всея Руси Алексия II вызвал живой интерес как в немецких христианских кругах, так и среди политиков и широкой общественности страны.

Традиция взаимных посещений существует в истории христианства со времен апостольских. Правда, в древности подобные визиты были сопряжены со многими трудностями. XX век, с его невероятными техническими достижениями в области средств передвижения и коммуникации, открыл новые возможности для новых и более интенсивных встреч. Целью таких посещений может быть знакомство с духовной жизнью других христианских Церквей, углубление богословского диалога или же выработка общих позиций в ответ на вызовы современности.

Между Русской Православной Церковью и обеими крупными Церквами в Германии на протяжении веков существовали контакты на разных уровнях, не имевшие, правда, официального статуса. Изменения произошли после окончания Второй мировой войны. Уже в 1952 году среди первых представителей Евангелической Церкви в Германии (ЕЦГ), посетивших Русскую Православную Церковь, был пастор Мартин Нимёллер. В 1954 году Святейший Патриарх Московский и всея Руси Алексий I принял в Москве неофициальную делегацию во главе с председателем Синода ЕЦГ Густавом Хайнеманом, ставшим впоследствии Президентом ФРГ. В апреле 1955 года в гостях у Евангелической Церкви Рейнланда находился митрополит Крутицкий и Коломенский Николай (Ярушевич), тогдашний руководитель Отдела внешних церковных сношений Московского Патриархата. А в августе того же года с ответным визитом в Советский Союз прибыл презес рейнской Церкви пастор д-р Генрих Хельд.

Двусторонний богословский диалог, начавшийся

Во время своего визита в Германию Святейший Патриарх Алексий II присутствовал в качестве гостя на лютеранском богослужении в храме Христа Спасителя в Мюнхене, где его сердечно приветствовал земельный епископ Герман фон Лёвених.

xen Kirche. Nachdem diese 1963 in Neu-Delhi dem Ökumenischen Rat der Kirchen als Mitglied beigetreten war, eröffneten sich auch weltweit neue Perspektiven für die zwischenkirchliche Kommunikation.

Dennoch muss man sagen, dass erst der Zusammenbruch der kommunistischen Ideologie und das Ende der Sowjetunion – verbunden mit dem politischen Neuanfang in Russland und der Wiedervereinigung der beiden deutschen Staaten – zu einer Normalisierung der Beziehungen führte. Diese Normalität fand ihren Ausdruck im Abzug der Westgruppe der ehemaligen sowjetischen Streitkräfte aus Ostdeutschland, aber auch in der »Humanitären Hilfe« der Deutschen für die Menschen in den GUS-Ländern, die infolge der wirtschaftlichen Veränderung oft in große Not geraten waren. In diese aufregende Zeit einer Neuorientierung der Beziehungen und der Zusammenarbeit fiel Ende 1995 der Besuch von Patriarch Aleksij II. in Deutschland.

Schon zwei Jahre zuvor hatte der Ehrenprimas der Gesamtorthodoxie, der Ökumenische Patriarch Bartholomäus von Konstantinopel, die Bundesrepublik Deutschland besucht. Der damals gefeierte pan-orthodoxe Gottesdienst hatte eindrücklich gezeigt, dass die orthodoxen Christen in Deutschland keine kleine Minderheit sind. So leben heute in Deutschland 430.000 Gläubige der Griechisch-Orthodoxen Metropolie, 320.000 Gläubige

между Русской Православной Церковью и Евангелической Церковью в Германии в 1959 году, а также вступление Русской Православной Церкви во Всемирный Совет Церквей в 1961году – открыли новые перспективы развития наших отношений.

После крушения коммунизма в Европе, распада Советского Союза и объединения Германии в единое государство контакты между верующими наших стран стали развиваться свободно. Нормальному развитию отношений способствовал и вывод Западной группы бывших советских войск из Восточной Германии. Германия и немецкие Церкви стали активно помогать нуждающимся, которые во множестве появились в странах СНГ в результате кардинальных перемен в экономике. Возросло количество взаимных посещений на всех уровнях. В этот волнующий период новой ориентации в отношениях и сотрудничестве и состоялся визит Патриарха Алексия II в Германию.

В 1993 году Федеративную Республику Германию уже посетил первый среди Предстоятелей Православия Вселенский Патриарх Константинопольский Варфоломей. Его визит, сопровождавшийся всеправославным богослужением, свидетельствовал о значительности православного присутствия в стране. В Германии в настоящий момент проживает много

der Serbischen Orthodoxen Kirche, 20.000 rumänisch-orthodoxe Christen, etwa 35.000 bulgarisch-orthodoxe Christen, 13.000 Mitglieder des Patriarchats von Antiochien und etwa 150.000 Gläubige der Russischen Orthodoxen Kirche. Diese gehören zur Jurisdiktion des Moskauer Patriarchats oder der Russischen Orthodoxen Kirche im Ausland. Weder in Deutschland noch in Russland ist bekannt, dass die Orthodoxie heute in Deutschland inzwischen die drittgrößte Konfession darstellt.

Als Hirte unter seinen Gläubigen

Der Besuch von Patriarch Aleksij II. im fünfzigsten Jahr nach der Beendigung des Zweiten Weltkrieges erfolgte auf Einladung des Rates der Evangelischen Kirche in Deutschland, der Deutschen (Katholischen) Bischofskonferenz und der Berliner Eparchie (Bistum) der Russischen Orthodoxen Kirche. Ziel dieses Besuches vom 16. bis 24. November 1995 sollte – wie der Patriarch gleich bei seiner Ankunft betonte – die Versöhnung zwischen Russland und Deutschland sowie die Verbesserung der ökumenischen Beziehungen zu den beiden großen Kirchen in Deutschland sein. Der Deutschlandbesuch war allerdings von Anfang an auch als Pastoralreise geplant. So standen auf dem Programm auch Begegnungen mit den russisch-orthodoxen Gemeinden in der Bundesrepublik und Besuche auf russischen Soldatenfriedhöfen, wo die Delegation der Russischen Orthodoxen Kirche Gebete für die Gefallenen verrichtete. Schließlich hatte der erste Besuch eines russisch-orthodoxen Patriarchen auf deutschem Boden natürlich auch politische Aspekte, wie die zahlreichen Gespräche mit Politikern deutlich machten.

Schon gleich nach der Ankunft besuchte der Patriarch die Maria-Schutz-Kirche in Düsseldorf, wo sich die Vertretung der Russischen Orthodoxen Kirche in Deutschland befindet. Zusammen mit zahlreichen Gläubigen und Gästen hielt er hier einen Gebetsgottesdienst. Eine weitere Station der Pastoralreise war am 20. November das ehemalige Konzentrationslager in Dachau bei München. Hier gedachte der Patriarch in der von russischen Soldaten unlängst neu erbauten orthodoxen Kapelle aller, die in deutschen Konzentrationslagern zu Tode gequält, getötet und verbrannt worden waren. In Berlin-Tegel besuchte die russisch-orthodoxe Delegation die Kirche der Hlg. Konstantin und Helena zum Gebet. Sie legte hier auch einen Kranz nieder am Denkmal der in zwei Weltkriegen gefallenen russischen Soldaten. Auf dem russischen Friedhof, wo viele bekannte Persönlichkeiten aus dem alten Russland ihre letzte Ruhestätte gefunden haben, sprach Patriarch Aleksij II. auch ein Gebet am Grab des berühmten Komponisten Michail I. Glinka. Auch ein

православных, принадлежащих к различным юрисдикциям. Среди них - 430 тысяч верующих, относящихся к Константинопольскому Патриархату, 320 тысяч – к Сербской Православной Церкви, 20 тысяч – к Румынской, 35 тысяч – к Болгарской, 13 тысяч – к Антиохийской. Живут в Германии и около 150 тысяч православных русских, находящихся в юрисдикциях Московского Патриархата и Русской Православной Церкви за границей. Ни в Германии, ни в России еще не осознали, что Православие постепенно стало третьей по величине христианской конфессией.

Пастырь в гостях у своих верующих

Визит Святейшего Патриарха Алексия II в год 50-летия окончания Второй мировой войны был совершен по приглашению Совета Евангелических Церквей в Германии, Германской Епископской Конференции Римско-Католической Церкви, а также Германской епархии Русской Православной Церкви. Сразу же по прибытии Патриарх отметил, что визит, проходивший с 16 по 24 ноября 1995 года, преследует цель примирения между Россией и Германией, а также улучшение экуменических отношений с обеими крупными Церквами в Германии. Вместе с тем, посещение Германии с самого начала было запланировано как пастырская поездка. В программу были включены встречи с русскими православными приходами, находящимися в Федеративной Республике Германии, и посещение солдатских кладбищ, где делегация Русской Православной Церкви совершила панихиду по погибшим. Наконец, посещение немецкой земли русским православным Патриархом имело, конечно же, и политический аспект, что ясно продемонстрировали многочисленные беседы с государственными деятелями.

В Дюссельдорфе, сразу по прибытии, Его Святейшество совершил молебное пение в ставропигиальном Покровском приходе при Представительстве Русской Православной Церкви в Германии. За службой было множество верующих и гостей – как церковных, так и светских. 20 ноября Святейший Патриарх Алексий отслужил панихиду в бывшем концлагере Дахау, в недавно построенной российскими военнослужащими часовне, которая является памятником всем замученным в фашистских застенках. В Берлине-Тегеле Святейший Патриарх Алексий совершил молебен в храме во имя святых равноапостольных Константина и Елены на русском кладбище и возложил венок к памятнику российским воинам, погибшим на фронтах двух мировых

Gemeindebesuch in Dresden und ein Gebetsgottesdienst in der berühmten Kirche des Hlg. Alexander Newskij in Potsdam bei Berlin stand auf dem Programm.

Ein besonderer Höhepunkt war für den letzten Tag geplant. Patriarch Aleksij reiste in die kleine norddeutsche Stadt Gifhorn. Hier hatte das Ehepaar Horst und Rosita Wrobel, Besitzer des »Internationalen Museums für Wasser- und Windmühlen«, eine Holzkirche im russischen Stil erbauen lassen. Das dem Hlg. Nikolaus geweihte Gotteshaus in der Nähe des Museums war nach dem Vorbild der Nikolauskirche in Susdal errichtet. Nun wurde diese Kirche dem Patriarchen sozusagen als Geschenk überreicht. Es kann kein Zweifel daran bestehen, dass die Gläubigen in der Zerstreuung den Besuch ihres geistlichen Oberhirten und Ersthierarchen als eine Stärkung des Glaubens empfunden haben.

Die Botschaft aus dem Berliner Dom

Einen breiten Raum nahmen selbstverständlich die Begegnungen mit Vertretern der beiden großen Kirchen in Deutschland ein. Gleich zu Beginn wurde Patriarch Aleksij II. in Bonn durch den Vorsitzenden des Rates der EKD, Bischof Dr. Klaus Engelhardt, begrüßt. Hier und später im Kirchenamt der EKD in Hannover standen die Zusammenarbeit und der theologische Dialog zwischen den beiden Kirchen im Mittelpunkt des Gedankenaustausches. Patriarch Aleksij II. traf auch mit einigen Initiativgruppen zusammen, die intensive Kontakte zu Klöstern, geistlichen Lehranstalten und Gemeinden in verschiede-

войн. На русском кладбище, где нашли свое последнее упокоение многие выдающиеся личности дореволюционной России, первосвятитель Русской Церкви помолился у могилы известного композитора Михаила Глинки. В программу были включены также посещение православной общины в Дрездене и совершение богослужения в храме святого благоверного Князя Александра Невского в Потсдаме под Берлином.

Кульминационный пункт посещения был запланирован на последний день визита. Патриарх Алексий посетил небольшой северо-германский городок Гифхорн. Владельцы Интернационального музея водяных и ветряных мельниц Хорст и Розита Вробель передали в дар Его Святейшеству прекрасный деревянный храм во имя святителя Николая, построенный ими по образцу подобного храма в Суздале. Приезд Святейшего Патриарха укрепил духовно и ободрил его паству, пребывающую «в рассеянии».

Обращение в Берлинском кафедральном соборе

Большое место занимали, естественно, встречи с представителями обеих крупных Церквей в Германии. В самом начале визита Патриарха Алексия II поприветствовал в Бонне председатель Совета Евангелической Церкви в Германии епископ Клаус Энгельхардт. Здесь, как и при последующей встрече в Административном центре ЕЦГ в Ганновере, в центре обмена мнениями находились вопросы

nen Eparchien in Russland unterhalten. Dabei unterstrich er sein großes Interesse an diesen direkten zwischenkirchlichen Beziehungen. In München, wo Patriarch Aleksij II. Gast des Bischofs der Evangelisch-Lutherischen Kirche in Bayern war, besuchte die russisch-orthodoxe Delegation auch einen Abendmahlsgottesdienst in der Erlöserkirche.

Höhepunkt der gesamten Besuchsreise war – nicht nur im Urteil der Medien – der Aufenthalt in Berlin, das damals freilich noch nicht wieder die neue (alte) Hauptstadt der Bundesrepublik war. Während des Gottesdienstes im wiederaufgebauten, prachtvollen evangelischen Dom hielt Patriarch Aleksij II. vor mehr als 1500 Christen aller Konfessionen seine Aufsehen erregende Ansprache über Versöhnung und Frieden. In dieser Rede entschuldigte sich der Patriarch für die Etablierung eines totalitären Systems in Deutschland durch die ehemalige Sowjetunion. Wörtlich erklärte er in seiner Botschaft »an das deutsche Volk«, es dürfe nicht verschwiegen werden, »dass jenes to-

сотрудничества и богословского диалога между обеими Церквами. Патриарх Алексий II встретился также с инициативными группами, поддерживающими интенсивные контакты с монастырями, духовными учебными заведениями и приходами в различных епархиях России. Он подчеркнул свой большой интерес к этим прямым межцерковным отношениям. В Мюнхене, где Патриарх Алексий II был гостем земельного епископа Евангелической Лютеранской Церкви в Баварии, русская православная делегация также посетила евхаристическое богослужение в лютеранском соборе Христа Спасителя.

Вершиной всего визита, причем не только по мнению средств массовой информации, было пребывание в Берлине. Правда, тогда он еще не стал новой (старой) столицей Федеративной Республики Германии. Во время богослужения в восстановленном роскошном Евангелическом соборе собралось более

90 *Ein Höhepunkt des Deutschlandbesuches von Patriarch Aleksij II. war 1995 die Versammlung im Berliner Dom (von links): Dompfarrer Martin Beer, Patriarch Aleksij II., der römisch-katholische Erzbischof Georg Sterzinsky, der evangelische Bischof von Berlin, Wolfgang Huber, und der russisch-orthodoxe Erzbischof Feofan von Berlin und Deutschland.*
Кульминацией визита Святейшего Патриарха Алексия II в Германию в 1995 году стала встреча в Берлинском соборе. Слева направо: соборный пастор Мартин Бер, Святейший Патриарх Алексий II, римо-католический епископ Георг Стержинский, евангелический Берлинский епископ Вольфганг Хубер и православный архиепископ Берлинский и Германский Феофан

talitäre Regime, welches nach dem Fall des Nationalsozialismus in Ostdeutschland aufgerichtet worden ist und vielen Deutschen solches Leid gebracht« habe, gerade »aus unserem Land gekommen ist, und dass viele meiner Landsleute es durch ihre falsche Handlungsweise gestützt haben. Dafür erbitte ich heute von euch Vergebung im Namen meiner viele Millionen und viele Nationen umfassenden Schar der Gläubigen.«

Im ganzen Land wurde diese Ansprache mit großem Ernst und dankbarer Freude aufgenommen. Mit dieser Botschaft hatte niemand gerechnet. Patriarch Aleksij II. gewann mit ihr über den Kreis der Christen hinaus in der deutschen Öffentlichkeit viele neue Sympathien für die Russische Orthodoxe Kirche und ihren Dienst.

Für die römisch-katholische Kirche begrüßte Joachim Kardinal Meisner, Erzbischof von Köln, die russisch-orthodoxe Delegation auf dem Flughafen. Am Abend des Ankunftstages gab Bischof Karl Lehmann, der Vorsitzende der Deutschen Bischofskonferenz, einen Empfang für die Gäste. Zuvor hatten Bischof Lehmann und Bischof Engelhardt, der Vorsitzende des Rates der EKD, einen ökumenischen Wortgottesdienst im Bonner Münster gefeiert. Dies war für Patriarch Aleksij II. eine Gelegenheit, sich mit einem Grußwort an die Gemeinde zu wenden.

Weitere Gespräche gab es dann mit Repräsentanten der römisch-katholischen Kirche in München, wo der Patriarch mit Friedrich Kardinal Wetter zusammentraf, dem Co-Vorsitzenden der bilateralen Dialogkommission. Die Gespräche der Delegation mit der Ökumene-Kommission der Deutschen Bischofskonferenz waren freilich zu kurz, um alle Probleme anzusprechen, die seit einigen Jahren die Beziehungen zwischen den beiden Kirchen belasten. Als Erfolg kann gewertet werden, dass die Entsendung weiterer orthodoxer Seminaristen zum Studium am renommierten Ostkirchlichen Institut in Regensburg vereinbart wurde. Die Frage nach der Anerkennung des Dienstes der Römisch-Katholischen Kirche in Russland beantwortete der Patriarch dahingehend, dass die Russische Orthodoxe Kirche die Existenz aller traditionell in Russland ansässigen Kirchen und Religionsgemeinschaften anerkenne. In diesem ökumenischen Geist verlief auch ein großer Empfang, zu dem der römisch-katholische Erzbischof und der lutherische Bischof gemeinsam in die Katholische Akademie in Bayern eingeladen hatten.

Gemeinsam auf dem Weg in ein neues Europa

Betrachtet man den Deutschlandbesuch des Patriarchen aus der Sicht der russischen Innenpolitik, so ist er ohne Zweifel als ein kühner Schritt zu bewerten. In Russland gab und gibt es nicht wenige Menschen, die sich ge-

полутора тысяч христиан всех конфессий, и Патриарх Алексий II выступил со своим Обращением о примирении и мире, привлекшем всеобщее внимание. В своем обращении Патриарх попросил прощения у немцев за то, что бывший Советский Союз способствовал становлению тоталитаризма в Германской Демократической Республике. Дословно в своем обращении к немецкому народу он заявил, что «тоталитарный режим, установившийся после падения нацизма в Восточной Германии и принесший страдания многим немцам, пришел на эту землю именно из нашей страны, а многие мои соотечественники поддержали его своими неправедными деяниями. За это я ныне прошу у вас прощения от имени своей многомиллионной и многонациональной паствы». Во всей стране эти слова были восприняты с большой серьезностью и с благодарной радостью. Никто не ожидал такого обращения. Благодаря этому Патриарх Алексий II снискал много новых симпатий к Русской Православной Церкви и к ее служению не только в кругах христиан, но и у всей немецкой общественности.

От Римско-Католической Церкви русскую православную делегацию уже в аэропорту Дюссельдорфа, в день прибытия на немецкую землю, вместе с евангелическим епископом Рольфом Коппе приветствовал Йоахим кардинал Майснер, архиепископ Кельнский. Вечером того же дня председатель Германской Епископской Конференции епископ Карл Леман устроил прием в честь гостей. Накануне в главном соборе Бонна – Мюнстере епископ Леман и председатель Совета ЕЦГ епископ Клаус Энгельхардт совершили экуменическое богослужение, за которым Патриарх Алексий II обратился со словом приветствия к собравшимся во множестве немецким верующим.

Контакты и беседы с представителями Католической Церкви продолжались и в Мюнхене, где имела место встреча с Фридрихом кардиналом Веттером, архиепископом Мюнхенским и Фрайзингским, сопредседателем двустороннего богословского диалога между Русской Православной Церковью и Германской Епископской Конференцией. Правда, беседа делегации с экуменической комиссией Германской Епископской Конференции была слишком краткой для того, чтобы обсудить все проблемы, вот уже несколько лет омрачающие отношения между обеими Церквами. Успехом можно считать достигнутую договоренность о продолжении направления православных семинаристов на учебу в престижном

91 *Zum Deutschlandbesuch des geistlichen Oberhauptes der Russischen Orthodoxen Kirche gehörten auch Begegnungen mit Politikern: Patriarch Aleksij II. im Gespräch mit dem Präsidenten der Bundesrepublik Deutschland, Johannes Rau.*

Визит Предстоятеля Русской Православной Церкви в Германию включал встречи с политиками. Патриарх Алексий II беседует с Президентом Федеративной Республики Германии Йоханнесом Рау.

gen Kontakte mit Deutschland aussprechen, insbesondere nach dem Abzug der Westgruppe der Streitkräfte, den viele als zu früh und zu schnell einschätzen. Mehr als andere Personen des öffentlichen Lebens genießt der Patriarch allerdings im eigenen Land Respekt und Vertrauen. Besser als andere konnte er daher denen die Hand zur Versöhnung entgegenstrecken, die sich in Deutschland seit langem für eine neue, gute Beziehung zu den Menschen in Russland einsetzen.

Zweifellos hatte der Besuch auch außenpolitische Aspekte. Das geistliche Oberhaupt der Russischen Orthodoxen Kirche vertritt keine einzelne Partei oder einen politischen Block, sondern versteht sich als Sprecher der Mehrheit seines Volkes. Besser als Parteipolitiker und Vertreter der Regierung kann er eine objektive Bewertung der Situation in Russland abgeben. Insofern ist er gerade auch für Politiker in der Bundesrepublik ein interessanter Gesprächspartner. So verwundert es nicht, dass auf dem Besuchsprogramm von Patriarch Aleksij II. auch Begegnungen mit dem deutschen Bundespräsidenten, dem Bundeskanzler, dem Präsidenten des Deutschen Bundestages (Parlament) und dem Außenminister sowie Gespräche mit Ministerpräsidenten in mehreren deutschen Bundesländern standen.

Bedenkt man die verschiedenen Aspekte dieses ersten Besuches eines Patriarchen der Russischen Orthodoxen

Институте Восточных Церквей в Регенсбурге. На вопрос о признании служения Римско-Католической Церкви в России Патриарх ответил, что Русская Православная Церковь признает факт существования всех традиционно действующих в России Церквей и религиозных объединений. В таком экуменическом духе прошел и торжественный прием в Католической академии в Баварии, на который римско-католический архиепископ и лютеранский епископ пригласили делегацию.

Вместе по пути в новую Европу

Оценивая Патриарший визит в Германию с точки зрения российского общества, нужно сказать, что это был смелый шаг, поскольку в России было и есть немало людей, выступающих против контактов с Германией, особенно после поспешного, как некоторым показалось, вывода российских войск с территории бывшей ГДР. С другой стороны, Святейший Патриарх выразил чаяния тех русских людей, кто давно уже стремился примириться с немецким народом и наладить нормальные контакты со страной, с которой нас связывают многовековые разносторонние отношения. Именно Патриарх, Предстоятель Церкви, пользующийся громадным уважением, доверием и поддержкой в своей стране, мог сделать это лучше любого другого.

Визит Святейшего Патриарха Алексия II имел и внешнеполитическое значение. Духовный Предстоятель Русской Православной Церкви не является представителем какой-либо партии или политического блока, а представляет интересы большинства своего народа. Он способен дать более объективную оценку ситуации в России, чем партийные политики и представители правительства. Посему он является особенно интересным собеседником для политиков в Федеративной Республике Германии. Именно в силу этих обстоятельств Святейший Патриарх Алексий II имел официальные встречи и беседы не только с федеральным Президентом ФРГ, но и с федеральным канцлером, председателем парламента, министром иностранных дел и пятью земельными премьер-министрами, а также с рядом руководителей политических партий.

Если учесть различные аспекты этого первого в истории визита Патриарха Русской Православной Церкви в Германию, то его, вне сомнения, можно назвать историческим. Это был визит братской любви, он служил примирению между народами и миру в Европе. Учитывая те вызовы, перед которыми

Kirche in Deutschland, so kann man diesen zweifellos als historisch bezeichnen. Es war ein Besuch in brüderlicher Liebe, der der Versöhnung zwischen den Völkern und dem Frieden in Europa diente. Angesichts der vielen Herausforderungen, vor denen unsere Länder und Kirchen auf dem Weg in das vereinigte Europa stehen, müssen die Kirchen engen Kontakt suchen und sich miteinander verständigen. Wer sich in dieser Situation isoliert, missachtet die Verantwortung, vor der wir in den Kirchen in Ost und West jetzt stehen. Dabei ist es keineswegs notwendig, dass die Kirchen eine »künstliche« Vereinigung anstreben. Der Reichtum und die Kraft der Kirchen besteht nicht in Uniformität und Gleichartigkeit, sondern in der festen Verwurzelung in ihrer je eigenen Tradition, im Respekt voreinander und in der Verpflichtung, die Einheit der ersten Jahrhunderte des Christentums mit Ernst zu suchen.

Erzbischof Longin (Talypin) von Klin, Düsseldorf

стоят наши страны и Церкви на пути в объединенную Европу, Церкви должны стремиться к тесному контакту друг с другом и к достижению взаимопонимания. Тот, кто самоизолируется в данной ситуации, пренебрегает ответственностью, которая лежит сейчас на Церквах Востока и Запада. При этом вовсе нет нужды в том, чтобы Церкви стремились к искусственному воссоединению. Богатство и сила Церквей – не в униформированности и единообразии, а в прочной укорененности в собственной традиции, во взаимоуважении и в осознании своего долга: с полной серьезностью продолжать поиски единства первых веков христианства.

Архиепископ Клинский Лонгин (Талыпин), Дюссельдорф

Botschaft des Patriarchen an das Deutsche Volk

»Gnade sei mit euch und Friede von Gott, unserm Vater und dem Herrn Jesus Christus« (1. Korinther 1,3). Wir haben uns jetzt hier in dieser herrlichen Kirche versammelt, um mit einem Mund und einem Herzen den allverehrten und erhabenen Namen unseres Herrn Jesus Christus zu verherrlichen, der von uns erwartet, dass wir auf seine Stimme hören, wenn er von der einen Herde und dem einen Hirten spricht (Johannes 10,11–16).

Herzlich grüße ich Sie hier und einen jeden, der mit uns an diesem Gebet teilnimmt, das über Fernsehen und Radio übertragen wird. Ich bin in dieses Land gekommen auf Einladung der Römisch-Katholischen und der Evangelischen Kirche in Deutschland wie auch der Diözese von Berlin und Deutschland des Moskauer Patriarchats. Mein Besuch in Deutschland ist der erste, den ein Vorsteher der Russischen Orthodoxen Kirche in diesem Land macht; dabei erwächst er aus der intensiven Entwicklung der brüderlichen Beziehungen zwischen den Kirchen Deutschlands und der Russischen Orthodoxen Kirche.

Nach dem Willen Gottes ist es unseren Völkern und Staaten beschieden, in einer engen Nachbarschaft und Wechselbeziehung miteinander zu leben. Im Verlaufe der Jahrhunderte haben sich sowohl bei Euch wie bei uns die staatlichen Strukturen verändert. In unserer Geschichte wechselten sich Epochen des gegenseitigen Verstehens mit

Обращение Патриарха к немецкому народу

«Благодать вам и мир от Бога, Отца нашего, и Господа Иисуса Христа» (1 Кор. 1. 3). Мы собрались ныне в сем величественном храме, дабы едиными устами и единым сердцем восславить всесвятое и великолепное Имя Господа нашего Иисуса Христа, ожидающего, чтобы мы поистине услышали глас Его о едином стаде и одном Пастыре (Ин. 10. 11-16).

Сердечно приветствую вас и всех, кто разделяет с нами молитву, транслируемую по телевидению и радио. Я прибыл в вашу страну по приглашению Римско-Католической и Евангелической Церквей в Германии, а также Берлинской и Германской епархии Московского Патриархата. Мое посещение Германии, ставшее первым визитом сюда Предстоятеля Русской Православной Церкви, является следствием интенсивного развития братских взаимоотношений между Церквами Германии и Русской Православной Церковью.

По воле Божией нашим народам и государствам было суждено жить в близком соседстве и взаимодействии. На протяжении веков и у вас, и у нас изменялись государственные структуры, в нашей истории чередовались периоды взаимопонимания и противостояния, сотрудничества и вражды, мира и войны, но неизменным оставалось одно: отношения на-

solchen der Gegnerschaft, Zeiten der Zusammenarbeit und jenen der Feindschaft, Perioden des Friedens und des Krieges ab, aber eins ist stets unverändert geblieben: Die Beziehungen unserer Länder haben in vieler Hinsicht das Schicksal Europas und der Welt bestimmt.

Was hier im Hinblick auf die Vergangenheit gesagt worden ist, bezieht sich auch auf die religiösen und zwischenkirchlichen Kontakte, die ihren Anfang schon im 11. Jahrhundert genommen haben, in der Zeit des Lebens der seligen Edigna, der Enkelin der Großfürsten Jaroslaw des Weisen von Kiew, einer Frau, zu der sich sowohl katholische wie orthodoxe Gläubige im Gebet wenden. Das 19. Jahrhundert, in dem die ökumenische Bewegung in ihrer gegenwärtigen Gestalt entstand, ließ neue Verbindungen zwischen den Kirchen Deutschlands und Russlands entstehen. Es ist zu bedauern, dass diese Verbindungen schwächer wurden, als für unsere Kirche im Jahr 1917 eine tragische Zeit anbrach: Mit dem Blut der Märtyrer und dem Leiden der Bekenner hat sie bis zum Anfang der 40er Jahre für ihre Treue zu ihrer Sendung bezahlt.

Das 20. Jahrhundert unterscheidet sich zu unserem Leidwesen im Hinblick auf die Beziehungen zwischen Russland und Deutschland von allen vorhergehenden, denn im Verlauf seiner ersten Hälfte standen unsere beiden Völker zweimal in einem Zwischenraum von nur 24 Jahren einander auf dem Schlachtfeld gegenüber. Wenn wir dieser tragischen Ereignisse – besonders des letzten, des blutigsten der Kriege – gedenken, dann wollen wir in unseren Gebeten der zahlreichen Brüder und Schwestern gedenken, die mannhaft und kompromisslos Widerstand gegenüber der heidnischen, rassistischen Ideologie des Nationalsozialismus geleistet haben, wie es die Mitglieder der Bewegung der »Bekennenden Kirche« taten und ebenso viele Geistliche und Laien der Römisch-Katholischen Kirche in Deutschland. Gleichermaßen bewahren wir auch unseren vielen Landsleuten ein ehrendes Gedenken, die durch ihr Blut und ihre Leiden als Märtyrer und Bekenner ihre Treue zum Herrn und Erlöser besiegelt haben.

In diesem Zusammenhang erinnern wir uns daran, dass im Oktober 1945 von bedeutenden religiösen Persönlich-

92 *Erstmals besuchte 1995 ein Patriarch der Russischen Orthodoxen Kirche Deutschland. Nach seiner Botschaft an das deutsche Volk segnete Patriarch Aleksij II. am Altar des evangelischen Doms in Berlin die Anwesenden und alle Christen Deutschlands.*

В 1995 году Предстоятель Русской Православной Церкви впервые посетил Германию. После своего обращения к немецкому народу Святейший Патриарх Московский и всея Руси Алексий II, стоя у алтаря берлинского Евангелического собора, благословил собравшихся там и всех христиан Германии.

ших стран во многом определяли судьбы Европы и мира.

Сказанное, помимо прочего, относится к контактам религиозным, межцерковным, берущим свое начало еще с XI века – времени жизни блаженной Эдигны, внучки Великого Князя Киевского Ярослава Мудрого, к которой с молитвой обращаются католические и православные верующие. Девятнадцатый век, давший жизнь экуменическому движению в его современном виде, привел к установлению новых связей между Церквами Германии и России. К сожалению, эти связи были ослаблены, когда в 1917 году для нашей Церкви наступило трагическое время: кровью мучеников, страданием исповедников оплачивала она свою миссию до начала 40-х годов.

Двадцатый век в отношениях между Россией и Германией, к нашей горечи, выпадает из всех предшествующих, ибо на протяжении первой его половины наши народы дважды, с интервалом в двадцать четыре года, противостояли на поле боя. Обращаясь к этим трагическим событиям, особенно

keiten Deutschlands die »Stuttgarter Erklärung« angenommen worden ist, welche eine Anerkennung der Schuld und Verantwortung des deutschen Volkes und seiner geistlichen Führer für den Zweiten Weltkrieg beinhaltete.

Und so dürfen wir auch nicht mit Schweigen übergehen, dass jenes totalitäre Regime, welches nach dem Fall des Nationalsozialismus in Ostdeutschland aufgerichtet worden ist und vielen Deutschen solches Leid gebracht hat, in dieses Land gerade aus unserem Land gekommen ist, und dass viele meiner Landsleute es durch ihre falsche Handlungsweise gestützt haben. Dafür erbitte ich heute von Euch Vergebung im Namen meiner viele Millionen und viele Nationen umfassenden Schar der Gläubigen.

Es ist sehr tröstlich, dass im Verlaufe der letzten 50 Jahre die Kirchen unserer Länder die Verpflichtung auf sich genommen haben, der Versöhnung zu dienen (2. Korinther 5,18–20). Unsere brüderlichen Beziehungen beinhalten vielfältige Aspekte, so z. B. die Buße deutscher Christen gegenüber den russischen Gläubigen, die Hilfe der Christen Deutschlands für die Russische Kirche in den 50er und 60er Jahren, den Jahren der Verfolgung unter Chruschtschow, oder unser Zusammenwirken zum Wohle des religiösen Lebens der Sowjetdeutschen, und ebenso – dies möchte ich besonders hervorheben – unser theologischer Dialog sowohl mit der Römisch-Katholischen als auch mit der Evangelischen Kirche in Deutschland.

Heute darf das Leben des Moskauer Patriarchats auf seinem kanonischen Territorium in Russland und anderen GUS-Ländern sowie im Baltikum in tätiger Weise eine neue Blüte erleben: Tausende von Kirchen und Hunderte von Klöstern wurden geöffnet; von Neuem mit Leben erfüllt wurde die Tätigkeit der Kirche auf dem Feld der Bildung, der Wohltätigkeit, der sozialen, missionarischen und publizistischen Arbeit – mit einem Wort: All das, was von den früheren Machthabern verboten oder eingeschränkt worden war, ist nun möglich. Ich möchte diese Gelegenheit nutzen, um den deutschen Brüdern und Schwestern für die Hilfe zu danken, die sie uns bei dem nicht leichten Werk der Wiedergeburt erwiesen haben.

Unsere Kirche ist auch einbezogen in gesellschaftliche Prozesse, und in erster Linie in die Arbeit für den Frieden, was sich besonders deutlich zeigte in den Tagen der politischen Krisen in Russland, aber derzeit genauso im Zusammenhang mit den Tragödien in Tschetschenien und Bosnien. Besonders beunruhigt uns die Zerrissenheit des russischen Volkes, was Europa erschreckt und darum einer friedlichen Überwindung bedarf. Ein wichtiger Teil der gesellschaftlichen Aufgabe der Russischen Kirche be-

к последней, самой кровопролитной из войн, мы должны вспомнить в своих молитвах многочисленных братьев и сестер – участников движения Исповедующей Церкви, клириков и мирян Римско-Католической Церкви в Германии, мужественно и бескомпромиссно противостоявших языческой, расистской идеологии нацизма. Мы воздаем должное памяти многих ваших соотечественников – мучеников и исповедников, кровью и страданиями запечатлевших свою верность Господу и Спасителю.

Мы вспоминаем принятие в октябре 1945 года видными религиозными деятелями Германии Штутгартской декларации, содержащей признание вины и ответственности немецкого народа и его духовных руководителей за Вторую мировую войну.

Одновременно не можем умолчать мы и о том, что тоталитарный режим, установившийся после падения нацизма в Восточной Германии и принесший страдания многим немцам, пришел на эту землю именно из нашей страны, а многие мои соотечественники поддержали его своими неправедными деяниями. За это я ныне прошу у вас прощения от имени своей многомиллионной и многонациональной паствы.

Весьма отрадно, что за прошедшее пятидесятилетие Церкви наших стран приняли на себя долг служения примирения (2 Кор. 5. 18-20). Наши братские связи включили в себя многообразные аспекты, такие как покаяние немецких христиан перед русскими верующими, помощь христиан Германии Русской Церкви в годы хрущевских гонений 50-х – 60-х годов, наше содействие религиозной жизни советских немцев, а также, что хотелось бы особо отметить, наш богословский диалог с Римско-Католической и Евангелической Церквами в Германии.

Сегодня жизнь Московского Патриархата на его канонической территории, то есть в России и других странах СНГ и Балтии, – активно возрождается. Открываются тысячи храмов и сотни монастырей, развивается образовательная, благотворительная, социальная, миссионерская, издательская деятельность Церкви – словом, все то, что было запрещено или ограничено при прежних властях. Пользуюсь случаем, чтобы поблагодарить немецких братьев и сестер за помощь нам в нелегких трудах возрождения.

Наша Церковь вовлечена и в общественные процессы, в первую очередь в миротворчество, что особенно ярко проявилось в дни политических кризисов в России, а ныне проявляется в связи с трагедиями в

steht in meiner Sicht darin mitzuhelfen, dass die Beziehungen zwischen den Völkern Deutschlands und den Ländern, in denen der wesentliche Teil meiner Gläubigen lebt, von Frieden, Partnerschaft und gegenseitiger Hilfe geprägt sind. Gebe Gott, dass niemals mehr zwischen uns eine verderbliche Feindschaft aufkomme und dass unsere Länder gemeinsam als Garanten der Harmonie und einer gerechten Weltordnung dienen mögen.

Ein großes Ereignis in unserem Leben kommt näher – das zweite Jahrtausend seit der Ankunft unseres Herrn Jesus Christus in der Welt. Alle Christen bereiten sich auf die Feier dieses heilbringenden Ereignisses vor. Was aber müssen wir tun, damit wir wirklich das Recht haben, in den heiligen Nächten des zweiten Millenniums den Lobpreis der Engel anzustimmen: »Ehre sei Gott in der Höhe und Friede auf Erden und den Menschen ein Wohlgefallen« (Lukas 2,14)? Welches gebührende Geschenk sollen wir nach Bethlehem Christus an die Krippe bringen?

Ein solches Geschenk wären die Anstrengungen unserer Kirchen, die Glaubenseinheit der jetzt noch gespaltenen Christenheit herbeizuführen – in Erfüllung des Gebotes des Herrn (Johannes 17,21). Ein solches Geschenk wäre die eifrige Fortsetzung unserer brüderlichen Zusammenarbeit. Ein solches Geschenk wäre unser Bemühen darum, dass wir Feindschaft und Hass in der Welt überwinden; es wäre auch unsere Sorge für die Leidenden, die Unterdrückten und Gedemütigten. Dieses Geschenk vermag alles zu sein, was wir zum Wohle der uns Fernen und Nahen vollbringen können (Epheser 2,17).

Jetzt, da ich mich hier auf deutschen Boden befinde, möchte ich meinen aufrichtigen und herzlichen Wunsch bekunden, dass am Vorabend des neuen Jahrhunderts unsere Völker für immer die dramatischen Seiten in ihren Beziehungen umblättern, von denen das vergangene Jahrhundert gekennzeichnet war. Lasst uns nach der Zukunft streben, lasst uns aus der Vergangenheit nur das Beste behalten – nämlich unsere geistliche, ökonomische und politische Zusammenarbeit, die Erfahrung der gemeinsamen Mühen auf dem Gebiet der Wissenschaft, der Kultur und bei der Überwindung der Kriminalität.

Geliebte, ich bete für Euch, für Euer frommes und arbeitsliebendes Volk, für Eure wunderschöne Heimat! Und ich erbitte Eure Gebete für uns, Eure Brüder und Schwestern. Es segne der allerbarmende Herr alle guten Vorhaben und guten Werke.

»Die Gnade sei mit allen, die lieb haben unsern Herrn Jesus Christus in Unvergänglichkeit! Amen.« (Epheser 6, 24).

Чечне и Боснии. Особо заботит нас разделенное состояние русского народа, грозящее Европе большими бедами и посему нуждающееся в мирном преодолении. Важной частью общественной миссии Русской Церкви я считаю помощь установлению прочных отношений мира, партнерства и взаимопомощи между народами Германии и стран, где живет основная часть моей паствы. Дай Бог, чтобы никогда больше не возникала между нами пагубная вражда, чтобы наши страны сообща служили оплотом гармонии и справедливости мироустройства.

Приближается великое событие в нашей жизни – Второе тысячелетие пришествия в мир Господа нашего. Все христиане готовятся к празднованию этого спасительного события. Что же должны совершить мы, чтобы по достоинству воспеть в Святую ночь Двухтысячелетия славословие Ангелов: «Слава в вышних Богу, и на земле мир, в человеках благоволение» (Лк. 2. 14)? Какой подарок нам следует принести к вифлеемским яслям Христа?

Этим подарком должны быть усилия наших Церквей по приближению вероисповедного единства разделенного ныне христианства во исполнение заповеди Господней (Ин. 17. 21). Этим подарком должно быть ревностное продолжение нами братского сотрудничества. Этим подарком должны быть наши труды по преодолению в мире вражды и ненависти, наши заботы о страждущих, угнетенных и оскорбленных. Этим подарком будет все то, что мы сможем совершить во благо дальних и близких наших (Еф. 2. 17).

Находясь здесь, на немецкой земле, свидетельствую о искреннем и сердечном своем желании, чтобы накануне нового столетия наши народы навсегда перевернули драматическую страницу в своих отношениях, коей был отмечен век уходящий. Устремляясь в будущее, давайте возьмем из прошлого только лучшее – наше духовное, экономическое, политическое сотрудничество, опыт совместных трудов в области науки, культуры, ратного дела, преодоления преступности.

Возлюбленные, молюсь о вас, о благочестивом и трудолюбивом народе вашем, о вашей прекрасной родине! Прошу молитв о нас, ваших братьях и сестрах! Да благословит Всемилостивый Господь ваши благие намерения и добрые дела!

«Благодать со всеми, неизменно любящими Господа нашего Иисуса Христа. Аминь» (Еф. 6. 24).

Begegnungen in Wahrheit und Liebe.
EKD-Delegation zu Besuch in Russland

Встречи в истине и любви. Визит делегации Евангелической Церкви в Германии в Россию

Fast zeitgleich erschienen zum Ausklang des Jahres 2000 sowohl in Deutschland als auch in Russland feierlich Erklärungen zur Einheit der Kirche. Schon dieser Umstand, den Christen kaum als Zufall bezeichnen können, unterstreicht den Willen der Evangelischen Kirche in Deutschland (EKD) und der Russischen Orthodoxen Kirche, die Gemeinschaft zwischen ihnen zu vertiefen und die vorhandenen Unterschiede in Lehre und Praxis des Glaubens zu überwinden.

Im Ringen um die Einheit der Kirche

Im August des Jahres 2000 verabschiedete die in Moskau versammelte Bischofssynode der Russischen Orthodoxen Kirche grundlegende Prinzipien für das Verhältnis zu den Nicht-Orthodoxen sowie – in einem Anhang – Ausführungen zu Geschichte und Charakterisierung der theologischen Dialoge mit Nicht-Orthodoxen. Im November desselben Jahres beschloss die Synode der EKD eine umfangreiche Kundgebung unter dem Titel: »Eins in Christus – Kirchen unterwegs zu mehr Gemeinschaft«. Während das Dokument der Bischofssynode umgehend übersetzt wurde, liegt die evangelische Kundgebung leider noch nicht in Russisch vor. So hat die Analyse dieser beiden wichtigen kirchlichen Verlautbarungen in beiden Ländern erst begonnen.

Schon die erste Lektüre macht freilich drei Dinge ganz deutlich. Es gibt – zum einen – nach wie vor gravierende Unterschiede zwischen der orthodoxen und der lutherischen Kirche. Es gibt aber – zum anderen – doch auch Übereinstimmungen, die nicht immer und nicht überall bewusst sind. Und es gibt Möglichkeiten, wie die Christen in beiden Kirchen sich in Zukunft noch besser kennen lernen und ihre Gemeinschaft vertiefen können.

»Nach Jahrhunderten des Gegeneinanders und Nebeneinanders, des Leidens und der Schuld sind die Kirchen im 20. Jahrhundert aufeinander zugegangen und haben zu einem Miteinander gefunden. Wir erleben Ökumene als ein weit gespanntes Netz von Beziehungen mit anderen Kirchen.« So heißt es in der evangelischen Kundgebung. Und am Schluss des Dokumentes der Bischofssynode heißt es in ähnlichen Worten (8): »Die Tragödie der

В конце 2000 года, почти одновременно, в Германии и в России, две Церкви выступили с торжественными заявлениями о единстве. Одно только это обстоятельство, которое христианам вряд ли покажется случайностью, подчеркивает желание как Евангелической Церкви в Германии (ЕЦГ), так и Русской Православной Церкви углубить общение и преодолеть все еще имеющиеся различия в вероучении и церковной практике.

В поисках единства Церкви

Собравшийся в Москве в августе 2000 года Архиерейский Собор Русской Православной Церкви утвердил Основные принципы отношения к инославию, а также опубликовал – в приложении – разработку по истории и характеристике богословских диалогов с инославием. В ноябре того же года Синод ЕЦГ принял Обращение под названием: «Едины во Христе – Церкви на пути к расширению общения». В то время как документ Архиерейского Собора был сразу же переведен на немецкий язык, русский перевод евангелического Обращения, к сожалению, пока отсутствует. Таким образом, анализ двух важных церковных документов, появившихся в обеих странах, только начался.

При первом беглом знакомстве с этими документами бросаются в глаза три обстоятельства. Во-первых, все еще налицо существенные различия между Православной и Лютеранской Церквами. Вместе с тем имеются и совпадения, пусть не всегда и не повсюду осознанные. И, наконец, существует возможность для лучшего знакомства и углубления взаимного общения обеих Церквей в будущем.

«После многовекового противодействия и сосуществования, после страданий и вины, Церкви в XX веке пошли навстречу друг другу и научились жить вместе друг с другом. Мы понимаем Экумену как разветвленные отношения с другими Церквами», – говорится в евангелическом Обращении. Схожая мысль высказана и в конце документа Архиерейского Собора (8): «Ушедшее тысячелетие было отмечено

Kirchenspaltung, Feindseligkeiten und Entfremdungen haben das vergangene Jahrtausend gekennzeichnet. Im 20. Jahrhundert haben die getrennten Christen Versuche unternommen, die Einheit der Kirche wieder zu finden. Die Russische Orthodoxe Kirche hat mit der Bereitschaft geantwortet, den Dialog der Wahrheit und der Liebe mit den nicht-orthodoxen Christen zu führen, einen Dialog, der inspiriert ist vom Aufruf Christi und dem von Gott gesetzten Ziel der Einheit der Christenheit. Auch heute, an der Schwelle zum dritten Jahrtausend seit der Geburt unseres fleischgewordenen Herrn und Erlösers Jesus Christus, ruft die orthodoxe Kirche erneut in Liebe und mit Nachdruck alle jene, für die der geheiligte Name Jesu Christi höher als jeder andere Name unter dem Himmel ist (Apostelgeschichte 4,12), zur gesegneten Einheit in der Kirche: »Unser Mund hat sich zu euch aufgetan, unser Herz ist weit geworden« (2. Korinther 6,11).

Wer freilich fragt, wie denn das Ziel – die Einheit der Kirche – beschrieben werden kann, erkennt in den beiden kirchlichen Dokumenten von Ende 2000 auch die Unterschiede zwischen orthodoxem und evangelischem Denken. Nach orthodoxer Lehre – so das Dokument der Bischofssynode – ist »die orthodoxe Kirche die wahre Kirche, in der die heilige Tradition und die Fülle der erlösenden Gnade Gottes ungeschmälert bewahrt werden«

трагедией разделения, вражды и отчуждения. В XX веке разделенные христиане проявили стремление к обретению единства в Церкви Христовой. Русская Православная Церковь ответила готовностью вести диалог истины и любви с инославными христианами, диалог, вдохновленный призывом Христа и богозаповеданной целью христианского единства. И сегодня, на пороге третьего тысячелетия со дня Рождества по плоти Господа нашего и Спасителя Иисуса Христа, Православная Церковь вновь с любовью и настойчивостью призывает всех тех, для кого благословенное имя Иисуса Христа выше всякого другого имени под небом (Деян. 4. 12), к блаженному единству в Церкви: «Уста наши отверсты к вам... сердце наше расширено» (2 Кор. 6. 11)».

Однако, если кто-либо спросит, как же можно описать эту цель – единство Церквей, – он обнаружит в церковных документах, принятых в конце 2000 года, различие в православном и протестантском мышлении. По православному учению – так сказано в документе Архиерейского Собора – «Православная Церковь есть истинная Церковь, в которой неповрежденно сохраняется Священное Предание и полнота спасительной благодати Божией» (1. 8). Следовательно, изначальное единство Церкви будет

(1.18). Die ursprüngliche Einheit der Kirche wird daher wieder hergestellt, in dem alle, die sich von der Kirche getrennt haben, wieder in die Gemeinschaft mit ihr zurückkehren. Die evangelische Kirche vertritt dagegen das Modell der »versöhnten Verschiedenheit«, das die Bischofssynode aufgrund der orthodoxen Tradition ablehnt. Es bedeutet, dass sich die unterschiedlichen christlichen Kirchen im Bewusstsein ihrer Übereinstimmung in wesentlichen Glaubenswahrheiten wegen der weiter bestehenden Unterschiede nicht bekämpfen, sondern als Schwesterkirchen akzeptieren. In der evangelischen Kundgebung heißt es dazu: »Wir anerkennen die Gemeinschaft im Glauben über alle konfessionellen Unterscheidungen und Trennungen hinaus; aufgrund der Taufe auf den Dreieinigen Gott sind wir Glieder der einen Kirche.«

Diese und andere Unterschiede in Lehre und Leben der orthodoxen und der lutherischen Kirchen zeigen, wie wichtig es ist, den Dialog »der Wahrheit und Liebe« weiterzuführen und die Begegnungen zwischen den Gläubigen der beiden Kirchen zu intensivieren. Die Bischofssynode hat sich in ihrem Dokument ausdrücklich für die Fortsetzung der theologischen Dialoge auch mit den Kirchen der Reformation ausgesprochen; sie empfiehlt gemeinsame Forschungsprojekte, gemeinsame Publikationsprogramme und gemeinsame theologische Konferenzen sowie den Austausch von Lehrern und Studenten. Sie hat auch daran erinnert (4.5): »Zum Dialog gehören zwei Seiten, beidseitige Offenheit der Gemeinschaft gegenüber, Bereitschaft zu verstehen, nicht allein ein geöffneter Mund, sondern auch ein weites Herz« (2. Korinther 6,11). Der Hinweis auf hermeneutische Probleme des Verständnisses und der Interpretation von Texten verdient ernsthafte Beachtung bei zukünftigen Gesprächen.

Die evangelische Kundgebung hat an die gemeinsame Anerkennung des Glaubensbekenntnisses von Nizäa – Konstantinopel aus dem Jahr 381 n. Chr. als eine solide Grundlage für mehr evangelisch-orthodoxe Gemeinschaft erinnert. Wörtlich heißt es dann: »Die große Zahl von orthodoxen Zuwanderern nach Deutschland und die unmittelbare Nachbarschaft haben zu gegenseitigem Verständnis für die je eigene Ausprägung von Theologie und Spiritualität und zu einer vertieften Gemeinschaft geführt.«

Auch die Bischofssynode hat unterstrichen, dass – ungeachtet der zerstörten Einheit der Kirche – »eine gewisse, unvollkommene Gemeinschaft« zwischen den getrennten Kirchen geblieben sei (1.15). Die Gemeinsamkeiten, die sie nennt, sind das Wort Gottes, der Glaube an Christus als Gott und Erlöser, der im Fleisch herniedergekommen ist (1. Johannes 1,1–2; 4,2), sowie aufrichtige Frömmig-

восстановлено, как только все отделившиеся от Церкви восстановят общение с ней. Между тем Евангелическая Церковь следует модели «примиренного многообразия», которую Архиерейский Собор отклонил, ссылаясь на православную традицию. Согласно этой модели, различные христианские Церкви, осознавая совпадения в существенных вероучительных истинах, несмотря на сохраняющиеся расхождения, не отвергают, а признают друг друга Церквами-сестрами. По этому поводу в евангелическом Обращении говорится: «Мы признаем общение в вере, несмотря на все конфессиональные разномыслия и разделения; на основе Крещения в Триединого Бога все мы есть члены одной Церкви».

Это и другие разногласия в доктринальных формулах и опыте Православной и Лютеранской Церквей демонстрируют важность продолжения диалога «в истине и любви» и углубления встреч между верующими обеих Церквей. В своем документе Архиерейский Собор однозначно выступил за продолжение богословского диалога с Церквами Реформации; он рекомендовал проведение совместных исследовательских программ, публикаций и богословских конференций, а также обмен преподавателями и студентами. Кроме того, документ содержит следующее напоминание (4. 5): «Диалог подразумевает две стороны, взаимную открытость к общению, готовность к пониманию, не только «отверстые уши», но и «расширенное сердце» (2 Кор. 6. 11)». Серьезного учета заслуживает в ходе будущих собеседований и указание на проблемы богословского языка, понимания и интерпретации.

Обращение Евангелической Церкви в Германии напоминает о взаимном признании Никео-Цареградского Символа веры 381 года, которое служит солидной основой для расширения общения между лютеранами и православными. Дословно в Обращении сказано: «Большой приток в Германию православных переселенцев и непосредственное соседство друг с другом способствовали росту взаимного понимания особенностей богословия и духовности, присущих обеим Церквам, и привели к расширению общения».

В свою очередь Архиерейский Собор подчеркнул, что, несмотря на разрыв единства, между разделенными Церквами «остается некое неполное общение» (1. 15). Заявление указывает и на такие признаки, объединяющие разделенный христианский мир, как Слово Божие, вера во Христа как Бога

keit (1.16). So machen die wenigen Zitate aus den beiden Erklärungen deutlich, dass sowohl die Russisch Orthodoxe Kirche als auch die EKD für den »Dialog in Wahrheit und Liebe« eintritt.

Evangelische Kirche zu Gast in Russland

Ein konkretes Beispiel für die von beiden Kirchen angestrebte Vertiefung der Gemeinschaft sind die wechselseitigen Besuche kirchlicher Delegationen. Diese Begegnungen auf der Ebene der Leitung der Russischen Orthodoxen Kirche und der EKD haben eine jahrzehntelange, gute Tradition. Der letzte Besuch einer EKD-Delegation fand im Frühjahr 1997 in Moskau und St. Petersburg statt. Er zeigt – ebenso wie der Besuch von Patriarch Aleksij II. in Deutschland –, dass die Kirchen gewillt sind, einander besser zu verstehen.

Leiter der offiziellen EKD-Delegation war Bischof Professor Klaus Engelhardt, der Vorsitzende des Rates der EKD. Der Rat ist das oberste Leitungsgremium der evangelischen Christenheit Deutschlands und in etwa dem »Heiligen Synod« der Russischen Orthodoxen Kirche vergleichbar. Zur Delegation gehörten neben dem Ratsvorsitzenden die Bischöfe Rolf Koppe und Christoph Demke sowie als Gast Erzbischof Professor Dr. Georg Kretschmar, das geistliche Oberhaupt der lutherischen Christen in Russland und anderen GUS-Staaten. Delegationsmit-

и Спасителя, пришедшего во плоти (1 Ин. 1. 1-2; 4. 2), и искреннее благочестие (1. 16). Таким образом, уже одни лишь эти ссылки на оба документа показывают, что как Русская Православная Церковь, так и Евангелическая Церковь в Германии выступают за «диалог в истине и любви».

Евангелическая Церковь в гостях в России

Конкретным примером углубления общения, к которому стремятся обе Церкви, служат взаимные визиты церковных делегаций. На протяжении нескольких десятилетий сложилась традиция подобных встреч на уровне церковного руководства Русской Православной Церкви и Евангелической Церкви в Германии. Последний раз делегация ЕЦГ посетила Москву и Санкт-Петербург весной 1997 года. Этот визит, также как и визит Его Святейшества Патриарха Алексия II в Германию, – продемонстрировал стремление Церквей к лучшему взаимопониманию.

Руководителем официальной делегации Евангелической Церкви в Германии был председатель Совета ЕЦГ епископ профессор Клаус Энгельхардт. Совет служит высшим органом управления евангелических христиан Германии, его можно сравнить со Священным Синодом Русской Православной Церк-

glieder waren außerdem noch zwei Frauen in leitenden Ämtern der evangelischen Kirche – Ratsmitglied Ruth Merkle und Oberkirchenrätin Ruth Rohrandt – sowie die beiden Oberkirchenräte Heinz Klautke und Claus-Jürgen Roepke.

Die Vertreter der evangelischen Kirche waren einer Einladung Patriarch Aleksij II. von Moskau und ganz Russland gefolgt. Die Reise mit ihren Begegnungen und Gesprächen auch in St. Petersburg war als Gegenbesuch bei der Russischen Orthodoxen Kirche nach dem Deutschlandbesuch des Patriarchen im November des Jahres 1995 konzipiert.

In die Reisetage fielen – nach dem westlichen Kalender – die höchsten Feiertage der Christenheit: Der Gedenktag der Kreuzigung Jesu Christi und das Fest der Auferstehung Jesu Christi von den Toten. So war es für die Besucher aus Deutschland eine große Freude, am Karfreitag am Gottesdienst der deutschen evangelischen Gemeinde in Moskau teilnehmen und das Osterfest mit der deutschen lutherischen Gemeinde von St. Petersburg in der dortigen St.-Annen-Kirche feiern zu können. Die Delegation besuchte auch die alte St.-Peter-und-Paul-Kirche im Zentrum von Moskau, die in den nächsten Jahren wieder als lutherisches Gotteshaus renoviert werden soll, und die Baustelle der St. Petri-Kirche am Newskij-Prospekt. Zu einer besonders herzlichen Begegnung gestaltete sich der Besuch bei der orthodoxen Martha-Maria-Schwesternschaft in der Ordynka in Moskau.

Im Mittelpunkt der Reise nach Moskau und St. Petersburg aber standen die Begegnungen mit höchsten Repräsentanten der Russischen Orthodoxen Kirche. Gesprächspartner waren vor allem Metropolit Kyrill, der Leiter des Kirchlichen Außenamts der Russischen Orthodoxen Kirche, und der neu ernannte Metropolit von St. Petersburg, Wladimir, sowie Patriarch Aleksij II.

Viel war in diesen Gesprächen die Rede von der derzeitigen gesellschaftlichen Situation im Lande, von den ungeheuren wirtschaftlichen Problemen und der schwierigen Lage so vieler Menschen. Patriarch Aleksij II. erinnerte an das Bischofskonzil vom Februar 1997, das öffentlich die katastrophale Verarmung von Millionen von Menschen angeprangert hatte. Er äußerte sich dankbar für die Rückgabe vieler Klöster und Kirchen. Aber oft fehlen die Mittel für die Renovierung der heruntergekommenen Gebäude. Viele hundert Gemeinden konnten in den letzten Jahren wieder neu gegründet werden. Aber es gibt zum gegenwärtigen Zeitpunkt viel zu wenig Priester, Diakone, Chorleiterinnen und Katechetinnen. Eine vordringliche Aufgabe sei daher – so die Gastgeber – die Einrichtung neuer Ausbildungsstätten. Beeindruckt zeigten sich

ви. Кроме председателя Совета ЕЦГ, в состав делегации входили епископы Рольф Коппе и Кристоф Демке, в качестве гостя присутствовал епископ профессор доктор Георг Кречмар, духовный предстоятель лютеранских христиан в России и других странах СНГ. Кроме того, в делегации были представлены две женщины, занимающие руководящие посты в Евангелической Церкви, – член Совета Рут Меркле и старшая церковная советница Рут Рорандт. В делегацию входили также два церковных советника – Хайнц Клаутке и Клаус-Юрген Рёпке.

Представители Евангелической Церкви последовали приглашению Его Святейшества Патриарха Московского и всея Руси Алексия II. Поездка, с ее встречами и беседами, была задумана как ответное посещение Русской Православной Церкви после визита Патриарха в Германию в ноябре 1995 года.

По западному календарю дни путешествия совпали с главными праздниками христианства: днем воспоминания о Распятии Иисуса Христа и праздником Воскресения Иисуса Христа из мертвых. Поэтому посетителям из Германии выпало большое счастье: в Страстную Пятницу они принимали участие в богослужении германской евангелической общины в Москве, а праздник Пасхи отпраздновали в церкви святой Анны вместе с немецким лютеранским приходом в Санкт-Петербурге. Делегация посетила также храм святых Петра и Павла в центре Москвы, в котором сейчас восстановлен лютеранский приход. Делегация также осмотрела стройплощадку церкви святого Петра на Невском проспекте. В очень сердечной атмосфере прошло посещение православной Марфо-Мариинской обители на Ордынке в Москве.

Однако в центре внимания делегации во время поездки в Москву и Санкт-Петербург находились встречи с высшими представителями Русской Православной Церкви. Собеседниками были прежде всего Его Святейшество Патриарх Алексий II, председатель Отдела внешних церковных сношений Московского Патриархата митрополит Кирилл и вновь назначенный митрополит Санкт-Петербургский Владимир.

В ходе этих бесед много говорилось о современной общественной ситуации в России, о крупных экономических проблемах и о тяжелом положении, в котором оказалось много людей. Патриарх Алексий II напомнил о состоявшемся в феврале Архиерейском Соборе, открыто и сурово осудившем катастрофическое обнищание миллионов людей. Он выразил благодарность за возвращение Церкви многих мо-

95 *Partnerschaft zwischen den Städten an Newa und Elbe: Metropolit Wladimir von St. Petersburg und Ladoga begrüßt die lutherische Bischöfin Maria Jepsen von Hamburg.*
Партнерство между городами, расположенными на Неве и Эльбе: митрополит Санкт-Петербургский Владимир приветствует лютеранского епископа Гамбургского Марию Епсен.

die Kirchenvertreter aus Deutschland auch über die in vielen Kirchen neu begonnene Sonntagsschularbeit mit Kindern und die Anfänge der Diakonie – der »Arbeit der Barmherzigkeit« – in vielen Gemeinden.

In christlicher Offenheit konnten auch manche Probleme besprochen werden, mit denen die orthodoxe Kirche in Russland zurzeit konfrontiert ist. Metropolit Kyrill nannte an erster Stelle den anhaltenden Proselytismus westlicher Missionare, vor allem aus Amerika, aber auch aus Japan. Aufdringliche Missionskampagnen würden – unter Einsatz erheblicher Finanzmittel – alles versuchen, um Menschen, die doch orthodox getauft seien, für ihre eigene Glaubensüberzeugung zu gewinnen. Die EKD-Delegation nahm dankbar zur Kenntnis, dass die Russische Orthodoxe Kirche zwischen aggressiven Sekten und den traditionellen Kirchen – zu denen auch die lutherische Kirche gehört – zu unterscheiden weiß. Sie zeigte Verständnis für die Verärgerung der Gesprächspartner, zumal auch in Deutschland das Auftreten einzelner aggressiver Sekten beunruhigend ist. Es bestand aber auch Übereinstimmung darüber, dass die Auseinandersetzung mit den Sekten in erster Linie ein »geistlicher Kampf« ist. Die Verkündigung des Evangeliums, die Unterweisung im Glau-

настырей и храмов. Правда, на ремонт разрушенных зданий часто не хватает материальных средств. За последние годы удалось вновь открыть много тысяч новых приходов. Но в Церкви на тот момент было недостаточно священников, диаконов, регентов и катехизаторов. Поэтому первостепенная задача, по словам представителей Русской Православной Церкви, состояла в открытии новых учебных заведений. Большое впечатление на церковных представителей из Германии произвело обучение детей в воскресных школах, которое организовано во многих приходах, а также первые шаги, предпринимаемые Церковью в области социальной диаконии – «дел милосердия».

С христианской откровенностью обсуждались и некоторые насущные проблемы Православной Церкви в России. В первую очередь митрополит Кирилл упомянул продолжающийся прозелитизм западных миссионеров, приезжающих главным образом из Америки, но также из Европы и Кореи. В ходе грубых миссионерских кампаний, с использованием значительных финансовых средств, предпринимаются разнообразные попытки переманивания православных верующих. Делегация ЕЦГ с благодарностью приняла к сведению, что Русская Православная Церковь делает различие между агрессивными сектами и такими традиционными Церквами, как, к примеру, Лютеранская Церковь. С пониманием отнеслась делегация ЕЦГ и к высказанному собеседниками недовольству в связи с прозелитизмом, тем более что появление некоторых агрессивных сект вызывает беспокойство и в Германии. Собеседники также пришли к единому мнению, что с сектами следует бороться главным образом «духовным путем». Проповедь Евангелия, наставление в вере, распространение и разъяснение церковной традиции – таковы идеальные пути, которые могут выработать у людей иммунитет против влияния сект.

В ходе бесед выяснилось, что Русская Православная Церковь сталкивается с трудностями в понимании некоторых новых явлений в богословии и этике западного протестантизма. В этой связи митрополит Кирилл совершенно конкретно назвал рукоположение женщин, чуждое Православной Церкви. Все русские православные епископы видят в этом угрозу основам христианской веры, ибо хиротония женщин противоречит Священному Писанию и святоотеческому Преданию. По этому поводу представители Евангелической Церкви напомнили о словах апостола Павла: «Ибо все вы сыны Божии по вере во Христа

ben, die Predigt und die Erklärung der kirchlichen Traditionen sind der beste Weg, um Menschen gegen Beeinflussung durch Sekten immun zu machen.

Schwierigkeiten hat die Russische Orthodoxe Kirche mit bestimmten Entwicklungen in Theologie und Ethik des westlichen Protestantismus. Metropolit Kyrill nannte ganz konkret die Ordination von Frauen zum geistlichen Amt. Dies sei für seine Kirche unvorstellbar. Alle russisch-orthodoxen Bischöfe sähen darin eine Gefährdung der Grundlagen des christlichen Glaubens, denn die Priesterweihe von Frauen verstoße gegen die Heilige Schrift und die Tradition der Väter. Die evangelischen Kirchenvertreter erinnerten an ein Wort des Apostels Paulus, der gesagt hat: »Ihr seid alle durch den Glauben Gottes Kinder in Christus. Hier ist nicht Mann noch Frau; denn ihr seid allesamt einer in Christus Jesus« (Galater 3,26–28). Der offene Gedankenaustausch machte deutlich, dass in dieser Frage noch erhebliche Unterschiede zwischen der orthodoxen und der evangelischen Kirche bestehen. Man vereinbarte dann, dieses wichtige Thema im offiziellen theologischen Dialog zwischen EKD und Russischer Orthodoxer Kirche zu vertiefen.

Als einen weiteren Grund für die Kritik an der ökumenischen Bewegung in Teilen der Hierarchie und unter den Gläubigen nannte Metropolit Kyrill Tendenzen im westlichen Protestantismus, die Homosexualität von Menschen als eine ethisch vertretbare Lebensweise anzuerkennen. Die EKD-Delegation teilte die Ansicht von Metropolit Kyrill, dass dieses komplizierte Thema nicht geeignet sei, auf großen ökumenischen Konferenzen öffentlich verhandelt zu werden. Zwar sollten sich Christen um Toleranz auch gegenüber homosexuell lebenden Menschen bemühen. Die Evangelische Kirche in Deutschland würde aber – im Gegensatz zu anders lautenden Informationen – die öffentliche kirchliche Segnung und Trauung von homosexuell lebenden Menschen ablehnen.

Angesichts dieser und anderer Fragen, die die Russische Orthodoxe Kirche kritisch an den Ökumenischen Rat der Kirchen (ÖRK) richtet, vereinbarten die Vertreter des Moskauer Patriarchats und der EKD ihre vertrauensvolle Zusammenarbeit auf vielen Feldern des kirchlichen Lebens zu intensivieren. So soll – mit dem Segen von Patriarch Aleksij II. und der Zustimmung von Bischof Engelhardt – der seit vierzig Jahren geführte theologische Dialog weitergeführt werden. Die beiden Kirchen wollen verstärkt zusammenarbeiten in der Vertretung der kirchlichen Interessen bei der europäischen Integration. Die EKD und ihr Diakonisches Werk werden die Russische Orthodoxe Kirche unterstützen bei der Ausbildung ihrer kirchlichen Mitarbeiter und den weiteren Aufbau der dia-

Иисуса; все вы, во Христа крестившиеся, во Христа облеклись. Нет уже Иудея, ни язычника; нет раба, ни свободного; нет мужеского пола, ни женского: ибо все вы одно во Христе Иисусе» (Гал. 3. 26-28). Открытый обмен мнениями показал, что по этому вопросу между Православной и Евангелической Церквами по-прежнему существуют серьезные расхождения. Было решено углубить обсуждение этой важной темы в рамках официального диалога между Евангелической Церковью в Германии и Русской Православной Церковью.

Еще одним основанием для критики экуменического движения, распространенной среди части православных иерархов и верующих, служат, по словам митрополита Кирилла, некоторые тенденции западного протестантизма, направленные на признание гомосексуализма в качестве нравственно приемлемого образа жизни. Делегация ЕЦГ согласилась с митрополитом Кириллом, что эта сложная тема не подходит для публичного обсуждения на крупных экуменических конференциях. Впрочем, христиане должны стараться быть толерантными также и по отношению к людям с гомосексуальными наклонностями. Евангелическая Церковь в Германии, в отличие от других мнений, распространенных в иных Церквах, отнеслась бы скорее негативно к церковному освящению и бракосочетанию людей, поддерживающих гомосексуальные отношения.

Учитывая эти и другие вопросы, по которым Русская Православная Церковь критикует Всемирный Совет Церквей, представители Московского Патриархата и ЕЦГ договорились об углублении взаимного доверительного сотрудничества во многих областях церковной жизни. Так, с благословения Его Святейшества Патриарха Алексия II и с согласия епископа Энгельхардта, необходимо продолжить богословский диалог, который ведется уже более 40 лет.

Обе Церкви стремятся к расширению сотрудничества в деле защиты церковных интересов в процессе европейской интеграции. Кроме того, ЕЦГ и Диаконическая служба будут помогать Русской Православной Церкви в подготовке ее сотрудников в дальнейшей организации социальной диаконии для оказания помощи пожилым, больным и страждущим людям. Целесообразно было бы шире использовать имеющиеся возможности по направлению в Германию стипендиатов.

В программу пребывания представителей Евангелической Церкви в Германии в Москве входили также две беседы с российскими политиками. Деле-

konischen Arbeit zugunsten alter, kranker und Not leidender Menschen. Es soll auch versucht werden, die Möglichkeiten eines Stipendiums in Deutschland noch stärker zu nutzen.

Auf dem Begegnungsprogramm der Kirchenvertreter aus Deutschland standen in Moskau auch Gespräche mit Politikern. So besuchte die EKD-Delegation den stellvertretenden Vorsitzenden der Duma und erörterte mit ihm das in Arbeit befindliche neue Religionsgesetz. Dabei wiesen die deutschen Besucher auf die guten Erfahrungen hin, die an den deutschen Schulen mit einem geordneten und von den Werten des Christentums bestimmten Religionsunterricht gemacht werden. Im Gespräch mit dem stellvertretenden Vorsitzenden des Außenamtes der Russischen Föderation kamen schließlich die vielfältigen Schwierigkeiten zur Sprache, die für die »Humanitäre Hilfe« durch häufig wechselnde Zollbestimmungen entstehen.

Höhepunkt der Tage war für die Besucher aus der Evangelischen Kirche in Deutschland aber zweifellos das mehrstündige Zusammensein mit dem Patriarchen. Patriarch Aleksij II. dankte der evangelischen Christenheit in Deutschland für alle Fürbitte und Hilfe in den zurückliegenden Jahrzehnten und jetzt in den schwierigen Jahren der Umwälzungen des gesamten Lebens. In warmen Worten sprach der Patriarch von der Zuneigung der russischen Menschen zu den Deutschen. Sie habe ihre Wurzeln in den kulturellen und dynastischen Beziehungen vergangener Jahrhunderte und sei selbst durch die schrecklichen Erfahrungen zweier Weltkriege nie zerstört worden. Die Russische Orthodoxe Kirche schätze die lutherische Kirche – zusammen mit der anglikanischen Kirchengemeinschaft – als wichtigen Gesprächspartner auf dem Weg zu einer Verständigung unter den getrennten Kirchen.

Patriarch Aleksij II. wörtlich: »Die bilateralen Beziehungen zwischen der EKD und der Russischen Orthodoxen Kirche spielen heute – so wie schon früher – eine besondere Rolle in den Beziehungen zwischen Ost und West, zwischen Orthodoxie und Protestantismus, zwischen Russland und Deutschland. Das in unseren Kirchen gespeicherte geistige und geistliche Potential muss zur Überwindung der krisenhaften Phänomene in den interkonfessionellen Beziehungen genutzt werden.«

Ohne Zweifel diente auch diese Begegnung in der Osterzeit 1997 indirekt der Vorbereitung der Erklärungen, die von beiden Kirchen im Jahr 2000 zur Vertiefung der Gemeinschaft zwischen der Russischen Orthodoxen Kirche und der Evangelischen Kirche in Deutschland beschlossen wurden. *Claus-Jürgen Roepke, München*

гация ЕЦГ встретилась с заместителем председателя Госдумы и обсудила с ним готовившийся к принятию Закон о религиозных объединениях. В ходе беседы немецкие гости ссылались на положительный опыт, накопленный с устоявшимся преподаванием Закона Божия в немецких школах, которое базируется на христианских ценностях. В ходе встречи с заместителем министра иностранных дел Российской Федерации говорилось о различных трудностях, возникающих при оказании «гуманитарной помощи» в связи с частым изменением таможенных предписаний.

Но бесспорным кульминационным пунктом этих дней стало для посетителей из Евангелической Церкви в Германии многочасовое пребывание у Патриарха. Его Святейшество Патриарх Алексий II поблагодарил евангелических христиан Германии за их молитвы и помощь в ходе прошедших десятилетий, и особенно в момент, когда в России происходила смена всего жизненного уклада. Патриарх произнес теплые слова о симпатиях русских людей к немцам. Эти симпатии уходят своими корнями в прошлые столетия, когда зародились культурные и династические связи, и они не были поколеблены даже страшным опытом двух прошедших мировых войн. Далее Патриарх сказал, что Русская Православная Церковь высоко ценит Лютеранскую Церковь, являющуюся, наряду с церковным объединением англикан, важным партнером при создании основ для взаимопонимания между разделенными Церквами.

Патриарх Алексий II сказал дословно: «Двусторонние связи между ЕЦГ и Русской Православной Церковью сегодня – как и ранее – играют особую роль в отношениях между Востоком и Западом, между Православием и Протестантизмом, между Россией и Германией. Накопленный нашими Церквами интеллектуальный и духовный потенциал должен быть использован для преодоления кризисных явлений в межконфессиональных отношениях».

Вне сомнения, эта встреча в пасхальные дни 1997 года послужила подготовкой к заявлениям об укреплении единства между Православной Церковью и Евангелической Церковью в Германии, с которыми почти одновременно выступили обе Церкви в конце 2000 года.

Клаус-Юрген Рёпке, Мюнхен

Dem neuen Europa eine Seele geben

Aus der Ansprache von Bischof Klaus Engelhardt in Moskau.

Ihre Einladung, Eure Heiligkeit, hat es gefügt, dass wir am Karfreitag bei Ihnen zu Gast sind. In unserer evangelischen Tradition ist der Karfreitag einer der höchsten Feiertage. In Deutschland wird zu dieser Stunde in vielen Kirchen der Todesstunde unseres Herrn und Heilandes Jesus Christus gedacht. Es ist die Grundlage unseres christlichen Glaubens, dass wir nur durch den Opfertod unseres Herrn Jesus Christus Zugang zu unserem göttlichen Vater haben. Unter dem Kreuz unseres Herrn begegnen wir uns heute; unter dem Kreuz begegnen sich unsere Kirchen. Dass wir Sie an diesem Tag besuchen, daran mögen Sie sehen, wie hoch wir die Begegnung mit Ihnen einschätzen.

Fünfzehn Jahre sind vergangen, seit ein Ratsvorsitzender unserer Kirche Ihrer Kirche einen Besuch abstattete. Inzwischen haben wir in unseren beiden Ländern eine neue politische und gesellschaftliche Situation. Die kommunistische Diktatur ist zu Ende. Bei uns in Deutschland hat die politische Wende die Zusammenführung unsere getrennten Kirchen in Ost- und Westdeutschland gebracht. Wir haben Gott für das Wunder dieser politischen Wende zu danken. Wir sehen freilich auch, dass die Freude darüber mit Belastungen verknüpft ist. Bei Ihnen in Russland und bei uns in Deutschland muss die Last der Neugestaltung getragen werden. Mit Aufmerksamkeit haben wir die Botschaft Ihrer Bischofssynode vom Februar dieses Jahres vernommen. Darin klingen die Schwierigkeiten im sozialen und wirtschaftlichen Leben an, die auch Ihre Kirche herausfordern.

Ich möchte die Gelegenheit heute nutzen, um Ihnen noch einmal von Herzen dafür zu danken, dass Sie vor sechzehn Monaten im Berliner Dom dem deutschen Volk mit Ihrer Versöhnungsbotschaft die Hand gereicht haben.

Wir stehen jetzt vor der großen Aufgabe, für die Zusammenarbeit in einem friedlichen Europa alle Kräfte einzusetzen. Sie haben als Präsident der Konferenz Europäischer Kirchen bis zu Ihrer Wahl zum Patriarchen der Russischen Orthodoxen Kirche erheblich dazu beigetragen, dass die Kirchen ihre Aufgabe wahrnehmen, Europa eine Seele zu geben. Ich bin der festen Zuversicht, dass wir mit Gottes Beistand auf dem geistlichen und spirituellen Weg voranschreiten und als Kirchen gemeinsam unseren spezifischen Beitrag zum neuen Europa leisten.

Вдохнуть душу в Европу

Выдержки из выступления епископа Клауса Энгельхардта в Москве.

Ваше Святейшество! Так сложилось, что благодаря Вашему приглашению мы оказались у Вас в гостях в Великий Пяток. В евангелической традиции Страстная Пятница – один из величайших праздников. В Германии в этот момент во многих церквах верующие вспоминают о смертном часе Господа и Спаса Иисуса Христа. То, что через жертвенную смерть Господа Иисуса Христа мы имеем доступ к нашему Божественному Отцу, – составляет основу христианской веры. И сегодня мы встречаемся под сенью Креста нашего Господа. Наши Церкви сошлись друг с другом у Креста. И то, что мы приехали к Вам именно сегодня, свидетельствует о том, как высоко мы оцениваем эту встречу.

Пятнадцать лет прошло с тех пор, как председатель Совета нашей Церкви нанес визит Вашей Церкви. За это время в обеих наших странах сложилась новая политическая и общественная ситуация. Наступил конец коммунистической диктатуры. У нас в Германии политические изменения привели к воссоединению Евангелических Церквей, существовавших ранее отдельно в восточной и западной частях страны. Мы должны возблагодарить Бога за этот политический поворот. Вместе с тем мы видим, что радость по этому поводу сопряжена и с тяготами. Вы в России и мы в Германии несем на себе тяжесть нового устроения. С большим вниманием мы познакомились с обращением Вашего Архиерейского Собора, состоявшегося в феврале этого года. В нем говорится и о сложностях в социальной и экономической жизни Вашей страны, которые также являются вызовом и Вашей Церкви.

Мне хотелось бы воспользоваться случаем и еще раз сердечно поблагодарить Вас за то, что шестнадцать месяцев тому назад Вы протянули руку дружбы немецкому народу, обратившись в Берлинском соборе с посланием о примирении.

Перед нами поставлена великая цель сотрудничества в мирной Европе, требующая мобилизации всех наших сил. Вы, будучи президентом Конференции Европейских Церквей вплоть до Вашего избрания Патриархом Русской Православной Церкви, немало способствовали тому, чтобы Церкви исполнили свою миссию, вдохнув душу в Европу. Я твердо убежден, что с Божией помощью мы продвинемся вперед на нашем духовном пути и совместно внесем свой особый церковный вклад в построение новой Европы.

IV

Wege der Versöhnung und Brücken der Verständigung

Пути к примирению и мосты взаимопонимания

Das Millennium und die große Wende
Тысячелетие Крещения Руси и великий перелом

Leben heißt Begegnung. Menschen, die sich begegnen, nehmen sich Zeit füreinander. Sie schauen genauer hin und hören sorgfältiger zu. Sie staunen über manches, was ihnen fremd vorkommt, sie fragen nach und gewinnen neue Einsichten. Aber sie feiern auch miteinander, essen und trinken gemeinsam, gewinnen Freunde, wenn sie hineingenommen werden in eine andere Kultur und Tradition. Und sie teilen Schmerz, Leid und Enttäuschung.

In der Begegnung mit dem anderen entdeckt der Mensch sich selbst und seine eigene Identität. In der Begegnung mit dem anderen gewinnt Leben aber auch an Tiefe und Weite. Diktaturen aller Art haben dies immer gewusst und darum die freie Begegnung zu unterbinden versucht. Dies haben die Menschen in der ehemaligen Deutschen Demokratischen Republik ebenso erfahren wie die Menschen in der ehemaligen Sowjetunion.

Der so genannte »Eiserne Vorhang« zwischen Ost und West verhinderte bis zum Ende der achtziger Jahre auch die Begegnungen zwischen den Christen und Kirchen in Deutschland und der Sowjetunion. Gewiss: Es gab einige wenige Stipendiaten, die als Gaststudenten in Erlangen oder Regensburg die westliche Theologie kennen lernen durften. Auch studierten einzelne deutsche Gaststudenten an der Akademie in Leningrad. Besonders ausgewählte Professoren und Bischöfe durften an internationalen Tagungen teilnehmen. Die Anzahl derer, die auf diese Weise anderen Menschen, Kulturen, Ländern und Kirchen begegnen konnten, war bekanntermaßen sehr gering.

Die Jahre 1987–1991 brachten die Wende. Zwar sind die Reisen nach Deutschland und umgekehrt nach Russland auch heute noch umständlich und die Flüge teuer. Aber

Жизнь – это движение. Люди, встречаясь, проводят друг с другом время. Они начинают внимательно присматриваться и прислушиваться друг к другу. Когда некоторые вещи, кажущиеся им чуждыми, вызывают удивление, они начинают задавать вопросы и узнают что-то новое. Люди вместе отмечают праздники, разделяют трапезу и, соприкасаясь с иной культурой или традицией, находят новых друзей. В то же время они делятся друг с другом своей болью, огорчениями и разочарованиями.

Встречаясь с другими, человек познает самого себя, осознает свою идентичность.

В ходе встреч с другими людьми жизнь становится глубже и шире. Это всегда хорошо знали диктаторы всех мастей. Не случайно они старались препятствовать свободной встрече людей из разных стран. Результат их стараний в полной мере испытали на себе граждане бывших Германской Демократической Республики и Советского Союза.

Так называемый «железный занавес» между Востоком и Западом вплоть до конца 80-х годов XX века мешал встрече христиан и Церквей Германии и Советского Союза. Конечно, небольшой группе стажеров, приезжавших учиться в Эрланген или Регенсбург, было разрешено знакомиться с западным богословием. Отдельные немецкие студенты учились также в Духовной академии в Ленинграде. Много раз проверенные на лояльность властям профессора и епископы получали возможность участвовать в международных конференциях. Но все же число тех, кто таким образом смог познакомиться с людьми из дру-

96 *Orthodoxe Äbtissin und lutherische Pfarrfrau aus Deutschland beim Gedankenaustausch in einem nordrussischen Frauenkloster: Gemeinschaft im Glauben erleben Christen unterschiedlicher Tradition im Hinhören und Hinsehen, wenn sie erzählen und sich gegenseitig befragen, im Teilen von Freude und Sorge.*

Православная игумения и жена лютеранского пастора из Германии беседуют в одном из женских монастырей на севере России: христиане разных традиций осуществляют общение в вере путем видения и слушания, поверяя друг другу свои радости и заботы, внимая друг другу и вопрошая друг друга.

97 *Die provisorische Aufrichtung des Kuppelkreuzes – hier im Avraamij-Kloster in Tschuchloma – signalisierte nach 1990 vielerorts die Wiederbesiedlung der Klöster.*
Монастырь преподобного Авраамия в Чухломе. Установление креста на церковном куполе послужило после 1990 года во многих местах символом восстановления монастырей.

dennoch ist in den zurückliegenden zehn Jahren ein dichtes Netz von Kontakten zwischen Christen in beiden Ländern gewachsen. Diese Begegnungen und die Beziehungen, die sich aus ihnen ergaben, sind ganz unterschiedlicher Art. Kirchliche Konferenzen sowie der Studentenaustausch werden fortgesetzt. Daneben entstanden neue Möglichkeiten der Begegnung, die eifrig genutzt werden.

So führte etwa die umfangreiche »Humanitäre Hilfe« zu Beginn der neunziger Jahre zu Kontakten, die ausgebaut wurden. Im Gefolge der neu aufblühenden Städtepartnerschaften – zwischen St. Petersburg und Hamburg, Kassel und Jaroslawl oder Wladimir und Erlangen – suchten die Christen und Kirchen dieser Städte engere Kontakte. Die All-Orthodoxe Jugendbewegung und die Evangelische Jugend Deutschlands nutzen intensiv die Möglichkeiten, die jetzt für gemeinsame workcamps und Begegnungsfreizeiten gegeben sind. Chöre russischer Kathe-

гих стран, прикоснуться к другим культурам и Церквам, было невелико.

Перемены наступили в 1987-1991 годах. Правда, поездки в Германию и Россию до сих пор сопряжены с определенными трудностями, хотя уже другого рода – полеты стоят недешево. Продолжается проведение церковных конференций, осуществляется обмен студентами. Вместе с тем за прошедшие десять лет установились многочисленные новые контакты между христианами обеих стран, разнообразные по характеру и форме.

Так, широкая гуманитарная помощь со стороны Германии способствовала установлению связей между отдельными людьми, организациями и целыми городами. В результате партнерских отношений, возникших между Санкт-Петербургом и Гамбургом, Касселем и Ярославлем, Эрлангеном и Владимиром, христиане и приходы этих городов стали стремиться к более тесным контактам. Всецерковное православное молодежное движение и Объединение евангелической молодежи Германии активно организуют трудовые лагеря и совместный отдых. Хоры русских кафедральных соборов, храмов и монастырей устраивают концерты духовной музыки в Германии. В свою очередь, евангелические хоры исполняют выдающиеся музыкальные произведения Иоганна Себастьяна Баха и Георга Фридриха Генделя в российских городах. Встречи проходят и между православными женскими монастырями и евангелическими диаконисскими общинами и сестричествами.

Во многих епархиях Русской Православной Церкви православные и евангелические христиане вместе работают над созданием социальных учреждений. Новые возможности для интенсивного обмена были созданы и в научной сфере. Так, вот уже несколько лет в Мюнхенском университете существует факультет православного богословия. В настоящий момент два русских православных преподавателя читают здесь лекции на немецком языке. В то же время лютеранские богословы периодически получают приглашения для чтения лекций в Духовных семинариях Русской Православной Церкви. По подсчетам специалистов в настоящий момент установлено около 500 контактов между приходами, епархиями и различными организациями двух Церквей в Германии и России.

Период с 1987 по 1991 год обозначил новую веху как в развитии России и Германии, так и во взаимоотношениях двух стран. Довольно редко в истории

dralen und Klöster veranstalten in Deutschland viel besuchte Konzerte mit geistlichen Gesängen und evangelische Chöre singen die großen Werke Johann Sebastian Bachs und Georg Friedrich Händels in russischen Städten. Auch zwischen russisch-orthodoxen Frauenklöstern und evangelischen Diakonissenhäusern und Frauenkommunitäten kommt es zu Begegnungen.

In zahlreichen Eparchien der Russischen Orthodoxen Kirche bauen orthodoxe und evangelische Christen gemeinsam soziale Einrichtungen auf. Auch im wissenschaftlichen Bereich wurden neue Möglichkeiten für einen intensiveren Austausch geschaffen. So existiert seit einigen Jahren an der Münchner Universität eine im Aufbau befindliche Fakultät für Orthodoxe Theologie. An ihr lehren zurzeit – in deutscher Sprache – zwei russisch-orthodoxe Theologen. Umgekehrt gibt es immer wieder Einladungen von lutherischen

98 *Zacharias aus Berlin und Vater Aleksij aus Kostroma schließen Freundschaft beim Jugendlager im nordrussischen Tschuchloma. Die neuen Möglichkeiten deutsch-russischer Begegnung werden seit 1990 vielfältig genutzt für gemeinsame workcamps, wechselseitige Besuche von Chören und den Aufbau von Städte- und Gemeindepartnerschaften.*
Захариас из Берлина и отец Алексий из Костромы стали друзьями в молодежном лагере в Чухломе на севере России. Новые возможности для германо-российских встреч широко используются с 1990 года с целью организации совместного молодежного лагеря, взаимных посещений хоров, налаживания партнерства между городами и приходами.

Theologen zu Gastvorträgen an Geistlichen Seminaren der Russischen Orthodoxen Kirche. Kenner rechnen heute mit etwa 500 Kontakten zwischen Christen, Gemeinden, Bistümern und Einrichtungen der beiden Kirchen in Deutschland und Russland.

Die Jahre 1987 bis 1991 markierten sowohl in Russland und Deutschland als auch in der Beziehung der beiden Länder zueinander eine entscheidende Wende. Selten in der Geschichte der Völker hat sich ein kurzer Zeitabschnitt von nur vier Jahren so nachhaltig auf das Leben der Menschen ausgewirkt. In der Sowjetunion vollzog sich in diesen Jahren der Zerfall des kommunistischen Systems und die Grundlegung der Russischen Föderation. Deutschland erlebte in dieser Zeit nach dem Zerfall der Berliner Mauer eine friedliche Wiedervereinigung der bis dahin getrennten beiden Staaten. Deutlicher noch als damals erkennen wir heute, wie diese beiden »Revolutionen« zusammenhingen: Ohne die tief greifenden Veränderungen, die mit den Stichworten »Perestroika« und »Glasnost« umschrieben werden, wären die politischen Veränderungen in Deutschland nicht denkbar gewesen. Die innere Beziehung der beiden Länder zueinander wur-

человечества столь короткое время – четыре года – было столь значительным в смысле радикальных перемен в жизни людей. В эти годы в Советском Союзе произошло крушение коммунистической системы и были заложены основы новой Российской Федерации. В это же время Германия, после падения Берлинской стены, пережила мирное воссоединение разделенных до этого германских государств. Сегодня еще рельефнее, чем тогда, проступает тесная связь двух этих «революций». Стало особенно очевидно, что без «перестройки» и «гласности» в России были бы немыслимы политические изменения в Германии. В то же время двусторонние отношения между нашими странами в значительной мере определялись двумя историческими датами, широко отмечавшимися как в России, так и в Германии. Имеется в виду Тысячелетний юбилей принятия христианства на Руси, праздновавшийся в 1988 году, и 50-я годовщина нападения нацистской Германии на Советский Союз, отмечавшаяся в 1991 году.

Оглядываясь назад, мы видим, что празднование Тысячелетия Крещения Руси оказалось своего рода

de jedoch nachhaltig durch zwei historische Daten geprägt, die in der Öffentlichkeit Deutschlands und Russlands intensiv bedacht wurden: Die Jahrtausendfeier der Christianisierung Russlands 1988 und der Überfall Nazi-Deuschlands auf die Sowjetunion, der sich 1991 zum 50. Mal jährte.

Im Rückblick erscheint das Millennium der Taufe der Kiewer Rus als eine Art Intonation oder auch geistig-geistliche Vorbereitung der Ereignisse der kommenden Jahre. Dass sich die Russische Orthodoxe Kirche auf dieses Jubiläum – so gut es ihr möglich war – vorbereitete, kann nicht verwundern. Erstaunlich aber war, in welcher Weise sich die evangelische Kirche, die römisch-katholische Kirche und die Öffentlichkeit in den beiden deutschen Staaten anschickten, dieses Jubiläum mitzufeiern. In der evangelischen Christenheit Deutschlands wurde schon 1986 die Parole ausgegeben: »Leidet ein Glied, so leiden alle Glieder mit, steht ein Glied in Ehren, so freuen sich alle Glieder, denn wir sind alle Glieder an einem Leib, welcher ist Christus« (1. Korinther 12,26).

In den Jahren 1987/88 wanderte eine Ausstellung »Tausend Jahre Christentum in Russland« durch mehr als 30 Großstädte Deutschlands. Sie wurde an jedem Ort durch

увертюрой или духовной подготовкой к событиям последовавших лет возрождения Русского Православия. Неудивительно, что к этому юбилею по мере сил активно готовилась Русская Православная Церковь. Поразительно другое: как готовились к празднованию этого юбилея Евангелические Церкви и общественность в обоих германских государствах! Уже в 1986 году евангелические христиане Германии взяли в качестве девиза своей деятельности слова из Библии: «Страдает ли один член, страдают с ним все члены; славится ли один член, с ним радуются все члены. И вы – тело Христово, а порознь – члены» (1 Кор. 12. 26).

В 1987–1988 годах в более чем 30 городах Германии была показана передвижная выставка «Тысяча лет христианства в России», подготовленная евангелическими организациями, занимающимися обучением взрослых в Баварии. На 30 больших стендах с фотографиями и текстом выставка наглядно показывала объективную картину жизни и деятельности Русской Православной Церкви в прошлом и настоящем. Здесь же была представлена и многочисленная литургическая утварь и облачения духовенства, изго-

99 *Mit einer informativen Wanderausstellung in den 30 größten Städten der Bundesrepublik intonierte die evangelische Christenheit 1987/88 das tausendjährige Jubiläum der Christianisierung Russlands.*
Передвижной выставкой, проходившей в 30 крупных городах Федеративной Республики Германии, евангелические христиане отметили в 1987/88 годах тысячелетний юбилей Крещения Руси.

Filmvorführungen, geistliche Konzerte mit orthodoxer Kirchenmusik und Vortragsveranstaltungen begleitet. Rundfunk und Fernsehen berichteten, und dies nicht erst, als der damalige Bundespräsident Richard von Weizsäcker die Ausstellung in der evangelischen Kreuzkirche in Bonn besuchte. Die Ausstellung vermittelte auf 30 großen Bild- und Texttafeln ein anschauliches und objektives Bild vom Leben und Wirken der Russischen Orthodoxen Kirche in Geschichte und Gegenwart. Sie umfasste auch zahlreiche liturgische Geräte und Gewänder aus den Werkstätten des Moskauer Patriarchats, die Metropolit Pitirim von Wolokolamsk und Jurjew vermittelt hatte. Der Katalog der Ausstellung und pädagogisch-didaktisch aufbereitetes Arbeitsmaterial für den Religionsunterricht sorgten für neues Interesse am orthodoxen Christentum über die Ausstellung hinaus.

Eingebunden war diese Wanderausstellung, die die evangelische Erwachsenenbildung in Bayern entworfen und organisiert hatte, in eine Reihe internationaler wissenschaftlich-kirchlicher Konferenzen. Die wichtigste dieser Konferenzen im Vorfeld des Millenniums fand 1987 in der Evangelischen Akademie Tutzing statt. Sie trug den Titel »1000 Jahre Christentum in Russland und die Gabe der Russischen Orthodoxen Kirche an Europa und die Ökumene«. An ihr nahmen rund 150 Wissenschaftlicher aus 15 Ländern teil. Dieses Symposion unterstrich eindrücklich, dass nach Auffassung der internationalen Wissenschaft die Entstehung der altrussischen Staatlichkeit und die Entwicklung der russischen Literatur, Kunst und Kultur nur als Frucht des christlichen Glaubens und des christlichen Ethos verstanden werden können.

Die Ergebnisse dieser Konferenz stärkten die Russische Orthodoxe Kirche in ihrem Ringen mit der kommunistischen Interpretation der russischen Geschichte, die meinte, das Christentum habe für die russische Geistes- und Kulturgeschichte keine besondere Rolle gespielt. Aber auch in Deutschland trug diese Konferenz wesentlich mit dazu bei, dass die Medien auf die eigentlichen Feiern des Millenniums eingestimmt wurden.

So führte das Millennium auch in Deutschland dazu, dass ungezählte Menschen neu das orthodoxe Christentum entdeckten und Anteil nahmen am Weg der Russischen Orthodoxen Kirche. Auch die »Humanitäre Hilfe« der nächsten Jahre ist nicht denkbar ohne diese innere, geistige Wiederentdeckung russischer Spiritualität. So stehen die Millenniumsfeiern in Russland und die sie vorbereitenden und begleitenden Aktivitäten in Deutschland am Anfang eines neuen Abschnitts im Miteinander von Russischer Orthodoxer Kirche und Evangelischer Kirche in Deutschland.

Claus-Jürgen Roepke, München

товленные в мастерских Московского Патриархата. Особая заслуга в подготовке выставки принадлежала митрополиту Волоколамскому и Юрьевскому Питириму. Всюду эта выставка сопровождалась демонстрацией фильмов, концертами духовной музыки и докладами. О ней сообщалось по радио и телевидению, причем не только тогда, когда выставку, представленную в евангелической церкви Святого Креста в Бонне, посетил федеральный Президент ФРГ Рихард фон Вайцзеккер. После закрытия выставки в Германии остались ее каталог и материалы для проведения уроков Закона Божия в соответствии с православным вероучением. Это способствовало сохранению интереса к православному христианству и после юбилея.

В те же годы в Германии проходил ряд международных научных церковных конференций. Самая авторитетная из них состоялась в Евангелической академии в Тутцинге в 1987 году. В ней приняло участие свыше 150 ученых из 15 стран. Эта научная встреча с очевидностью подтвердила, что зарождение древнерусской государственности, развитие русской литературы, искусства и культуры в целом имело в своем основании христианскую веру и этику.

Кроме того, результаты конференции в Тутцинге укрепили позиции Русской Православной Церкви в ее борьбе с коммунистическим толкованием русской истории, согласно которому христианство якобы не играло существенной роли в духовной и культурной истории России. Конференция имела значительный резонанс и в Германии. Благодаря ей средства массовой информации были хорошо подготовлены к непосредственному освещению самих торжеств по случаю Тысячелетия Крещения Руси.

Празднование тысячелетнего юбилея в Германии способствовало пробуждению интереса к православному христианству и в целом к истории России среди немцев. Их снова стала волновать судьба Русской Православной Церкви. Без этого нового для них открытия русской духовности была бы невозможна и гуманитарная помощь, которая стала оказываться Русской Православной Церкви в последующие годы. Таким образом, именно празднование Тысячелетия Крещения Руси в России и Германии, усердие и самоотверженность, проявленные при его подготовке в обеих странах, определили начало нового этапа во взаимоотношениях Русской Православной Церкви и Евангелической Церкви в Германии.

Клаус-Юрген Рёпке, Мюнхен

Von der Versöhnung zu gemeinsamer sozialer Arbeit

От примирения к совместному социальному служению

Im Jahr 1991 jährte sich zum 50. Mal der Überfall Nazi-Deutschlands auf die Sowjetunion. Die evangelische Christenheit in Deutschland nahm dies zum Anlass, an die Opfer des Zweiten Weltkrieges zu erinnern und alle Christen aufzurufen, sich für eine dauerhafte Versöhnung mit den Völkern der Sowjetunion einzusetzen. Die Synode – das Parlament – der evangelischen Kirche im Rheinland erörterte auf zwei Tagungen diese Thematik und fasste entsprechende Beschlüsse.

Schon 1985 hatte die Synode der Evangelischen Kirche in Westfalen erklärt, dass »ein klares Ja zu unserer freiheitlichen Demokratie und das Nein zum kommunistischen System Frieden und Partnerschaft mit der Sowjetunion nicht ausschließen«. Dieser Formulierung kann man noch abspüren, dass es damals – zur Zeit des »Kalten Krieges« – in Westdeutschland nicht leicht war, sich für Verständigung und Versöhnung mit der Sowjetunion einzusetzen. Wenige Jahre später hatte sich dies geändert. Die erneute Erinnerung an den Beginn des Zweiten Weltkrieges und seine Folgen für die Menschen in den osteuropäischen Ländern und der Sowjetunion hatte die Wende im Denken der Deutschen herbeigeführt. Die Kirchen waren an diesem Wandel nicht unwesentlich beteiligt.

Schon 1989 beauftragte der damalige Leiter der Evangelischen Kirche im Rheinland, Präses Peter Beier, eine kleine Delegation, Kontakt zu einer russischen Stadt aufzunehmen, die im Zweiten Weltkrieg besonders unter den Gräueltaten der Deutschen gelitten hatte. Die Wahl fiel auf Pskow. Als die Rote Armee diesen Ort nach dreijähriger Besetzung am 23. Juli 1944 befreite, bot er einen furchtbaren Anblick: Gähnend leere Fensterhöhlen, Ruinen, Glasscherben, trostlose Stahlbetonberge. Nur 16 Häuser in der Stadt waren unversehrt. 143 Menschen – von einst 60.000 Bewohnern – wurden am Tag der Befreiung registriert. In der Stadt und in ihrer unmittelbaren Umgebung waren fast 400.000 Ermordete, Gefallene und Verhungerte in Massengräbern verscharrt worden.

Die Delegation nahm Kontakt zu den politisch und kirchlich Verantwortlichen von Pskow auf und bat, am 22. Juni 1991 die Stadt besuchen zu dürfen. Das damalige kirchliche Oberhaupt, Metropolit Wladimir – heute zu-

В 1991 году исполнилось 50 лет со дня нападения нацистской Германии на Советский Союз. Для евангелических христиан в Германии эта дата послужила поводом, чтобы почтить память жертв Второй мировой войны и призвать всех христиан выступить за прочное примирение с народами Советского Союза. Синод Евангелической Церкви в Рейнланде обсудил эту тему на двух конференциях и принял соответствующие решения.

Синод Евангелической Церкви в Вестфалии еще в 1985 году заявил, что «недвусмысленное «да» по отношению к свободной демократии и однозначное «нет» коммунистической системе не исключают мирных и партнерских отношений с Советским Союзом». Сама формулировка этого заявления показывает, что тогда, в период «холодной войны», в Западной Германии было не так просто выступать за взаимопонимание и примирение с Советским Союзом. Несколькими годами позже в Германии произошли изменения. Переоценка событий, связанных с началом Второй мировой войны, и последствий, которые она имела для людей в восточноевропейских странах и в Советском Союзе, вызвали поворот в мышлении немцев. Этому изменению в значительной степени способствовали Церкви.

Еще в 1989 году тогдашний президент Евангелической Церкви в Рейнланде епископ Петер Байер поручил небольшой делегации установить контакт с одним из российских городов, особенно пострадавших от зверств немцев во время Второй мировой войны. Выбор пал на Псков. Когда Красная армия после трехлетней немецкой оккупации 23 июля 1944 года освободила этот город, он представлял собой ужасное зрелище: зияющие окна, руины, осколки стекла, мрачные горы железобетона. Во всем городе сохранилось лишь 16 зданий. Во Пскове, где когда-то проживало 60 000 жителей, в день освобождения было зарегистрировано 143 человека. В городе и его окрестностях в братских могилах было захоронено около 40 000 убитых. Эти люди погибли в боях или умерли от голода.

ständig für St. Petersburg – erklärte: »Kommt nicht am 22. Juni. Alte Wunden werden aufgerissen, denn unsere Trauer über das Erlittene ist zu groß. Kommt lieber am Tag der Befreiung, am 23. Juli.« Die Christen aus dem Rheinland beharrten auf ihrer Bitte und begründeten sie so: »Gerade an dem Tag, an dem euch euer Leiden noch einmal in besonderer Weise bewusst wird, möchten wir bei euch sein. Wir möchten zu euch kommen als Menschen, die erneut um Verzeihung bitten. Wir möchten versuchen, aus der Erinnerung an das Leid zu neuer Gemeinschaft mit euch zu finden.«

Der Metropolit stimmte zu und die Stadt versprach Unterstützung. 70 Frauen und Männer aus der rheinischen Kirche trafen am 21. Juni in Pskow ein und blieben für eine Woche. Im Gedenkgottesdienst an die Toten des Krieges in der Dreifaltigkeitskathedrale sagte Präses Peter Beier in seinem Grußwort unter anderem: »Gott lässt sich in seiner Liebe nicht beirren. Er setzt die neue Wirklichkeit. Sie heißt Versöhnung. Eine andere Wirklichkeit zählt nicht. Wir sagen euch Dank dafür. Wir grüßen euch im Namen der neuen Wirklichkeit. Wir mahnen und warnen die Welt: Wer an der neuen Wirklichkeit vorbeilebt, der fällt ins Nichts.«

In jenen Tagen des Juni 1991 kamen sich die Menschen wirklich nahe. Sie haben gemeinsam getrauert. Aber sie haben auch miteinander gegessen, getrunken und gefeiert. Und wenn die kirchliche Grundlage da war, haben sie miteinander gebetet. In der Stunde des Abschieds erklärte Metropolit Wladimir: »Gut, dass ihr gekommen seid. Meine Befürchtungen haben sich als unbegründet erwiesen. Versöhnung ist geschehen. Die neue Wirklichkeit ist unter uns sichtbar geworden.«

Aus der ersten Begegnung erwuchsen feste Verbindungen, die bis zum heutigen Tag bestehen. In der neu entstandenen Gemeinschaft nahmen Menschen Verantwortung füreinander wahr. Über vierzig gemeinsame Projekte sind entstanden zwischen Kirchengemeinden, Kirchenkreisen, Einrichtungen und Werken. Koordiniert werden sie von der »Initiative Pskow« in der rheinischen Kirche, Partner in Pskow sind Stellen der Stadt, Nichtregierungsorganisationen und russisch-orthodoxe Gemeinden. Ein Beispiel sind die Sonntagsschule und die Küche für die Armen.

An einem Sonntag im Februar 1998 lud Erzbischof Eusebius von Pskow zwei Christen aus dem Rheinland zum Mittagessen ins Haus des Vorstehers ein, ein großes, alt-ehrwürdiges Haus direkt neben der Kathedrale. Nach der Wende war es an die orthodoxe Gemeinde zurückgegeben worden, stark beschädigt und unbewohnbar. Die Renovierungskosten waren für die russische Seite uner-

Делегация установила контакт с ответственными политиками и представителями Православной Церкви города и попросила разрешения посетить Псков 22 июня 1991 года. Тогдашний глава Псковской епархии, нынешний митрополит Санкт-Петербургский Владимир, обратился к немецкой стороне с просьбой: «Не приезжайте 22 июня. Это разбередит старые раны, ибо наша скорбь о пережитом слишком велика. Приезжайте лучше в день освобождения, 23 июля». Христиане из Рейнланда все же настаивали на своей просьбе и объясняли ее следующим образом: «Именно в тот день, когда вы с особой силой будете осознавать степень ваших страданий, нам хотелось бы быть вместе с вами. Мы хотели бы приехать к вам как люди, которые опять просят у вас прощения. Мы надеемся, что во имя пережитого во время страшной войны мы сможем найти пути для нового общения с вами».

Митрополит согласился, и город пообещал оказать поддержку в приеме делегации. 21 июня 70 женщин и мужчин из рейнской Церкви прибыли во Псков и провели здесь целую неделю. На богослужении в память о погибших во время войны, проходившем в Троицком соборе, президент земельной Церкви Рейнланда епископ Байер в своем приветственном слове сказал: «Бог в Своей любви не даст обмануть Себя. Он создает новую реальность. И эта реальность называется примирением. Другая реальность – не в счет. Мы приветствуем вас именем этой новой реальности и предупреждаем мир: кто живет без учета этой новой реальности, тот лишается почвы под ногами».

В те июньские дни 1991 года люди действительно сблизились друг с другом, ибо в минуты скорби они были вместе. При прощании митрополит Владимир сказал: «Хорошо, что вы приехали. Мои опасения оказались напрасными. Примирение наступило. Новая действительность обрела видимые очертания».

Эта первая встреча переросла в тесные связи, существующие и поныне. В процессе возобновившегося общения люди ощутили свою ответственность друг за друга. Более сорока проектов возникли между приходами, церковными кружками, учреждениями и службами. Координируются они «Псковской инициативой» Церкви Рейнланда. В качестве партнеров во Пскове выступают городские учреждения, неправительственные организации и русские православные общины. Примерами сотрудничества служат воскресные школы и столовые для бедных.

В один из воскресных дней в феврале 1998 года

schwinglich. Da nahmen sich die Partnerstadt Neuss und die dortige evangelische Gemeinde der Sache an. Das Haus entstand in alter Schönheit, zugleich für die verschiedensten Gemeindeaktivitäten gut ausgestattet. Während des Mittagessens, an dem neben dem Erzbischof die führenden Geistlichen der Stadt teilnahmen, natürlich auch der Hausherr, Erzpriester Johann von der Dreifaltigkeitsgemeinde, erläuterten sie, wofür das Haus genützt würde. Mit Sonntagsschule, Versammlungsräumen für die Gemeinde, insbesondere auch für den Kirchenchor, und einer Bibliothek wurde es zu einem Zentrum der religiösen Bildung. Eine Küche wird unter anderem auch dazu genutzt, täglich Arme der Stadt zu speisen, von denen es eine große Zahl gibt. Die Christen aus dem Rheinland konnten sich davon überzeugen, dass es sich hier um ein Gemeindezentrum im wahrsten Sinne des Wortes handelt.

Ein anderes Beispiel ist die erste christliche Schule der Stadt Pskow. Werner Lauff, ehemaliger Superintendent des Kirchenkreises Lennep, der die Arbeit der Schule ganz wesentlich mitträgt, schreibt dazu: »Vater Adelheim ist es zu verdanken, wenn jetzt in Pskow erstmalig ganz offiziell eine Schule in kirchlicher Verantwortung betrieben wird. Die Verwaltung der Stadt Pskow hat mit Vater Pawel einen richtigen Pachtvertrag abgeschlossen, durch den ein bis auf die Grundmauern verfallenes Gebäude für den Betrieb einer Schule bereitgestellt wurde. Im Herbst 1994 war die Eröffnung der Schule.« Neben den normalen Unterrichtsfächern spielt an dieser Schule die christliche Unterweisung eine große Rolle. Vater Pawel begründet das so: »Nach dem Verfall des Kommunismus wusste keiner mehr so recht, was gilt und wonach man sich richten soll. Es gibt Rücksichtslose, die die Not ausnutzen und ohne große Gewissensbisse ihre Geschäfte betreiben. Aber die Alten, die Rentner und vor allem die Kinder kommen nicht ohne weiteres mit. Darum muss jetzt das Evangelium gepredigt und die heilige Liturgie gefeiert werden. Und vor allem müssen die Kinder in der Bibel unterwiesen werden.«

Groß ist auch in Pskow die Zahl derer, die aus eigenem Verschulden, in viel größerem Maße aber durch die verheerenden wirtschaftlichen Verhältnisse, ihre Wohnung verloren und kein Dach über dem Kopf haben. Vater Oleg, Priester an der Alexander-Newskij-Kathedrale, war der erste Geistliche in seiner Stadt, der praktische Hilfe leistete. In einem alten, sehr einfachen Gemeindehaus auf dem Gelände seiner Kirche richtete er ein Asyl für Obdachlose ein. Ohne jegliche Unterstützung musste er für alle Betriebskosten und für die Versorgung seiner Schützlinge selbst aufkommen. Das ging über seine Kraft. Lange

архиепископ Псковский Евсевий пригласил двух христиан из Рейнланда на обед в приходской дом, который представлял собой большое старинное строение рядом с кафедральным собором. После «перестройки» дом был возвращен православной общине, правда, в сильно разрушенном, нежилом состоянии. Ремонт был слишком дорог для российской стороны. И тогда за дело взялся городпобратим Нойс и тамошняя евангелическая община. Дом был не только восстановлен в прежнем виде, но и хорошо обеспечен всем необходимым для проведения различных приходских мероприятий. На обеде, кроме епископа, присутствовало и городское духовенство, и сам хозяин дома – протоиерей Иоанн из Троицкого прихода. Хозяева рассказали гостям, как они используют этот дом. Там располагаются воскресная школа, библиотека, помещение для спевок церковного хора, то есть этот дом превратился в настоящий очаг религиозного просвещения. А кухня стала использоваться также для ежедневного кормления бедняков, которых в городе очень много. Христиане из Рейнланда смогли убедиться в том, что здесь возник настоящий приходской центр.

Другим примером сотрудничества служит первая христианская школа в городе, созданная с помощью Евангелической Церкви. Бывший суперинтендент церковного округа Леннеп Вернер Лауф, возложивший на свои плечи существенную часть работы школы, пишет об этом так: «Благодаря отцу Павлу Адельгейму впервые стала возможной совершенно официальная работа школы, за которую отвечает Церковь. Администрация города Пскова заключила с отцом Павлом договор об аренде. Благодаря этому соглашению удалось восстановить здание, ранее разрушенное почти до основания. Теперь оно используется для проведения занятий в школе, открытие которой состоялось в 1994 году». Наряду с обычными предметами большую роль в этой школе играет наставление в христианской вере. Отец Павел обосновал это так: «После крушения коммунизма никто больше не знал, что же, собственно, правильно и на что следует ориентироваться. Есть и бесцеремонные люди, которые используют чужую нужду для того, чтобы без зазрения совести проворачивать свои дела. Но старики, пенсионеры и прежде всего дети не справляются с этой ситуацией. Поэтому необходимо проповедовать Евангелие и служить литургию. Но самое главное – необходимо знакомить детей с Библией».

Во Пскове много бездомных. Это люди, которые

100 *Das mit Hilfe der Evangelischen Kirche im Rheinland in Pskow errichtete Heilpädagogische Zentrum.*
Лечебно-педагогический центр во Пскове, построенный с помощью Евангелической Церкви в Рейнланде.

suchte er nach Hilfe bei evangelischen Christen in Deutschland. Jetzt hat sich endlich ein Kreis gefunden, der ihm hilft. Im April 1998 konnte Vater Oleg zum ersten Mal in einen Kirchenkreis im Rheinland reisen, um in den Gemeinden auf sein Problem aufmerksam zu machen und Unterstützung zu erbitten.

Ein Herzstück des Engagements der rheinischen Kirche in Pskow ist das Heilpädagogische Zentrum. Klaus Eberl, Superintendent des Kirchenkreises Jülich, der sich besonders um den Aufbau bemüht, sagt dazu: »Eine Rose zwischen den Dornen, so sieht das alte Siegel der evangelischen Kirchengemeinde Wassenberg aus. Inzwischen hat das Heilpädagogische Zentrum in Pskow dasselbe Zeichen umrahmt von kyrillischen Buchstaben. Die Geschichte, die dazwischen liegt, ist ein kleines Wunder. Inmitten des dornenreichen Alltags russischer Menschen ist ein fröhliches Haus für 48 behinderte Kinder entstanden. Sie erhalten dort Hilfe und Ermutigung, aber vor allem auch pädagogische und therapeutische Begleitung.«

Das Anschlussprojekt ist in Arbeit: Vierzig Plätze in einer Werkstatt für Behinderte, der ersten dieser Art in Russland.

Auch hier war es so wie bei allen Projekten der rheinischen Kirche in Pskow: Es begann mit der Versöhnungsfahrt im Juni 1991. Sieben Jahre später ist eine Einrichtung für Behinderte entstanden, die Beispielcharakter für ganz Nordwestrussland hat. Vom Behindertenkindergarten über das Heilpädagogische Zentrum und eine Fakul-

либо по своей вине, либо в силу тяжелой экономической ситуации потеряли квартиру и теперь не имеют крыши над головой. Священник кафедрального собора отец Олег был первым батюшкой, оказавшим этим людям практическую помощь. Он устроил ночлежку для бездомных в старом, очень простом приходском доме, расположенном на территории храма, в котором он служит. Не имея никакой поддержки, отец Олег вынужден был сам нести все расходы по содержанию и обеспечению своих подопечных. Это было выше его сил и материальных возможностей. Тогда он стал искать помощи в Германии. В апреле 1998 года отцу Олегу впервые удалось посетить церковный округ в Рейнланде, где он смог рассказать немецким христианам о своих проблемах и попросить их о помощи. И среди них нашлись люди, которые стали помогать православному священнику в его благом служении обездоленным.

Главным делом рейнских евангелических христиан во Пскове стал лечебно-педагогический центр. Особую заботу в его создании проявил Клаус Эберл, нынешний суперинтендент церковного округа Юлих. Он рассказывает: «Роза, обрамленная шипами, – так выглядит старая печать евангелической церковной общины в Вассенберге. Со временем лечебно-педагогический центр во Пскове также взял этот символ, но он обрамлен кириллицей. Ну а то, что произошло в промежуточный период, – это небольшое чудо. Посреди тернистых будней русских людей возник источник счастья для 48 детей-инвалидов. Здесь они получают помощь и поддержку, но самое главное – за их здоровьем следят врачи и педагоги». Уже ведутся работы по следующему проекту: мастерской для инвалидов на 40 мест – первой мастерской такого рода в России.

В этом центре все развивалось точно так же, как и во всех проектах, организованных рейнской Церковью во Пскове. Начало было положено в тот день, когда представители рейнской Церкви приехали сюда в июне 1991 года с целью примирения. Через семь лет появилось учреждение для инвалидов. Оно стало показательным для всего северо-запада России. После открытия таких учреждений, как детский сад для инвалидов, лечебно-педагогический центр, факультет по лечебной педагогике в Педагогическом

tät für Heilpädagogik an der Pädagogischen Hochschule bis zur beschützenden Werkstatt ist ein System entstanden, das beispielhaft für Russland ist.

So lässt sich in Pskow heute etwas von der neuen Wirklichkeit ablesen, die Präses Peter Beier am 22. Juni 1991 angesprochen hat, eine Wirklichkeit, die in der Liebe Gottes begründet ist und sich durch nichts beirren lässt.

Dieter Bach, Duisburg

институте и соответствующая мастерская, возникла система, не имеющая себе равных в России.

Итак, во Пскове уже сейчас можно увидеть наступление той новой реальности, о которой 22 июня 1991 года говорил презес Церкви в Рейнланде епископ Петер Байер. Это реальность, в основу которой положена любовь Божия, и ничто не в силах ей помешать.

Дитер Бах, Дуйсбург

Junge Theologen im Dialog über Gott und die Welt

Молодые богословы ведут диалог о Боге и мире

Zwischenkirchliche Begegnungen waren für junge Menschen in der Sowjetzeit ein unerfüllbarer Traum. Die Sowjetmacht förderte Begegnungen der christlichen Jugend nicht, erst recht nicht Begegnungen von Theologiestudenten. Dennoch entstand die Tradition solcher Begegnungen in der Mitte der 80er Jahre des vorigen Jahrhunderts, als auf Initiative und Drängen der Evangelischen Kirche Deutschland (EKD) hin Seminare für Lehrer und Studenten der Geistlichen Schulen der Russischen Orthodoxen Kirche und der Evangelisch-Theologischen Fakultäten in Erlangen und Heidelberg organisiert wurden. Es gab im Ganzen sechs solcher Seminare. Dabei ist es schwierig, diese Seminare allein unter theologischen Gesichtspunkten zu beurteilen. Denn sie bestanden in erster Linie aus Referaten erfahrener Lehrer und Professoren, über die dann hinterher diskutiert wurde. Die Referate der Studenten aber waren eher Vorträge und erinnerten an Examensvorlesungen; sie waren nicht das Ergebnis jahrelanger, ernsthafter Forschungen und eigenständiger Arbeit. Auch die Veranstalter der Seminare hatten nicht ausschließlich wissenschaftliche Erwartungen an die Arbeit. Das Ziel war in erster Linie, junge Menschen aus verschiedenen Ländern und unterschiedlichen christlichen und kulturellen Traditionen zusammenzuführen. Sie sollten die Chance bekommen sich kennen zu lernen, sich anzufreunden und ein friedliches Zusammenleben – vielleicht sogar die Freundschaft unter den Völkern in Europa – für die Zukunft zu sichern.

Da es insgesamt sechs Seminare gab, soll hier kurz über sie im Einzelnen berichtet werden.

Das erste Seminar fand im März 1984 in Odessa statt. Als Vorsitzende traten so angesehene Theologen wie Frau Prof. Fairy von Lilienfeld (Erlangen) und Erzpriester Alexander Krawtschenko, Rektor des Geistlichen Semi-

Налаживание международных межхристианских контактов для молодых людей в Советском Союзе было практически неосуществимой мечтой. Советская власть не поощряла встреч христианской молодежи, тем более студентов-богословов. Однако традиция таких встреч все-таки возникла в середине 80-х годов XX века, когда по инициативе и настоянию Евангелической Церкви в Германии были организованы семинары преподавателей и студентов Духовных школ Русской Православной Церкви и богословских факультетов Эрлангена и Гейдельберга. Таких семинаров было шесть. Довольно трудно оценить их работу с богословской точки зрения, поскольку в основном они состояли, во-первых, из докладов опытных преподавателей и профессоров, которые, скорее, читали лекции, а не ставили проблемы для обсуждения. И, во-вторых, рефераты студентов носили главным образом учебный характер и больше напоминали сдачу экзаменов, чем представление результатов многолетнего глубокого исследования. Да и организаторы семинаров не ставили чисто научных задач перед их участниками. Главным было собрать вместе молодых людей из разных стран, принадлежащих к разным христианским и культурным традициям, и дать им возможность узнать друг друга, подружиться и тем самым обеспечить мирное сосуществование, а может быть, и содружество народов Европы в будущем.

Поскольку семинаров было всего шесть, можно коротко рассказать о каждом из них.

Первый семинар проходил в марте 1984 года в Одессе. Его сопредседателями были избраны профессор Фэри фон Лилиенфельд и протоиерей Александр

nars von Odessa, auf. Bei der Begegnung waren außer den Teilnehmern auch Lehrer und Studenten des Geistlichen Seminars von Odessa anwesend. Diese konnten so ihre Kenntnisse über die lutherische Theologie erweitern.

Auf dem Seminar wurde nur ein einziges, im strengen Sinn des Wortes theologisches Referat gehalten: Der wissenschaftliche Sekretär der Geistlichen Akademie von Moskau, Igumen Platon, sprach über die Theologie der Eucharistie. Alle übrigen Referate waren ökumenischen und friedensstiftenden Themen gewidmet. Dennoch fanden die Teilnehmer Berührungspunkte auch in theologischen Fragen. Sie kamen zur Überzeugung, dass beide Seiten im Verständnis der Eucharistie als Quelle des von Gott geschenkten Friedens einander nahe stehen.

Diese erste Begegnung junger Theologen aus Russland und Deutschland verlief sehr erfolgreich; es herrschte eine herzliche Atmosphäre und der Wille zu gegenseitiger Verständigung. Odessa wurde so zum Ort, wo die Tradition begann, einander mit dem eigenen kirchlichen und kulturellen Leben vertraut zu machen. Vom Kennenlernen der Erfahrungen im Bereich der sozialen Arbeit konnte allerdings damals noch keine Rede sein, da die damaligen Machthaber der Russischen Orthodoxen Kirche jede Beschäftigung mit Wohltätigkeit – also jede diakonische Tätigkeit – verboten hatten.

Кравченко, ректор Одесской Духовной семинарии. На встрече, кроме участников, присутствовали преподаватели и воспитанники ОДС, что дало им возможность расширить знания о лютеранском богословии.

На семинаре был прочитан только один строго богословский доклад – «О богословии Евхаристии», подготовленный ученым секретарем Московской Духовной академии игуменом Платоном. Другие рефераты были посвящены экуменическим и миротворческим темам. Тем не менее участники смогли найти точки соприкосновения и в богословских вопросах. Они пришли к выводу, что стороны близки в понимании Евхаристии как источника мира, дарованного Господом.

Первая встреча молодых богословов России и Германии прошла очень успешно, в радушной атмосфере, в стремлении к взаимопониманию. В рамках семинара немецкие гости с большим интересом знакомились с церковной и культурной жизнью в Одессе, присутствовали за православными богослужениями и открывали для себя новый мир Русского Православия. К сожалению, православные не могли показать свою социальную работу, поскольку власти

101 *Geistliches Zentrum der russischen Orthodoxie ist seit Jahrhunderten die Dreifaltigkeits-Sergij-Lawra in Sergijew Posad (früher Sagorsk) bei Moskau. Das große Kloster beherbergt heute auch Ausbildungseinrichtungen. Hier begann 1974 der offizielle Dialog zwischen der Russischen Orthodoxen Kirche und dem früheren Bund der Evangelischen Kirchen in der DDR.*
Духовным центром Русской Православной Церкви вот уже много столетий является Троице-Сергиева Лавра в Сергиевом Посаде. Наряду с мужским монастырем здесь сегодня расположены учебные учреждения. Здесь открылся официальный диалог между Русской Православной Церковью и бывшим Союзом Евангелических Церквей в ГДР– «Загорские собеседования».

Das zweite Seminar fand im Mai 1986 in Deutschland, in Erlangen, statt. Es wurden folgende Themen diskutiert: »Die Heilige Schrift und die Heilige Überlieferung« sowie »Die friedensstiftende Tätigkeit der Kirchen«. Es muss betont werden, dass das Thema der Heiligen Überlieferung das schwierigste Thema im Gespräch zwischen den Vertretern der orthodoxen und der protestantischen Tradition ist. Das zeigte sich auch während dieses Seminars. Beide Seiten stimmen darin überein, dass die Heilige Überlieferung von den einzelnen Überlieferungen unterschieden werden muss. Unter der Heiligen Überlieferung versteht man im weiten Sinn das Evangelium Jesu Christi (Römer 1,16) als Offenbarung Gottes, die die Kirche zu allen Zeiten verbindet und die in der Kraft des Heiligen Geistes in ihr präsent ist. Für die lebendige frohe Botschaft der Kirche stellt der Kanon der Heiligen Überlieferung des Alten und des Neuen Testaments das wichtigste schriftliche Zeugnis dar.

Die Orthodoxen betonen dabei besonders, dass die Heilige Schrift nur in der lebendigen Überlieferung der Kirche richtig verstanden und gedeutet werden kann, denn in ihrem Leben wirkt der Heilige Geist weiter. Zu dieser lebendigen Überlieferung gehören nach Überzeugung der Orthodoxen auch die Bestimmungen der Ökumenischen Konzile der frühen Kirche, die Schriften der Kirchenväter und der Gottesdienst.

Dagegen betrachten die Lutheraner diese Überlieferung – sie sprechen von der »kirchlichen Überlieferung« – als menschliches Werk, sie erkennen sie nicht als Mittel bzw. Instrument zum Verständnis der Heiligen Schrift an. Lutheraner sind nicht damit einverstanden, dass die Heilige Schrift und die kirchliche Überlieferung in gleichem Maße die Quelle der göttlichen Offenbarung darstellen, dass sie einander ergänzende Mittel zur Erkenntnis Gottes und zur Erkenntnis der Wege zur Erlösung sind. Die Lutheraner vertreten die Überzeugung, dass die Quelle der göttlichen Offenbarung allein die Heilige Schrift ist. Alle Seminarteilnehmer stimmten jedoch darin überein, dass das Verbleiben in der Kirche die alleinige Bedingung für die richtige Auffassung des Wortes Gottes – des Evangeliums von der Erlösung – ist. Nur die Kirche ermöglicht es, das Wort Gottes in rechter Weise zu verstehen.

Bei der Frage der Friedensstiftung waren sich alle Teilnehmer einig, dass die Sorge um den Frieden die Pflicht jedes Christen ist und dass die friedensstiftenden Traditionen unserer Kirchen übereinstimmen, da sie sich auf das Evangelium Jesu Christi gründen.

Wichtig bei diesem Seminar war, dass beide Seiten einander den Sinn der traditionell in ihren Kirchen verwendeten theologischen Terminologie erklärten. Es ist kein

категорически запрещали Русской Православной Церкви заниматься благотворительностью.

Второй семинар проходил в Германии, в Эрлангене, в мае 1986 года по двум основным темам: «Священное Писание и Священное Предание» и «Миротворческая деятельность Церквей». Сразу нужно отметить, что тема Священного Предания является труднейшей для обсуждения между представителями православной и протестантской традиций, что и проявилось на семинаре. Стороны согласились, что Священное Предание с прописной буквы следует отличать от отдельных преданий со строчной буквы. В широком смысле Священным Преданием является Евангелие Иисуса Христа (Рим. 1. 16) как Откровение Божие, объединяющее Церковь во все времена, действующее и присутствующее в Церкви в силе Святого Духа. Для живого благовестия Церкви канон Священного Писания Ветхого и Нового Заветов является основным письменным свидетельством.

При этом православные особо отметили, что Священное Предание в широком смысле – Священное Писание – может быть правильно понято и истолковано лишь в живом Предании Церкви, ибо в ней неизменно действует Святой Дух. Это церковное Предание составляет, по убеждению православных, и определения Вселенских и Поместных Соборов, и творения святых отцов, и богослужение.

Лютеране же рассматривают церковное Предание как дело рук человеческих, то есть не признают его как инструмент для понимания Священного Писания. Они не согласились, что источниками Божественного Откровения являются в одинаковой мере Священное Писание и Священное Предание – дополняющие друг друга средства познания Бога и путей к спасению. Лютеране придерживаются твердого убеждения, что основным источником Божественного Откровения является только Священное Писание. В то же время все участники семинара согласились, что единственным условием правильного восприятия Слова Божия – Евангелия о спасении – является пребывание в Церкви. Только оно раздает дары «ведения Слова Божия».

В вопросе о миротворчестве стороны согласились, что забота о мире является обязанностью каждого христианина и что миротворческие традиции наших Церквей, как основанные на Евангелии Иисуса Христа, совпадают.

Важным моментом этого семинара было то, что его участники много времени уделили разъяснению друг для друга смысла традиционно используемой ими

Zufall, dass Bischof Held von der EKD in seiner Evaluierung des bilateralen Dialogs zwischen der Russischen Orthodoxen Kirche und der EKD die unterschiedliche Terminologie als das schwierigste Problem erwähnt und feststellt, dass von der Lösung dieser Frage die gegenseitige Verständigung unter Theologen unterschiedlicher christlicher Traditionen abhängt.

Das dritte Seminar fand im September 1991 in Sagorsk in der Moskauer Geistlichen Akademie statt. Das Thema des Seminars lautete diesmal: »Rechtfertigung, Heiligung, Theosis«. Zu dieser Zeit erlangte die Russische Orthodoxe Kirche ihre Freiheit und begann, ihr kirchliches Leben in vollem Umfang wiederherzustellen. Die Friedensarbeit hörte auf, ein Thema zu sein, das der Staat in besonderer Weise förderte. Heute verstehen wir, wie wichtig die friedensethischen Fragen sowohl für die gesamte christliche Welt als auch für die Lösung innerpolitischer Probleme sind. Aber damals am Anfang der Perestroika war die Ablehnung aller vom offiziellen Rat für Religiöse Angelegenheiten vorgegebenen »Themen« so stark, dass sich die Seminarteilnehmer in dieser Situation ausschließlich auf theologische Fragen konzentrierten.

богословской терминологии. Недаром епископ Хельд, подводя в 1992 году итог двусторонним собеседованиям между Русской Православной Церковью и Евангелической Церковью в Германии, указал на терминологическую проблему как на одну из главных и сказал, что от ее решения во многом зависит взаимопонимание богословов разных христианских традиций.

Третий семинар проходил в Московской Духовной академии в сентябре 1991 года и был посвящен теме «Оправдание, освящение, обожение». В это время Русская Православная Церковь обрела свободу и начала восстанавливать свою церковную жизнь в полном объеме. Миротворчество перестало быть темой, которую государство особенно поддерживало. И хотя сегодня мы вернулись к пониманию значительности миротворческих задач и для всего христианского мира, и для решения проблем внутри страны, тогда, на заре «перестройки», неприятие всей навязанной в свое время Советом по делам религий тематики было столь велико, что участники семинара сосредоточились на решении только богословских

101 »Gott war in Christus und versöhnte die Welt mit sich selber« *(2. Kor. 5,19). Das sogenannte »Rechtfertigungsbild« im lutherischen Münster in Heilsbronn zeigt den Erlöser, der in der Kraft des Geistes den Zorn des Vaters besänftigt. Maria steht fürbittend vor der Gemeinschaft der Kirche, ist aber nicht aktiv am Werk der Versöhnung beteiligt.* «Бог во Христе примирил с Собою мир» (2 Кор. 5.19). Так называемый «образ оправдания» в лютеранском соборе в Хайльсбронне (Франкония) изображает Спасителя, Который силой духа ублажает гнев Отца. Богоматерь Мария стоит, ходатайствуя, впереди церковного сообщества.

Die Ernsthaftigkeit der behandelten Probleme kann man schon an der Aufzählung der Themen des Seminars ersehen: »Die Einheit mit Christus. Zum Verständnis von Galater 2,2«; »Vergöttlichung in der Theologie von Martin Luther«; »Das Sakrament der Taufe im lutherischen Verständnis«; »Rechtfertigung und Vergöttlichung«; »Ikonoklasmus und Ikonenverehrung«; »Der Sinn der orthodoxen Askese«; »Dogmatische und historisch-theologische Aspekte der orthodoxen Lehre von der Vergöttlichung«; »Vergöttlichung für das menschliche Bewusstsein« und »Vergöttlichung als Rechtfertigung und Heiligung«.

Man muss allerdings zugeben, dass die orthodoxen Referate ziemlich schematisch und nicht eigentlich selbstständig ausgearbeitet worden waren. An dieser Stelle machten sich Defizite in der theologischen Ausbildung an den Moskauer Geistlichen Schulen bemerkbar, wo man über Jahrzehnte hin keinen Zugang zur westlichen theologischen Wissenschaft gehabt hatte. Die Vorstellung unserer Studenten und Lehrer über das Luthertum stammte aus Lehrbüchern des 19. Jahrhunderts. Dies erschwerte die Diskussion sehr. Die eigentlichen theologischen Gespräche konnten nur außerhalb der Tagesordnung stattfinden; da brauchte man auf anwesende Lehrer und berühmte Professoren keine Rücksicht zu nehmen. Die Sprachbarriere setzte freilich auch diesen Diskussionen Grenzen. Dennoch waren die Erfahrungen des gemeinsamen Lebens auf diesem Seminar sehr wertvoll. Die jungen Lutheraner erfuhren jedenfalls – nach ihren eigenen Worten – durch das Mitleben hinter den Mauern der Dreifaltigkeits-Sergius-Lawra mehr über die Orthodoxie als durch das Studium von Büchern.

Das vierte Seminar fand im Mai 1993 in Berlin statt. Sein Thema »Christliche Theologie und Frömmigkeit« war von besonderem Interesse für die deutsche Seite, da die russisch-orthodoxe Frömmigkeit einen im Westen wenig bekannten, besonderen Aspekt der christlichen Kultur darstellt. Zugleich konnte die orthodoxe Seite bei diesem Seminar ihr Verständnis von der deutschen Tradition der historisch-kritischen Erforschung der Bibel vertiefen. Denn diese Methode war in den orthodoxen Ausbildungsstätten Russlands bisher nicht unterrichtet worden.

Die orthodoxen Lehrer und Studenten spürten in diesen Tagen das große Interesse für die russische Kultur seitens ihrer deutschen Gesprächspartner sowohl während des Seminars als auch beim Besuch der Evangelisch-Theologischen Fakultät der Humboldt-Universität. Hier gab es eine Begegnung mit Lehrern und Studenten und eine Diskussion über Fragen der russischen Religionsphi-

вопросов. Достаточно перечислить темы докладов, чтобы оценить всю серьезность поставленных проблем: «Единство со Христом. К пониманию стиха 2. 2 из Послания к Галатам»; «Обожение в богословии Мартина Лютера»; «Таинство Крещения в лютеранском понимании»; «Оправдание и обожение»; «Иконоборчество и иконопочитание»; «Смысл православной аскетики»; «Догматический и историко-богословский аспекты православного учения об обожении»; «Обожение для человеческого сознания»; «Обожение как оправдание и освящение».

Надо признать, что доклады с православной стороны были довольно схематичны и не вполне самостоятельны. Сказывались недостатки богословского образования в Московских Духовных школах, в течение десятилетий лишенных доступа к мировой богословской науке. Представления наших студентов и преподавателей о сути лютеранского учения ограничивались пособиями XIX века, что существенно затрудняло дискуссию. Настоящие богословские споры могли бы происходить в кулуарах, без оглядки на преподавателей и маститых профессоров. Но подобным спорам мешал языковой барьер. Тем не менее опыт взаимного узнавания на семинаре был бесценен. Молодым лютеранам само пребывание в стенах Троице-Сергиевой Лавры, по их признанию, дало больше знаний о Православии, чем груды книг.

Четвертый семинар проходил в мае 1993 года в Берлине. Тема семинара – «Христианское богословие и благочестие» – была особенно интересна для немецкой стороны, поскольку русское православное благочестие представляет собой особый аспект христианской культуры, мало известный на Западе. В то же время православная сторона познакомилась с немецкой традицией историко-критического исследования Библии – дисциплиной, практически не изучаемой в православных Духовных школах в России.

В эти дни православные преподаватели и студенты почувствовали большой интерес своих немецких собеседников к русской культуре как в ходе семинара, так и при посещении богословского факультета Гумбольдтского университета. Здесь состоялась встреча с преподавателями и студентами и обсуждались вопросы русской религиозной философии.

В рамках семинара епископ д-р Мартин Крузе (Евангелическая земельная Церковь Берлина-Бранденбурга) устроил встречу с его участниками в здании церковной консистории и выступил с докладом «Епископ как проповедник Писания перед лицом социальных и политических конфликтов».

losophie. Im Rahmen des Seminars lud der Berliner Bischof Dr. Martin Kruse die Teilnehmer zu einem Mittagessen und einer Begegnung ein. Dabei hielt er einen Vortrag zum Thema »Der Bischof als Prediger der Heiligen Schrift angesichts sozialer und politischer Konflikte«.

Das fünfte Seminar wurde im Februar 1995 in der Geistlichen Akademie in St. Petersburg organisiert. Das Thema lautete diesmal: »Theologisches Verständnis des kirchlichen Dienstes nach der Ordination«. Bei der Eröffnung des Treffens berichtete Professor Christof Gestrich, dass jetzt an der Evangelisch-Theologischen Fakultät der Berliner Universität, die mit den Namen der großen protestantischen Theologen Friedrich Schleiermacher und Adolf von Harnack verbunden ist, ein Lehrstuhl zur Erforschung der östlichen Orthodoxie eingerichtet worden sei. Dies werde zur Entwicklung der gegenseitigen Verständigung zwischen den Theologen der beiden Kirchen beitragen. Zugleich betonte Professor Gestrich allerdings, das für das Seminar gewählte Thema sei eines der schwierigsten im Dialog zwischen der evangelischen Kirche und der Russischen Orthodoxen Kirche.

Das Seminar zeigte zunächst die Nähe der lutherischen und der orthodoxen Auffassung im Sinn des Apostels Petrus, der von der »Heiligen Priesterschaft« aller Glieder der Kirche spricht, die sich als »lebendige Steine zum geistlichen Haus erbauen« (1. Petrus 2,5). Durch die Eingliederung in den Leib Christi, die durch die Taufe erfolgt – und für den orthodoxen Christen zusätzlich durch die in der Myronsalbung erfolgte Gabe der Gnade – ist jeder Christ an den Früchten des Opfers Jesu Christi beteiligt; jeder ist berufen, ihm ähnlich zu werden und sich selbst als ein »lebendiges, heiliges und wohlgefälliges Opfer« darzubringen (Römer 12,1). In diesem Sinn ist jeder Christ ein »Geistlicher« vor Gott und in Christus.

Andererseits ergab sich im Gespräch über das »hierarchische Priestertum« bzw. das Geistliche Amt ein unterschiedliches Verständnis. Nach Auffassung der Lutheraner empfängt der Pastor bei der Ordination den Auftrag und die Gabe des Heiligen Geistes für den kirchlichen Dienst der Verkündigung, der Sakramentsverwaltung, Seelsorge und Gemeindeleitung, ist aber einem Laien grundsätzlich gleichgestellt. Nach Meinung der Orthodoxen aber vermittelt die priesterliche Weihe dem Kandidaten eine besondere gnadenreiche Gabe des Amtes, die ihn in eine besondere Stellung gegenüber dem Laien versetzt. Übereinstimmung besteht nur darüber, dass dieses »hierarchische Priestertum« und das »allgemeine Priestertum« untrennbar miteinander verbunden sind.

Heftige Diskussionen entflammten bei diesem Seminar

Пятый семинар проходил в феврале 1995 года в Санкт-Петербургской Духовной академии по теме «Богословское понимание церковного служения после рукоположения». Открывая встречу, профессор Гестрих сообщил, что в 1995 году на факультете евангелического богословия Берлинского университета, с которым связаны имена крупных протестантских богословов Фридриха Шлейермахера и Адольфа фон Гарнака, открыта кафедра по изучению восточного Православия, что, безусловно, поможет углублению взаимопонимания между богословами обеих Церквей. Он также отметил, что избранная тема является одной из самых трудных для диалога между Евангелической Церковью в Германии и Русской Православной Церковью.

И действительно, с одной стороны, семинар показал близость взглядов православной и евангелической сторон в понимании смысла слов апостола Петра о «царственном священстве» всех членов Церкви, «устрояющих из себя дом духовный» (1 Пет. 2. 5). Благодаря своему включению в Тело Христово через Святое Крещение, а для православного христианина и через облагодатствование верующего в Таинстве Миропомазания, каждый христианин соучаствует в плодах жертвенной смерти Господа Иисуса Христа и получает призвание быть уподобленным Ему и принести себя как «жертву живую, святую и благоугодную» (Рим. 12. 1). В этом смысле каждый христианин является священнослужителем перед Богом и Спасителем.

С другой стороны, когда речь зашла об иерархическом священстве, лютеране и православные заняли совершенно разные позиции. В понимании лютеран пастор при ординации получает особое поручение от Бога и дар Святого Духа на церковное служение, которое заключается в проповеди, преподании Таинств, душепопечении и руководстве жизнью прихода. Но в принципе он равен мирянину. Для православных же священническая хиротония сообщает пастырю особый благодатный дар священства, ставящий его в особое положение по отношению к мирянину. Согласие в этой части собеседования было достигнуто только в понимании неразрывной связи иерархического священства со всеобщим.

Жаркие дискуссии велись о понимании христианского единства. Представитель ЕЦГ Д. Васс в своем докладе «Что означает церковное единство для наших Церквей?» указал, что единство, зримо осуществляемое через участие в Евхаристии, является результатом единства в вере. Другую точку зрения

103 *Priesterweihe durch Erzbischof Meliton von Tichwin. Im Verständnis der Weihe eines russisch-orthodoxen Priesters und der Ordination eines evangelischen Pfarrers bestehen nach wie vor theologische Unterschiede zwischen den beiden Kirchen. Orthodoxe Priester sind in der Regel verheiratet. Nur die Bischöfe kommen aus dem Mönchsstand.*

Рукоположение диакона во священники, совершаемое архиепископом Тихвинским Мелитоном. Между Церквами Реформации и Православием по-прежнему существуют различия в понимании рукоположения православного священника и посвящения лютеранского пастора.

über das Verständnis der christlichen Einheit. D.Wass von der EKD-Delegation wies in seinem Referat darauf hin, dass die Einheit, die sichtbar durch die Teilnahme an der Eucharistie verwirklicht wird, das Ergebnis einer Einheit im Glauben ist. Ein etwas anderer Standpunkt wurde von Professor Gestrich vertreten. Seiner Meinung nach existiert die christliche Einheit bereits, sie ist von Anfang an von Christus vorgegeben; deswegen ist sie für die Konfessionen kein Ziel, sondern sie muss nur aktualisiert werden. Die Aufgabe der Theologen sei es, diese Einheit zu bewahren. Das Fehlen der Abendmahlsgemeinschaft sei ausschließlich die Folge der menschlichen Sünde. Dagegen betrachten die orthodoxen Teilnehmer die Trennung der Kirchen als das Ergebnis des Abfalls vieler Richtungen von der einen heiligen konziliaren und apostolischen Kirche. Sie lehnen darum jede Form der Abendmahlsgemeinschaft mit Nichtorthodoxen ab.

Das sechste Seminar fand im Juni 1997 in Berlin statt und war dem Thema »Das Leben der Kirche: Gottesdienst, Diakonie und Ökumene« gewidmet. Für Orthodoxe war dieses Thema von besonderer Wichtigkeit, weil die Russische Orthodoxe Kirche dabei ist, den sozialen Dienst wieder aufzubauen. Es war einerseits interessant zu klären, wie das gottesdienstliche Leben mit der diakonischen Tätigkeit verbunden ist. Andererseits war es wichtig, sich mit dem Aufbau der diakonischen Arbeit in einem Land vertraut zu machen, das über jahrzehntelange Erfahrungen in der sozialen Tätigkeit verfügt.

представил профессор Гестрих. По его мнению, христианское единство уже существует, оно изначально дано Христом, поэтому его достижение является не целью для конфессий, а скорее должно быть только актуализировано. Задача теологов – сохранить это единство. Отсутствие интеркоммуниона (евхаристического общения) является следствием исключительно человеческого греха. Православные же участники рассматривают разделение Церквей как результат отпадения различных направлений христианства от Единой Святой Соборной и Апостольской Церкви и отрицают всякую возможность евхаристического общения с неправославными.

Шестой семинар проходил в июне 1997 года в Берлине по теме «Жизнь Церкви: богослужение, диакония и экумена». Для православных эта тема была особенно важна, поскольку Русская Православная Церковь возрождает свое социальное служение. И было интересно, во-первых, уяснить для себя самих, как служба в храме связана с делами милосердия, а во-вторых, узнать о принципах построения диаконической работы в стране, обладающей огромным опытом в сфере социального служения.

В докладах и дискуссиях о Евхаристии стороны высказали близкие мнения о месте Евхаристии в богослужении и ее значении в жизни христиан. Однозначно рассматривая Евхаристию как Таинство, сто-

In Beiträgen und Diskussionen über die Eucharistie äußerten beide Seiten ähnliche Meinungen über die Stellung der Eucharistie im Gottesdienst und über ihre Bedeutung im Leben der Christen. Beide Seiten betrachten die Eucharistie eindeutig als Sakrament; nur im Verständnis ihrer Natur gingen die Meinungen auseinander. Unterschiedlich waren die Ansichten über das Wesen und die Bedeutung von Riten in der Kirche. In den Beiträgen und Diskussionen zur Diakonie stellte sich heraus, dass Orthodoxe und Lutheraner schon den Terminus »Diakonie« unterschiedlich verstehen. Für Orthodoxe bedeutet dieser Begriff Wohltätigkeit und Barmherzigkeit, und im Unterschied zu den Protestanten betrachten Orthodoxe die Wohltätigkeit als eines der Mittel der kirchlichen Mission. Demgegenüber ist die evangelische Diakonie nicht zwingend mit Mission – mit der Predigt von Christus also – verbunden.

Die lutherische Seite lud den Leiter des Diakonischen Werkes in Berlin, Ingo Hübner, zur Teilnahme an der Diskussion zu dieser Thematik ein. Er betonte, die Kirche müsse sich in Deutschland z. B. mit der Krankenpflege beschäftigen, weil sie Garant für gute und qualifizierte Hilfe sei und die entsprechende Kranken- und Altenpflege gewährleisten könne. Das könne man im notwendigen Ausmaß nicht von privaten Einrichtungen erwarten, wo alles von der Höhe der Zahlung für Leistungen abhänge.

Besondere Aufmerksamkeit widmete man bei dieser Begegnung dem Problem des Proselytismus und in diesem Kontext der Verabschiedung der neuen Religionsgesetzgebung in Russland. Das Thema des Proselytismus wurde am gleichen Tag beim Besuch der Teilnehmer in einem Seminar der Theologischen Fakultät unter der Leitung von Professor Heinz Ohme über die »Ökumenische Bewegung im 20. Jahrhundert« weiterbehandelt. Auf diese Weise nahmen die Begegnungsseminare der jungen Theologen immer mehr Themen auf, die mit der praktischen kirchlichen Arbeit zu tun haben.

Die Erfahrungen der Jugendseminare waren sehr nützlich. Obwohl diese »kleinen« Gesprächsrunden keinen Anspruch erhoben, alle Fragen in vollem Umfang auszuleuchten, waren sie eine notwendige Ergänzung der offiziellen Gespräche zwischen EKD und Russischer Orthodoxer Kirche, die mit den Namen »Arnoldshain«, »Sagorsk« und »Bad-Urach« verbunden sind. Diese Jugendtreffen brachten unsere Kirchen und unsere Völker einander näher. Es bleibt zu hoffen, dass die Tradition der Begegnung junger Theologen aus Russland und Deutschland fortgeführt wird. *Elena Speranskaja, Moskau*

роны разошлись в понимании ее природы. Различными были также взгляды на суть и значение обрядов в Церкви. В докладах и дискуссиях о диаконии выяснилось, что православные и лютеране по-разному понимают сам термин «диакония». Для православных это благотворительность и милосердие, для протестантов это продолжение их богослужения, и занимаются диаконией не только миряне, но и специально поставленные диаконы и диаконисы. Таким образом диакония как бы становится равнозначной богослужению. В то же время лютеранская диакония не обязательно связана с миссией, с проповедью о Христе, что ведет, по мнению православных, к преобладанию в ней чисто социальных задач над церковными. В отличие от протестантов православные рассматривают благотворительность как одно из средств миссии Церкви.

Лютеранская сторона пригласила для участия в дискуссии по этой тематике Инго Хюбнера, руководителя диаконической службы в Берлине. Он подчеркнул, что в Германии уходом за больными должна заниматься именно Церковь, поскольку только она может быть гарантом надежной и квалифицированной помощи и обеспечить должный уход за больными и престарелыми людьми, чего нельзя достичь в таких масштабах в частных учреждениях, где все определяется размером платы за услуги.

В ходе этой встречи особое внимание было уделено обсуждению проблемы прозелитизма и в этом контексте – принятию нового законодательства о деятельности религиозных организаций в России. Обсуждение темы прозелитизма было продолжено при посещении в тот же день участниками собеседования одного из семинаров богословского факультета, который ведет профессор Хайнц Оме, – «Экуменическое движение XX века». Таким образом, семинары молодых богословов стали включать в себя все больше тем, связанных с практической церковной работой.

Опыт молодежных семинаров был весьма полезен. И хотя эти «малые» собеседования не претендовали на полноту освещения всех вопросов, они явились необходимым дополнением к официальным собеседованиям между Евангелической Церковью в Германии и Русской Православной Церковью, связанным с именами «Арнольдсхайн», «Загорск» и «Бад-Урах». Эти молодежные семинары сближали наши Церкви и народы. Надеемся, что традиция встреч молодых богословов России и Германии будет продолжена.

Елена Сперанская, Москва

Aus Freundschaft wird Partnerschaft
Дружба, перерастающая в партнерство

Auf mehr als ein Jahrzehnt intensiver Kontakte zur Russischen Orthodoxen Kirche kann auch die Evangelische Jugend in Westfalen zurückblicken. Was in sowjetischer Zeit als Austausch offizieller Delegationen begann, ist heute ein vielfältig geknüpftes Netz von Beziehungen und Freundschaften, gemeinsamen Arbeitseinsätzen und Gemeindepartnerschaften.

Nach ersten Begegnungen im Jahr 1985 reiste 1989 erneut eine Delegation der Evangelischen Jugend aus Westfalen zu russisch-orthodoxen Gemeinden im Nordkaukasus und nach Moskau. Mit Brot und Salz in den Händen erwartete der Kirchenälteste die Besucher in jeder der 15 Gemeinden. In Wolgograd, dem früheren Stalingrad und einer der Schlüsselstädte des Zweiten Weltkriegs, waren sowohl Repräsentanten der Russischen Orthodoxen Kirche als auch Vertreter des Friedenskomitees und der Freundschaftsgesellschaft zu einer gemeinsamen Andacht auf dem Gedenkhügel bereit.

Bei allen Treffen betonten die Russen ihr Interesse an einem intensiven, offiziellen, kirchlichen und privaten Austausch. In Wolgograd erfuhren sie, dass auch bei den Deutschen großes Interesse an einem privaten Austausch, das heißt an Kontakten zwischen Familien, besteht. Die Wolgograder Freundschaftsgesellschaft hatte bereits eine ganze Reihe von Erfahrungen mit der Evangelischen Jugend Berlin (West) gesammelt. Groß war daher das Interesse an der Fortsetzung der Arbeit auf dem nächsten Deutschen Evangelischen Kirchentag im Ruhrgebiet 1991.

Viele Stunden verbrachten die jungen Christen aus Westfalen 1989 in Gottesdiensten der Metropolie Stawropol. Ihren Höhepunkt hatte die Einladung durch Erzbischof Antonij, den Leiter der Eparchie Stawropol und Baku, im Gottesdienst am Fest der Entschlafung der Gottesmutter (Maria Himmelfahrt). Bei über 40 Grad erlebten die Gäste die Göttliche Liturgie, den Mittelpunkt des religiösen Lebens der Russischen Orthodoxen Kirche. Erstaunt waren alle über die große Beteiligung von Jugendlichen und jungen Menschen in den Kirchen. Sie sangen und beteten mit den orthodoxen Christen und waren überrascht von der großen Anzahl der Taufen. Gemeinsames Essen und Trinken war immer wieder ein Höhepunkt bei den Besuchen in den verschiedenen Gemeinden.

Erzbischof Antonij führte die Gruppe durch die gerade

Евангелическая молодежь в Вестфалии вот уже более десяти лет поддерживает контакты с Русской Православной Церковью. Обычный в советское время обмен официальными делегациями в наши дни перерос в постоянные дружеские контакты, в сотрудничество и партнерство между отдельными церковными общинами.

В 1989 году делегация евангелической молодежи Вестфалии посетила русские православные приходы на Северном Кавказе, в Волгограде и Москве. Главная цель немецких христиан состояла в том, чтобы через 50 лет после начала Второй мировой войны еще раз продемонстрировать свою волю к примирению и призвать Церкви в тогдашнем Советском Союзе принять участие в строительстве общего европейского дома.

В России молодых немецких христиан приняли очень тепло. В каждом из 15 приходов, которые они успели посетить, староста неизменно встречал гостей хлебом-солью. В Волгограде – одном из ключевых мест Второй мировой войны, на Поклонной горе состоялась встреча членов делегации с представителями Русской Православной Церкви, сотрудниками волгоградских отделений Советского комитета защиты мира и Союза обществ дружбы с народами зарубежных стран. Евангелические и православные христиане вместе помолились о погибших в Сталинграде российских и немецких воинах. Беседуя с христианами из Вестфалии, российская сторона подчеркивала свою заинтересованность в интенсивном официальном и частном обмене между нашими странами. Тогда же члены делегации узнали, что Волгоградское общество дружбы уже накопило определенный опыт работы с немецкими христианами, организовав ряд встреч с евангелической молодежью Западного Берлина, и им известно несколько семей в Германии, которые хотели бы иметь постоянные контакты с отдельными семьями в Волгограде.

Посещая Ставропольскую епархию, где их радушно принимал архиепископ Ставропольский и Бакинский Антоний, молодые христиане из Вестфалии провели много часов за богослужениями. Они

fertig gestellten Gebäude des Seminars für die Priester- ausbildung und Chorleiterinnenausbildung. In diesem neuen geistlichen Zentrum steht die praktische Gemein- de- und Gruppenarbeit neu auf dem Programm. Die Gäs- te zeigten sich stark beeindruckt von dem Ausmaß der Gastfreundschaft und dem Wunsch nach Frieden und Versöhnung bei ihren Gastgebern. Die Einladung zur Mithilfe an der Ausbildung und beim Aufbau von Ge- meindehäusern wurde in Aussicht genommen.

Immer wieder kamen alte Frauen, die den Krieg noch erlebt hatten, auf die Gruppe der Jugendlichen zu. »Sagt zu Hause, dass wir keinen Krieg wollen«, gaben sie den Westfalen mit auf den Weg. Friedenslieder singend, eine Predigt vortragend und ein gemeinsames Fürbittengebet sprechend, stellten sich die Mitglieder der Evangelischen Jugend Westfalen in den Gemeinden vor und spürten ein hohes Maß an Herzlichkeit und Verbundenheit. Die ho- hen Tagestemperaturen machten der Gruppe zu schaffen, aber die überaus große Gastfreundschaft ließ sie die Stra- pazen vergessen.

Die Gruppe nahm am ersten Schultag des neuen Schul- jahres in Pjatigorsk an den Feierlichkeiten und am Unter- richt teil. Ein besonderes Gastgeschenk brachte die Dele-

молились вместе с православными христианами, рассказывали в приходах о своей работе в Германии, пели песни о мире, выступали с проповедями. Каж- дое посещение всегда завершалось общей трапезой. Гостям особенно запомнилась торжественная литур- гия в праздник Успения Божией Матери в кафед- ральном соборе в Ставрополе. Многое их там по- разило: и обилие верующих, собравшихся в храме несмотря на 40-градусную жару, и большое число молодых людей среди молящихся, и нескончаемая череда принимающих Крещение.

Архиепископ Антоний показал гостям только что отстроенные здания Ставропольской семинарии, в которой учатся будущие священнослужители и регенты. Тогда же возник план пригласить вест- фальцев для преподавания некоторых предметов и для участия в строительстве приходских зданий.

К группе немецкой молодежи, когда они шли по улицам города, то и дело обращались пожилые женщины, которые еще помнили годы войны. Они просили вестфальцев: «Расскажите дома, что мы не хотим войны». На гостей из Германии глубокое впе- чатление произвело это стремление русских людей к

104 *Wiederaufbauarbeiten in der Optina Pustyn. Das Kloster im Gebiet von Kaluga war vor der Revolution ein berühmtes geistliches Zentrum, dessen Starzen (weise Mönche) auch von der russischen Intelligenz aufgesucht wurden.* Восстановительные работы в Оптиной пустыни. Монастырь в Калужской области был до революции извест- ным духовным центром; живших в монастыре старцев посещали представители русской интеллигенции.

196

gation später nach Deutschland mit: 25 Anschriften junger Leute aus der 10. Klasse, die auf eine Brieffreundschaft mit deutschen Jugendlichen hofften. Die 15 und 16 Jahre alten Schülerinnen und Schüler wohnen im kaukasischen Pjatigorsk, inmitten einer Region, die mit ihren Bergen und Mineralquellen als bekanntes Kurgebiet gilt.

Die westfälische Delegation konnte danach bei ihrem Besuch im Außenamt der Russischen Orthodoxen Kirche in Moskau Bestätigung für ihre Versöhnungsbemühungen erfahren. Bischof Wladimir von Podolsk, stellvertretender Leiter des Außenamtes, zeigte den Gästen die gerade eröffnete Ausstellung mit Bildern eines Mitarbeiters aus Westfalen, wie er die Russische Orthodoxe Kirche sieht. Diese Ausstellung wurde in der Folgezeit in den geistlichen Schulen der Russischen Orthodoxen Kirche in Sagorsk – heute Sergijew Posad –, Leningrad – heute St. Petersburg – und Odessa gezeigt. Die überaus herzliche Aufnahme der Gäste machte deutlich, wie wichtig den russisch-orthodoxen Christen in dieser schwierigen Zeit des Umbruchs das Bemühen um Kontakte war.

Theologischer Höhepunkt der Reise war das erste gemeinsame Seminar der Evangelischen Jugend Westfalen mit der Russischen Orthodoxen Kirche im Dreifaltigkeits-Sergius-Kloster in Sagorsk bei Moskau. Zusammen mit Vertretern der Akademie diskutierten die Deutschen über die Aufgabe der beiden Kirchen in der Welt von heute. Die Delegation erzielte aber nicht nur theoretische Übereinstimmung sondern auch praktische Ergebnisse. Die Delegation lud zu einem zweiten Seminar nach Westfalen ein. Aus dieser Reise 1989 erwuchsen zahlreiche gemeinsame Projekte: Aus Freundschaft wurde Partnerschaft.

Die Evangelische Jugend Westfalen erklärte sich bereit, ganz praktisch bei der Wiederherstellung von Kirchen- und Klostergebäuden der Russischen Orthodoxen Kirche zu helfen. Das Aufbauprogramm, das in der Planung 1989 begonnen hatte, verwirklichte sich Schritt für Schritt in den kommenden Jahren. So wurde eine Gruppe von 24 Mitarbeiterinnen und Mitarbeitern aus Westfalen in die Optina Pustyn bei Kaluga südöstlich von Moskau eingeladen. Hier arbeitete man am Hochbau des Nikolaj-Turms im Kloster mit. Im August 1997 führte eine Jugendgruppe von ehrenamtlichen Mitarbeiterinnen und Mitarbeitern aus Westfalen zum achten Mal ein Aufbauprojekt in Zusammenarbeit mit der All-Orthodoxen Jugendbewegung durch. Die Gruppe arbeitete im Jugendzentrum der Russischen Orthodoxen Kirche in der Krutizkij-Podworje in Moskau und im Hlg. Nikolaj-Kloster auf der Schwarzen Insel in Malojaroslawets im Bistum Kaluga. 1998 schließlich wurde das 9. Aufbauprojekt im Hlg. Nikolaj-Kloster in Malojaroslawets durchgeführt.

миру и примирению и оказанное им широкое гостеприимство.

В Пятигорске вестфальцы участвовали в торжествах, посвященных началу нового учебного года, и даже недолго присутствовали на занятиях. В результате делегация привезла в Германию особый подарок – 25 адресов ребят из 10-го класса Пятигорской школы. Эти 15- и 16-летние школьницы и школьники, живущие в Пятигорске, на Кавказе, в центре региона, который благодаря красоте своих гор и минеральным источникам является известным курортом, мечтали установить переписку с молодыми немцами.

В Москве, в Отделе внешних церковных сношений Московского Патриархата, вестфальская делегация получила еще одну поддержку в своем стремлении к примирению. Заместитель председателя Отдела епископ Подольский Владимир показал гостям только что открывшуюся выставку фотографий одного из представителей Церкви Вестфалии. Впоследствии эта выставка была показана в Духовных школах Русской Православной Церкви в Загорске (ныне Сергиев Посад), Ленинграде (ныне Санкт-Петербург) и Одессе.

Гостям был оказан чрезвычайно радушный прием, что лишний раз показывало, сколь важным для русских православных христиан в то переходное время было установление контактов с христианами Германии. Молодежь Вестфалии выразила желание помочь Русской Православной Церкви в восстановлении церковных зданий, и 24 представителя Евангелической молодежной организации Вестфалии были приглашены вести строительные и реставрационные работы в знаменитом православном монастыре – Оптиной Пустыни, расположенной к юго-востоку от Москвы, в Калужской области.

В Троице-Сергиевой Лавре в Загорске состоялся первый семинар евангелической молодежи из Вестфалии с представителями Русской Православной Церкви, на котором велись дискуссии о задачах обеих Церквей в сегодняшнем мире. Следующую встречу было решено провести в Вестфалии. Результатом поездки 1989 года стали многочисленные совместные проекты. Так дружба переросла в партнерство.

Важным результатом этого визита стало развитие контактов отдельных евангелических общин с приходами Русской Православной Церкви. Особенно удачным примером партнерства, проникнутым духом взаимопонимания и примирения, служат

105 *Mitglieder der evangelischen Gemeinde in Schwerte/ Westfalen zu Besuch bei ihrer Partnergemeinde in Pjatigorsk 1995. Vorne links Vater Anatolij und Karl Kruschel.*
Члены евангелической общины Шверте (Вестфалия) в гостях у партнерской общины в Пятигорске в 1995 году. Спереди слева – отец Анатолий и Карл Крушель.

Seit 1991 werden die Krutizkij Podworje und das Hlg. Nikolaj-Kloster durch regelmäßige »Humanitäre Hilfe« (Lebensmittel und Medikamente) unterstützt. Für die Mittel sorgte neben der Aufbaugruppe der Arbeitskreis Schwerte-Pjatigorsk und der Kirchenkreis Vloto in Westfalen.

In der gemeinsamen Arbeit wurden auch die ökumenischen Kontakte vertieft und überaus wichtig gewordene Gemeindekontakte mit der Russischen Orthodoxen Kirche gepflegt. Ein besonders gelungenes Beispiel für Verständigung und Versöhnung ist die Gemeindepartnerschaft Schwerte-Pjatigorsk. Unter der Leitung des Ökumene-Referenten und Vorsitzender des Arbeitskreises Schwerte-Pjatigorsk weilten 1995 30 Christinnen und Christen aus der westfälischen Stadt in der nordkaukasischen Partnerstadt Pjatigorsk. Dies war die 25. Begegnung der beiden Arbeitskreise aus Schwerte und Pjatigorsk. »Brücken der Verständigung« war das Motto der Reisegruppe, die aus Mitgliedern von evangelischen Einrichtungen, Jugendgruppen und Kirchengemeinden bestand. Die Gruppe hatte sich auf den Weg gemacht, um im fünfzigsten Jahr der Wiederkehr der Befreiung vom Faschismus und der Beendigung des Zweiten Weltkrieges Brücken zu bauen und die Jugendkontakte zu vertiefen.

Höhepunkt des intensiven Arbeitsprogramms war nach einem Gottesdienst mit vielen Kindern und Jugendlichen in der Lazarus-Kirche in Pjatigorsk die Begegnung mit dem jungen Aljoscha, dem als Kriegsinvaliden in den ver-

взаимоотношения между православными и евангелическими приходами в Пятигорске и немецком городе Шверте в Вестфалии. С 1990 по 1998 год состоялось тридцать встреч, семинаров, обменов стажерскими и молодежными группами из этих городов. Участникам этого проекта особенно запомнилась 25-я встреча, проходившая в Пятигорске в 1995 году под девизом «Мосты взаимопонимания». Тогда на Кавказ приехали тридцать христиан из Шверте, представлявших различные евангелические учреждения, молодежные группы и церковные приходы. Возглавлял эту делегацию референт по экуменическим вопросам и председатель рабочей группы «Шверте-Пятигорск». Немецкие гости приехали в Пятигорск в год пятидесятилетней годовщины окончания Второй мировой войны и освобождения от фашизма, чтобы в дни празднования этой даты укрепить молодежные контакты.

Программа их визита была чрезвычайно насыщенной. Но самым волнующим событием была встреча с инвалидом чеченской войны юношей Алешей после богослужения в Лазаревском храме, где молилось много детей и молодежи. В предшествовавшие этой встрече месяцы по инициативе женщин из Шверте, собравших необходимые деньги, Алеше была оказана существенная помощь.

Особым направлением работы немецких христиан было направление гуманитарной помощи в Россию. С 1990 года в Пятигорск было доставлено и распределено около 400 тонн различных гуманитарных грузов. В то же время продовольствие и медикаменты из Германии стали регулярно получать Крутицкое подворье в Москве и Свято-Николаевский монастырь, расположенный на Черном острове в Малоярославце Калужской епархии. Необходимые для этого средства обеспечивали строительная группа, рабочий кружок «Шверте-Пятигорск» и церковный округ Флото.

Своим главным проектом Евангелическая Церковь Вестфалии считает строительные и реставрационные работы в православных монастырях и храмах России. Эта программа начала осуществляться в 1990 году со строительства Николаевской башни в Оптиной Пустыни. В августе 1997 года группа внештатных сотрудников из объединения евангелической молодежи Вестфалии в кооперации со Всецерковным православным молодежным движением вела строительные работы в молодежном центре Русской Православной церкви на Крутицком подворье в Москве, а также в Свято-Николаевском монастыре

gangenen Monaten durch eine Initiative Schwerter Frauen im Rahmen von Sammlungen geholfen worden war.

Seit 1989 wird in dieser Kirchen- und Städtepartnerschaft gearbeitet. Zwanzig humanitäre Hilfslieferungen wurden seit 1990 durchgeführt. Etwa 400 Tonnen Hilfsgüter wurden nach Pjatigorsk geschickt und verteilt. 30 Begegnungen, Seminare, Praktika und der Austausch von Jugendlichen sind die Grundlage für völlig neue Formen der Zusammenarbeit und des Miteinanders zwischen Kirchen unterschiedlicher Tradition.

Karl Kruschel, Schwerte

на Черном острове. В 1998 году в этом монастыре прошел уже девятый сезон строительных работ. Как представляется немецкой стороне, эти работы, вместе с накопленным опытом проведения совместных семинаров и взаимных визитов, должны послужить основой для развития новой формы сотрудничества между Церквами.

Карл Крушель, Шверте

Der Kirchentag – ein gemeinsames Fest der Christen
Кирхентаг – общий христианский праздник

Die Tradition der Evangelischen Kirchentage – in Russland werden sie als »kirchliche Tage« bezeichnet – geht in Deutschland auf das Jahr 1949 zurück, als der erste Kirchentag in Hannover stattfand. Der Begründer dieser Tradition ist Dr. Reinhold von Thadden-Trieglaff. Das Ziel des Kirchentages wird in seiner Ordnung so formuliert: »Der Kirchentag ist bestrebt, Menschen zusammenzubringen, die nach dem christlichen Glauben fragen. Er unterstützt das Verantwortungsgefühl in der Kirche, wappnet für das Zeugnis und den Dienst in der Welt und arbeitet mit der gesamten christlichen Gemeinschaft zusammen.« Der Kirchentag ist ein einmaliger Ort der Begegnung von Christen aller Konfessionen. Die Atmosphäre eines christlichen Festes und der Freundschaft tragen zum Aufbau immer neuer ökumenischer Kontakte bei.

Kirchentage werden alle zwei Jahre durchgeführt. Die Programme sind sehr vielfältig: Gebete, Gottesdienste, Bibelarbeit, Vorträge, Seminare, Diskussionen, Meditationen und ein großer »Markt der Möglichkeiten«. Hier wird die Arbeit der Christen im sozialen und gesellschaftlichen Bereich dargestellt. Speziell für Kirchentage werden auch Lieder und Musikkompositionen verfasst.

Unter den Teilnehmern der Kirchentage sieht man viele Tausende junger Menschen, einschließlich junger Eltern mit Säuglingen. Sie kommen von weit her, um sich an diesem christlichen Fest zu beteiligen. Kirchentage ziehen aber auch ältere Menschen an, und man sieht hier auch Behinderte in Rollstühlen. Und alle fühlen sich wie eine christliche Familie. Manchmal werden für Tausende von

Традиция проведения Евангелических Кирхентагов, или, как их называют в России, «церковных дней» существует в Германии с 1949 года, когда состоялся первый Кирхентаг в Ганновере. Основателем этой традиции является доктор Рейнгольд фон Тадден-Триглаф. О целях Кирхентага говорится в его конституции: «Кирхентаг стремится собрать людей, которые вопрошают о христианской вере, поддерживают чувство ответственности внутри Церкви, вооружают христиан для свидетельства и служения в мире и сотрудничают со всем христианским сообществом». Кирхентаг является уникальным местом встречи христиан разных конфессий. Атмосфера христианского праздника и дружелюбия способствует установлению все новых межхристианских контактов.

Кирхентаги проводятся раз в два года и, как правило, включают в себя множество различных программ: молитву, службы, библейские чтения, лекции, семинары, дискуссии, а также устройство специальных выставочных стендов, которые демонстрируют работу христиан в сфере социального служения и искусства. Специально для Кирхентагов пишется музыка.

Среди участников Кирхентага можно видеть тысячи молодых людей, в том числе молодых родителей с грудными детьми на руках, преодолевших немалые расстояния для участия в этом христианском празднике. Приезжают на Кирхентаг и пожилые люди, и инвалиды в колясках. И все чувствуют себя единой

Menschen auf den Plätzen der Städte Zelte aufgeschlagen, in denen man übernachten kann. Denn die Hotels sind nicht in der Lage, alle Interessenten aufzunehmen.

Die Organisation der Kirchentage läuft über eine ständige Zentrale. Sie hat einen eigenen Präsidenten, ein eigenes Büro, das die Organisationsarbeit leistet, sowie eine Presse- und Öffentlichkeitsabteilung.

Vertreter der Russischen Orthodoxen Kirche beteiligen sich an der Arbeit der Kirchentage seit Mitte der 70er Jahre. Damals ging es nicht um die Entsendung einer großen orthodoxen Delegation nach Deutschland. So war beim 16. Kirchentag in Frankfurt/Main, der im Juni 1975 stattfand, nur Igumen Iosif (Pustoutow), Vertreter der Russischen Orthodoxen Kirche bei der Christlichen Friedenskonferenz in Prag, als Gast vonseiten der Russischen Orthodoxen Kirche anwesend. Beim ökumenischen Abschlussgottesdienst war Metropolit Filaret von Berlin und Mitteleuropa, damals Exarch des Patriarchen für Mitteleuropa, dabei.

Bereits 1979 erhielt Patriarch Pimen eine Einladung zur Teilnahme am 18. Kirchentag in Nürnberg. Da der Vorsteher der Russischen Orthodoxen Kirche nicht nach Deutschland reisen konnte, sandte er ein Telegramm an den Landesbischof der Evangelisch-Lutherischen Kirche

христианской семьей. До недавнего времени тысячи людей разбивали палатки на улицах городов для ночлега, поскольку гостиницы были не в состоянии вместить всех желающих.

Организация Кирхентага представляет собой постоянно действующий штаб. У него есть президент, бюро, осуществляющее организационную работу, отдел прессы и публикаций.

Представители Русской Православной Церкви стали принимать участие в Кирхентагах с середины 70-х годов. Но тогда не шла речь о направлении в Германию большой православной делегации. Так, на 16-м Кирхентаге во Франкфурте-на-Майне, который проходил в июне 1975 года, в качестве гостя от Русской Православной Церкви присутствовал игумен Иосиф (Пустоутов), представитель Русской Православной Церкви при Христианской мирной конференции в Праге. А на заключительном экуменическом богослужении был митрополит Берлинский и Среднеевропейский Филарет, Патриарший Экзарх Центральной Европы.

Уже в 1979 году приглашение принять участие в 18-м Кирхентаге в Нюрнберге получил Святейший Патриарх Пимен. Хотя Предстоятель Русской Право-

106 *Gottesdienst mit Feier des hlg. Abendmahls zum Abschluss des Kirchentages 1995 im Fußballstadion in Hamburg.*
Евхаристическое богослужение в связи с закрытием Кирхентага в 1995 г. на футбольном стадионе в Гамбурге.

in Bayern, Dr. Johannes Hanselmann. In diesem Telegramm hieß es unter anderem: »... meine Wünsche richte ich an Sie, auf dass Ihr Kirchentag dem weiteren Ruhme unseres Herrn dienen möge, auf dass die Christen, die nach dem Apostel zu einer Hoffnung in ihrer Erkenntnis aufgerufen sind, in ihrem Streben nach der Einheit im Glauben und in ihrem evangelischen Dienst an der Versöhnung zwischen den Menschen sowie zum Frieden zwischen den Völkern nicht nachlassen mögen.«

In den 80er Jahren wurde die Bewegung für die Erhaltung des Lebens auf unserem Planeten und gegen den atomaren Krieg immer stärker. Diese Bewegung fand auch unter den Teilnehmern der Kirchentage Unterstützung. Seit dem 19. Kirchentag, der 1981 in Hamburg stattfand, haben die Kirchentage eine vehemente friedensstiftende Ausstrahlung gewonnen. Sie verwandelten sich in ein vieltausendköpfiges Forum von Menschen, die im Streben nach Erhaltung des Friedens und Rettung des Lebens auf der Erde vereinigt waren. Daran beteiligten sich mittlerweile aktiv sowohl Orthodoxe als auch Katholiken und Protestanten.

Ein noch überzeugenderes Zeugnis für die friedensstiftenden Bestrebungen der Christen legte der 20. Kirchentag in Hannover ab, der 1983 stattfand. Am Vorabend der Eröffnung des Kirchentages fand am Ort der Bestattung von 50.000 sowjetischen Kriegsgefangenen, die im Konzentrationslager Bergen-Belsen umgekommen waren, eine Gedenkfeier mit mehreren tausend Menschen statt. Im Rahmen des Kirchentages fand eine friedensstiftende Veranstaltung mit 100.000 Menschen statt. An ihr nahm auch der damalige Bundeskanzler Helmut Kohl teil. Zur Delegation der Russischen Orthodoxen Kirche gehörten damals zwei Bischöfe: Erzbischof Pitirim von Wolokolamsk und Jurjew und Bischof Longin von Düsseldorf.

Seit den 80er Jahren begann die Russische Orthodoxe Kirche, sich an den Ausstellungen anlässlich der Kirchentage zu beteiligen. Dabei wurden in der Regel Foto-Schautafeln über das Leben der Russischen Orthodoxen Kirche angefertigt, Videofilme vorgeführt und Kassetten mit Aufnahmen von Kirchenchören zu Gehör gebracht. Die Ausstellungen wurden von der Verlagsabteilung des Moskauer Patriarchats vorbereitet.

107 *Unter den Gästen beim Kirchentag im Sommer 1981 in Hamburg befand sich auch Metropolit Pitirim von Wolokolamsk und Jurjew (Mitte).*
Среди гостей Кирхентага летом 1981 года в Гамбурге был митрополит Волоколамский и Юрьевский Питирим (в центре).

славной Церкви не смог приехать в Германию, он направил телеграмму земельному епископу Евангелическо-Лютеранской Церкви в Баварии доктору Йоханнесу Ханзельману, в которой, в частности, говорилось: «Шлю пожелания, чтобы ваш Кирхентаг послужил дальнейшему прославлению Господа нашего и чтобы христиане, призванные, по апостолу, к одной надежде своего звания, не ослабевали в стремлении к единству в вере и в своем евангельском служении примирению между людьми и миру между народами. С братской во Христе любовью».

В 80-е годы быстро набирало силу движение за сохранение жизни на планете, против ядерной войны. Его поддержали и участники Кирхентагов. Начиная с 19-го Кирхентага, который проходил в 1981 году в Гамбурге, этот «церковный съезд» приобрел мощное миротворческое звучание и перерос в многотысячный форум людей, объединенных стремлением сохранить мир и спасти жизнь на земле. В нем уже активно принимали участие и православные, и католики, и протестанты.

Еще более полным свидетельством миротворческих устремлений христиан стал 20-й Кирхентаг в Ганновере, проходивший в 1983 году. Накануне открытия Кирхентага на месте захоронения 50 тысяч советских военнопленных, замученных в концлагере Берген-Бельзене, состоялся многотысячный митинг. В рамках Кирхентага была организована 100-тысячная миротворческая манифестация. На ней присутствовал тогдашний канцлер ФРГ Гельмут

201

Die Teilnahme der Orthodoxen an den Kirchentagen war insbesondere beim 21. Kirchentag in Düsseldorf 1985 sehr deutlich. Zusätzlich zu den üblichen Fotoausstellungen wurden dort eine Präsentation orthodoxer Ikonen organisiert und Vorträge über Ikonenmalerei und die aktuelle Lage unserer Kirche gehalten. Im Einzelnen wurden Vorträge zu folgenden Themen angeboten: »Was ist Orthodoxie?«, »Die orthodoxe Ikone«, »Was bedeutet orthodox zu sein?«, »Die Russische Orthodoxe Kirche und die Ökumene«, »40 Jahre Frieden und die friedensstiftende Tätigkeit der Russischen Orthodoxen Kirche«, »Das Millennium der Taufe der Rus«. Im Anschluss an diesen Kirchentag wurden spezielle Frauen- und Jugendprogramme mit Reisen nach Stuttgart, Darmstadt und Frankfurt organisiert. Es gab dabei viele Begegnungen, Gespräche und Diskussionen.

Die Kirchentage wurden in der kirchlichen Presse sehr positiv beurteilt, auch in der »Zeitschrift des Moskauer Patriarchats«, die damals in allen Gemeinden und Eparchien der Russischen Orthodoxen Kirche gelesen wurde.

Ein unvergessliches Ereignis war der 23. Kirchentag, der 1989 in West-Berlin kurz vor dem Fall der Berliner Mauer stattfand. Seine 150.000 Teilnehmer und die 3000 Gäste aus der Ökumene verspürten die Vorfreude der glücklichen Wende – die Beseitigung der kommunistischen Regime und den Anbruch der Ära der Freiheit. Damals schien es, dass die Grenzen ihre Bedeutung verlieren. Die Russische Orthodoxe Kirche war mit einer elfköpfigen Delegation vertreten, mit Erzbischof German von Berlin und Mitteleuropa, dem Exarchen des Patriarchen für Mitteleuropa, an der Spitze.

In jenen Jahren vor der Wende leisteten die Kirchentage einen Beitrag zum Aufbau guter Kontakte zwischen der Evangelischen Kirche in Deutschland (EKD) und der Russischen Orthodoxen Kirche. Sie halfen den Orthodoxen, sich als Mitglieder einer christlichen Familie zu fühlen, und sie linderten die Situation der Unfreiheit, in der sich unsere Kirche unter den Bedingungen des totalitären Regimes befand. Die Bedeutung der Kirchentage ging jedoch viel weiter. Sie erfüllten die Funktion einer Brücke und förderten insgesamt die Verständigung zwischen Ost und West.

Nach dem Fall der kommunistischen Regierungen in den Ländern Osteuropas, als der Traum von dem einen Europa sich der Wirklichkeit zu nähern schien, widmete sich der Kirchentag 1991, der im Ruhrgebiet – in Dortmund, Bochum und Essen – unter dem Motto »Der Geist Gottes befreit für das Leben« stattfand, einem ganz anderen Thema. Auf diesem Kirchentag wurde ein repräsentatives Forum mit dem viel versprechenden Titel »Die Sow-

108 *Wie bei jedem Familientreffen kommt es auch bei den Kirchentagen zu überraschenden Begegnungen.*
Даже при семейном общении случаются неожиданные встречи. Так бывает и на Кирхентаге.

Коль. Делегация Русской Православной Церкви включала в свой состав двух архиереев – архиепископа Волоколамского Питирима и епископа Дюссельдорфского Лонгина.

В 80-е годы Русская Православная Церковь стала принимать участие и в выставках на Кирхентагах. Как правило, оформлялись стенды с фотографиями о жизни Русской Православной Церкви, устраивались просмотры видеофильмов, прослушивания кассет с записью церковных хоров. Готовил выставки Издательский отдел Московского Патриархата.

Участие православных в «церковных днях» стало особенно заметно на 21-м Кирхентаге в Дюссельдорфе в 1985 году. Там, кроме обычной фотовитрины, была организована выставка православных икон и читались доклады по иконописи и современному положению нашей Церкви. В частности, темами докладов были: «Что такое Православие», «Православная икона», «Что значит быть православным», «Русская Православная Церковь и экуменизм», «40 лет мира и миротворческая деятельность Русской Православной Церкви», «Тысячелетие Крещения Руси». После Кирхентага проходили специальные женские и молодежные программы с поездками в Штутгарт, Дармштадт, Франкфурт и другие города. Было много встреч, бесед, дискуссий.

Высокую оценку получали Кирхентаги в церковной печати, в частности в «Журнале Московской Патриархии», который тогда читали во всех епархиях и во многих приходах Русской Православной Церкви.

Незабываемым событием стал 23-й Кирхентаг, который проходил в Западном Берлине в 1989 году,

jetunion im Prozess der Veränderungen und die neue Gemeinschaft« eingerichtet. Hier hielt der Leiter der Delegation des Moskauer Patriarchats, Metropolit Kyrill von Smolensk und Kaliningrad, einen Vortrag über das Leben und Wirken der Russischen Orthodoxen Kirche unter den neuen Bedingungen. Im Rahmen dieses Forums gab es auch das Café »Frieden«, in dem die Gruppen deutscher Studenten mitwirkten, die sich an der Restaurierung der Gebäude des berühmten russischen Klosters Optyna Pustyn beteiligt hatten.

Ein neues erfreuliches Kennzeichen der Kirchentage wurde nun die Teilnahme nicht nur einer offiziellen Delegation der Russischen Orthodoxen Kirche, sondern auch von Vertretern der Eparchien (Bistümer) von Tula und Rostow sowie von Kirchenchören aus Smolensk und Rostow am Don.

Der 25. Kirchentag in München 1993 zeichnete sich da-

109 *Gottesdienst beim Leipziger Kirchentag 1997 in der Nikolai-Kirche, die als Ort der Friedensgebete in der Zeit der Wiedervereinigung Deutschlands eine große Rolle spielte.*

Богослужение во время Лейпцигского Кирхентага в 1997 году в церкви святого Николая, которая в период воссоединения Германии играла роль места, где совершалась молитва за мир.

накануне падения Берлинской стены. 150 тысяч его участников пребывали в предчувствии радостных перемен – ликвидации тоталитарных режимов и наступления эры свободы. Тогда казалось, что границы между странами исчезают. Русская Православная Церковь была представлена делегацией из 11 человек во главе с архиепископом Берлинским и Среднеевропейским Германом, Патриаршим Экзархом Центральной Европы.

В те годы Кирхентаги содействовали добрым контактам между Евангелической Церковью в Германии и Русской Православной Церковью, смягчали ситуацию несвободы, в которой находилась наша Церковь в условиях тоталитарного режима. В то же время значение Кирхентагов было существенно шире. Они способствовали расширению взаимопонимания между Востоком и Западом.

С падением тоталитарных режимов в странах Восточной Европы, когда мечта о единой Европе, казалось, приблизилась к реальности, Кирхентаг 1991 года, который проходил в Рурской области – в Дортмунде, Бохуме и Эссене – под девизом «Дух Божий освобождает для жизни», включил в себя новую тематику. Там работал представительный форум с многообещающим названием «Советский Союз в процессе перемен и новое содружество», на котором с докладом о жизни и деятельности Русской Православной Церкви в новых условиях выступил митрополит Смоленский и Калининградский Кирилл, глава делегации Московского Патриархата. В рамках этого форума действовало кафе «Мир», в котором трудилась и группа немецких студентов, принимавшая участие в реставрации зданий знаменитого русского монастыря – Оптиной Пустыни.

Новой радостной приметой Кирхентага стало участие в нем не только официальной делегации Русской Православной Церкви, но и представителей епархий – Тульской и Ростовской, а также церковных хоров из Смоленска и Ростова-на-Дону.

25-й Евангелический Кирхентаг в Мюнхене в 1993 году ознаменовался освящением креста на том месте, где впоследствии, по инициативе Русской Православной Церкви, была построена часовня в память о погибших в концентрационном лагере Дахау. Освящение совершил архиепископ Клинский Лонгин.

Большая делегация нашей Церкви прибыла на 26-й Кирхентаг в Гамбурге, проходивший в 1995 году. На его открытии в местечке Нойенгамме (на месте бывшего концлагеря) с докладом выступил митрополит Смоленский и Калининградский Кирилл. Он, в част-

durch aus, dass während seines Verlaufs in Dachau ein Kreuz an der Stelle geweiht wurde, wo später auf Initiative der Russischen Orthodoxen Kirche eine Kapelle errichtet wurde als Gedenkstätte für alle, die in diesem Konzentrationslager umgekommen waren. Die Weihe vollzog Erzbischof Longin von Klin aus Düsseldorf.

Eine große Delegation unserer Kirche kam 1995 zum 26. Deutschen Evangelischen Kirchentag nach Hamburg. Bei seiner Eröffnung an der Stelle, wo sich früher ein Konzentrationslager befunden hatte, sprach Metropolit Kyrill von Smolensk und Kaliningrad. Er bekräftigte die Bedeutung der langjährigen Zusammenarbeit zwischen der Russischen Orthodoxen Kirche und der evangelischen Christenheit in Deutschland in den Nachkriegsjahren für die Festigung der gegenseitigen Verständigung und für den Ausbau guter Verbindungen zwischen den Christen und den Bürgern beider Länder.

Der Kirchentag von 1997 zeichnete sich dadurch aus, dass er zum ersten Mal auf dem Territorium der ehemaligen Deutschen Demokratischen Republik in Leipzig stattfand. Im Rahmen dieses Kirchentages wurde von der Kirche und Gedenkstätte zu Ehren des Hlg. Aleksij in Leipzig ein ökumenisches Seminar »Russische Orthodoxe Kirche heute« organisiert. Diese Veranstaltung bestätigte, dass die orthodoxe Kirche sich nicht fremd und fremdartig auf deutschem Boden fühlt.

Für die jungen Menschen aus Russland waren die Erfahrungen bei den Kirchentagsbesuchen einzigartig. Denn sie eröffneten die Möglichkeit, mit Tausenden von Menschen gemeinsam ein großes Fest des Glaubens zu feiern. In der Sowjetunion wäre schon die bloße Vorstellung eines solchen christlichen Festivals mit der Beteiligung junger Menschen völlig abwegig gewesen. Die Erinnerung an die Kirchentage in Deutschland ermutigt die junge Generation unseres Landes, sich auch in Zukunft für die Einigung Europas einzusetzen. Zweifellos werden junge russisch-orthodoxe Christen sich auch in Zukunft an den Kirchentagen in Deutschland beteiligen.

Elena Speranskaja, Moskau

110 *Unter den regionalen Kirchentagen gewannen in den letzten Jahren die »Euregio-Kirchentage« – hier 1992 im tschechischen Eger – an Bedeutung. Sie werden grenzüberschreitend von den evangelichen Kirchen in Sachsen, Bayern, Polen und der Tschechischen Republik veranstaltet.*

В последние годы особое значение приобрели европейские региональные Кирхентаги, которые пересекают государственные границы. Эти Кирхентаги устраиваются Евангелическими Церквами в Саксонии, Баварии, Польше и Чехии. (На фото: Кирхентаг в 1992 году в Хебе, Чехия).

ности, подчеркнул значение многолетнего послевоенного сотрудничества между Русской Православной Церковью и Евангелической Церковью в Германии для укрепления взаимопонимания и добрых связей между христианами и гражданами наших двух стран.

Кирхентаг 1997 года был примечателен прежде всего тем, что впервые проходил на территории бывшей Германской Демократической Республики – в Лейпциге. В его рамках приходом Свято-Алексиевского храма-памятника в Лейпциге был организован семинар «Русская Православная Церковь в Германии сегодня», который подтвердил, что Православная Церковь не чувствует себя чужой и чуждой на немецкой земле.

Опыт участия в евангелических Кирхентагах для православных из России был уникален, поскольку открывал им возможность разделить с тысячами людей радость христианского праздника. В СССР сама мысль о проведении такого фестиваля с участием молодежи показалась бы безумной. Но воспоминания о Кирхентагах воодушевляют молодое поколение наших стран и в будущем выступать за объединение Европы.

Елена Сперанская, Москва

Kostroma – ein Modell christlicher Zusammenarbeit

Кострома – модель христианского сотрудничества

Auf zehn Jahre kontinuierlicher Zusammenarbeit konnten die orthodoxen Christen der nordrussischen Stadt Kostroma an der Wolga und die lutherischen Christen in Bayern im Herbst 1999 zurückblicken. Am Anfang dieser Partnerschaft zwischen der Eparchie (Bistum) Kostroma und der Evangelisch-Lutherischen Kirche in Bayern stand die überwältigende

111 *Erzbischof Aleksander von Kostroma und Galitsch 1991 mit Mitarbeitern der Diözese und den Mitgliedern eines Hilfstransportes aus Deutschland.*
Архиепископ Костромской Александр с сотрудниками епархии и работниками конвоя, доставившего гуманитарную помощь из Германии в 1991 году.

Осенью 1999 года исполнилось десять лет со времени установления постоянных контактов между православными Костромы – северного русского города на Волге – и лютеранами из Баварии. Началом партнерства между Костромской епархией и Евангелической Лютеранской Церковью в Баварии послужил теплый прием, оказанный евангелическим христианам из Баварии, впервые посетившим этот город, связанный с династией Романовых, в 1989 году. Немецкие гости были первой иностранной группой, посетившей этот город. В советское время Кострома, расположенная в 300 километрах к северо-востоку от Москвы, была закрыта для иностранцев. На баварцев большое впечатление произвела та надежда, с которой жители Костромы следили за изменениями в стране. Немецких гостей поразили энергия и целеустремленность, с которыми местные жители приступили к возрождению церковной жизни.

Уже через год из Мюнхена в Кострому направился первый конвой с гуманитарной помощью. Всего за эти годы таких конвоев было восемь. Данные транспорты готовили солдаты и студенты, сотрудники крупной частной автомобильной фирмы в Мюнхене, помогал также круг друзей Евангелической академии в Тутцинге. 2 800 километров пришлось преодолеть конвою от реки Изар до Волги, и каждый раз он находился в пути два с половиной дня. В зимние месяцы в России особенно острой была потребность в продовольствии, медикаментах и одежде.

Постепенно, в ходе контактов между архиепископом Александром и старшим советником по делам Лютеранской Церкви, ответственным в руководстве Евангелической Лютеранской Церкви в Баварии за экуменические связи, выяснилось, что хотя гуманитарная помощь и полезное дело, но в долгосрочном порядке она не в состоянии решить многих проблем. Обретенная свобода религии открыла много новых перспектив для церковной деятельности на костромской земле. Для того, чтобы воспользоваться открывшимися возможностями, иногда просто не хватало

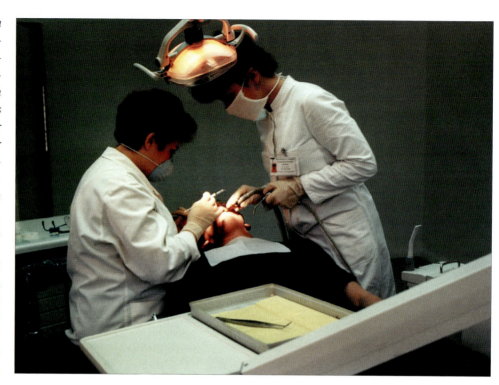

112 *In der mit kirchlichen Mitteln aus Bayern eingerichteten Zahnarztpraxis in Kostroma wird ein Teil der Patienten kostenlos behandelt. Auch in anderen Städten Russlands dienen viele Projekte der zwischenkirchlichen Hilfe der Verbesserung der medizinischen Versorgung.*
В зубоврачебном кабинете в Костроме, оборудованном на церковные средства из Баварии, часть пациентов обслуживается бесплатно. В других городах России многие проекты межцерковной помощи также служат улучшению медицинского обслуживания.

Gastfreundschaft, mit der eine Gruppe evangelischer Christen aus Bayern begrüßt wurde, als sie 1989 die Stadt der Romanows besuchte – die erste Gruppe deutscher Besucher überhaupt in dieser bis dahin für Ausländer gesperrten Stadt, 300 Kilometer nordöstlich von Moskau. Beeindruckt waren die Bayern vor allem auch von der Hoffnung, die man in Kostroma mit den Veränderungen im Land verband, und von der Energie und Zielstrebigkeit, mit der man den kirchlichen Wiederaufbau in Angriff nahm.

Schon ein Jahr später startete von München aus ein Konvoi mit »Humanitärer Hilfe« – der erste von insgesamt acht in den folgenden Jahren. Studenten und junge Soldaten, Mitarbeiter einer der größten privaten Autofirmen in München und Freunde der Evangelischen Akademie Tutzing bereiteten diese Transporte vor. Jeweils zweieinhalb Tage benötigte der Konvoi, um die 2800 Kilometer von der Isar an die Wolga zurückzulegen. In den Wintermonaten waren es vor allem Lebensmittel, Medikamente und Kleider, die benötigt wurden.

Doch in den Begegnungen zwischen Erzbischof Aleksander und dem für die ökumenischen Beziehungen zuständigen Oberkirchenrat in der Leitung der lutherischen Kirche in Bayern wurde allmählich deutlich: Hilfstransporte sind nützlich, aber sie lösen die vielfältigen Probleme nicht auf Dauer. Die neue Religionsfreiheit eröffnete der Kirche auch im Kostroma-Land viele neue Wirkungsmöglichkeiten. Aber oft fehlten die Mittel, diese Chancen

средств. Верующим вернули храмы, но они были разрушены. Стало можно вновь открывать монастыри, но здания были в запущенном состоянии и оказались нежилыми. Возникла нужда в диаконах, священниках и регентах; епархии требовалась собственная Духовная семинария.

С учетом этого, с 1990 года «гуманитарная помощь» из Баварии изменилась. Возрождавшиеся монастыри и епархии нуждались в грузовиках и автобусах-пикапах. Ремесленные предприятия из Верхней Баварии стали отправлять укомплектованные столярные мастерские, причем не только в Кострому, но и в мужской Пафнутиев монастырь в Боровске, и в Отдел религиозного образования и катехизации Московского Патриархата. Учитывая сложности в системе здравоохранения в Костроме, епархия совместно с баварцами решила открыть неподалеку от расположенного на берегу Волги Воскресенского храма зубоврачебный кабинет. Он был оборудован специалистами из Мюнхена. В настоящий момент это один из лучших зубоврачебных кабинетов города. После такого успеха при одном из женских монастырей решили открыть и небольшую приемную глазника.

Для восстановления монастырей, чтобы они вновь стали центрами духовной жизни и милосердия, баварцы всеми доступными им путями стали доставлять строительные машины и стройматериалы. Так,

wahrzunehmen. Gotteshäuser wurden den Gläubigen zurückgegeben, aber sie waren zerstört. Klöster durften wieder eröffnet werden, aber die Gebäude waren heruntergekommen und unbewohnbar. Es fehlte an Diakonen, Priestern und Chorleiterinnen; die Eparchie benötigte also eine Geistliche Schule.

Entsprechend veränderte sich in den Jahren nach 1990 die »Humanitäre Hilfe« aus Bayern. Benötigt wurden LKWs und Kleinbusse für den Transport für die neu entstandenen Klöster und die Eparchie. Handwerksbetriebe aus Oberbayern lieferten komplette Schreinereien – nicht nur nach Kostroma, sondern auch ins Pafnutij-Männerkloster in Borowsk und in die Abteilung des Patriarchats für religiöse Bildung und Katechese nach Moskau. Angesichts des problematischen Gesundheitswesens in Kostroma entschloss sich die Eparchie, zusammen mit den Bayern eine kircheneigene Zahnarztpraxis neben der Auferstehungskirche an der Wolga zu eröffnen. Von Spezialisten aus München eingerichtet, gehört sie noch heute zu den besten Praxen der Stadt. Nach diesem Erfolg wurde 1998 eine kleine ophthalmologische Praxis in einem Frauenkloster eröffnet.

Für den Wiederaufbau der Klöster als Zentren des geistlichen Lebens und der Barmherzigkeit lieferten die Bayern in abenteuerlichen Transporten Baumaschinen und Baumaterialien. So spendete etwa die evangelische Gemeinde der berühmten fränkischen Stadt Rothenburg an der Tauber das gesamte Glas für die Hauptkirche des

одна евангелическая община из знаменитого франконского города Ротебург, расположенного на реке Таубер, пожертвовала все стекла для главного храма Авраамиева монастыря в Чухломе, на самой северной точке Костромской области.

Направляясь на север России, конвой заезжал по пути и в Толгский монастырь под Ярославлем, и в Спасо-Яковлевский Димитриев монастырь в древнем городе Ростове Великом. Вновь открытые женские и мужские монастыри стремились к полной независимости. Для этого они наладили собственное сельское хозяйство. В России можно приобрести разную сельскохозяйственную утварь, но не хватает специальных машин, таких как доильные аппараты, современные печи, крупные машины для обработки полей, маленькие оборотистые тракторы и насосные установки для очистки больших старых рыбных прудов. Возрождение сельского хозяйства имеет для России такое же большое значение, как и возрождение ремесел. Если монастыри получат возможность участвовать в этом, они смогут внести решающий вклад в социальное оздоровление страны.

Восстановление храмов и монастырей в Костромской епархии – это не самоцель. В расположенном рядом с кафедральным собором женском монастыре открыт сиротский приют, здесь же – патронажное отделение. Сестры регулярно посещают женскую тюрьму и больницы города. Крупный сиротский дом

Avraamij-Klosters in Tschuchloma hoch im Norden von Kostroma.

Auf ihren Fahrten durch den Norden Russlands steuerten die Konvois auch das Tolga-Kloster bei Jaroslawl und das Jakob-Erlöser-Kloster in der alten Stadt Rostow Welickij an. Um unabhängig zu sein, bauen die wieder errichteten Frauen- und Männerklöster auch hier die Landwirtschaft neu auf. Vieles an Geräten kann man zwar in Russland kaufen, – Spezialmaschinen sind hier aber schwer zu bekommen: Melkanlagen, moderne Backöfen, große Maschinen für die Bearbeitung der Felder, wendige Kleintraktoren und Pumpanlagen zur Reinigung der großen alten Fischteiche. Der Wiederaufbau der Landwirtschaft ist für Russland genauso wichtig wie das Wiederbeleben des Handwerks. Klöster, die in die Lage versetzt werden, sich tatkräftig einzusetzen, leisten einen entscheidenden Beitrag zur sozialen Gesundung des Landes.

Der Wiederaufbau von Kirchen und Klöstern ist in der Eparchie Kostroma aber kein Selbstzweck. Im Frauenkloster neben der Kathedrale befindet sich ein Waisenhaus und eine Pflegeabteilung. Die Schwestern besuchen regelmäßig das Frauengefängnis und die Krankenhäuser der Stadt. Auch im nahen Städtchen Nerechta wurde ein großes Waisenhaus gebaut und das zerfallene Pachomius-Frauenkloster wieder besiedelt. Es gibt Anfänge einer diakonischen Arbeit mit behinderten Jugendlichen und eine klösterliche Armenküche. So entwickeln sich die Klöster – gerade auch in der Eparchie Kostroma – neu zu jenen »Zentren der Barmherzigkeit und Menschenfreundlichkeit«, die sie einst im alten Russland waren.

Viele Priester haben in ihren Kirchen die Sonntagsschule für Kinder eingeführt. Im Zentrum der Stadt wurde vom Erzbischof ein Haus der Jugend – die »Arche« – eröffnet. Es gibt auch eine Ikonenmalwerkstatt und östlich der Stadt ein landwirtschaftliches Gut, das das Frauenkloster und das Waisenhaus neben der Kathedrale versorgt. Der Stolz der Eparchie aber ist das Geistliche Seminar, in dem 1999 der erste Jahrgang seine Ausbildung beenden konnte.

Zweifellos überwog in den ersten Jahren der Partnerschaft zwischen Kostroma und Bayern die einseitige praktische Hilfe für den Wiederaufbau des kirchlichen Lebens. Dies änderte sich jedoch allmählich. Es entstand auf beiden Seiten der Wunsch, sich intensiver kennen zu lernen, mehr Zeit für Begegnungen und Gespräche zu haben, gemeinsam zu arbeiten und – zumindest zeitweise – zusammen zu leben. So finden seit 1993 jährlich im August mehrwöchige workcamps statt. An ihnen nehmen jeweils zwanzig Seminaristen und Schülerinnen des Geistlichen Seminars sowie zwanzig Jugendliche aus Bayern teil. Die-

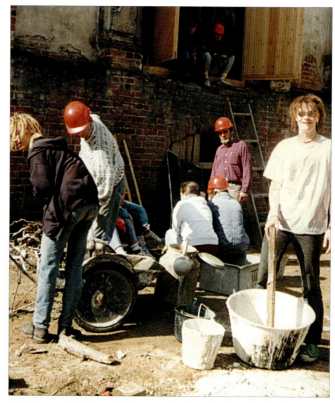

114 *In zahlreichen Diözesen der Russischen Orthodoxen Kirche werden jährlich im Sommer deutsch-russische workcamps durchgeführt, die der Verständigung und Freundschaft unter jungen Menschen dienen.*
Во многих епархиях Русской Православной Церкви ежегодно летом организуются русско-германские молодежные лагеря, которые служат установлению взаимопонимания и дружбы.

был построен в находящемся поблизости от Костромы городишке Нерехта, вновь появились насельницы и в ранее разрушенном женском Пахомиевом монастыре. Есть зачатки диаконической работы с детьми-инвалидами, открыта монастырская столовая для бедных. Так постепенно монастыри – в особенности в Костромской епархии – вновь превращаются в «центры милосердия и человеколюбия». Этим они славились и в старой России.

Многие священники открыли в своих церквах воскресные школы для детей. В центре города архиепископ организовал дом молодежи «Ковчег». В городе есть иконописная мастерская, в восточной части Костромы устроено сельскохозяйственное поместье, снабжающее продуктами женский монастырь и сиротский приют, расположенный поблизости от кафедрального собора. Но настоящей гордостью епархии является Духовная семинария. В

ses bayerisch-russische, lutherisch-orthodoxe Jugendlager arbeitete zunächst im Awraamij-Kloster in Tschuchloma und baute in den letzten Jahren an einer Begegnungsstätte in der Nähe von Kostroma mit. Im Gegenzug besuchen seit einigen Jahren Gruppen des Geistlichen Seminars im Mai regelmäßig Einrichtungen der Jugendarbeit und der Diakonie in Bayern.

Enge Kontakte, ja sogar freundschaftliche Beziehungen haben sich auch zwischen dem Kathedralchor von Kostroma und der evangelischen Kantorei im oberbayerischen Bad Tölz entwickelt. 1993 waren die Sänger und Sängerinnen von der Wolga zu Gast in Bayern, wo sie die Kirchen in zahlreichen Städten füllten und begeistert aufgenommen wurden. Der Gegenbesuch war ein gewagtes Experiment, das freilich gelang: Die Kantorei in Bad Tölz führte in Jaroslawl und Kostroma das Oratorium »Der Messias« von Georg Friedrich Händel auf – zusammen mit einem Orchester aus Kostroma. Es war dies übrigens die Erstaufführung dieses berühmten Oratoriums in Kostroma. Im Jahr 1999 kam es im Gegenzug wieder zu einer Einladung nach Bayern.

Eine wichtige Rolle im Beziehungsgeflecht zwischen Kostroma und Bayern spielen die Frauen. Zum zweiten Mal reiste jetzt eine große Gruppe von Schwestern evangelischer Kommunitäten und Diakonissenmutterhäuser

1999 году здесь состоялся первый выпуск учащихся.

Несомненно, в первые годы партнерства между Костромой и Баварией преобладала, в основном, односторонняя практическая помощь по восстановлению церковной жизни. Но со временем ситуация изменилась. У обеих сторон появилось желание поближе познакомиться друг с другом, захотелось иметь больше времени для встреч и бесед, вместе работать и – по крайней мере время от времени – жить вместе. С этой целью с 1993 года каждый август стали организовываться многонедельные трудовые лагеря. В них принимают участие 20 семинаристов и слушательниц Духовной семинарии Костромы, а также 20 молодых людей из Баварии. Этот баварско-российский, лютеранско-православный молодежный лагерь вначале вел строительные работы в Авраамиевом монастыре в Чухломе, а в последние годы строил центр встреч недалеко от Костромы. В свою очередь, вот уже несколько лет, в мае, группы из Духовной семинарии регулярно посещают баварские учреждения, занимающиеся работой с молодежью и диаконией.

Тесные контакты, даже, пожалуй, дружеские отношения сложились между кафедральным хором Костромы и евангелическим церковным хором из верхнебаварского города Бад Тельца. В 1993 году, а потом еще раз в 1999 году, певицы и певцы с Волги были в гостях в Баварии. Здесь их встретили с восторгом, во многих городах церкви во время их выступления были переполнены. Состоялся и ответный визит. Евангелический церковный хор из Бад Тельца выступил в Ярославле и Костроме с ораторией Георга Фридриха Генделя «Мессия», в сопровождении оркестра из Костромы. Кстати, это была премьера знаменитой оратории в Костроме.

Важная роль в налаживании отношений между Костромой и Баварией принадлежит женщинам. Вот уже во второй раз в Россию для посещения православных монастырей направилась большая группа женщин, состоящая из сестер евангелических сестричеств и диаконисских общин, а также

115 *Schwester Elisabeth von der lutherischen »Christusbruderschaft« in Selbitz und Äbtissin Ludmilla bei einer winterlichen Begegnung im nordrussischen Kloster des Hlg. Makarij von der Unscha.*
Сестра Елизавета из лютеранского братства Христа в Зельбитце и игумения Людмила во время зимней встречи в монастыре преподобного Макария Унженского на севере России.

116 *Erzbischof Aleksander von Kostroma – auch Vorsitzender der Abteilung für Jugendarbeit des Moskauer Patriarchats – mit Oberkirchenrat Claus-Jürgen Roepke (München) und dem Erlanger Professor Karl Christian Felmy (verdeckt) nach einer Gastvorlesung im Geistlichen Seminar.* Архиепископ Костромской Александр, председатель Синодального отдела Московского Патрирхата по делам молодежи, со старшим церковным советником Клаусом-Юргеном Рёпке (Мюнхен) и профессором Карлом Христианом Фельми из Эрлангена (в центре) после лекции в Костромской Духовной семинарии.

zusammen mit weiteren Christinnen, die in einem sozialen Beruf sind, nach Russland, um dort russisch-orthodoxe Frauenklöster zu besuchen. Auf dem Programm standen Begegnungen in den Frauenklöstern der Eparchie Kaluga – in Schamordino und der Stadt Kaluga –, in Moskau bei der Martha-Maria-Schwesternschaft und in den Eparchien Kostroma und Jaroslawl. Nahezu überall wurden die Schwestern außerordentlich herzlich aufgenommen, und es kam zu intensiven Gesprächen über das religiöse Leben und den Alltag in orthodoxen Frauenklöstern und evangelischen Schwesternschaften. Die Nonnen erzählten von ihrer Berufung und ihrem oft entbehrungsreichen Leben, vom Aufbau ihrer Klöster und von ihrem Dienst der Barmherzigkeit. Und die Schwestern aus Bayern berichteten vom geistlichen Leben in evangelischen Kommunitäten und von der sozialen Arbeit christlicher Frauen in einer säkularisierten Gesellschaft. In diesen Begegnungen wuchs Achtung voreinander und Zuneigung über die Grenzen der eigenen Tradition hinaus.

Leben ist Begegnung. Aus den Begegnungen der Jugendlichen und Seminaristen, der Priester und Pfarrer, der Nonnen und Schwestern, einem Erzbischof und einem Oberkirchenrat ist in zehn Jahren eine von Gott gesegnete, lebendige und verlässliche Partnerschaft zwischen Kostroma und Bayern erwachsen. Ein Modell, wie Christen unterschiedlicher Konfession und Tradition zusammenwirken können – zur Ehre des Dreieinigen Gottes und zum Wohl der Menschen.

Claus-Jürgen Roepke, München

христианок, работающих в социальной сфере. В программу посещения были включены встречи в женских монастырях Калужской епархии – в Шамордино и Калуге, в Московской Марфо-Мариинской обители, в обителях Костромской и Ярославской епархий. Практически повсюду сестры были встречены очень радушно. В ходе встреч велись интенсивные беседы о религиозной жизни, о буднях православных женских монастырей и евангелических сестричеств. Монахини рассказывали о своем призвании и о своей жизни, нередко полной лишений, о созидании монастырей и о своем служении на ниве милосердия. А сестры из Баварии рассказывали о духовной жизни в евангелических сестричествах и о социальной работе христианских женщин в секулярном обществе. В ходе этих встреч росло уважение друг к другу и возникала взаимная симпатия, преодолевавшая границы собственных традиций.

Жизнь состоит из встреч. В результате встреч между молодежью и семинаристами, священниками и пасторами, монахинями и сестрами, между архиепископом и старшим церковным советником, в течение десяти лет с Божия благословения выросло живое и надежное партнерство между Костромой и Баварией. Оно служит моделью сотрудничества христиан различных конфессий и традиций – во славу Триединого Бога и на благо людям.

Клаус-Юрген Рёпке, Мюнхен

V

Religiöses und kirchliches Leben heute

Религиозная и церковная жизнь сегодня

Der »Himmel auf Erden« – Gottesdienst und Frömmigkeit in der Russischen Orthodoxen Kirche

«Небо на земле»: – богослужение и благочестие в Русской Православной Церкви

Die »Kirche ist der irdische Himmel, in dem der himmlische Gott lebt und sich bewegt«, sagt der Hlg. Hermann, im 8. Jahrhundert Patriarch von Konstantinopel. Gott ist in der Kirche wirklich und sichtbar präsent. Die orthodoxe Kirche glaubt, dass der nach seiner Auferstehung in den Himmel aufgefahrene Christus die Jünger nicht verließ, sondern auf wunderbare Weise unter ihnen verweilte, »sich auf keinste Weise entfernte, sondern beständig gegenwärtig ist« (Kondakion des Festes Christi Himmelfahrt). Das Versprechen Jesu Christi: »Ich bin bei euch alle Tage bis an der Welt Ende« (Matthäus 28,20) manifestiert sich in der Kirche, die er als Ort seiner Begegnung und Gemeinschaft mit den Menschen begründete. Gemeinsam mit Christus sind in der Kirche auch die Mutter Gottes und eine Vielzahl von Engeln und Heiligen zugegen, die sich zusammen mit den Menschen am Gottesdienst beteiligen. Die aus Engeln und Entschlafenen bestehende himmlische Kirche und die aus lebenden Menschen bestehende wandernde Kirche vereinigen sich in einem Leib Christi – dem einen und unteilbaren. Mit der größten Fülle vollzieht sich diese Einheit in den Sakramenten der Kirche.

Die Sakramente

Unter Sakramenten versteht man in der orthodoxen Theologie die gottesdienstlichen Handlungen, in deren Verlauf eine besondere Begegnung Gottes mit dem Menschen stattfindet. Dies ist eine Vereinigung mit Gott, wie

«Церковь есть земное небо, где Небесный Бог живет и движется», – говорит святитель Герман, Патриарх Константинопольский (VIII век). В Церкви реально и ощутимо присутствует Бог. Православная Церковь верует, что Христос, возносясь на небо после Своего Воскресения, не покинул учеников, но неизреченным образом остался среди них, «никакоже отлучаяся, но пребывая неотступный» (кондак праздника Вознесения Господня). Обещание Иисуса Христа: «Я с вами во все дни до скончания века» (Мф. 28. 20) исполняется в Церкви, которую Он основал как место Своей встречи и общения с людьми. Вместе со Христом в Церкви невидимо присутствуют Божия Матерь, множество ангелов и святых, участвующих в службе наравне с людьми. Церковь небесная, состоящая из ангелов и усопших, и Церковь странствующая, состоящая из живых людей, объединены в одно Христово Тело – единое и неделимое. Это единство с наибольшей полнотой осуществляется в Таинствах Церкви.

Таинства

Под Таинствами в православном богословии понимаются священнодействия, в которых происходит встреча Бога с человеком и наиболее полно, насколько возможно в земной жизни, осуществляется единение с Ним. В Таинствах благодать Бога нисходит на нас и освящает все наше естество – и душу, и плоть, –

117 *Als »wahren Mensch und wahren Gott« verehrt das die Kirchen verbindende Glaubensbekenntnis von Nizäa-Konstantinopel Jesus Christus. An seine Gegenwart in der Feier des heiligen Abendmahls bzw. im Mysterium der Eucharistie glauben sowohl die orthodoxen als auch die lutherischen Christen.*

Никео-Цареградский Символ веры объединяет Церкви, почитающие Иисуса Христа «истинным Человеком и истинным Богом»: как православные, так и лютеране веруют в Его присутствие при совершении вечери Господней – Таинства Евхаристии.

sie im irdischen Leben nicht vollständiger möglich ist. In den Sakramenten kommt die Gnade Gottes auf uns herab und durchstrahlt unsere gesamte Natur – sowohl die Seele als auch den Körper. Sie lässt uns an der göttlichen Natur teilhaben, belebt uns, vergöttlicht uns und erschafft uns neu zu ewigem Leben. In den Sakramenten werden wir mit himmlischen Erfahrungen begnadet und erhalten einen Vorgeschmack vom Reich Gottes. Vollständig an ihm teilzuhaben, das heißt, in das Reich Gottes einzugehen und darin zu leben, ist erst nach dem Tod möglich.

Das griechische Wort »mysterion« (Sakrament, Geheimnis) stammt vom Verb »myo«, was »bedecken, verbergen« bedeutet. In dieses Wort legten die heiligen Väter einen weiten Sinn hinein: Als Mysterium wurde die Fleischwerdung Christi bezeichnet, sein Heilsgeschehen, seine Geburt, sein Tod, seine Auferstehung und die anderen Ereignisse seines Lebens. Aber auch der christliche Glaube selbst, die Lehre, die Glaubenssätze, der Gottesdienst, das Gebet, die Kirchenfeste und heiligen Symbole wurden als Mysterium bezeichnet.

Unter den gottesdienstlichen Handlungen galten hauptsächlich die Taufe und die Eucharistie als Sakramente. In der »Kirchlichen Hierarchie« von Dionysius Areopagita (6. Jahrhundert) ist die Rede von drei Sakramenten – der Taufe, der Myronsalbung und der Eucharistie, allerdings werden auch die Mönchsweihe und der Begräbnisritus den Sakramenten zugerechnet. Der ehrwürdige Theodor Studites (9. Jahrhundert) spricht von sechs Sakramenten: Erleuchtung (Taufe), Versammlung (Eucharistie), Myronsalbung, Priesterweihe, Mönchsweihe und Begräbnisritus. Der Hlg. Gregor Palamas (14. Jahrhundert) betont den zentralen Charakter von zwei Sakramenten – der Taufe und der Eucharistie. Dagegen liefert Nikolaus Kabasilas (15. Jahrhundert) in seinem Buch »Das Leben in Christus« die Erklärung von drei Sakramenten – der Taufe, der Myronsalbung und der Eucharistie.

Heute ist es in der orthodoxen Kirche üblich, Taufe, Eucharistie, Myronsalbung, Buße (Beichte), Priesterweihe, Ehe und Letzte Ölung den Sakra-

приобщая его к Божественному естеству, оживотворяя, обоготворяя и воссозидая в жизнь вечную. В Таинствах мы предвкушаем Царство Божие, к которому всецело приобщиться, то есть войти в него и жить в нем, можно лишь после смерти.

Греческое слово μυστήριον (таинство, тайна) произведено от глагола μύω, означающего «покрывать, скрывать». В это слово святые отцы вкладывали широкий смысл: «таинством» называли воплощение Христа, Его спасительное дело, Его рождение, смерть, Воскресение и другие события Его жизни, саму христианскую веру, учение, догматы, богослужение, молитву, церковные праздники, священные символы и так далее.

Из числа священнодействий Таинствами по преимуществу называли Крещение и Евхаристию. В «Церковной иерархии» Дионисия Ареопагита (VI век) сказано о трех Таинствах – Крещении, Миропомазании и Евхаристии, однако «таинствами» названы также пострижение в монашество и чин погребения. Преподобный Феодор Студит (IX век) говорит о шести Таинствах: Просвещении (Крещении), Собрании (Евхаристии), Миропомазании, Священстве, монашеском пострижении и чине погребения. Святитель Григорий Палама (XIV век) подчеркивает центральный характер двух Таинств – Крещения и Евхаристии, а Николай Кавасила (XV век) в своей

118 *Nicht nur in den Gottesdiensten der Osterzeit erinnern die Kerzen in den Händen der Gläubigen an die Christusworte »Ich bin das Licht der Welt« (Joh. 8,12) und »Ihr seid das Licht der Welt« (Matth. 5,14).*
Свечи в руках верующих напоминают слова Христа: «Я свет миру» (Ин. 8.12) и «Вы – свет мира» (Мф. 5.14).

119 *Als »Krönung« wird in der Russischen Orthodoxen Kirch das Sakrament der Ehe bezeichnet. Bei der kirchlichen Trauung wird das Brautpaar mit zwei Kronen gesegnet.*
«Венчанием» именует Русская Православная Церковь совершение Таинства Брака. На головы вступающих в брак возлагаются венцы.

121/122 *Die aktive Teilnahme der Gläubigen am Gottesdienst hat viele Formen: Bekreuzigen, Verbeugen, Kerzen spenden, Singen des Glaubensbekenntnisses und des Vaterunsers, Kommunion, Gebet, Verehrung der Ikonen und des Kreuzes – und das Knien und Liegen auf dem Boden als Ausdruck tiefster Demut und Ehrfurcht vor dem Heiligen.*
Активное участие верующих в богослужении проявляется многообразно: через совершение крестного знамения, поклоны, возжжение свечей, пение Символа веры и «Отче наш», причащение, молитву, почитание икон и Креста, коленопреклонение и земные поклоны в знак глубокого смирения и благоговения перед святыней.

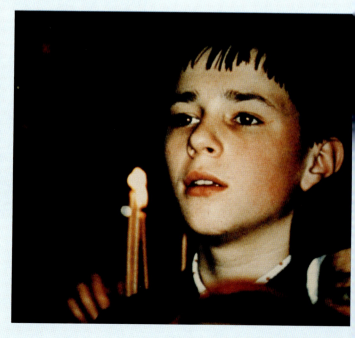

120 *Auch getaufte Kinder können in der Russischen Orthodoxen Kirche die Kommunion erhalten. Das hlg. Abendmahl wird in der Orthodoxie in Form eines kleinen Stückchen Brotes, das in Wein getaucht ist, ausgeteilt.*
В Русской Православной Церкви к Причастию могут подходить крещеные дети. Святые Дары преподаются у православных под видом хлеба и вина.

menten zuzurechnen; alle übrigen gottesdienstlichen Handlungen werden als Riten bezeichnet. Allerdings ist zu beachten, dass die Lehre von den sieben Sakramenten, die sich in den Lehrbüchern der dogmatischen Theologie findet, aus der lateinischen Scholastik entlehnt wurde; daraus stammt auch die Unterscheidung zwischen »Sakramenten« und »Riten«.

Jedes Sakrament hat seine sichtbare Seite, die das Geschehen selbst umfasst, das heißt Worte und Handlungen der Beteiligten sowie die »Stofflichkeit« der Sakramente: Wasser in der Taufe, Brot und Wein in der Eucharistie. Das Sakrament besitzt aber auch eine unsichtbare Seite – die geistige Wandlung und Wiedergeburt des Menschen. Zu diesem Zweck wird ja das ganze Geschehen vollzogen. Dieser unsichtbare Teil ist das eigentliche »Mysterium«, das jenseits der Grenzen des Sehens und Hörens sowie jenseits des Verstandes und des sinnlichen Empfindens bleibt.

Im Sakrament wird allerdings zugleich mit der Seele auch die körperliche Hülle des Menschen verklärt und wiedergeboren: Das Sakrament ist nicht nur die geistliche, sondern auch die körperliche Teilnahme an den Gaben des Heiligen Geistes. Der Mensch geht in das göttliche Geheimnis mit seinem ganzen Wesen ein, er taucht sowohl mit seiner Seele als auch mit seinem Körper in Gott ein, weil der Leib auch zur Erlösung und Vergöttlichung bestimmt ist. In diesem Sinne vollzieht sich das Eintauchen ins Wasser beim Sakrament der Taufe und die Salbung mit Öl beim Sakrament der Myronsalbung. In diesem Sinne geschieht auch das Essen und Trinken von Brot und Wein beim hlg. Abendmahl.

Im zukünftigen Reich Gottes wird die »Stofflichkeit« des Mysteriums nicht mehr notwendig sein, der Mensch wird nicht mehr an Leib und Blut Christi in Gestalt von Brot und Wein teilnehmen, sondern unmittelbar an Christus selbst. »Lass uns an dir wahrhaftig teilhaben am lichten Tage der Ankunft deines Reiches!« So betet die Kirche, bekennend, dass wir im himmlischen Vaterland – in der »patria« – auf eine noch vollständigere, noch engere Vereinigung mit Christus hoffen. Solange wir uns aber auf der irdischen Wanderung – in »via« – befinden, bedürfen wir sichtbarer Zeichen der göttlichen Präsenz. Deswegen haben wir hier an der göttlichen Natur über das von Gott durchdrungene Wasser, das von Gott durchsetzte Brot und den von Gott durchtränkten Wein teil.

Gott selbst ist der Spender jedes Sakramentes. Vor dem Beginn der Liturgie sagt der Diakon zum Priester: »Herr, es ist Zeit zu handeln« (Psalm 119,126), das heißt, die Zeit ist gekommen, die Stunde hat geschlagen: Jetzt wird Gott selbst handeln, der Priester und der Diakon sind nur seine

книге «Жизнь во Христе» дает толкование трех Таинств – Крещения, Миропомазания и Евхаристии.

В настоящее время в Православной Церкви принято считать Таинствами Крещение, Евхаристию, Миропомазание, Покаяние, Священство, Брак и Елеосвящение; все остальные священнодействия относят к числу обрядов. Следует, однако, иметь в виду, что учение о семи Таинствах, содержащееся в учебниках по догматическому богословию, заимствовано из латинской схоластики; оттуда же – различение между «Таинствами» и «обрядами».

В каждом Таинстве есть видимая сторона, включающая в себя само чинопоследование, то есть слова и действия совершителей и участников, «вещество» Таинства (вода в Крещении, хлеб и вино в Евхаристии), а есть и невидимая сторона – духовное преображение и возрождение человека, ради чего и совершается все чинопоследование. Собственно «тайной» и является эта невидимая часть, остающаяся за пределами зрения и слуха, выше разума, вне чувственного восприятия.

Но в Таинстве преображается и воскресает вместе с душой и телесная оболочка человека: Таинство – не только духовное, но и телесное приобщение к дарам Святого Духа. Человек входит в Божественную тайну всем своим существом: он погружается в Бога и душой, и телом, потому что тело тоже предназначено к спасению и обожению. В этом смысл погружения в воду и помазания елеем и миром (в Крещении и Миропомазании), в этом смысл вкушения Хлеба и Вина (в Евхаристии).

В будущем веке «вещество» Таинства уже не нужно, и человек причащается уже не Тела и Крови Христа под видом хлеба и вина, но Самого Христа непосредственно: «подавай нам истее (полнее, совершеннее) Тебе причащатися в невечернем дни Царствия Твоего» – молится Церковь, исповедуя, что в Небесном Отечестве, in patria, мы чаем еще более полного, еще более тесного единения со Христом. Но пока мы in via, в странствии, на земле, мы нуждаемся в видимых знаках Божия присутствия. Поэтому мы приобщаемся к Божественному естеству через воду, насыщенную Богом, через хлеб и вино, напоенные Им.

Как уже говорилось, совершителем любого Таинства является Сам Бог. Перед началом литургии диакон говорит священнику: «Время сотворити Господеви» (Пс. 118. 126), по-русски: «Время Господу действовать», то есть настало время, пришел час, когда действовать будет Сам Бог, а священник и диакон –

Werkzeuge. Im Augenblick der Konsekration der heiligen Gaben handelt der Priester nicht selbst, er betet nur und ruft Gott, den Vater, herbei: »Und mache dieses Brot zum kostbaren Leib deines Christus, und was in diesem Kelche ist, zum kostbaren Blut deines Christus.« Bei der Taufhandlung verkündet der Priester: »Getauft wird der Knecht Gottes ...« Damit betont er, dass nicht er, sondern Gott das Sakrament vollzieht. Nach den Worten des Hlg. Ambrosius von Mailand: »Weder Damasij, noch Peter, Ambrosius oder Gregor vollziehen die Taufe. Wir führen unser Werk als Diener aus, aber die Wirksamkeit der Sakramente hängt von dir, o Herr, ab. Menschen verfügen nicht über die Kraft, die göttlichen Wohltaten zu spenden, es sind deine Gaben, Herr«.

Das Sakrament der Eucharistie oder das hlg. Abendmahl

Die heilige Eucharistie ist »das Sakrament der Sakramente« der orthodoxen Kirche. Sie ist das Herzstück der Kirche, ihre Grundlage, ihr Fundament, ohne das die Existenz der Kirche undenkbar ist.

Das Sakrament der Eucharistie oder das hlg. Abendmahl wurde von Christus selbst bei seinem letzten Abendmahl eingesetzt, als er Brot und Wein in seinen Leib und sein Blut verwandelte. Er ließ seine Jünger daran teilhaben und forderte sie auf, dieses Sakrament in Zukunft zu seinem Gedächtnis zu feiern. Auch nach seinem Kreuzestod und seiner Auferstehung versammelten sich die Jünger am ersten Tag der Woche – am so genannten »Fest der Sonne«, dem Tag der Auferstehung Christi – zum »Brotbrechen«.

Ursprünglich war die Eucharistie ein Mahl, das durch Lesen der Schrift und Singen von Psalmen, durch Predigt und Gebet begleitet wurde. Manchmal dauerte es die ganze Nacht. Parallel zum Wachstum der christlichen Gemeinden wandelte sich allmählich die Eucharistie von einem Abend-Mahl in einen Gottesdienst. In der modernen Praxis der orthodoxen Kirche wird die Eucharistie täglich, mit Ausnahme der Wochentage in der großen Fastenzeit – der Passionszeit – gefeiert.

In der christlichen Kirche des Ostens wurde jede eucharistische Gottesdienstordnung in der Regel mit dem Namen des einen oder anderen Apostels oder Heiligen verbunden. In der modernen Praxis der orthodoxen Kirche werden zwei eucharistische Gottesdienstordnungen verwendet – die Liturgie des Hlg. Basilius des Großen (330–379 n. C.) und die Liturgie des Hlg. Johannes Chrysostomus (354–407 n. C.). Die Liturgie des Hlg. Basilius des Großen wird zehn Mal im Jahr gefeiert, hauptsächlich zu den großen Festen oder am Vorabend

лишь Его орудия. И в момент преложения Святых Даров священник не действует сам, а только молится, призывая Бога Отца: «И сотвори убо хлеб сей честное Тело Христа Твоего, а еже в чаши сей – честную Кровь Христа Твоего». В чине Крещения священник произносит: «Крещается раб Божий...», подчеркивая, что не он сам, а Бог совершает Таинство. По словам святителя Амвросия Медиоланского, «крещает не Дамасий, не Петр, не Амвросий и не Григорий. Мы исполняем свое дело как служители, но действенность Таинств зависит от Тебя. Не в человеческих силах сообщать Божественные блага – это Твой дар, Господи».

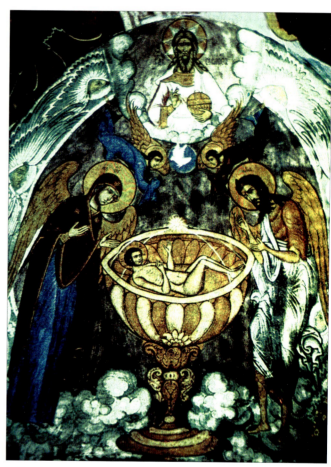

123 *Das Mysterium der Eucharistie: Der als Kind geborene, wie ein Lamm am Kreuz geschlachtete und von Gott auferweckte Jesus Christus ist im hlg. Abendmahl real gegenwärtig (Wandgemälde in der Epiphanias-Kirche Jaroslawl, 1691).*

Таинство Евхаристии: Рожденный Младенцем, закланный как Агнец и воскрешенный Богом и Отцом Господь Иисус Христос реально присутствует во Святом Причастии (настенная живопись в Богоявленском храме в Ярославле, 1691 год).

dieser Feste. Die Liturgie des Hlg. Johannes Chrysostomus wird an allen Tagen des Jahres, mit Ausnahme der Wochentage der großen Fastenzeit, gefeiert. Mittwochs und freitags während der großen Fastenzeit wird die Liturgie der vorgeweihten Gaben – eine nicht-eucharistische Liturgie – gefeiert. Sie trägt den Namen des Hlg. Gregorios Dialogos, des römischen Papstes Gregor des Großen.

Die eucharistische Darbringung ist nach ihrem Sinn ein Opfer, in dem Christus selbst »der Darbringende und der Dargebrachte, der Empfangende und der Austeilende« ist – so das Gebet des Priesters während des Cherubim-Hymnus. Christus selbst ist der alleinige Vollzieher der Eucharistie. Er ist unsichtbar in der Kirche anwesend und wirkt durch den Priester.

Für die orthodoxen Christen ist die Eucharistie keine einfache symbolische Handlung, die als Erinnerung an das letzte Abendmahl vollzogen wird. Sie ist das Abendmahl selbst, das täglich von Christus wieder gefeiert und seit der Osternacht, in der Christus mit seinen Jüngern am Tisch saß, ununterbrochen in der Kirche fortgeführt wird. »Des geheimnisvollen Gastmahls mache mich heute teilhaftig, Sohn Gottes«, spricht der Kommunizierende beim Empfang der heiligen Gaben. Bei jeder Liturgie wird nicht nur das Abendmahl, sondern auch das Opfer Christi auf Golgatha neu dargebracht: »Der König der Könige und der Herr der Herren wird geschlachtet und den Gläubigen als Speise dargeboten« – so in der Liturgie des Karsamstags.

Die orthodoxe Kirche glaubt fest daran, dass sich in der Eucharistie Brot und Wein in den wirklichen Leib und in das wahre Blut Christi verwandeln und keine rein symbolische Darstellung des Leibes und Blutes sind. Ein solches Verständnis der Eucharistie war für die christliche Kirche seit den Zeiten der Apostel charakteristisch. Das bezeugt auch der Hlg. Josephus Flavius (2. Jahrhundert), der sagte: »Diese Speise ist der Leib und das Blut dieses fleischgewordenen Jesus.« Der Hlg. Ignatius von Antiochien (2. Jahrhundert) bekräftigte auch, dass »die Eucharistie der Leib unseres Heilandes Jesu Christi ist, der für unsere Sünden gelitten hat«. Jesus selbst sagt: »Denn mein Fleisch ist die wahre Speise, und mein Blut ist der wahre Trank. Wer mein Fleisch isst und mein Blut trinkt, der bleibt in mir, und ich in ihm« (Johannes 6,55–56).

In der Eucharistie vollzieht sich nach orthodoxem Glauben die Vereinigung des Gläubigen mit Christus nicht symbolisch und bildlich, sondern wirklich, real und vollständig. So wie Christus Brot und Wein durchdringt und sie mit seiner Göttlichkeit erfüllt, so geht er auch in den Menschen ein und erfüllt seinen Leib und seine Seele

Таинство Евхаристии

«Таинством таинств» Православной Церкви является Святая Евхаристия. Она – сердцевина Церкви, ее основа, фундамент, без которого немыслимо само ее существование.

Таинство Евхаристии было установлено Христом на Тайной вечери, во время которой Христос претворил хлеб и вино в Свои Тело и Кровь, причастив учеников и заповедав им совершать это Таинство в Его воспоминание. И после Его смерти и Воскресения ученики собирались в первый день недели – так называемый «день солнца», когда воскрес Христос, – для «преломления хлеба».

Первоначально Евхаристия являлась трапезой, сопровождаемой чтением Писания, пением псалмов, проповедью и молитвой. Иногда она продолжалась всю ночь. Постепенно, по мере роста христианских общин, Евхаристия трансформировалась из вечери-ужина в богослужение. В современной практике Православной Церкви Евхаристия совершается ежедневно, за исключением седмичных дней Великого поста.

В восточнохристианской Церкви каждый евхаристический чин, как правило, надписывался именем того или иного апостола или святителя. В современной практике Православной Церкви употребляются два евхаристических чина – святого Василия Великого (330–379 годы после Рождества Христова) и святого Иоанна Златоуста (354–407 годы после Рождества Христова). Литургия святого Василия Великого совершается 10 раз в году, преимущественно на большие праздники или в канун их; литургия святителя Иоанна Златоуста – во все остальные дни года, кроме седмичных дней Великого поста. По средам и пятницам Великого поста совершается литургия Преждеосвященных Даров (неевхаристическая), носящая имя святителя Григория Двоеслова, папы Римского.

Евхаристическое приношение по своему смыслу является жертвой, в которой Сам Христос – «Приносяй и Приносимый, Приемляй и Раздаваемый» (молитва священника за литургией во время Херувимской песни). Сам Христос является единственным истинным совершителем Евхаристии; Он невидимо присутствует в храме и действует через священника.

Для православных христиан Евхаристия – не просто символическое действие, совершаемое в воспоминание Тайной вечери, но сама Тайная вечеря, ежедневно возобновляемая Христом и непрерывно, с той пасхальной ночи, когда Христос возлежал за

mit seiner lebensschaffenden Präsenz und göttlichen Energie. In der Eucharistie werden wir, nach dem Ausdruck der heiligen Väter, »des gleichen Fleisches« mit Christus. Er geht in uns ein wie in den Schoß der Jungfrau Maria.

Der ehrwürdige Simeon, der Neue Theologe (11. Jahrhundert), schreibt darüber, dass Christus, indem er sich mit uns vereinigt, alle Glieder unseres Körpers göttlich macht: »Du bist uns dem Fleisch nach verwandt, und wir sind dir verwandt nach deiner Göttlichkeit. Du verbleibst mit uns jetzt und immerdar, du nimmst in jedem deine Wohnung, und du wohnst in allen. Jeder von uns einzeln ist mit dir, o Heiland, ganz mit dem Ganzen, und du bleibst in jedem Einzelnen. So werden alle Glieder von jedem von uns zugleich Glieder Christi und wir gemeinsam werden zu Gott, da wir alle zusammen in Gott sind.«

In den Worten des Hlg. Simeon kann man die Verbindung von Eucharistie und Vergöttlichung nachvollziehen, die das Ziel des christlichen Lebens ist. Zugleich wird der spürbare, leibliche Charakter der Vereinigung mit Christus betont: Unser Fleisch erhält in der Eucharistie so etwas wie einen »Sauerteig der Unverweslichkeit« und wird vergöttlicht, und wenn es stirbt und verwest, wird dieser Sauerteig zum Unterpfand der zukünftigen Auferstehung.

Wegen dieses besonderen Charakters der Eucharistie schenkt die Orthodoxe Kirche diesem Sakrament eine besondere, mit nichts zu vergleichende Bedeutung in Bezug auf die Erlösung des Menschen. Ohne Eucharistie gibt es weder eine Erlösung noch eine Vergöttlichung, weder wahres Leben noch die Auferstehung und ewiges Leben. »Wenn ihr nicht das Fleisch des Menschensohnes esst und sein Blut trinkt, so habt ihr kein Leben in euch. Wer mein Fleisch isst und mein Blut trinkt, der hat das ewige Leben und ich werde ihn auferwecken am jüngsten Tage« (Johannes 6,53–54). Diese Worte Christi werden in der orthodoxen Kirche wörtlich und nicht symbolisch verstanden.

Aus diesem Grund wird den Gläubigen empfohlen, regelmäßig das Sakrament der Eucharistie zu empfangen. In der modernen Praxis der orthodoxen Kirche werden die Gläubigen aufgerufen, jeden Sonntag die heiligen Gaben zu empfangen. Manche Gläubige gehen nur einmal im Monat oder sogar nur einmal im Jahr zum hlg. Abendmahl. So wurde es zum Beispiel in Russland vor der Revolution 1917 praktiziert. Allerdings kehrte die Mehrheit der Gläubigen in der Zeit der Verfolgungen zum häufigeren Empfang des heiligen Abendmahls zurück.

Die Frage, wie oft man die heiligen Gaben empfangen soll, wurde in Russland besonders intensiv am Anfang des 20. Jahrhunderts, während der Vorbereitung des Lan-

столом со Своими учениками, продолжающаяся в Церкви. «Вечери Твоея тайныя днесь, Сыне Божий, причастника мя приими» – говорит приступающий к Причастию. Не только Тайная вечеря, но и голгофская жертва Христа возобновляется за каждой литургией: «Царь бо царствующих и Господь господствующих приходит заклатися и датися в снедь верным» (из литургии Великой субботы).

Православная Церковь безусловно верует, что в Евхаристии хлеб и вино становятся реальными Телом и Кровью Христа, а не только символическими изображениями Тела и Крови. Такое понимание Евхаристии было свойственно христианской Церкви с апостольских времен. Об этом свидетельствует, в частности, святой Иустин Философ (II век), который говорит: «Пища эта... есть... Плоть и Кровь Того воплотившегося Иисуса». А святой Игнатий Богоносец (II век) утверждал, что «Евхаристия есть Плоть Спасителя нашего Иисуса Христа, которая пострадала за наши грехи». И Сам Христос говорит: «Плоть Моя истинно есть пища, и Кровь Моя истинно есть питие; ядущий Мою Плоть и пиющий Мою Кровь пребывает во Мне, и Я в нем» (Ин. 6. 55–56).

По православному вероучению, соединение верующего со Христом в Евхаристии бывает не символическим и образным, но истинным, реальным и всецельным. Как Христос пронизывает Собою хлеб и вино, наполняя их Своим Божеством, так Он входит в человека, наполняя его плоть и душу Своим животворящим присутствием и Божественной энергией. В Евхаристии мы становимся, по выражению святых отцов, «сотелесными» Христу, Который входит в нас, как в утробу Девы Марии.

Преподобный Симеон Новый Богослов (XI век) пишет о том, что Христос, соединяясь с нами, делает Божественными все члены нашего тела: «Ты сродник наш по плоти, а мы Твои сродники по Божеству Твоему... Ты пребываешь с нами ныне и во веки, и делаешь каждого жилищем и обитаешь во всех. Каждый из нас в отдельности с Тобою, Спаситель, весь со Всем, и Ты – с каждым в отдельности находишься, Один с одним... И таким образом все члены каждого из нас сделаются членами Христовыми... и мы вместе сделаемся богами, сопребывающими с Богом».

В словах преподобного Симеона прослеживается связь между причащением и обожением, являющимся целью христианской жизни. Подчеркивается также ощутимый и телесный характер соединения со Христом: наша плоть в Евхаристии получа-

Abendmahlsgebet

Zur Teilnahme an deinem heiligen Mahl
lade mich heute ein, Sohn Gottes.
Nicht werde ich das Geheimnis
deinen Feinden verraten,
noch dir einen Kuss geben wie Judas,
sondern wie der Schächer
bekenne ich dir:
Herr, gedenke meiner,
wenn du in dein Reich kommst.
Halleluja, Halleluja, Halleluja!

deskonzils der Russischen Orthodoxen Kirche von 1917–1918 diskutiert. Es wurde empfohlen, zur urchristlichen Praxis zurückzukehren und das Abendmahl jeden Sonntag zu empfangen. Zwar sei der Mensch dieses großen Sakramentes nie würdig, weil alle Menschen Sünder sind. Aber die Eucharistie sei dazu eingesetzt worden, damit die Menschen, indem sie die heiligen Gaben empfangen und sich mit Christus vereinigen, immer reiner und Gott würdiger werden.

Die orthodoxe Kirche betont zwar, dass kein Mensch der Eucharistie wahrhaftig würdig sein kann. Zugleich erinnert sie den Gläubigen aber daran, dass jeder, der das Sakrament empfängt, zu einer Begegnung mit Christus vorbereitet sein muss. Die Vorbereitung auf das hlg. Abendmahl darf sich nicht auf das Lesen einer bestimmten Zahl von Gebeten und auf die Enthaltung vom Genuss bestimmter Speisen beschränken. In erster Linie besteht die Vorbereitung auf den Empfang der heiligen Gaben in der Läuterung des Gewissens, im Ablegen der Feindseligkeit gegen den Nächsten und der Verärgerung über jemanden sowie in der Versöhnung mit allen Menschen: »Wenn du deine Gabe auf dem Altar opferst und dort kommt dir in den Sinn, dass dein Bruder etwas gegen dich hat, so lass dort vor dem Altar deine Gabe und geh hin und versöhne dich zuerst mit deinem Bruder, und dann komm und opfere deine Gabe«(Matthäus 5,23–24). Ein Hindernis für die Teilnahme an der Eucharistie stellen die von einem Menschen begangenen schweren Sün-

ет как бы закваску нетления, становясь обоженной; и когда она умрет и истлеет, эта закваска станет залогом ее будущего воскресения.

В силу такой исключительности Таинства Евхаристии Православная Церковь придает ему особое, ни с чем не сравнимое значение в деле спасения человека. Вне Евхаристии нет ни спасения, ни обожения, ни истинной жизни, ни воскресения в вечности: «Если не будете есть Плоти Сына Человеческого и пить Крови Его, то не будете иметь в себе жизни. Ядущий Мою Плоть и пиющий Мою Кровь имеет жизнь вечную, и Я воскрешу его в последний день» (Ин. 6. 53–54). Эти слова Христа в Православной Церкви понимаются буквально, а не символически.

Поэтому верующим рекомендуется регулярно приступать к Таинству Евхаристии. В современной практике Православной Церкви верующие призываются причащаться каждое воскресенье. Есть и другая практика, по которой причащаются раз в месяц или даже раз в год. Такая традиция, в частности, существовала в России до революции 1917 года. Однако в годы гонений большинство верующих вернулись к практике частого причащения.

Вопрос о том, как часто необходимо причащаться, широко обсуждался в России в начале XX века, когда шла подготовка к Поместному Собору Русской Православной Церкви, состоявшемуся в 1917–1918 годах. Было рекомендовано вернуться к первохри-

Вечери твоея тайныя днесь, сне Бжїй, причастника мя прїими. Не бо врагѡмъ твоимъ тайнѹ повѣмъ, ни лобзанїѧ ти дамъ ꙗкѡ їюда, но ꙗкѡ разбойникъ исповѣдаю тѧ: помяни мя, гдн, во цртвїи твоемъ. Аллилѹїа, аллилѹїа, аллилѹїа.

den dar. Diese müssen unbedingt im Sakrament der Buße gebeichtet werden.

In der orthodoxen Kirche ist es üblich, die Gaben nüchtern zu empfangen, weil der menschliche Körper durch das Fasten vorgereinigt werden soll. Der Patriarch von Konstantinopel, der Hlg. Gennadij, sagte einmal: »Wer den Kaiser in sein Haus einlädt, wird zuerst sein Haus reinigen; so sollst auch du, wenn du Gott in dein fleischliches Haus aufnehmen möchtest, zuerst deinen Körper durch Fasten heiligen«. Das hlg. Abendmahl auf nüchternen Magen zu empfangen ist eine alte Tradition. Sie geht auf die Zeit zurück, als die Liturgie aufhörte, Fortsetzung der Agape – des Liebesmahles – zu sein und sich in einen feierlichen Gottesdienst verwandelte, der in den Morgenstunden gefeiert wurde.

Alle Vorschriften bezüglich der Vorbereitung auf die Eucharistie sind darauf gerichtet, dass der das Sakrament empfangende Mensch sich seiner Sündhaftigkeit bewusst wird und mit dem Gefühl der innigen Buße an den Kelch herantritt. Im Gebet vor dem hlg. Abendmahl wiederholt der Priester mit dem ganzen Volk die Worte des Apostels Paulus, und jeder bezeichnet sich als »den ersten der Sünder«: »Herr, ich glaube und bekenne, dass du in Wahrheit der Christus, der Sohn des lebendigen Gottes bist, der in die Welt gekommen ist, um die Sünder selig zu machen, unter denen ich der erste bin.« Allein das Bewusstsein der eigenen Unwürdigkeit macht einen Menschen würdig, an der Eucharistie teilzunehmen.

Die Zerknirschung über die eigene Sündhaftigkeit hindert den Christen nicht, die Eucharistie als Fest und Freude zu empfinden. Ihrer Natur nach ist die Eucharistie eine Danksagung, ihre Hauptstimmung daher der Lobpreis Gottes. Es ist kein Zufall, dass an den Wochentagen der großen Fastenzeit nicht die ganze Liturgie gefeiert wird: Der traurigen Stimmung dieser Tage entspricht nicht der jauchzende Charakter der eucharistischen Gebete.

Darin besteht das Paradoxon und das Geheimnis der Eucharistie: Man soll sich ihr in Bußgesinnung und zugleich mit Freude nähern – reumütig wegen des Bewusstseins der eigenen Unwürdigkeit und mit Freude, weil der Herr den Menschen in der Eucharistie reinigt, heiligt und vergöttlicht, ihn würdig macht trotz seiner Unwürdigkeit. In der Eucharistie wird nicht nur Brot und Wein in Leib und Blut Christi verwandelt, sondern auch der Kommunizierende selbst wird aus einem alten in einen neuen Menschen verwandelt; er wird befreit von der Last der Sünde und erleuchtet durch das göttliche Licht.

Die Verehrung der Gottesgebärerin und der Heiligen
Die orthodoxe Kirche verherrlicht die Gottesmutter

стианской практике причащения в каждый воскресный день. Отмечалось, что человек никогда не бывает достоин этого великого Таинства, потому что все люди – грешники. Но Евхаристия и дана для того, чтобы, причащаясь и соединяясь со Христом, мы становились более чистыми и достойными Бога.

Подчеркивая, что никто не может быть по-настоящему достоин причащения, Православная Церковь, однако, напоминает верующим: всякий приступающий к Таинству должен быть готов к встрече со Христом. Подготовка к причащению не ограничивается чтением какого-то количества молитв и воздержанием от тех или иных видов пищи. В первую очередь готовность к причащению обусловлена чистотой совести, отсутствием вражды против ближних или обиды на кого-либо, миром в отношении всех людей: «Если ты принесешь дар твой к жертвеннику и там вспомнишь, что брат твой имеет что-нибудь против тебя, оставь там дар твой пред жертвенником, и пойди, прежде примирись с братом твоим, и тогда приди и принеси дар твой» (Мф. 5. 23–24). Препятствием для причащения являются совершенные человеком тяжкие грехи, в которых необходимо покаяться на исповеди.

В Русской Православной Церкви принято причащаться натощак, так как тело человека должно быть предочищено постом. По словам святителя Геннадия, Патриарха Константинопольского, «тот, кто приглашает императора в свой дом, сначала вычищает свой дом: так и ты, если хочешь принять Бога в свой телесный дом, должен сначала освятить свое тело постом». Причащение натощак является древней традицией, восходящей к той эпохе, когда литургия перестала быть продолжением агапы (вечери любви) и превратилась в торжественное богослужение, совершаемое в утренние часы.

Все предписания относительно подготовки к Евхаристии направлены на то, чтобы человек, приступающий к Таинству, осознал свою греховность и приступил с чувством глубокого покаяния. В молитве перед причащением священник, и вместе с ним весь народ, повторяя слова святого апостола Павла, называет каждый себя «первым из грешников»: «Верую, Господи, и исповедую, яко Ты еси воистину Христос, Сын Бога Живаго, пришедший в мир грешныя спасти, от них же первый есмь аз». Только сознание своего всецелого недостоинства делает человека достойным приступить к Евхаристии.

Сокрушение от сознания собственной греховности, однако, не мешает христианину воспринимать

mehr als alle Heiligen und mehr als die Engel, denn sie ist »geehrter als die Cherubim und unvergleichlich herrlicher als die Seraphim«, wie es in einem alten Hymnus heißt. Die Allheilige Gottesgebärerin ist Mutter Christi und Mutter der Kirche – in ihrer Person verherrlicht die Kirche die Mutterschaft, die ja das unveräußerliche Gut und der Vorzug der Frau ist. Die protestantischen Kirchen, die auch Frauen beauftragen, die Eucharistie zu feiern und die übrigen Funktionen eines Geistlichen wahrzunehmen, verehren die Gottesgebärerin zwar, aber beten nicht zu ihr. Aber die Kirche verliert ohne die Gottesmutter ihre Fülle, ebenso wie eine Gemeinde ohne geistliches Amt keine vollwertige Kirche ist. Wie die Vaterschaft in der Hierarchie – im Episkopat und in den Priestern – realisiert ist, so ist die Mutterschaft in der Person der Allheiligen Gottesgebärerin in der Kirche präsent.

Die Gottesmutter steht an der Spitze der Schar der Heiligen, die von der Kirche verherrlicht werden. Die Verehrung der Heiligen und das Gebet zu ihnen sind sehr alte Traditionen der Kirche, seit der Zeit der Apostel überliefert. Die Vorwürfe an die Adresse der Kirche, sie bete Menschen in gleicher Weise wie Gott an und verstoße dabei gegen das Gebot »Vor dem Herrn, deinem Gott, sollst du dich niederwerfen und ihm allein dienen« (Matthäus 4,10), sind ungerechtfertigt. Die griechische Theologie unterscheidet nämlich ganz deutlich den »Dienst« (la-

Евхаристию как праздник и радость. По своей природе Евхаристия является торжественным Благодарением, основное настроение которого – хвала Богу. Не случайно в седмичные дни Великого поста полная литургия вообще не совершается: скорбному настроению этих дней ликующий характер евхаристических молитв не соответствует.

В этом парадокс и тайна Евхаристии: к ней нужно приступать с покаянием и одновременно с радостью – с покаянием от сознания своего недостоинства и радостью от того, что Господь в Евхаристии очищает, освящает и обоготворяет человека, делает его достойным, невзирая на недостоинство. В Евхаристии не только хлеб и вино прелагаются в Тело и Кровь Христа, но и сам причащающийся прелагается из ветхого человека в нового, освобождаясь от груза грехов и просвещаясь Божественным светом.

Почитание Богородицы и святых

Православная Церковь прославляет Божию Матерь больше, чем всех святых, и даже больше самих ангелов, как «честнейшую херувим и славнейшую без сравнения серафим». Пресвятая Богородица является Матерью Христа и Матерью Церкви – в Ее лице Церковь прославляет материнство, являющееся неотъемлемым достоянием и преимуществом женщи-

124 *Prozession um die Kathedrale von Tambow am Tag des Hlg. Pitirim von Tambow, dem Patron der Stadt. Pitirim war der zweite Bischof der Stadt und wirkte hier im 17. Jahrhundert. Er gewann zahlreiche Mordwinen, Tscheremissen (Mari) und Tataren für den christlichen Glauben.*
Крестный ход вокруг собора в Тамбове в день памяти святителя Питирима Тамбовского, покровителя города. Епископ Питирим был вторым архиереем этого города и служил здесь в XVII веке. Благодаря ему многочисленные мордвины, черемисы (мари) и татары обратились в христианскую веру.

treia) vor Gott und die »Verehrung« (proskynesis) der Heiligen, denen Ehre nicht als Göttern, sondern als Menschen bezeugt wird – freilich als Menschen, die die geistigen Höhen erreicht und sich mit Gott vereinigt haben.

Die Heiligen sind eng miteinander und mit Christus verbunden. Wenn wir die Heiligen verehren, beten wir Christus, der in ihnen lebt, an. »Christus ist der Anfang, die Mitte und das Ende. Er ist in allen – in den ersten, in den mittleren und in den letzten«, sagt der ehrwürdige Simeon, der Neue Theologe. »Diejenigen, die von Geschlecht zu Geschlecht durch die Erfüllung der Gebote Heilige werden und die früheren Heiligen ablösen, vereinigen sich mit ihnen, sie werden mit ihnen erleuchtet und empfangen die Gnade Gottes am Tische des Herrn, und werden zu einer Art »goldenen Kette«, in der jeder ein einzelnes Glied darstellt, und dieses Glied ist mit dem vorangehenden durch den Glauben, die guten Werke und die Liebe verbunden.«

Die goldene Kette der christlichen Heiligkeit zieht sich von der Zeit der Apostel bis in unsere Tage: Auch jetzt gibt es nicht wenige Heilige – verborgene und öffentlich bekannte – und irgendwann werden sie von der Kirche heiligmäßig verehrt werden.

Die offizielle Heiligsprechung oder Kanonisierung ist eine ziemlich späte Erscheinung. Die frühe Kirche kannte keinen besonderen Akt der Kanonisierung oder Heiligsprechung. Ein um Christi willen gestorbener Märtyrer wurde direkt nach seinem Tod ehrfurchtsvoll von den Gläubigen verehrt: Man betete zu ihm und an seinem Grab feierte man die Liturgie. In der Russischen Orthodoxen Kirche existiert bis heute die Regel, dass die »Göttliche Liturgie« auf dem »Antiminsion« gefeiert werden muss, das unbedingt ein Reliquienteilchen eines Märtyrers oder eines anderen Heiligen enthalten muss (das »Antiminsion« ist eine spezielle Abendmahlsdecke, die auf dem Altartisch liegt). Diese Tradition betont die Verbindung zwischen der irdischen, heutigen Kirche, die aus den Lebenden besteht, und der himmlischen, triumphierenden Kirche, die aus den von Gott verherrlichten Heiligen zusammengesetzt ist. Es weist auch auf die Märtyrer als Grundlage und Fundament der Kirche hin. »Das Blut der Märtyrer ist der Same des Christenheit« – so der Kirchenvater Tertullian im 2. Jahrhundert.

Die irdische Kirche hat nicht immer die Möglichkeit gehabt, ihre Märtyrer und Heiligen feierlich und öffentlich zu kanonisieren – sie wurden nicht selten heimlich verehrt. Die Griechisch-Orthodoxe Kirche, die sich lange Zeit unter der Herrschaft der Türken befand, konnte ihre Neumärtyrer, die unter den Türken gelitten hatten, nicht offen heilig sprechen. Dennoch war deren Verehrung,

ны. Примечательно, что протестантские Церкви, поручившие женщинам совершение Евхаристии и прочие священнические функции, почитают Богородицу, но не молятся Ей. Но Церковь, лишенная Божией Матери, утрачивает полноту, так же как не является полноценной Церковью община, лишенная священства. Если отцовство реализуется в лице иерархии – епископата и священства, то материнство присутствует в Церкви в лице Пресвятой Богородицы.

Божия Матерь стоит во главе сонма святых, прославляемых Церковью. Почитание святых и молитва к ним является древнейшей традицией Церкви, сохраняющейся с апостольских времен. Несправедливы обвинения в адрес Церкви, будто она поклоняется людям наравне с Богом, нарушая заповедь «Господу Богу твоему поклоняйся и Ему одному служи» (Мф. 4. 10). Греческое богословие четко различает служение (λατρεία) Богу и почитание (προσκύνησιζ) святых, которым воздается честь не как богам, но как людям, достигшим духовной высоты и соединившимся с Богом.

Святые тесно связаны между собой и со Христом. Поклоняясь святым, мы почитаем Христа, Который живет в них: «Христос есть начало, середина и конец. Он есть во всех – и в первых, и в средних, и в последних, – говорит преподобный Симеон Новый Богослов. – ...Те, кто из рода в род через исполнение заповедей (бывают) святыми, приходя на смену прежним святым, соединяются с ними, озаряясь, подобно им, и принимая благодать Божию по причастию, и (все они) становятся как бы некой золотой цепью, будучи каждый отдельным звеном, соединяющимся с предыдущим через веру, дела и любовь».

Золотая цепь христианской святости тянется от апостольского века до наших дней: и сейчас есть немало святых – тайных и явных, – которые когда-нибудь будут прославлены Церковью.

Официальное причисление к лику святых, или канонизация, – явление довольно позднее: раннехристианская Церковь не знала особых актов канонизации или прославления. Мученик, пострадавший за Христа, сразу после своей смерти становился объектом благоговейного почитания верующих: ему молились, на его гробнице совершали литургию. В Русской Православной Церкви до сих пор сохраняется правило совершения литургии на антиминсе, в котором обязательно должна быть частица мощей мученика или другого святого (антиминс – специальный плат, лежащий на престоле). Это подчер-

125 *Die Natur ist in den orthodoxen Kreislauf der Feste einbezogen. Zu Ostern werden Speisen gesegnet, an Pfingsten tragen die Gläubigen Birkenzweige in den Händen und am Fest der Verklärung Christi im August werden die Früchte der Gärten und Felder vom Priester mit geweihtem Wasser gesegnet.* Природа вовлечена в круг православных церковных праздников. Священник освящает святой водой на Пасху – кушанья, на Пятидесятницу – березовые ветви, приносимые верующими, а в августе, на праздник Преображения Христова – плоды садов и полей.

wenn auch heimlich, allgemein unter den Orthodoxen verbreitet. Genauso konnte die Russische Kirche Tausende ihrer Neumärtyrer, die nach 1917 durch die Kommunisten ermordet worden waren, nicht öffentlich verherrlichen. Diese Verfolgungen waren ihrem Ausmaß nach ohne Beispiel und die blutigsten Verfolgungen, die die Kirche in ihrer Geschichte je gesehen hat. Aber das Volk und einzelne Priester feierten heimlich Gottesdienste für die Märtyrer, ohne die formelle Kanonisierung abzuwarten, die unter damaligen Bedingungen unmöglich war.

Die Verehrung des einen oder anderen Heiligen ist nicht eine Folge der Kanonisierung. Eher ist es umgekehrt: Zur Kanonisierung kommt es infolge der Verehrung eines Heiligen durch das Volk. Es gibt Heilige, von deren Leben fast nichts bekannt ist, deren Verehrung aber allgemein verbreitet ist. Das trifft zum Beispiel auf den Hlg. Nikolaus zu, den Erzbischof von Myra in Lykien, der im 4. Jahrhundert lebte. Er wird von den Christen der Ost- und der Westkirche gleichermaßen verehrt; sogar Nichtchristen, die ihre Gebete an den Hlg. Nikolaus richten, erhalten von ihm Unterstützung. Diese, die ganze Welt umfassende Verehrung des Hlg. Nikolaus gründet sich auf die Erfahrung der Kirche: Der Heilige wurde zum »persönlichen Freund« Tausender von Christen, denen er irgendwann Hilfe geleistet oder sie vor dem Untergang gerettet hat.

Nicht nur Menschen verherrlichen Heilige, auch Gott selbst liefert zuweilen eine sichtbare Bestätigung der Heiligkeit des einen oder anderen Menschen. Es kommt zum

кивает связь Церкви земной, сегодняшней, состоящей из живых, и Церкви небесной, торжествующей, состоящей из прославленных Богом святых. Это также указывает на мучеников как на основу и фундамент Церкви. «Кровь мучеников есть семя христианства» – говорил Тертуллиан (II век).

Не всегда Церковь земная имела возможность торжественно канонизировать мучеников и других святых – их почитание нередко бывало тайным. Греческая Церковь, находившаяся долгие годы под властью Оттоманской империи, не могла открыто провозгласить святыми своих новомучеников, пострадавших от турок. Тем не менее почитание их, хотя бы и тайное, было всеобщим среди православных. Точно так же Русская Церковь, находившаяся под властью коммунистов, не могла открыто прославить тысячи новомучеников, погибших после 1917 года от рук большевиков в беспрецедентное по своим масштабам и самое кровопролитное гонение на Церковь, которое когда-либо знала история. Однако народ и отдельные священники тайно совершали им службы, не дожидаясь формальной канонизации, которая была невозможна в тех условиях.

Почитание того или иного святого не является следствием акта канонизации. Скорее наоборот – канонизация происходит вследствие всенародного почитания святого. Есть святые, о жизни которых не известно почти ничего, а почитание их является всеобщим, как, например, святитель Николай, архи-

126 *Patriarch Aleksij II. bei der Einweihung der wieder erstandenen Christi-Erlöser-Kathedrale im August 2000 in Moskau inmitten der Vorsteher befreundeter orthodoxer Kirchen aus (von links): Albanien, Bulgarien, Serbien, Georgien, Rumänien, Zypern und der Tschechischen und Slowakischen Republik.*

Святейший Патриарх Алексий II во время освящения воссозданного Храма Христа Спасителя в августе 2000 года в Москве с Предстоятелями Поместных Православных Церквей (слева направо): Албанской, Болгарской, Сербской, Грузинской, Румынской, Кипрской, Чешских Земель и Словакии.

127 *Gebet auf der Baustelle: Bischof Georgij von Nishnij-Nowgorod und Arsamas bei einem Gebetsgottesdienst in der noch nicht fertig gestellten Kirche des Hlg. Serafim von Sarow (2003).*

Молебен на стройплощадке: епископ Нижегородский и Арзамасский Георгий во время молебна в восстанавливаемом храме преподобного Серафима Саровского (2003 год).

Beispiel vor, dass Reliquien von Heiligen im Laufe von Jahrhunderten unverweslich bleiben. Reliquien des Hlg. Nikolaus, die sich in der italienischen Stadt Bari befinden, spenden noch heute heilbringende und wohlriechende Myrrhe. Die Reliquien der heiligen Märtyrer Antonius, Johannes und Eustachius, die sich im Heilig-Geist-Kloster in Vilnius befinden, erfuhren in 650 Jahren seit dem Zeitpunkt ihres Todes im Jahr 1346 nicht die geringste Verwesung, obwohl sie viele Jahre unter der Erde lagen. Dabei ist die Möglichkeit einer Mumifizie-

128 *Neubau einer Dorfkirche an der Straße nach Scharia in Nordrussland in der traditionellen russischen Holzbauweise.*
Сельский деревянный храм у дороги в Шарье (Северная Россия), воссозданный в традиционном русском архитектурном стиле.

rung theoretisch ausgeschlossen, da die Körper der drei Jünglinge von ihren Henkern vergraben worden waren. Die Reliquien von Heiligen verursachten auch Heilungen, die von vielen Menschen bezeugt wurden.

Einem nichtkirchlichen Menschen fällt es schwer zu verstehen, warum es sinnvoll ist, zu Heiligen zu beten, wo es doch Christus gibt. Die Heiligen sind jedoch keine Mittler zwischen uns und Christus; sie sind vielmehr unsere himmlischen Freunde, die fähig sind, uns zu erhören und durch ihre Gebete zu unterstützen. Derjenige, der keine Freunde im Himmel hat, ist nicht in der Lage, diese ehrfurchtsvolle Verehrung zu begreifen, von der die Heiligen in der orthodoxen Kirche umgeben sind. Gläubige, die die Möglichkeit einer unmittelbaren und lebendigen Gemeinschaft mit Heiligen nicht kennen, befinden sich sozusagen außerhalb der »goldenen Kette« der Heiligkeit, die auf die Apostel und Christus zurückgeht. Eine christliche Gemeinde aber, die von dieser Kette losgerissen ist, kann keine vollwertige Kirche sein, weil die himmlische, triumphierende Kirche und die irdische, wandernde Kirche, unzertrennlich miteinander verbunden sind. Getrennt vom Himmel – von der Gottesmutter und den Heiligen – verwandelt sich die Kirche in eine irdische Organisation. Sie hört auf, der mystische Leib Christi zu

епископ Мир Ликийских, живший в IV веке. Его прославляют христиане как Восточной, так и Западной Церкви; даже нехристиане, обращаясь в молитве к святителю Николаю, получают от него помощь. Это всемирное почитание святого Николая основано на опыте Церкви: святитель стал «личным другом» тысяч христиан, которым он когда-либо помог, которых спас от гибели...

Не только люди прославляют святых, но и Сам Бог иногда дает видимые подтверждения святости того или иного человека. Например, тела многих святых на протяжении столетий вообще не подвергаются тлению. Мощи (тело) святителя Николая, находящиеся в итальянском городе Бари, источают целебное и благоуханное миро. Мощи святых мучеников Антония, Иоанна и Евстафия, которые находятся в Вильнюсском Свято-Духовом монастыре, за 650 лет с момента гибели мучеников (они пострадали в 1346 году) не подверглись ни малейшему тлению, хотя много лет пролежали под землей (возможность мумификации исключена даже теоретически, так как тела трех юношей были зарыты в землю их палачами). От мощей святых происходят исцеления, засвидетельствованные многими людьми.

sein, der die Lebenden und die Toten, die Sünder und die Heiligen, miteinander verbindet.

Verehrung der Ikonen und des Kreuzes in der orthodoxen Kirche

Eine Ikone ist in der orthodoxen Tradition nicht einfach ein Schmuck der Kirche oder ein Gegenstand des gottesdienstlichen Gebrauchs. Vor ihr werden Gebete verrichtet, sie wird geküsst, sie wird wie ein Heiligtum behandelt.

Nach der Überlieferung erschien die erste Ikone Christi zu seinen Lebzeiten. Awgar, ein Fürst aus Edessa, hatte Lepra und schickte seinen Diener zum Erlöser mit der Bitte,

Нецерковному человеку бывает трудно понять, зачем нужно молиться святым, когда есть Христос. Однако святые – не посредники между нами и Христом; скорее, они наши небесные друзья, способные услышать нас и помочь своей молитвой. Тот, кто не имеет друзей на небесах, не может правильно воспринять благоговейное почитание, которым окружены святые в Православной Церкви.

Почитание икон и Креста в Православной Церкви

В православной традиции икона является не просто украшением храма или предметом богослу-

129 *Eine der ältesten Ikonostasen Russlands in der Dreifaltigkeits-Kirche des Klosters in Sergijew Posad. Auf die untere »lokale Reihe« mit Ikonen von Christus, der Gottesmutter und dem Patron der Kirche folgen weitere Reihen mit Aposteln und Heiligen, der Kirchenfeste, der Propheten und der Kirchenväter. Die Bilderwand trennt nicht den Altarraum vom Gemeinderaum. Die irdische Kirche der Betenden vereint sich vielmehr vor ihr mit der himmlischen Kirche der Heiligen im Lob des Dreieinigen Gottes.*

Один из древнейших иконостасов России находится в Троицком соборе Троице-Сергиевой Лавры (Сергиев Посад). Над «местным рядом», где присутствуют иконы Христа, Богоматери и покровителя храма, располагаются ряды с апостолами и святителями, христианскими праздниками, пророками и праотцами. Иконостас не является преградой, которая закрывает алтарь от верующих. Напротив, земная Церковь предстоящих в храме соединяется с Церковью Небесной – Церковью святых – в хвале Триединому Богу.

offensichtlich, jetzt – im Alten Bund – darfst du den unsichtbaren Gott nicht darstellen, wenn du aber den Körperlosen, um deinetwillen Fleischgewordenen siehst, wirst du seine menschliche Gestalt abbilden. Wenn der Unsichtbare sichtbar wird, indem er sich in Fleisch kleidet, dann bilde das Ebenbild des Erschienenen ab. Male alles – in Wort, in Farben, in Büchern und auf Brettern.«

Die Verteidigung der Ikonen war eigentlich die Verteidigung des Glaubens an die Menschwerdung Gottes in Christus. Denn mit dem Kampf gegen die Ikonen wurde eigentlich die Realität der Inkarnation bekämpft. Eine Ikone ist für die Orthodoxen kein Gemälde, das den unsichtbaren Gott ersetzt, sondern ein Symbol und das Zeichen seiner Anwesenheit in der Kirche. Die Väter des VII. Ökumenischen Konzils betonten wie der Hlg. Basilius der Große, dass »die dem Bild erwiesene Ehre auf das Urbild zielt«.

Bei der Verehrung einer Ikone verehren die Christen nicht die Tafel mit Farben, sondern den auf ihr Abgebildeten – Christus, die Gottesmutter oder einen Heiligen. Nach dem Gedankengang des Priesters Pawel Florenskij (1882–1937) ist eine Ikone das Fenster in eine andere Welt. Durch die Ikone kommt der Mensch unmittelbar mit der spirituellen Welt in Berührung und mit denjenigen, die dort wohnhaft sind.

Bekannt sind Fälle, in denen Menschen während des Gebetes vor einer Ikone die auf ihr dargestellte Person lebendig gesehen haben. So sah etwa der ehrwürdige Siluan vom Athos den lebendigen Christus an Stelle seiner Ikone. Sein Biograph, der Mönchspriester Sofronij, erzählt: »In einer Vesper, in der Kirche ... zur Rechten von der Königstür, wo sich die lokale Ikone des Heilands befindet, sah er den lebendigen Christus. Es ist unmöglich, den Zustand zu beschreiben, in dem er sich in diesem Augenblick befand. Wir wissen aus dem Mund und den Schriften des seligen Starzen, dass ihn damals das göttliche Licht durchstrahlte, dass er aus dieser Welt entrückt und im Geist in den Himmel erhoben wurde, wo er unaussprechliche Worte vernahm, so dass er zu diesem Zeitpunkt quasi eine neue Geburt von oben erfuhr.«

Ikonen erscheinen nicht nur Heiligen, sondern auch einfachen Christen, sogar Sündern. In der Erzählung über die Gottesmutterikone »Unerwartete Freude« wird berichtet, wie ein gewisser Mensch, ein Gesetzloser, die Gewohnheit hatte, täglich zur Allheiligen Gottesgebärerin zu beten. Eines Tages erschien sie ihm während des Gebetes und warnte ihn vor seinem sündigen Leben. Solche Ikonen wie die »Unerwartete Freude« nennt man in Russland »wunderbar erschienene Heiligenbilder«.

Es gibt auch eine Fülle von wundertätigen Ikonen, die

том, что люди на Синае не видели Бога, апостолы подчеркивают, что они видели Его: «И мы видели славу Его, славу как Единородного от Отца» (Ин. 1. 14); «О том, что было от начала, что мы слышали, что видели своими очами, что рассматривали, что осязали наши руки – о Слове жизни» (1 Ин. 1. 1). Христос, по словам апостола Иоанна, явил миру невидимого Бога, то есть сделал Его видимым: «Бога не видел никто никогда; Единородный Сын, сущий в недре Отчем, Он явил» (Ин. 1. 18). То, что невидимо, то и неизобразимо, а что видимо, то можно изображать, так как это уже не плод фантазии, но реальность.

Ветхозаветный запрет на изображения невидимого Бога, по мысли преподобного Иоанна Дамаскина, предуказывает возможность изображать Его, когда Он станет видимым: «Ясно, что теперь (в Ветхом Завете) тебе нельзя изображать невидимого Бога, а когда увидишь Бестелесного вочеловечившимся ради тебя, тогда будешь делать изображения Его человеческого вида. Когда Невидимый, облекшись в плоть, становится видимым, тогда изображай подобие Явившегося... все рисуй – и словом, и красками, и в книгах, и на досках».

Защита икон была защитой веры в воплощение Христа, так как иконоборчество являлось одной из форм отрицания реальности этого воплощения. Для православных икона не идол, подменяющий собой невидимого Бога, но символ и знак Его присутствия в Церкви. Отцы VII Вселенского Собора вслед за святым Василием Великим подчеркивали, что «честь, воздаваемая образу, восходит к Первообразу».

Поклоняясь иконе, христиане поклоняются не доске с красками, а тому, кто изображен на ней, – Христу, Божией Матери, святому. Икона – окно в другой мир, по мысли священника Павла Флоренского (1882-1937). Через икону человек непосредственно соприкасается с духовным миром и теми, кто живет там.

Известны случаи, когда во время молитвы перед иконой человек видел живым изображенного на ней. Так, преподобный Силуан Афонский увидел живого Христа на месте Его иконы: «Во время вечерни, в церкви, ... направо от царских врат, где находится местная икона Спасителя, он увидел живого Христа... Невозможно описывать то состояние, в котором он находился в тот час», – говорит его биограф иеромонах Софроний. – «Мы знаем из уст и писаний блаженного старца, что его осиял тогда Божественный свет, что он был изъят из этого мира и духом возведен на небо, где слышал неизрекаемые глаголы, что в

229

mit Fällen von Heilungen und der Befreiung aus Kriegsgefahr verknüpft sind. In Russland werden Gottesmutter-Ikonen wie die »Wladimirskaja«, die »Kasanskaja«, die »Smolenskaja«, die »Iwerskaja«, die Ikone vom »Auffinden der Gefallenen«, oder die Ikone »Aller Betrübten Freude« und andere wundertätige Gottesmutterbilder besonders verehrt. Mit der Ikone der Mutter Gottes von Wladimir ist zum Beispiel die Befreiung Russlands vom Einfall der mongolischen Khane Tamerlan 1395, Achmat 1490 und Mechmet-Girej 1521 verbunden. Im ersten dieser Fälle erschien die Mutter Gottes dem Khan selbst im

тот момент он получил как бы новое рождение свыше».

Не только святым, но и простым христианам, даже грешникам, являются иконы. В сказании об иконе Божией Матери «Нечаянная Радость» повествуется о том, как «некий человек, беззаконник, имел правило ежедневно молиться ко Пресвятой Богородице», и однажды во время молитвы Она явилась ему и предостерегла от греховной жизни. Такие иконы как «Нечаянная Радость» называются на Руси «явлéнными».

Существует также множество чудотворных икон, с которыми связаны случаи исцелений или избавлений от военной опасности. В России особенным почитанием пользуются Владимирская, Казанская, Смоленская, Иверская, «Взыскание погибших», «Всех скорбящих Радость» и другие чудотворные иконы Божией Матери. С Владимирской иконой, например, связано избавление Руси от нашествия монгольских ха-

131 *Verehrung gilt nach orthodoxer Auffassung nicht der Ikone an sich sondern dem in Gott lebenden Urbild des Abbildes von Christus, der Gottesmutter oder den Heiligen.* По православным представлением почитается не икона сама по себе, а изображенные на ней – Господь, Матерь Божия и святые.

Traum und befahl ihm, das Gebiet Russlands zu verlassen.

Vor der Ikone der Gottesmutter von Kasan beteten die Krieger der Landwehr mit Minin und Poscharskij an der Spitze, als sie sich auf die entscheidende Schlacht gegen die Polen rüsteten, die 1612 Moskau erobert hatten. Während der Invasion Napoleons segnete die »Kasanskaja« die russischen Soldaten, die vor ihr beteten. Die erste große Niederlage der Franzosen nach ihrem Abzug aus Moskau ereignete sich am Fest der Gottesmutterikone »Kasanskaja« am 22. Oktober 1812.

Eine besondere Bedeutung hat für die Kirche das Kreuz – das Werkzeug des Todes, das zum Werkzeug der Erlösung wurde. Der Hlg. Basilius der Große setzt das »Zeichen des Menschensohns«, das Christus erwähnt, als er von seiner Wiederkunft spricht (Matthäus 24,30), mit dem Kreuz gleich, das mit seinen vier Ecken auf die vier Enden des Weltalls weist. Das Kreuz ist das Symbol von Christus selbst, es ist erfüllt mit wundertätiger Kraft. Die orthodoxe Kirche glaubt, dass das Kreuz die Energie Christi enthält. Deswegen wird das Kreuz von Christen nicht nur abgebildet und in den Kirchen neben den Ikonen aufgestellt. Christen tragen das Kreuz auch auf der Brust, bekreuzigen sich selbst und segnen einander mit dem Zeichen des Kreuzes.

Die Kirche kennt die wundertätige, heilbringende und erlösende Kraft des Kreuzes und des Kreuzzeichens aus jahrhundertealten Erfahrungen. Das Kreuz gilt als Werkzeug gegen den Teufel: »Herr, die Waffe gegen den Teufel, dein Kreuz, hast du uns gegeben, denn er bebt und zittert und kann es nicht aushalten, deine Kraft anzusehen« (Gebet aus dem Oktoich).

Das Kreuz behütet den Menschen an jedem Ort, wenn er unterwegs ist. Durch das Kreuz kommt der Segen Christi auf jede gute Tat herab, die wir mit dem Kreuzeszeichen und mit der Anrufung des Namens Gottes beginnen. »Das Kreuz behütet das gesamte Universum, das Kreuz ist die Zierde der Kirche, das Kreuz ist die Herrschaft der Könige, das Kreuz ist die Kraft der Gläubigen, das Kreuz ist der Ruhm der Engel und das Verderben der Dämonen.« So singen wir im Gottesdienst zu Ehren des Kreuzes Jesu Christi.

Bischof Ilarion (Alfejew) von Wien und Österreich

нов Тамерлана в 1395 году, Ахмата в 1490 году и Махмет-Гирея в 1521 году. В первом из этих случаев Божия Матерь Сама явилась хану во сне и повелела оставить пределы Руси.

Перед Казанской иконой молились воины народного ополчения во главе с Мининым и Пожарским, готовясь к решающему сражению с поляками, захватившими Москву в 1612 году. Во время нашествия Наполеона Казанская икона Божией Матери осеняла русских солдат, которые молились перед ней. Первое крупное поражение французов после ухода из Москвы произошло в праздник Казанской иконы 22 октября 1812 года.

Особое значение имеет для Церкви Крест – орудие смерти, сделавшееся орудием спасения. Святой Василий Великий отождествляет «знамение Сына Человеческого», о котором упоминает Христос, говоря о Своем втором пришествии (Мф. 24. 30), с Крестом, обращенным четырьмя концами к четырем краям Вселенной. Крест является символом Самого Христа и наделен чудодейственной силой. Православная Церковь верует, что в Кресте присутствует энергия Христа, и потому христиане не только изображают Крест и помещают его в храмах наравне с иконами, но также носят крест на груди, осеняют себя крестным знамением, благословляют крестом друг друга.

Чудотворную, спасительную и целительную силу Креста и крестного знамения Церковь знает по многовековому опыту. Крест является оружием против диавола: «Господи, оружие на диавола Крест Твой дал еси нам, трепещет бо и трясется, не терпя взирати на силу его» (песнопение Октоиха).

Крест охраняет человека в пути и на всяком месте, через Крест благословение Христа нисходит на всякое доброе дело, которое мы начинаем с крестного знамения и призывания имени Божия. «Крест – хранитель всея вселенныя, Крест – красота Церкви, Крест – царей держава, Крест – верных утверждение, Крест – ангелов слава и демонов язва», – поется на богослужении в честь Креста Господня.

Епископ Венский и Австрийский
Иларион (Алфеев), Вена

Ostern ist immer

Die Kirche existiert, dem Himmel zugewandt auf der Erde, sie lebt in der Zeit und atmet doch zugleich Ewigkeit. Ewigkeitswert liegt auch dem kirchlichen Kalender und allen Gottesdiensten des Jahres-, Wochen- und Tageskreises zu Grunde. Im Rahmen eines Jahres gedenkt die Kirche des Schöpfungsplans und erlebt die gesamte Welt- und Menschheitsgeschichte in der göttlichen Heilsabsicht zur Rettung der Menschheit. Im Jahreskreis der Feste läuft das Leben Christi vor unseren Augen ab – von seiner Geburt bis zur Kreuzigung und Auferstehung, das Leben der Gottesmutter – von ihrer Zeugung bis zu ihrem Entschlafen, das Leben aller durch die Kirche verherrlichten Heiligen.

Im Laufe einer Woche und einer Tageseinheit wird diese Geschichte wiederum vergegenwärtigt in den Gottesdiensten. Jeder Kreis hat ein Zentrum, an dem er sich orientiert: Mittelpunkt des Tageskreises ist der Gottesdienst der Eucharistie, Zentrum des Wochenkreises ist der Auferstehungstag und Zentrum des Jahreskreises das Fest der Auferstehung Christi, Ostern.

Die Auferstehung Christi war das bestimmende Ereignis in der Geschichte des christlichen Glaubens. »Ist aber Christus nicht auferstanden, so ist unsere Predigt vergeblich, so ist auch euer Glaube vergeblich«, schreibt der Apostel Paulus (1. Korinther 15,14). Wäre Christus nicht auferstanden, wäre das Christentum lediglich eine von vielen Morallehren und religiösen – Weltanschauungen geworden, vergleichbar dem Buddhismus oder dem Islam.

Die Auferstehung Christi legte den Grund der Kirche durch neues Leben und ein neues gottmenschliches Sein, in welchem der Mensch Gott wird, weil Gott Mensch wurde. Das Fest der Auferstehung Christi war, solange es Kirche gibt, der Eckstein des christlichen Kalenders.

Die kirchlichen Feste sind nicht nur einfache Erinnerungen an Ereignisse aus weit zurückliegender Vergangenheit. Sie wollen uns vielmehr mit in jene geistliche Realität hineinnehmen, die hinter ihnen steht und überzeitliche unvergängliche Bedeutung hat für einen jeden von uns. Jeder Christ nimmt Christus als seinen Erretter an, der– ihm zugut – Fleisch geworden ist. Deshalb werden alle Ereignisse im Leben Christi für einen jeden Christen zu einem persönlichen Erlebnis und Teil geistlicher Erfahrung. Das Fest ist also heutige Aktualisierung eines vor langer Zeit erfolgten Geschehens und ereignet sich immer wieder, zeitlos. Zu Weihnachten hören wir in der Kirche »Heute ist Christus in Bethlehem geboren«, zu Epiphanias (dem Fest der Taufe Christi im Jordan) –

Вечная Пасха

Земная Церковь обращена к небу, она существует во времени, пребывая вместе с тем в вечности. На этом сознании вечности основывается церковный календарь и весь круг годичных, седмичных и дневных богослужений. Весь год Церковь посвящает воспоминанию о домостроительстве Господнем, сопереживая историю мира и человечества как Божий промысел во спасение людей. Годичный круг церковных праздников воспроизводит перед нашими глазами жизнь Иисуса Христа - от Его Рождества до Распятия и Воскресения, жизнь Богоматери – от Зачатия до Успения, а также жития всех святых, прославленных Церковью.

В течение седмицы, а также на протяжении церковного дня эта история воссоздается за богослужениями. Каждый круг имеет свой центр, на который он ориентируется: центральным моментом дневного круга богослужений является Евхаристия, центром седмичного круга – день Воскресения, а центром годичного круга – праздник Христова Воскресения, Пасха.

Воскресение Христово всегда было главным событием в истории христианства. «Если Христос не воскрес, то и проповедь наша тщетна, тщетна и вера ваша» – пишет Апостол Павел (1 Кор. 15. 14). Если бы Христос не воскрес, то христианство стало бы всего лишь одним из многих этических учений и мировоззрений, наподобие буддизма или ислама.

Воскресение Христово заложило основы Церкви посредством новой жизни и нового бытия Богочеловека, в котором человек становится Богом, потому что Бог вочеловечился. Праздник Воскресения испокон веков, с самого основания Церкви, был краеугольным камнем христианского календаря.

Христианские праздники – это не просто воспоминания о событиях давно минувшего прошлого. Их цель состоит скорее в том, чтобы погрузить нас в духовную реальность, которая скрывается за ними и которая имеет сверхвременное непреходящее значение для каждого из нас. Каждый христианин принимает Христа как своего Спасителя, Который воплотился ему во благо. Поэтому все события в жизни Христа становятся личным переживанием каждого христианина и частью его духовного опыта. Таким образом, этот праздник является нынешней актуализацией события, произошедшего много лет тому назад и происходящего вновь и вновь, вневременно. На Рождество в церкви звучат слова:

132 *In zahlreichen Gebeten und Hymnen, die der Chor singt, wird das Heilsgeschehen in den Gottesdiensten der Orthodoxie meditierend verkündigt. An jeder Kirche gibt es mindestens einen Chor, an den Stadtkirchen auch bezahlte Chöre. In verschiedenen Geistlichen Seminaren werden in besonderen Lehrgängen Chorleiterinnen ausgebildet.*
В многочисленных песнопениях, которые поет хор за православным богослужением, содержится благовестие и осмысление священных событий. В каждой церкви есть по меньшей мере один хор. Во многих духовных семинариях на особых курсах готовятся регенты.

»Heute wird die Natur der Wasser geheiligt«, zu Ostern – »Heute hat Christus den Tod überwunden und ist auferstanden aus dem Grabe.« Wenn Menschen außerhalb der Kirche sich häufig an die bereits ihren Händen entglittene Vergangenheit halten oder hoffnungsvoll auf die noch bevorstehende Zukunft zugehen, so werden sie in der Kirche aufgerufen in einem »ständigen Heute« zu leben, d. h. in einer realen, »heute« erfolgenden und täglich sich fortsetzenden Gemeinschaft mit Gott.

Daher durchdringt das Fest der Auferstehung Christi, obwohl es nur einmal im Jahr begangen wird, das ganze Kirchenjahr, und österlicher Abglanz liegt auf dem gesamten liturgischen Kreis. Ostern oder Passah ist nicht bloß ein Kalenderdatum. Für den Christen ist Ostern immer, weil er stets die Gemeinschaft mit dem auferstandenen Christus braucht. Der ehrwürdige Serafim von Sarow grüßte das ganze Jahr hindurch seine Besucher mit den österlichen Worten

»Christus ist auferstanden«.

Aus: »Stimme der Orthodoxie«, Berlin

«Днесь Христос родися в Вифлееме», на Богоявление (праздник Крещения Христа в Иордане) – «Днесь вод освящается естество», а на Пасху – «Христос воскресе из мертвых, смертью смерть поправ». В то время как люди, живущие вне Церкви, пытаясь удержать уже ускользающее из их рук прошлое, с упованием обращают свои взоры в еще предстоящее им будущее, пребывающие в Церкви христиане призываются к жизни в «вечном настоящем», то есть к жизни в реальном общении с Богом, происходящем «сегодня» и продолжающемся каждодневно.

Поэтому праздник Воскресения, хотя он и отмечается один раз в год, наполняет собой весь церковный год, а отблеск Пасхи пронизывает весь литургический круг. Праздник Пасхи – это не просто дата в календаре. Для христиан Пасха – вечный праздник, ибо христианин постоянно нуждается в общении с воскресшим Христом. Преподобный Серафим Саровский весь год приветствовал своих гостей пасхальным восклицанием «Христос Воскресе!»

«Голос Православия», Берлин

Gottesdienstliches Leben und Frömmigkeit in der lutherischen Kirche

Практика богослужений и благочестие в Лютеранской Церкви

Die aus der Reformation des 16. Jahrhunderts hervorgegangenen Kirchen haben in ihren Gottesdiensten die Kontinuität der urchristlichen und altkirchlichen Tradition bewahrt. Bei ihrer Kritik an Gottesdienstformen der mittelalterlichen römisch-katholischen Kirche stand gerade die Bewahrung bzw. die Wiederherstellung der evangeliumsgemäßen Gottesverehrung im Vordergrund. Die Reformatoren des 16. Jahrhunderts knüpften an die liturgischen Traditionen des Mittelalters an und setzten nur dort einige neue Akzente, wo sie dies aufgrund des biblischen Zeugnisses für unbedingt nötig hielten. Die folgenden Ausführungen berücksichtigen hauptsächlich die lutherische Tradition, da die Autorin in einer lutherisch geprägten Kirche tätig ist.

133 *Martin Luther (1483–1546), der Reformator der mittelalterlichen westlichen Kirche. Weltweit gibt es heute ca. 65 Millionen Lutheraner.*
Мартин Лютер (1483–1546) – реформатор средневековой западной Церкви. Сегодня во всем мире насчитывается около 65 миллионов лютеран.

Церкви, сложившиеся в ходе Реформации XVI столетия, сохранили в своих богослужениях преемство раннехристианской и древнецерковной традиции. В их критике форм богослужения средневековой Римско-Католической Церкви на первом плане стояло именно сохранение, а значит, и восстановление соответствующего Евангелию богопочитания. Реформаторы XVI века опирались на литургические традиции средних веков. Они проставили некоторые новые акценты лишь там, где сочли это абсолютно необходимым, опираясь на свидетельство Библии. Автор данной статьи принадлежит к Лютеранской Церкви, поэтому в ней учитывается главным образом лютеранская традиция.

Богослужение как центр христианской жизни

В соответствии с евангелическими представлениями, за богослужением происходит встреча собравшейся общины с Живым Триединым Богом. Мартин Лютер подчеркивает диалогический характер этого действа, в ходе которого Бог обращается к людям посредством Слова и Таинства, а верующие отвечают Ему на это. При освящении нового дворцового храма в городе Торгау в 1544 году Лютер выступил с проповедью и сказал: «Дорогие друзья, давайте же благословим этот новый храм и освятим его в честь Господа нашего Иисуса Христа, ...дабы этот новый храм был устроен лишь для совершения того, чтобы Сам Господь наш обращался к нам со Своим святым Словом, а мы беседовали бы с Ним посредством молитвы и славословий».

И хотя Лютер называет здесь лишь Слово Божие и не упоминает Таинств, нам известно из контекста всех его высказываний, что он никогда не отделял друг от друга Слово и Таинства, а видел в них, вместе взятых, выражение милостивого обращения Бога к людям. В этой часто цитируемой у нас проповеди ему было важно прежде всего разъяснить, что именно Бог созывает общину, дабы последняя, в свою оче-

Der Gottesdienst als Zentrum christlichen Lebens

Nach evangelischem Verständnis geht es im Gottesdienst um die Begegnung der versammelten Gemeinde mit dem lebendigen Dreieinigen Gott. Martin Luther betont die dialogische Struktur dieses Geschehens, wodurch Gott durch sein Wort und die Sakramente zu den Menschen redet und die Gläubigen darauf antworten. Bei der Einweihung der neuen Schlosskirche in der Stadt Torgau im Jahr 1544 hielt Luther die Predigt und sagte: »Meine lieben Freunde, wir wollen jetzt dies neue Haus einsegnen und unserm Herrn Jesus Christus weihen, auf dass dieses neue Haus dahin ausgerichtet werde, dass nichts anderes darin geschehe, als dass unser lieber Herr selbst mit uns rede durch sein heiliges Wort und wir wiederum mit ihm reden durch Gebet und Lobgesang.«

Obwohl Luther an dieser Stelle nur vom Wort Gottes und nicht von den Sakramenten spricht, wissen wir aus dem Gesamtzusammenhang all seiner Äußerungen, dass er Wort und Sakrament nicht voneinander trennt, sondern beide als Ausdruck der gnädigen Zuwendung Gottes zu den Menschen sieht. Ihm kam es in dieser bei uns oft zitierten Predigt vielmehr darauf an, zu verdeutlichen, dass Gott es ist, der die Gemeinde zusammenruft, damit diese dann ihrerseits mit ihren menschlichen Möglichkeiten ihm antworten kann.

Der sonntägliche Gottesdienst in seiner vollständigen Gestalt mit Predigt und Feier des heiligen Abendmahls bildet für evangelische Christen das Zentrum sowohl des Gemeindelebens als auch des persönlichen Glaubens. Von dieser Mitte her empfangen alle anderen Tätigkeiten ihre Impulse. Im Gottesdienst empfangen die Gläubigen den Zuspruch Gottes und sie holen sich Orien-

редь, могла ответить Ему, пользуясь своими человеческими возможностями.

Воскресное богослужение во всей своей полноте с проповедью и совершением Святого Причастия является для евангелических христиан центральным событием не только приходской жизни, но и личной веры. От него исходят импульсы для всей прочей

134 *Lutherischer Gottesdienst im mittelalterlichen St. Petri-Dom in Schleswig. Auf der Kanzel Bischof Hans Christian Knuth, der Leitende Bischof der Vereinigten Evangelisch-Lutherischen Kirche Deutschlands.*
Лютеранское богослужение в средневековом соборе святого Петра в Шлезвиге. На кафедре – епископ Ганс Христиан Кнут, ведущий епископ Объединенной Евангелическо-Лютеранской Церкви Германии.

135 *Altargemälde in der Wittenberger Stadtkirche von Lucas Cranach (1472–1553): Unteres Bild – Luther bei der Predigt, oberes Bild (von links) – Taufe und heiliges Abendmahl sowie Beichte, die Luther zeitweise auch zu den Sakramenten zählte.*

Алтарное изображение в городской церкви Виттенберга, принадлежащее кисти Лукаса Кранаха (1472–1553). Внизу: Лютер за проповедью, сверху (слева направо): Крещение и Святая Евхаристия, а также Покаяние, которое Лютер одно время также причислял к Таинствам.

tierung für ihren Alltag. Die in Wort und Sakrament erfahrbare Gegenwart des Dreieinigen Gottes stellt das Fundament jeder evangelischen Kirchengemeinde dar.

In den Auseinandersetzungen der Reformationszeit zu Beginn des 16. Jahrhunderts hielten die Lutheraner ihre Grundüberzeugungen in einem Bekenntnis fest, dem Augsburger Bekenntnis von 1530 (Confessio Augustana). Es stellt bis heute die gültige Lehre der lutherischen Kirche dar. Hier heißt es, dass die Kirche konstituiert wird durch die Feier des Gottesdienstes: »Denn dies ist genug zu wahrer Einigkeit der christlichen Kirche, dass da einträchtlich nach reinem Verstand das Evangelium gepredigt und die Sakramente dem göttlichen Wort gemäß gereicht werden.« Die Predigt des Wortes Gottes und die Feier der Sakramente gemäß dem Evangelium bilden die heilsnotwendigen Elemente, auf denen der evangelische Gottesdienst beruht.

Aufgrund ihrer schmerzlichen Erfahrungen mit der mittelalterlichen Kirche in Deutschland kamen die Reformatoren zu der Einsicht, dass es auch Fehlentwicklungen bei der Ausgestaltung der Gottesdiensttraditionen geben kann. Deswegen plädierten sie dafür, gegenüber den von Menschen geschaffenen Zeremonien wachsam zu sein. Gleichzeitig kamen sie zu der Überzeugung, dass die von Menschen gestalteten Ausdrucksformen der Gottesverehrung durchaus unterschiedlichen Charakters sein können, – wenn sie nur mit dem bereits genannten Kriterium

деятельности Церкви. В ходе богослужения верующие получают от Бога утешение и обретают ориентацию для своей повседневной жизни. Ощущаемое в Слове и Евхаристии присутствие Триединого Бога составляет фундамент каждой евангелической церковной общины.

В ходе дискуссий во время Реформации в начале XVI столетия лютеране зафиксировали свои основные убеждения в Аугсбургском исповедании 1530 года, которое и доныне является учением, остающимся в силе для Лютеранской Церкви. В нем сформулировано, что Церковь учреждается путем совершения богослужения: «Ибо для истинного единения христианской Церкви достаточно, если Евангелие проповедуется единодушно и с правильным пониманием, а Святые Таинства преподаются согласно Слову Божию». Проповедь Слова Божия и совершение Святых Таинств согласно Евангелию образуют необходимые для спасения элементы, на которых базируется евангелическое богослужение.

Основываясь на горьком опыте средневековой Церкви в Германии, реформаторы пришли к убеждению, что при созидании богослужебной традиции возможно придать развитию ошибочное направление. Поэтому они и призывали пристально следить за тем, какие обряды устанавливаются людьми. Одновременно они считали допустимым, что, если

übereinstimmen. So formulierten sie in dem Bekenntnis von 1530, dass nicht in allen Kirchen »gleichförmige Zeremonien« vorhanden sein müssen.

Das Gespräch darüber, welche menschlichen Ausdrucksmöglichkeiten dem Wort Gottes gemäß sind und von daher zur Verehrung Gottes in den gottesdienstlichen Feiern beitragen können, wird bis in die Gegenwart in den lutherischen Kirchen geführt. Jedoch darf diese Bereitschaft und Sensibilität, die eigenen Traditionen immer wieder neu zu überprüfen, nicht mit einer maßstablosen Beliebigkeit verwechselt werden, wonach jedes Element des Gottesdienstes einfach austauschbar wäre. Denn von der Reformation an bis heute gilt, dass die Grundgestalt des evangelischen Gottesdienstes auf den liturgischen Überlieferungen der frühen, ungeteilten Christenheit beruht.

Der Ablauf der Gottesdienste mit den festgesetzten Schriftlesungen und Gebeten sowie den je nach dem Kirchenjahr unterschiedlichen Akzenten wird – wie in allen christlichen Kirchen – in einer Art von liturgischem Handbuch geregelt. 1999 wurde eine überarbeitete Fassung veröffentlicht, die nun den Titel »Evangelisches Gottesdienstbuch« trägt. Hier finden Geistliche und Laien alle vorgesehenen Texte für die einzelnen Sonntage sowie die dazugehörigen theologischen Erläuterungen.

Stärker als in der orthodoxen Kirche besteht in der evangelischen Kirche die Möglichkeit, einzelne Gemeindeglieder oder auch Gruppen von Kindern oder Jugendlichen an der Vorbereitung und Gestaltung des Gottesdiens-

136 *Die Sorge um die Abendmahlsgeräte gehört zu den Aufgaben der Messnerin, die hier ihren jungen Nachfolger einweist.*

Уход за богослужебной утварью, необходимой для совершения Причастия, является задачей ризничной, которая наставляет своего молодого преемника.

создаваемые людьми формы проявления богопочитания соответствуют уже упомянутому решающему критерию, то они вполне могут иметь различный характер. В исповедании 1530 года они сформулировали эту мысль так, что не обязательно во всех церквах придерживаться «одинаковых порядков».

Дискуссия о том, какие человеческие способы выражения сообразны Слову Божию, а следовательно, могут способствовать почитанию Бога в процессе богослужений, не прекращается в Лютеранской Церкви и по сей день. Однако эту готовность и восприимчивость к тому, чтобы снова и снова подвергать проверке собственную традицию, нельзя путать с безграничным произволом, при котором каждый элемент богослужения считается заменимым. По этой причине, начиная с Реформации и до наших дней, в силе остается правило, согласно которому порядок евангелического богослужения основывается на литургической традиции раннего неразделенного христианства.

Ход богослужения с твердо установленными чтениями из Священного Писания и молитвами, а также различные акценты, расставляемые в соответствии с годичным циклом церковных праздников, регулируются своего рода литургическим справочником. В 1999 году был опубликован переработанный вариант такого справочника, ныне получивший название «Евангелический молитвослов». Священники и миряне находят в нем тексты, предписанные для отдельных воскресных богослужений, а также все относящиеся к ним богословские пояснения.

Евангелическая Церковь располагает бо́льшими, чем Православная Церковь, возможностями для привлечения к подготовке и проведению богослужения отдельных прихожан, а также групп детей и молодежи. Им можно, например, поручить чтения из Священного Писания, произнесение молитв или приобщение собравшихся прихожан к благой вести Евангелия посредством исполнения музыкальных произведений. Тем не менее, основная наставляющая линия евангелического молитвослова гласит: «При совершении богослужения следует соблюдать его четкую, стабильную основную структуру, которая содержит в себе многообразные творческие возможности... Структурно богослужение состоит из двух основных отчетливо проступающих центральных частей: проповедования и совершения Трапезы Господней. Эта сердцевина обрамляется вводной, вступительной частью, необходимой для сосредоточения верующих на молитве, и заключительной, бла-

tes zu beteiligen. Sie können zum Beispiel Lesungen aus der Heiligen Schrift übernehmen, Gebete sprechen oder mit musikalischen Darbietungen der versammelten Gemeinde die Botschaft des Evangeliums nahe bringen. Das Gottesdienstbuch betont jedoch als Leitlinie: »Der Gottesdienst folgt einer erkennbaren, stabilen Grundstruktur, die vielfältige Gestaltungsmöglichkeiten offen hält. Die Grundstruktur besteht aus einem zweigliedrigen Kern: Der Verkündigung und der Feier des Mahles. Er wird von einem hinführenden, sammelnden und einem in den Alltag hinausführenden, sendenden Teil umschlossen. Diese Grundstruktur ist den christlichen Kirchen gemeinsam.«

Im Aufbau der evangelischen Gottesdienste lassen sich also deutlich vier aufeinander folgende Teile erkennen:

- Eröffnung und Anrufung mit Psalm
- Lesungen aus der Bibel und Predigt
- Feier des heiligen Abendmahls
- Fürbitten, Sendung und Segen.

Der Eindruck der Vielfalt evangelischer Gottesdienstgestaltung kommt meist dadurch zustande, dass es durchaus Unterschiede bei der Handhabung einzelner Teilstücke gibt. In einigen Gemeinden wird z. B. zu Beginn des Gottesdienstes der für den Sonntag vorgesehene Psalm von allen Gläubigen gemeinsam gesprochen oder im Wechsel von Gemeinde und Chor gesungen; in anderen Gemeinden liest der Pastor lediglich einige Verse aus dem Psalm vor. Das Glaubensbekenntnis, das im zweiten Teil des Gottesdienstes nach der Lesung des Evangeliums von der ganzen Gemeinde gesprochen wird, kann auch in der Form eines Liedes vorkommen. Insgesamt kann die Anzahl der Lieder, die von der Gemeinde gesungen werden, variieren. Für jeden Sonntag sind an sich drei Lesungen aus der Bibel vorgesehen (Altes Testament, Epistel und Evangelium), oft wird jedoch die Lesung des alttestamentlichen Textes ausgelassen. Diese hier beschriebene Freiheit der einzelnen Gemeinden und der Liturgen bedeutet jedoch nicht, dass das Grundgerüst des Gottesdienstes zur Disposition steht.

Lutherische Abendmahlspraxis

Während bisher die Grundlagen evangelischen Gottesdienstverständnisses beschrieben wurden, sollen im Folgenden einige Aspekte zur Sprache kommen, die kritische Entwicklungen beleuchten. Martin Luthers Reformimpulse, die den Gottesdienst wieder auf seine urchristlichen Wurzeln zurückführen wollten, kamen in der 1526 veröffentlichten Ordnung einer »Deutschen Messe« zum Ausdruck. Diese »Deutsche Messe« war das Formular ei-

гословляющей частью, отпускающей их в будни. Эта основная структура является общей для богослужений всех христианских Церквей».

В построении евангелического богослужения четко прослеживаются четыре части, следующие друг за другом:

- вводная часть и входные молитвы с чтением псалмов;
- чтения из Библии и проповедь;
- Святое Причастие;
- просительные молитвы, отпуст и благословение.

Впечатление многообразия евангелических богослужений складывается главным образом из-за того, что действительно допускаются различные варианты в совершении отдельных частей богослужения. Так, например, в некоторых приходах псалом, предусмотренный для чтения в начале воскресного богослужения, произносится всеми верующими вместе или читается поочередно общиной и хором; в других приходах пастор читает из псалма лишь несколько стихов. Символ веры, который вся собравшаяся община обычно произносит в конце второй части богослужения после чтения Евангелия, может иногда петься. Варьировать можно, кроме того, и количество песнопений, которые поет община. На каждое воскресенье предусмотрено три чтения из Библии (из Ветхого Завета, апостольских посланий и Евангелия), однако нередко чтение ветхозаветных текстов исключается. Эта свобода, которой пользуются отдельные приходы и литурги, вовсе не означает, что они могут произвольно менять основное построение богослужения.

Практика лютеранского Причастия

Если до сих пор речь шла об основах евангелического понимания богослужения, то сейчас мы перейдем к некоторым аспектам, освещающим сомнительное развитие. Реформаторские импульсы Мартина Лютера, направленные на возвращение богослужения к его древнехристианским корням, нашли свое выражение в чинопоследовании богослужения, опубликованном в 1526 году под названием «Немецкая месса». Она представляла собой изложение евхаристического богослужения, которое, по представлениям реформаторов, должно было совершаться каждое воскресенье, так же как и Божественная литургия в Православной Церкви.

Однако уже в XVI столетии началось отклонение от

137 *Dorfkirche mit typischem Glockenträger in Blumenholz/ Mecklenburg. In dieser Region gibt es noch das »beiern«, eine alte Art des Läutens der Glocke mit dem Klöppel. Viele der vom Verfall bedrohten Dorf-kirchen in Mecklenburg und Pom-mern konnten in den letzten zehn Jahren restauriert werden.*
Деревенская церковь с типичной звонницей в Блуменгольце (Мек-ленбург). В этом регионе север-ной Германии подчас доныне встречается древняя манера зво-на, использующая колокол с би-лом и именуемая «байерн». Мно-гие полуразрушенные деревен-ские храмы в Мекленбурге и По-мерании были отреставриро-ваны за последние 10 лет.

nes eucharistischen Gottesdienstes, der nach der Vorstel-lung der Reformatoren an jedem Sonntag gefeiert werden sollte, – so wie die »Göttliche Liturgie« in der orthodoxen Kirche.

Bereits im 16. Jahrhundert jedoch setzte eine Fehlent-wicklung ein, die erst in den letzten Jahrzehnten durch ökumenische Begegnungen und durch das dadurch aus-gelöste intensive theologische Arbeiten wieder verändert werden konnte. Zwei ganz unterschiedliche Elemente hat-ten vor allem zum Rückgang der Abendmahlsfeiern ge-führt. Zum einen: Die innere, geistliche Vorbereitung auf den Abendmahlsempfang wurde so ernst genommen, dass sich die Gläubigen unwürdig fühlten, es so oft zu empfangen. Der Bußcharakter der eucharistischen Feier wurde stark betont und die Freude über die Begegnung mit dem auferstandenen Christus in Brot und Wein trat in den Hintergrund. Und zum andern: Da nach evangeli-schem Gottesdienstverständnis die Eucharistie nicht ohne Beteiligung von Gemeindegliedern gefeiert werden kann, fanden zunehmend Gottesdienste ohne den eucharisti-schen Teil statt. Denn eine Kommunion nur für die Geist-lichen kennt die evangelische Kirche nicht. Hier liegt ein Wesenszug des evangelischen Gottesdienstes, der auf-grund des »Priestertums aller Gläubigen« immer die Be-teiligung der Gemeinde vorsieht.

Hinzu kam noch eine Idee, die heute längst überwun-den ist. Danach sollten die Gemeindeglieder im Gottes-dienst möglichst viel über den Glauben »lernen«, und dafür schien eine lange Predigt am besten geeignet. Die

намеченного развития, которое, благодаря экумени-ческим встречам и вызванной ими интенсивной богословской работе, удалось вновь скорректировать лишь в последние десятилетия. Два различных эле-мента повлияли на сокращение количества евхари-стических богослужений. С одной стороны, внутрен-няя духовная подготовка к принятию Причастия воспринималась столь серьезно, что верующие чув-ствовали себя недостойными часто приступать к Чаше. Покаянный характер евхаристического бого-служения подчеркивался чрезвычайно сильно, и поэтому отошла на второй план радость от встречи с Воскресшим Христом через Причастие Хлебом и Вином. С другой стороны, это объясняется суще-ственной характерной чертой евангелического бого-служения, требующего участия в нем всей общины и подчеркивающего священство всех мирян.

Поскольку, согласно евангелическому пониманию богослужения, Евхаристия не может совершаться без участия членов общины, богослужения все чаще стали совершаться без евхаристической части. Ибо Евангелическая Церковь не признает причащения лишь клира. К этому присовокупилась еще одна, сегодня давно ушедшая в прошлое идея, согласно которой прихожане должны были в ходе богослу-жения как можно шире знакомиться со своей верой, и казалось, что для этого более всего пригодна про-должительная проповедь. Практиковавшаяся на про-тяжении многих поколений сдержанность по отно-

239

über viele Generationen sich erstreckende Zurückhaltung gegenüber dem regelmäßigen Empfang des heiligen Abendmahls kann jedoch nicht auf einmal überwunden werden. So empfinden noch heute viele Gläubige den Predigtgottesdienst – ohne Feier des heiligen Abendmahls – als die ihnen vertraute Form der sonntäglichen Feier.

Mittlerweile haben sich in den lutherischen Kirchen unterschiedliche Formen der Abendmahlshäufigkeit eingespielt; einige Kirchengemeinden, die sich besonders intensiv mit dem Thema der Eucharistiefeier im Gottesdienst beschäftigt haben, konnten einen Veränderungsprozess bei der Mehrheit der Gemeinde bewirken; sie feiern nun in jedem Sonntagsgottesdienst das heilige Abendmahl. In etlichen Kirchengemeinden hat sich die Praxis ergeben, Predigt- und Abendmahlsgottesdienst im Wechsel abzuhalten. Andere Gemeinden bieten einen Gottesdienst mit eucharistischer Feier nur einmal im Monat an. Dieses unterschiedliche Verfahren in Bezug auf die Abendmahlsfeier im Sonntagsgottesdienst berücksichtigt die örtliche Situation, so dass auch an dieser Stelle noch einmal deutlich wird, welche Bedeutung das »Priestertum aller Getauften« hat.

Die hier am Beispiel der Abendmahlsfrömmigkeit beschriebenen, voneinander abweichenden Gottesdienstformen stellen jedoch für evangelische Christen nicht die gemeinsame Zugehörigkeit zur lutherischen Kirche irgendwie in Frage. Die ebenfalls deutlich hervortretende Spannung zwischen der am Anfang dargelegten Theorie des Gottesdienstes und den nun geschilderten vielfältigen Praxisformen bewältigt die lutherische Kirche dadurch, dass sie versucht, die Gründe für historische Entwicklungen zu verstehen und theologisch zu deuten. Denn die Veränderungen der Gläubigen in ihrem Verhältnis zum Gottesdienst ziehen nicht die für richtig erkannten Grundlagen der lutherischen Gottesdienstauffassung in Zweifel, sie führen jedoch dazu, unsere menschlichen Anteile an der Ausgestaltung der Gottesdienste kritisch zu überprüfen.

Veränderungen im kirchlichen Leben der Gegenwart

Trotz vieler positiver Entwicklungen in den letzten Jahrzehnten zeichnet sich dennoch deutlich die Tendenz ab, dass die Zahl der regelmäßigen Gottesdienstbesucher zurückgeht. Obwohl wir nicht daran zweifeln, dass Gott in Treue zu seiner Kirche steht bis an das Ende der Zeiten, so ist es doch schmerzlich zu beobachten, dass sich in Gotteshäusern, die ein paar hundert Menschen fassen, am Sonntagmorgen nur zwanzig Gläubige zum Gottesdienst einfinden. Diesem besonders in den Großstädten bemerkbaren Rückgang des Interesses am normalen Gottes-

шению к регулярному принятию Причастия не может быть преодолена внезапно. Ведь многим верующим богослужение с чтением длинной проповеди кажется наиболее привычным для воскресного богослужения.

Со временем в лютеранских церквах стало привычным использование различных подходов к вопросу о частоте совершения Евхаристии. Отдельным церковным приходам, особенно интенсивно занимавшимся темой совершения Евхаристии за богослужением, удалось повлиять на изменение отношения большинства прихода к этому вопросу и люди стали причащаться за каждым воскресным богослужением. В некоторых приходах сложилась практика поочередного проведения богослужений то с проповедью, то с причащением. Иные же общины совершают евхаристическое богослужение лишь один раз в месяц. Такой различный подход к совершению Евхаристии в рамках воскресного богослужения учитывает различную ситуацию в местных общинах. Следовательно, и здесь проявляется большое влияние священства всех мирян.

Представленные здесь на примере евхаристического благочестия расхождения в формах богослужения ни в коей мере не ставят под сомнение принадлежность всех евангелических христиан к Лютеранской Церкви. Явно наблюдаемый разрыв между изложенной в начале теорией богослужения и описанными здесь их многообразными формами Лютеранская Церковь на практике преодолевает, пытаясь осознать причины исторического развития и дать им богословское толкование. Ибо изменение отношения верующих к богослужению не ставит под сомнение правильность основных представлений лютеран о богослужении. Оно лишь побуждает нас подвергнуть критической оценке наш человеческий вклад в порядок проведения богослужений.

Современные изменения в церковной жизни

Несмотря на в общем позитивное развитие, в последние десятилетия прослеживается тенденция к уменьшению числа верующих, регулярно посещающих богослужения. И хотя мы вовсе не сомневаемся в том, что Бог будет хранить верность Своей Церкви до скончания века, все же больно наблюдать, как в церковных зданиях, способных вместить несколько сотен человек, собираются на утренние воскресные богослужения лишь по 20 верующих. Этому падению интереса к обычным, регулярным богослужениям, особенно наглядному в крупных городах,

138 *Gabi Großmann aus dem fränkischen Dorf Bürglein – werktags Gastwirtin, sonntags an der Orgel – ist eine der etwa 20.000 evangelischen Organisten in Deutschland.*
Габи Гросман из франконской деревни Бюрглайн, одна из 20 000 евангелических органистов Германии. В будни она хозяйка небольшой гостиницы с рестораном, а по воскресеньям играет на органе.

dienst steht allerdings die Tatsache gegenüber, dass die Menschen zu besonderen Anlässen wieder vermehrt den Trost der Kirche und ihrer Gottesdienste suchen. Gerade in den allerletzten Jahren steigen die Zahlen der Gottesdienstbesucher an den Weihnachtstagen. Ähnliches ließ sich nach den Anschlägen in den USA am 11. September 2001 beobachten: Tausende kamen damals zu besonderen Gebetsgottesdiensten in die Kirchen.

Im Folgenden soll anhand einiger Beispiele die Gottesdienstpraxis der lutherischen Kirche noch etwas anschaulicher gemacht werden. Bereits in der Reformationszeit des 16. Jahrhunderts gehörten von der ganzen Gemeinde gesungene deutschsprachige Lieder zu den Kennzeichen der Lutheraner. Das ist bis heute so geblieben, – noch immer bilden die Choräle aus dieser Zeit einen Hauptbestandteil der Gottesdienste. Der Gesang der Choräle wird in der Regel von der Orgel begleitet. In vielen Kirchengemeinden gibt es Chöre, die vor allem an hohen Festtagen zum Gottesdienst beitragen. Solche Chorstücke werden manchmal auch von Musikinstrumenten begleitet.

In einigen Kirchen finden regelmäßig Gottesdienste mit solchen kirchenmusikalischen Schwerpunkten statt. Dabei werden z. B. Kantaten von Johann Sebastian Bach – das sind geistliche Musikstücke für Chor und Orchester – oder Teile einer Messe von Mozart oder auch Ausschnitte aus einer der großen Passionen von Bach gesungen und gespielt. Davon zu unterscheiden sind allerdings Gesamtaufführungen dieser kirchenmusikalischen Werke,

противостоит тот факт, что люди в связи с особыми обстоятельствами опять все больше стали искать утешения в церквах и в богослужениях. Именно в самые последние годы заметен рост посетителей рождественских богослужений. То же можно было наблюдать после террористических актов, произошедших 11 сентября 2001 года в США, когда тысячи людей приходили в церкви на молитвенные собрания.

Ниже с помощью конкретных примеров мы постараемся наглядно представить практику совершения богослужений Лютеранской Церкви. Уже во время Реформации, в XVI столетии, характерным признаком лютеран было пение всей общиной церковных песнопений на немецком языке. Этот обычай сохранился и поныне – песнопения того времени по-прежнему составляют главную часть нашего богослужения. Как правило, пение сопровождается органной музыкой. Многие приходы имеют хоры, вносящие свою лепту в богослужения, в особенности по большим праздникам. Такое хоровое пение сопровождается иногда и другими музыкальными инструментами.

В некоторых церквах регулярно совершаются богослужения, где музыка играет особую роль, где звучит пение и исполняются, к примеру, кантаты (духовные музыкальные произведения для хора и оркестра) Иоганна Себастьяна Баха, отдельные части из мессы Моцарта или отрывки из великих «Страстей» Баха. Правда, такое использование церковной музыки отличается от исполнения полного текста этих произведений, которое, хотя и происходит в церковных помещениях, не носит характера богослужений. Впрочем, и эти музыкальные выступления призваны успокаивать людей и приобщать их к духовным размышлениям.

Хотя богослужение совершается, как правило, рукоположенными пасторами, в определенных случаях ведение отдельных частей богослужения могут брать на себя и члены общины. Для особого богослужения и проповедь может быть подготовлена одним из прихожан. Кроме того, группа прихожан может представить толкование смысла библейского текста, теме которого посвящена проповедь, и делается это в виде вопросов и ответов или путем сценической постановки. В подготовку и совершение богослужений, предназначенных для семей с маленькими детьми, часто привлекаются и родители, и дети.

Там, где богослужения регулярно совершаются вне церковных зданий и приходов, – например, в больницах, домах престарелых или тюрьмах, – характер бо-

139 *Der »Dresdner Kreuzchor«, einer der berühmten Knabenchöre Deutschlands.*
«Дрезденский крестовый хор» – один из знаменитых в Германии хоров мальчиков.

die in den Kirchenräumen stattfinden, jedoch nicht den Charakter eines Gottesdienstes haben. Gleichwohl sollen diese Konzerte die Menschen zur Ruhe und zur geistlichen Besinnung einladen.

Auch wenn in der Regel der ordinierte Pastor bzw. die Pastorin den Gottesdienst leitet, so können aus bestimmten Anlässen auch Gemeindeglieder einzelne Teile des Gottesdienstes übernehmen. Die Predigt kann in einem besonderen Gottesdienst auch einmal von einem Gemeindeglied gehalten werden, oder eine Gruppe der Gemeinde deutet den Sinn des biblischen Predigttextes durch Fragen und Antworten oder durch ein szenisches Anspiel. In Gottesdiensten, die Familien mit kleinen Kindern ansprechen sollen, werden oft Eltern und Kinder in die Vorbereitung und den Ablauf des Gottesdienstes einbezogen.

Dort, wo Gottesdienste regelmäßig außerhalb von Kirchengebäuden – in Krankenhäusern, Altersheimen oder Gefängnissen – stattfinden, wird der Charakter der Feier stark von den örtlichen Umständen mitbestimmt. So kann ein sonntäglicher Gottesdienst in einem großen Krankenzimmer mit zwanzig Personen stattfinden, von denen zehn Personen in ihren Betten liegen und die anderen in ihren Rollstühlen dazu gekommen sind. In dem Altersheim, in dem ich in den letzten Jahren tätig war, kamen jeden Sonntagmorgen etwa 100 Menschen in den Festsaal, der für diesen Zweck umgestaltet worden war. Der Gottesdienst konnte allerdings nur 45 Minuten dauern, da die hochbetagten Frauen und Männer sich nicht länger konzentrieren und auch nicht länger sitzen konn-

гослужения в значительной степени определяется местными условиями. Так, воскресное богослужение может совершаться в большой больничной палате с участием 20 человек, 10 из которых лежат в постелях, а остальных доставляют сюда в инвалидных колясках. В доме престарелых, в котором я работала в последние годы, каждое воскресное утро в специально подготовленном для этого парадном зале собиралось до 100 пожилых людей. Богослужение могло продолжаться, однако, не более 45 минут, так как женщины и мужчины преклонного возраста не могли дольше оставаться сосредоточенными и сидеть на одном месте. Совершение Причастия также носило здесь особый характер, поскольку многие были не в состоянии встать с постели и ходить. Поэтому для того, чтобы преподать им Причастие, я сама подходила к сидящим в инвалидных колясках с евхаристическими Дарами, с Чашей и Дискосом.

От воскресных и праздничных богослужений следует отличать значительно более краткие молитвенные богослужения. Их построение не столь строго структурировано, и их принято называть «андахтами». Они включают в себя чтения из Священного Писания, молитвы и песнопения. Во время службы одна группа прихожан предстает перед ликом Божиим для молитв, стенаний, прошений или восхвалений. В некоторых приходах принято заканчивать неделю в пятницу или субботу вечерней. В уже упомянутом доме престарелых каждый понедельник по утрам у пастора собиралось от 10 до 15 человек, дабы начать неделю с получения благословения Божия. Распространены службы, проходящие лишь в определенное время церковного года, например, в страстное или предрождественское время. При этом нередко руководство и организацию службы берут на себя сами прихожане.

Преемственность в изменениях

При изучении истории богослужения прежде всего проступает заложенная в ней и прошедшая сквозь века преемственность, хотя, естественно, заметны и следы влияний, обусловленных временем. Проповеди в наши дни больше не длятся часами, как это было еще в XVII веке, а продолжаются лишь около 20 минут. В XXI веке в ходе богослужения звучат песнопения не только XVI и XVII столетий, но также и современные произведения. В качестве литургического облачения лютеранского духовенства допускается не только черная ряса (талар). В некоторых приходах пасторы одевают на богослужения светлые рясы с

141 *Das Erntedankfest Anfang Oktober – hier der Gottesdienst in Gutach im Schwarzwald – gehört auch in den Städten zu den beliebtesten kirchlichen Festen.*
Праздник урожая в начале октября является одним из особо любимых церковных праздников не только на селе, но и в городах. На фото: богослужение в Гутахе (Шварцвальд).

140 *Bei der Konfirmation bestätigen die Jugendlichen im Alter von 14 Jahren ihre Taufe als Kind und die Mitgliedschaft in der evangelischen Kirche.*
При Конфирмации 14-летние подростки вновь подтверждают свое Крещение и принадлежность к Церкви.

142 *Taufe und Konfirmation sind fest im Bewusstsein evangelischer Christen verankert. Umfragen zeigen freilich, dass unter Jugendlichen das persönliche Gebet und regelmäßiger Gottesdienstbesuch nicht mehr selbstverständlich sind.*
Крещение и Конфирмация глубоко укоренились как церковная традиция в сознании евангелических христиан. Правда, опрос показал, что для подрастающего поколения личная молитва и регулярное посещение богослужений больше не являются само собой разумеющимся обычаем.

143 *Bei der Taufe auf den Namen des Dreieinigen Gottes wird der Täufling in der evangelischen Kirche dreimal mit Wasser begossen.*
Крещение во имя Триединого Бога совершается в Евангелической Церкви через троекратное обливание водой.

ten. Auch die Feier des heiligen Abendmahls hat in einem solchen Haus einen besonderen Charakter, da viele nicht aufstehen und nicht gehen können. So habe ich mit den eucharistischen Elementen – mit Kelch und Patene – die in ihren Rollstühlen sitzenden Menschen aufgesucht, um ihnen das Abendmahl zu reichen.

Von den Sonntags- und Festtagsgottesdiensten unterscheiden sich die wesentlich kürzeren Gebetsgottesdienste, die in ihrem Aufbau sehr viel freier sind und meist als Andachten bezeichnet werden. Sie umfassen auch Schriftlesungen, Gebete und Lieder. Bei der Andacht versammelt sich eine Gruppe der Gemeinde zum Gebet, zu Klage und Bitte oder Lobgesang vor dem Angesicht Gottes. In einigen Gemeinden ist es üblich, die Woche am Freitag oder Samstag mit einer Wochenschlussandacht – der Vesper – zu beenden. In dem bereits erwähnten Altersheim kamen an jedem Montagmorgen etwa zehn bis fünfzehn Personen mit ihren Pastoren zusammen, um die Woche mit Gottes Segen zu beginnen. Verbreitet sind Andachten, die nur zu bestimmten Zeiten des Kirchenjahres stattfinden – in der Passions- und Adventszeit etwa. Bei diesen Andachten übernehmen häufig Männer oder Frauen aus der Gemeinde die Leitung und Gestaltung.

Wenn man sich mit der Geschichte des Gottesdienstes beschäftigt, dann sticht vor allem die Kontinuität über die Jahrhunderte hinweg ins Auge, wobei natürlich auch zeitbedingte Einflüsse ihre Spuren hinterlassen haben. So dauern Predigten heute nicht mehr eine Stunde, wie noch im 17. Jahrhundert, sondern nur noch etwa 20 Minuten. Im 21. Jahrhundert werden in den Gottesdiensten auch nicht nur Lieder des 16. und 17. Jahrhunderts gesungen, sondern auch moderne Sätze. Der schwarze Talar der lutherischen Geistlichkeit ist nicht mehr das einzig zulässige liturgische Gewand: In einigen Gemeinden tragen Pastoren im Gottesdienst weiße Talare mit farbigen Stolen.

Damit wird an die Tradition der frühen Kirche angeknüpft. Neben Männern sind seit mehr als 50 Jahren in den evangelischen Kirchen auch Frauen als ordinierte Pastorinnen und als Leiterinnen von Gottesdiensten tätig.

Kontinuität in der Veränderung

Bei dem Versuch, Formen lutherischer Frömmigkeit zu beschreiben, treten soziale und soziologische Veränderungen viel stärker in den Vordergrund. Im 16. Jahrhundert, als die lutherische Kirche entstand, lebte die Mehrzahl der Gläubigen in fest gefügten Familienstrukturen. Auch wer keine eigene Familie gründete, gehörte zum Verband einer familiären Hausgemeinschaft. So ging Luther zu seiner Zeit davon aus, dass vor allem Hausväter und Hausmütter für die christliche Gestaltung des Alltags

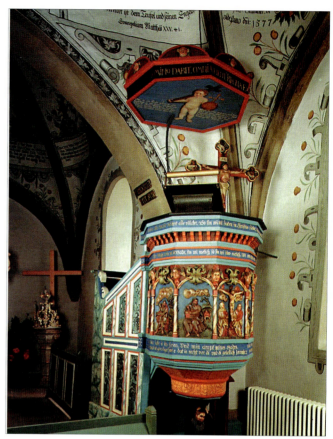

144 *Die reichverzierte Kanzel in der lutherischen St. Aegidien-Kirche in Hülsede/Niedersachsen weist auf die hohe Bedeutung der Predigt im evangelischen Gottesdienst hin.*
Богато украшенная кафедра лютеранской церкви во имя святого Эгидия в Хюльседе (Нижняя Саксония) указывает на большое значение проповеди в евангелическом богослужении.

цветной епитрахилью. Это дань традициям древней Церкви. Наряду с мужчинами, вот уже более 50 лет в евангелических церквах посвящаются в пресвитеры и женщины, которые также совершают богослужения.

При описании лютеранских форм благочестия бросается в глаза, что на первый план все больше выступают социальные изменения. В XVI веке, когда Лютеранская Церковь возникла, большинство верующих жило в твердо сложившихся семейных структурах. Те люди, у которых не было своей семьи, также принадлежали к какому-нибудь семейному домашнему кругу. В свое время Мартин Лютер исходил из того, что отцы и матери семейств в первую очередь должны нести ответственность за христианский распорядок повседневной жизни в своем доме. В их

in ihrem Haus zu sorgen hätten. Sie sollten Kinder und alle, die in Haus und Hof mitarbeiteten, zu Morgen- und Abendandachten zusammenrufen und dabei jeweils ein Stück aus der Bibel vorlesen. Mit der Auflösung vieler sozialer Strukturen und der heute viel größeren Mobilität der Menschen haben solche christlich geprägten Verhaltensweisen, die über Generationen hinweg ihren festen Platz hatten, ihre Funktion verloren.

Gehalten hat sich in vielen christlichen Familien das Tischgebet. Es hat seinen Sinn, wo man regelmäßig als Gemeinschaft zum Essen zusammenkommt und sich, trotz aller Anstrengungen ein Mindestmaß an Ruhe bewahrt, um vor und nach der Mahlzeit den Blick auf den gnädigen Schöpfergott zu richten. Das Schulgebet dagegen wird kaum mehr praktiziert. Der Schulunterricht in den öffentlichen Schulen konnte morgens mit Gebet und Lied eröffnet werden, solange die Mehrheit der Lehrer und Schüler einer Konfession angehörte und eine gemeinsame christliche Grundeinstellung teilte. Dies ist heute nur mehr in christlichen Privatschulen der Fall.

Der Frömmigkeitsstil der Gegenwart scheint mir insgesamt von einer zunehmenden Individualisierung gekennzeichnet zu sein, bei der unterschiedliche Ausdrucksweisen nebeneinander existieren. Neben der traditionellen lutherischen Frömmigkeit, die ihre Bedeutung keineswegs verloren hat, fühlen sich lutherische Christen heute viel freier, auch spirituelle Elemente aus einer anderen christlichen Konfession aufzunehmen, ohne dabei das eigene lutherische Profil zu verlieren. So gibt es zahlreiche evangelische Christen, die sich regelmäßig in ein katholisches Kloster oder eine evangelische Kommunität zurückzie-

Die Kirche und ihre Einheit

Es wird auch gelehrt, dass allezeit eine heilige, christliche Kirche sein und bleiben muss, die die Versammlung aller Gläubigen ist, bei denen das Evangelium rein gepredigt und die heiligen Sakramente laut dem Evangelium gereicht werden.

Denn das genügt zur wahren Einheit der christlichen Kirche, dass das Evangelium einträchtig im reinen Verständnis gepredigt und die Sakramente dem göttlichen Wort gemäß gereicht werden. Und es ist nicht zur wahren Einheit der christlichen Kirche nötig, dass überall die gleichen, von den Menschen eingesetzten Zeremonien eingehalten werden, wie Paulus sagt: »Ein Leib und ein Geist, wie ihr berufen seid zu einer Hoffnung eurer Berufung; ein Herr, ein Glaube, eine Taufe« (Epheser 4,4).

Artikel 7 der »Confessio Augustana«

О Церкви и ее единстве

Мы проповедуем также, что во все времена есть и будет единая, святая христианская Церковь. Она является местом собрания всех верующих, которым проповедуют Евангелие и преподают Святые Таинства согласно Евангелию.

Ибо для истинного единения христианской Церкви достаточно, если Евангелие проповедуется единодушно, с правильным пониманием, а Таинства преподаются согласно Слову Божию. Поэтому для подлинного единения христианской Церкви здесь необязательно придерживаться учрежденных людьми одинаковых церковных порядков, как пишет апостол Павел к Ефесянам: «Одно тело и один Дух, как вы и призваны к одной надежде вашего звания; один Господь, одна вера, одно крещение» (Еф. 4. 4).

Статья 7 Аугсбургского вероисповедания

обязанности входило собирать детей, а также всех работников и домашнюю прислугу на утренние и вечерние молитвы; при этом всегда зачитывался вслух отрывок из Библии. В результате распада многих социальных структур и роста мобильности людей утратил свой смысл образ жизни, сложившийся под влиянием христианства и утвердившийся во многих поколениях.

Общая молитва для благословения трапезы имеет смысл в семьях, где регулярно за столом собирается круг людей, которые, несмотря на жизненную суету, сохраняют минимум спокойствия для того, чтобы до и после еды обратить свой взор на милостивого Бога Творца. Занятия в государственных школах могли начинаться по утрам молитвой или песнопением до тех пор, пока большинство учителей и школьников принадлежало к одному вероисповеданию и разделяло одни и те же христианские убеждения. В настоящее время это сохранилось лишь в частных христианских школах.

Современный стиль благочестия, как мне кажется, в общем характеризуется усиливающейся индивидуализацией, в результате чего параллельно сосуществуют различные формы его проявления. Наряду с ни в коей мере не утратившим свое значение традиционным лютеранским благочестием, лютеране чувствуют себя сегодня значительно более свободными при заимствовании элементов других кон-

hen, um dort für ein paar Tage oder Wochen intensiv zu beten oder neue Orientierung zu gewinnen. Das Fasten, das lange als Kennzeichen katholischer und orthodoxer Christen galt, hat eine erstaunliche neue Bedeutung in der evangelischen Kirche gewonnen; viele Einzelne – aber auch Familien oder eine ganze Gemeinde – üben in den Wochen vor Ostern bewusst Verzicht und empfinden dies als Bereicherung ihres Glaubens.

Auch das Bekreuzigen galt früher als katholisch bzw. orthodox. Jetzt haben sich manche evangelische Christen – nicht zuletzt durch Begegnungen in der Ökumene – dieses Zeichen aneignen können und dabei auch die lutherischen Wurzeln dieses alten Brauches wieder entdeckt. Die von Martin Luther entworfene Ordnung für ein kurzes Morgengebet – sein Morgensegen – beginnt nämlich mit dem Vorschlag: »Des Morgens, wenn du aufstehst, kannst du dich segnen mit dem Zeichen des heiligen Kreuzes und sagen: Das walte Gott Vater, Sohn und Heiliger Geist. Amen.« Dann folgen Vorschläge für Gebete. In analoger Weise beginnt der Abendsegen mit der Empfehlung, sich mit dem Zeichen des Kreuzes zu segnen.

Die Heilige Schrift als Grundlage des Glaubens

Fragt man nach den Kennzeichen der traditionellen lutherischen Frömmigkeit, so ist an erster Stelle die Bibel zu nennen. Die Übersetzung des hebräischen und griechischen Textes der Heiligen Schrift in die Volkssprache

145 *In jeder evangelischen Familie in Deutschland existiert eine Bibel, zumeist in der berühmten Übersetzung von Martin Luther. Die tägliche Bibellese wird allerdings heute nur mehr von einer Minderheit praktiziert.*
Каждая евангелическая семья в Германии имеет Библию – как правило, в знаменитом переводе Мартина Лютера. Правда, в наши дни лишь меньшинство практикует ежедневное чтение Библии.

фессий, не теряя при этом своего лютеранского лица. Так, есть целый ряд евангелических христиан, регулярно удаляющихся в католические монастыри или евангелические сообщества для того, чтобы несколько дней или недель посвятить интенсивной молитве или обрести новую направленность. Пост, считавшийся долгое время отличительным признаком католических и православных христиан, приобрел удивительно новое значение в Евангелической Церкви, так что многие отдельные лица, семьи или целые общины сознательно практикуют телесное воздержание в недели перед Пасхой и воспринимают это как обогащение своей веры.

Если раньше евангелические христиане воспринимали обычай совершать крестное знамение как характерную особенность католиков и православных, теперь многие из них, особенно благодаря экуменическим встречам, смогли воспринять этот символ. Более того, они даже обнаружили в этом обычае лютеранские корни. Ведь в подготовленном Мартином Лютером чинопоследовании для краткой утренней молитвы утреннее благословение прямо начинается словами: «Встав утром ото сна, ты можешь благословить себя знамением Святого Креста и произнести слова: да будет воля Бога Отца, Сына и Святого Духа. Аминь». Затем следует описание порядка молитв. По аналогии вечернее благословение также начинается с рекомендации совершать крестное знамение.

Священное Писание как основа веры

Говоря об отличительных признаках традиционного лютеранского благочестия, следует прежде всего назвать повышенное внимание к Библии. Перевод древнееврейского и греческого текста Священного Писания на народный язык составлял одну из главных задач Реформации. Поскольку Библии в XVI и XVII столетиях представляли собой ценные, дорогостоящие и крупногабаритные книги, лишь небольшая часть населения, исповедовавшего лютеранство, могла позволить себе их приобретение. Лютер возлагал надежды на то, что в каждом доме будет своя Библия и что люди будут читать ее. Но и это было доступно лишь состоятельным семьям, так как только в них имелись грамотные люди.

В конце XVII века уровень образования возрос, и благодаря новой технике книгопечатания стало возможным издание маленьких и недорогих Библий. Пиетизм был мистическим движением обновления в евангелических церквах, и начиная приблизительно с

gehört zu den Grundanliegen der Reformation. Da jedoch Bibeln im 16. und 17. Jahrhundert wertvolle, teure und großformatige Bücher waren, konnte nur ein kleiner Teil der lutherischen Bevölkerung sich den Kauf eines solchen Buches leisten. Luthers Hoffnung war, dass in jedem Haus eine Bibel vorhanden sei und daraus vorgelesen werde. Doch das war nur für wohlhabende Familien möglich, denn nur hier war auch jemand in der Lage zu lesen.

Gegen Ende des 17. Jahrhunderts verbesserte sich das Niveau der Bildung, und durch neue Drucktechniken konnten kleinere und preiswertere Bibeln hergestellt werden. Der Pietismus, eine Frömmigkeits- und Erbauungsbewegung in den evangelischen Kirchen, trug seit etwa 1670 zur Verbreitung von Bibeln und Bibelkenntnis bei. In dieser Zeit

146 *Die gottesdienstliche Einführung des neugewählten Bischofs der Evangelisch-Lutherischen Kirche in Bayern, Johannes Friedrich, 1999 in der Nürnberger St. Lorenz-Kirche. An der Segnung unter Handauflegung beteiligen sich auch immer Gäste aus der Ökumene, hier der leitende lutherische Bischof von Tansania, Samson Muschemba. Im Hintergrund Erzbischof Georg Kretschmar aus St. Petersburg und der evangelisch-methodistische Bischof Walter Klaiber.*

Богослужебное поставление новоизбранного епископа Евангелической Лютеранской Церкви в Баварии Йоханнеса Фридриха (1999 год, нюрнбергский храм святого Лоренца). В епископском посвящении, совершаемом через возложение рук, всегда принимают участие представители других Евангелических Церквей – в данном случае ведущий лютеранский епископ Самсон Мюшемба из Танзании. На втором плане – архиепископ Георг Кречмар из Санкт-Петербурга и евангелический методистский епископ Вальтер Клайбер.

entstanden die ersten so genannten Bibelstunden: Frauen und Männer versammelten sich in kleinen Gruppen, um gemeinsam ein Stück aus der Bibel zu lesen und um zur gegenseitigen Erbauung darüber zu sprechen. Sie wollten mehr über die Heilige Schrift und ein christliches Leben auf der Grundlage der Bibel wissen, als sie es im sonntäglichen Gottesdienst, in dem nur Ausschnitte aus der Bibel gelesen wurden, erfahren konnten. Das Neue an diesem Frömmigkeitstypus war damals, dass Christen sich außerhalb ihrer familiären Hausgemeinschaft trafen, sozusagen in einer neuen »geistlichen« Familie. Diejenigen, die mit Ernst Christen sein und möglichst in allem nach dem Wort der Heiligen Schrift leben wollten, suchten sich Gleichgesinnte in der Kirche.

Bis heute gibt es in einigen Gemeinden solche Bibelstunden oder Bibelgesprächskreise, an denen allerdings vorwiegend ältere Menschen teilnehmen. In einigen Ge-

1670 года он содействовал распространению Библий и библейских знаний. В это время возникли первые так называемые библейские штунды (часы): мужчины и женщины собирались небольшими группами для того, чтобы вместе читать священные книги и затем обсуждать их, наставляя друг друга в вере. О Священном Писании и о христианской жизни на его основе они хотели знать больше, чем могли почерпнуть во время воскресных богослужений, в ходе которых читались лишь отдельные фрагменты. Новшеством в этом роде благочестия было то, что христиане стали собираться вместе вне своего семейного круга, как бы в кругу новой духовной семьи. Те из них, кто всерьез хотел стать христианами и жить, насколько это возможно, во всем по слову Священного Писания, – искали себе единомышленников в своей Церкви.

meinden ist es jedoch gelungen, das alte Modell der Bibel-stunde mit neuem Leben zu füllen. Hier treffen sich auch jüngere Menschen in Hauskreisen, wobei auch hier ge-meinsam die Bibel gelesen wird, jedoch genauso der Aus-tausch über Alltagsprobleme und Glaubensfragen seinen Platz hat. Obwohl am Beginn der Bibelstunden im 17. Jahrhundert Pastoren zu den Initiatoren gehörten und diese Zusammenkünfte auch teilweise leiteten, geht es doch wesentlich um eine Umsetzung der priesterlichen Berufung aller Glaubenden. Jeder hat die Fähigkeit, die Bibel zu lesen und zu verstehen, jeder kann die anderen durch eigene Gedanken und Gebete geistlich bereichern.

Die alten klösterlichen Stundengebete werden in der lu-therischen Kirche nur in Hausgemeinschaften und neuer-dings vor allem in den neu entstandenen evangelischen Klöstern bzw. Kommunitäten praktiziert. Sie sind auf dem Gerüst der Psalmen aufgebaut. Die Psalmen spielen allerdings für die evangelische Frömmigkeit eine heraus-ragende Rolle. Insbesondere der 23. Psalm begleitet viele evangelische Christen auf allen Stationen des Lebens. Um Sterbende und ihre Angehörigen zu trösten, haben die Psalmen ebenfalls eine große Bedeutung für die Luthera-ner. Das gemeinsam gesprochene oder gesungene Psalm-gebet gewinnt neuerdings wieder Heimat, vor allem durch Impulse, die seit Beginn des 20. Jahrhunderts von den schon genannten neu entstandenen geistlichen Ge-meinschaften ausgegangen sind.

Genauso wie die Psalmen gehören viele Lieder durch ihren Gebetscharakter zu den lebenslangen Begleitern evangelischer Christen. Neben den alten Kirchenliedern – z. B. von Paul Gerhardt – haben auch neuere einen festen Platz gewonnen sowohl für die individuelle Frömmigkeit als auch für die gemeinsam praktizierte. Besonderer Be-liebtheit erfreut sich ein Lied von Dietrich Bonhoeffer, das 1944 während seiner Gefängnishaft unter dem Nazi-regime entstand. Bonhoeffer, der am 9. April 1945 als Märtyrer starb, verfasste im Angesicht des Todes ein Trostlied, das seither unzählige Menschen tief berührt.

Das neue, 1994 herausgegebene »Evangelische Gesang-buch« verbindet Altes und Neues miteinander. Es gibt Anstöße zur Gestaltung individueller und gemeinschaftlicher Frömmigkeitspraxis. Neben den alten, seit der Refor-mation beliebten Liedern, enthält es neue Texte und Lied-weisen, wobei auch Schätze anderer christlicher Konfes-sionen – auch aus den orthodoxen Kirchen – in größerem Umfang aufgenommen wurden. Dieses »Evangelische Ge-sangbuch« möchte zum Singen und Beten anregen, denn es enthält auch einen umfangreichen Teil mit Gebetstex-ten. In allen Kirchen liegen diese Gesangbücher zur Be-nutzung während des Gottesdienstes bereit.

До сегодняшнего дня во многих церковных общинах существуют такие библейские часы или кружки по изучению Библии, в которых, правда, принимают участие в основном пожилые люди. В некоторых приходах удалось наполнить новой жизнью старую модель библейской штунды. Здесь молодые люди встречаются семьями, при этом вместе читают Библию; происходит также обмен мнениями по повседневным проблемам и по во-просам веры. Хотя в начале возникновения биб-лейской штунды в XVII веке инициаторами этого движения были пасторы, которые частично и руководили такими встречами, ныне речь идет глав-ным образом о воплощении в жизнь священни-ческого призвания всех мирян. Каждый в состоянии читать и понимать Библию, каждый может духовно обогатить других собственными размышлениями и молитвами.

Хотя в Лютеранской Церкви по традиции не употреблялись молитвы суточного круга на основе псалмов, Псалтирь все же играет выдающуюся роль в евангелическом благочестии. В особенности 22-й псалом сопутствует многим верующим лютеранам во всех ситуациях их жизни. Псалмы имеют большое значение для лютеран также при утешении умира-ющих и их близких. Кроме того, все большее рас-пространение получает совместное пение и чтение молитв с псалмами, прежде всего под влиянием импульсов, исходящих с начала XX века от духовных сообществ и объединений Евангелической Церкви.

Подобно псалмам, пожизненными спутниками евангелических христиан являются, благодаря их молитвенному характеру, и песнопения. Наряду со старыми церковными песнопениями, например, написанными Паулем Герхардом, прочное место обрели и новые, используемые как для индивиду-ального благочестия, так и для общего пения. Одним из излюбленных стало церковное песнопение на стихи Дитриха Бонхёффера, написанные им в 1944 году во время пребывания в тюрьме при нацист-ском режиме. Бонхёффер, погибший как мученик 9 апреля 1945 года от рук нацистов, написал перед лицом смерти песнь утешения, которая с тех пор глубоко волнует многих людей.

Изданный в 1994 году Сборник евангелических песнопений объединил старое и новое. Он содержит в себе импульсы для формирования практики ин-дивидуального и общего благочестия. Наряду со старыми песнопениями, ставшими любимыми со времен Реформации, в него включены новые тексты

Während für unzählige Generationen lutherischer Christen der »Kleine Katechismus« Martin Luthers zum Inbegriff des Glaubens gehörte, der sie von Kindheit an begleitete, weil sie ihn schon in der Schule kennen gelernt hatten, sind hier Veränderungen zu verzeichnen. Diese Textzusammenstellung Luthers enthält die zehn Gebote, das Apostolische Glaubensbekenntnis, das Vaterunser und zwei kurze Erläuterungen zu den Sakramenten der Taufe und des Abendmahls. Allen Texten hat Luther charakteristische Erklärungen hinzugefügt, die das Wesentliche des Inhaltes kurz und prägnant festhalten. Seine Vorstellung war, dass jeder Getaufte mit diesem Wissen gut ausgerüstet sei, um den Herausforderungen des christlichen Lebens zu begegnen. Dieser Katechismus bildete für Jahrhunderte eine Grundlage für Schul- und Konfirmandenunterricht, und die Texte wurden auswendig gelernt. Jüngeren Menschen scheint es dagegen heute mühsam, in diesen Formulierungen Wegbegleiter ihres Glaubens zu sehen.

Evangelische Frömmigkeit hat sich von jeher an der Heiligen Schrift orientiert und sich bemüht, deren Intensionen in den Alltag zu übersetzen. Trotz wechselnder Ausdrucksformen bleibt dies das Kriterium dafür, wie lutherische Christen ihren Alltag in der Welt gestalten. Die neuen und kommenden Herausforderungen der zunehmenden Säkularisierung können nur dann gemeistert werden, wenn dieser Blick auf die Grundlagen unseres Glaubens die Lebensgestaltung auch weiterhin prägt.

Ruth Albrecht, Hamburg

147 *Kindergottesdienste und – in den letzten Jahren verstärkt – Familiengottesdienste, an denen vor allem auch junge Eltern mit kleinen Kindern teilnehmen, gehören heute zum Angebot fast aller evangelischen Gemeinden.* Богослужения для детей, а также семейные богослужения с участием детей и родителей, получающие в последние годы все большее распространение, стали обычным явлением почти во всех евангелических общинах.

и мелодии песнопений, причем сборник в большом количестве содержит песенные сокровища других вероисповеданий, в том числе Православной Церкви. Сборник евангелических песнопений должен побуждать к пению и молитвам, ибо в нем есть обширный раздел с текстами молитв. Во всех лютеранских церквах сборники песнопений лежат наготове для общего пользования прихожан во время богослужений.

Хотя для многих поколений лютеранских христиан Краткий катехизис Лютера с малых лет служил воплощением веры и постоянным спутником (его начинали изучать уже со школьной скамьи), сейчас это изменилось. В данный сборник текстов, подготовленный Мартином Лютером, входят десять заповедей, Апостольский Символ веры, молитва Господня «Отче наш», а также краткие пояснения к Таинствам Святого Крещения и Святого Причастия. Все тексты Лютер сопроводил характерными пояснениями, кратко и четко выделяющими самое существенное в содержании. По представлениям Лютера, каждый крещеный христианин должен был получить благодаря этим знаниям достаточную защиту для того, чтобы справиться со всеми испытаниями христианской жизни. На протяжении столетий этот Катехизис служил основой для обучения школьников и готовящихся к конфирмации, которые учили эти тексты наизусть. Но сегодня молодые люди с трудом воспринимают эти формулировки в качестве спутников своей веры.

Евангелическое благочестие издавна ориентировалось на Священное Писание и стремилось воплотить его максимы в повседневной жизни. Несмотря на изменяющиеся формы благочестия, оно продолжает оставаться критерием того, как лютеранские христиане строят свою жизнь в мире. Новые и грядущие вызовы растущей секуляризации смогут быть преодолены лишь в том случае, если такой взгляд на основы веры и в дальнейшем будет определять наш жизненный строй.

Рут Альбрехт, Гамбург

Religiöse Erziehung und geistliche Ausbildung in der Russischen Orthodoxen Kirche

Религиозное воспитание и духовное образование в Русской Православной Церкви

Die theologische Tradition der orthodoxen Kirche führt das Wort »Ausbildung« auf den biblischen Begriff »Abbild« zurück. Gott hat den Menschen sich ähnlich, als sein Abbild geschaffen. Dieses Abbild ist aber durch die Sünde getrübt. Die Aufgabe der Bildung besteht nach orthodoxem Verständnis in der Wiederherstellung des entstellten Abbildes.

Die Bibel hat der Welt das Geheimnis der Persönlichkeit entdeckt, und das Christentum vertritt die Einzigartigkeit jeder menschlichen Persönlichkeit. »Mit dem Reichtum einer Seele lassen sich nicht einmal die ganze Herrlichkeit und Schönheit des Himmels und der Erde sowie ihre Zierde und Mannigfaltigkeit vergleichen«, schrieb der ehrwürdige Makarius der Große, ein Asket der alten Kirche. Jede menschliche Seele muss ehrfurchtsvoll und mit viel Fürsorge behandelt werden. Jede menschliche Seele braucht auch Nahrung, eine besondere geistige Nahrung. Der Hlg. Tichon von Sadonsk (1724–1783), ein russischer Mönch von jenseits des Don, schrieb dazu einmal: »Die menschliche Seele, als ein Geist, der von Gott geschaffen wurde, kann in nichts anderem die Erquickung, den Frieden, die Ruhe, den Trost und das Glück finden, als nur in Gott. Denn sie wurde nach dem Abbild und in Gleichheit zu ihm geschaffen.«

Die Taufe als Beginn der christlichen Existenz

Die Erziehung des Menschen beginnt im Säuglingsalter und ist nach Auffassung der orthodoxen Kirche ohne kirchliche Amtshandlungen und Sakramente undenkbar. Der Sinn jeder Amtshandlung besteht in der Spendung der göttlichen Gnade und der Gaben des Heiligen Geistes an die Gläubigen.

Die Taufe ist das Sakrament, das den Menschen in das spirituelle Leben einführt. Der orthodoxe Katechismus sagt: »Die Taufe ist ein Sakrament, in dem der Gläubige nach dem dreimaligen Untertauchen des Körpers ins Wasser unter der Anrufung Gottes des Vaters, des Sohnes und des Heiligen Geistes für das leibliche sündige Leben stirbt und vom Heiligen Geist zum geistlichen, heiligen Leben wiedergeboren wird.«

Die Definition des Katechismus gründet sich auf den

Богословская традиция Православной Церкви возводит слово «образование» к библейскому понятию «образ». Господь сотворил человека по Своему образу и подобию. Этот образ впоследствии был замутнен грехом. Задача образования и состоит в восстановлении искаженного образа.

Библия открыла миру тайну личности, и христианство утверждает уникальность каждой из них. «С богатством одной души не идут даже в сравнение вся слава и красота неба и земли, и их украшение, и разнообразие» – пишет подвижник древней Церкви преподобный Макарий Великий. Каждая человеческая душа требует благоговейного и заботливого отношения к себе. Она также требует питания – особой духовной пищи. Святой Тихон Задонский, русский святитель XVIII века (1724-1783), писал об этом так: «Душа человеческая, как дух, от Бога созданный, ни в чем ином удовольствия, покоя, мира, утешения и отрады сыскать не может, как только в Боге, от Которого по образу и подобию создана».

Крещение как начало христианской жизни

Воспитание человека начинается с младенчества, и, с точки зрения Православной Церкви, оно немыслимо без церковных священнодействий и Таинств. Смысл любого священнодействия состоит в преподании верующим Божественной благодати, даров Святого Духа.

Таинством, которое вводит человека в духовную жизнь, является Крещение. В Православном катехизисе говорится: «Крещение есть Таинство, в котором верующий, при троекратном погружении тела в воду, с призыванием Бога Отца, и Сына, и Святого Духа, умирает для жизни плотской, греховной, и возрождается от Духа Святого в жизнь духовную, святую».

Это определение основано на тексте Послания святого апостола Павла к Римлянам: «Все мы, крестившиеся во Христа Иисуса, в смерть его крестились, ...дабы, как Христос воскрес из мертвых славою

Text des Römerbriefes des Hlg. Apostels Paulus: »Wisst ihr denn nicht, dass wir alle, die wir auf Christus Jesus getauft wurden, auf seinen Tod getauft worden sind? Und wie Christus durch die Herrlichkeit des Vaters von den Toten auferweckt wurde, so sollen auch wir als neue Menschen leben« (Römer 6,3–4). Eben diese Worte des Apostels werden in der Kirche laut vorgetragen, wenn die Taufe vollzogen wird.

In der orthodoxen Kirche ist es üblich, Säuglinge zu taufen. Dabei ist es Bedingung, dass bei der Taufe gläubige Taufpaten anwesend sein müssen – Taufvater und Taufmutter. Sie geben Gott das Versprechen ab, den Säugling im Geiste des orthodoxen Glaubens und der kirchlichen Frömmigkeit zu erziehen.

Bei manchen Menschen stößt die Tradition, Säuglinge zu taufen, auf Unverständnis. Es muss aber zum einen berücksichtigt werden, dass dieser Brauch eine sehr lange Tradition hat. Und zum andern verrät uns die einfache Vernunft die Wahrheit: Wenn ein Kind mit einem körperlichen Gebrechen zur Welt kommt, warten wir nicht auf seine Volljährigkeit, bis es in der Lage ist, für sich selbst die Medizin zu bestimmen, sondern wir behandeln es umgehend. Warum sollten wir also mit der Heilung der sündhaften Krankheiten der Seele, mit deren Keimen jeder das Licht der Welt erblickt, abwarten?

Vor dem Vollzug des Taufsakramentes wirkt der Heilige Geist quasi von außen ein, nach dem Vollzug der Taufe durchdringt die Gnade das Herz und erleuchtet den Menschen von innen.

Die alte Tradition schreibt vor, das Taufsakrament durch das vollständige Untertauchen zu vollziehen. Es

148 *Die Taufe auf den Namen des Dreieinigen Gottes markiert den Beginn des Lebens als Christ. Nach alter kirchlicher Tradition wird der Täufling (auch als Erwachsener) dabei dreimal ganz in das Tauf- bzw. Wasserbecken eingetaucht.*
С Крещения во имя Триединого Бога начинается жизнь христианина. По древней церковной традиции крещение совершается через полное троекратное погружение крещаемого в купель.

Отца, так и нам ходить в обновленной жизни» (Рим. 6. 3-4). Именно эти слова апостола читаются в храме во время совершения чина Крещения.

В Православной Церкви принято крестить младенцев, но при этом необходимо соблюсти следующее условие: при Крещении должны присутствовать верующие восприемники – крестные отец и мать, которые дают Богу обещание воспитать младенца в духе православной веры и церковного благочестия.

149 *Kinder werden in der Orthodoxie von Anfang an zu den Gottesdiensten mitgenommen und wachsen so ganz selbstverständlich in Gebete und Riten der Kirche hinein.*
В Православии дети с ранних лет приходят на богослужения вместе со взрослыми. Так год за годом они постепенно погружаются в молитвы и обряды Церкви.

wird allerdings erlaubt, in besonderen Fällen – wegen Krankheit, Todesgefahr oder unter den Bedingungen der Verfolgung – so zu taufen, dass der Täufling nur mit Wasser besprengt wird.

Die orthodoxe Kirche erkennt die Gültigkeit des Sakramentes der Taufe durch die anderen christlichen Konfessionen an, wenn diese gemeinsam mit der Orthodoxie den Glauben an die Heilige Dreifaltigkeit bekennen und die Taufe nach der richtigen Formel vollziehen – »Im Namen des Vaters, des Sohnes und des Heiligen Geistes«. Dies gilt z. B. für römische Katholiken, Lutheraner und Anglikaner sowie einige andere Christen. Im 19. Jahrhundert etablierte sich in Russland folgende Praxis der Aufnahme in die Russische Orthodoxe Kirche: Glieder der meisten protestantischen Denominationen werden durch das Sakrament der Myronsalbung aufgenommen; Glieder

Некоторые люди не понимают смысла традиции крещения младенцев. Но, во-первых, обычай этот восходит к глубокой древности. А во-вторых, простой здравый смысл подсказывает нам истинный путь: если младенец болеет, мы не ждем его совершеннолетия, чтобы он сам выбрал себе лекарство, а лечим его. Так почему же мы должны медлить в лечении греховных болезней души, с зачатками которых появляется на свет каждый человек? До совершения Таинства Дух Божий пребывает как бы вне человеческого существа, а после Крещения благодать действует в сердце, просвещая человека изнутри.

Древняя традиция предписывает совершать Таинство Крещения путем полного погружения. Но в особых случаях (по болезни, ввиду угрозы смерти или в условиях гонений) разрешено крестить окроплением.

Православная Церковь признает действительность Таинства Крещения у тех христианских конфессий, которые вместе с православными исповедуют веру во Святую Троицу и совершают Крещение по традиционной формуле во имя Отца и Сына и Святого Духа. Это относится, например, к римо-католикам, лютеранам, англиканам и некоторым другим христианам. В XIX веке в России окончательно установилась следующая практика присоединения к Православной Церкви: представителей большинства протестантских деноминаций принимают через Таинство Миропомазания, а римо-католиков, над которыми уже была совершена конфирмация, и членов Древних Восточных Церквей (например, Армянской) – через Таинство Покаяния.

Крещение – это не гарантия легкого пути в Царство Небесное и не магическое средство, с помощью которого можно оградить себя от злых сил. Это скорее начало аскетического подвига, который христианин призван совершать в течение всей жизни. Не случайно святой апостол Павел уподобляет христианина воину: «Станьте, препоясав чресла ваши истиною и облекшись в броню праведности, и обув ноги в готовность благовествовать мир; а паче всего возьмите щит веры... и меч духовный» (Еф. 6. 14-17).

Воспитание и образование в период раннего христианства

Православие есть религия аскетическая по преимуществу. Христианин призван к духовной жизни, «сокрытой со Христом в Боге» (Кол. 3. 3). Эта духовная жизнь невидима для большинства окружающих. В православной традиции существует такое понятие,

150 *In der Wohnung jeder orthodoxen Familie gibt es die »Schöne Ecke«, vor deren Ikonen die täglichen Morgen- und Abendgebete sowie das Tischgebet verrichtet werden.*
В доме каждой русской православной семьи есть «красный угол». Перед установленными здесь иконами совершаются ежедневные утренние и вечерние молитвы, а также молитвы перед едой.

der römisch-katholischen Kirche, an denen die Firmung vollzogen wurde, sowie Mitglieder der altorientalischen Kirchen (z. B. der Armenischen Apostolischen Kirche) werden durch das Sakrament der Buße aufgenommen.

Die Taufe ist keine Eintrittskarte in das Himmelreich und kein magisches Mittel, mit dessen Hilfe es möglich ist, sich vor bösen Kräften zu schützen. Sie ist viel mehr der Beginn der asketischen Heldentat, die ein Christ berufen ist, im Laufe seines ganzen Lebens zu vollbringen. Es ist kein Zufall, dass der Hlg. Apostel Paulus einen Christen mit einem Kämpfer vergleicht und sagt: »Seid also standhaft: Gürtet euch mit Wahrheit, zieht als Panzer die Gerechtigkeit an und als Schuhe die Bereitschaft, für das Evangelium vom Frieden zu kämpfen. Vor allem greift zum Schild des Glaubens! Nehmt den Helm des Heils und das Schwert des Geistes« (Epheser 6,14–17).

как «внутренний», или «сокровенный сердца человек» (1 Пет. 3.4). В течение всей жизни этот внутренний человек «со дня на день обновляется» (2 Кор. 4. 16), совершенствуется, возрастает. Происходит это через возгревание в сердце даров Святого Духа, которые христианин получает в церковных Таинствах, молитве и посте.

«Внешний строй Церкви и все ее порядки – богослужебные, освятительные и руководительные – служат только к выражению, воспитанию и ограждению внутреннего строя христиан», – напоминает нам выдающийся русский духовный писатель XIX века святитель Феофан Затворник.

Традиция религиозного воспитания в Православии находится в тесном единстве с традицией духовного образования. «Прежде, нежели христиане начали называться христианами, они все до одного назывались учениками» – говорил русский святитель XIX века митрополит Московский Филарет (Дроздов; 1782–1867).

После Своего Воскресения из мертвых Спаситель Иисус Христос обратился к ученикам со словами: «Идите, научите все народы, крестя их во имя Отца и Сына и Святого Духа» (Мф. 28. 19).

Учительство, а следовательно, и ученичество вошло в плоть и кровь молодой христианской Церкви с самых первых дней ее существования. Уже во II веке в Александрии и в Сирии существовали великолепные богословские школы. В них получали блестящее образование юноши из аристократических христианских семей. Выдающиеся подвижники и мыслители православного Востока осуществляли в своем богословском творчестве синтез христианства и классической греческой культуры, переплавляя античное наследие в горниле христианского Откровения. «Полагаю, что всякий, имеющий ум, признает первым для нас благом ученость, и не только сию, нашу ученость (христианскую), но и ученость внешнюю (языческую), которой многие из христиан по худому разумению гнушаются» – пишет один из отцов Церкви IV века святой Григорий Богослов.

Эти богословские традиции унаследовала от Византии и Древняя Россия – Русь. Святой равноапостольный Кирилл, просветитель славян, получил образование в знаменитой в девятом столетии школе святого Патриарха Фотия в Константинополе. Здесь, по слову жития, он «научился Гомеру и геометрии, и диалектике, и всем философским учениям, а сверх того и риторике, и арифметике, и музыке, и всем прочим эллинским учениям».

Erziehung und Bildung im frühen Christentum

Die Orthodoxie ist in erster Linie eine asketische Religion. Der Christ ist berufen, ein spirituelles Leben »mit Christus verborgen in Gott« (Kolosser 3,3) zu führen. Dieses geistliche Leben des Christen ist für die meisten Menschen seiner Umgebung nicht sichtbar. In der orthodoxen Tradition gibt es den Begriff des »inneren Menschen«, der bestimmt wird von dem, »was im Herzen verborgen ist« (1. Petrus 3,4). Im Laufe des ganzen Lebens wird dieser »innere Mensch« Tag für Tag erneuert (2. Korinther 4,16). Er vervollkommnet sich und wächst. Dies geschieht dadurch, dass die Gaben des Heiligen Geistes, die der Christ im Gebet, im Fasten und in den Sakramenten der Kirche erwirbt, in seinem Herzen wirksam werden.

»Der äußere Aufbau der Kirche, all ihre Ordnungen – Gottesdienstordnung, Weiheordnung und Führungsordnung – dienen nur dem Ausdruck, der Erziehung und dem Schutz der inneren Beschaffenheit der Christen«, erinnert uns der Hlg. Feofan der Klausner, ein hervorragender russischer geistlicher Schriftsteller aus dem 19. Jahrhundert.

Die Tradition der religiösen Erziehung steht in der Orthodoxie in enger Verbindung mit der Tradition der geistlichen Bildung. »Bevor Christen angefangen haben, sich als Christen zu bezeichnen, nannten sie sich alle ohne Ausnahme Jünger«, sagte einer der russischen Hierarchen aus dem 19. Jahrhundert, Metropolit Filaret (Drosdow) von Moskau (1782–1867).

Nach seiner Auferstehung von den Toten wandte sich der Heiland an seine Jünger mit den Worten: »Darum gehet hin und machet zu Jüngern alle Völker: Taufet sie auf den Namen des Vaters und des Sohnes und des Heiligen Geistes und lehret sie halten alles, was ich euch befohlen habe« (Matthäus 28,19).

Das Lehren und folglich auch das Lernen war den jungen christlichen Kirchen von ihren ersten Tagen an in Fleisch und Blut übergegangen. Be-

Тысячелетняя традиция церковного образования в России

Уже креститель Руси святой равноапостольный князь Владимир около 1000 года предпринимает попытки насадить в своей земле, в районе Киева, начатки просвещения. Порой ему приходилось преодолевать в этих начинаниях сильное сопротивление. Летопись говорит: «Посылал он (Владимир) собирать у лучших людей детей и отдавать их в обучение книжное. Матери же детей этих плакали о них. Ибо не утвердились еще они в вере и плакали о

151 *Gottesdienst der Studenten in der Seminarkirche in Sergijew Posad. Für die Ausbildung der zukünftigen Priester gibt es heute in Russland wieder fünf Akademien, 34 Seminare und 45 Geistliche Schulen.*
Богослужение в храме Московских Духовных академии и семинарии в Сергиевом Посаде. Подготовку будущих пастырей сегодня осуществляют пять академий, 34 духовных семинарии и 45 духовных училищ.

reits im 2. Jahrhundert existierten in Alexandrien und in Syrien hervorragende theologische Schulen. An diesen Schulen konnten junge Menschen aus aristokratischen christlichen Familien eine glänzende Ausbildung erhalten. Bedeutende Glaubensasketen und Denker des orthodoxen Ostens vollzogen in ihrem theologischen Schaffen eine Synthese des Christentums und der klassischen griechischen Kultur. Sie haben das antike Erbe im Schmelztiegel der christlichen Offenbarung umgeschmolzen. »Ich gehe davon aus, dass jeder, der Verstand besitzt, die Gelehrsamkeit als das höchste Gut für uns anerkennt, und zwar nicht nur diese unsere (christliche) Gelehrsamkeit, sondern auch die äußerliche (heidnische) Gelehrsamkeit, die viele Christen unsinnigerweise verabscheuen«, schreibt einer der Väter der Kirche aus dem 4. Jahrhundert, der Hlg. Gregor der Theologe.

Diese theologische Tradition erbte auch das alte Russland – die Rus – von Byzanz. Der Hlg. Apostelgleiche Kyrill, Erleuchter der Slawen, erhielt seine Ausbildung im 9. Jahrhundert in der berühmten Schule des Hlg. Patriarchen Photios in Konstantinopel. Dort hat er, wie es in seiner Vita heißt, »Homer und Geometrie, Dialektik und alle Lehren der Philosophie und darüber hinaus auch Rhetorik, Arithmetik, Musik und alle übrigen griechischen Wissenschaften gelernt«.

Die tausendjährige Tradition kirchlicher Bildungsarbeit in Russland

Bereits der Täufer der Rus, der Hlg. Apostelgleiche Fürst Wladimir, unternahm um das Jahr 1000 n. C. im Kiewer Gebiet entschlossene Versuche, in seinem Land die Anfänge der Bildung einzupflanzen. Dabei musste er mitunter gewaltige Widerstände überwinden. In der Nestor-Chronik heißt es: »Er (Wladimir) befahl, bei den besten Leuten die Kinder zu nehmen und sie zur Ausbildung an den Büchern zu entsenden. Die Mütter dieser Kinder beweinten sie aber. Denn sie waren im Glauben noch nicht fest und beweinten sie wie Tote.« Charakteristisch ist, dass in dieser alten Chronik die Ausbildung an den Büchern praktisch mit der Unterweisung im Glauben gleichgesetzt wird. Dies zeugt von einem hohen Ansehen der gebildeten Menschen in diesem noch jungen christlichen Staat.

Nur das hohe theologische und kulturelle Niveau der altrussischen Gesellschaft kann uns helfen, das Phänomen der Entstehung so bedeutender Schriftdenkmäler im 11. Jahrhundert wie »Das Wort über das Gesetz und die Gnade« von Metropolit Illarion, die »Chronik der vergangenen Jahre« – die so genannte Nestor-Chronik –, das »Paternikon« des Höhlenklosters in Kiew u. a. zu erklären.

них как о мертвых». Примечательно, что в этом древнем летописном тексте обучение книжное практически отождествляется с обучением вере, что говорит о высоком авторитете грамотных, образованных людей в еще молодом христианском государстве.

Только представление о высоком богословском и культурном уровне древнерусского общества может объяснить феномен появления в XI веке таких великих письменных памятников, как «Слово о законе и благодати» митрополита Илариона, «Повесть временных лет», Киево-Печерский патерик и другие. Однако монголо-татарское нашествие XIII века нанесло страшнейший удар по богословскому образованию. В то время как в западных монастырях создавались и крепли католические школы, русские князья и монахи «своими костьми» устилали бескрайние степные просторы России, удерживая крепкий щит «меж двух враждебных рас – монголов и Европы». Лишь в 1635 году в Киеве митрополит Петр (Могила) смог открыть первую полноценную богословскую школу, предшественницу будущей духовной академии.

Первая половина XVIII века ознаменовалась созданием в России системы духовного образования. Российская Империя буквально покрылась сетью семинарий и духовных училищ. Их воспитанники становились не только священнослужителями и профессорами богословия, но и историками, философами, медиками, естествоиспытателями. Духовные училища заложили основы и высшего светского образования.

Богословские школы Русской Православной Церкви создавались в разные годы, но в 1998 году почти все они пережили печальный юбилей – 80-летие своего закрытия и разгрома в ходе революции. За два послереволюционных десятилетия воинствующего атеизма в Советском Союзе Церковь была практически полностью уничтожена – и первыми, еще в 1918 году, приняли на себя удар духовные академии, семинарии и училища. Восстановленные после Великой Отечественной войны – то есть после 1945 года – Московская и Ленинградская духовные академии были крайне стеснены в своей деятельности.

Полнокровное возрождение системы богословского образования началось только после «перестройки». Уже в 1990 году были открыты два первых училища – в Смоленске и Костроме.

В настоящее время (в 2003 году) Русская Православная Церковь имеет пять духовных академий, а

Der Mongolen- und Tatareneinfall im 13. Jahrhundert hat der theologischen Bildung einen schrecklichen Stoß versetzt. Zu dem Zeitpunkt, als in den westlichen Klöstern Schulen entstanden und wuchsen, pflasterten die russischen Fürsten und Mönche mit ihren Knochen die unendlichen Weiten der Steppen Russlands und hielten das feste Schild »zwischen zwei feindlichen Rassen – den Mongolen und Europa«. Erst 1635 konnte Metropolit Pjotr (Mogila) in Kiew die erste vollwertige theologische Schule eröffnen. Sie war die Vorläuferin der späteren Geistlichen Akademie.

Die erste Hälfte des 18. Jahrhunderts war in Russland durch die Schaffung eines Systems der geistlichen Ausbildung gekennzeichnet. Das Russische Reich wurde regelrecht mit einem Netz von geistlichen Seminaren und Schulen überzogen. Ihre Zöglinge wurden nicht nur Priester und Theologieprofessoren, sondern auch Historiker, Philosophen, Mediziner und Naturwissenschaftler. Diese geistlichen Schulen waren die Grundlage auch der weltlichen Hochschulbildung.

Die theologischen Schulen der Russischen Orthodoxen Kirche wurden zu verschiedenen Zeiten gegründet. Aber fast all diese Schulen hatten 1998 ein trauriges Jubiläum – 80 Jahre waren seit ihrer Schließung und Zerstörung in der Revolution vergangen. Im Laufe von zwei Jahrzehnten des militanten Atheismus wurde die Kirche in der Sowjetunion nach der Revolution praktisch fast vollständig zerstört. Der erste Schlag richtete sich bereits 1918 gegen die Geistlichen Akademien, Seminare und Schulen. Auch die Tätigkeit der Akademien von Moskau und Leningrad, die nach dem Großen Vaterländischen Krieg – also nach 1945 – wiedererrichtet worden waren, war außerordentlich eingeschränkt.

Eine echte Wiedergeburt des Systems der theologischen Ausbildung begann gleich nach der »Perestroika«. Bereits 1990 wurden zwei erste Schulen in Smolensk und Kostroma eröffnet.

Zur Zeit (im Jahr 2003) verfügt die Russische Orthodoxe Kirche über fünf Geistliche Akademien sowie 34 Geistliche Seminare und 45 Geistliche Schulen. Bei vielen Geistlichen Schulen gibt es besondere Studiengänge für Chordirigentinnen. Hier werden musikalische Disziplinen unterrichtet und hauptsächlich Frauen zu zukünftigen Kirchenchorleiterinnen ausgebildet. Auch Ikonenmalschulen wurden in den letzten Jahren neu eröffnet.

Die wiedereröffneten russischen theologischen Schulen durchleben momentan keine einfache Zeit. Es fehlt an Räumlichkeiten, die Bibliotheken sind klein und in manchen Orten gibt es Schwierigkeiten mit der Lebensmittelversorgung für die Studenten und Studentinnen. Kompli-

152 *Der Rektor des Geistlichen Seminars in Smolensk, Erzpriester Viktor Sawik (3. von rechts) in einer Vorlesungspause mit einigen Studenten des Seminars.*
Ректор Смоленской Духовной семинарии протоиерей Виктор Савик (третий справа) со студентами во время перерыва между лекциями.

также 34 семинарии и 45 духовных училищ. При многих духовных школах действуют регентские отделения, где преподаются музыкальные дисциплины и получают образование в основном девушки, будущие руководительницы церковных хоров. В последние годы были открыты и иконописные школы.

Воссозданные богословские школы переживают в настоящий момент нелегкий период. Не хватает помещений, скудна библиотека, кое-где возникают трудности с продовольствием для студентов. Возродить материальную базу обучения – сложная задача.

Но, конечно, сложнее и много важнее возродить в школах ту замечательную атмосферу, которая была

ziert ist die Aufgabe, die materiellen Grundlagen wieder-herzustellen.

Viel schwieriger und noch wichtiger ist es aber, in den Schulen die hervorragende innere Atmosphäre wieder-herzustellen, die für die besten geistlichen Lehranstalten früher typisch war. Dies war eine Atmosphäre, in der die zukünftigen Priester und Erzpriester, Märtyrer und Bekenner der Kirche Christi im 20. Jahrhundert ihre Ausbildung erhalten hatten. Sie haben in der Zeit der beispiellosen Verfolgungen des Glaubens in der Sowjetzeit den russischen Boden mit ihrem Blut getränkt.

In den theologischen Schulen, in denen die zukünftigen Priester ausgebildet werden, sollten die immer von der traditionellen russischen Pädagogik verwendeten Grundsätze der Erziehung maximal zum Zuge kommen. Die berühmtesten russischen Pädagogen – wie Uschinskij, Ratschinskij und andere – waren immer für die gleichzeitige Entwicklung der intellektuellen und der geistig-seelischen Fähigkeiten eingetreten. Maßgeblich war dabei für sie die Entwicklung der geistigen und sittlichen Gefühle. In der Sowjetzeit wurde diese harmonische Einheit zerstört. Im Gegensatz zu den grundlegenden Traditionen der russischen Pädagogik wurde jetzt das Hauptgewicht allein auf die Entwicklung des Intellekts ohne die geistig-seelischen Fähigkeiten gelegt. Dies ist das anschauliche Beispiel einer nicht christlichen, überheblichen und am Konsum orientierten Einstellung gegenüber der Umwelt. »Was hülfe es dem Menschen, wenn er die ganze Welt gewönne und nähme doch Schaden an seiner Seele?« (Matthäus 16,26).

Was damit gemeint ist, können die Worte des Metropoliten Filaret von Moskau illustrieren: »Das Licht, welches von der wissenschaftlichen Ausbildung allein ohne das Licht der Wahrheit Christi ausgeht, ist vergleichbar mit dem Licht des Mondes ohne die Sonne; es ist das kalte, leblose Licht, das Licht, das fremd ist und entlehnt. Es wird nur über die Oberfläche der Seele gleiten, so wie das Mondlicht über den Felsen gleitet, ohne in ihn einzudringen, es wird niemals imstande sein, das Herz zu erwärmen und zu beleben.« Und der hervorragende Priester und Pädagoge, Vater Alexander Jeltschaninow, schrieb einmal: »So wie ein Berufssänger eine richtig trainierte Stimme besitzt, so soll auch ein Geistlicher eine richtig trainierte Seele haben.«

Auch wenn die Absolventen unserer geistlichen Schulen mit der Zeit die genauen Formulierungen und die Daten der historischen Ereignisse vergessen, sollen sie doch für das ganze Leben die unwiederholbare seelische Verfassung, die sie während des Studiums im Seminar erworben haben, behalten.

свойственна лучшим духовным учебным заведениям прошлых лет, воспитавшим тысячи пастырей и архипастырей, мучеников и исповедников Христовой Церкви XX века, которые оросили своей кровью русскую землю в эпоху беспримерных гонений на веру.

В богословских школах, где проходят подготовку будущие пастыри, ярко должны проявиться подходы к воспитанию, которые всегда исповедовала традиционная русская педагогика. Выдающиеся российские педагоги – Ушинский, Рачинский и другие – всегда выступали за одновременное развитие в человеке умственного и духовно-сердечного начала, при этом определяющим для них было развитие именно духовного, нравственного чувства. В советский период это гармоническое единство было разрушено. В противовес основным традициям русской педагогики главный упор стал делаться на развитие одного ума, без сердца. Это является наглядным примером нехристианского, надменного, потребительского отношения к окружающему миру, ибо в Евангелии сказано: «Какая польза человеку, если он приобретет весь мир, а душе своей повредит?» (Мф. 16. 26).

Та же мысль содержится в словах святителя Филарета, митрополита Московского: «Свет одного научного образования без света Христовой Истины – все равно, что свет луны без солнца, свет холодный, безжизненный, свет чуждый и заимствованный: он будет только скользить по поверхности души, как скользит свет луны по скале, не проникая внутрь ее, и никогда не будет в состоянии согреть и оживить сердце». А замечательный пастырь и педагог священник Александр Ельчанинов однажды сказал: «Как у профессионального певца бывает правильно поставленный голос, так у священнослужителя должна быть правильно поставленная душа».

Пусть выпускники со временем забудут точные тексты формулировок и даты исторических событий, но тот неповторимый душевный настрой, который они приобрели, обучаясь в семинарии, останется у них на всю жизнь.

Успешная работа воскресных школ

Прошло более 10 лет с начала «перестройки» в России и урегулирования церковно-государственных отношений. Однако в преподавании многих дисциплин в государственных школах до сих пор не сломлены атеистические стереотипы.

Провозглашенный законом «светский» принцип образования для большинства педагогов, увы, стал синонимом старого атеистического подхода. Во мно-

Der Siegeszug der Sonntagsschule

Seit Beginn der »Perestroika« und der Verbesserung der Beziehungen zwischen Kirche und Staat in Russland sind mehr als zehn Jahre vergangen. Mit Bedauern müssen wir dennoch feststellen: Im Unterricht der staatlichen Schulen sind in vielen Fächern die atheistischen Stereotype noch immer nicht überwunden.

Das vom Gesetz verkündete »weltliche« Bildungsprinzip wurde für die meisten Lehrer leider zum Syndrom für den alten, atheistischen Ansatz. Immer noch bleibt Darwin die einzige, unbestrittene Autorität für Biologielehrer. Genauso wie in der Zeit der grenzenlosen Herrschaft des Marxismus-Leninismus unterrichtet man die Geschichte in den Schulen weiterhin nach dem Schema von Karl Marx. Die ganze Welt bewundert die geistige Klarheit der großen russischen Literatur des 19. Jahrhunderts: Unsere Lehrer reduzieren das gesamte Schaffen von Dostojewskij, Ostrowskij, Nekrassow und anderer oft lediglich auf das »Herunterreißen aller Masken« und die Entlarvung der Laster der ungerechten sozialen Ordnung zur Zarenzeit.

Dennoch findet die Umgestaltung der russischen Schule – wenn auch langsam – statt. Vieles hängt hier von den jungen Lehrern, den neuen Direktoren und den Leitern der Abteilungen für Unterrichtsangelegenheiten ab, die das schwere Gepäck der sowjetischen Pädagogik nicht belastet. Uns stehen noch Jahrzehnte nachdrücklicher Arbeit bevor.

Unter diesen Bedingungen ist die Frage, wie wir die religiöse Erziehung der Kinder und Jugendlichen organisieren, sehr wichtig. Die Kindheit und Jugend ist ja die Zeit, in der ein Mensch zum ersten Mal mit vielen Erscheinungen der Umwelt konfrontiert ist und ein dringendes Bedürfnis nach Orientierung, Stützung und Kommunikation verspürt. Es ist die Zeit, in der sich der junge Mensch ununterbro-

гих школах все так же Дарвин остается единственным непререкаемым авторитетом для преподавателей биологии. Как и в годы безраздельного господства марксизма-ленинизма, историю продолжают рассматривать по схеме Карла Маркса. Мир удивляется духовным прозрениям великой русской литературы XIX века – а наши педагоги все творчество Достоевского, Островского, Некрасова и других зачастую сводят к «срыванию всех и всяческих масок» и обличениям пороков несправедливого социального строя при царизме.

153 *Die »Sonntagsschule« als eine Mischung aus Kindergottesdienst, katechetischem Unterricht und Jugendgruppe gibt es heute an vielen Kirchen Russlands.*
Воскресные школы, в которых совершается катехизация детей, а также молодежные группы существуют сейчас во многих приходах Русской Православной Церкви.

chen auf Suche befindet. Oft muss er in dieser Zeit innerlich eine lebenswichtige Wahl treffen. Es ist die Zeit des Reifens, des Lernens und des Werdens. Im Jugendalter ist die Seele des Menschen formbar, beweglich und zugleich verletzlich.

So genannte »Sonntagsschulen« sind zur Zeit praktisch in jeder Gemeinde der Russischen Orthodoxen Kirche vorhanden. Zu den Funktionen der Sonntagsschulen gehört nicht nur der Religionsunterricht für Kinder nach den feierlichen Gottesdiensten, sondern auch die Gestaltung der Freizeit für Kinder und Jugendliche an Wochentagen. Die Sonntagsschulen nehmen also in der Russischen Orthodoxen Kirche die Aufgaben wahr, denen sich in den evangelischen Kirchen Deutschlands der schulische Religionsunterricht, der sonntägliche Kindergottesdienst und die kirchliche Jugendarbeit widmen. Oft verwandeln sich solche Schulen in große geistig-kulturelle Zentren, die ständig im Einsatz sind. Ein Beispiel dafür ist die Kirche des Hlg. Johann von Kronstadt in Kostroma. Dort entstand ein regelrechtes Jugendzentrum, das den Namen »Arche« trägt.

Nicht selten organisieren die Sonntagsschulen Sommerlager, und praktisch überall ist es üblich, dass Sonntagsschulen Pilgerreisen, Exkursionen oder Ähnliches durchführen. Heute müssen wir um jede »junge Seele« kämpfen, um sie aus der im Argen liegenden Welt zu gewinnen. Der wirksamste Weg, die Kinder und Heranwachsenden vor schlechtem Einfluss zu schützen, ist, sie mit gleichaltrigen Christen und mit christlichen Lehrern zu umgeben, mit denen sie auch die Freizeit verbringen können.

Für die orthodoxe Erziehung ist es zweifellos keinesfalls ausreichend, die Texte der Heiligen Schrift trocken zu studieren. Jemand hat einmal scharfsinnig bemerkt, zur Revolution in Russland sei es gekommen, weil in den Geistlichen Seminaren und kirchlichen Gemeindeschulen zuerst sehr lange und langweilig das Alte Testament unterrichtet worden sei, als aber dann das Evangelium studiert wurde, seien die meisten Schüler bereits müde und ungläubig gewesen.

Natürlich dürfen wir nicht vergessen, dass im Idealfall die christliche Predigt nicht mit »überredenden Worten menschlicher Weisheit, sondern im Erweis des Geistes und der Kraft ...« (1. Korinther 2,4) geschieht. Solange aber das Wort des Erziehers nicht in dem Maße von der Gnade Gottes erfüllt ist, dass es in der Tiefe des Herzens jedes Hörers eindringt, braucht ein christlicher Pädagoge Ausbildung; er benötigt ein hohes Niveau an allgemeinmenschlicher Kultur und die notwendigen methodischen Hilfsmittel.

Конечно, преображение российской школы, пусть медленно, но происходит. Многое в этом процессе обновления зависит от молодых учителей, от новых директоров и заведующих учебной частью, которые не обременены тяжким грузом советской педагогики. Но впереди еще десятилетия упорного кропотливого труда...

В этих условиях огромное значение имеет религиозное воспитание детей и молодежи, поскольку молодое поколение, впервые сталкиваясь со многими явлениями окружающей действительности, испытывает острую потребность в ориентирах, жизненной опоре и общении. Молодой человек находится в непрерывном поиске, и иногда он стоит перед проблемой сделать тот или иной жизненно важный выбор. Молодость – это время возрастания, обучения и становления. В юном возрасте душа человека пластична, податлива и одновременно уязвима.

Так называемые воскресные школы существуют сегодня почти при каждом крупном приходе Русской Православной Церкви. В этих школах не только учат детей религии после праздничных и воскресных богослужений, но и организуют детский и молодежный досуг по будням. Иными словами, воскресные школы в Русской Православной Церкви решают задачи, которые в Евангелической Церкви в Германии выполняют уроки Закона Божия в школе, воскресные богослужения для детей и церковная работа с молодежью.

Часто воскресные школы перерастают в крупные духовно-культурные центры, функционирующие постоянно. Так, при храме святого праведного Иоанна Кронштадтского в Костроме возник молодежный центр «Ковчег».

Нередко воскресные школы отправляются в летние палаточные лагеря, и почти везде они организуют паломнические поездки и экскурсии для учеников. Сегодня нам приходится бороться за каждую молодую душу, отвоевывая ее у лежащего во зле мира. И самый лучший, самый действенный путь оградить душу ребенка или подростка от дурного влияния – это окружить его христианскими сверстниками и наставниками, вместе с которыми он будет проводить свое свободное время.

В деле православного воспитания, безусловно, крайне недостаточно сухого штудирования текстов Священного Писания. Кто-то остроумно заметил, что революция в России произошла из-за того, что в семинариях и церковноприходских школах в начальных классах долго и скучно преподавали Вет-

259

Bereits seit vier Jahren gibt die Abteilung für religiöse Bildung und Katechisierung beim Heiligen Synod – der Kirchenleitung – in Moskau die Wochenzeitung »Sonntagsschule« im Umfang von 16 Seiten »für orthodoxe und weltliche Schulen, für Lehrer Eltern und Kinder« heraus. Auf der ersten Seite der Zeitung stehen als Motto die Worte des Heilands: »Wer es aber tut und lehrt, der wird groß sein im Himmelreich« (Matthäus 5,19). Bezeichnend sind die Titel der Rubriken. Unter ihnen gibt es nicht nur wohl vertraute wie: die Heilige Schrift, Werke der Kirchenväter und Heiligenviten, sondern auch solche wie: Pause (Spiele, gute Taten), Orthodoxie und Natur (die natürliche Offenbarung Gottes), Erholung (Pilgerreisen, Exkursionen, Sommerlager) und anderes mehr.

Die Verantwortung der Kirche für die Jugend

»Zu keiner leichten Zeit beruft uns der Herr zum Priesterdienst. Um die Heimsuchungen und Versuchungen, die die Welt heute für uns bereithält, zu überwinden, muss

хий Завет. А когда наступало время изучать Евангелие, многие из воспитанников уже становились неверующими.

Конечно, не будем забывать, что в идеале христианская проповедь заключается «не в убедительных словах человеческой мудрости, но в явлении духа и силы» (1 Кор. 2. 4). Однако, как известно, христианских воспитателей, обладающих даром исполненного благодати Божией слова, проникающего в глубину сердца каждого слушателя, немного, а потребность в учителях велика. Каждому христианскому педагогу необходимо иметь соответствующее образование, он должен обладать высоким уровнем культуры, ему необходимы методические пособия.

Вот уже несколько лет в Москве Отделом религиозного образования и катехизации при Священном Синоде выпускается популярная еженедельная 16-страничная газета «Воскресная школа», предназначенная «православным и светским школам, учи-

154 *Der Kinder- und Jugendchor des kirchlichen Jugendbildungszentrums »Arche« in Kostroma.*
Детский и молодежный хор церковного молодежного образовательного центра «Ковчег» в Костроме.

man die Orthodoxie kennen und lieben, man muss die Kirche lieben. Außerdem muss man auch die Menschen lieben. Diese doppelte Liebe zu Gott und zu den Menschen wird Ihrem priesterlichen Gewissen sagen, was notwendig ist zur eigenen Erlösung und zur Erlösung der Ihnen anvertrauten Seelen.« Diese Worte richtete Patriarch Aleksij II. von Moskau und ganz Russland im Jahr 1990 an die Studierenden der theologischen Schulen während eines Festaktes an der Moskauer Geistlichen Akademie.

Über lange Zeit waren zwei geistliche Seminare die einzigen Orte in der Russischen Föderation, an denen junge Christen eine religiöse Ausbildung erhalten oder sich einfach versammeln konnten, um über spirituelle Themen zu sprechen. Nachdem die Kirche 1989/1990 ihre Freiheit erlangt hatte, begann man in vielen Eparchien Jugendbruderschaften, Gruppen orthodoxer Pfadfinder und andere Organisationen für junge Christen zu gründen.

Dieser spontane Prozess führte im Winter 1991 zur Einberufung des Orthodoxen Jugendtages in Moskau sowie zur Gründung der Allkirchlichen Orthodoxen Jugendbewegung des Moskauer Patriarchats. Vertretungen dieser Bewegung gibt es in vielen Eparchien. Im Jahr 2000 wurde schließlich beim Heiligen Synod eine Abteilung für Jugendarbeit geschaffen.

Früher pflegte man zu sagen, dass die Aufgabe der Kirche »in der Befriedigung der geistigen Bedürfnisse der Menschen« bestehe. Heute ist unserer Jugend klar geworden, dass die Aufgabe der kirchlich eingestellten Menschen in Wirklichkeit darin besteht, das religiöse Gefühl bei Menschen, die im Laufe vieler Jahre dem spirituellen Leben entfremdet wurden, wieder neu zu wecken. Im Russland von heute gewinnt also die Mission ganz neu an Bedeutung.

Religionsunterricht für Kinder in den Sonntagsschulen der Kirchen, soziale Diakonie in Krankenhäusern, Arbeit mit Strafgefangenen, Predigt des Christentums an staatlichen Schulen und Instituten – all das ist in unserer Zeit neu möglich geworden. Die Kirche sorgt sich um die Jugend. Sie geht daher jetzt wieder verstärkt auf junge Menschen zu. Ganz offensichtlich ist es aber so, dass auch die Jugend die Kirche sucht und braucht, wenn auch manchmal völlig unbewusst. Ein bleibendes Denkmal für die Suche eines solchen jungen Herzens sind die »Bekenntnisse«, das für alle Zeiten hervorragende Buch des Hlg. Augustinus.

Befragungen unter russischen Schülern der 6. und 7. Klasse zeigen heute ein erstaunliches Bild: 90 Prozent bezeichnen sich als gläubig! Warum werden dann die meisten von ihnen nicht zu ständigen Gottesdienstbesuchern in den orthodoxen Kirchen? Aus welchen Samen wachsen

телям, родителям и добрым детям». На первой странице издания – эпиграф из Евангелия от Матфея: «Иже сотворит и научит, сей великий наречется в Царствии Небесном» (Мф. 5. 19). Примечательны названия рубрик, среди которых хорошо известные и воспринятые сердцем: «Священное Писание», «Творения отцов Церкви», «Жития святых», а также новые: «Перемена» (игры, добрые дела), «Православие и природа» (естественное Богооткровение), «Отдых» (паломничества, экскурсии, летние лагеря) и многое другое.

Ответственность Церкви за молодежь

«В нелегкое время призывает нас Господь к пастырству. Чтобы преодолеть испытания и искушения, которые мир воздвигает перед вами сегодня, надо знать Православие, любить его, любить Церковь. А кроме того, надо любить людей. Эта двуединая любовь к Богу и людям подскажет вашей пастырской совести то, что потребно для спасения вашего и вверенных вам душ» – с такими словами обратился к воспитанникам богословских школ Патриарх Московский и всея Руси Алексий II на торжественном акте в Московской Духовной академии в 1990 году.

Долгое время две духовные семинарии были на территории нынешней Российской Федерации единственными местами, где молодые христиане могли получить религиозное образование и просто собраться, чтобы поговорить на духовные темы. После того как в 1989/1990 годах Церковь обрела свободу, во многих епархиях стали создаваться молодежные братства, отряды православных скаутов, другие молодежные христианские организации.

Этот стихийный процесс привел к созыву зимой 1991 года в Москве Съезда православной молодежи и созданию Всецерковного православного молодежного движения Московского Патриархата. Отделения движения существуют во многих епархиях. В 2000 году при Священном Синоде создан Отдел по делам молодежи.

В прошлом говорили, что задачей Церкви является «удовлетворение духовных потребностей людей». Сегодня наша молодежь понимает, что задача верующих на самом деле состоит в том, чтобы пробуждать религиозное чувство в людях, которых в течение многих лет отлучали от духовной жизни. В сегодняшней России важное значение приобретает миссионерское служение.

Преподавание религии детям в церковных вос-

die Dornen, die die lebendigen Pflanzen des Glaubens, die in der frühen Kindheit durch die frommen Babuschkas gesät wurden, zum Ersticken bringen? Was stößt sie von der Kirche ab? Was von dem, was sie finden wollten, haben sie in der Kirche nicht gefunden?

Der Glaube entsteht – menschlich gesprochen – durch das persönliche Vorbild. Junge Menschen pflegen den Starken zu vertrauen. Es geht dabei nicht um die physische, sondern um die moralische, geistige Kraft. Die Jugend sucht sich Lehrer aus, bei denen sie das starke spirituelle Rückgrat verspürt. Die sittliche Kraft des Erziehers kann vor allem in seiner Fähigkeit Ausdruck finden, den Versuchungen dieser Welt fest zu widerstehen und das Beispiel eines tugendhaften Lebens zu geben.

Ein Erzieher darf sich vor der Verantwortung für eine junge Seele nicht fürchten. Er soll Festigkeit und herzliche Wärme bei der geistigen Führung des jungen Menschen miteinander verbinden. Man darf mit der Jugend nicht schulmeisterlich arbeiten. Eintönige, langweilige Ermahnungen – tu dies nicht, tu jenes nicht – verurteilen die ganze Bildung eines jungen Menschen zum Scheitern. Es ist sinnlos, Worte zu vergeuden und über die guten Eigenschaften zu sprechen, die man einer jungen Seele einpflanzen möchte. Diese Fähigkeiten muss man vorleben und im persönlichen Umgang weitergeben.

Russland steht heute vor einer verantwortungsvollen Wahl, um ein Wort aus dem Alten Testament aufzugreifen. »Ich habe euch Leben und Tod, Segen und Fluch vorgelegt, damit du das Leben erwählst und am Leben

кресных школах, работа в больницах и тюрьмах, проповедь христианства в государственных школах и институтах – все это вновь стало возможным в наши дни. Церковь тревожится за судьбу молодежи и заботится о ней. Молодежь ищет веры, стремится в Церковь, нуждается в ней, пусть порой и не осознанно. Памятником таких исканий молодого сердца на все времена останется замечательная книга блаженного Августина «Исповедь».

Сегодня все опросы российских школьников 6-7 классов дают нам удивительную картину: 90 процентов называют себя верующими! Почему же большинство из них не становится постоянными прихожанами православных храмов? Из каких семян произрастает в сердцах то терние, которое заглушает живые ростки веры, взлелеянные в раннем детстве благочестивыми старушками? Что оттолкнуло подростков от храма? Чего из ожидаемого они в храме не нашли?

Вера воспитывается личным примером. Молодежи свойственно доверять людям сильным. Речь идет не о физической, а о нравственной, духовной силе. Молодежь выбирает тех наставников, в которых чувствует мощный духовный стержень. Нравственная сила воспитателя проявляется прежде всего в его умении твердо противостоять соблазнам мира сего, являть пример добродетельной жизни.

Наставник не должен бояться ответственности за молодую душу. Он обязан сочетать твердость и сердечную теплоту в своем духовном руководстве молодым человеком. С молодежью невозможно работать сухо-назидательно. Однообразные, скучные поучения – не делай того и того – обрекают обучение молодого человека на неудачу. Бессмысленно расточать слова, говоря о добрых качествах, которые хочешь привить молодой душе. Эти качества нужно передавать в личном общении и собственным примером.

Сегодня Россия стоит перед ответственным выбором. Как сказано в Ветхом Завете: «Жизнь и смерть

155 *Töpferei- und Theaterkurse, Korbflechten, sportliche Aktivitäten, Religionsunterricht und Musikangebote stehen auf dem Programm des Jugendbildungszentrums in der Stadt Kostroma an der Wolga.*
Гончарные и театральные кружки, плетение корзин, спортивные и музыкальные мероприятия, уроки Закона Божия – все это входит в программу молодежного образовательного центра в Костроме.

156 *Patriarch Aleksij II. und Erzbischof Aleksander von Kostroma und Galitsch zu Besuch im Jugendbildungszentrum »Arche« in Kostroma. Die kostenlosen Angebote der Einrichtung werden von mehr als 350 Kindern genutzt. Leiter ist Diakon Michail Spelnik (links von Erzbischof Aleksander), der Fußball so gut spielt wie Gitarre.*

Святейший Патриарх Алексий II и архиепископ Костромской и Галичский Александр в молодежном образовательном центре «Ковчег», расположенном в Костроме. Здесь бесплатно проводятся мероприятия, которыми пользуются более 350 детей. Руководитель центра – диакон Михаил Спельник (слева от архиепископа Александра), одинаково хорошо играющий на гитаре и в футбол.

bleibst, du und deine Nachkommen« (5. Mose 30,19). Werden wir in der Lage sein, in jungen Menschen die Samen des religiösen Glaubens, der Güte, des Edelmuts und der Toleranz zu säen? Oder wird die Jugend unseres Landes unter den schwierigen Bedingungen des jetzigen Lebens geistlos und verbittert heranwachsen und für das Land zur Quelle neuen Unglücks werden?

Das Leben bleibt nicht stehen. Die Vorstellung von der Russischen Orthodoxen Kirche als einer Kirche von alten Männern und Frauen, die in einem von der Gesellschaft isolierten Ghetto leben, gehört der Vergangenheit an. Das Antlitz der Kirche verwandelt sich schnell, es wird sichtbar jünger. Der Beginn des neuen Jahrtausends muss in Russland zur Wiedergeburt und Vervollkommnung der geistigen Bildung und Erziehung in den geistlichen Seminaren, theologischen Instituten und Sonntagsschulen – aber auch in den staatlichen Lehranstalten – führen.

Archimandrit Gennadij (Gogolew), Kostroma

предложил я тебе, благословение и проклятие. Избери жизнь, дабы жил ты и потомство твое» (Втор. 30. 19). Сумеем ли мы посеять в молодых людях семена религиозной веры, доброты, благородства, терпимости? Или молодые люди нашей страны вырастут в нелегких условиях современной жизни бездуховными, озлобленными и станут источником новых бедствий для страны?

Жизнь не стоит на месте. Уходит в прошлое представление о Русской Православной Церкви как о Церкви старичков и старушек, живущих в изолированном от общества гетто. Лик Церкви стремительно преображается и на глазах молодеет. Начало нового тысячелетия должно стать на Руси временем возрождения и совершенствования духовного образования и воспитания в семинариях, богословских институтах, воскресных школах, а также в государственных учебных заведениях.

Архимандрит Геннадий (Гоголев), Кострома

Hilfe für Behinderte, Kranke und alte Menschen
Помощь инвалидам, больным и престарелым

Diakonie nennt die evangelische Kirche den Dienst des Christen an seinem Nächsten. Schon im Alten Testament forderten die Propheten das Volk Israel auf, den Glauben an Gott in der Hilfe für Schwache und Kranke zu bewähren. In dieser Tradition steht auch Jesu Ruf in die Nachfolge. Auf die Frage, welches Gebot das wichtigste sei, antwortet er: »Du sollst deinen Nächsten lieben wie dich selbst« (Markus 12,31). Im Gleichnis vom Weltgericht identifiziert er sich mit Menschen in Not und wertet die Hinwendung zu Hungrigen und Obdachlosen als Dienst an ihm selbst: »Was ihr einem von diesen meinen geringsten Brüdern getan habt, das habt ihr mir getan« (Matthäus 25,40).

Diakonie in der Nachfolge Jesu Christi

Sich selber sah Jesus als ein dem Menschen Dienender (Lukas 22,27). In der Fußwaschung vor seiner Hinrichtung gibt er den Jüngern dafür ein Beispiel, »damit ihr tut, wie ich euch getan habe« (Johannes 13,15). Was konkret unter Diakonie als Dienst der Liebe zu verstehen ist, erläutert das Gleichnis vom Barmherzigen Samariter (Lukas 10,25–37): Während der Levit und der Priester den von Räubern halbtotgeschlagenen Mann liegen lassen, begreift der Ungläubige aus Samarien, was zu tun ist. Er versorgt die Wunden des Verletzten und bringt ihn auf eigene Kosten in einem Gasthaus unter. Der Samariter handelt von Herzen und tut das wirklich Nötige. Seine Hilfe ist nicht nur spontan, sondern zugleich sachgerecht.

Sechs Werke der Barmherzigkeit zählt das Gleichnis vom Weltgericht auf (Matthäus 25,31–46). Bis heute ist diese Liste für die Diakonie der evangelischen Kirche beispielhaft: Hungrige speisen, Durstige tränken, Gäste beherbergen, Nackte bekleiden, Kranke besuchen, Gefangene betreuen. Die Liste ist nicht vollständig und deshalb als Appell gegen die Gleichgültigkeit zu verstehen. So wie das Dienen Leben und Sterben Jesu bestimmt, so soll dies auch für seine Jünger und für die ganze Kirche gelten. Glaube und Liebe, Kirche und Diakonie gehören zusammen. Der Glaube gibt der Liebe Kraft, und die Liebe macht den Glauben eindeutig.

Um ihren diakonischen Auftrag zu erfüllen, beriefen die Gemeinden der apostolischen Zeit hauptamtliche Diako-

Диаконией Евангелическая Церковь называет служение христианина своему ближнему. Еще ветхозаветные пророки призывали народ Израиля к подтверждению своей веры в Бога делами помощи слабым и болящим. Этой традиции соответствует и евангельское повествование. На вопрос, какая заповедь первая из всех, Иисус Христос отвечает, что «первая из всех заповедей: возлюби Господа Бога Твоего всем сердцем твоим... Вторая, подобная ей: возлюби ближнего твоего, как самого себя. Иной большей сих заповедей нет» (Мк. 12. 29-31). В притче о Страшном суде Он отождествляет Себя с теми, кто терпит нужду, и расценивает помощь алчущим, жаждущим и странникам как служение Самому Себе: «Так как вы сделали это одному из сих братьев Моих меньших, то сделали Мне» (Мф. 25. 40).

Диакония как последование Иисусу Христу

Себя Самого Иисус считает служащим (Лк. 22. 27). Умывая ноги ученикам перед Своей казнью, Он подает им пример смиренного служения людям: «Чтобы и вы делали то же, что Я сделал вам» (Ин. 13. 15). Что именно понимается под диаконией как служением любви, поясняет притча о милосердном самарянине (Лк. 10. 25-37). В то время как левит и священник проходят мимо избитого до полусмерти человека, самарянин догадывается, что следует делать. Он перевязывает пострадавшему раны и размещает его за свой счет в гостинице. Самарянин действует, следуя сердечному порыву, и это значит, что он делает самое нужное в той ситуации.

В притче о Страшном суде перечисляются шесть дел милосердия: насытить алчущего, напоить жаждущего, приютить странника, дать одежду нагому, посетить больного и прийти к томящемуся в темнице (Мф. 25. 35-46). Этот перечень до сих пор служит руководством для диаконии Евангелической Церкви. Подобно тому, как служение Своему Отцу и людям составляло смысл жизни и смерти Иисуса, оно должно определять жизнь и Его учеников, и всей Церкви. Вера и любовь, Церковь и диакония – это

157 *Das Diakonissenmutterhaus in Aidlingen ist vom Württembergischen Pietismus geprägt. In ihrer diakonischen Arbeit, auf Freizeiten und in ihren Ausbildungsstätten wollen die Schwestern zum Glauben an Jesus Christus einladen.*
Служение в Доме диаконис в Айдлингене сформировалось под влиянием пиетизма. В рамках своей многосторонней деятельности сестры приглашают прежде всего молодых людей ознакомиться с верой во Христа.

ne, die sich um Arme, Witwen und Waisen kümmerten (vgl. Apostelgeschichte 6). In der nachapostolischen Epoche gehörte die Diakonie zum Amtsauftrag der Bischöfe, die mit der Liebesarbeit Diakone und Diakonissen beauftragten. Der Übertritt Kaiser Konstantins zum Christentum eröffnete der Diakonie neue Aufgaben. Der sich christlich verstehende Staat übertrug alle soziale Arbeit der Kirche. Mönche und Nonnen eröffneten Hospitäler, Herbergen und Waisenhäuser. Träger der Liebesarbeit waren in der Regel Klöster und fromme Laiengenossenschaften, sogenannte Bruderschaften, während das Diakonenamt seine karitative Funktion verlor und liturgische Aufgaben erhielt. Bis ins 15. Jahrhundert war die Armen- und Krankenpflege im westlichen Abendland fest in kirchlicher Hand. In den Städten gab es zusätzlich bürgerliche Stiftungen, die von den kommunalen Behörden verwaltet wurden.

Martin Luther (1483–1546), dem die evangelische Kirche ihre Theologie und Frömmigkeit verdankt, plante ei-

одно целое. Вера укрепляет любовь, а любовь делает веру непоколебимой.

Для выполнения диаконической миссии общины апостольских времен избирали диаконов, которые и должны были печься о бедных, вдовицах и сиротах (Деян. 6). В послеапостольскую эпоху диакония стала составной частью служения епископов, которые уполномочивали диаконов и диаконис совершать дела любви. Переход Императора Константина в христианскую веру поставил новые задачи перед диаконией. Государство, ставшее считать себя христианским, возложило всю социальную работу на Церковь. Монахи и монахини открывали больницы, гостиницы и сиротские приюты. Деятельная любовь стала осуществляться главным образом на средства монастырей и объединений благочестивых мирян, так называемых братств, а диаконское служение утратило свою благотворительную функцию и приобрело чисто литургические задачи. Вплоть до

nen Neuanfang auch in der diakonischen Arbeit. Diakone sollten nicht mehr nur im Gottesdienst mitwirken, sondern Kranke besuchen und darauf achten, wer in der Gemeinde Mangel leidet. Darüber hinaus sah er jeden Christen herausgefordert, in Alltag und Beruf das Gebot der Nächstenliebe zu erfüllen. Mit seiner Kritik am Klosterwesen hat Martin Luther allerdings auch dazu beigetragen, Mönchs- und Nonnenorden als wichtige Träger diakonischer Arbeit abzuschaffen. Dies war ein großer Verlust für die lutherische Kirche. Aufs Ganze gesehen, ist es trotz guter Ansätze der Reformation nicht gelungen, der evangelischen Diakonie ein eigenes Profil zu geben. In den evangelischen Städten besorgten städtische Institutionen die Armen- und Krankenfürsorge, ohne dass die evangelischen Gemeinden unmittelbar beteiligt waren. Neue Impulse kamen erst im 18. Jahrhundert von dem Theologen August Hermann Francke (1663–1727), der in Halle ein Waisenhaus, Schulen, ein Krankenhaus und eine Bibeldruckerei gründete, die er aus den Erlösen einer Apotheke und anderer Wirtschaftsbetriebe finanzierte.

Das Jahrhundert evangelischer Diakonie

Das 19. Jahrhundert gilt in der evangelischen Kirche Deutschlands als »Jahrhundert der Diakonie«. Pfarrer und Laien ergriffen die Initiative, um dem sozialen Elend des heraufziehenden Industriezeitalters zu begegnen. Der Schriftsteller Johannes Falk (1768–1826) sammelte in Thüringen verwaiste Jugendliche auf, erzog sie und gab sie bei Handwerkern in eine Lehre. Graf Adalbert von der Recke-Volmerstein (1791–1878) gründete in Düsselthal eine Anstalt für Schwachsinnige. Eine Strickschule für Kinder eröffnete Pfarrer Johannes Oberlin (1740–1826) im elsässischen Steintal. Ein Zentrum diakonischer Erneuerung wurde Kaiserswerth, eine Kleinstadt bei Düsseldorf. Dort betrieb 1836 Pastor Theodor Fliedner (1800–1864) ein Krankenhaus, das auch Pflegerinnen ausbildete. Aus dieser Schule entstand die Kaiserwerther Diakonissenanstalt, in die unverheiratete Frauen eintraten, um als Diakonissen hilfsbedürftigen Menschen zu dienen.

Fliedners Anstalt gab den Anstoß für die berufliche Mitarbeit von Frauen in der Sozialarbeit. Nach dem Kaiserwerther Vorbild entstanden weitere Diakonissenhäuser in Deutschland. Einen diakonisch eigenen Weg ging Pastor Wilhelm Löhe (1808–1872). In der bayerischen Ortschaft Neuendettelsau rief er einen »Lutherischen Verein für weibliche Diakonie« ins Leben. Löhe legte großen Wert auf den inneren Zusammenhang von Liturgie und Diakonie. Im Mittelpunkt aller karitativen Arbeit der Kirche sollte der Altar – der Glaube an Jesus Christus als Herrn und Erlöser – stehen.

XV столетия попечение о бедных и больных на Западе находилось в руках Церкви. Дополнительно к этому в городах существовали гражданские фонды помощи, управлявшиеся городскими властями.

Мартин Лютер (1483-1546), которому Евангелическая Церковь обязана своей теологией и своим благочестием, намеревался положить новое начало также в деле диаконии. Он хотел, чтобы диаконы не только прислуживали за богослужением, но также посещали больных и следили за тем, кто из прихожан терпит нужду. Кроме того, Мартин Лютер считал долгом каждого христианина исполнение заповеди о любви к ближнему как в быту, так и в профессиональном служении. Вместе с тем, критикуя монастыри, Мартин Лютер способствовал упразднению монашеских орденов как важнейших исполнителей диаконического служения. Это была большая потеря для Лютеранской Церкви. В общем, следует отметить, что, несмотря на благие намерения, Реформации так и не удалось придать собственную специфику евангелической диаконии. В протестантских городах о бедных и больных заботились государственные власти, евангелические общины не принимали в этом непосредственного участия. И лишь в XVIII веке богослов и педагог Август Герман Франке (1663-1727) взял на себя служение благотворителя. За счет доходов от аптеки, типографии и книготорговли, владельцем которых он был, и за счет щедрых пожертвований, которые стекались к Франке со всей Пруссии, он учредил в Галле сиротский приют, школы, больницу и типографию для печатания Библий.

Столетие евангелической диаконии

XIX век вошел в историю Евангелической Церкви в Германии как «столетие диаконии». Священники и миряне усердно работали, чтобы предотвратить рост социальной нужды накануне эпохи индустриализации. Писатель Йоханнес Фальк (1768-1826) собирал в Тюрингии осиротевших детей, воспитывал их и отдавал в учение ремесленникам. Граф Адальберт фон дер Реке-Фольмерштейн (1791-1878) основал в Дюссельтале заведение для слабоумных. Священник Йоханнес Оберлин (1740-1826) открыл в эльзасском городе Штайнталь школу вязания. Центром диаконического обновления стал небольшой городок под Дюссельдорфом – Кайзерсверт. Именно здесь пастор Теодор Флиднер (1800-1864) в 1836 году открыл больницу, а при ней школу, где можно было научиться ухаживать за больными. Эта школа своим существованием подготовила создание в Кайзерс-

158 *Johann Hinrich Wichern (1808–1881) gilt als einer der Väter der kirchlichen Sozialarbeit in Deutschland.*
Йоханн Хинрих Вихерн (1808–1881) считается одним из отцов немецкого церковного социального служения в XIX веке.

Auch das Diakonenamt erfuhr im 19. Jahrhundert eine Wiederbelebung. In Hamburg hatte der Theologe Johann Hinrich Wichern (1808–1881) eine Rettungsanstalt für verwahrloste Kinder gegründet. Seine Arbeit begann er 1833 in einem Bauernhof im Dörfchen Horn, der von den Anwohnern »Rauhes Haus« genannt wurde. Immer mehr Kinder kamen in seine Anstalt. Wichern lud christliche Handwerker ein, als pädagogische Helfer mitzuarbeiten. Er nannte sie »Brüder«, weil sie mit den Kindern wie ältere Brüder einer Familie zusammenleben sollten. Später gründete Wichern eine Schule für die Gehilfen, wo sie in Theologie und Pädagogik unterrichtet wurden. Die Diakone des Rauhen Hauses waren die ersten fachlich ausgebildeten Sozialarbeiter in Deutschland. Sie arbeiteten als Stadtmissionare und Fürsorger, als Hausväter von Obdachlosenheimen und zeitweise als Sanitäter. Wicherns Diakonenanstalt wurde das Vorbild weiterer Brüderhäuser – so in Rummelsberg bei Nürnberg oder in Neinstedt in Sachsen-Anhalt.

Johann Hinrich Wichern gilt als Begründer der heutigen Diakonie der evangelischen Kirche. Über die Zeitschrift »Fliegende Blätter«, in der er über seine Arbeit im Rauhen Haus und über soziale Missstände in Deutschland berichtete, verbreitete er sein Konzept der »Inneren Mission«. Mit ihr wollte er Not und Verarmung bekämp-

верте дома диаконис, куда поступали незамужние женщины, дабы нести служение помощи нуждавшимся людям, становясь диаконисами.

Дом диаконис Флиднера стал примером работы женщин в социальной сфере и создал условия для начала их профессиональной подготовки. По образцу Кайзерсверта в Германии возникло много домов диаконис. Пастор Вильгельм Лёэ (1808-1872) избрал свой собственный путь в диаконии. В баварском местечке Нойендеттельсау он учредил Лютеранский союз женской диаконии. Лёэ придавал большое значение внутренней взаимосвязи между литургией и диаконией. В центре всей благотворительной деятельности Церкви должен был стоять алтарь, то есть вера в Иисуса Христа как Господа и Спасителя.

В XIX веке было возвращено к жизни и само служение диаконов. Богослов Йоханнес Хинрих Вихерн (1808-1881) открыл в Гамбурге заведение по спасению беспризорников. Свою работу он начал в 1833 году в крестьянской усадьбе в деревушке Хорн. Местные жители называли эту усадьбу «Суровым домом» («Rauhes Haus»). Приток поступавших сюда детей постоянно возрастал. В качестве помощников и педагогов Вихерн пригласил на работу христиан-ремесленников. Он называл их «братьями», ибо они должны были жить с детьми одной семьей как старшие братья. Позднее Вихерн основал школу для обучения своих помощников богословию и педагогике. Диаконы «Сурового дома» были первыми социальными работниками в Германии, прошедшими специальное обучение. Они занимались миссионерской и попечительской деятельностью в городах, служили наставниками в приютах для бездомных, а иногда работали также санитарами. Диакониское заведение Вихерна послужило образцом для других братских домов, основанных, например, в Руммельсберге или в Найнштедте в Саксонии-Ангальт.

Йоханнес Хинрих Вихерн считается основателем современной диаконии Евангелической Церкви. Через журнал «Летающие листы» («Fliegende Blätter»), в котором рассказывалось о работе в «Суровом доме» и о неудовлетворительном социальном положении многих людей в Германии, Вихерн распространял свою концепцию «внутренней миссии». На основании этой концепции он хотел наладить борьбу с нуждой и обнищанием, а вместе с тем преодолеть отчуждение от христианской веры, наблюдавшееся особенно в низших социальных слоях населения. Он считал настоятельным долгом Церкви делами свидетельствовать о любви Христа к бедным. На одной

159 *Die Betreuung von alten und kranken Menschen zuhause organisieren in zahlreichen Gemeinden die örtlichen Diakoniestationen.*
Местные пункты диаконии организуют в многочисленных общинах уход за престарелыми и больными на дому.

160 *Das Diakoniewerk Neuendettelsau unterhält auch eine allgemeinbildende Realschule mit modernster Computerausrüstung.*
Диаконическая служба в Нойендеттельсау содержит общеобразовательную школу с самым современным компьютерным оснащением.

161 *Die Diakonie in Deutschland ist Träger zahlreicher Fachschulen für soziale und pflegerische Berufe.*
Диакония в Германии финансирует многочисленные специальные школы, занятые подготовкой к социальной и патронажной службе.

162 *Zur Werkstatt für Behinderte in Bruckberg bei Nürnberg gehört auch eine Korbflechterei.*
Мастерская для инвалидов в Брукберге под Нюрнбергом, помимо прочего, занимается изготовлением плетеных корзин.

163 *In behüteten Werkstätten – etwa in Bethel, Neuendettelsau oder im »Rauhen Haus« in Hamburg – finden geistig behinderte Menschen sinnvolle Arbeit.*
В тщательно опекаемых мастерских, например в Бетеле, Нойендеттельсау или в «Суровом доме» в Гамбурге, находят для себя полезную работу люди с умственными или физическими недостатками.

fen und zugleich die Entfremdung insbesondere der unteren sozialen Schichten vom Christentum überwinden. Die Liebe Christi den Armen durch die Tat zu bezeugen, sah er als eine Bringschuld der Kirche an. Auf einer Kirchenversammlung in Wittenberg 1848 forderte er die soziale Verpflichtung der Kirche ein: »Es tut eines Not, dass die evangelische Kirche in ihrer Gesamtheit anerkenne: die Arbeit der inneren Mission ist mein! ... Wie der ganze Christus im lebendigen Gottesvolk sich offenbart, so muss er auch in den Gottestaten sich predigen, und die höchste, reinste, kirchlichste dieser Taten ist die rettende Liebe.«

Wicherns flammende Wittenberger Rede führte zur Bildung des »Zentralausschusses für die Innere Mission«. Er koordinierte die diakonischen und missionarischen Aktivitäten in den deutschen Regionalkirchen. Seine Arbeit setzt heute das Diakonische Werk der Evangelischen Kirche in Deutschland (EKD) fort.

Die soziale Verantwortung der Gesellschaft

Parallel zum diakonischen Aufbruch im Protestantismus begannen die deutschen Staaten und nach 1871 das Deutsche Reich, die Fürsorge für Arme, Kranke und Schwache aus Steuergeldern zu finanzieren und entsprechende Gesetze zu erlassen. Die erste demokratische Verfassung Deutschlands von 1919 verpflichtete den Staat ausdrücklich zur sozialen Verantwortung gegenüber seinen Bürgern. Ein Wohlfahrtsministerium wurde gegründet, das mit den diakonischen und mit anderen karitativen Einrichtungen zusammenarbeitete. Als das nationalsozialistische Regime 1933 an die Macht kam, brachte es die kirchliche Sozialarbeit weitgehend unter seine Regie. Am sozialen Wiederaufbau Deutschlands nach dem Zweiten Weltkrieg waren Kirche und Diakonie wieder eigenständig beteiligt. Während sie sich in der Deutschen Demokratischen Republik (1949–1990) dem Monopolanspruch der regierenden Sozialistischen Einheitspartei anpassen mussten, konnten sie sich in der Bundesrepublik Deutschland ungehindert entfalten.

Dem deutschen Sozialsystem liegt das Prinzip der Subsidiarität zugrunde. Kommt ein Bürger in Not, hat als erstes seine Familie für ihn zu sorgen. Reichen deren Möglichkeiten nicht aus, tritt der Staat ein. Nach diesem Prinzip ist auch das Sozialwesen aufgebaut. Soziale Einrichtungen betreiben in erster Linie gemeinnützige Organisationen wie z. B. die karitativen Verbände der Kirchen oder säkulare Vereinigungen wie das Rote Kreuz. Eigene Einrichtungen errichtet der Staat nur dann, wenn das Angebot der freien Träger nicht ausreicht. Dieses System entspringt der Auffassung, dass nicht allein der Staat, son-

из церковных встреч в Виттенберге в 1848 году он потребовал от Церкви взятия на себя социальных обязательств: «Мы крайне нуждаемся в том, чтобы вся Евангелическая Церковь признала: деятельность «внутренней миссии» – это наша задача! ...Так же как весь Христос открывается в живом народе Божием, Он должен нести благую весть о Себе богоугодными делами, а самое высокое, самое чистое и самое церковное из этих дел – это дело спасительной любви».

Ответом на пламенную речь Вихерна в Виттенберге стало создание Центрального комитета по делам внутренней миссии. Он координировал диаконическую и миссионерскую деятельность в германских региональных Церквах. В наши дни его работу продолжает Диаконическое объединение Евангелической Церкви в Германии.

Социальная ответственность общества

Параллельно с подъемом диаконии в протестантизме немецкие государства также стали финансировать попечение о бедных, больных и слабых за счет налоговых поступлений, а после 1871 года заботу о неимущих взяла на себя Германская Империя. Для упорядочения этой деятельности были установлены соответствующие законы, а первая демократическая Конституция Германии, принятая в 1919 году, уже прямо обязывала государство брать на себя социальную ответственность по отношению к гражданам. Было создано министерство благотворительности. Оно сотрудничало с диаконическими и другими благотворительными учреждениями. Когда с 1933 года у власти утвердился национал-социалистический режим, почти вся церковная социальная работа перешла в ведение новой власти. И лишь после Второй мировой войны Церковь и ее диаконические организации смогли вновь принять самостоятельное участие в возрождении социальной работы в Германии. И если в Германской Демократической Республике (1949-1990) Церковь и диаконические службы вынуждены были приспосабливаться к претендовавшей на монопольную власть правящей Социалистической единой партии, то в Федеративной Республике Германии они могли осуществлять свою деятельность безо всяких препятствий.

Германская социальная система зиждется на принципе субсидиарности. Это означает, что если какой-либо гражданин попадает в беду, то в первую очередь о нем должна позаботиться семья. Если же возможности семьи ограничены, вмешивается государство. По такому же принципу действует и вся социальная

dern die Gesamtheit aller Bürger Verantwortung für die Schwachen wahrnehmen soll.

Ein umfangreiches Sozialgesetzbuch fasst alle Gesetze und Verordnungen zusammen, die Recht und Anspruch der Bürger auf Unterstützung in Notlagen festlegen. Wird jemand krank, unterstützen ihn öffentliche oder private Krankenkassen. Sie bezahlen z. B. auch Pflegekosten in einem Krankenhaus der Diakonie. Muss ein alter Mensch in ein Pflegeheim umziehen, kann er, sofern sein Geld nicht reicht, einen Zuschuss für Miete und Versorgung bekommen. Ob er in ein Heim der Diakonie oder eines säkularen Trägers zieht, ist ihm freigestellt.

Die Arbeit des Diakonischen Werkes

Die Diakonie der evangelischen Kirche ist heute auf allen Gebieten der Gesundheitspflege, der Erziehung und der Sozialfürsorge tätig. Zu ihr gehören Krankenhäuser, Kindergärten, Altenheime, Einrichtungen für Behinderte und für psychisch Kranke, Jugendheime und Obdachlosenunterkünfte. Darüber hinaus betreut sie Arbeitslose, Suchtgefährdete und Strafentlassene. Sie unterhält Familienberatungsstellen und Schulen für soziale Berufe. Rund 30.000 selbstständige Einrichtungen sind unter dem Dach des Diakonischen Werkes der EKD vereinigt. Organisiert sind sie entweder als Werk einer Kirchengemeinde oder einer Landeskirche, als registrierter Verein oder als rechtsfähige Stiftung.

Im Unterschied zu früher ist die diakonische Arbeit der Gegenwart eine sich immer stärker spezialisierende Tätigkeit. Sie verlangt Fachwissen und entsprechend ausgebildete Mitarbeiter. Zwar finden sich viele Christen bereit, in der Diakonie tätig zu werden. Aber auch Menschen, die sich nicht ausdrücklich zur Kirche bekennen, arbeiten mit. Gerade mit ihnen sucht die Diakonie das Gespräch, um die christliche Ausrichtung ihrer Arbeit zu unterstützen.

Obwohl die diakonische Arbeit überwiegend aus öffentlichen Geldern finanziert wird, bezahlt der Staat nicht alles, was diakonisch nötig und christlich geboten ist. Viele Kirchengemeinden, aber auch Einzelpersonen unterstützen deshalb die Diakonie mit Kollekten und Spenden. Denn »Diakonie« besteht nicht allein aus karitativen Einrichtungen, sondern wesentlich aus dem Engagement jedes Christen für die Sache Christi. Viele Tausende Menschen sind ehrenamtlich diakonisch tätig. Sie organisieren Besuchsdienste in den Kirchengemeinden, helfen in der Betreuung kranker oder behinderter Menschen mit oder schließen sich Gruppen an, die sich sozialer Fragen annehmen.

Ein demokratisches Land lebt vom freiwilligen Engage-

система. Социальные учреждения получают поддержку в первую очередь от благотворительных учреждений, например, от благотворительных объединений Церквей или от таких светских организаций, как Красный Крест. Государство создает собственные учреждения лишь в том случае, если возможности негосударственных организаций недостаточны. Эта система вытекает из убеждения, что ответственность за слабых должно нести не только государство, но и все граждане.

Кодекс законов по социальным вопросам объединяет в себе все законы и распоряжения, определяющие права граждан на предоставление им помощи в крайних ситуациях. Если кто-нибудь заболел, он получает поддержку от государственных или частных медицинских страховых компаний. Те же компании оплачивают диаконическим службам затраты по уходу за неимущими в больнице. Если пожилой человек вынужден переселиться в дом престарелых, он может, в случае нехватки денег, получить дотацию на свое там содержание. Вопрос же, в какой из домов престарелых он предпочтет переселиться, – принадлежащий диаконии или финансируемый какой-либо светской организацией, – решает он сам.

Деятельность Диаконического объединения

Диакония Евангелической Церкви действует сегодня во всех областях здравоохранения, воспитания и социального попечения. Ей принадлежат больницы, детские сады, дома престарелых, учреждения для инвалидов и психически больных, дома для молодежи и приюты для бездомных. Кроме того, она заботится о безработных, наркоманах и освобожденных из заключения. Диакония имеет пункты консультации для семьи и школы, а также для обучения социальным профессиям. Под эгидой Диаконического объединения Евангелической Церкви в Германии действует около 30 000 самостоятельных организаций. Они могут выступать как ассоциации при приходах или земельных Церквах, как зарегистрированные объединения или же как благотворительные фонды, обладающие правами юридического лица.

В отличие от прошлых времен, современная диакония включает в себя огромное число направлений в различных социальных сферах. Она требует специальных знаний и соответствующим образом подготовленных сотрудников. Многие христиане готовы принять участие в работе диаконии. Но там трудятся и люди, не заявляющие открыто о своей принадлеж-

164 *Werbung für die Aktion »Brot für die Welt«. Die größte Spendenaktion der evangelischen Christenheit in Deutschland erbringt jährlich rund 50 Millionen Euro für Projekte der Entwicklungshilfe in Ländern der »Dritten Welt«.*
Реклама в пользу кампании «Хлеб для мира». Крупнейшая акция по сбору пожертвований проводится евангелическими христианами Германии в период адвента и преддверия Рождества. Ежегодно в ходе этой акции около 50 миллионов евро поступает на проекты помощи развитию стран «третьего мира».

ности к Церкви. Церковные сотрудники диаконии ищут диалога с этими людьми, чтобы сохранить христианскую направленность работы.

Хотя диакония существует главным образом за счет государственных средств, их не хватает на осуществление всех программ, как социальных, так и чисто религиозных. Поэтому многие церковные приходы, а также частные лица оказывают поддержку диаконии тарелочным сбором или личными пожертвованиями. Ведь «диакония» – это не только благотворительные учреждения. Главным образом – это участие каждого христианина в деле Христовом. Многие тысячи людей трудятся в диаконии на общественных началах. Они организуют службы посещения больниц в приходах, помогают в уходе за больными или инвалидами, присоединяются к группам, занимающимся социальными вопросами.

Демократическое государство существует благодаря гражданам, активно и безвозмездно отдающим свои силы и время обществу. Поэтому одной из своих важнейших задач диакония считает поощрение христиан, помогающих нуждающимся согражданам. Диаконическое объединение оказывает поддержку группам самопомощи и содействует гражданским инициативам, направленным на проявление заботы о безработных, беженцах и эмигрантах. Ведь, несмотря на высокий уровень государственной социальной политики, в Германии тоже не всегда удается найти быстрое решение внезапно появляющихся проблем. Тем в большей степени государство и общество зависят от советов и инициатив отдельных людей, проявляющих солидарность и серьезно относящихся к страданиям своих сограждан. То, что среди таких ответственных людей особенно много евангелических христиан, наглядно демонстрирует, что в Германии все больше женщин и мужчин считают возложенную на Церковь миссию диаконии своим личным делом.

Дитрих Затлер, Гамбург

ment der Bürger. Deshalb betrachtet es die Diakonie als eine ihrer wichtigsten Aufgabe, Christen zu ermutigen, sich für Not leidende Mitbürger einzusetzen. Sie unterstützt Selbsthilfegruppen und fördert Bürgerinitiativen, die auf freiwilliger Basis Arbeitslose, Flüchtlinge oder Migranten betreuen. Denn trotz des hohen Niveaus der staatlichen Sozialpolitik gibt es auch in Deutschland nicht für jede neu auftauchende Not gleich eine Lösung. Umso mehr sind Staat und Gesellschaft auf den Rat und auf die Initiative solidarisch mitdenkender Bürger angewiesen, die ihre Verantwortung für das Leid ihrer Mitbürger ernst nehmen. Dass unter ihnen besonders viele evangelische Christen sind, zeigt anschaulich, dass sich in Deutschland immer wieder Frauen und Männer den diakonischen Auftrag der Kirche persönlich zu Eigen machen.

Dietrich Sattler, Hamburg

<table>
<tr><td colspan="2"># Diakonie in Deutschland</td><td colspan="2"># Диакония в Германии</td></tr>
<tr><td colspan="2">Stand: Anfang 2000</td><td colspan="2">(по состоянию на начало 2000 года)</td></tr>
<tr><td>Krankenhäuser</td><td>318</td><td>Больниц</td><td>318</td></tr>
<tr><td>Plätze in Krankenhäusern</td><td>64.302</td><td>Больничных коек</td><td>64 302</td></tr>
<tr><td>Heime der Altenhilfe</td><td>1.915</td><td>Домов престарелых</td><td>1 915</td></tr>
<tr><td>Plätze in Heimen der Altenhilfe</td><td>143.942</td><td>Мест в домах престарелых</td><td>143 942</td></tr>
<tr><td>Tageseinrichtungen der Altenhilfe</td><td>325</td><td>Однодневных домов престарелых</td><td>325</td></tr>
<tr><td>Plätze in Tageseinrichtungen der Altenhilfe</td><td>10.693</td><td>Мест в однодневных домах престарелых</td><td>10 693</td></tr>
<tr><td>Heime der Behindertenhilfe</td><td>1.032</td><td>Домов для инвалидов</td><td>1 032</td></tr>
<tr><td>Plätze in Heimen der Behindertenhilfe</td><td>53.358</td><td>Мест в домах для инвалидов</td><td>53 358</td></tr>
<tr><td>Tageseinrichtungen der Behindertenhilfe</td><td>723</td><td>Однодневных домов для инвалидов</td><td>723</td></tr>
<tr><td>Plätze in Tageseinrichtungen der Behindertenhilfe</td><td>69.735</td><td>Мест в однодневных домах инвалидов</td><td>69 735</td></tr>
<tr><td>Heime der Jugendhilfe</td><td>783</td><td>Домов молодежи</td><td>783</td></tr>
<tr><td>Plätze in Heimen der Jugendhilfe</td><td>30.905</td><td>Мест в домах молодежи</td><td>30 905</td></tr>
<tr><td>Tageseinrichtungen der Jugendhilfe einschließlich Kindergärten</td><td>9.505</td><td>Однодневных домов молодежи, включая детские сады</td><td>9 505</td></tr>
<tr><td>Plätze in Tageseinrichtungen der Jungendhilfe und Kindergärten</td><td>572.925</td><td>Мест в однодневных домах молодежи, включая детские сады</td><td>572 925</td></tr>
<tr><td>Beratungsstellen und ambulante Dienste</td><td>5.362</td><td>Консультативных пунктов и амбулаторных служб</td><td>5 362</td></tr>
<tr><td>Selbsthilfegruppen und andere soziale Gruppen</td><td>4.308</td><td>Групп самопомощи и других социальных групп</td><td>4 308</td></tr>
<tr><td>Aus- und Fortbildungseinrichtungen für soziale und pflegerische Berufe</td><td>517</td><td>Учреждений образования и повышения квалификации для социальных профессий и патронажных служб</td><td>517</td></tr>
<tr><td>Mitarbeiter und Mitarbeiterinnen insgesamt</td><td>400.480</td><td>Количество сотрудников и сотрудниц, всего</td><td>400 480</td></tr>
<tr><td>Diakonissenmutterhäuser</td><td>116</td><td>Главных общин диаконис</td><td>116</td></tr>
<tr><td>Diakonissen</td><td>6.300</td><td>Количество диаконис</td><td>6 300</td></tr>
<tr><td>Gemeinschaften für Diakone bzw. Diakoninnen</td><td>23</td><td>Объединений для сотрудников и сотрудниц диаконата</td><td>23</td></tr>
<tr><td>Diakone und Diakoninnen</td><td>8.000</td><td>Количество сотрудников и сотрудниц диаконата</td><td>8 000</td></tr>
<tr><td>Communitäten für Frauen bzw. Männer (Klöster)</td><td>24</td><td>Женских и мужских общежительных обителей (монастырей)</td><td>24</td></tr>
<tr><td>Mitglieder der Communitäten</td><td>900</td><td>Насельников общежительных обителей (монастырей)</td><td>900</td></tr>
<tr><td colspan="2">*Quelle: Diakonisches Werk der EKD, Stuttgart*</td><td colspan="2">*Источник: Диаконическое объединение, Штутгарт*</td></tr>
</table>

Die Arbeit der Barmherzigkeit. Diakonischer Neuanfang in Russland

Труды милосердия. Возрождение диаконического служения в России

»Glasnost« und »Perestroika« eröffneten der Russischen Orthodoxen Kirche in den Jahren 1988/89 viele neue Wirkungsmöglichkeiten. Abertausende Menschen kamen damals erstmals oder wieder in die neu geöffneten Gotteshäuser. Viele von ihnen suchten hier einen neuen Sinn für ihr Leben. Nahezu ununterbrochen fanden in den Stadtkirchen Taufen statt, in manchen Gotteshäusern bis zu 300 bis 400 am Tag.

Auch im diakonischen Bereich kam es in jenen Jahren zu einem Neuanfang. Die Russische Orthodoxe Kirche nennt das, was in Deutschland »Diakonie« oder »Caritas« heißt, die Arbeit der »Barmherzigkeit«. In Deutschland ist noch immer die Meinung verbreitet, die orthodoxe Kirche sei eine »liturgische« und keine »diakonische« Kirche. Diese Auffassung ist unzutreffend. Vor der Revolution waren insbesondere die Frauenklöster Zentren der Wohltätigkeit und Barmherzigkeit. Die Russische Orthodoxe Kirche unterhielt auch zahlreiche Bildungseinrichtungen und Waisenhäuser. In diesem Band veranschaulichen die Beiträge über den Hlg. Johann von Kronstadt und die Martha-Maria-Schwesternschaft die diakonische Tradition der russischen Orthodoxie im 19. Jahrhundert. Erst die kommunistische Machtergreifung zerschlug diese gesegnete Tätigkeit der christlichen Liebe.

Spontane Hilfe nach der Wende

Im Rückblick auf die vergangenen zwölf Jahre lassen sich verschiedene Etappen in der Entwicklung der kirchlichen »Barmherzigkeitsarbeit« feststellen.

Ein wesentliches Kennzeichen der Anfangsjahre nach 1988/89 waren Spontaneität und Enthusiasmus. Zahlreiche Menschen waren bereit, freiwillig in Krankenhäusern und Altersheimen, in Waisenhäusern und Gefängnissen zu helfen. Auch in den neu eröffneten Frauenklöstern begannen die Nonnen, nachdem sie die zerstörten Häuser und Kirchen wieder hergerichtet hatten, einzelne Waisenkinder, pflegebedürftige alte Menschen und behinderte Kinder zu betreuen. Dies geschah zumeist spontan, unorganisiert und ohne professionelle Beratung oder gar Planung. Engagierte Laien und tatkräftige Priester ergriffen in vielen Städten die Initiative. So entstanden Suppen-

В 1988-1989 годах, с началом «перестройки», перед Русской Православной Церковью открылись широкие возможности для работы во многих сферах. Тысячи людей устремились во вновь открытые храмы: для одних это было первым знакомством с Православием, для других – возвращением в Церковь. Многие искали здесь цели и смысла жизни, утраченных с крушением советской идеологии. В храмах почти без перерыва совершались Крещения: в некоторых церквах крестилось по 300-400 человек в день.

В те же годы началось и возрождение социального служения. То, что в Германии именуют «диаконией» или «каритас», в Русской Православной Церкви принято называть благотворительностью. В Германии все еще бытует ошибочное мнение, что Православная Церковь – это Церковь «литургическая», а не «диаконическая». В действительности до революции многие монастыри, особенно женские, были центрами благотворительности и милосердия. В статьях о святом Иоанне Кронштадтском и Марфо-Мариинской обители в настоящем издании рассказывается о диаконической традиции Русского Православия XIX-XX веков. Но Русская Православная Церковь не только в то время, а на протяжении всей своей истории содержала многочисленные образовательные и медицинские учреждения, приюты и богадельни. Лишь приход к власти коммунистов остановил эти благословенные труды христианской любви.

Спонтанная помощь после перелома

Оценивая работу 12 лет, прошедших с начала возрождения церковной благотворительности в России, можно отметить несколько этапов в ее развитии.

Существенным признаком диаконии первых лет «перестройки» были спонтанность и энтузиазм. Многие верующие были готовы безвозмездно помогать медперсоналу и пациентам в больницах и домах престарелых, трудиться в детских домах и тюрьмах. Во вновь открытых женских монастырях,

küchen für Rentner und Rentnerinnen, Treffpunkte für Straßenkinder und Frauengruppen, deren Mitglieder sich um Kranke zu Hause oder in den Kliniken kümmerten.

In der »Barmherzigkeitsarbeit« der Russischen Orthodoxen Kirche spielten im 19. Jahrhundert auch die sogenannten Bruderschaften eine Rolle. Ende der 80er Jahre entstanden sie an vielen Stellen neu. Bei diesen Bruderschaften und Schwesternschaften handelt es sich um Gruppen gläubiger Christen, um Laien, die sich eine feste Ordnung geben, sich zumeist um eine Kirche sammeln und ehrenamtlich diakonische Aufgaben wahrnehmen. Zuweilen handelt es sich dabei um hochqualifizierte Spezialisten, die ihre Berufskarriere aufgeben, um sich in der Bruderschaft für Menschen in Not engagieren zu können.

In dieser ersten Zeit beschäftigte sich freilich ein Großteil der Initiativgruppen mit der Verteilung der »Humanitären Hilfe« aus dem Ausland. In den ersten Jahren nach 1988 wurden vor allem in Deutschland zahlreiche Transporte organisiert, die Lebensmittel, Kleider, Medikamente und Maschinen nach Russland brachten. Empfänger dieser so genannten »Humanitären Hilfe«, deren Umfang sicher mehrere Millionen Dollar betrug, waren zumeist Gemeinden und Einrichtungen der Russischen Orthodoxen Kirche, aber auch staatliche Krankenhäuser und Waisenhäuser sowie Geistliche Schulen und Klöster. Patriarch Aleksij II. hat diese Unterstützung der Christen aus Deutschland wiederholt öffentlich als große Hilfe für die Menschen und als außerordentlichen Beitrag zum kirchlichen Wiederaufbau in Russland gewürdigt.

Es darf aber nicht verschwiegen werden, dass die Abwicklung der »Humanitären Hilfe« auch mit manchen Problemen verbunden war. So gab es in Deutschland manchen Haushalt, der die Gelegenheit nutzte, sich vor allem von alten Schuhen, kaputtem Spielzeug und unmodernen Kleidern zu befreien. Verständlich, dass die Empfänger dies als demütigend empfanden. Aber auch die Lieferung hochwertiger Lebensmittel und Hilfsgüter war nicht unproblematisch. An mancher Stelle entstand bei der Verteilung Streit. Und nicht wenige Menschen in Russland fragten sich zutiefst betroffen: Wir haben den Zweiten Weltkrieg gewonnen, aber jetzt sind wir auf Hilfe aus Deutschland angewiesen?

In diesen Jahren wurde der Begriff »karitative Arbeit« oft mit »Humanitärer Hilfe« gleichgesetzt, und darunter verstand man nicht mehr als das Verteilen von Paketen. Heute wird diese Form der Diakonie manchmal kritisiert als sehr teuer und nicht sehr effektiv, aber damals in Russland hat sie viele Menschen vor dem Verhungern bewahrt. Die Erfahrungen auch in anderen osteuropäischen Ländern zeigen, dass in der damaligen politischen und

после того как были восстановлены разрушенные здания и храмы, монахини начали опекать сирот, нуждающихся в уходе престарелых и детей-инвалидов. Все это происходило в большинстве случаев без какого-либо предварительного плана, неорганизованно, часто непрофессионально. Миряне-энтузиасты и деятельные священники во многих городах взяли инициативу в свои руки. Так возникли благотворительные столовые для пенсионеров, службы помощи беспризорникам и приходские женские группы, члены которых ухаживали за больными на дому или в клиниках.

В XIX веке в благотворительной деятельности Русской Православной Церкви существенную роль играли братства. В конце 80-х годов XX века они вновь возродились во многих местах. Братства и сестричества – это группы мирян, возникающие чаще всего при храме и занимающиеся благотворительной деятельностью. В большинстве случаев их члены – это высококвалифицированные специалисты, которые отказываются от профессиональной карьеры, чтобы работать в братстве, окормляя нуждающихся.

На первом этапе большинство инициативных групп занималось распределением гуманитарной помощи из-за рубежа. В конце 80-х – начале 90-х годов в Россию приходило большое количество контейнеров, главным образом из Германии, с продуктами, одеждой, медикаментами и оборудованием. Стоимость этой гуманитарной помощи исчислялась миллионами долларов, и ее получателями чаще всего были приходы и учреждения Русской Православной Церкви, а через них – государственные больницы и приюты, духовные школы и монастыри. Святейший Патриарх Московский и всея Руси Алексий II неоднократно публично давал высокую оценку благотворительной деятельности немецких христиан, характеризуя ее как большую помощь людям и огромный вклад в дело восстановления и укрепления Церкви в России.

Однако стоит сказать и о том, что распределение гуманитарной помощи было сопряжено с некоторыми сложностями. Так, некоторые семьи в Германии рассматривали гуманитарную помощь как возможность избавиться от старой обуви, сломанных игрушек и вышедшей из моды одежды. Вполне понятно, что получатели всех этих вещей считали такую практику унизительной. Впрочем, с дорогостоящими продуктами и предметами первой необходимости тоже порой возникали проблемы.

165 *Die von Deutschland aus organisierte »Humanitäre Hilfe« bedeutete unmittelbar nach der Wende eine große Hilfe, führte aber bei der Verteilung mitunter auch zu Problemen.*

«Гуманитарная помощь» из Германии, организованная сразу же после политических перемен, пришлась как нельзя кстати нуждающимся.

wirtschaftlichen Situation des Umbruchs kaum anders gehandelt werden konnte: Es ging um die konkrete Hilfe für Menschen und den Wiederaufbau des Landes, aber Erfahrungen fehlten ebenso wie verlässliche Strukturen.

Auf dem Weg zu mehr Professionalität

Im Rückblick ist zu erkennen, dass dies eine Anfangsphase und eine wohl notwendige Übergangsphase war. Die »Humanitäre Hilfe« dieser Art ist heute in den Hintergrund getreten. Die neue Etappe in der Diakonie der Russischen Orthodoxen Kirche ist durch ein Mehr an Professionalität geprägt. Spontaneität und Enthusiasmus der Anfangsjahre sind einer längerfristigen Planung und Organisation gewichen. In gewisser Weise kann man sogar von einem Umschlag der Quantität in Qualität sprechen. An vielen Stellen sind aus den Gruppen, die einst Pakete verteilten, aktive Gruppen ehrenamtlicher, diako-

Иногда случались конфликты при распределении. Многие люди в России спрашивали себя: почему же, победив во Второй мировой войне, мы сейчас зависим от помощи из Германии?

В эти годы понятие «благотворительность» часто отождествлялось с «гуманитарной помощью», под которой понималось просто распределение посылок. Сегодня эту форму диаконии иногда критикуют – она-де очень дорогая и не очень эффективная. Но тогда в России она спасла от голода многих людей. Опыт восточноевропейских стран свидетельствует, что в то время, отмеченное коренными политическими и экономическими изменениями, едва ли можно было действовать иначе: нужно было оказывать людям конкретную и быструю помощь, но для этого в стране не было ни квалифицированных специалистов, ни сформированных надежных структур, ни денег.

На пути к повышению профессионализма

Следует признать, что этот начальный этап был, по-видимому, необходимой переходной фазой. Гуманитарная помощь вышеописанного типа сегодня отошла на второй план. Новый этап в диаконии Русской Православной Церкви характеризуется более высоким профессионализмом. Спонтанность и энтузиазм первых лет уступили место долгосрочному планированию и организации. В определенном смысле можно говорить даже о переходе количества в качество. Зачастую группы, некогда распределявшие посылки, превратились в активные сообщества добровольных диаконических работников.

Для первого этапа диаконической деятельности были характерны более «легкие» задачи, которые верующие могли выполнять на добровольных началах и без особой подготовки. Сейчас же инициативные группы все чаще берутся за сложные проекты. Сложными их можно называть хотя бы потому, что они не имеют гарантированного финансового обеспечения – в России нет церковного налога, а государство диаконическую деятельность не финансирует. К тому же несовершенное законодательство и процветающий в стране бюрократизм создают дополнительные трудности на пути полезных инициатив.

Примером «сложной диаконии» Русской Православной Церкви является забота о детях и молодежи. Сейчас можно открыто говорить о том катастрофическом положении, в котором находились в советское время государственные детские дома и колонии для

nischer Mitarbeiter und Mitarbeiterinnen geworden.

Für die erste Phase diakonischer Arbeit waren eher »leichtere« Aufgaben kennzeichnend, die gläubige Christen ehrenamtlich und ohne besondere Ausbildung wahrnehmen konnten. Jetzt wagen sich Initiativgruppen immer häufiger auch an »schwierige Projekte«. Als schwierig muss man sie deshalb bezeichnen, weil die gesicherte Finanzierung fehlt – es gibt keine Kirchensteuer in Russland, und der Staat finanziert die diakonische Arbeit nicht. Außerdem erschweren unzulängliche Rechtsordnungen und ein blühender Bürokratismus viele sinnvolle Initiativen.

Ein Beispiel der »schwierigen Diakonie« der Russischen Orthodoxen Kirche ist die Fürsorge für Kinder und Jugendliche. Man kann jetzt offen über die katastrophale Situation sprechen, die in der sozialistischen Zeit in staatlichen Waisenhäusern und Jugendstrafanstalten herrschte. Durch die zunehmende Zahl von obdachlosen und herumirrenden Straßenkindern, vor allem in den Städten, hat sich die Lage eher noch mehr zugespitzt. Doch jetzt besteht die Möglichkeit, dass Nonnen und kirchliche Mitarbeiter, Mitglieder von Initiativgruppen und Bruderschaften die Kinder und Jugendlichen besuchen und zur Verbesserung ihrer Situation beitragen. Grundlegende Änderungen sind dadurch freilich weder in den staatlichen Waisenhäusern noch in den oft völlig überfüllten Jugendstrafanstalten zu erreichen.

Klöster und Initiativgruppen haben daher in verschiedenen Städten versucht, kirchliche Waisenhäuser einzurichten. Oft geschieht dies ohne jegliche finanzielle Unterstützung vom Staat und gegen erheblichen Widerstand der Behörden, manchmal sind Jugendamt und Polizei aber auch dankbar für die Möglichkeit, Kinder in diesen kirchlichen Einrichtungen in gute Obhut geben zu können.

Die Palette diakonischer Aktivitäten ist inzwischen in der Russischen Orthodoxen Kirche recht breit. Im ganzen Land sind in den letzten Jahren christliche Kindergärten und Altersheime entstanden. Klöster haben große Land-

166 *Straßenkinder in St. Petersburg finden Aufnahme im »Haus der Barmherzigkeit«, das eine russisch-orthodoxe Bruderschaft in der Stadt unterhält.*
Бездомные дети Санкт-Петербурга находят приют в «Доме милосердия», который содержится русским православным братством.

несовершеннолетних. В перестроечное время постоянно растущее число беспризорных детей в городах еще больше усугубило ситуацию. Однако сейчас монахини и церковные работники, члены инициативных групп и братств наконец-то имеют возможность заботиться о детях и подростках, содействовать улучшению их положения. Вместе с тем, эти меры не могут радикально изменить ситуацию ни в государственных детских домах, ни в переполненных колониях для несовершеннолетних.

В различных городах монастыри и инициативные благотворительные группы пытаются создать собственные церковные приюты без всякой финансовой поддержки со стороны государства. В некоторых случаях власти оказывают им сильное сопротивление, но иногда отделы по делам молодежи муниципальных организаций и милиция с благодарностью принимают возможность поручить детей опеке церковных заведений, зная, что они попадут в хорошие руки.

Между тем палитра диаконической деятельности Русской Православной Церкви достаточно разнообразна. За последние годы по всей стране возникли христианские детские сады и дома престарелых. Монастыри начали осуществлять крупные сельскохозяйственные проекты, приходы – специальные

wirtschaftsprojekte entwickelt, Gemeinden spezielle medizinische Programme. In einigen Städten gibt es Suppenküchen und Beratungsstellen für Alkoholiker und Drogensüchtige. In den Sommermonaten finden Camps für Kinder und Familien statt. Priester und Nonnen besuchen die Gefängnisse und nehmen sich auch der sozialen Probleme der inhaftierten Männer und Frauen an. Und es gibt in vielen Gemeinden Gruppen von Gläubigen, die die Kranken zu Hause oder in den Krankenhäusern besuchen.

Eine Besonderheit der Diakonie in der Russischen Orthodoxen Kirche ist dabei, dass ihre Wiederbelebung parallel von unten und von oben begonnen hat: Bei den genannten Bruderschaften und den meisten Initiativgruppen handelt es sich um das, was man im Westen »Basisgruppen« zu nennen pflegt. Die Gemeinden bzw. die Gläubigen und die Frauen und Männer in den Klöstern waren und sind die Träger der neu entstandenen Arbeit der christlichen Barmherzigkeit. Gleichzeitig hat sich die Leitung der Kirche für die Legitimierung dieser neuen Arbeit gegenüber Staat und Gesetzgebung eingesetzt und neue Mechanismen für die Unterstützung und Koordinierung entwickelt.

Kennzeichnend ist für die Diakonie auch, dass sie in aller Regel ihren Ausgangspunkt im Gotteshaus hat. Da ist zunächst eine zerstörte Kirche, um die sich Menschen sammeln, um sie wieder aufzubauen. In der gemeinsamen Bauarbeit und in den Gottesdiensten auf der Baustelle wächst die Gemeinde zusammen. Ist die Kirche fer-

медицинские программы. В некоторых городах действуют столовые для бедных, службы помощи алкоголикам и наркоманам. В летние месяцы организуются детские и семейные лагеря. Священники и монашествующие посещают заключенных и принимают участие в решении их социальных проблем. Во многих приходах существуют группы верующих, опекающих больных на дому или в клиниках.

Одной из особенностей диаконии в Русской Православной Церкви является то, что ее возрождение начиналось одновременно сверху и снизу: вышеупомянутые братства и большинство инициативных групп – это то, что на Западе обычно называют «низовыми группами». Приходы и прихожане, монастыри и монашествующие были и остаются носителями возродившейся христианской благотворительности. В то же время церковное Священноначалие ходатайствовало перед государством об узаконении этого нового направления деятельности, разработало новые механизмы его поддержки и координации.

Характерным для диаконии является то, что она, как правило, начинается с храма. Есть разрушенная церковь, вокруг нее собираются люди и восстанавливают ее. В совместных трудах на строительстве и на богослужениях в строящемся храме община сплачивается. Как только храм готов, начинается катехизаторская работа с детьми и диаконическая деятельность, открывается воскресная школа. При

167 *Waisenkinder in ihrem neuen Domizil im Kloster Nerechta. Die staatlichen Behörden sind dankbar für die Bereitschaft zahlreicher Frauenklöster, elternlose Kinder aufzunehmen.*
Сироты на новом месте жительства – в монастыре в Нерехте. Государственные учреждения с благодарностью воспринимают готовность многих женских монастырей брать на воспитание детей, лишенных родителей.

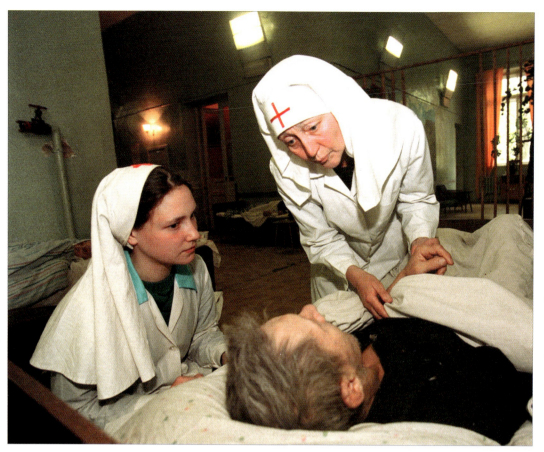

168 *Schwestern der russisch-orthodoxen Schwesternschaft der Hlg. Anastasia versorgen obdachlose und alkoholkranke Patienten im zentral gelegenen Mariinskij-Hospital in St. Petersburg.*

Сестры русского православного сестричества святой Анастасии Узорешительницы заботятся о бездомных и алкоголиках в Мариинском госпитале, расположенном в центре Санкт-Петербурга.

tig, beginnt die katechetische Arbeit mit den Kindern und die diakonische Arbeit. Es wird eine Sonntagsschule eröffnet und es bildet sich eine diakonische Gruppe. Dabei spielt auch der Priester eine wichtige Rolle. Nur wenn er die sozialen Probleme vor Ort erkennt und seine Gläubigen ermuntert, verwandelt sich der Bautrupp der ersten Stunde in eine diakonisch tätige Gruppe. Wenn die Laien in die neue Aufgabe hineingewachsen sind, konzentriert sich der Priester wieder verstärkt auf seine seelsorgerlichen und gottesdienstlichen Aufgaben.

»Diakonie« und »Liturgie« sind auf diese Weise miteinander verbunden; die Diakonie ist so etwas wie die »Liturgie nach der Liturgie«, also der Dienst für den Menschen nach dem Dienst vor Gott. Man kann auch sagen: Die Kirche verwirklicht sich nach der orthodoxen Lehre in der Liturgie, aber die Diakonie ist die Fortsetzung der Liturgie im Alltag, die praktische Verwirklichung des eucharistischen Ideals. Die in Deutschland gewachsene Unterscheidung von Kirche und Diakonie und die Organisation der Diakonie als selbständige Einrichtung neben der Kirche wäre in Russland nicht denkbar.

Wichtig für das diakonische Handeln in der Orthodoxie bleibt die Motivation. Es gilt, sich einem konkreten Menschen in Barmherzigkeit zuzuwenden und damit Gott zu

этом важную роль играет священник. Если он осознает местные социальные проблемы и способен воодушевить своих прихожан, «строительная бригада» превращается в диаконическую группу. А после того, как верующие уже освоили новую задачу, священник снова имеет возможность сосредоточиться на своих пастырских и богослужебных обязанностях.

Диакония и литургия тесно взаимосвязаны; диакония – это «литургия после литургии», то есть служение человеку после служения Богу. Можно также сказать, что, согласно православному вероучению, Церковь реализует себя в литургии, а диакония является продолжением литургии в повседневной жизни, практическим воплощением евхаристического идеала. Сложившееся в Германии разграничение между Церковью и диаконией и превращение диаконии в самостоятельный институт наряду с Церковью в России невозможно.

Большое значение для диаконии в Православии имеет мотивация. Милосердие обращено к конкретному человеку и направлено на служение Богу, по словам Спасителя (Мф. 25. 40): «Так как вы сделали это одному из сих братьев Моих меньших, то сделали Мне». С православной точки зрения, подобное отно-

dienen, wie es Jesus gesagt hat (Matthäus 25,40): »Was ihr getan habt einem von diesen meinen geringsten Brüdern, das habt ihr mir getan.« Nach orthodoxem Verständnis ist ein solches Verhalten auch ein Beitrag zum eigenen Heil. Aber wichtig ist heute auch die Professionalität derer, die diakonisch arbeiten. Die qualifizierte Ausbildung von diakonisch tätigen Laien steckt freilich – was kein Wunder ist – erst in den Anfängen.

Der so skizzierte Aufbau der Diakonie in der Russischen Orthodoxen Kirche wäre nicht denkbar gewesen ohne die zwischenkirchliche Zusammenarbeit. Zahlreiche diakonische Einrichtungen in den befreundeten christlichen Kirchen im Ausland haben die Russische Orthodoxe Kirche in den vergangenen zwölf Jahren mit Rat und Tat beim Aufbau diakonischer Aktivitäten unterstützt.

Hier nur einige Beispiele: Das Diakonische Werk in Hessen und Nassau unterstützt seit Jahren das Kinderkrankenhaus in Kiew, hat unter anderem eine Bäckerei in St. Petersburg aufgebaut und fördert das Waisenhaus im Dorf Krugloe Ozero. Aus Bayern und Hessen bestehen Kontakte zur Schwesternschaft des Hlg. Dimitrios in Moskau. Das Diakonische Werk im Rheinland betreut ein Sozialprojekt in Wologda, das Diakonische Werk in Hamburg verschiedene soziale Projekte in St. Petersburg, Christen in Westfalen ein Heim für Straßenkinder im Frauenkloster Malojaroslawets.

Besonders zu erwähnen ist die Zusammenarbeit mit dem Diakonischen Werk der Evangelischen Kirche in Deutschland (EKD), das durch die Unterstützung mehrerer Projekte der Russischen Orthodoxen Kirche einen wichtigen Beitrag zur Entwicklung der diakonischen Infrastruktur in Russland geleistet hat. Dazu zählen Förderung der Heimpflege, Suppenküchen und Flüchtlingsarbeit. Wie hoch Patriarch Aleksij II. die neu erwachte »Barmherzigkeitsarbeit« seiner Kirche einschätzt, zeigt der Umstand, dass schon 1990 im Moskauer Patriarchat eine neue Abteilung für soziale Arbeit eingerichtet wurde und die Russische Orthodoxe Kirche seit 1998 Mitglied der »Euro Diakonia« ist.

Die Zusammenarbeit im Bereich der Diakonie hat auch dazu geführt, dass sich immer mehr russisch-orthodoxe Gläubige und evangelische Christen in der gemeinsamen Sorge für den Menschen in Not kennen- und schätzen gelernt haben. Die Diakonie hat sich zu einer Art Brücke zwischen den Konfessionen entwickelt. Ungeachtet mancher bestehender Unterschiede in Lehre und Tradition wissen sich die Russische Orthodoxe Kirche und die Evangelische Kirche in Deutschland in der gemeinsamen Verantwortung für den hilfsbedürftigen Menschen zutiefst verbunden.　　　　*Rita Neljubowa, Moskau*

шение – это еще и вклад в дело собственного спасения. Но в настоящее время важен и профессионализм диаконических работников. Квалифицированное обучение занимающихся диаконией мирян находится сегодня, к сожалению, еще на начальной стадии развития.

Диаконию в Русской Православной Церкви трудно представить себе без межцерковного сотрудничества. Многочисленные диаконические организации в дружественных христианских Церквах за рубежом за прошедшие двенадцать лет словом и делом поддерживали Русскую Православную Церковь в восстановлении ее социального служения.

Вот всего лишь несколько примеров. Диаконическая служба Гессен и Нассау в течение многих лет поддерживает детскую больницу в Киеве, построила пекарню в Санкт-Петербурге и помогает детскому дому в селе Круглое озеро. Бавария и Гессен поддерживают контакты с сестричеством во имя святого благоверного царевича Димитрия в Москве. Диаконическая служба в Рейнланде курирует социальный проект в Вологде, Диаконическая служба в Гамбурге – различные социальные проекты в Санкт-Петербурге, Диаконическая служба Баварии – приют для беспризорников в женском монастыре в Малоярославце.

Особо следует отметить сотрудничество с Диаконическим объединением Евангелической Церкви в Германии, которое, оказывая поддержку многочисленным проектам Русской Православной Церкви, внесло важный вклад в развитие диаконической инфраструктуры в России. Сюда относятся развитие патронажа и столовых для бедных, помощь беженцам. О том, сколь большое значение Святейший Патриарх Алексий II придает возрождению благотворительного служения в своей Церкви, свидетельствует тот факт, что еще в 1990 году Московский Патриархат учредил новый Отдел по церковной благотворительности и социальному служению и что Русская Православная Церковь с 1998 года является членом Евродиаконии.

В результате сотрудничества в области диаконии все больше русских православных верующих и евангелических христиан узнают друг друга и учатся уважать друг друга в общем служении ближнему. Диакония превратилась в своего рода мост между конфессиями. Несмотря на существующие различия в учении и традиции, Русская Православная Церковь и Евангелическая Церковь в Германии осознают свою общую ответственность в служении «труждающимся и обремененным».　*Маргарита Нелюбова, Москва*

Von der »Liturgie nach der Liturgie«

Ein besonderes Merkmal der Lehre der Kirchenväter ist die eucharistische Grundlegung des diakonischen Zeugnisses und des sozialen Engagements der Gläubigen. Einer der Hauptpioniere und Fürsprecher dieser Tradition ist der Hlg. Johannes Chrysostomus (ca. 354–407 n. C.). Für ihn fließen Gottesdienst und diakonisches Handeln in ein Ganzes zusammen. Daher wird er nicht zufällig sowohl ein »Lehrer der Eucharistie« als auch ein »Apostel der sozialen Gerechtigkeit« genannt. Er ist für uns von besonderer Bedeutung, weil er uns zum besseren Verständnis der »Liturgie nach der Liturgie« zu verhelfen vermag.

Der Hlg. Chrysostomus erklärt ausdrücklich, dass die Liebe zum Bruder, vor allem zum armen, eine Liturgie sei, deren Altar jederzeit auf ein Opfer wartet. Die Auffassung, dass die Armen ein »Altar Gottes« sind, ist alt. Man trifft sie schon beim Hlg. Polykarb von Smyrna, der die Witwen einen Altar Gottes nennt, und beim Hlg. Methodius von Olympos. Chrysostomus folgt dieser Auffassung, aber er ist bestimmter, denn er macht den Christen klar, dass ihr ganzes Leben eine Liturgie sein muss.

Außerdem überschreitet Chrysostomus eine Grenze, die vor ihm kein Kirchenvater überschritten hat, indem er die Armen mit Christus identifiziert. Ausgehend von seiner geliebten Perikope im Matthäusevangelium (Kapitel 25,31–46) war er zutiefst von der Gegenwart Christi in den Bedürftigen überzeugt: »Wir ernähren weder den Hungrigen noch bekleiden wir den Nackten, sondern wenn wir ihn bitten sehen, gehen wir vorbei. Ich bin sicher, dass ihr – wenn ihr den Herrn selbst sehen würdet – euer ganzes Vermögen geben würdet. Doch bei den Bedürftigen handelt es sich doch um ihn, um Christus!«

Die Geringschätzung der Armen bedeutet für den Hlg. Chrysostomus das Fehlen von Liebe und die Verachtung Christi. Deshalb betont er: »Willst du Christus ehren? Dann gehe nicht an ihm vorbei, wenn du ihn nackt siehst; ehre ihn nicht hier in der Kirche mit seidenen Gewändern, während du dich draußen auf der Straße nicht um ihn kümmerst, wo er vor Kälte zugrunde geht.« Da die Armen sozusagen Christus sind, tadelt er sogar die schöne Ausstattung der Kirchen indem er sagt: »Was nützt es, wenn die Kirche schön ist, der Arme aber vor Hunger zugrunde geht?«

Für den Hlg. Chrysostomus ist also die Solidarität mit den Armen der Beweis für die Wahrheit des Glaubens und ein Erkennungsmerkmal der Gläubigen, die nicht nur auf ihr eigenes Heil schauen.

Stylianos Tsompanidis, Thessaloniki

О «литургии после литургии»

Особенным признаком учения святых отцов является евхаристическое обоснование диаконического свидетельства и социального служения верующих. Одним из главных зачинателей и ходатаев этой традиции был святой Иоанн Златоуст (около 354-407 после Рождества Христова), для которого богослужение и диаконическое служение сливались в одно целое. Не случайно его называют «учителем Евхаристии» и «апостолом социальной справедливости». Это святой имеет для нас особое значение, ибо он помогает нам лучше осмыслить, что такое «литургия после литургии».

Святой Иоанн Златоуст однозначно утверждал, что любовь к брату, в особенности к бедствующему, есть литургия, алтарь которой всегда жаждет жертвы. Представление, согласно которому бедные являются «алтарем Божиим», существует давно. Оно встречается уже у святого Поликарпа Смирнского, называвшего вдовиц алтарем Божиим, а также у святого Мефодия с Олимпа. Златоуст следует этим представлениям, но излагает их более конкретно, поясняя исповедующим Христа, что вся их жизнь должна быть литургией. Более того, Златоуст переходит границу, которую не пересекал ни один святой отец до него, – он отождествляет бедных с Христом. Исходя из своего любимого зачала из Евангелия от Матфея (Мф. 25. 31–46), он был глубоко убежден, что Христос присутствует в страждущих. Он поясняет: «Мы ведь не питаем алчущего и не одеваем нагого, а, видя его просящим, проходим мимо него. Я уверен, что вы – увидь вы Самого Господа – отдали бы все свое имение. Но ведь этот нуждающийся и есть Христос!».

Святой Иоанн расценивает пренебрежительное отношение к бедным как отсутствие любви и пренебрежение Христом. Поэтому он подчеркивает: «Ты желаешь почитать Христа? Не проходи мимо Него, видя Его нагим; не почитай Его здесь в церкви, облеченного в шелка, забывая о Нем вне храма, на улице, где Он погибает от холода». Поскольку же бедные – воплощение Христа, Златоуст порицает даже пышное церковное убранство, утверждая: «Какая польза от красоты церковной, если бедный умирает с голоду?».

Для святого Иоанна Златоуста солидарность с бедными есть доказательство истинной веры и признак, по которому можно узнать верующих, заботящихся не об одном собственном спасении.

Стилианос Цомпанидис, Салоники

Neues Leben hinter alten Mauern: Die Bedeutung der Klöster im Leben des heutigen Russland

Новая жизнь в древних стенах: значение монастырей в жизни современной России

Das Mönchtum ist seinem Grundgedanken nach ein Gleichwerden mit der Lebensgestaltung Christi. Der Christus des Evangeliums steht vor uns als das Ideal eines vollkommenen Mönches: Er ist unverheiratet, frei von verwandtschaftlichen Bindungen, er hat kein Dach über dem Kopf, ist auf der Wanderung, lebt in freiwilliger Armut, fastet und verbringt die Nächte im Gebet. Das Mönchtum ist das Bestreben, diesem Ideal möglichst nahe zu kommen, das Streben nach Heiligkeit, die Hinwendung zu Gott, der Verzicht auf alles, was an die Erde bindet und den Aufstieg zum Himmel behindert.

»Ein Leben nach dem Evangelium«

Das griechische Wort »monachos« bedeutet »abgesondert«. In Russland hießen die Mönche und Nonnen »inoki« bzw. »inokiny« abgeleitet vom Wort ein »andersartiger«, ein »anderer«. Mönchsein bedeutet ein ungewöhnliches, ein ausschließliches Leben, zu welchem nicht viele berufen sind: Ein Leben, das gänzlich und restlos Gott gewidmet ist. Die monastische Abkehr von der Welt ist keine Abscheu vor der Schönheit der Welt und vor der Freude des Lebens, sondern Verzicht auf Leidenschaften und Sünde, auf fleischlichen Genuss und Begierden, auf alles, was nach dem Sündenfall ins Leben getreten ist. Das Ziel des Mönchtums ist die Rückkehr zum ur-

Монашество по своему замыслу является подражанием образу жизни Христа. Евангельский Христос открывается нам как идеал совершенного монаха: Он не женат, свободен от родственных привязанностей, не имеет крыши над головой, странствует, живет в добровольной нищете, постится, проводит ночи в молитве. Монашество – стремление в максимальной степени приблизиться к этому идеалу, устремленность к святости, к Богу, отказ от всего, что удерживает на земле и препятствует вознестись на небо.

«Евангельская жизнь»

Греческое слово «монах» означает «одинокий». На Руси монахов и монахинь называли «иноками» и «инокинями» – от слова «иной», «другой». Монаше-

169 *Das Höhlenkloster in Pskow ist seit mehr als 500 Jahren ein Ort spirituellen Lebens und jährlich Ziel Tausender von Pilgern. Im russisch-estnischen Grenzbereich gelegen war er auch in der Sowjetzeit nie geschlossen.*
Псково-Печерский монастырь уже более 500 лет является центром духовной жизни. Каждый год сюда устремляются тысячи паломников. Так как обитель расположена в русско-эстонском пограничном регионе, она не закрывалась и в советское время.

sprünglichen Zustand der Reinheit und Sündlosigkeit, die Adam und Eva im Paradies besaßen. Die Kirchenväter bezeichneten das Mönchtum als »das Leben nach dem Evangelium« und als »wahre Philosophie«. So wie die Philosophen die Vollkommenheit auf dem Wege der intellektuellen Erkenntnis anstrebten, so sucht der Mönch die Vollkommenheit auf dem Wege der geistlichen Anstrengung und in der Nachfolge Jesu Christi.

Das Evangelium überliefert uns die Worte Christi: »Willst du vollkommen sein, so geh hin, verkaufe, was du hast, und gib's den Armen, so wirst du einen Schatz im Himmel haben; und komm und folge mir nach!« (Matthäus 19,21) und »Will mir jemand nachfolgen, der verleugne sich selbst und nehme sein Kreuz auf sich und folge mir. Denn wer sein Leben erhalten will, der wird's verlieren; wer aber sein Leben verliert um meinetwillen, der wird's finden« (Matthäus 16,24 f.). Christus sagt auch: »Wer Vater oder Mutter mehr liebt als mich, der ist meiner nicht wert; und wer Sohn oder Tochter mehr liebt als

171 *Mühsam ist die Renovierung der Kathedrale Mariä Tempelgang im Tolga-Kloster bei Jaroslawl. In der Sowjetzeit diente die mit wertvollen Fresken ausgemalte Kirche – zugemauert und halb mit Wasser gefüllt – als Becken für hydraulische Versuche.*

С большим трудом продвигался ремонт соборной церкви Введения во храм Пресвятой Богородицы в Толгском монастыре под Ярославлем. В советский период эта церковь, расписанная драгоценными фресками, была замурована, наполовину наполнена водой и использовалась в качестве бассейна для гидравлических опытов.

170 *Abseits der Städte liegt in Nordrussland das kleine Kloster Jaakow Schelesnoborowskij, dessen Wiederaufbau sich ein Mönch und zwei Arbeiter vorgenommen haben.*
Вдали от больших городов, на севере России, расположен небольшой монастырь преподобного Иакова Железноборовского. Восстановление монастыря взяли на себя один молодой монах и двое рабочих.

172 *Neuanfang im Avraamij-Kloster bei Tschuchloma.*
Новая жизнь началась в Авраамиевом монастыре под Чухломой, на севере России.

mich, der ist meiner nicht wert« (Matthäus 10,37). In diesen Worten des Erlösers steckt die ganze »Philosophie« des Mönchtums. Das Mönchtum ist für die bestimmt, die vollkommen sein wollen, die Christus nachfolgen und ihre Seele für ihn hingeben wollen, für die, die einen Schatz im Himmel erwerben wollen.

Es gibt drei grundlegende Mönchsgelübde: Gehorsam, Uneigennützigkeit und Keuschheit. Gehorsam besteht im freiwilligen Verzicht auf den eigenen Willen vor Gott, vor den Ältesten, vor jedem Menschen. Der monastische Gehorsam Gott gegenüber verwirklicht sich im Hineinhören in seinen Willen und in seinen Plan in Bezug auf den Menschen. Dieser Gehorsam ist durchdrungen vom grenzenlosen Vertrauen zu Gott und vom Bestreben, ihm in allem ergeben zu sein. Die Uneigennützigkeit ist freiwillige Armut und der Verzicht auf jeglichen irdischen Besitz. Das bedeutet nicht, dass ein Mönch keine Dinge besitzen darf; es bedeutet aber, dass er nichts leidenschaftlich begehren darf. Durch den inneren Verzicht auf den Reichtum erwirbt er die im Evangelium gemeinte »Leichtigkeit des Geistes«, durch die er an nichts gebunden ist.

Das slawische Wort »zelomudrije« (Keuschheit) ist kein Synonym für Ehelosigkeit: Die Keuschheit wird als ganzheitliche Weisheit des Lebens verstanden; sie ist ein Leben nach den Geboten des Evangeliums, in Zurückhaltung auch gegenüber der leidenschaftlichen Befriedigung der sinnlichen Begierden. Dies ist sehr wohl auch in der Ehe notwendig. Die monastische Keuschheit, die Ehelosigkeit als eines ihrer Elemente einschließt, bedeutet die vollständige Hinwendung zu Gott, den Wunsch, jeden Schritt, jeden Gedanken, jede Regung der Seele mit dem Geist und dem Buchstaben des Evangeliums abzustimmen. Was aber die Ehelosigkeit betrifft, so ist sie im Kontext des Mönchtums ein übernatürlicher Zustand: Einsamkeit und Alleinsein sind nicht natürlich, sie sind ein Defizit. In der Ehe wird dieses Defizit durch die Vereinigung mit einem anderen Menschen überwunden. Im Mönchtum ist dieser Andere – Gott selbst.

Die Wiedergeburt des klösterlichen Lebens in Russland

Die Geschichte der orthodoxen Kirche ist mit der Geschichte des Mönchtums untrennbar verbunden. Im Laufe der Jahrhunderte waren die Klöster immer Zentren des geistigen Lebens und der Bildung. Die wundertätigen Ikonen und Heiligtümer, die sich in Klöstern befinden, zogen und ziehen bis heute Tausende von Pilgern an. Nach der Revolution von 1917 wurde den Klöstern in Russland ein vernichtender Schlag zugefügt. Im Laufe der 30er Jahre des vorigen Jahrhunderts wurden viele von ih-

ство есть жизнь необычная, исключительная, к которой призваны немногие; жизнь, всецело и без остатка отдаваемая Богу. Монашеское отречение от мира – это не гнушение красотой мира и радостью жизни, но отказ от страстей и греха, от плотских наслаждений и вожделений – от всего, что было привнесено в жизнь после грехопадения. Цель монашества – возвращение к первоначальному состоянию чистоты и безгрешности, которыми обладали Адам и Ева в раю. Отцы Церкви называли монашество «евангельской жизнью» и «истинной философией». Как философы стремились к совершенству на путях интеллектуального познания, так монах ищет совершенства на путях духовного подвига и подражания Христу.

Евангелие сохранило для нас слова Христа: «Если хочешь быть совершенным, пойди, продай имение твое и раздай нищим, и будешь иметь сокровище на небесах, и приходи, и следуй за Мною» (Мф. 19. 21); «Если кто хочет идти за Мною, отвергнись себя, и возьми крест свой, и следуй за Мною, ибо кто хочет душу свою сберечь, тот потеряет ее, а кто потеряет душу ради Меня, тот обретет ее» (Мф. 16. 24-25); «Кто любит отца или мать более, нежели Меня, недостоин Меня» (Мф. 10. 37). В этих словах Спасителя – вся «философия» монашества. Оно для тех, кто хочет быть совершенным, кто хочет следовать за Христом и отдать душу за Него, кто хочет обрести сокровище на небесах.

Монашеские обеты сводятся к трем основным: послушания, нестяжания и целомудрия. Послушание – это добровольное отсечение своей воли перед Богом, перед старшими, перед всяким человеком. Монашеское послушание Богу – это вслушивание в Его волю, в Его замысел о человеке, проникнутое безграничным доверием к Богу стремление быть во всем покорным Ему. Нестяжание – добровольная нищета, отказ от всякого земного обладания. Это не значит, что монаху нельзя ничего иметь – никаких вещей или утешений на земле, но он ни к чему не должен иметь пристрастия. Внутренне отрекшись от богатства, он обретает евангельскую легкость духа, не будучи ни к чему привязан.

Славянское слово «целомудрие» не является синонимом безбрачия: целомудрие как «целостная мудрость», как жизнь по заповедям Евангелия, как воздержание от сладострастного удовлетворения похотей плоти, необходимо и в браке. Монашеское целомудрие, которое включает в себя безбрачие как один из составляющих элементов, есть всецелая устрем-

nen vollständig zerstört und die Mönche wurden Repressalien unterworfen und erschossen. In der Zeit nach dem Zweiten Weltkrieg wurden einige Klöster wiederhergestellt, ihr Leben stand jedoch unter der strengen Kontrolle der Staatsmacht. Mitte der 80er Jahre gab es in der Russischen Orthodoxen Kirche nur 18 Klöster.

Die sozialen und politischen Veränderungen in Russland am Ende der 80er und Anfang der 90er Jahre mussten sich auch auf die Klöster und das Mönchtum auswirken. Die allgemeine Wiedergeburt des kirchlichen Lebens berührte die Klöster auf unmittelbarste Weise: ihre Zahl stieg unaufhörlich und am Ende des 20. Jahrhunderts überstieg sie 500 (heute: 614). Allein in Moskau wurden vier Männer- und vier Frauenklöster neu errichtet.

Im Durchschnitt leben in jedem Kloster in Russland etwa zehn Mönche bzw. Nonnen. Sie allein müssen die gewaltige Aufgabe der Wiederherstellung des monastischen Lebens in vollem Umfang lösen, denn sie müssen die alten Kirchen restaurieren und neue bauen, sie mit Fresken ausmalen und mit Ikonen schmücken, die Gebäude mit den Zellen für die Bruderschaft bzw. die Schwesternschaft aus den Ruinen wiederherstellen und die Wirtschaft der Klöster organisieren. Hinzu kommen täglich mehrstündige Gottesdienste morgens und abends und der Empfang der Gäste und Pilger – auch das lastet auf den Schultern der Mönche und Nonnen.

Die Wiederherstellung des klösterlichen Lebens ist von ernsthaften Problemen begleitet. Die Mehrzahl der in den letzten Jahren an die Kirche zurückgegebenen Klostergebäude war zuvor zweckentfremdet genutzt. Oft waren hier Gefängnisse, Militäreinheiten, Kinderheime, Restaurationswerkstätten oder Lager untergebracht. Es ist keine einfache Aufgabe, diesen Gebäuden ihre ursprüngliche Gestalt wiederzugeben; dazu sind gewaltige Anstrengungen und Ausgaben nötig. In den meisten Fällen müssen die Mönche das Geld selbst sammeln, sie können jedenfalls nicht auf die Unterstützung des Staates und seiner Behörden bauen. Ein eindrucksvolles Beispiel dafür ist das Solowetskij Kloster, das auf einer der Inseln im Weißen Meer im hohen Norden Russlands liegt. Während der Sowjetmacht befand sich auf dem Gelände der Insel ein Gefängnis, in dem Zehntausende von Häftlingen inhaftiert waren; viele starben als Märtyrer. Die Gebäude des Klosters wurden in einem verheerenden Zustand an die Kirche zurückgegeben. Die Mönche arbeiten schon einige Jahre an der Wiederherstellung. Um sich zu ernähren, müssen sie den Boden bearbeiten, Kühe halten und Fische fangen.

In einem besseren Zustand befinden sich die Klöster, auf deren Gelände früher Museen untergebracht waren,

ленность к Богу, желание сверить каждый поступок, каждую мысль, каждое движение души с духом и буквой Евангелия. Что же касается безбрачия, то оно в контексте монашества есть состояние сверхъестественное. Одиночество есть неполнота, ущербность, в браке оно преодолевается обретением другого. В монашестве этот другой – Сам Бог.

Возрождение монашеской жизни в России

История Русской Православной Церкви неразрывно связана с историей монашества. На протяжении столетий монастыри были центрами духовной жизни и просвещения. Чудотворные иконы и святыни, находящиеся в монастырях, привлекали и продолжают привлекать в них тысячи паломников. После революции 1917 года по монастырям России был нанесен сокрушительный удар: в течение 30-х годов многие из них были полностью разрушены, а монахи репрессированы и расстреляны. В послевоенные годы несколько монастырей было восстановлено, однако их жизнедеятельность находилась под жестким контролем государственной власти. В середине 80-х годов в Русской Православной Церкви действовало 18 монастырей.

Социальные и политические изменения, происшедшие в России в конце 80-х – начале 90-х годов, не могли не сказаться на монастырях и монашестве. Общее возрождение церковной жизни затронуло монастыри самым непосредственным образом: их число непрестанно увеличивается и к концу XX века превысило 500 (в 2003 году – 614). Только в Москве восстановлено 4 мужских и 4 женских обители.

В среднем на каждый монастырь в России приходится по 10 иноков. Именно им суждено решать грандиозную задачу по восстановлению монашеской жизни в полном объеме; именно они должны реставрировать старые и возводить новые храмы, расписывать их фресками и украшать иконами, восстанавливать из руин корпуса братских общежитий, организовывать монастырское хозяйство. Ежедневные многочасовые богослужения утром и вечером, прием гостей и паломников – все это тоже лежит на плечах иноков.

Восстановлению монастырской жизни сопутствуют серьезные проблемы. Большинство монастырских зданий, возвращенных Церкви в последние годы, ранее использовалось не по назначению: в них размещались тюрьмы, воинские части, детские приюты, реставрационные мастерские, склады, овощехранилища и так далее. Вернуть этим зданиям их

173 *Nur kurz ist der Sommer im Kloster des Hlg. Antonij von Sija bei Archangelsk am Nordmeer. Ohne Kühe, Pferde und Gewächshäuser wäre das Überleben schwierig.*
Очень непродолжительно лето в монастыре святого Антония Сийского под Архангельском у Северного моря. Трудно было бы выжить без коров, лошадей и парникового хозяйства.

174 *Klosterschmiede in Pskow. In Klöstern beten die Mönche und arbeiten wissenschaftlich oder als Handwerker.*
Кузница Псково-Печерского монастыря. Между молитвами монахи занимаются и ремеслами.

175 *Unter den Nonnen gibt es hervorragende Schneiderinnen, Goldnäherinnen und Stickerinnen. Aus den Frauenklöstern kommen die liturgischen Gewänder der Geistlichen.*
Среди монахинь встречаются великолепные портнихи, золотошвейки и вышивальщицы. В женских монастырях изготовляются литургические облачения для духовенства.

denn um deren Erhalt kümmerte sich der Staat. Es entstehen allerdings bei der Übergabe dieser Klöster an die Kirche oft ernsthafte Konflikte mit der Leitung der Museen. Die Lösung solcher Probleme hängt in vieler Hinsicht von der Fähigkeit des Klostervorstehers ab, gute Kontakte zur lokalen Verwaltung aufzubauen.

Es gibt aber auch Beispiele für eine fruchtbare Zusammenarbeit zwischen Klöstern und Museen. So führt zum Beispiel das kunstgeschichtliche Museum in Sergijew Posad, das sich auf dem Gelände der berühmten Dreifaltigkeits-Sergius-Lawra befindet, regelmäßig themenbezogene Ausstellungen der Malerei, der Buchproduktion, der Philatelie, der Ikonenmalerei und der angewandten Kunst durch. Diese stehen mit der Geschichte der christlichen Kultur in Verbindung; die Mönche der Lawra beteiligen sich aktiv an diesen Veranstaltungen. Das Wysotzkij Kloster arbeitet mit dem kunstgeschichtlichen Museum in Serpuchow zusammen. 1994 wurden dem Kloster 19 Exponate aus dem Bestand des Museums übergeben. Umgekehrt hält der Vorsteher des Klosters, Archimandrit Iosif, im Museum Vorlesungen zum Beispiel über das Thema »Die Heiligen der Russischen Orthodoxen Kirche«.

Arbeiten und Beten

In vielen Klöstern werden die Traditionen des alten Gesangs wieder belebt, und oft werden hier Konzerte mit geistlicher Musik veranstaltet. Manche Klöster haben Druckereien, in denen theologische Bücher, Werke der Kirchenväter aber auch Bücher von modernen kirchlichen Schriftstellern, Theologen und Historikern gedruckt werden. Es erscheinen hier auch Gebetbücher sowie populäre Broschüren zu kirchlichen Themen. In den Frauenklöstern hat man die alte Tradition der Goldstickerei wieder entdeckt. Die Nonnen beschäftigen sich auch mit Ikonenmalerei; sie leiten die Chöre und kümmern sich um alle, die vom Schicksal geschlagen wurden.

Traditionell eng ist die Verbindung zwischen dem Mönchtum und den Geistlichen Schulen der Russischen Orthodoxen Kirche. In der Regel werden die leitenden Positionen in den Geistlichen Seminaren – die Stellen des Rektors, des Prorektors und des Inspektors – von Mönchen bekleidet. Viele Mönche gibt es auch unter den Dozenten. Einige Seminare befinden sich in unmittelbarer Nähe der Klöster. Das hat zweifellos viele positive Seiten. Denn so haben die Studenten die Möglichkeit, die geistige Führung durch erfahrene Starzen (alte, weise Mönche) in Anspruch zu nehmen und den Gottesdienst der Mönche mitzuerleben. Auf diese Weise kommen sie unmittelbar mit der jahrhundertealten Tradition des orthodoxen Mönchtums in Kontakt und können seinen besten Ver-

176 *Bischof Efstafij von Tschita zu Besuch in einem neuen Männerkloster. Die Anlage am Ufer des Baikalsees war zuletzt ein verfallenes und aufgegebenes Landkrankenhaus, bevor wieder zwei junge Mönche hier einzogen.*
Епископ Читинский Евстафий в гостях в воссозданном мужском монастыре. Сооружение на берегу Байкала раньше представляло собой сельскую больницу. Здесь недавно поселились два молодых монаха, которые вместе с паломниками начали восстанавливать разрушенные здания.

tretern von Angesicht zu Angesicht begegnen. Einige Studenten entscheiden sich dann nach der Absolvierung des Seminars oder der Akademie für den monastischen Lebensweg.

Außerordentlich umfangreich ist die Tätigkeit der Klöster im Bereich der Barmherzigkeit und im sozial-diakonischen Dienst. Viele Klöster betreuen Straf- und Besserungsanstalten oder arbeiten in Militäreinheiten und in psychiatrischen Fürsorgeeinrichtungen. So betreuen die Mönche der Dreifaltigkeit-Sergius-Lawra die Insassen des Stadtgefängnisses. Für sie werden katechetische Gespräche durchgeführt, Sakramente gespendet und Gottesdienste gefeiert. Das Kloster der Gottesmutter von Smolensk und des Hlg. Sosima in der Eparchie von Wladimir

прежний облик – задача нелегкая, требующая огромных затрат. В большинстве случаев монашествующим самим приходится собирать деньги, не рассчитывая на поддержку светских властей. Ярким примером является Соловецкий монастырь, расположенный на одном из островов Белого моря. В годы советской власти на территории острова располагалась тюрьма, в которой содержались десятки тысяч заключенных. Здания монастыря возвращены Церкви в ужасающем состоянии. Монахи уже несколько лет трудятся над его восстановлением, а для пропитания обрабатывают землю, держат коров, ловят рыбу.

В лучшем положении находятся монастыри, на территории которых размещались музеи-заповедники, – об их состоянии заботилось государство. Однако при передаче этих монастырей Церкви возникают серьезные конфликты с руководством музеев. Решение подобных проблем во многом зависит от умения настоятеля налаживать связь с местной администрацией.

Впрочем, есть и примеры плодотворного сотрудничества между монастырями и музеями. Так, например, Сергиево-Посадский историко-художественный музей-заповедник, находящийся на территории Троице-Сергиевой Лавры, регулярно проводит тематические выставки живописи, книг, филателии, иконописи, предметов прикладного искусства, связанных с историей христианской культуры; лаврские иноки принимают в этих мероприятиях активное участие. Высоцкий монастырь сотрудничает с Серпуховским историко-художественным музеем: в 1994 году из фондов музея монастырю было передано 19 экспонатов; настоятель монастыря архимандрит Иосиф проводил в музее лекции на тему «Святые Русской Православной Церкви».

Труд и молитва

Во многих монастырях возрождаются традиции древнего пения, часто устраиваются концерты духовной музыки. При некоторых монастырях имеются типографии, в которых печатается богословская литература, творения отцов Церкви, книги современных церковных писателей, богословов, историков. Издаются сборники молитв, популярные брошюры на церковные темы. В женских монастырях возрождается древнее золотошвейное искусство. Инокини занимаются иконописью, руководят церковными хорами, много сил отдают служению обездоленным.

Традиционной является тесная связь между мона-

befindet sich auf dem Gelände einer Militäreinheit, in der junge Menschen orthodoxen Glaubens ihren regulären Wehrdienst ableisten. Diese beteiligen sich aktiv an der Wiederherstellung der klösterlichen Gebäude. In manchen Klöstern bestehen auch kostenlose Unterkünfte und Küchen für Obdachlose und Bettler.

Eine Besonderheit der modernen russischen Klöster besteht darin, dass es in ihnen viele junge Brüder und Schwestern gibt. Selbst die Vorsteher und Vorsteherinnen der Klöster werden nicht selten aus der Schar jener ernannt, die das dreißigste Lebensjahr noch nicht vollendet haben. Ganz allgemein werden die Neuzugänge der Klöster in den letzten zehn Jahren immer jünger. Diese Entwicklung ist zwar grundsätzlich sehr erfreulich. Es entstehen daraus aber doch einige Probleme. So fehlen manchen Klöstern, die vor kurzem eröffnet wurden, erfahrene Leiter und Lehrer, die die Fürsorge für den geistigen und geistlichen Zustand der jungen Klostergemeinschaft übernehmen können. Hinzu kommt, dass sich manchmal auch geistig unreife Menschen unter den Mönchen oder Nonnen finden: Nachdem sie Ihre Mönchsweihe in früher Jugend empfangen haben, entdecken sie, dass das Mönchtum doch nicht ihre wahre Berufung ist.

Geistig erfahrene Lehrer, die nach der alten Tradition als »Starzen« bezeichnet werden, gibt es leider keinesfalls in jedem Kloster. Die Klöster, in denen solche Starzen le-

177 *Strukturiert werden die Tage im Kloster durch die Gebetsgottesdienste, zu denen sich die Nonnen und Mönche mehrmals am Tag in der Kirche versammeln.*
Распорядок дня в монастыре зависит от богослужений, на которые монахини или монахи собираются несколько раз в день.

шеством и духовными школами Русской Православной Церкви. Как правило, в духовных семинариях монахи занимают руководящие должности – ректора, проректора, инспектора. Много монахов и в числе преподавателей. Кроме того, некоторые семинарии находятся в непосредственной близости от монастырей. Последнее, безусловно, имеет многие положительные стороны. У студентов есть возможность обращаться к опытным старцам за духовным руководством, молиться за монашеским богослужением, непосредственно соприкасаться с многовековой традицией православного иночества, встречаться лицом к лицу с ее лучшими представителями. Некоторые студенты по окончании семинарии или академии сами избирают монашеский путь.

Весьма обширна деятельность монастырей – как мужских, так и женских, – в области благотворительности и социального служения. Многие действующие монастыри духовно окормляют исправительные учреждения, воинские части, психиатрические диспансеры. В частности, иноки Троице-Сергиевой Лавры окормляют заключенных городской тюрьмы, проводят для них катехизические беседы, совершают Таинства и богослужения. Смоленская Зосимова пустынь Владимирской епархии расположена на территории воинской части, в которой проходят срочную службу молодые люди православного вероисповедания, активно участвующие в восстановлении монастырских зданий. В некоторых монастырях действуют бесплатные приюты и столовые для бездомных и нищих.

Отличительной особенностью современных российских монастырей является то, что среди их насельников и насельниц много молодежи. Даже настоятели и настоятельницы монастырей нередко назначаются из числа лиц, не достигших тридцатилетнего возраста. Вообще состав монашествующих заметно помолодел за последнее десятилетие. Это явление, само по себе весьма отрадное, порождает, тем не менее, некоторые проблемы. В частности, некоторым недавно открытым монастырям не хватает опытных руководителей и наставников, которые взяли бы на себя заботу о духовном состоянии своей младшей братии. Кроме того, в числе монашествующих иногда оказываются люди духовно незрелые: приняв постриг в ранней молодости, они впоследствии обнаруживают, что монашество не было их подлинным призванием.

Духовно опытных наставников, которых по древней традиции называют «старцами», можно найти

ben, werden darum zu Pilgerzentren: Tausende von Menschen strömen dorthin aus allen Teilen des Landes zum geistlichen Gespräch und um Trost und Erbauung zu finden. Besonders berühmt sind in der Gegenwart Seelsorger wie Archimandrit Kyrill (Pawlow) in der Dreifaltigkeit-Sergius-Lawra und Archimandrit Ioann (Krestjankin) im Pskower Höhlenkloster. Sie genießen ein außerordentlich hohes Ansehen bei den Gläubigen.

Das Hauptanliegen der Mönche war immer das Gebet. Das Mönchtum ist seinem Wesen nach inneres und verborgenes Leben. Es ist die absolute Form der Christusnachfolge, der schmale Weg, der in das Himmelreich führt. Aber der Mönch vergisst auf diesem Weg nicht die Menschen, auch wenn er sich außerhalb des Treibens der Welt befindet: In der Stille seiner Zelle betet er für die Welt. »Der Mönch ist ein Beter für die ganze Welt, und darin besteht sein Hauptwerk«, schrieb der ehrwürdige Siluan vom Athos. »Dank der Mönche verstummt das Gebet niemals auf Erden; darin liegt der Nutzen für die ganze Welt ... Der ehrwürdige Sergius hat durch Fasten und Gebet dem russischen Volk geholfen, sich vom Tatarenjoch zu befreien ... Wenn es auf der Erde keine Beter mehr gibt, dann wird die Welt untergehen ... Die Welt besteht dank der Gebete der Heiligen.«

Bischof Ilarion (Alfejew) von Wien und Österreich

далеко не в каждом монастыре. Те монастыри, в которых живут старцы, становятся центрами паломничества: тысячи людей приезжают туда со всех концов страны для духовной беседы, утешения и наставления. Особой известностью пользуются такие духовники как архимандрит Кирилл (Павлов) из Троице-Сергиевой Лавры, архимандрит Иоанн (Крестьянкин) из Псково-Печерского монастыря. Их авторитет среди верующих чрезвычайно высок.

Главным деланием монашествующих всегда была молитва. Монашество по своей сути есть жизнь внутренняя и сокровенная, оно есть абсолютное выражение духа христианства как тесного пути, ведущего в Царство Небесное. Находясь вне суеты мира, монах, однако, не забывает о людях: в тишине своей келлии он молится за весь мир. «Монах – молитвенник за весь мир, и в этом его главное дело, – писал преподобный Силуан Афонский. – Благодаря монахам на земле никогда не прекращается молитва, и в этом – польза для всего мира... Преподобный Сергий постом и молитвой помог русскому народу освободиться от татарского ига... Когда не будет на земле молитвенников, то мир кончится... Мир стоит молитвами святых».

Епископ Венский и Австрийский Иларион (Алфеев)

178 *Das Gebet, das Singen der Psalmen sowie Lesungen aus der Bibel und den Lebensbeschreibungen der Heiligen bilden die Grundlage der Spiritualität in den russischen Klöstern.*
Молитва, пение псалмов, чтения из Библии и житий святых являются основой духовности в русских монастырях.

Der Dienst der Russischen Orthodoxen Kirche in Deutschland

Служение Русской Православной Церкви в Германии

Nicht selten kommt es in der Geschichte vor, dass komplizierte und zukunftsträchtige geistige Ereignisse einen bescheidenen und unauffälligen Anfang haben. Bei der Einrichtung einer »Feldkirche« für den russischen Gesandten in Berlin haben 1718 ihre Begründer kaum daran denken können, dass sie am Anfang eines langen Prozesses stehen, der am Ende des 20. Jahrhunderts zur Entstehung einer deutschen Eparchie (Diözese) der Russischen Orthodoxen Kirche des Moskauer Patriarchats in Berlin mit einer Gemeinde von mehreren Tausend Gläubigen führen würde. Zu dieser Gemeinde gehören sowohl die, für die Deutschland zur »zweiten Heimat« wurde, als auch die Deutschen, die in der Orthodoxie eine Antwort auf ihr spirituelles Suchen gefunden haben. Die Hauptaufgabe der orthodoxen Geistlichkeit, die heute ihren Dienst in Deutschland leistet, ist die pastorale Betreuung der fast in allen Bundesländern verstreut lebenden Gläubigen.

Im 18. und 19. Jahrhundert ging es hauptsächlich um die Errichtung von Kirchen bei Botschaften, in den von der russischen Aristokratie besuchten Kurorten sowie im Zusammenhang mit den dynastischen Ehen. Nach 1917 ergoss sich über Deutschland eine Welle der russischen Emigration. Sie war ortlos, obdachlos und wusste nicht, wohin mit sich selbst. Ihre Versuche, ein kirchliches Leben einzurichten, waren von vielen Konflikten begleitet. Nicht selten schien es, dass sogar die Existenz von Gemeinden, die in der Jurisdiktion des Moskauer Patriarchats verbleiben wollten, in Frage gestellt war. Erst später ergab sich die Möglichkeit, Priester zur Betreuung der in Deutschland verstreuten orthodoxen Gemeinden zu entsenden. In den 90er Jahren des 20. Jahrhunderts entstand eine völlig andere Situation. Anstelle der »Kurort«-»Botschafts«- und »Emigrantengemeinden« bildete sich eine echte Eparchie heraus, und sie wurde zum organischen Teil der deutschen Kirchenlandschaft.

Die Chance der geistigen und kulturellen Begegnung

In den Rahmen dieses langjährigen Integrationsprozesses ist der historische Dialog zwischen der russischen und der deutschen geistigen Kultur eingebettet. Infolge der pe-

Как это нередко бывает в истории, многие знаменательные и имеющие богатое будущее духовные события начинаются скромно и малозаметно. Вряд ли устроители «походной церкви» в 1718 году для русского посла в Берлине думали о том, что они стоят у истоков длительного процесса, приведшего в конце XX века к возникновению Германской епархии Русской Православной Церкви Московского Патриархата с центром в Берлине и многотысячной паствой. В ее состав входят как русские, для которых Германия стала «второй родиной», так и немцы, нашедшие в Православии ответ на свои духовные искания. Пастырское окормление верующих, живущих почти во всех федеральных землях, и является основной задачей православного духовенства, проходящего свое служение в Германии.

В XVIII-XIX веках русские православные храмы в Германии по большей части устраивались при посольствах, строились в курортных местах, посещавшихся русской аристократией, или по воле представителей царствовавшего в России Дома Романовых, вступавших в династические браки с отпрысками немецких Владетельных Домов и переселявшихся в связи с этим в Германию. После 1917 года в Германию хлынула волна русской эмиграции – бесприютной, бездомной, не знавшей, где «преклонить голову». Ее попытки организовать церковную жизнь сопровождались многочисленными конфликтами. Нередко казалось, что само существование приходов, желавших оставаться в юрисдикции Московского Патриархата, поставлено под вопрос. Только впоследствии стало возможным направлять русских священников для окормления православной паствы, рассеянной по Германии. В 90-х годах XX века возникла совершенно иная ситуация, когда вместо «курортных», «посольских» и «эмигрантских» приходов сформировалась настоящая епархия, ставшая органической частью немецкого церковного ландшафта.

trinischen Reformen erhielt Russland unbeschränkte Möglichkeiten, sich mit den Errungenschaften der deutschen Philosophie, Kunst, Wissenschaft und Theologie vertraut zu machen. Dagegen war in Deutschland, mit nur einigen Ausnahmen, wenig über die russische geistige Kultur bekannt. Erst die russische Emigration nach der Revolution trug zur Entdeckung dieser zuvor unbekannten orthodoxen Welt durch den Westen bei. In diesem Dialog erblickte der Kirchenhistoriker G. Florowskij eine der wichtigsten Aufgaben »derjenigen, die gegangen sind«. 1937 schrieb er: »Der russische Weg bleibt für lange Zeit in zwei Teile gespalten. Es gibt den geheimnisvollen Weg der geheimen und schweigsamen großen Tat der Dortgebliebenen zum Erwerb des Geistes. Es gibt aber auch den eigenen Weg für die Gegangenen. Denn es verblieb uns – den Gegangenen – die Freiheit und die Macht des geistigen Handelns, des Zeugnisses und der Verkündigung. Damit wurde uns das Glaubensstreiten in Form des Zeugnisablegens, des Schaffens und des schöpferischen Tuns auferlegt.«

Durch die äußerst ungünstigen historischen Umstände wurde allerdings diese von G. Florowskij so begeistert umschriebene Aufgabe nur zum Teil erfüllt; das vorhandene geistige Potential wurde in der Emigration nicht abgefordert und nicht realisiert. Dennoch ist trotz aller Schwierigkeiten die Tradition des Dialogs in Deutschland lebendig. In ihrer Erhaltung kann man eine der wichtigsten Besonderheiten des Dienstes der orthodoxen Geistlichkeit sehen.

Wenn man die Erfahrungen der Vergangenheit untersucht, tritt dieser Aspekt besonders deutlich hervor. »Nicht nur dank der sogenannten ökumenischen Kongresse hat Europa die aufgeklärte russische Geistlichkeit kennen gelernt und sich mit den Schätzen der russischen theologischen Wissenschaft vertraut gemacht«, – schrieb Archimandrit Kiprian (Kern). »Lange davor hat unsere ausländische Geistlichkeit sich bemüht, die westliche Welt mit der Orthodoxie und mit dem Reichtum unserer Theologie bekannt zu machen«. Das ist nicht verwunderlich, denn im 19. Jahrhundert entstand die Tradition, hochgebildete Kleriker zum Dienst ins Ausland zu entsenden. Durch diese Menschen »zeigte die russische Orthodoxie dem Westen ihr Antlitz, sie tat es bescheiden und unspektakulär. Diese missionarische Tätigkeit war keinesfalls offensiv. Nicht wir zeigten uns dem Westen, vielmehr hat er uns für sich entdeckt«, so Archimandrit Kiprian. Diese Art des Dienstes ist auch später – bis in unsere Tage – erhalten geblieben, denn sie ist kein Resultat eines künstlich erdachten Programms, sondern liegt in der Natur der orthodoxen spirituellen Erfahrungen.

Шанс для духовного и культурного соприкосновения

В рамках этого интеграционного процесса продолжается и исторический диалог между русской и немецкой духовными культурами. Если в результате петровских реформ Россия получила неограниченные возможности знакомства с достижениями немецкой философии, искусства, науки и богословия, то, напротив, в Германии о русской духовной культуре – за редкими исключениями – знали мало. Только послереволюционная русская эмиграция частично способствовала открытию Западом доселе неведомого православного мира. В таком диалоге протоиерей Георгий Флоровский видел одну из главных задач «для ушедших». «Русский путь надолго раздвоен, – писал он в 1937 году. – Есть таинственный путь подвига для оставшихся, путь тайного и молчаливого подвига в стяжании Духа. И есть свой путь для ушедших. Ибо оставлена нам свобода и власть духовного действия, свидетельства и благовестия. Тем самым и налагается подвиг свидетельствовать, творить и созидать».

Однако в силу крайне неблагоприятных исторических обстоятельств эта задача, столь вдохновенно начертанная отцом Георгием Флоровским, была разрешена лишь частично, и имеющийся духовный потенциал оказался невостребованным и нереализованным. Тем не менее, несмотря на все трудности, традиция диалога существует, и в поддержании ее можно усмотреть одну из главных особенностей служения православного духовенства.

В опыте прошлого именно этот аспект выступает особенно отчетливо. «Не только благодаря так называемым экуменическим съездам Европа узнала просвещенное русское духовенство и сокровища русской богословской науки, – писал архимандрит Киприан (Керн). – Задолго до этого наше заграничное духовенство старалось знакомить западный мир с Православием и с богатством нашего богословия», что не удивительно, поскольку в XIX веке сложилась традиция направлять на служение за границу высокообразованных клириков. В их служении Русское Православие показывало Западу свой лик с исключительной скромностью и без шума. Оно себя никому не навязывало. «Его миссионерство, – по словам архимандрита Киприана, – не было ни в коем случае наступательным. Скорее, сам Запад открывал нас, чем мы себя ему показывали». Такой стиль служения сохранился и впоследствии – вплоть до наших дней, и он не вытекает из надуманной программы, а коре-

179 *Die russisch-orthodoxe Christi-Auferstehungs-Kathedrale in Berlin wurde in den Jahren 1936–1938 errichtet. Sie ist heute Sitz des Erzbischofs der Berliner Diözese der Russischen Orthodoxen Kirche.*
Русский православный Воскресенский кафедральный собор в Берлине был построен в 1936–1938 годах. Сегодня здесь находится кафедра архиепископа Берлинской епархии Русской Православной Церкви.

Die Kehrseite eines solchen demütigen Verständnisses des priesterlichen Dienstes kann Passivität im Zeugnis sein sowie die Unfähigkeit, die engen Grenzen der Angelegenheiten der Gemeinde zu überschreiten. Die Isolierung wird durch das in den Massenmedien verbreitete stereotype, negative Bild der russischen Orthodoxie verstärkt, die bestenfalls als Träger einer exotischen Tradition und schlimmstenfalls als Stütze des gegenwartsfeindlichen Fundamentalismus dargestellt wird. Über die »Ungerechtigkeit« solcher Unterstellungen beklagte sich bereits 1856 der Vorsteher der Botschaftskirche in Berlin, Vater Wasilij Palisadow. Er schrieb: »Solche Unterstellungen betrüben mich umso mehr, weil wir dabei ständig schweigen. In meinen persönlichen Gesprächen mit Deutschen zeige ich ihnen die ganze Abwegigkeit ihrer

нится в природе православного духовного опыта.

Обратной стороной такого смиренного понимания священнического служения может быть пассивность в свидетельстве, неспособность выйти за узкие рамки приходских проблем. Изоляция усиливается бытующим в средствах массовой информации стереотипно-негативным образом Русского Православия, представляемого в лучшем случае носителем экзотических традиций, а в худшем – оплотом фундаментализма, враждебного современности. На «несправедливость» таких обвинений сетовал еще в 1856 году настоятель посольской церкви в Берлине отец Василий Палисадов: «На меня же они (обвинения – Авт.) производят впечатление тем более горестное, что мы вечно молчим... В моих личных разговорах с немцами я показал им всю нелепость их понятий о нашей Церкви, и мне отвечают: «Все это очень хорошо; да зачем же вы оставляете нас в неведении о себе? Пишите и разуверьте публику»».

Подобная пассивность объяснялась иногда не столько высокими соображениями о характере православной духовности, сколько сознанием своей «случайности» за границей, временным и быстротечным пребыванием там, после чего священник возвращался в привычную и родную ему среду. Обращение к истории Русского Православия в Германии показывает, что обе крайности вполне преодолимы в опыте осознания особенностей пастырского служения в условиях диаспоры.

Идеальный прототип этого опыта можно усмотреть в деятельности протоиереев Иоанна Базарова и Алексия Мальцева, исходивших в своих трудах из понимания специфики немецкого церковного и культурного контекста, наряду с полной открытостью к пастырским и благотворительным задачам. Оба священника положили начало переводу богослужебных книг на немецкий язык, руководствуясь как потребностями литургическими, так и стремлением ознакомить немецких христиан с духовными сокровищами Православия.

Характерно в этом отношении заглавие книги, выпущенной протоиереем Иоанном Базаровым в 1857 году – «Die Liturgie (Messe) der orthodoxen orientalischen Kirche zum Gebrauch der deutschen Besucher des russischen Gottesdienstes» («Литургия Православной Восточной Церкви для использования немецким посетителем русского богослужения»). В предисловии к этой книге был представлен план широкой издательской деятельности. Базаров хотел дать стимул для богословской работы заграничных священ-

Vorstellungen über unsere Kirche, darauf erhalte ich die Antwort: Das ist schon gut, aber warum lasst ihr uns in Unwissenheit über euch? Schreibt doch und überzeugt das Publikum vom Gegenteil.«

Allerdings lässt sich manchmal eine solche Passivität nicht so sehr mit höheren Überlegungen über den Charakter der orthodoxen Spiritualität, als vielmehr mit dem Bewusstsein der eigenen »Zufälligkeit« des Aufenthalts im Ausland erklären. Denn dieser Aufenthalt ist nur vorübergehend und kurz und danach kehrt der Priester in seine gewohnte und vertraute Umgebung zurück. Die Hinwendung zur Geschichte der russischen Orthodoxie in Deutschland zeigt, dass beide Extreme durchaus überwindbar sind, wenn entsprechende Erfahrungen vorhanden sind, die einem die Besonderheiten des priesterlichen Dienstes unter den Bedingungen der Diaspora bewusst machen.

Den idealen Prototyp eines solchen Dienstes konnte man in der Tätigkeit der Erzpriester Ioann Basarow und Aleksij Maltzew sehen. Sie gingen vom Verständnis der Spezifik des deutschen kirchlichen und kulturellen Kontextes aus und waren völlig offen gegenüber den seelsorgerlichen und karitativen Aufgaben. Beide Priester begannen ihre Arbeit mit der Übersetzung der gottesdienstlichen Bücher in die deutsche Sprache. Ihre Beweggründe waren sowohl liturgische Bedürfnisse als auch das Bestreben, die deutschen Christen mit den spirituellen Schätzen der Orthodoxie vertraut zu machen.

Charakteristisch ist in dieser Beziehung der Titel des von Erzpriester Ioann Basarow 1857 herausgegebenen Buches: »Die Liturgie (Messe) der orthodoxen orientalischen Kirche zum Gebrauch der deutschen Besucher des russischen Gottesdienstes«. Es wurde der Plan einer umfangreichen verlegerischen Tätigkeit ausgearbeitet. Basarow wollte auf diese Weise den Auslandspriestern einen Antrieb geben, damit sie theologisch tätig werden und die innerkirchlichen Probleme »im Vergleich zu anderen Konfessionen« aufarbeiten.

Der Aufenthalt in Deutschland machte und macht für die russisch-orthodoxen Priester auch immer die Beteiligung am »Dialog der Kulturen« notwendig. Diese Kulturen sind komplementär, das heißt: sie ergänzen sich gegenseitig. Bedenkt man, dass für die russische Intelligenz im 19. Jahrhundert das Kriterium der Bildung das Verstehen von Hegel und das Auswendiglernen des »Faust« von Goethe war und andererseits in Deutschland ein großes Interesse für altrussische Ikonen, die Romane von Fjodor Dostojewskij und die Musik von Peter Tschaikowskij und Sergej Rachmaninow bestand, so war für diese geheimnisvollen Prozesse der gegenseitigen geistigen Ergänzung

ников по осмыслению внутрицерковных проблем «в сравнении с другими конфессиями».

Пребывание в Германии делало и по-прежнему делает для священников также необходимым участие в «диалоге культур», комплиментарных, то есть взаимно дополняющих одна другую. Если учесть, что для русской интеллигенции в XIX веке критерием образованности было «понимать Гегеля и знать «Фауста» наизусть», а, с другой стороны, в Германии проявляли глубокий интерес к древнерусским иконам, романам Федора Достоевского, музыке Петра Чайковского, а затем и Сергея Рахманинова, то именно эти таинственные процессы духовного восполнения – несмотря на внешние обстоятельства, казалось, навсегда разделившие две культуры, – особо нуждаются в богословском осмыслении.

В этом направлении шли историософские раздумья славянофилов и религиозных философов начала XX века, особенно Николая Бердяева (1874-1948), книги которого не случайно получили живой отклик именно в немецкой среде.

Протоиерей Алексей Мальцев – строитель мостов между странами и конфессиями

Немалое место в деятельности русского духовенства в Германии занимали и чисто научно-богословские работы. Там трудились настоящие ученые. Среди них – протопресвитер Иоанн Янышев, написавший один из лучших учебников нравственного богословия; протоиерей Тарасий Серединский, обладавший широким спектром научных интересов, прежде всего в области сравнительной литургики и литургического богословия; протоиерей Стефан Сабинин, которому, наряду с многочисленными работами по ветхозаветной экзегетике, принадлежит перевод книги Иова. Труды этих священников создавали особую атмосферу в их окружении.

В результате им удавалось сформировать центры, притягательные для всех приезжающих в Германию соотечественников. Одновременно они много делали для ознакомления немцев с русской Церковью, наукой и обществом.

В этом отношении особенно показательна деятельность протоиерея Алексия Мальцева (1854-1915), имеющая парадигматический характер для русских священников в Германии. Это было истинное свидетельство о Православии, чуждое прозелитизму и соединенное с полным пониманием перспектив, которые оно имеет в немецком контексте. Протоиерей Алексий Мальцев начал свое служение в бер-

eine theologische Aufarbeitung nötig – trotz aller äußeren Schwierigkeiten, die scheinbar für immer diese beiden Kulturen voneinander trennten.

In diese Richtung bewegten sich die historisch-philosophischen Überlegungen der Slawophilen und Religionsphilosophen am Anfang des 20. Jahrhunderts, insbesondere von Nikolaj Berdjaew (1874–1948). Es ist kein Zufall, dass seine Veröffentlichungen auf ein starkes Echo insbesondere in der deutschen Kultur stießen.

Erzpriester Aleksij Maltzew als Brückenbauer zwischen Ländern und Konfessionen

Keinen geringen Platz nahmen in der Tätigkeit der russischen Geistlichkeit in Deutschland wissenschaftliche theologische Arbeiten ein. Begründer dieser Tradition waren Protopresbyter Ioann Janyschew, der Verfasser eines der besten Lehrbücher für Moraltheologie, Erzpriester Tarasij Seredinskij, der ein breites Spektrum an wissenschaftlichen Interessen insbesondere im Bereich der vergleichenden Liturgik und der liturgischen Theologie besaß, und Erzpriester Stefan Sabinin, einer der Befürworter der Übersetzung der Heiligen Schrift in die russische Sprache, der im 19. Jahrhundert nicht nur zahlreiche Werke zur alttestamentlichen Exegese verfasste, sondern auch das Buch Hiob übersetzte. Die Werke dieser Priester schufen in ihrem Umkreis eine ganz besondere Atmosphäre.

Als Ergebnis gelang es ihnen, Anziehungszentren für alle nach Deutschland kommenden Landsleute zu schaffen. Zur gleichen Zeit taten sie viel, um die Deutschen mit der russischen Kirche, Wissenschaft und Gesellschaft vertraut zu machen.

Besonders bezeichnend war in dieser Hinsicht das Wirken von Erzpriester Aleksij Maltzew (1854–1915). Seine Tätigkeit hat paradigmatischen Charakter für das Wirken russischer Priester in Deutschland. Es war ein Martyrium – das Zeugnis für die Orthodoxie, weit entfernt von Proselytismus, mit einem vollen Verständnis für die Perspektiven, über die sie im deutschen Kontext verfügt. Erzpriester Aleksij Maltzew begann seinen Dienst an der Berliner Botschaftskirche 1886 und beschäftigte sich später sehr viel mit der Organisation russischer Gemeinden in Deutschland. Ein großes Verdienst von Maltzew war die Gründung der Bruderschaft des Hlg. Wladimir. Sie hatte – wie ihr Name deutlich macht – ein umfangreiches karitatives Programm: »Orthodoxe, im Namen des Hlg. Apostelgleichen Fürsten Wladimir gestifteter Wohltätigkeits-Verein bei der Kaiserlich Russischen Botschaftskirche zu Berlin.« Die Bruderschaft leistete Hilfe für alle »bedürftigen russischen Bürger aller christlichen Konfessionen so-

линской посольской церкви в 1886 году и впоследствии много потрудился, организуя русские приходы в Германии. Большой его заслугой является основание Свято-Владимирского братства с широкой благотворительной программой, заложенной уже в его названии («Orthodoxer, im Namen des heiligen apostelgleichen Fürsten Vladimir gestifteter Wohltätigkeits-Verein bei der Kaiserlich Russischen Botschaftskirche zu Berlin» – Православное благотворительное объединение во имя святого равноапостольного князя Владимира при императорском Российском посольском храме в Берлине). Братство оказывало помощь «нуждающимся русским гражданам всех христианских конфессий и членам греко-кафолической конфессии всех национальностей». В его распоряжении находился дом (Kaiser-Alexander-Heim), в котором попавшим в нужду соотечественникам предоставлялись жилье, питание и работа. В наше время к подобным задачам добавилась посильная организация гуманитарной помощи, отсылаемой в страны СНГ.

Наряду с благотворительной деятельностью протоиерей Алексий Мальцев придавал большое значение организации православного издательства. Несмотря на все исторические перемены, намеченная Мальцевым программа журнала «Церковная правда», выходившего всего три года и в новом формате возобновленного только в 60-х годах (Stimme der Orthodoxie), как, впрочем, и большинство его начинаний, поражает своей актуальностью.

Однако то, что придает действительно «апостольское» измерение служению протоиерея Алексия Мальцева – это его труды по переводу богослужебных книг: Октоиха, Триоди, Требника, Служебника и ряда чинопоследований.

Обозревая все перечисленные направления деятельности протоиерея Алексия Мальцева, видно, как логикой истории начало века смыкается с его концом. Многое из достигнутого тогда нуждается в осмысленном возрождении. В природе «возрождения» лежит открытие забытых ценностей прошлого. Необходимо пробуждение чувства нашей ответственности за прошлое, нашего обязательства перед ним... Ошибки и неудачи прошлого не должны смущать. Исторический путь еще не пройден, история Церкви еще не закончилась.

Зрелые плоды многовековой традиции

События последнего столетия привели к новому расцвету приходской жизни Русской Православной Церкви в Германии. И не только потому, что сотни

wie für Mitglieder der griechisch-katholischen Konfession aller Nationalitäten«. Ihr stand ein Haus zur Verfügung, das »Kaiser-Alexander-Heim«, in dem in Not geratenen Landsleuten Wohnung, Essen und Arbeit gegeben wurden. In unserer Zeit kommt zu all diesen Aufgaben, die geblieben sind, noch die nach Kräften zu leistende Organisation humanitärer Hilfe für die GUS-Staaten hinzu.

Neben der karitativen Tätigkeit maß Erzpriester Aleksij Maltzew der Organisation des orthodoxen Verlagswesens große Bedeutung zu. Es ist erstaunlich, wie aktuell sich trotz vieler historischer Veränderungen das von Maltzew entwickelte Programm der Zeitschrift »Die Wahrheit der Kirche« erwies. Sie erschien nur drei Jahre und wurde erst in den 60er Jahren dieses Jahrhunderts als »Stimme der Orthodoxie« erneuert. Ähnliches gilt im Übrigen für die meisten seiner Ansätze.

Aber wahrhaft »apostolische« Maßstäbe gewann der Dienst von Erzpriester Maltzew erst – dies wurde bereits erwähnt – durch seine Übersetzungen der gottesdienstlichen Bücher, der verschiedenen liturgischen Bücher, des Ritualbuches und einer Reihe kirchlicher Ordnungen.

Wenn man alle aufgezählten Tätigkeitsbereiche von Erzpriester Aleksij Maltzew überblickt, stellt man fest, wie der Beginn des Jahrhunderts mit seinem Ende durch die historische Logik miteinander verbunden ist. Vieles, was damals erreicht wurde, braucht jetzt eine durchdachte Wiedergeburt. In der Natur der »Wiedergeburt« liegt die Wiederentdeckung der vergessenen Werte aus der Vergangenheit. Notwendig ist die Erweckung unseres Verantwortungsgefühls für die Vergangenheit, unsere Verpflichtung ihr gegenüber. Fehler und Misserfolge der Vergangenheit dürfen uns nicht irritieren. Der historische Weg ist noch nicht zu Ende, die Geschichte der Kirche ist noch nicht abgeschlossen.

Reiche Früchte einer jahrhunderte langen Tradition

Das letzte Jahrzehnt vor der Jahrhundertwende führte zu einem Wiederaufblühen des Gemeindelebens für die Russische Orthodoxe Kirche in Deutschland. Nicht nur, dass Hunderttausende von neuen Immigranten aus der ehemaligen Sowjetunion nach 1990 für sprunghaft ansteigende Besucherzahlen während der Gottesdienste sorgten, – der Zerfall des Totalitarismus im Mutterland infolge der Perestroika ebnete den Weg zu einer qualitativen Verbesserung des kirchlichen Lebens auch in der Diaspora.

Unter den neu hinzugekommenen Kirchgängern waren Menschen verschiedenster ethnischer, sozialer und geographischer Herkunft: Deutschstämmige Spätaussiedler, die sich der Orthodoxie zugehörig fühlen, die russischen

тысяч новых иммигрантов из бывшего Советского Союза после 1990 года позаботились о резком увеличении числа посещающих богослужения: произошедший в результате «перестройки» распад тоталитаризма на родине проложил путь качественному улучшению церковной жизни и в диаспоре.

Среди новых прихожан – люди разного этнического и социального происхождения, и приехали они из разных географических точек. Среди них – немецкие переселенцы, испытывающие тягу к Православию, русские супруги и родственники переселенцев, но также и просто «русские» русские. Среди них – ученые, врачи, студенты, лица, работающие по контракту, представители находившегося в ГДР контингента советских войск, ищущие ныне политического убежища, жены и дети западных деловых людей, побывавших ранее в командировке в СССР, или жены бывших граждан ГДР, находившихся ранее в Советском Союзе на учебе или на работе. В русские православные храмы приходят также грузины, молдаване и другие православные христиане. Немало верующих еврейского происхождения также смогли после их переселения в Германию обрести новую родину в русских православных общинах. В Берлинской епархии Московского Патриархата издавна не было никакого деления на русских, украинцев, белорусов, евреев.

Если в 1990 году в воссоединенной Германии было всего 20 священников и 17 приходов Московского Патриархата, то сейчас, в новом тысячелетии, здесь осуществляют служение 40 священников, окормляющих более 40 приходов. Между тем клир Берлинской епархии Русской Православной Церкви пополняется главным образом за счет молодых людей, ранее принимавших участие в церковной жизни здесь, в Германии, в качестве мирян.

Большинство новых общин вынуждено вначале довольствоваться нерегулярными богослужениями, которые приходящие священники совершают во вспомогательных помещениях. При этом молодые приходы часто зависят от помощи римо-католических или евангелических общин. Во многих местах эта поддержка переросла в братское сотрудничество между Церквами.

Особенно памятным в недавней истории епархии было освящение двух новых храмов, построенных в древнерусском архитектурном стиле. Это храм святителя Николая в Гифхорне, возведенный в 1995 году по историческому образцу деревянных церквей русского Севера усилиями немецкого предприни-

Ehepartner und andere Verwandte von Russlanddeutschen, aber auch »russische« Russen, – darunter Wissenschaftler, Ärzte, Studenten, Vertragsarbeiter, Asylsuchende, ehemalige Angehörige der in der DDR stationierten Sowjetarmee, Ehefrauen von früheren Geschäftsreisenden aus dem Westen oder von ehemaligen in der Sowjetunion studierenden oder arbeitenden DDR-Bürgern mit ihren Kindern dazu Georgier, Moldawier und andere orthodoxe Christen. Auch nicht wenige Gläubige jüdischer Abstammung fanden in den russisch-

180 *Erzbischof Feofan von Berlin und Deutschland feiert Gottesdienst in einer der mehr als 40 Gemeinden, die heute in Deutschland zu seiner Diözese gehören.*
Архиепископ Берлинский и Германский Феофан совершает богослужение в более чем 40 приходах Московского Патриархата, находящихся в Германии.

orthodoxen Gemeinden in Deutschland nach ihrer Übersiedlung eine neue geistliche Heimat. Eine Unterteilung in Russen, Ukrainer, Weißrussen und Gläubige jüdischer Abstammung hat es allerdings in der Berliner Diözese des Moskauer Patriarchats seit jeher nicht gegeben.

Zählte man im Jahre 1990 im wiedervereinigten Deutschland noch 20 Geistliche und 17 Gemeinden des Moskauer Patriarchats, so sind es jetzt zur Jahrtausendwende 40 Geistliche, die ca. 40 Gemeinden betreuen. Inzwischen rekrutiert sich der Klerus der Berliner Diözese der Russischen Orthodoxen Kirche des Moskauer Patriarchats fast ausschließlich aus jungen Leuten, die zuvor als Laien am kirchlichen Leben hierzulande teilgenommen haben.

Die meisten neu gegründeten Gemeinden müssen zunächst mit sporadischen Gottesdiensten vorlieb nehmen, die auswärtige Priester in Behelfsräumen abhalten. Hierbei sind die jungen Gemeinden sehr oft auf die Hilfe ihrer römisch-katholischen oder evangelischen Schwestergemeinden angewiesen. An vielen Orten ist aus dieser Unterstützung eine brüderliche Zusammenarbeit zwischen den Kirchen erwachsen.

Als besondere Glanzlichter sind die Einweihungen zweier neuer Gotteshäuser im architektonischen Stil der russischen Kirche in die jüngere Geschichte der Diözese eingegangen. Da ist zum einen die St.-Nikolai-Kirche in

мателя Хорста Вробеля неподалеку от основанного им Международного музея ветряных мельниц, и часовня в честь Воскресения Христова на территории мемориала в концлагере Дахау. Она была построена в 1994 году из отдельных конструкций, изготовленных в России и собранных военнослужащими Западной группы войск перед их уходом из Германии. Возведение этой часовни должно было послужить проявлением глубокой любви российских воинов к своей родине. В обоих храмах есть свои общины, которые динамично развиваются. В ноябре 1995 года, когда в Германии по приглашению Германской Епископской Конференции и Евангелической Церкви в Германии находился Святейший Патриарх Алексий II, эти храмы были включены в программу его посещения.

Особое место в деятельности Русской Православной Церкви в Германии занимает сотрудничество с другими Православными Церквами, объединенными в Конференцию Православных Церквей в Германии. При этом полностью сохраняется их культурная самостоятельность и уважительное отношение православных разных юрисдикций к каноническим связям своих единоверцев с их материнскими Церквами. Конференция Православных Церквей считает себя представительницей интересов всех находящихся в Германии православных. В связи с этим сле-

Gifhorn, die auf Betreiben von Horst Wrobel nach dem historischen Vorbild einer Holzkirche des russischen Nordens auf dem Gelände des von ihm ins Leben gerufenen Internationalen Mühlenparks im Jahre 1995 fertig gestellt wurde. Und da ist zum anderen die Christi-Auferstehungs-Kapelle in der KZ-Gedenkstätte Dachau, die 1994 von Soldaten der abrückenden sowjetischen Streitkräfte in Deutschland aus russischem Holz als Ausdruck ihrer Liebe zur Heimat errichtet wurde. Beide Gotteshäuser beherbergen nun sich dynamisch entwickelnde Gemeinden und wurden im November 1995 in das Besuchsprogramm von Patriarch Alexeij II. aufgenommen, als dieser als Gast der Deutschen Bischofskonferenz und des Rates der Evangelischen Kirche in Deutschland (EKD) in Deutschland weilte.

Einen besonderen Eckfeiler der Aktivitäten der Russischen Orthodoxen Kirche in Deutschland bildet das Zusammenwirken mit den anderen orthodoxen Jurisdiktionen, die in der »Konferenz der Orthodoxen Kirche in Deutschland« unter einem gemeinsamen Dach vereint sind. In diesem Zusammenhang muss darauf hingewiesen werden, dass die Griechisch-Orthodoxe Metropolie immerhin zahlenmäßig die drittgrößte christliche Kirche in Deutschland ist. Bei vollkommener Bewahrung der kulturellen Eigenständigkeit oder Achtung der kanonisch jurisdiktionellen Bindung zur jeweiligen Mutterkirche betrachtet sich die Konferenz als Interessenvertretung aller orthodoxen Kirchen hierzulande.

Besondere Bedeutung kommt der Sorge um den priesterlichen Nachwuchs zu. So wurde vor einigen Jahren an der Ludwig-Maximilians-Universität in München mit dem Aufbau einer Orthodoxen Fakultät begonnen. In dieser Ausbildungsstätte für orthodoxe Theologen lehren Hochschullehrer der unterschiedlichsten orthodoxen Nationalkirchen, regelmäßig auch Professoren der Russischen Orthodoxen Kirche. So ist in München – einmalig in Deutschland – ein Ort entstanden, an dem sich die theologische Arbeit der römisch-katholischen, der lutherischen und der orthodoxen Kirche kontinuierlich begegnen. Auch dies ist ein Weg, Zeugnis von der Orthodoxie in Deutschland abzulegen.

Es ist bezeichnend, dass in der Reihe der Probleme, von deren Lösung der Erfolg der »Wiedergeburt« abhängt, von G. Florowskij einst »die offene Begegnung mit dem Westen« genannt wurde. Der priesterliche Dienst in Deutschland ist eine Schule für solche Erfahrungen. Zusätzlich bedeutet er auch die Begegnung mit der eigenen Tradition. Das gesamte vielfältige Spektrum dieser Tradition ist vertreten in den orthodoxen Landeskirchen, einschließlich der Russischen Orthodoxen Kirche im Aus-

181 *Für ihre Verdienste um die orthodox-lutherische Verständigung überreicht Erzbischof Feofan Fairy von Lilienfeld anlässlich ihres 80. Geburtstages in Erlangen einen hohen Orden des Patriarchen.*
Архиепископ Феофан вручает профессору Фэри фон Лилиенфельд высокий орден Русской Православной Церкви за заслуги в сфере налаживания православно-лютеранского взаимопонимания и в связи с 80-летием.

дует указать, что Греко-православная митрополия по числу верующих занимает третье место среди христианских Церквей Германии.

Православные верующие особое значение придают подготовке молодых священников. С этой целью несколько лет назад был организован православный факультет в Мюнхенском университете имени Людвига Максимилиана. В этом учебном заведении, предназначенном для подготовки православных богословов, преподают представители различных национальных Православных Церквей. Регулярно читают здесь лекции и профессора Русской Православной Церкви. Таким образом, в Мюнхене – уникальное явление для Германии – появилось место, где в своей работе постоянно соприкасаются богословы Римско-Католической, Лютеранской и Православной Церквей. И эти рабочие контакты также являются одним из путей свидетельства о Православии в Германии.

Знаменательно, что в ряду проблем, от решения которых зависит возрождение Православия, отец Георгий Флоровский назвал «открытую встречу с Западом». Служение в Германии – школа подобного опыта. Но, кроме того, это встреча с собственной традицией, представленной во всем ее многообразном преломлении Поместными Православными

land. Gespräche zwischen den Bischöfen und Geistlichen der beiden Jurisdiktionen – der Jurisdiktion des Moskauer Patriarchats und der Jurisdiktion derAuslandskirche – haben einen Präzedenzfall für die in der Zukunft mögliche Heilung einer der tiefsten Spaltungen in der russischen Kirchengeschichte geschaffen. Die Folgen dieser Spaltung machen sich heute noch schmerzhaft, auch auf deutschem Boden, bemerkbar.

Im Ganzen trägt der Dienst von Geistlichen der Russischen Orthodoxen Kirche in Deutschland einerseits traditionellen Charakter; andererseits hat er auch besondere, mit dem Wirken in einer postindustriellen und pluralistischen Gesellschaft verbundene Züge. Dies verlangt Offenheit der Priester für Probleme und Nöte dieser Gesellschaft.

Das ständige Wachstum der Gemeinden, das aktive Interesse der jungen Generation an der Orthodoxie, Mönchsweihen und die gestiegene Nachfrage nach religiöser Bildung zeigen: Die dreihundertjährige Tradition der Orthodoxie in Deutschland hat begonnen, reife Früchte zu tragen. *Erzpriester Wladimir Iwanow, Berlin*

Церквами, а также с Русской Православной Церковью за границей. Собеседования между епископами и клириками обеих юрисдикций – Московского Патриархата и Русской Православной Церкви за границей – создали прецедент для возможного уврачевания в будущем одного из самых глубоких разделений в русской церковной истории, последствия которого мучительно дают о себе знать и на германской территории.

В целом служение представителей Русской Православной Церкви в Германии совершается вполне традиционно. Одновременно жизнь в постиндустриальном и плюралистическом обществе требует от православных священников пастырской открытости к его проблемам и нуждам. Постоянный рост приходов, активный интерес к Православию молодого поколения, монашеские постриги и растущая потребность в религиозном образовании показывают, что трехсотлетняя традиция русско-немецких отношений продолжает приносить свой зрелый плод.

Протоиерей Владимир Иванов, Берлин

Vereint in Hoffnung

Das kirchliche Leben der russischen Orthodoxie verlief nach dem Ende des Zweiten Weltkrieges in Deutschland unterschiedlich. Im Westen ging es zunächst um die Fürsorge für Auswanderer aus den Ländern Osteuropas, die in Deutschland als Zwangsarbeiter eingesetzt worden waren und danach nicht in ihre Heimat zurückkehren wollten, sowie um die Betreuung der Emigrantenfamilien aus dem alten Russland.

Mit dem Männerkloster des Hlg. Hiob und dem Sitz eines Erzbischofs entwickelte sich nach 1945 München zum geistlichen Zentrum der Russischen Orthodoxen Kirche im Ausland. In Berlin wurde zur selben Zeit eine Diözese des Moskauer Patriarchats gegründet. Zu ihr gehörten die russisch-orthodoxen Gemeinden in Berlin und Ostdeutschland, aber auch einige Gemeinden in Westdeutschland. In letzter Zeit nahm die Zahl der Gemeinden in Ost und West derart zu, dass es mittlerweile insgesamt über vierzig Gemeinden in Deutschland gibt.

Die große russische Emigrantengemeinde zerstreute sich freilich in den Nachkriegsjahren bald, da viele Überlebende des Krieges nach Übersee auswanderten. Abgesehen von wenigen Zentren der russischen Emigration wie München und Frankfurt/Main blieben zunächst nur klei-

Объединенные надеждой

По-разному проходила жизнь Русского Православия в Германии после окончания Второй мировой войны. На Западе вначале пришлось заботиться о переселенцах из стран Восточной Европы, которые были угнаны в Германию на работу и не хотели возвращаться на родину, и одновременно опекать семьи эмигрантов из старой России.

После 1945 года вокруг мужского монастыря святого Иова и резиденции архиепископа в Мюнхене возник духовный центр Русской Православной Церкви за границей. Одновременно в Берлине была основана епархия Московского Патриархата. В нее входили русские православные приходы в Берлине и Восточной Германии, но также и общины в Западной Германии. В последнее время количество приходов на Востоке и Западе перевалило за сорок.

Правда, в послевоенные годы крупная русская эмигрантская община довольно скоро рассеялась, так как многие пережившие войну переселились за океан. Кроме нескольких центров русской эмиграции, таких как Мюнхен и Франкфурт-на-Майне, остались лишь небольшие приходы. Только после политических изменений в Советском Союзе и воссоединения Гер-

nere Gemeinden übrig. Erst die politische Wende in der Sowjetunion und die Wiedervereinigung Deutschlands haben die Situation der beiden auf deutschem Boden bestehenden Jurisdiktionen der russischen Orthodoxie in mancher Hinsicht erneut verändert.

Beide Diözesen haben in den zurückliegenden Jahren Brücken zu den beiden großen christlichen Konfessionen in Deutschland geschlagen. Beide erleben einen Zustrom von neuen Gläubigen durch die Rückkehr von bis zu 2 Millionen Russlanddeutschen in die Heimat ihrer Vorfahren. Eine nicht geringe Anzahl dieser Übersiedler oder auch ihrer Familienmitglieder ist orthodox. Beide Diözesen kommen seit dem Fall der Mauer miteinander in Berührung. Und in beiden Diözesen hoffen seit der Wende viele Gläubige auf eine baldige Wiedervereinigung der Auslandskirche und der Mutterkirche.

Diese Hoffnung ist bisher nicht in Erfüllung gegangen. Zwar unterscheiden sich das kirchliche Leben, die Gottesdienste und die Frömmigkeit in den beiden Diözesen nicht. Der Weg der russischen Orthodoxie in der Sowjetunion und unter dem kommunistischen Regime wird jedoch in der Auslandskirche anders gesehen als im Moskauer Patriarchat. Dennoch fanden in den Jahren 1995 bis 1998 mehrere Begegnungen im kleinen Kreis statt. Sie sollten dem Kennen- und Verstehenlernen dienen. Obwohl dieser inoffizielle Dialog inzwischen wieder zum Erliegen kam, hoffen doch viele Gläubige in beiden Diözesen, dass Auslandskirche und Mutterkirche nach Jahrzehnten der Trennung wieder zueinander finden.

Erzbischof Feofan (Galinskij) von Berlin und Deutschland

мании ситуация в обеих юрисдикциях Русского Православия, находящихся на немецкой земле, в некотором отношении изменилась.

Обе епархии за прошедшие годы наладили отношения с крупными христианскими конфессиями в Германии. Возвращение более 2 миллионов русских немцев на родину предков обеспечило обеим епархиям приток новых верующих: немалая часть этих переселенцев или членов их семей – православные. После падения Берлинской стены епархии соприкасаются одна с другой. Многие верующие обеих епархий полны надежды на то, что после произошедших политических изменений Церковь за границей и Матерь-Церковь скоро воссоединятся.

До сих пор эти надежды не оправдались. Правда, епархии не отличаются одна от другой по своей церковной жизни, богослужению и благочестию, но Русская Православная Церковь за границей и Московский Патриархат по-разному оценивают путь Русского Православия в Советском Союзе при коммунистическом режиме. Тем не менее, между 1995 и 1998 годом произошло несколько встреч в «узком кругу». Их цель состояла в знакомстве друг с другом и в поиске путей взаимопонимания. И хотя этот неофициальный диалог опять прекратился, верующие обеих епархий надеются на то, что Церковь за границей и Матерь-Церковь после десятилетий разделения вновь найдут путь навстречу одна другой.

Архиепископ Берлинский и Германский Феофан (Галинский), Берлин

Eine orthodoxe Hauskirche in Halle

Die 300-jährige Geschichte der Franckeschen Stiftungen in Halle in Mitteldeutschland war stets eng verbunden mit lebendigen Beziehungen zu Osteuropa, das August Hermann Francke, der Gründer der Stiftungen, immer im Blickfeld hatte. Von 1702 bis 1713 existierte an den Franckeschen Stiftungen das »Collegium Orientale Theologicum«, an welchem auch orthodoxe Theologen, Philologen und Studenten wirkten. Zwölf orthodoxe Studenten erhielten damals in Halle an der Saale eine breite philologisch-theologische Ausbildung, deren greifbares Ergebnis die 1720 erschienene wissenschaftliche Ausgabe der Biblia Hebraica – die »Michaelis-Bibel« – war. Historisch bedeutend sind auch die sogenannten »Hallischen

Православная домовая церковь в Галле

300-летняя история благотворительных учреждений имени Франке в городе Галле в Средней Германии всегда характеризовалась тесными отношениями с Восточной Европой. Восток Европы неизменно привлекал к себе внимание Августа Германа Франке. С 1702 по 1713 год при благотворительных учреждениях Франке существовала Восточная богословская коллегия (Collegium Orientale Theologicum), в работе которой принимали участие также православные богословы, филологи и студенты. Двенадцать православных студентов получили в то время в Галле, на реке Заале, широкое филологическое и богословское образование. Конкретным результатом их обучения

182 *Eine russisch-orthodoxe Hauskirche wurde 1999 im Keller unter dem Bibelzentrum der Franckeschen Stiftungen in Halle errichtet und von Ikonenmalern aus Moskau ausgemalt.*

В 1999 году в подвальном помещении Библейского центра благотворительных учреждений имени Франке в городе Галле была открыта русская православная домовая церковь. Стены церкви были расписаны московскими иконописцами.

russischen Drucke«, Übersetzungen deutscher theologischer Literatur von Arndt, Freylinghausen und Francke, die in verschiedenen slawischen Ländern, einschließlich Russlands, verbreitet wurden.

In Anknüpfung an diese Geschichte machte 1998 das Seminar für Konfessionskunde der orthodoxen Kirchen zusammen mit orthodoxen Stipendiaten der Leitung der Franckeschen Stiftungen den Vorschlag, für die orthodoxen Christen in Halle und Umgebung eine eigene gottesdienstliche Heimstatt einzurichten. Daraufhin kam es zu Gesprächen zwischen der Leitung der Franckeschen Stiftungen – Direktor Professor Dr. Paul Raabe – und der Vertretung des Moskauer Patriarchats in Deutschland.

было научное издание Biblia Hebraica – «Библия Михаэлиса», вышедшая в 1720 году. Историческое значение имеют и так называемые «галльские русские издания» – переводы немецких богословских трудов фон Арндта, Фрейлингтаузена, Франке, получившие распространение в различных славянских странах, включая Россию.

В 1998 году, в продолжение этой традиции, Семинар по сравнительному богословию Православной Церкви совместно с православными стипендиатами, обучающимися в Германии, предложил руководству учреждений имени Франке устроить в подходящем месте православный храм. С этой целью учреждения имени Франке тщательно восстановили подвальные помещения в доме 24 под Библейским центром Канштайна. Затем были организованы встречи между руководителем благотворительных учреждений имени Франке профессором доктором Паулем Раабе и представительством Московского Патриархата в Германии.

Православная сторона взяла на себя все внутреннее оформление храма. Главным образом, планировалась роспись подвального свода, которая затем бы-

Die orthodoxe Seite übernahm die gesamte Innenausstattung der von den Franckeschen Stiftungen sorgfältig hergerichteten Kellergewölbe im Haus 24 unter dem Cansteinschen Bibelzentrum, besonders die vollständige Ausmalung, die durch Wladimir Schtscherbinin, Ikonenmaler aus Moskau, und dessen Frau Manna Sinanjan, geschaffen wurde.

Gemäß der Vereinbarung mit der orthodoxen Seite beherbergen die Franckeschen Stiftungen die orthodoxe Gemeinde mietfrei. Die russisch-orthodoxe Seite sagte ihrerseits in der Vereinbarung zu, Geistlichen und Gemeinden anderer kanonischer Kirchen die Möglichkeit zum Feiern der Liturgie – nach Absprache – einzuräumen. Dazu zählen auch die orientalischen orthodoxen Kirchen wie z. B. die syrisch-orthodoxen, die armenisch-apostolischen und die koptisch-orthodoxen Christen.

Die Weihe der orthodoxen Hauskirche der Auferstehung Christi, in welcher nun die russisch-orthodoxe Gemeinde der »Aufrichtung des Lebensspendenden Kreuzes« ihre Gottesdienste feiert, wurde am 11. Februar 2000 durch Erzbischof Feofan von Berlin und Deutschland vollzogen. Anwesend waren ökumenische Gäste aus der evangelischen und römisch-katholischen Kirche sowie Angehörige der syrischen, koptischen, armenischen und bulgarisch-orthodoxen Kirche.

Gottesdienst wird zurzeit sonnabends um 9.00 Uhr 14-täglich gefeiert, da die Gemeinde von der Leipziger russisch-orthodoxen Kirche durch Vater Alexej Tomiouk betreut wird. Gemeinsamer Wunsch ist, dass die Gemeinde einen eigenen Priester erhält, der gleichzeitig als Postgradualstudent bzw. Doktorand an der Hallischen Evangelisch-Theologischen Fakultät studiert.

Das Interesse an diesem neuen Kleinod der Franckeschen Stiftungen, der ersten orthodoxen Kirche im Bundesland Sachsen-Anhalt, ist so groß, dass aus ganz Deutschland interessierte Gruppen kommen, um an Gottesdiensten und Führungen teilzunehmen.

Hermann Goltz, Halle

ла выполнена московским иконописцем Владимиром Щербининым и его супругой Мариной Зинанян.

По согласованию с православной стороной благотворительные учреждения имени Франке предоставили эти помещения в безвозмездное пользование православной общине. Представители Русской Православной Церкви, со своей стороны, закрепили договором свое согласие на предоставление возможности для совершения литургии священникам и приходам других Православных Церквей, а также Древних Восточных Церквей – Сирийской, Коптской и Армянской.

11 февраля 2000 года архиепископ Берлинский и Германский Феофан совершил освящение православной домовой церкви в честь Воскресения Христова, в которой теперь совершает богослужения русская православная община Воздвижения Честного и Животворящего Креста. На освящении были представители Болгарской Православной Церкви, Сирийской, Коптской и Армянской Церквей, а также экуменические гости из Евангелической и Римско-Католической Церквей.

В настоящий момент богослужения совершаются по субботам, раз в две недели, в 9 часов утра, поскольку приход окормляет священник Алексий Томюк из русской православной общины в Лейпциге. Общее пожелание членов прихода – иметь собственного священника, бывшего студента или докторанта Евангелического богословского факультета Университета в Галле.

Интерес к этому новому сокровищу благотворительных учреждений имени Франке – первой православной церкви в федеральной земле Саксония-Ангальт – столь велик, что сюда специально приезжает множество людей со всей Германии, чтобы присутствовать на богослужениях или просто осмотреть храм.

Герман Гольц, Галле

Der Neuanfang der Lutherischen Kirche in Russland

Возрождение Лютеранской Церкви в России

Morgen sind wir in der Kirche«, sagt uns der leitende Bruder der Gemeinde, in die wir zu Besuch gekommen sind. Hinter solch einer Aussage verbirgt sich auf den ersten Blick nichts Außergewöhnliches. Aber dass man den ganzen Sonntag von morgens bis abends im Bethaus verbringen soll, ist für jemanden, der als Gast in lutherische Gemeinden Sibiriens, Kasachstans oder Mittelasiens kommt, doch eine Überraschung.

Zwischen Bethaus und Kirche

Den ganzen Tag im Bethaus! Der Weg zum Bethaus ist weit. Es liegt irgendwo versteckt am Rand der Stadt. Vom Wohnhaus, das wir von der Straße aus gesehen haben, sind nur Außenwände geblieben. In der Mitte stehen einige kleine Säulen, die das Dach tragen, weil alle Innenwände herausgenommen worden sind. Zahlreiche lange, selbstgemachte Holzbänke sind mit handgewebten Läufern bedeckt. Es ist heiß und schwül. Die Wirkung der kleinen Ventilatoren an den Seiten spürt man fast gar nicht, weil sich so viele Menschen im Bethaus befinden.

Завтра мы будем в церкви» – говорит нам ведущий брат общины, в которую мы приехали в гости. На первый взгляд, в этих словах нет ничего примечательного. И все же для посетителей лютеранских общин в Сибири, Казахстане или Средней Азии настоящим сюрпризом является то, что в молитвенном доме предстоит провести весь воскресный день, с утра до вечера.

Между молитвенным домом и церковью

Весь день в молитвенном доме! Путь туда был далекий. Дорога вилась где-то вдоль окраины города. Наконец пришли. От жилого дома, который мы видим с улицы, сохранились лишь внешние стены. В середине здания установлено несколько небольших несущих колонн для опоры крыши – ведь все внутренние перегородки сняты. В помещении стоит много длинных самодельных деревянных скамеек, покрытых рукодельными дорожками. Здесь жарко, душно. Действие установленных с обеих сторон вентиляторов почти не ощущается: слишком много народу

183 *Lutherisches Bethaus in einem Dorf im Gebiet von Tjumen/ Westsibirien. Durch Auswanderung verringerte sich die Zahl der Gemeinden Sibiriens in den letzten Jahren stark.* Лютеранский молитвенный дом в одной из деревень Тюменской области (Западная Сибирь). В результате переселения «русских немцев» в Германию количество оставшихся здесь приходов резко сократилось.

Plötzlich wird es still, die Chormitglieder flüstern, legen das alte – in gotischer Schrift gedruckte – Wolgagesangbuch zur Seite und schlagen ein dickes handgeschriebenes Heft auf. »Seid herzlich willkommen«, ertönt nun der Gesang. Besucher sind selten und entsprechend groß ist die Freude über sie.

Schon ein, zwei Stunden vor Beginn des Gottesdienstes sind die Brüder und Schwestern zusammengekommen, um gemeinsam Lieder zu singen. Alle haben Freude daran. Und nun fängt der Gottesdienst an. Viele erwartungsvolle Augen schauen auf einen, der da aufsteht und zum liebevoll geschmückten Altar tritt, auf dem künstliche Blumen und elektrische Lämpchen in Form einer Kerze zu finden sind. »Wir aber predigen den gekreuzigten Christus« aus dem 1. Korintherbrief steht in vielen Bethäusern über dem Altar oder an der Seitenwand geschrieben, in gotischen Buchstaben gemalt oder manches Mal auch gestickt. Noch viele weitere Bibelsprüche schmücken das Bethaus. Auch Bilder – oftmals den auferstandenen Herrn Jesus Christus darstellend – fehlen nicht.

Eine Predigt, die weniger als 30 Minuten dauert, ist keine richtige Predigt. Die Predigt ist das Wichtigste und Wertvollste im Gottesdienst dieser lutherischen Gemeinden. Das Wort Gottes will immer neu gehört und ausgelegt werden. Die Gemeinde ist geduldig und saugt wie ein Schwamm alles auf, was im Gottesdienst und der Predigt vorkommt. Man braucht sich nicht zu wundern, wenn ein Bruder oder eine Schwester nach dem Gottesdienst zum Pastor kommt und einen sehr langen Teil aus seiner Pre-

собралось в молитвенном доме. Вдруг устанавливается тишина, хористы начинают перешёптываться, откладывают в сторону старый, написанный готическим шрифтом «Волжский сборник церковных песнопений» и раскрывают толстую рукописную тетрадь. И, наконец, звучит пение: «Добро пожаловать». Гости заезжают сюда редко, поэтому и радость встречи особенно велика.

Уже за час-два до начала богослужения братья и сёстры собираются на спевку. Все воспринимают её с воодушевлением. И вот, наконец, начинается богослужение. Много глаз с радостным ожиданием обращено к тому, кто встаёт с места и подходит к алтарю, любовно украшенному искусственными цветами и электрическими лампочками в форме свечи. «А мы проповедуем Христа распятого...» – эти слова из Первого послания к Коринфянам написаны над алтарём или на одной из боковых стен в каждом молитвенном доме. Они выведены, а порой вышиты готическим шрифтом. Молитвенные дома украшают и другие библейские изречения. Есть здесь и картины. Нередко на них изображён Воскресший Господь Иисус Христос.

По мнению верующих этих общин, если проповедь длится менее 30 минут, это не проповедь. В данных лютеранских общинах проповедь – самая важная и самая ценная часть богослужения. Слово Божие нуждается в многократном слушании и толковании. Община очень терпелива. Она как губка впитывает в

184 *Gottesdienst zu Beginn der 90er Jahre im Bethaus in Alma-Ata. Neben dem Predigerbruder ein junger russischer Dolmetscher. Heute gibt es in Kasachstan nur mehr weniger als 1000 Lutheraner.*

Богослужение в начале 90-х годов в молитвенном доме в Алма-Ате. Рядом с немецкоязычным братом-проповедником – русский переводчик. На сегодняшний день в Казахстане осталось менее 1000 лютеран.

digt zitiert, um dann dazu eine Frage zu stellen. Und wenn der Gottesdienst nach zwei Stunden zu Ende ist, werden weiter Lieder gesungen.

Danach eine kurze Pause, in der man von zu Hause Mitgebrachtes isst. Der Sonntag ist der Tag des Herrn. Nach leiblicher Stärkung wird nun die geistliche Stärkung fortgesetzt. Es beginnt die Versammlung. Drei Brüder kommen nach vorne, und auch die Gäste (sofern sie Pastoren oder Brüder sind) werden gebeten, mitzukommen. Es wird ein Abschnitt aus der Bibel gewählt, der dann ausgelegt wird.

Das macht man der Reihe nach, zuerst einer, dann der Nächste. Alle legen denselben Text aus, damit wirklich auch jedes kleine Detail dieses Abschnittes aus der Bibel zur Geltung kommt. Nach jeder Auslegung wird gebetet. Alle beten laut. Und wieder wird viel gesungen. Nach Hause geht man erst, wenn es bereits beginnt dunkel zu werden. Gestärkt durch das Wort des Herrn, kann man nun in die neue Woche gehen. Aber nicht erst am nächsten Sonntag kommt man wieder zusammen: zumeist am Mittwoch und dann am Samstag trifft man sich erneut zur Versammlung, um wieder auf Gottes Wort zu hören und gemeinsam zu beten und zu singen.

Ein völlig anderes Bild der lutherischen Kirche bietet sich im Westen Russlands. Die meisten Gemeinden sind dort erst in den letzten Jahren neu entstanden. Oftmals haben sie kein eigenes Gebäude. Und so wird der Gottesdienst in Klubräumen, Kinosälen oder in sonstigen Räumlichkeiten gehalten. Alles, was man für den Gottesdienst braucht (Lesepult, Tisch, Kerzen, Kruzifix), wird vor Beginn herbeigetragen und danach wieder mitgenommen. Und ebenso kommen die Menschen nur zum Gottesdienst und gehen danach wieder, und sie kommen nur sonntags. Gottesdienste sind nicht besonders lang, und man gewinnt den Eindruck, daß die Gemeindeglieder selbst noch viel über lutherische Kirche und lutherischen Glauben lernen wollen. Die Predigten sind von daher mehr Glaubensunterricht, katechetische Unterweisung oder auch Lehrpredigt.

Der Traum und sehnlichste Wunsch solcher Gemeinden ist etwas, was an manchen Orten zwischenzeitlich Wirklichkeit geworden ist: Baupläne, Genehmigungen, der erste Spatenstich, Grundsteinlegung, jahrelange Arbeit, Verhandlungen und zum Schluss Glockengeläut und fröhliche, dankbare Gesichter: Eine Kirche! So sieht kurz gefasst der Weg mancher neu gegründeter Gemeinden im westlichen Teil unserer Kirche aus. Neue moderne Kirchengebäude oder gar Kirchen- und Begegnungszentren sind entstanden. Sie haben eine richtige Kanzel. Ein Altar und sogar ein Taufstein gehören zur Ausstattung dieser

себя все, что говорится в проповеди и совершается за богослужением. Никого не удивляет, если после богослужения какой-нибудь брат или сестра подходит к пастору и перед тем, как задать вопрос, цитирует длинные пассажи из его проповеди. Прихожане не расходятся, а продолжают петь песни и после того, как двухчасовое богослужение подходит к концу.

Затем наступает небольшой перерыв, чтобы перекусить тем, что принесли из дома. Подкрепившись телесно, прихожане продолжают «подкрепляться» духовно. Открывается собрание. Братья – как правило, трое – выходят вперед. Просят пройти вперед и гостей (если они пасторы или братья). Выбирают отрывок из Библии и начинают его толковать.

Это делают по порядку: вначале один, за ним – другой. Все истолковывают один и тот же текст, дабы не упустить ни одну деталь отрывка из Библии. После каждого толкования совершается молитва. Все молятся вслух. И опять много поют. Домой возвращаются уже затемно. И так, укрепившись Словом Господним, можно начинать новую неделю. Но это не означает, что прихожане соберутся опять лишь в следующее воскресенье, дабы вновь послушать Слово Божие, вместе помолиться и попеть. Они, как правило, встречаются еще и в среду, и в субботу.

Совсем другая картина Лютеранской Церкви наблюдается на западе России. Большинство приходов появилось здесь в последние годы. Нередко у них нет даже собственного здания. Поэтому богослужения совершаются в клубах, кинотеатрах или иных приспособленных помещениях. Все, что необходимо для богослужения (аналой, стол, свечи, Распятие), прихожане приносят перед началом службы и уносят с собой после ее окончания. Люди приходят сюда только на богослужение по воскресеньям. Да и сами службы не слишком продолжительны. Создается впечатление, что прихожане еще сами нуждаются в знаниях о Лютеранской Церкви и о лютеранской вере. Поэтому проповеди скорее напоминают уроки Закона Божия, катехизические наставления или вероучительные беседы.

В таких приходах, как правило, страстно мечтают о том, что в некоторых местах уже стало реальностью: архитектурные проекты, разрешение на строительство, первая лопата, закладка фундамента, многолетняя работа, и наконец – колокольный звон, радостные, благодарные лица. Церковь построена! Вот каков, вкратце, путь некоторых вновь открытых западных приходов нашей Церкви. Именно так создаются современные церковные здания, а иногда –

185 *Seitenschiff der demolierten St. Petri-Pauli-Kirche im Zentrum von Moskau. Das zeitweise als Filmlabor genutzte Gotteshaus wird jetzt schrittweise renoviert.*
Боковой продольный неф церкви святых Петра и Павла в Москве. Этот храм, одно время использовавшийся в качестве лаборатории для изготовления фильмов, сейчас шаг за шагом реставрируется.

Gotteshäuser. Auf den spitzen Türmen sieht man schon aus der Ferne ein Kreuz. Eine Orgel begleitet den Gottesdienst. Hier gibt es dann auch Platz für die Sonntagsschule der Kinder, die parallel zum Gottesdienst der Erwachsenen stattfindet. Da gibt es Räumlichkeiten für die Jugendlichen und für viele andere Veranstaltungen, die das Leben der neu gegründeten Gemeinden kennzeichnen.

Es gibt aber auch Gemeinden im Westen, die keine neue Kirche brauchen, weil ihre alte noch steht. Oftmals wurden diese ehemaligen lutherischen Kirchen in den letzten Jahrzehnten zweckentfremdet genutzt, in St. Petersburg am Newskij-Prospekt, in Wladiwostok, Moskau und Kiew etwa. Die wiedererstandenen lutherischen Gemeinden versuchen, sie zur Nutzung für Gottesdienste zurückzubekommen – manchmal erfolgreich, wie in den genannten Städten, manchmal aber auch erfolglos. Viele Mühen sind damit verbunden.

Viel Geld ist nötig, um diese Kirchen dann wirklich wieder als Kirchen nutzen zu können. Aber wenn es gelingt, dann können diese Gemeinden etwas ganz Besonderes erleben: Es werden Einladungen gedruckt und die Kirche wird wieder neu geweiht. In Festschriften finden sich nicht nur die Grußworte von den Vertretern der örtlichen Regierung und den Schwesterkirchen, in ihnen finden sich vor allem die Erinnerungen von Gemeindegliedern – Erinnerungen an die Kirche und die Gemeinde vor

даже центры встреч при церквах. Новые храмы имеют свою настоящую церковную кафедру. Здесь есть алтарь, а оснащение храмов Божиих включает даже крещальную купель. На остроконечных башенках уже издали виден крест. Богослужения сопровождаются игрой на органе. Здесь достаточно места и для воскресной школы для детей, занятия в которой идут одновременно с богослужением для взрослых. Там же расположены помещения для молодежи и для целого ряда мероприятий, обычных для жизни вновь основанного прихода.

Но в западных областях есть и такие общины, которые не нуждаются в новой церкви, потому что старый храм еще сохранился. Эти бывшие лютеранские храмы нередко использовались в последние десятилетия XX века не по назначению. Так, к примеру, обстояло дело в Санкт-Петербурге на Невском проспекте, во Владивостоке, Москве и Киеве. Возродившимся лютеранским приходам в этих городах уже вернули здания Церкви, и они используются для богослужений. В иных местах эти усилия пока что остались безуспешными. В любом случае, усилий требуется много.

Приходится вкладывать значительные средства, чтобы наконец-то можно было вновь использовать церковные здания как храмы. Те приходы, которым это удается, переживают нечто совершенно особенное: тут готовятся приглашения и церковь освящается вновь. А праздничные издания включают не только приветствия местных властей и сестринских Церквей, но и воспоминания прихожан о том, как выглядел храм и приход до наступления тяжелых времен. Эти воспоминания передают горе и радость наших братьев и сестер, которые теперь от всего сердца благодарят Господа за то, что Он сохранил Церковь и что приход вновь вернулся на родное место в старом храме.

Церковь в становлении и разрушении

Современная ситуация в Евангелическо-Лютеранской Церкви в России становится более понятной, если обратиться к ее прошлому. Евангелические приходы существуют здесь вот уже более 400 лет и берут свое начало из трех источников.

Это городские общины ремесленников, купцов, офицеров и образованных людей, находившихся на царской службе или заброшенных в Россию в силу экономических интересов и оставшихся здесь на постоянное жительство. Насколько нам известно, свидетельство о существовании старейшей общины та-

den schweren Zeiten. Diese Erinnerungen beruhen auf den Tränen und Freuden unserer Brüder und Schwestern, die nun Gott von Herzen dafür danken, dass er die Kirche erhalten hat, dass die Gemeinde in ihrer alten Kirche wieder eine neue Heimat für sich gefunden hat, und dass diese Gotteshäuser wieder ihrem ursprünglichen Zweck dienen dürfen.

Eine Kirche im Werden und Vergehen

Die heutige Situation der Evangelisch-Lutherischen Kirche in Russland lässt sich leichter verstehen, wenn man einen kurzen Rückblick in die Vergangenheit wirft. In Russland gibt es seit über 400 Jahren evangelische Gemeinden. Die Evangelisch-Lutherische Kirche hat drei Wurzeln.

● Stadtgemeinden aus Handwerkern, Kaufleuten, Offizieren und Akademikern, die im Dienst des Zaren oder aus wirtschaftlichen Interessen nach Russland kamen und hier sesshaft wurden. Die älteste derartige Gemeinde, von der wir wissen, ist bereits 1576 in Moskau belegt. Solche

186 *Ein intensives Gebetsleben und eine tiefe, gläubige Verwurzelung in der Heiligen Schrift sind kennzeichnend für die Frömmigkeit der russlanddeutschen Lutheraner.*
Интенсивная молитвенная жизнь и глубокая укорененность в Священном Писании характерны для благочестия лютеран – «русских немцев».

кого рода в Москве датировано 1576 годом. Подобные приходы открывались до конца XIX века почти во всех крупных городах царской империи. Они считались немецкими приходами, хотя некоторые из их членов были родом из других лютеранских стран Европы.

После завоевания Петром Великим балтийских земель, позднее – российских остзейских провинций и Ингерманландии, – подданными царской империи стали местные лютеране: немцы, эстонцы, латыши, финны. Это были представители дворянства, буржуазии и крестьянства.

Позднее, в том же XVIII столетии, Императрица Екатерина II пригласила на жительство в Россию семьи из Германии и других стран, чтобы заселить отвоеванные у турок южные области христианами, крестьянами-колонистами. Большинство новых поселенцев Поволжья, а позднее и региона Черного моря, были лютеранами. Это переселение продолжалось на протяжении всего XIX столетия, включая также вновь завоеванные кавказские области.

В 1832 году Царь Николай I объединил эти приходы, вышедшие ранее из различных традиций, дав им общую конституцию. Отсюда берет свое начало существование в России не только отдельных лютеранских приходов, но и Евангелической Лютеранской Церкви, в которую вошли также реформатские общины. После Первой мировой войны Эстония и Латвия не вошли в состав образовавшегося Советского Союза. Оставшаяся в Советской России Лютеранская Церковь еще успела принять на проходившем в Москве Генеральном Синоде 1924 года новую конституцию, которая была признана советскими властями.

Со временем, однако, притеснения Церквей и религиозных обществ в Советском Союзе стали ожесточаться, вылившись в конечном итоге в кровавые гонения, затронувшие разные христианские конфессии. До 1937 года все находившиеся в стране лютеранские церковные здания были конфискованы. В городах лютеранские богослужения больше не совершались. После изгнания, ареста или уничтожения пасторов активные миряне, «братья», по-прежнему собирали верующих для чтения Священного Писания и для молитвы. Но и сами братья находились под угрозой ареста и смерти. Выселение немцев из европейской части России, с Украины и из областей Кавказа уничтожило последние остатки общин. Казалось, что путь Лютеранской Церкви в России завершился.

Gemeinden entstanden bis zum Ende des 19. Jahrhunderts in fast allen größeren Städten des Zarenreiches. Sie galten als deutsch, auch wenn manche ihrer Mitglieder ursprünglich aus anderen lutherischen Ländern Europas kamen.

● Als Peter der Große die baltischen Länder – die späteren russischen Ostseeprovinzen – und das Ingermanland gewann, wurden bodenständige Lutheraner Untertanen des Zarenreiches: Deutsche, Esten, Letten, Finnen, adelige Familien, Bürger und Bauern.

● Zarin Katharina die Große lud später im gleichen 18. Jahrhundert Familien aus Deutschland und anderen Ländern ein, um die den Türken entrissenen Südgebiete mit bäuerlichen christlichen Kolonisten zu besiedeln. Die meisten Neusiedler an der Wolga und später am Schwarzen Meer waren lutherisch. Diese Einwanderung hielt gleichfalls das ganze 19. Jahrhundert hindurch an und griff auch auf die neuerworbenen Kaukasusgebiete über.

1832 schloss Zar Nikolaus I. die bis dahin aus unterschiedlichen Traditionen gewachsenen Gemeinden durch eine gemeinsame Verfassung zusammen. Seitdem gibt es nicht nur lutherische Einzelgemeinden, sondern die Evangelisch-Lutherische Kirche in Russland, zu der auch Gemeinden reformierter Prägung gehörten. Nach dem Ersten Weltkrieg lösten sich Estland und Lettland aus der werdenden Sowjetunion. Die restliche Kirche konnte sich auf der Generalsynode 1924 in Moskau noch eine neue Verfassung geben, die von den sowjetischen Behörden anerkannt wurde.

Aber die Restriktionen wurden immer härter und gingen in blutige Verfolgungen über, die schließlich alle christlichen Konfessionen trafen. Bis 1937 waren alle Kirchengebäude im Lande enteignet. In den Städten gab es keine lutherischen Gottesdienste mehr. Als die Pastoren vertrieben, inhaftiert oder umgebracht worden waren, sammelten aktive Laien, die »Brüder«, weiter Gläubige zum Lesen der Heiligen Schrift und zum Gebet. Aber auch diesen Brüdern drohte Verhaftung und Tod. Die Vertreibung der Deutschen aus dem Europäischen Russland, der Ukraine und dem Kaukasusgebiet zerstörte auch diese Restgemeinden. Der Weg der Lutherischen Kirche in Russland schien zu Ende zu sein.

Gott wollte es anders. Der Neuanfang begann in den Vertreibungsgebieten Asiens. Unter den wiederangesiedelten Deutschen – ähnlich unter Finnen, Esten, Letten – bildeten sich neue Gemeinden, nach Nationalitäten getrennt; denn sie waren ja nicht als Christen, sondern als Angehörige je ihrer Nation vertrieben worden. Aber es gab keine Pastoren. Nach der Verselbständigung der baltischen Länder waren 1922 noch etwa 100 Pastoren übrig

187 *Pastor Friedrich Merz, zuletzt in Omsk/Sibirien, der 1934 im Straflager auf den Solowetzkij-Inseln verstarb.* Пастор Фридрих Мерц, служивший до ареста в Омске (Сибирь) и погибший в 1934 году в концлагере на Соловецких островах.

Но Бог судил иначе. Возрождение началось в местах выселения – в Средней Азии. Усилиями новых поселенцев – немцев, финнов, эстонцев, латышей – стали создаваться общины, разделявшиеся по национальному признаку. Объяснялось это тем, что лютеране были подвергнуты выселению не как христиане, а как представители своих национальностей. Сразу же обнаружилась нехватка пасторов. В 1922 году, после отделения балтийских государств, в стране было лишь около 100 пасторов. К 1945 году остались в живых только три пастора. Остальные были казнены или погибли в лагерях. Поскольку мужчины поначалу оставались в «Трудармии», во многих местах небольшие общины для молитвы и чтения Библии стали собирать женщины. Когда мужчины вернулись домой, они встали во главе этих общин.

В 50-е годы давление власти несколько ослабло, и появилась возможность для регистрации некоторых общин. И хотя вскоре на просторах Сибири и Средней Азии возникли сотни таких приходов, ответственные братья продолжали жить под постоянной угрозой ареста и осуждения на многолетнее пребы-

geblieben. Von ihnen hatten 1945 drei überlebt, die anderen waren umgebracht worden oder in Lagern umgekommen. Die Männer waren zunächst meist noch in der »Trudarmija« (Arbeitsarmee). So sammelten nun vielerorts Frauen kleine Gemeinden zu Bet- und Bibelstunden. Dann kamen die Männer zurück und übernahmen die Leitung.

Als sich in den fünfziger Jahren die Restriktionen lockerten, wurde es teilweise möglich, diese Gemeinden registrieren zu lassen. Zwar gab es bald Hunderte solcher Gemeinden von Sibirien bis Mittelasien, aber die verantwortlichen Brüder lebten ständig unter der Drohung neuer Verhaftung und jahrelanger Arbeitslager. Dennoch bauten sich diese Gemeinden eigene Bethäuser. Aber es blieb ihnen verboten, Kontakte untereinander aufzunehmen und sich zusammenzuschließen.

Die Leitung hatten nun in der Regel ehrenamtliche, nebenberufliche Prediger, das Leben der Gemeinden war durch mündliche Tradition geprägt. Bücher, auch Bibeln, besaß man kaum. Während vor der Revolution die lutherische Kirche multinational gewesen war, auch wenn Deutsch die offizielle Kirchensprache und die meistge-

вание в трудовых лагерях. Постепенно, несмотря на сохранение в силе запрета на установление контактов и объединение приходов, общины начали отстраивать молитвенные дома.

Управление общинами велось, как правило, на общественных началах. Во главе стояли проповедники, одновременно работавшие на производстве или в государственных учреждениях. Жизнь общин опиралась на устную традицию. Почти не было экземпляров Библии и богословской литературы. До революции Лютеранская Церковь была многонациональной. Правда, немецкий язык был уже тогда официальным и наиболее часто употреблявшимся языком богослужений. В 50-е же и 60-е годы немецкий язык стал основным признаком Лютеранской Церкви.

Почти все немцы были выселены. Они пережили лагеря, репрессии, очень многие из них погибли. Вера не угасла, однако ее можно было исповедовать лишь в маленьких общинах, в изоляции от общества, а также от тех соотечественников, которые приспособились к господствовавшей системе. Несмотря на все

188 *Feier des hlg. Abendmahls im Bethaus von Karaganda in Kasachstan. In den Brüdergemeinden werden die Vergebung bei der Beichte und die Kommunion beim hlg. Abendmahl knieend am Altar empfangen.* Евхаристическое богослужение в молитвенном доме в Караганде (Казахстан). В братских общинах принято стоять на коленях перед алтарем при чтении разрешительной молитвы и во вермя Причастия.

brauchte Gottesdienstsprache war, wurde die deutsche Sprache nun geradezu zum Identitätsmerkmal.

Fast alle Deutschen hatten Vertreibung, Lager, Repressionen erlebt, viele, sehr viele waren umgekommen. Aber der Glaube war nicht untergegangen. Doch konnte er nur in kleinen Gemeinschaften gelebt werden, isoliert gegenüber der Gesellschaft, auch gegenüber Landsleuten, die sich dem System angepasst hatten. Trotz aller Beschränkungen versuchten die überlebenden Pastoren und andere Brüder die verstreuten Gemeinden zu besuchen oder durch Briefe zusammenzuhalten. Jugendgruppen reisten zu anderen Gemeinden. Aber zunächst gab es dafür keine legale Grundlage.

Eine weitere Stufe des Neuanfangs war erreicht, als es Pastoren aus Estland und Lettland erlaubt wurde, die zerstreuten deutschen Gemeinden im Osten zu besuchen. Estland, Lettland, Litauen waren von der Sowjetunion wieder vereinnahmt worden. Aber hier gab es trotz aller Repressionen noch lutherischen Gottesdienst und anerkannte lutherische Kirchen. Seit den sechziger Jahren hat so neben anderen insbesondere Pastor Harald Kalnins von der Jesuskirche in Riga regelmäßig mit Billigung der Behörden viele dieser Gemeinden besucht. Später durften auch Pastoren und Bischöfe aus der damaligen DDR und Vertreter des Lutherischen Weltbundes (LWB) Gemeinden besuchen. Bei einer Europakonferenz des LWB im Jahre 1980 durfte dann Pastor Harald Kalnins als Superintendent (geistlicher Leiter) mit bischöflichen Rechten für die deutschen Gemeinden in der Sowjetunion eingeführt werden. Im Grunde hatte die sowjetische Regierung damit anerkannt, dass es nicht nur lutherische Einzelgemeinden, sondern auch eine lutherische Kirche gab. Aber ausgesprochen war es noch nicht.

Die Wende in der staatlichen Religionspolitik

Das Jahr 1988, in dem die Russische Orthodoxe Kirche das Millennium der Taufe der Kiewer Rus feierte, brachte im Zuge der Wende in der sowjetischen Religionspolitik auch endlich die volle Anerkennung der Evangelisch-Lutherischen Kirche aufgrund der Verfassung von 1924. Harald Kalnins konnte nun in der Jesuskirche in Riga durch den Erzbischof von Riga, unter Assistenz von Bischof Hirschler aus Deutschland und Bischof Kortegangas aus Finnland, zum Bischof konsekriert werden. Damit begann eine neue Phase des Wiederaufbaus.

Die Wiederanerkennung der lutherischen Kirche im Jahre des Millenniums war dabei kaum Zufall. Es hatte sich seit langem eine relativ einheitliche sowjetische Religionspolitik herausgebildet. Jahrzehnte hindurch waren vor allem die orthodoxe Kirche, aber eben auch Luthera-

ограничения, выжившие пасторы и братья старались посещать рассеянные на огромных пространствах приходы или поддерживать с ними связь путем переписки. Молодежные группы посещали другие общины. Первоначально все это делалось нелегально.

Новый этап в процессе возрождения Лютеранской Церкви был достигнут в 60-е годы, когда пасторам из Эстонии и Латвии, после Второй мировой войны вошедших в Советский Союз, было разрешено посещение рассеянных немецких приходов на Востоке. Несмотря на репрессии, в прибалтийских республиках совершалось лютеранское богослужение и существовали официальные Лютеранские Церкви. Особенно частым гостем на востоке страны был пастор рижской церкви Иисуса Харальд Калныньш. Позднее на посещение этих приходов получили разрешение также пасторы и епископы из бывшей ГДР и представители Всемирной лютеранской федерации (ВЛФ). Во время Европейской конференции ВЛФ, проходившей в 1980 году, появилась возможность посвятить пастора Харальда Калныньша в суперинтенденты (духовные предстоятели) с правами епископа для немецких приходов в Советском Союзе. Тем самым советское правительство, по сути, признало, что в стране существуют не просто разрозненные лютеранские приходы, а Лютеранская Церковь. Но вслух об этом пока не говорили.

Поворот в государственной политике по отношению к религии

В 1988 году, когда Русская Православная Церковь отмечала Тысячелетие Крещения Руси, в советской политике произошли изменения по отношению к религии. Наконец стало возможным полное признание Евангелическо-Лютеранской Церкви на основании Конституции 1924 года. В результате Архиепископ Рижский, в сослужении с епископом Хиршлером из Германии и епископом Кортегангасом из Финляндии, смог посвятить Харальда Калныньша во епископа в рижской церкви Иисуса. С этого события начался принципиально новый этап в процессе восстановления Лютеранской Церкви.

Новое признание Лютеранской Церкви в год Тысячелетия Крещения Руси вряд ли было случайностью. С некоторых пор начала складываться сравнительно единообразная советская политика по отношению к религии. На протяжении десятилетий жертвами этой политики были прежде всего православные, но также и лютеране, и другие христианские объединения. Наконец, верующие всех конфессий смогли извлечь

189 *Der lettische Erzbischof Eriks Mesters führt Harald Kalnins im November 1988 als ersten Bischof der lutherischen Gemeinden in der Sowjetunion in sein Amt ein.*

В ноябре 1988 года Харальд Калныньш был первым епископом для лютеранских общин в Советском Союзе, поставленным на служение латышским архиепископом Эриксом Местерсом.

ner und andere christliche Gemeinschaften ihre Opfer gewesen. Nun partizipierten sie auch an der neuen Religionsfreiheit. In diesen ersten Aufbaujahren hat die sich neu sammelnde Evangelisch-Lutherische Kirche nicht nur wohlwollende Toleranz, sondern immer wieder auch aktive, brüderliche Unterstützung durch die so viel größere orthodoxe Kirche erfahren. Das war sicher eine Frucht des jahrzehntelangen Dialogs zwischen dem Patriarchat Moskau und der Evangelischen Kirche in Deutschland (EKD), aber auch der mancherlei guten Kontakte hoher orthodoxer Hierarchen, die einmal als Exarchen des Moskauer Patriarchates für eine gewisse Zeit in Deutschland gearbeitet hatten.

Bischof Harald Kalnins hatte seinen Amtssitz in Riga beibehalten. Seine wichtigste Aufgabe sah er darin, die Gemeinden weiter zu sammeln und ihnen beim Neuaufbau zu helfen. Dazu gehörten die Gründung eines eigenen Theologischen Seminars, das 1989 seine Arbeit in der Form aufnahm, dass Brüder und Schwestern aus allen

пользу из новой свободы религии. В эти первые годы возрождения вновь формировавшаяся Евангелическо-Лютеранская Церковь столкнулась не только с доброжелательностью и терпимостью, но и с активной, братской поддержкой со стороны значительно более многочисленной Православной Церкви. Несомненно, это был плод продолжительного диалога, происходившего между Московским Патриархатом и Евангелической Церковью в Германии, а также результат определенных контактов православных иерархов, завязавшихся в период их служения экзархами Московского Патриархата в Германии.

Епископ Харальд Калныньш по-прежнему находился на епископской кафедре в Риге. Свою важнейшую задачу он усматривал в продолжении собирания приходов, в оказании помощи при восстановлении их жизни. Это предполагало решение многих вопросов. Среди них – организация собственной Богословской семинарии. Это учебное заведение начало свою работу в 1989 году, причем братья и сестры, представители всех частей Церкви, два раза в год приглашались на две с половиной недели в Ригу для обучения на курсах. Кроме того, предстояло внести поправки в старую Конституцию. Необходимо было обеспечить приходы Библиями и другой духовной литературой. И, наконец, при епископе Калныньше началось издание двуязычного приходского листка «Bote» (Вестник). Он выходил четыре раза в год.

В 1989 году по просьбе епископа Калныньша из Мюнхена прибыл для служения Церкви немецкий профессор Георг Кречмар. Он занял пост ректора Богословской семинарии, которой в то время требовалось собственное здание для организации полного курса подготовки пасторов. Со временем епископ Калныньш стал возлагать на профессора Кречмара все больше и больше епископских функций, с которыми ему самому стало трудно справляться в силу преклонного возраста. Наконец, в 1992 году в Омске на Георга Кречмара было официально возложено служение епископского представителя.

В это время почти отсутствовала связь между отдельными общинами. Отсюда и вытекала первая большая задача: необходимо было распределить общины, разбросанные по бескрайним просторам бывшего Советского Союза, по отдельным подразделениям. Затем сложившиеся таким образом подразделения получили вначале принятое в России наименование епархий. В результате общинам, расположенным в одной области, открылась возможность для встреч один раз в год на Синоде, где они могли

Teilen der Kirche zweimal im Jahr für zweieinhalb Wochen zu Kursen eingeladen wurden. Weiter musste die alte Verfassung revidiert werden. Die Gemeinden mussten mit Bibeln und anderer geistlicher Literatur versorgt werden. Schließlich gründete er ein zweisprachiges Gemeindeblatt, »Der Bote«, das viermal im Jahr erscheint.

Im Jahre 1989 trat auf Bitte von Bischof Kalnins Professor D. Georg Kretschmar aus München in den Dienst der Kirche. Seine Aufgabe war es, als Rektor das Theologische Seminar zu leiten. Es sollte ein eigenes Gebäude bekommen, um dann auch eine volle Pfarrerausbildung anbieten zu können. Mit der Zeit betraute Bischof Kalnins ihn mehr und mehr mit bischöflichen Aufgaben, die er selbst aus Altersgründen zunehmend weniger wahrnehmen konnte. In Omsk (1992) wurde Georg Kretschmar offiziell in das Amt des Vertreters des Bischofs eingeführt.

Die Gemeinden waren zu dieser Zeit übergemeindlich kaum miteinander verbunden. So war es ein erstes großes Ziel, die Gemeinden im großen weiten Gebiet der ehemaligen Sowjetunion in einzelne Sprengel aufzuteilen, für die dann der russische Name Eparchie gewählt wurde.

наладить более тесное сотрудничество.

При посещении общин, которые должны были войти в одно подразделение, их представители сразу же приглашались на первый, учредительный Синод. На этом Синоде избирался духовный предстоятель, которому вменялось в обязанность регулярно посещать приходы своего подразделения. Таким путем к весне 1992 года было завершено образование епархии Украины, летом возникла епархия в Сибири, а еще через год – епархии Казахстана и Европейской части России. В Средней Азии свои собственные епархии образовали общины в Узбекистане и Киргизии.

Осенью 1994 года уже удалось созвать Генеральный Синод. Это был первый Синод после образования нового центра – резиденции епископа в Санкт-Петербурге. Епископ Калныньш сложил свои полномочия. Он больше не мог продолжать работу по возрасту. Подавляющим большинством голосов его преемником был избран Георг Кречмар. Он продолжил процесс структуризации Церкви, при этом вся-

190 *Natalie Boldt, die die lutherischen Gemeinden im Gebiet von Pawlodar als Pröpstin betreut, ist eine der wenigen Frauen, die in den Regionalkirchen der ELKRAS zum geistlichen Amt ordiniert wurden.*
Наталия Болдт – старший пастор, окормляющий лютеранские приходы Павлодарской области, – принадлежит к числу немногих женщин, рукоположенных в пасторы Евангелическо-Лютеранской Церкви в России, Украине, Казахстане и Средней Азии.

Damit war die Möglichkeit eröffnet, dass Gemeinden eines Gebietes einmal im Jahr zu einer Synode zusammenkommen, um enger miteinander zusammenzuarbeiten.

Auf Besuchsreisen zu den Gemeinden der künftigen Sprengel wurde jeweils zur ersten Synode, der Gründungssynode, eingeladen. Auf dieser Synode wurde ein geistlicher Leiter gewählt, dessen Aufgabe es war, die Gemeinden seines Sprengels regelmäßig zu besuchen. So wurden im Frühjahr 1992 die Eparchie Ukraine, dann im Sommer die Eparchie Sibirien und im kommenden Jahr Kasachstan und Europäisches Russland gebildet. In Mittelasien schlossen sich die Gemeinden in Usbekistan und in Kirgisien zu eigenen Eparchien zusammen.

Im Herbst 1994 konnte dann die erste Generalsynode nach dem Beginn der Neusammlung nach St. Petersburg, dem neuen Sitz des Bischofs, einberufen werden. Bischof Kalnins legte sein Amt nieder. Aufgrund seines hohen Alters sah er sich nicht mehr in der Lage, es weiter zu führen. Mit überwältigender Mehrheit wurde sein Vertreter, Georg Kretschmar, als Nachfolger gewählt. Er hat den Strukturierungsprozess der Kirche weiter vorangetrieben,

чески содействуя установлению партнерских отношений Церквей в Германии с отдельными епархиями в России. Духовная и материальная помощь немецких партнеров явилась важнейшей поддержкой для складывавшихся епархий. Она облегчила им путь к самостоятельности.

С 1999 года, по новой Конституции, эти отдельные подразделения получили новое наименование. Они стали называться не епархиями, а региональными Церквами, или епископствами. Несмотря на неуклонное укрепление самостоятельности, региональные епископства все больше ощущали себя составной частью единой Церкви. Это объяснялось не только историческими причинами или традицией, но вытекало прежде всего из убеждения, что есть такие задачи, с которыми вряд ли сможет справиться своими силами отдельное епископство. Сюда входят в первую очередь подготовка пасторов, издание церковной газеты «Вестник» и поддержание внешних контактов Церкви.

191 *Erzbischof Georg Kretschmar 1997 im Kreis ökumenischer Gäste vor der Petri-Kirche in St. Petersburg nach der Wiedereinweihung des Gotteshauses, das in der Sowjetzeit zum Schwimmbad umgebaut worden war.*
Архиепископ Георг Кретчмар в кругу гостей из других конфессий перед церковью святого Петра в Санкт-Петербурге после нового освящения этого храма Божия в 1997 году. В советский период здесь размещался бассейн.

indem er für die einzelnen Eparchien Partnerkirchen in Deutschland zu gewinnen versuchte. Deren geistliche und materielle Hilfe war den im Aufbau befindlichen Eparchien eine wichtige Hilfe und ermöglichte ihnen den Weg zur Eigenständigkeit.

Trotz ihrer zunehmenden Selbstständigkeit fühlen sich die Sprengel, die in der 1999 angenommenen neuen Verfassung nicht mehr Eparchie, sondern Regionalkirche oder Bistum heißen, eingebunden in die Gesamtkirche. Dies hat nicht nur geschichtliche bzw. traditionelle Gründe, sondern ist auch Ergebnis der Einsicht, dass es Aufgaben gibt, die ein Bistum alleine aus eigenen Kräften kaum verwirklichen könnte. Hier sind insbesondere die Ausbildung von Pastoren, die Herausgabe der Kirchenzeitung »Der Bote« und die Wahrnehmung von Außenkontakten zu nennen.

Auswanderung im Osten – Gemeindegründungen im Westen

Diese Phase der Strukturierung wurde durch verschiedene, nicht vorhergesehene Entwicklungen überlagert. Die bruderschaftlich geprägten Gemeinden im Osten hatten nie vergessen, dass sie aus ihren alten Wohnsitzen vertrieben worden waren. Viele Mitglieder der Gemeinden nutzten die neue Freizügigkeit, um auszuwandern, sei es nach Deutschland, sei es aus den immer stärker islamisch geprägten Gebieten Kasachstans und Mittelasiens nach Russland. Die Folge war eine starke Verkleinerung und Ausdünnung der Gemeinden, die weiterhin anhält. Wieder ergab sich die Situation wie während und nach dem Kriege, dass Frauen die Leitung der Gemeinden übernehmen mussten, weil die Männer fehlten.

Andererseits bildeten sich in den letzten Jahren überall in den Städten des Europäischen Russlands und der Ukraine wieder Gemeinden. Unter der deutschstämmigen Bevölkerung begannen die Menschen zunehmend mehr, sich an den lutherischen Glauben ihrer Großeltern und Vorfahren zu erinnern, und sie wollten auch selbst wieder Lutheraner sein. Sie sammelten sich um die alten Kirchengebäude,

Миграция с востока, образование новых приходов на западе

Последняя фаза становления Церкви совпала с различными непредвиденными обстоятельствами. Пронизанные братским духом общины на востоке никогда не забывали, что они были изгнаны со своих старых мест проживания. Многие члены приходов воспользовались новой свободой передвижения, чтобы уехать в Германию. Другие, жившие в Казахстане или Средней Азии, где стал заметно преобладать ислам, переселились в Россию. Эти миграционные процессы привели к значительному сокращению и обескровливанию приходов, что продолжается и поныне. Вновь сложилась ситуация, схожая с послевоенной, когда не хватает мужчин, и женщины вынуждены взять на себя руководство приходами.

В то же время меняется ситуация в европейской части России и на Украине. Среди немецкого населения этих регионов стал расти интерес к вере предков, и российские немцы постепенно сами захотели вернуться в Лютеранство. Начиная с 1988 года эти люди собирались вокруг еще сохранившихся старых церковных зданий и образовывали новые общины. Ранее в европейской части России имелось лишь небольшое число рассеянных приходов. В настоящее время их почти двести. Произошел внезапный рост числа приходов и на Украине. Это развитие все еще продолжается.

Вместе с тем наблюдается уменьшение числа об-

192 *Das 1994 eingeweihte lutherische Kirchen- und Begegnungszentrum im sibirischen Omsk. In der Christuskirche werden die Gottesdienste in Deutsch und Russisch gefeiert.*
Освященный в 1994 году лютеранский Церковный центр в Омске. Богослужения в церкви Христа совершаются на русском и немецком языках.

soweit sie noch standen. Dadurch hat sich in den Jahren seit 1988 eine ganz starke Verschiebung der Schwerpunkte ergeben. Damals gab es im Europäischen Russland nur ganz wenige verstreute Gemeinden; heute sind es fast zweihundert. Auch in der Ukraine stieg die Zahl der Gemeinden sprunghaft an. Diese Entwicklung ist noch nicht abgeschlossen.

Dagegen nimmt die Zahl der Gemeinden in Kasachstan und teilweise auch in Sibirien ab. Vielleicht kann man heute schon sagen, dass die Tradition der Brüdergemeinden stärker unter den nach Deutschland Ausgewanderten weiterlebt als in den asiatischen Gebieten, in denen sie aufgeblüht war. Denn auch dort ließ sie sich in der alten Form nicht weiter tradieren. Es gelang nicht mehr, die Erfahrung der älteren Brüder auf jüngere Brüder zu übertragen, und die ghettoartige Abschließung gegenüber der Welt war auch nicht mehr aufrecht zu erhalten. Jetzt konnten junge Lehrerinnen die Leitung in den Gemeinden übernehmen; wenige Jahre zuvor hätten sie keinen Anschluss gefunden, weil sie einen so brisanten weltlichen Beruf ausüben und weil sie Frauen sind.

Damit ging ein Sprachwechsel einher. In den jungen Gemeinden des Westens konnte die deutsche Sprache nicht mehr Identifikationsmerkmal sein; es gab nur noch wenige Menschen, die sie überhaupt sprachen. Doch auch im Osten war es kaum aufgefallen, dass die Jugend nur noch Russisch sprach, denn christliche Jugendarbeit war ja in sowjetischer Zeit untersagt gewesen. Jetzt wurde deutlich, dass das Festhalten am Deutschen bedeutet, die eigenen Kinder aus der Gemeinde auszuschließen. Dieser Sprachwechsel ist nicht überall gleichmäßig erfolgt. Es gibt auch heute noch Gemeinden, die den Gottesdienst nur in deutscher Sprache halten, aber in den meisten Gemeinden sind die Gottesdienste zweisprachig (Deutsch und Russisch), in manchen auch nur noch Russisch.

Die dringendste Aufgabe der Gegenwart ist die Ausbildung von Predigern und Pastoren. Seit April 1997 hat das Theologische Seminar unserer Kirche sein eigenes Gebäude in Nowosaratowka, am Stadtrand von St. Petersburg. Im Rahmen eines Vollzeitstudiums werden hier zukünfti-

193 *Altarraum der im Jahr 2000 wieder eingeweihten lutherischen St. Katharinen-Kirche auf dem ehemaligen »Deutschen Hügel« im Zentrum von Kiew.*
Внутренний вид вновь освященной в 2000 году лютеранской церкви святой Екатерины на бывшем «немецком холме» в центре Киева.

щин в Казахстане и частично в Сибири. Возможно, уже сегодня вполне оправдано утверждение, что традиция братских общин в значительно большей степени сохраняется среди переселившихся в Германию российских немцев, чем в азиатских областях, в которых в свое время произошел их расцвет. Да и те общины, которые здесь еще сохранились, не смогли продолжить эту традицию в прежней форме. Им не удалось передать опыт старших братьев молодым. Стало невозможно и жить в изоляции от мира, как это было раньше. В настоящий момент руководство общин осуществляется молодыми женщинами-учительницами. Несколько лет тому назад никто не пошел бы к ним из-за их явно светской профессии, а также из-за того, что они женщины.

Эти процессы совпали с переходом на другой язык богослужения. В молодых общинах в России уже невозможно сохранить немецкий язык как признак идентичности Лютеранской Церкви, поскольку в стране осталось немного людей, им владеющих. Но и на востоке почти никого не смутило, что молодежь стала говорить только по-русски: ведь в советское время религиозная работа с молодежью была запрещена. Теперь стало ясно, что настаивание на сохранении немецкого богослужебного языка было бы

ge hauptamtliche Pastoren im Laufe von vier Jahren (drei Jahre Studium, ein Jahr Vikariat) ausgebildet. Die klassischen theologischen Fächer (Altes Testament, Neues Testament, Kirchengeschichte, Systematische Theologie und Praktische Theologie) werden dort unterrichtet, aber auch Konfessions- und Religionskunde sowie allgemeinbildende Fächer und Fremdsprachen (Deutsch, Englisch). Die Studierenden (Männer und Frauen) sind im Alter von 20 – 32 Jahren und bringen sehr unterschiedliche Bildungsvoraussetzungen mit. Auch die 1989 von Harald Kalnins begonnenen Sessionen des Theologischen Seminars werden bis heute weitergeführt. Insbesondere für ehrenamtliche Pastoren bieten sie die Möglichkeit, in vier Jahren (Teilnahme an acht Kursen und eigenständiges Studium in den Zeiten zwischen den Kursen) die Ausbildung abzuschließen.

Aber es ist deutlich, dass viel mehr Prediger und Pastoren benötigt werden, als im Theologischen Seminar ausgebildet werden können. So haben die einzelnen Regionalkirchen begonnen, Ausbildungsprogramme zu entwickeln. Sie sollen einerseits den schon als Predigern tätigen Brüdern und Schwestern Hilfestellungen für ihre Arbeit geben, andererseits geeignete Brüder und Schwestern auf dieses Amt vorbereiten.

Die gesamte zurückliegende Aufbauarbeit wäre nicht möglich gewesen ohne Hilfe von außen. Es begann damit, dass der Lutherische Weltbund die Sessionen des Theologischen Seminars finanzierte. Und vor allem hat die Evangelische Kirche in Deutschland eine Gesamtpartnerschaft für die Evangelisch-Lutherische Kirche in Russland, der Ukraine, Kasachstan und Mittelasien übernommen. Einzelne Regionalkirchen haben ihre Partnerkirchen in

равнозначно исключению из общины собственных детей. Переход на другой язык совершается не одновременно во всех общинах. До сих пор есть общины, использующие немецкий язык в качестве языка богослужения, но в большинстве приходов служба идет на двух языках – немецком и русском. В некоторых же общинах она совершается только по-русски.

В настоящий момент основная задача состоит в подготовке проповедников и пасторов. С апреля 1997 года Богословская семинария нашей Церкви имеет свое собственное здание в Новосаратовке, на окраине Санкт-Петербурга. В рамках дневного обучения здесь готовятся будущие профессиональные пасторы. Продолжительность обучения студентов составляет четыре года (три года – учеба и один год – викариат). В семинарии преподают классические богословские предметы (Ветхий Завет, Новый Завет, церковную историю, систематическое и практическое богословие). В программу включены и такие предметы, как сравнительное богословие, религиоведение, а также общеобразовательные дисциплины и иностранные языки (немецкий, английский). Студенты (мужчины и женщины в возрасте от 20 до 32 лет) имеют очень разную предварительную образовательную подготовку. До сих пор продолжается и работа курсов Богословской семинарии, открытых в 1989 году епископом Харальдом Калныньшем. Они дают возможность – главным образом пасторам, работающим на общественных началах, – завершить обучение за четыре года (благодаря комбинации участия в 8 курсах и самостоятельной учебы в промежутках между курсами).

194 *Nach dem Kindergottesdienst in einer ukrainischen Dorfgemeinde. Auch in den lutherischen Gemeinden sind es zumeist die Großmütter, die den Glauben an die junge Generation weitergeben.* После богослужения для детей в одном из украинских сельских приходов. Бабушки передают веру молодому поколению и в лютеранских общинах.

195 *Zum 300. Geburtstag von St. Petersburg im Sommer 2003 fein herausgeputzt: Die Petri-Kirche – die Kathedrale des russischen Luthertums – am Newskij-Prospekt.*

Deutschland, aber es wird versucht, auch in Amerika derartige Partner zu finden. Aus eigenen Kräften hätte sich die Kirche nicht wieder so sammeln können. Der wichtigste Beitrag sind Pastoren, die aus Deutschland – aber auch aus Amerika – auf Zeit in den Dienst unserer Kirche getreten sind und auch weiter treten werden, bis wir imstande sind, eigene Kräfte zu haben.

Die Gemeinden der neu entstandenen lutherischen Kirche, insbesondere die jungen Gemeinden im Westen Russlands, sind vom Geist des Aufbruchs getragen. Wieder Lutheraner sein zu dürfen, wieder Lutheraner sein zu wollen, ist für sie eine treibende Kraft. Den »alten« Gemeinden im Osten kommt dabei eine wichtige Bedeutung zu, denn sie können den reichen Schatz ihrer Tradition einbringen. Umgekehrt erhalten auch sie selbst neue Impulse von den jungen Gemeinden für ihren weiteren Weg.

Unsere Kirche steht in Dankbarkeit vor Gott, dass ein Neuanfang möglich gewesen ist und dass es heute wieder möglich ist, lutherischen Glauben öffentlich und frei leben zu dürfen: Wie vor 400 Jahren, als sich das erste Mal lutherische Christen in Moskau zum Gottesdienst versammelten.

*Erzbischof Georg Kretschmar und
Stefan Reder, St. Petersburg*

Храм святого Петра на Невском проспекте, украшенный к 300-летию основания города Санкт-Петербурга (2003 год). Этот храм является кафедральным собором российских лютеран.

Тем не менее совершенно ясно, что потребность в проповедниках и пасторах и впредь будет значительно превышать число тех, кто обучается в Богословской семинарии. Поэтому отдельные региональные Церкви перешли к выработке собственных программ обучения. Цель этих программ – с одной стороны, оказание помощи братьям и сестрам, уже работающим проповедниками, а с другой – осуществление подготовки тех братьев и сестер, которые способны к проповедническому служению.

Работа по воссозданию Церкви была бы невозможна без помощи из-за рубежа. Все началось с того, что Всемирная лютеранская федерация взяла на себя финансирование курсов Богословской семинарии. А главное, Евангелическая Церковь в Германии установила общее партнерство с Евангелическо-Лютеранской Церковью в России, Украине, Казахстане и Средней Азии. Отдельные региональные Церкви имеют своих партнеров в Германии. Дополнительно предпринимаются усилия по поиску таких партнеров в Америке. Церковь не смогла бы осуществить процесс создания своей структуры исключительно собственными силами. Важнейший вклад в этот процесс вносят пасторы из Германии, а также из Америки, временно поступающие в распоряжение нашей Церкви. Они и дальше будут служить ей – до тех пор, пока у нас не появятся собственные специалисты.

Общины возродившейся Лютеранской Церкви, в особенности молодые общины на западе России, с воодушевлением несут свое новое служение. Их одухотворяет сознание открывшейся возможности быть лютеранами, вернее, опять быть лютеранами. Важная роль при этом уготована «старым» общинам на Востоке, ибо они могут обогатить Церковь обильными сокровищами своих традиций. В то же время к ним поступают новые импульсы от молодых общин, служащих им поддержкой на дальнейшем пути.

Наша Церковь полна благодарности Богу за то, что ей удалось возобновить свое служение, за то, что сегодня опять появилась возможность открыто и свободно жить по устоям лютеранской веры, как это было 400 лет тому назад, когда лютеранские христиане впервые собрались в Москве на богослужение.

*Архиепископ Георг Кречмар и
Стефан Редер, Санкт-Петербург*

Kirche, Gesellschaft, Staat:
Von der Entfremdung zur Partnerschaft

Церковь, общество, государство:
от отчуждения к партнерству

Das 20. Jahrhundert war wahrscheinlich das dramatischste Jahrhundert in der Geschichte der Russischen Orthodoxen Kirche. Die orthodoxen Christen gerieten in den Strudel stürmischer gesellschaftlicher Prozesse, die mehrfach die staatliche Ordnung, ja selbst die Gestalt des Landes veränderten. Sie waren gezwungen, ihren öffentlichen Auftrag im Kontext einer äußerst dynamischen Wirklichkeit zu erfüllen, einer Wirklichkeit, die ihnen gegenüber – und selbst dem Namen Christi gegenüber – oft feindlich eingestellt war.

Die Russische Orthodoxe Kirche erduldete im zu Ende gegangenen Jahrhundert die schlimmsten Verfolgungen ihrer Geschichte. Diese bedeuteten Tod und Leiden für Tausende von Geistlichen und für Millionen von Gläubigen. Es kam auch zur Zerstörung und Schließung der Mehrzahl der Kirchen, Klöster und Geistlichen Schulen. Eine der sehr schwer zu heilenden Folgen dieses jahrzehntelangen Kampfes gegen Gott war die gewaltsame Entfremdung des größten Teils des Volkes vom Glauben sei-

XX век, пожалуй, стал наиболее драматичным в истории Русской Православной Церкви. Оказавшись в центре бурных общественных процессов, которые не раз изменяли государственный строй, да и сам облик страны, православные христиане были вынуждены исполнять свою общественную миссию в контексте крайне динамичной реальности, подчас враждебной по отношению к ним и к самому имени Христову.

Именно в уходящем веке Русская Православная Церковь претерпела тяжелейшие гонения, которые привели к гибели и страданиям тысяч священнослужителей и миллионов верующих, к разрушению или закрытию большинства храмов, монастырей, духовных школ. Одним из самых трудноизлечимых последствий периода богоборчества стало насильственное отчуждение большей части народа от отеческой веры, лишение Церкви практически любых возможностей для видимого и активного взаимо-

196 *Neubau der Kathedrale im Zentrum von Tschita, jenseits des Baikalsees. Das Bistum an der Grenze zur Mongolei und zu China ist doppelt so groß wie die Bundesrepublik Deutschland, zählt aber nur rund 50 Priester und 120 Kirchen.*

Вновь построенный кафедральный собор в центре Читы. Епархия, расположенная на границе с Монголией и Китаем, вдвое превышает размеры Федеративной Республики Германии, но насчитывает всего 50 священников и 120 храмов.

ner Väter und Mütter. Der Kirche wurden praktisch alle Möglichkeiten für eine sichtbare und aktive Zusammenarbeit mit den breiten Schichten der Gesellschaft und dem Staat genommen.

Trotz der grausamen und hartnäckigen Verfolgungen gelang es allerdings nicht, den Glauben im Volk vollständig auszurotten. Die totalitäre Macht war nicht imstande, die jahrhundertealte russische Kultur selbst »aufzuheben«. Und diese Kultur selbst legt Zeugnis von Christus ab, weil sie vom Geist der Orthodoxie tief durchdrungen ist. Von daher ist es kein Wunder, dass Ende der 80er und zu Beginn der 90er Jahre, als die Maschinerie des staatlichen Atheismus zum Stillstand kam und auseinander fiel, Millionen Bewohner Russlands in das Haus ihrer Väter, in die orthodoxe Kirche, zurückkehrten. Erneuert wurde nun auch das Engagement der Kirche im öffentlichen Leben.

Das kirchliche Eintreten für Gerechtigkeit und Versöhnung

Ein solches Engagement war in der Vergangenheit immer charakteristisch für Russland. Im Laufe von Jahrhunderten spielte die Russische Orthodoxe Kirche die Rolle der geistigen Klammer der Gesellschaft, der einigenden und versöhnenden Kraft, die die Entfremdungen »dieser Welt« durch die Treue zu den religiösen und moralischen Werten überwand. Auch heute versucht die Kirche, diesen Auftrag zu erfüllen. Dennoch kann man, nach den Worten des Patriarchen von Moskau und ganz Russland, Aleksij II., »den friedenstiftenden Dienst der Kirche in der jetzigen Umbruchszeit keinesfalls als leicht bezeichnen. Ständig wird seitens radikaler Kräfte aus entgegengesetzten Richtungen Kritik geübt, Widerstand wird versucht und es gibt Bestrebungen, die Kirche ins Wanken zu bringen, sie in den politischen Kampf und in die Auseinandersetzungen zwischen einzelnen Volksgruppen hineinzuziehen. Aber wir Priester tun alles, um dies zu verhindern. Denn der Auftrag der Kirche besteht im Dienst an Gott und an jedem Menschen, gleich wer er ist.«

Die Russische Orthodoxe Kirche beteiligt sich nicht am politischen Kampf, sie unterstützt keine Parteien und Organisationen oder ihre Führer während der Wahlkampagnen. Seit 1993 dürfen Geistliche nicht bei Wahlen kandidieren, seit 1997 ist ihnen die Mitgliedschaft in politischen Parteien sowie die Beteiligung an Wahlagitation nicht gestattet. Das bedeutet jedoch nicht, dass die Kirche sich der Teilnahme an gesellschaftlichen Prozessen entzieht. Ganz im Gegenteil: In der letzten Zeit hat sich die geistliche Führung der Kirche mehrmals an die Machthaber, an unterschiedliche politische Kräfte sowie an das

действия с широкими слоями общества и государством.

Впрочем, полностью истребить веру в народе не удалось даже самым жестоким и упорным гонителям. Сама многовековая русская культура, «отменить» которую власти были не в состоянии, свидетельствовала о Христе, ибо была глубоко проникнута духом Православия. Поэтому неудивительно, что в конце 80-х – начале 90-х годов, когда машина государственного атеизма остановилась и распалась, десятки миллионов россиян вернулись в Отчий дом – Православную Церковь. Возобновилась и вовлеченность Церкви в общественную жизнь.

Выступление Церкви за справедливость и примирение

Такая вовлеченность всегда была характерна для России. На протяжении веков Православная Церковь играла роль духовного ядра общества, объединяющей и примиряющей силы, которая побеждала «рознь мира сего» верностью религиозно-нравственным ценностям. Церковь стремится исполнять такую миссию и сегодня. Однако, по слову Святейшего Патриарха Московского и всея Руси Алексия II, «миротворческое служение Церкви в нынешнее переломное время никак нельзя назвать легким. Идет постоянная критика со стороны радикальных сил противоположных направлений, идут попытки противодействия, существует стремление «расшатать» Церковь, вовлечь ее саму в политическую и межэтническую борьбу. Но мы, пастыри, делаем все, чтобы избежать этого. Ведь миссия Церкви – в служении Богу и каждому человеку, каким бы он ни был».

Русская Православная Церковь не участвует в политической борьбе, не оказывает поддержки в ходе избирательных кампаний каким-либо организациям или их лидерам. С 1993 года священнослужители не выдвигают свои кандидатуры на выборах, а с 1997 года не допускается их членство в политических партиях и участие в предвыборной агитации. Это, однако, не означает, что Церковь устраняется от участия в общественных процессах. За последнее время церковное Священноначалие многократно обращалось к власти, различным политическим силам и всему народу с конкретными суждениями по вопросам общественной и экономической жизни. Святейший Патриарх Московский и всея Руси Алексий II, Священный Синод нашей Церкви постоянно обращают внимание государства и общества на такие проблемы, как умножающаяся экономическая и социальная

В настоящее время Церкви в России разрешено вести душепопечительную работу с заключенными. На снимке – крещение одного из узников. Базирующийся в Москве фонд «Вера, надежда, любовь» выступает за улучшение условий жизни в местах заключения.

ganze Volk gewandt mit konkreten Stellungnahmen zu Fragen des gesellschaftlichen und wirtschaftlichen Lebens. Patriarch Aleksij II. und der Heilige Synod der Kirche – die oberste Kirchenleitung – machen den Staat und die Gesellschaft ständig auf Probleme aufmerksam wie die zunehmende ökonomische und soziale Ungerechtigkeit im Land sowie die wachsende Kluft zwischen der drückenden Armut von Millionen und dem herausfordernden Luxus Einzelner. Sie prangern auch den Anstieg der Kriminalität und Amoralität an sowie die Propaganda der Feindschaft, der Gewalt und des lasterhaften Lebenswandels vieler.

Konkrete Beispiele dafür, wie die Kirche ihre Aufgabe eines kritischen Wächters öffentlich wahrnimmt, sind die Ansprachen, die Patriarch Aleksij II. alljährlich im Dezember vor der Geistlichkeit der Moskauer Eparchie (Bistum) hält, und die Beschlüsse, die die Bischofssynode im Februar 1997 fasste. So hielt es die Bischofssynode für »unbedingt notwendig, die Staatsmacht und die Gesellschaft ständig an die schwere Plage der Menschen zu erinnern, die keine Pensionen und Renten bekommen, der Menschen, die an der Armutsgrenze leben, der Rentner, Invaliden, Arbeitslosen, kinderreichen Familien und Waisenkinder, der studierenden Jugend, der Flüchtlinge und Zwangsvertriebenen, der Wissenschaftler, der schöpferischen Intelligenz und der Militärangehörigen«.

Zuvor hatte Patriarch Aleksij II. vor den versammelten Bischöfen der Russischen Orthodoxen Kirche »den tiefen

несправедливость, растущая пропасть между крайней нищетой миллионов и вызывающей роскошью единиц, рост преступности и безнравственности, пропаганда вражды, насилия, порочного образа жизни.

Конкретными примерами того, как Церковь исполняет свою миссию критического блюстителя в обществе, являются определения Архиерейского Собора от февраля 1997 года. Так, Архиерейский Собор счел «крайне необходимым» «постоянно напоминать государственным властям и обществу о тяжелых страданиях людей, не получающих зарплаты и пенсий, тех, кто живет на грани бедности: пенсионеров, инвалидов, безработных, многодетных семей и сирот, учащейся молодежи, беженцев и изгнанников, ученых, творческой интеллигенции и военнослужащих».

Накануне этого Святейший Патриарх Алексий II перед собравшимися епископами Русской Православной Церкви еще более недвусмысленно высказал сожаление по поводу «глубокой пропасти в российском обществе». «Бичом современного общества» он назвал преступность и алкоголизм, наркоманию, моральный упадок, вражду между людьми и народами. Собор выразил свою критическую позицию и в связи с проблемой загрязнения окружающей среды. В одном из его определений была высказана глубокая озабоченность «по поводу состояния экологии в странах СНГ и Балтии». Вместе с тем Архиерейский

Bruch in der russischen Gesellschaft« beklagt. Als »Geißeln der heutigen Gesellschaft« prangerte er Kriminalität und Alkoholismus, Drogensucht, moralischen Verfall und die feindselige Haltung der Menschen untereinander sowie der einzelnen Völker gegeneinander an. Die Synode nahm auch zur Umweltproblematik kritisch Stellung. In einer Erklärung äußerte sie tiefe Besorgnis »über den Zustand der Umwelt in den GUS-Staaten und im Baltikum« und rief den Staat und die ganze Gesellschaft zu »tätiger Sorge« auf; unzulässig seien Beschlüsse und Aktionen, die die Integrität der Schöpfung Gottes zugunsten eines kurzfristigen wirtschaftlichen Fortschritts zerstören.

Große Aufmerksamkeit schenkt die Kirche der Überwindung ethnischer und politischer Konflikte in Russland und anderen GUS-Staaten. Konflikte um den Berg Karabach und Transnistrien sowie die tragischen Ereignisse in Tschetschenien haben die Kirchenführung dazu bewogen, in den entschiedensten Worten die Gewalt zu verurteilen und zu ihrer unverzüglichen Beendigung und zur Regelung der Streitigkeiten auf dem Wege des friedlichen Dialogs aufzurufen.

Einen wichtigen Aspekt der friedenstiftenden Tätigkeit der Kirche stellen dabei die interreligiösen Kontakte dar. Buchstäblich einige Tage nach dem Beginn der Kampfhandlungen im Tschetschenienkrieg kam Patriarch Aleksij II. mit dem tschetschenischen Mufti Muchammed-Husein Aslambekow zusammen. Dabei wurde eine Erklärung angenommen, in der es heißt: »Das Blutvergießen

Собор призвал государство и общество к проявлению «деятельной заботы». В обращении Собора говорилось, что нетерпимы постановления и акции, разрушающие неприкосновенность творения Божия ради краткосрочного экономического прогресса.

Большое внимание Церковь уделяет преодолению межнациональных и политических конфликтов в России и других странах Содружества Независимых Государств. Конфликты вокруг Нагорного Карабаха, Приднестровья, трагические события в Чечне побудили церковное Священноначалие в самых решительных словах осудить насилие, призвать к его прекращению и урегулированию разногласий путем мирного диалога.

Важным аспектом миротворческой деятельности являются межрелигиозные контакты. Так, буквально через несколько дней после начала боевых действий в Чечне Святейший Патриарх Алексий встретился с чеченским муфтием Мухаммад-Хусейном Алсабеко-вым. На встрече было принято заявление, в котором, в частности, говорилось: «Кровопролитие в Чечне должно быть немедленно прекращено... Истинные последователи двух религий желают только мира. Использование священных для христиан и мусульман символов и понятий в целях разжигания вражды, провоцирования межрелигиозных столкновений – есть грех и беззаконие перед лицом Всевышнего».

198 *Sitzung des Heiligen Synod unter Vorsitz von Patriarch Aleksij II. Das Gremium ist das oberste Leitungsorgan der Russischen Orthodoxen Kirche zwischen den Bischofssynoden.* Заседание Священного Синода под председательством Святейшего Патриарха Алексия II. Эта коллегия является высшим руководящим органом Русской Православной Церкви в период между ее Соборами.

in Tschetschenien muss unverzüglich eingestellt werden. Die wahren Anhänger beider Religionen wollen nur Frieden. Die Verwendung von für Christen und Moslems heiligen Symbolen und Begriffen mit dem Ziel, Feindschaft zu schüren und interreligiöse Konfrontationen zu provozieren, ist Sünde und Gesetzlosigkeit vor den Augen des Allmächtigen.«

Die weitere Entwicklung der Situation in Tschetschenien hat die Leitung der Russischen Orthodoxen Kirche mehrfach dazu veranlasst, sich für die Umsetzung eines friedlichen Szenarios sowie für den Schutz von Zivilpersonen, die mit Verbrechen nichts zu tun haben, einzusetzen. In der Erklärung des Heiligen Synod vom 7. März 2000 heißt es: »Der Heilige Synod würdigt den Einsatz der russischen Soldaten und der Vertreter der Rechtschutzorgane, die in Erfüllung ihrer Pflicht die territoriale Integrität Russlands und das friedliche Leben seiner Bürger verteidigen, indem sie den langjährigen Herd der aggressiven Kriminalität ausschalten. Jetzt soll in Tschetschenien und in den angrenzenden Territorien ein friedliches, vollwertiges Leben wiederhergestellt werden. Dabei muss in erster Linie alles unternommen werden, um dem Leiden der Kranken, Verwundeten, Flüchtlingen und obdachlosen Menschen sowie aller Personen, die ihre Ernährer, Verwandten und Nahestehenden in diesem Krieg verloren haben, ein Ende zu machen. Wir wenden uns an die Geistlichen und Hirten, diese Menschen verstärkt seelsorgerlich zu betreuen und materiell zu unterstützen. Man muss damit beginnen, die Rechtssicherheit, die in den letzten Jahren praktisch nicht mehr existierte, in diesem verbrannten Land wiederherzustellen. Zu diesem Zweck müssen die Behörden im ständigen Dialog bleiben mit den Ältesten, mit den moslemischen Geistlichen und anderen Personen, die eine Autorität im Nordkaukasus darstellen.

Es ist notwendig, die von der islamischen Religion vorgeschriebene Lebensweise insbesondere im Bildungsbereich, bezüglich der Familienmoral und der Verhaltensnormen zu respektieren. Andernfalls würden die Kräfte, die an einer Konfrontation zwischen Christentum und Islam interessiert sind, neue Anlässe zur Provokation erhalten. Gleichzeitig müssen auf dem tschetschenischen Boden auch die Rechte der Gläubigen anderer Religionen– einschließlich der orthodoxen Christen – wiederhergestellt werden. Es ist uns bekannt, dass diese Rechte von den Kämpfern mit Füßen getreten wurden; sie haben Gläubige unterdrückt und einzelne Priester entführt und gefoltert. Der Kampf gegen den Terrorismus, der ein Unterpfand für die friedliche Zukunft in Tschetschenien ist, muss so geführt werden, dass dabei die Lage der regie-

Дальнейшее развитие ситуации в Чечне многократно побуждало Священноначалие Русской Православной Церкви высказываться в пользу реализации мирного сценария, в защиту гражданских лиц, непричастных к преступлениям. В Заявлении Священного Синода от 7 марта 2000 года говорилось: «Священный Синод воздает должное российским воинам и правоохранителям, которые, исполняя долг защиты территориальной целостности России и мирной жизни ее граждан, гасят многолетний очаг агрессивной преступности... Теперь в Чечне и на прилегающих территориях необходимо заново созидать мирную, полнокровную жизнь. Прежде всего нужно сделать все для прекращения страданий больных, раненых, вынужденных переселенцев, людей, оставшихся без крова, лиц, потерявших в этой войне кормильцев, родных и близких. Мы обращаемся к архипастырям и пастырям усилить в отношении этих лиц духовную поддержку и материальную помощь. Следует начать установление на опаленной земле законности, которой там практически не было в последние годы. Для этого государственная власть должна находиться в постоянном диалоге со старейшинами, мусульманским духовенством, другими людьми, пользующимися авторитетом на Северном Кавказе.

Надо с уважением относиться к образу жизни, предписанному исламской религией, особенно в сферах образования, семейной морали и норм поведения. Иначе силы, заинтересованные в столкновении христианства и ислама, получат новый повод для провокаций. Одновременно на земле Чечни должны быть восстановлены права верующих других религий, в том числе православных христиан – мы знаем, что эти права были растоптаны боевиками, которые притесняли верующих, похищали и истязали пастырей. Завершение борьбы с терроризмом, являющееся залогом мирного будущего Чечни, надлежит производить со вниманием к положению благонамеренных гражданских лиц, жертвы среди которых вызывают у нас особую боль. Даже к пленным боевикам, у которых на воле остались семьи, необходимо относиться гуманно и по закону, не наказывая их сверх положенного и предоставляя возможность искупления вины».

В то же время наша Церковь твердо осуждает любые проявления терроризма, призывает власти бороться с ним, а всех соотечественников – не позволять террору разжечь межнациональную и межрелигиозную вражду. Так, в своем заявлении от 27 марта

rungstreuen Bürger berücksichtigt wird. Opfer unter diesen Menschen erfüllen uns mit besonderem Schmerz. Selbst die gefangenen Kämpfer, deren Familien außerhalb des Kampfgebietes verblieben sind, müssen human und entsprechend dem Gesetz behandelt werden; sie dürfen nicht über Gebühr bestraft werden und müssen die Gelegenheit zur Sühne ihrer Schuld erhalten.«

Unsere Kirche verurteilt entschieden alle Arten von Terrorismus und ruft die Machthaber dazu auf, ihn zu bekämpfen. Zugleich werden alle Landsleute aufgefordert, die Entfesselung national und religiös motivierender Feindseligkeiten durch den Terror nicht zuzulassen. In seiner Erklärung am 27. März 2001 im Zusammenhang mit den Terrorakten im Süden Russlands erklärte Patriarch Aleksij II: »Ich werde nicht müde werden, immer erneut zu wiederholen, dass es für den Terrorismus keine Rechtfertigung gibt. Er verdient die härteste und entschiedenste Antwort seitens der Machthaber und des Militärs. Zugleich möchte ich vor Rache warnen und davor, dass die wahnsinnigen Verbrechen zu einem Hindernis für die Entwicklung einer weisen und verantwortungsvollen Politik des Staates im Nordkaukasus werden, einer Politik, die auf Frieden und die volle Wiederherstellung der Rechtssicherheit gerichtet ist.«

Im Zusammenhang mit einem Terrorakt am 8. August 2000 erklärte der Patriarch: »Heute, wo unser Land zu Frieden und Eintracht zurückkehrt, entsteht wieder die Gefahr einer Welle des Terrorismus. Ich rufe die Staatsmacht auf, alles zu tun, um die Hand der Mörder anzuhalten. Möge der gnädige Gott unser Volk vor der Sünde der Verbitterung bewahren. Möge er die von Hass geblendeten Menschen zur Besinnung bringen. Möge er seinen Frieden auf unsere Erde und in unsere Herzen herabsenden«. Eine entsprechende Position wurde von der Leitung unserer Kirche auch in den Tagen der massenhaften Geiselnahme der Terroristen in Moskau im Oktober 2002 eingenommen.

Während des politischen Konflikts in Moskau im Jahre 1993 wurde die Kirche – daran sei noch einmal erinnert – zum Initiator des Dialogs zwischen den miteinander verfeindeten Parteien, der Präsidialmacht und dem damaligen Parlament. Die Verhandlungen, die im Danilow-Kloster unter Vermittlung des Patriarchen durchgeführt wurden, führten zum Abschluss einer Reihe von Vereinbarungen, die eine reale Chance für die friedliche Lösung der Krise lieferten. Allerdings ließ der Ausbruch von Gewalt auf den Straßen von Moskau dann nicht zu, dass diese Vereinbarungen umgesetzt wurden.

In einer Zeit der ökonomischen und politischen Erschütterungen im Land bemüht sich die kirchliche Hier-

2001 года в связи с террористическими актами на юге России Святейший Патриарх Алексий II сказал: «Не устану повторять, что терроризму нет оправдания. Он достоин самого жесткого, самого принципиального ответа властей и воинства. В то же время хотел бы предостеречь от мести, от того, чтобы безумные преступления стали препятствием для развития мудрой, ответственной политики государства на Северном Кавказе – политики, направленной к миру и к полному восстановлению законности».

В связи с терактом в Москве 8 августа 2000 года Его Святейшество, в частности, заявил: «Сегодня, когда страна начинает возвращаться к миру и согласию, над ней снова нависает угроза волны терроризма. Призываю государственную власть сделать все, чтобы рука убийц была остановлена... Да хранит Всемилостивый Господь народ наш от пагубы озлобления. Да образумит Он людей, ослепленных ненавистью. Да ниспошлет Он Свой мир на землю нашу и в наши сердца». Подобная позиция была занята Священноначалием нашей Церкви и в дни массового захвата заложников террористами в Москве в октябре 2002 года.

Во время политического конфликта в Москве осенью 1993 года Церковь стала инициатором диалога между противостоявшими сторонами – президентской властью и тогдашним парламентом. Переговоры, проходившие в московском Свято-Даниловом монастыре при посредничестве Святейшего Патриарха, привели к ряду соглашений, давших реальный шанс на мирное разрешение кризиса. Однако дальнейшее стремительное развитие событий, когда на улицах Москвы начались акты насилия, не дало договоренностям осуществиться.

В периоды, чреватые экономическими и политическими потрясениями, церковное Священноначалие стремится содействовать процессу диалога между ведущими общественными силами. В октябре 1998 года в Свято-Даниловом монастыре состоялась соборная встреча «Россия: путь к спасению», в которой приняли участие Святейший Патриарх, представители всех ветвей государственной власти, лидеры парламентских фракций, руководители профсоюзов, представители мира науки, культуры, общественные деятели. Заявление встречи, в частности, гласило: «Несмотря на имеющиеся различия в понимании новейшей российской истории, политических и экономических решений, принятых в последние годы, а также программы действий на будущее, участники форума проявляют готовность начать

199 *Die russische Delegation bei der Behinderten-Olympiade empfängt den kirchlichen Segen. Nach dem Ende der Sowjetunion kann die Russische Orthodoxe Kirche vielfältig in der Öffentlichkeit wirken.* Российская делегация, направляющаяся на Параолимпийские игры, получает церковное благословение. В настоящее время Церковь вновь имеет возможность для многоразличного общественного служения.

archie, den Prozess des Dialogs zwischen den führenden gesellschaftlichen Kräften zu fördern. So fand im Oktober 1998 im Danilow-Kloster die konziliare Begegnung »Russland – der Weg zur Rettung« statt. An diesem Treffen nahmen der Patriarch, Repräsentanten aller Zweige der obersten Staatsgewalt, Führer der parlamentarischen Fraktionen, Gewerkschaftsführer sowie Vertreter aus der Welt der Wissenschaft, Kultur und Öffentlichkeit teil. Im Einzelnen heißt es in der Erklärung dieses Treffens: »Trotz der vorhandenen Unterschiede im Verständnis der neuesten russischen Geschichte, der politischen und ökonomischen Entscheidungen, die in den letzten Jahren getroffen wurden, sowie des Programms für die Zukunft, erklären sich die Teilnehmer des Forums bereit, die gemeinsame Suche nach konkreten Wegen zur Beseitigung der Ursachen der jetzigen Krise und zur Schaffung von Bedingungen, unter denen ihre Wiederholung unmöglich wird, zu beginnen. Wir halten es für wichtig, unverzüglich eine einheitliche, koordinierte ökonomische Politik auszuarbeiten, damit sie von der auf breiter politischer Grundlage gebildeten Regierung Russlands umgesetzt wird.«

Ein neues Miteinander von Staat und Kirche

In den letzten Jahren ist es zu einer qualitativen Veränderung der Beziehungen zwischen der Russischen Orthodoxen Kirche und dem Staat gekommen. Die Praxis der künstlichen Entfremdung zwischen Staat und Kirche – eine Folge der Ideologie des staatlichen Atheismus – gehört der Vergangenheit an. Sowohl auf der föderalen als auch auf der lokalen Ebene verhält sich die Staatsmacht den Bedürfnissen der Gläubigen gegenüber wohlwollend und leistet z. B. Hilfe bei der Wiederherstellung kirchlicher

совместный поиск конкретных путей устранения причин нынешнего кризиса и создания условий, при которых он не мог бы повториться. Мы также полагаем необходимой срочную выработку единой, согласованной экономической политики для ее проведения Правительством России, ныне сформированным на широкой политической основе».

Новое взаимодействие между Церковью и государством

Взаимоотношения Русской Православной Церкви с государственной властью за последние годы качественно изменились. Ушла в прошлое практика искусственной изоляции Церкви и государства друг от друга, навязанная идеологией государственного атеизма. Власть – как на федеральном уровне, так и на местах – достаточно доброжелательно относится к нуждам верующих, помогает восстановлению церковных зданий, являющихся памятниками архитектуры.

Наша Церковь не стремится стать государственной религией. В то же время многие сегодня убеждены, что наиболее естественной формой отношений между Церковью и государством должно стать их активное партнерство на благо народа. Такое партнерство, типичное для большинства стран Европы, в том числе для Германии, традиционно соответствует и историческому облику российского общества. При этом Русская Церковь открыта к тому, чтобы сотрудничать в области церковно-государственных отношений с другими традиционными религиями (например, исламом и иудаизмом) и исповеданиями

200 *Präsident Wladimir Putin und Patriarch Aleksij II. bei einer der regelmäßigen Konsultationen. Zwischen Staat und Kirche besteht heute in der Russischen Föderation eine aktive Partnerschaft auf vielen Gebieten.* Президент Владимир Путин и Патриарх Алексий II во время одной из регулярных консультаций. В Российской Федерации сегодня осуществляется активное партнерство между государством и Церковью во многих областях.

Gebäude, die oft architektonisch sehr wertvoll sind.

Die Russische Orthodoxe Kirche strebt nicht danach, Staatsreligion zu werden. Viele sind heute davon überzeugt, dass die natürlichste Form der Beziehungen zwischen Kirche und Staat ihre aktive Partnerschaft zum Wohle des Volkes ist. Eine solche Partnerschaft, die für die meisten europäischen Länder einschließlich Deutschland typisch ist, entspricht traditionell auch der historischen Gestalt der russischen Gesellschaft. Dabei ist die Russische Orthodoxe Kirche bereit, in ihren Beziehungen zum Staat sowohl mit den traditionellen Religionen – z. B. Islam und Judentum – als auch den traditionellen Konfessionen – also z.B. der Lutherischen Kirche – zusammenzuarbeiten.

Bereits heute entwickelt sich eine aktive Partnerschaft zwischen Kirche und Staat in einer Reihe von Bereichen. Dazu gehören die Sorge um die Festigung der gesellschaftlichen Moral, die Entwicklung der nationalen Kultur, der Schutz historischer Denkmäler, die soziale und diakonische Arbeit, die friedenstiftende Tätigkeit, die Diskussion über den jetzigen Zustand der Gesellschaft in den Ländern der ehemaligen UdSSR sowie über die neue Rolle Russlands in Europa und der Welt.

Diese kirchlich-staatliche Zusammenarbeit bedarf allerdings in einigen Bereichen noch einer bedeutenden Erweiterung, denn bislang erreicht sie nicht das in Europa übliche Niveau. Das betrifft z. B. die Beteiligung der Kirche am Leben der Hoch- und Sekundarschulen, die Möglichkeit der Seelsorge in der Armee und im Strafvollzug sowie die Mitarbeit in Rundfunk und Fernsehen. Zum Teil ist diese Situation dadurch bedingt, dass die kirchlichen Bemühungen in diesen Bereichen relativ spät ein-

(например, Лютеранской Церковью).

Партнерство Церкви и государства уже сегодня активно развивается по целому ряду направлений. Это и забота об укреплении общественной нравственности, и развитие национальной культуры, и охрана исторических памятников, и социально-благотворительная деятельность, и миротворчество, и дискуссия о современном состоянии общества в странах бывшего СССР, об их обновленной роли в Европе и мире.

Впрочем, церковно-государственное взаимодействие в некоторых сферах нуждается в значительном развитии, ибо пока не вполне достигает уровня, типичного для нашего континента. Это можно сказать об участии Церкви в жизни высшей и средней школы, армии, пенитенциарной системы, государственных средств массовой информации. Отчасти такое положение объясняется тем, что сотрудничество между Церковью и государством в этих областях начало развиваться относительно недавно. Кроме того, Церковь, которая всеми имеющимися силами стремится пройти свою часть пути, иногда сталкивается с сопротивлением атеистически настроенных чиновников, а также «новых безбожников» – части публицистов и интеллигенции, игравших в атеизированном советском обществе роль «духовных учителей» – некоего суррогата Церкви, – а ныне стремительно утрачивающих эту позицию.

Юбилейный Архиерейский Собор, состоявшийся в 2000 году, принял важнейший документ – Основы социальной концепции Русской Православной Церкви. В этом документе, затрагивающем множество тем

setzten. Allerdings stößt die Kirche, die jetzt mit aller Kraft versucht, neue Wege zu beschreiten, oft auf Widerstand. Dieser Widerstand geht sowohl von atheistisch gesinnten Beamten aus als auch von »neuen Gottlosen«, einigen Publizisten und Intelligenzlern. Diese spielten in der »entgöttlichten« Sowjetgesellschaft – einem gewissen Surrogat von Kirche – die Rolle der »geistlichen Lehrer«. Diese Position aber haben sie jetzt verloren.

Im Jahre 2000 verabschiedete die Jubiläums-Bischofssynode ein wichtiges Dokument, die »Grundlagen einer Sozialkonzeption der Russischen Orthodoxen Kirche«. In diesem Dokument werden viele sozialethische Themen – von Fragen über Krieg und Frieden bis hin zur Bioethik – berührt. Es stellt erstmals auch die offizielle Position der Kirche über die Beziehungen zum Staat systematisch dar. Diesen Fragen ist sogar der umfangreichste Teil der Sozialdoktrin gewidmet. Es sei daher hier etwas ausführlicher zitiert (Kapitel III).

»Der Staat ist von Gott gesegnet als ein notwendiges Element des Lebens in einer in Sünde gefallenen Welt, wo der Einzelne und die Gesellschaft sich vor den gefährlichen Folgen der Sünde schützen müssen. Die Notwendigkeit eines Staates ergibt sich nicht aus dem Willen Gottes in unmittelbarem Bezug auf den ersterschaffenen Adam, sondern erst aus den Folgen des Sündenfalls und der Zustimmung zu Maßnahmen, die die Herrschaft der Sünde

– от вопросов войны и мира до биоэтики, – систематически излагается и официальная церковная позиция по вопросам отношений с государством. Этим вопросам посвящен самый крупный раздел Основ социальной концепции. Ниже приводятся цитаты из этого документа (ОСК, III).

«Государство, – читаем в документе, – как необходимый элемент жизни в испорченном грехом мире, где личность и общество нуждаются в ограждении от опасных проявлений греха, благословляется Богом. В то же время необходимость государства вытекает не непосредственно из воли Божией о первозданном Адаме, но из последствий грехопадения и из согласия действий по ограничению господства греха в мире с Его волей. Священное Писание призывает власть имущих использовать силу государства для ограничения зла и поддержки добра, в чем и видится нравственный смысл существования государства (Рим. 13. 3-4)...

Церковь не только предписывает своим чадам повиноваться государственной власти, независимо от убеждений и вероисповедания ее носителей, но и молиться за нее, «дабы проводить нам жизнь тихую и безмятежную во всяком благочестии и чистоте» (1 Тим. 2. 2). Одновременно христиане должны уклоняться от абсолютизации власти, от непризнания

201 *Patriarch Aleksij II. beim Truppenbesuch in Rjasan. Seelsorge und religiöser Unterricht sind in der Armee auf Grund einer Vereinbarung zwischen Staat und Kirche seit den 90er Jahren wieder möglich.*

Святейший Патриарх Алексий II посещает войска в Рязани. Начиная с 90-х годов пастырское душепопечение и религиозное просвещение в армии стали вновь возможными на основании соглашения, заключенного между государством и Русской Православной Церковью.

in der Welt in Übereinstimmung mit Gottes Willen begrenzen sollen. Die Heilige Schrift ruft die Machthaber auf, die staatliche Gewalt zur Abwehr des Bösen und zur Unterstützung des Guten zu gebrauchen; darin wird der moralische Sinn der Existenz des Staates gesehen (Römer 13,3-4).

Die Kirche gebietet ihren Gläubigen nicht nur, der staatlichen Gewalt – unabhängig von den Überzeugungen und Glaubensbekenntnissen ihrer Träger – Gehorsam zu leisten, sondern sie betet auch für sie, »damit wir ein ruhiges und stilles Leben führen können in aller Frömmigkeit und Ehrbarkeit« (1. Timotheus 2,2). Gleichzeitig dürfen die Christen aber die Staatsgewalt nicht verabsolutieren und die Grenzen ihrer rein irdischen, zeitlichen und vergänglichen Macht ignorieren, die durch das Vorhandensein der Sünde in der Welt und durch die Notwendigkeit, ihr Einhalt zu gebieten, bedingt sind. Nach der Lehre der Kirche hat die Staatsmacht nicht das Recht, sich selbst absolut zu setzen, indem sie ihre Begrenzung zu einer vollen Autonomie von Gott und der von ihm gesetzten Ordnung ausweitet. Das könnte zum Missbrauch der Macht, ja sogar zur Vergötzung der Herrschenden führen.

Im Verhältnis von Kirche und Staat muss das unterschiedliche Wesen beider berücksichtigt werden. Die Kirche ist unmittelbar von Gott selbst, unserem Herrn Jesus Christus, gegründet worden, während der Staat durch Gott im Verlauf eines historischen Prozesses mittelbar errichtet wurde. Das Ziel der Kirche ist das ewige Heil der Menschen, das Ziel des Staates besteht dagegen im irdischen Wohlergehen der Menschen.

In der modernen Welt versteht sich der Staat im Allgemeinen säkular und bindet sich an keinerlei religiöse Verpflichtungen. Sein Zusammenwirken mit der Kirche ist auf eine Reihe von Gebieten beschränkt und gründet sich auf die gegenseitige Nichteinmischung in die Angelegenheiten des anderen. Jedoch ist sich der Staat in der Regel bewusst, dass das irdische Wohlergehen der Menschen undenkbar ist ohne die Beachtung gewisser moralischer Normen, der Normen, die auch für das ewige Heil des Menschen notwendig sind. Deshalb können die Aufgaben und das Wirken von Kirche und Staat übereinstimmen, nicht nur zum Nutzen des irdischen Wohls, sondern auch um die Heilsmission der Kirche zu verwirklichen.

Der Grundsatz der Weltlichkeit des Staates darf nicht missverstanden werden im Sinne einer radikalen Verdrängung der Religion aus allen Gebieten des öffentlichen Lebens. Er meint nicht den Ausschluss der religiösen Vereinigungen von der Mitwirkung bei der Bewältigung öffentlich relevanter Aufgaben oder den Entzug des Rechtes, die Tätigkeit der Staatsgewalt auch kritisch zu beur-

границ ее чисто земной, временной и преходящей ценности, обусловленной наличием в мире греха и необходимостью его сдерживания. По учению Церкви, сама власть также не вправе асболютизировать себя, расширяя свои границы до полной автономии от Бога и установленного Им порядка вещей, что может привести к злоупотреблениям властью и даже к обожествлению властителей...

Во взаимоотношениях между Церковью и государством должно учитываться различие их природ. Церковь основана непосредственно Самим Богом – Господом нашим Иисусом Христом; богоустановленность же государственной власти являет себя в историческом процессе опосредованно. Целью Церкви является вечное спасение людей, цель государства заключается в их земном благополучии...

В современном мире государство обычно является светским и не связывает себя какими-либо религиозными обязательствами. Его сотрудничество с Церковью ограничено рядом областей и основано на взаимном невмешательстве в дела друг друга. Однако, как правило, государство сознает, что земное благоденствие немыслимо без соблюдения определенных нравственных норм – тех самых, которые необходимы и для вечного спасения человека. Поэтому задачи и деятельность Церкви и государства могут совпадать не только в достижении чисто земной пользы, но и в осуществлении спасительной миссии Церкви.

Нельзя понимать принцип светскости государства как означающий радикальное вытеснение религии из всех сфер жизни народа, отстранение религиозных объединений от участия в решении общественно значимых задач, лишение их права давать оценку действиям властей. Этот принцип предполагает лишь известное разделение сфер компетенции Церкви и власти, невмешательство их во внутренние дела друг друга.

Церковь не должна брать на себя функции, принадлежащие государству: противостояние греху путем насилия, использование мирских властных полномочий, принятие на себя функций государственной власти, предполагающих принуждение или ограничение. В то же время Церковь может обращаться к государственной власти с просьбой или призывом употребить власть в тех или иных случаях, однако право решения этого вопроса остается за государством.

Государство не должно вмешиваться в жизнь Церкви, в ее управление, вероучение, литургическую

teilen. Dieses Prinzip setzt freilich eine bestimmte Abgrenzung der Zuständigkeitsbereiche von Kirche und Staat voraus sowie den Grundsatz der Nichteinmischung in die inneren Angelegenheiten des anderen.

Die Kirche darf keine Funktionen an sich ziehen, die in den Zuständigkeitsbereich des Staates gehören. Beispiele sind der gewaltsame Widerstand gegen die Sünde, die Inanspruchnahme weltlicher Machtbefugnisse oder die Übernahme von Funktionen der Staatsgewalt, die Zwang oder Beschränkung voraussetzen. Die Kirche kann sich allerdings an den Staat mit der Bitte oder Aufforderung wenden, in bestimmten Fällen seine Macht einzusetzen. Das Entscheidungsrecht in einem solchen Fall bleibt jedoch dem Staat vorbehalten.

Umgekehrt darf sich der Staat nicht in das Leben der Kirche einmischen, in ihre Verwaltung, ihre Glaubenslehre, ihr liturgisches Leben und ihre seelsorgerliche Praxis. Einmischen darf er sich auch nicht in die Tätigkeit der kanonischen kirchlichen Einrichtungen, mit Ausnahme derjenigen Fälle, die eine Tätigkeit der Kirche als juristische Person voraussetzen. In solchen Fällen müssen unvermeidlich entsprechende Beziehungen zum Staat, sei-

жизнь, духовническую практику и так далее, равно как и вообще в деятельность канонических церковных учреждений, за исключением тех сторон, которые предполагают деятельность в качестве юридического лица, неизбежно вступающего в соответствующие отношения с государством, его законодательством и властными органами. Церковь ожидает от государства уважения к ее каноническим нормам и иным внутренним установлениям» (ОСК, III. 2-3).

«Церковь сохраняет лояльность государству, но выше требования лояльности стоит Божественная заповедь: совершать дело спасения людей в любых условиях и при любых обстоятельствах. Если власть принуждает православных верующих к отступлению от Христа и Его Церкви, а также к греховным, душевредным деяниям, Церковь должна отказать государству в повиновении. Христианин, следуя велению совести, может не исполнить повеления власти, понуждающего к тяжкому греху» (ОСК, III. 5).

Констатируя, что модели и формы церковно-государственных отношений изменялись в ходе истории, документ выделяет модель симфонии, родившуюся в

202 Mission im eigenen Land: Mit »schwimmenden Kirchen« sucht die Russische Orthodoxe Kirche die Menschen in abseits gelegenen Siedlungen auf und lädt zu Gottesdiensten, Taufen, Beichte und Unterricht ein.
Миссия в собственной стране: на «плавучих церквах» Русская Православная Церковь направляется к людям в отдаленные села, где совершаются богослужения, Таинства Крещения и Покаяния, проводятся катехизические занятия.

nen gesetzgebenden und ausführenden Organen aufgenommen werden. Die Kirche erwartet vom Staat die Achtung ihrer kanonischen Normen und anderen inneren Bestimmungen« (III.2–3).

»Die Kirche wahrt die Loyalität gegenüber dem Staat. Das göttliche Gebot steht jedoch über dieser Loyalitätsverpflichtung. Geboten ist der Kirche, unter allen Bedingungen und Umständen das Heil des Menschen zu suchen. Wenn die staatliche Macht orthodoxe Gläubige zur Abkehr von Christus und seiner Kirche oder zu sündhaften, der Seele abträglichen Taten zwingt, muss die Kirche den Gehorsam verweigern. Der Christ braucht – seinem Gewissen folgend – solchen Anordnungen der Macht, die ihn zu schwerer Sünde nötigen, nicht nachzukommen« (III,5).

Das Sozialdokument stellt fest, dass sich im Verlauf der Geschichte verschiedene Modelle und Formen der Beziehungen zwischen Kirche und Staat entwickelt haben. Dabei hebt es das in Byzanz entstandene und im alten Russland praktizierte Modell der »Symphonie von Staat und Kirche« besonders hervor: »Bei diesem Modell sucht der Staat bei der Kirche geistliche Unterstützung, sucht die Fürbitte für sich und den Segen für seine Tätigkeit, die dem Wohl der Bürger dient. Umgekehrt erhält die Kirche in diesem Modell vom Staat Hilfe, um geeignete Bedingungen herzustellen für ihre Verkündigung und die seelsorgerliche Betreuung ihrer Gläubigen, die ja gleichzeitig auch Bürger des Staates sind.«

Die klassische byzantinische Formel für die gegenseitigen Beziehungen zwischen Staats- und Kirchenmacht ist im »Epanagog« (zweite Hälfte des 9. Jahrhunderts) enthalten: »Die weltliche und die geistliche Macht verhalten sich zueinander wie Leib und Seele. Für das Miteinander im Staat sind beide ebenso notwendig wie Leib und Seele für die Existenz eines lebendigen Menschen. In ihrer Verbindung und Übereinstimmung ist das Wohl des Staates begründet.«

Weiter heißt es im Sozialdokument: »Allerdings hat die Symphonie in Byzanz nie in reinster Form bestanden. In der Praxis kam es immer wieder zu Verstößen gegen sie und zu ihrer Entstellung. Die Kirche wurde nicht selten zum Objekt cäsaropapistischer Ansprüche der Staatsmacht. Die russischen Zaren verfügten im Unterschied zu den byzantinischen Kaisern über ein anderes Erbe. Daher und auch aus anderen historischen Gründen haben sich die Beziehungen zwischen der Kirche und der Staatsmacht in der russischen Frühzeit harmonischer gestaltet. Freilich fanden ebenfalls Abweichungen von den kanonischen Normen statt« (III,4).

Aus all diesen Gründen wird ein orthodoxer Staat als

Византии и затем практиковавшуюся в древней Руси: «Государство при симфонических отношениях с Церковью ищет у нее духовной поддержки, ищет молитвы за себя и благословения на деятельность, направленную на достижение целей, служащих благополучию граждан, а Церковь получает от государства помощь в создании условий, благоприятных для проповеди и для духовного окормления своих чад, являющихся одновременно гражданами государства...

Классическая византийская формула взаимоотношений между государственной и церковной властью заключена в «Эпанагоге» (вторая половина IX века): «Мирская власть и священство относятся между собою, как тело и душа, необходимы для государственного устройства точно так же, как тело и душа в живом человеке. В связи и согласии их состоит благоденствие государства». Однако симфония в Византии не существовала в абсолютно чистой форме. На практике она подвергалась нарушениям и искажениям. Церковь неоднократно оказывалась объектом цезарепапистских притязаний со стороны государственной власти... У русских государей, в отличие от византийских василевсов, было иное наследие. Поэтому, а также в силу других исторических причин, взаимоотношения церковной и государственной власти в русской древности были более гармоничными. Впрочем, отступления от канонических норм также имели место» (ОСК, III. 4).

Таким образом, государство, сознающее свой религиозный долг, государство православное, признается идеальным и наиболее желательным. Религиозно немотивированное государство получает гораздо более сдержанную оценку: «Утверждение юридического принципа свободы совести свидетельствует об утрате обществом религиозных целей и ценностей, о массовой апостасии и фактической индифферентности к делу Церкви и к победе над грехом. Но этот принцип оказывается одним из средств существования Церкви в безрелигиозном мире, позволяющим ей иметь легальный статус в секулярном государстве и независимость от инаковерующих или неверующих слоев общества.

Религиозно-мировоззренческий нейтралитет государства не противоречит христианскому представлению о призвании Церкви в обществе. Однако Церковь должна указывать государству на недопустимость распространения убеждений или действий, ведущих к установлению всецелого контроля за жизнью личности, ее убеждениями и отношениями с

ideal und besonders wünschenswert angesehen, ein Staat, der sich seiner religiösen Verpflichtung bewusst ist. Ein religiös neutraler Staat wird in der Orthodoxie zurückhaltender bewertet: »Die Durchsetzung eines Rechtsbegriffs wie z. B. der Gewissensfreiheit verweist doch auf den Verlust von religiösen Zielen und Werten in der Gesellschaft, den massenhaften Abfall vom Glauben sowie die faktische Indifferenz gegenüber dem Auftrag der Kirche und der

другими людьми, а также к разрушению личной, семейной или общественной нравственности, оскорблению религиозных чувств, нанесению ущерба культурно-духовной самобытности народа или возникновению угрозы священному дару жизни. В осуществлении своих социальных, благотворительных, образовательных и других общественно значимых программ Церковь может рассчитывать на

Die Russische Orthodoxe Kirche in der Statistik

Stand: Anfang 2003

● Nach statistischen Angaben zählte die Russische Orthodoxe Kirche Anfang 2003 insgesamt 131 Bistümer, in denen 155 Bischöfe tätig sind, davon 128 amtierende Diözesan- und 27 Vikarbischöfe. 12 Bischöfe befinden sich im Ruhestand.

● Es gibt wieder 614 Klöster, davon 295 Männerklöster und 319 Frauenkonvente. Hinzu kommen noch 160 Klosteraußenstellen und 38 Einsiedeleien.

● Die Gesamtzahl der Gemeinden des Moskauer Patriarchats beträgt in der Russischen Föderation, in der Ukraine, in Weißrussland, Moldawien und anderen Ländern ungefähr 23.000. Insgesamt dürfte es ebenso viele Geistliche im Moskauer Patriarchat geben.

● In der russischen Hauptstadt gibt es wieder vier Männer- und vier Frauenklöster sowie insgesamt 560 orthodoxe Kirchen und Kapellen. Öffentliche Gottesdienste werden zur Zeit in 440 Kirchen und Kapellen der Stadt gefeiert. In den Gemeinden Moskaus amtieren derzeit 1485 Priester und Diakone.

● Die Ausbildungsstätten der Russischen Orthodoxen Kirche bestehen derzeit aus fünf Geistlichen Akademien, 34 Geistlichen Seminaren, 45 Geistlichen Schulen, einem Theologischen Institut, zwei orthodoxen Universitäten, zehn Kursen zur Vorbereitung auf den pastoralen Dienst und zwei diözesanen Geistlichen Frauenschulen. Hinzu kommt eine Reihe von Schulen für Psalmensänger, Chorleiterinnen und Ikonenmaler. Viele Gemeinden unterhalten Sonntagsschulen. *Quelle: Moskauer Patriarchat*

Статистические данные о Русской Православной Церкви

(по состоянию на начало 2003 года)

● В Русской Православной Церкви в начале 2003 года насчитывалась 131 епархия и 155 архиереев – 128 епархиальных и 27 викарных; 12 архиереев находились на покое.

● Действует 614 монастырей, из них 295 мужских и 319 женских обителей. Кроме того, существует 160 монастырских подворий и 38 скитов.

● Московский Патриархат насчитывает около 23.000 приходов в России, Украине, Белоруссии, Молдове и других странах. Число духовенства сопоставимо с количеством приходов.

● В Москве 4 мужских и 4 женских монастыря, 560 православных храмов и часовен. Богослужения совершаются в 440 храмах и часовнях. Общее число священнослужителей – 1485 человек.

● Количество духовных учебных заведений Русской Православной Церкви составляет: 5 духовных академий, 34 духовные семинарии, 45 духовных училищ, 1 Богословский институт, 2 православных университета, 10 подготовительных пастырских курсов, 2 епархиальных женских духовных училища. Кроме того, действует ряд регентских и иконописных школ и отделений, а также множество воскресных школ.

Источник: Московский Патриархат

Überwindung der Sünde. Andererseits erweist sich gerade dieses Prinzip als eines der Mittel, die Existenz der Kirche in einer nichtreligiösen Welt zu ermöglichen. Es garantiert ihr einen legalen Status in einem säkularen Staat sowie die Unabhängigkeit gegenüber den andersgläubigen oder nichtgläubigen Schichten in der Gesellschaft.

Die religiös-weltanschauliche Neutralität des Staates widerspricht also nicht der christlichen Vorstellung vom Dienst der Kirche in der Gesellschaft. Die Kirche hat aber die Pflicht darauf hinzuweisen, dass der Staat keine Überzeugungen oder Handlungen propagieren darf, deren Folge die totale Kontrolle über das Leben eines Menschen – seine Ansichten und seine Beziehungen zu anderen Menschen –, die Zerstörung der persönlichen, familiären oder gesellschaftlichen Moral oder die Verletzung der religiösen Gefühle sind. Staatliches Handeln darf auch nicht die kulturelle geistig-religiöse Eigenart eines Volkes beeinträchtigen oder eine Gefahr für die heilige Gabe des Lebens darstellen. Bei der Umsetzung ihrer sozialen, karitativen, bildungsbezogenen und sonstigen gesellschaftlichen Programme kann die Kirche auf die Unterstützung und Mitarbeit des Staates rechnen. Sie hat auch das Recht zu erwarten, dass der Staat bei der Gestaltung seiner Beziehungen zu den verschiedenen religiösen Gemeinschaften auch die Zahl ihrer Anhänger, ihren Beitrag zur Entstehung des historisch-kulturellen

203 *Die im Jahr 2000 wieder erstandene Christi-Erlöser-Kathedrale im Zentrum Moskaus. Stalin hatte den gewaltigen Vorgängerbau 1931 sprengen lassen, um an seine Stelle eine monumentale Partei-Zentrale zu errichten. Als sich der Plan wegen des sumpfigen Bodens nicht verwirklichen ließ, wurde hier ein Freibad gebaut.*
Воссозданный в 2000 году Храм Христа Спасителя в центре Москвы.
По приказу Сталина находившийся здесь ранее храм был взорван в 1931 году.
На его месте собирались построить монументальный партийный дворец.
Когда эта попытка оказалась неудачной, здесь вырыли бассейн.

помощь и содействие государства. Она также вправе ожидать, что государство при построении своих отношений с религиозными объединениями будет учитывать количество их последователей, их место в формировании исторического культурного и духовного облика народа, их гражданскую позицию» (ОСК, III. 6).

und geistigen Erbes des Volkes sowie ihre staatsbürgerliche Haltung berücksichtigt« (III,6).

Die Russische Orthodoxe Kirche möchte Beziehungen des Dialogs und der Zusammenarbeit mit den unterschiedlichsten Bürgervereinigungen auf allen Ebenen der Gesellschaft entwickeln: Mit Verbänden, wissenschaftlichen, kulturellen und gesellschaftlichen Organisationen, mit politischen Parteien und Bewegungen. Das Hauptziel ist dabei, die verschiedenen Initiativen zu unterstützen, die in der säkularen Gesellschaft dem Wohl des Einzelnen und des Volkes dienen und der Kirche bei der Verwirklichung ihrer Mission helfen.

Das oberste Ziel der Kirche, dem alle Zusammenarbeit mit dem Staat und in der Gesellschaft dient, ist dabei die Sorge um die ewige Erlösung der Menschen und um das friedliche und würdige Leben der »Nächsten und der Fernen«. Unsere Kirche wird dieses segensreiche Wirken konsequent fortsetzen, in Erinnerung an die Worte Jesu Christi: »Ihr seid das Licht der Welt. Es kann die Stadt, die auf einem Berge liegt, nicht verborgen sein. Man zündet auch nicht ein Licht an und setzt es unter einen Scheffel, sondern auf einen Leuchter; so leuchtet es allen, die im Hause sind. So soll euer Licht leuchten vor den Menschen, dass sie eure guten Werke sehen und euren Vater im Himmel preisen« (Matthäus 5,14–16).

Erzpriester Wsewolod Tschaplin, Moskau

Русская Церковь стремится развивать отношения диалога и сотрудничества с самыми разными объединениями граждан, механизмами гражданского общества – творческими союзами, научными, культурными, общественными организациями, политическими партиями и движениями. Главной целью этих отношений является содействие Церкви различным инициативам, возникающим в светском обществе и направленным на служение благу личности и народа, на помощь Церкви в осуществлении ее миссии.

Совершать свое служение ради вечного спасения чад церковных, ради мирной и достойной жизни «ближних и дальних», ради преображения всех сторон жизни общества – такова цель Православной Церкви в ее взаимодействии с государством и светским миром. Наша Церковь будет последовательно продолжать это благое делание, помня слова Спасителя: «Вы свет мира. Не может укрыться город, стоящий на верху горы. И, зажегши свечу, не ставят ее под сосудом, но на подсвечнике, и светит всем в доме. Так да светит свет ваш пред людьми, чтобы они видели ваши добрые дела и прославляли Отца вашего Небесного» (Мф. 5. 14 -16).

Протоиерей Всеволод Чаплин, Москва

Kirche in der säkularisierten Gesellschaft Deutschlands

Церковь и религия в секуляризованном обществе Германии

Deutschland – kein protestantisches Land mehr

Die Lage und Stellung der Kirche im heutigen Deutschland lässt sich in einem ersten Zugriff nach äußeren strukturellen Merkmalen beschreiben. Hiervon seien – in Auswahl – nur folgende Punkte genannt.

Religion und Glaube sind im liberalen Verfassungsstaat der Bundesrepublik Deutschland durch das hohe Verfassungsgut »Religionsfreiheit« (Art. 4 des Grundgesetzes) bestimmt und geschützt. »Religionsfreiheit« heißt zum einen: Der Staat gewährt seinen Bürgern den Schutzraum, ungehindert ihren Glauben, unabhängig von allen Inhalten und kirchlichen Bindungen, privat und öffentlich leben und bekennen zu können. Religionsfreiheit bedeutet zum anderen aber auch die Freiheit, keiner Religion anzugehören, ohne dass die staatsbürgerliche Rechtsstellung davon berührt wäre. So bildet solche – negative und positive – Religionsfreiheit einen Kern des liberalen Verfassungsstaates. Sie findet ihre Schranken nur in anderen

Германия больше не протестантская страна

Положение современной Церкви в Германии определяется рядом внешних структурных признаков. Рассмотрим сначала некоторые из них.

В либеральном конституционном государстве, каким является Федеративная Республика Германия, религия и вера получают юридическое определение и защиту через высшую конституционную ценность – «свободу вероисповедания» (Статья 4 Основного Закона), которую гарантирует Конституция. «Свобода вероисповедания» означает, что, с одной стороны, государство гарантирует своим гражданам защищенное пространство, в котором они, независимо от содержания своего вероучения и церковной направленности, могут беспрепятственно, в частном порядке и публично, жить по своей вере и исповедовать ее. С другой стороны, свобода вероисповедания означает также право отказа отдельного граж-

204 *Ökumenischer Gottesdienst im Dom zu Bautzen, der eine der wenigen in Deutschland erhaltenen Simultankirchen ist: Das mittelalterliche Gotteshaus in Sachsen wird abwechselnd von der lutherischen Gemeinde (ihr gehört das Kirchenschiff) und der römisch-katholischen Gemeinde (ihr gehört der Altarraum) genutzt.* Экуменическое богослужение в соборе в Баутцене. Этот храм является одной из немногих сохранившихся в Германии многоконфессиональных церквей. Средневековый саксонский храм попеременно используется двумя общинами – лютеранской (ей принадлежит средняя часть храма) и римско-католической (ей принадлежит алтарное помещение).

205 *Zu der für die Bundesrepublik Deutschland typischen Partnerschaft von Kirche und Staat gehören auch persönliche Gespräche wie hier zwischen Präses Manfred Kock und Bundespräsident Johannes Rau 1999 in Leipzig.*

Частью характерного для Федеративной Республики Германии партнерства между Церковью и государством являются личные встречи, как эта, состоявшаяся в 1999 году, между презесом Манфредом Коком и федеральным Президентом Йоханнесом Рау.

Grundrechtsvoraussetzungen (Menschenwürde, Schutz des Lebens usw.).

Herkunftsgeschichtlich und bis heute ist die Bikonfessionalität – also das Nebeneinander von Protestantismus und Katholizismus – für die religiöse Lage in Deutschland prägend. Dazu gehört, dass in der Außensicht – aber auch im eigenen Selbstverständnis – die Kirchen, insbesondere die protestantische, sich als »Volkskirche« verstehen. Volkskirche ist der programmatische Anspruch, dass alle Sozialgruppen in der Kirche Raum finden, dass unterschiedliche Frömmigkeitsausprägungen, wie auch unterschiedliche politische Orientierungen unter dem Dach der Kirche versammelt sind. Mit »Volkskirche« ist auch ihr Anspruch auf öffentliche Mitgestaltung und Mitverantwortung verbunden.

In diesem Zusammenhang gehört der Hinweis auf ein bestimmtes Verhältnis von Staat und Kirche, das sich in Deutschland im Gegensatz zu allen anderen europäischen Ländern in einer speziellen Weise entwickelt hat. Die Trennung von Kirche und Staat, in der Weimarer Reichsverfassung von 1919 erstmals festgeschrieben und im

данина от принадлежности к какой-либо религии **без последствий** для его государственно-правового положения. Такая свобода вероисповедания (в ее негативном и позитивном толковании) служит ядром либерального конституционного государства. Она может косвенно ограничиваться лишь другими основными правами человека (человеческое достоинство, защита жизни и так далее).

Исторически обусловленная двуконфессиональность, то есть параллельное существование двух главных вероисповеданий – Протестантизма и Католичества – характерно для религиозной ситуации Германии и в настоящий момент. Причем как по внешним оценкам, так и в собственном понимании обе Церкви, в особенности протестантская, считают себя «народной Церковью». Народная Церковь – это программная установка, подчеркивающая, что Церковь включает в себя все социальные группы, что под ее крышей нашли себе место различные формы благочестия и различные политические ориентации. С названием «народная Церковь» связаны также претензия Церкви на участие в общественных преобразованиях и мера ее общественной ответственности.

В этой связи важно указать на особенности отношений, сложившихся между государством и Церковью в Германии, в отличие от остальных европейских государств. Отделение Церкви от государства, впервые зафиксированное в Веймарской Конституции 1919 года и подтвержденное в Основном Законе Федеративной Республики Германии в 1949 году, положило конец «государственной Церкви» в Германии и окончательно упразднило союз «трона и алтаря». Вместе с тем Церковь сохранила за собой гарантируемые государством права. Поэтому принято говорить о «хромающем» отделении Церкви от государства в Германии. Так, например, в государственных школах преподается Закон Божий, в государственных университетах существуют теологические факультеты, а в армии служат военные священники. И хотя все эти институты сейчас поддерживаются государством, ответственность за них по-прежнему несет Церковь.

Трудно сказать, как будет выглядеть внешнее устройство Церкви в будущем и насколько стабильной окажется существовавшая до сих пор модель взаимоотношений между государством и Церковью. Она может быть поставлена под сомнение в процессе европейского объединения и вытекающей отсюда необходимости унификации отношений государства и Церкви, к примеру, в соответствии с французской

Grundgesetz der Bundesrepublik Deutschland von 1949 bestätigt, hat in Deutschland zu einem Ende der »Staatskirche« und zur endgültigen Auflösung des Bündnisses von »Thron und Altar« geführt; gleichzeitig aber verblieben den Kirchen staatlich verbürgte Rechte, weshalb man auch in Deutschland von einer »hinkenden« Trennung zwischen Kirche und Staat in Deutschland gesprochen hat. So gibt es zum Beispiel Religionsunterricht an öffentlichen Schulen, Theologische Fakultäten an staatlichen Universitäten und Militärseelsorge. Dies sind staatlich gewährleistete, aber doch in kirchlicher Verantwortung stehende Einrichtungen.

Eine der spannenden Fragen für die äußere Zukunft der Kirche wird sein, ob dieses bis heute bestehende Modell im Verhältnis von Staat und Kirche auf Dauer Bestand haben wird. In Frage gestellt werden könnte es durch den europäischen Einigungsprozesses und den damit gegebenen Zwang zur Vereinheitlichung auch dieser Frage etwa nach dem französischen Modell einer strikten Trennung. Ausgehöhlt werden könnte es aber auch durch eine innere Entwicklung in der deutschen Gesellschaft selbst, wo die Selbstverständlichkeit dieser Verbindung von Staat und Kirche zunehmend in Zweifel gezogen werden könnte. Die beiden großen Kirchen und die orthodoxen Kirchen in Deutschland treten jedenfalls dafür ein, dass im europäischen Einigungsprozess die historisch gewachsenen, unterschiedlichen Traditionen im Verhältnis von Staat und Kirche in den einzelnen Staaten des neuen Europa erhalten bleiben.

Die empirisch-religionssoziologischen Befunde zur Lage und Stellung der Kirchen in Deutschland ergeben ein widersprüchliches Bild und sind immer eine Frage der Interpretation. Ein Beispiel dafür sind die Austrittszahlen. Nach dem geltenden Gesetz kann jedes Mitglied einer öffentlich-rechtlich anerkannten Religionsgemeinschaft auf dem Standesamt oder vor einem Notar seinen Austritt erklären. Dieser Austritt hat rechtliche Konsequenzen, etwa was die Zahlung der Kirchensteuer betrifft. Im Jahr 1992 trennten sich in Berlin-Brandenburg – also im Osten Deutschlands – 1,83 Prozent der Mitglieder von ihrer evangelischen Kirche, in Baden-Württemberg im Süden Deutschlands 0,74 Prozent. Diese Austrittszahlen können als dramatischer Mitgliederschwund gedeutet werden, können aber auch als Beleg einer immer noch erstaunlich stabilen volkskirchlichen Situation interpretiert werden. Denn trotz erneut gestiegener Austritte in den vergangenen Jahren ist die überwiegende Zahl der Protestanten an einem Kirchenaustritt nicht interessiert.

Ein anderes Beispiel für die durchaus ambivalente kirchliche Situation ist die Teilnahme an den Gottesdiens-

системой строгого их разделения. Эта модель может оказаться выхолощенной и в результате такого внутреннего развития самого германского общества, когда естественность сложившегося взаимодействия между государством и Церковью будет подвергаться все большему сомнению. Во всяком случае, обе главенствующие Церкви, а также Православные Церкви в Германии выступают за то, чтобы в процессе европейского объединения и впредь сохранились различные традиции взаимоотношений между государством и Церковью, исторически сложившиеся в отдельных странах новой Европы.

Результаты эмпирических и религиозно-социологических исследований положения Церкви в Германии дают противоречивую картину, причем цифры можно всегда по-разному интерпретировать. Одним из примеров служат данные о выходе из лона Церкви. Согласно действующему законодательству, каждый член публично-правового религиозного объединения может заявить о своем выходе из Церкви в присутствии представителя ЗАГСа или нотариуса. Этот выход влечет за собой правовые последствия, к примеру, относительно уплаты церковного налога. В 1992 году в Берлине и Бранденбурге, то есть в восточной Германии, из Евангелической Церкви вышли 1,83% ее членов. В то же время в Баден-Вюртемберге, то есть на юге Германии, эта цифра составила 0,74%. Эти данные можно толковать как драматическое сокращение численности общин. Но одновременно их можно считать и признаком удивительной стабильности положения народной Церкви. Ибо, несмотря на то, что количество выходов из Церкви за последние годы вновь возросло, преимущественная часть протестантов вовсе не собирается покидать Церковь.

Другим примером крайне противоречивой церковной ситуации служит участие в богослужениях. Посещаемость воскресных богослужений после сильного сокращения последних лет стабилизировалась на довольно низком уровне порядка 2-3% в городах. Наблюдаются, правда, существенные различия между севером и югом, востоком и западом, между городской и сельской местностью. Вместе с тем резко поднялось количество прихожан, участвующих в рождественских богослужениях. С середины 80-х годов возросло количество крещаемых детей и число принимающих Причастие. В западной части Германии – прежней Федеративной Республики Германии – более 85% населения все еще принадле-

ten. Nach einem starken Rückgang in den letzten Jahren hat sich der Besuch der Sonntagsgottesdienste jetzt auf einem relativ niedrigen Niveau von zwei bis drei Prozent in den Städten eingependelt – bei teilweise großen Unterschieden zwischen Nord und Süd, Ost und West, Stadt und Land. Gleichzeitig hat aber die Teilnahme an den Heilig-Abend-Gottesdiensten einen deutlichen Anstieg erlebt. Seit Mitte der 80er Jahre steigt auch die Zahl der Kindertaufen und der Teilnehmer am heiligen Abendmahl an. Im westlichen Teil Deutschlands (alte Bundesrepublik) gehören immer noch ca. 85 Prozent der Bevölkerung einer christlichen Kirche an, davon ca. 42 Prozent der evangelischen Kirche.

Ganz anders lautet der Befund für den früher unter kommunistischer Herrschaft lebenden Teil Deutschlands, die ehemalige DDR. Hier haben ca. 70 Prozent der Bevölkerung keine kirchliche Bindung mehr; nur noch ca. 27 Prozent sind Mitglied einer der beiden großen Kirchen. Eine der großen Fragen der kommenden Jahre, ja Jahrzehnte, wird sein, wohin diese große Mehrheit der Konfessionslosen im östlichen Teil Deutschlands in ihren Weltanschauungs- und Orientierungsbedürfnissen sich künftig bewegen wird.

Doch so ambivalent und in der Deutung umstritten solche empirische Befunde auch immer sind, es lässt sich generell festhalten: Es ist weiterhin von einer allerdings relativen statistischen Stabilität protestantischer Kirchlichkeit auszugehen. Freilich ist durch die zu erwartenden Wanderungsbewegungen mit einem Anstieg der nicht christlichen Bevölkerung, aber auch mit einem Anstieg von Bürgern katholischen und orthodoxen Glaubens – vor allem durch Zuwanderung – zu rechnen. Dies dürfte zu einem relativen Rückgang des Anteils der Protestanten an der in Deutschland künftig lebenden Bevölkerung führen.

Die säkularisierte Gesellschaft und ihre Krise

Doch sind solche äußeren strukturellen Merkmale und Daten in ihrer Erklärungskraft begrenzt. Aussagen zu Lage und Schicksal von Kirche und Christentum im heutigen Deutschland gewinnen Kontur und Tiefenschärfe erst, wenn man die geistig-kulturellen Zeitströmungen in den Blick nimmt, in die Kirche und Christentum unausweichlich verflochten sind. In knappem ganz fragmentarischem Zugriff seien hierzu folgende Hinweise zu geistig-kulturellen Grundströmungen genannt, von denen ich annehme, dass sie in besonderer Weise prägend sind.

Zum einen ist der Prozess fortschreitender Säkularisierung als Prozess zunehmender Verdiesseitigung zu nennen. Dabei ist zunächst an die Einsicht zu erinnern, dass

жит к христианской Церкви, причем 42% граждан – протестанты.

Совсем иначе выглядит картина в той части Германии, которая ранее находилась в сфере коммунистического господства, то есть в бывшей ГДР. Здесь около 70% населения больше не имеет никакого отношения к Церкви; всего лишь 27% граждан принадлежит к одной из двух крупных Церквей. В ближайшие годы и десятилетия актуальным станет вопрос, куда же направится это огромное большинство людей, не принадлежащих сейчас ни к какой конфессии, чтобы определиться в своем мировоззрении и выбрать нужное направление.

Несмотря на всю противоречивость и спорную интерпретацию эмпирических данных, напрашивается вывод: по-прежнему существует, хотя и относительная, статическая стабильность протестантской религиозности. Правда, в результате ожидаемых потоков миграции приходится считаться с увеличением количества нехристианского населения, а также – главным образом благодаря переселенцам – и с ростом числа граждан католического и православного вероисповедания. Это может привести к относительному падению доли протестантов среди населения Германии в будущем.

Секуляризованное общество и его кризис

И все же внешние структурные признаки и данные лишь частично проясняют ситуацию. Высказывания о месте Церкви и христианства, об их судьбе в сегодняшней Германии приобретают более четкий характер и глубину лишь при рассмотрении духовно-культурных течений современной эпохи, в которые неизбежно вовлекаются Церкви и христианство. В общих чертах, фрагментарно назовем следующие основные духовные и культурные течения, которые, на наш взгляд, наложили особый отпечаток на Церковь и христианство.

В первую очередь следует назвать процесс прогрессирующей секуляризации как увеличивающейся посюсторонности. Уместно напомнить, что современная секулярная эпоха некогда начала свой путь с проповеди новой веры такого содержания: человек, будучи хозяином собственной судьбы, якобы в состоянии сам обеспечить себе спасение и искупление в этом мире, ибо он, говоря словами поэта Генриха Гейне, может «землю в небо превратить». Так, у истоков современного Запада стояла вера в неудержимый посюсторонний прогресс, который через науку и технику, как и через политические действия –

206 *Militärbischof Hartmut Löwe zu Besuch im KFOR-Feldlager in Prizren im Kosowo. Die Militärseelsorge in der Bundeswehr ist in Deutschland durch einen Vertrag zwischen Staat und Kirche geregelt.*
Военный епископ Гартмут Лёве в полевом лагере войск КФОР в Призрене в Косове. Пастырское душепопечение о военнослужащих бундесвера регулируется в Германии соответствующим договором между государством и Церковью.

die säkulare Moderne einst ihren Weg im Namen eines neuen Glaubens angetreten hat: Der Mensch könne als Regisseur seines Schicksals sein Heil und seine Erlösung innerweltlich herstellen, er könne »auf Erden schon das Himmelreich errichten«, wie der Dichter Heinrich Heine meinte. So stand am Anfang der westlichen Moderne der Glaube an den unaufhaltsamen innerweltlichen Fortschritt, der durch Wissenschaft und Technik, aber auch durch politisches Handeln – etwa im messianischen Glauben an die Erlösungskraft einer Revolution – das universale Glück der Menschheit heraufführen könne. Die Moderne hat also ihre eigene säkulare Glaubensgeschichte. Dies ist eine Geschichte hochgespannter Hoffnungen und Träume von Heil und Erlösung und der Versuche, sie innerweltlich zu realisieren.

Zur Signatur der Gegenwart gehört es nun, dass diese Träume vom Menschen als dem Regisseur seines Heils weithin zerronnen sind. Nicht nur das Christentum ist entkräftet, entkräftet ist auch eine an ihren säkularen Glaubenshoffnungen müde gewordene Moderne. Auch die neuen Götter (Fortschrittsgewissheit, Wissenschaftsglaube, Glaube an die Politik) sind alt geworden. Übrig

например, в порыве мессианской веры в искупительную силу революции – сможет поднять человечество до уровня великого счастья. Иными словами, современность имеет свою собственную, секулярную религиозную историю. Это история неоправданно больших надежд и мечтаний о спасении и искуплении, история попыток их посюсторонней реализации.

Одна из характерных черт нашей эпохи заключается в том, что эти мечты о человеке как организаторе собственного спасения повсюду развеялись. Ослаблено не только христианство. Ослаблена и вся современная эпоха, уставшая от своих надежд на секулярные верования. Состарились и новые боги, такие как уверенность в прогрессе, вера в науку или вера в политику. Сохранилась лишь посюсторонность, в которой больше и следа не осталось от прежних импульсов и желанных целей. Порой кажется, что культурно-критический тезис Фридриха Ницше о «последнем человеке» в европейском культурном развитии постепенно стал культурной реальностью.

Более 100 лет назад Ницше предсказал Европе такое будущее: развитие западной культуры породит новый тип человека, довольствующийся жизнью лишь в одном, пошлом измерении, который ничего кроме этого не будет знать о себе и который, по словам Ницше, утратит свою путеводную «звезду». Таким образом, главным направлением, с которым люди сегодня сверяют свою жизнь, стала посюсторонность, сведенная к тезису гедонистов о наслаждении моментом. У нее больше нет высокого смысла жизни, нет никаких возвышенных надежд. Еще 80 лет назад Макс Вебер так охарактеризовал дух наступающей эпохи: «Внешние блага сего мира будут обретать над человеком все большую власть, от которой ему в конце концов не уйти». С тех пор процесс расширения посюсторонности безудержно продвигался вперед. И в результате это означает, что для все большего числа людей вопросы о «последних» вещах, о Боге и трансцендентности становятся совершенно чуждыми и непонятными.

Излишне подчеркивать, насколько элементарно эта оценка касается ситуации христианства и христианских Церквей. Ибо любой предлагаемый вариант христианской жизни и воспитания должен учитывать духовную ситуацию, при которой, помимо прочих моментов, определяющими становятся описанные выше тенденции усиления секуляризма и посюсторонности. Эта духовная ситуация означает невероятный вызов христианам, превратившимся в

geblieben ist eine schiere Diesseitigkeit, die von ihren einstigen Antrieben und Hoffnungszielen nichts mehr weiß. Fast scheint es, dass die kulturkritische Vision Friedrich Nietzsches vom »letzten Menschen« der europäischen Kulturentwicklung inzwischen zur kulturellen Realität geworden ist.

Vor über 100 Jahren hat Nietzsche der Zukunft Europas diese Prognose gestellt: Die westliche Kulturentwicklung wird einen Menschentyp hervorbringen, der in bloße Eindimensionalität und Trivialität gebannt sein Leben führt, ohne noch etwas über sich selbst hinaus zu wissen, der, wie Nietzsche sagte, seinen »Stern« über sich verloren hat. So wurde zur bestimmenden Orientierungsmacht, aus der die Menschen heute ihr Leben führen, jene bloße Diesseitigkeit, die auf hedonistisches Gegenwartserleben reduziert bleibt und keine Sinn- und Hoffnungsgehalte über sich selbst hinaus mehr kennt. Schon vor über 80 Jahren hat Max Weber die geistige Situation der Zeit in den Satz gefasst: »Die äußeren Güter dieser Welt gewinnen zunehmende und schließlich unentrinnbare Macht über die Menschen.« Seitdem ist dieser Prozess zunehmender Verdiesseitigung unaufhaltsam vorangeschritten. Im Ergebnis heißt dies, dass für immer mehr Menschen Fragen nach den so genannten »letzten« Dingen, nach Transzendenz ganz fremd und unverständlich werden.

Man muss nicht lange betonen, wie elementar dieser Befund die Lage und Stellung des Christentums und der christlichen Kirchen berührt. Denn jedes christliche Lebens- und Orientierungsangebot muss mit einer solchen geistigen Lage rechnen, die neben anderem wesentlich durch die eben beschriebene Tendenz säkularer Verdiesseitigung geprägt ist.

Zugleich aber ist ein anderer Befund zu nennen: Inmitten unserer säkularen und sich weiter säkularisierenden Kultur ist auch ein neues Interesse an Religion, sind neue Formen von Spiritualität und neue Frömmigkeitsbewegungen zu beobachten. Sie formieren sich teils innerhalb der Kirchen, vor allem aber neben den Kirchen und an ihnen vorbei. Es sind dies weniger die traditionellen Sekten und Sondergemeinschaften; schon eher sind die so genannten neuen Religiösen Bewegungen (z. B. Scientology) zu erwähnen. Vor allem aber sind es weithin unorganisierte Formen einer frei vagierenden Religiosität, die von einem prinzipiellen Synkretismus und Eklektizismus der Traditionsströme, auf die sie sich berufen, bestimmt sind: Esoterik und Okkultismus, Astrologie, Geisterglaube, indianische, germanische, indische, chinesische, tibetische Religionsversatzstücke – all dies fließt in bunter Mischung zusammen und blüht reichlich.

Zu diesem Syndrom neuer religiöser Strömungen

207 *Gottesdienstliche Versammlung Mitte der 80er Jahre in der Dresdner Kreuzkirche. Kirchen waren in dieser Zeit in der Deutschen Demokratischen Republik der einzige Raum, wo sich Bürger frei und kritisch äußern konnten.* Богослужебное собрание в 80-е годы в церкви Святого Креста в Дрездене. Церкви в Германской Демократической Республике были в то время единственным местом, где граждане могли свободно высказывать свое мнение.

меньшинство на бывшем так называемом христианском Западе.

Полезно упомянуть и другое обстоятельство: в сфере нашей секулярной и все более секуляризующейся культуры одновременно наблюдается и новый интерес к религии, возникают новые духовные движения и формы благочестия. Частично они формируются внутри Церквей, но прежде всего около и помимо Церквей. Речь идет не столько о традиционных сектах и объединениях, а скорее о так называемых «новых религиозных движениях» наподобие сайентологии. В первую же очередь, это, как правило, неорганизованные формы свободно блуждающей религиозности: для нее характерны принципиальный синкретизм и эклектизм традиционных религиозных направлений, на которые они ссыла-

gehören aber auf der anderen Seite – wie es scheint mit zunehmender Dynamik – auch neupfingstlerische, charismatische und fundamentalistische Gruppen, die teils als »freie Glaubenswerke«, kirchlich ungebundene Gemeindeneugründungen usw. auftreten, teils ihren Platz innerhalb der christlichen Kirchen suchen.

Schließlich ist auch die zunehmende Präsenz anderer Weltreligionen, wie Buddhismus, Hinduismus, aber vor allem des Islam zu nennen, die die religiöse Kultur in Deutschland immer nachhaltiger mitprägen und deren Sendungsbewusstsein zumindest die Metropolen des Westens schon längst erreicht hat.

So hat sich ein wahrer Markt religiöser Möglichkeiten gebildet, auf dem unterschiedliche religiöse Welt- und Daseinsverständnisse lebendig sind und die Lebensführung von Menschen bestimmen. Für die christlichen

208 *Eine kirchenhistorische Stunde: Die Synode der EKD beschließt im Februar 1991 in Berlin-Spandau ein Kirchengesetz als Grundlage für die neue Einheit der evangelischen Christenheit im wieder vereinigten Deutschland.*
Исторический момент в церковной истории. В 1991 году Синод Евангелической Церкви в Германии принимает в Берлине церковный закон, послуживший основой для восстановления единства евангелических христиан в единой Германии.

юются. Эзотерические и оккультные представления, астрология, вера в духов, заимствования из индейской, германской, индийской, китайской и тибетской религий – все это образует пеструю смесь и дает буйное цветение.

Синдром новых религиозных течений включает в себя, с другой стороны – и, судя по всему, со все возрастающей динамикой, – также новообразующиеся группы пятидесятников, харизматов и фундаменталистов. Частью они выступают как «независимые вероучительные объединения» и общинные новообразования, не связанные с какой-либо Церковью, частью же они ищут себе место внутри христианских Церквей.

Наконец, следует упомянуть о растущем присутствии других мировых религий, таких как буддизм, индуизм и в первую очередь ислам. Они накладывают все более глубокий отпечаток на религиозную культуру в Германии. Во всяком случае, их миссионерское усердие давно уже ощутили в западноевропейских метрополиях.

Итак, в Германии в последние годы сформировался настоящий рынок религиозных возможностей, на котором живо представлены различные религиозные воззрения на мир и бытие, определяющие жизненный уклад людей. Для христианских Церквей это означает, что у верующих есть принципиальная возможность выбора религиозного поведения наряду с другими возможностями; иными словами, наблюдается тенденция к утрате Церковью своей религиозной монополии.

Особого упоминания заслуживает и связанный с этим процесс культурной интернационализации и глобализации, в который сегодня оказалась вовлечена западная культура. Глобализация – это не только экономический процесс, о котором по преимуществу идет речь в сегодняшних дискуссиях. Одновременно это и культурный процесс. По сути это означает, что все национальные культуры вовлечены во всеобщие, всесторонние, взаимопроникающие отношения. В результате любые встречающиеся в мире секулярные и религиозные учения о человеке, – независимо от места их национального и культурного происхождения – представлены повсюду и в любой момент могут быть доступны людям как возможность обретения человеческого опыта и выбора направления.

Если такая тенденция упрочится, это будет означать, что христианство утратит свою позицию единственной европейской религии. Возможно, мы пока не осознали, да и не в состоянии понять, какое это бу-

Kirchen heißt dies: Sie sind prinzipiell eine Wahlmöglichkeit religiösen Verhaltens geworden; sie haben tendenziell ihr religiöses Monopol verloren.

Damit verbunden, aber doch eigens zu nennen, ist der Vorgang kultureller Internationalisierung und Globalisierung, in den heute die westliche Kultur hineingestellt ist. Globalisierung ist nicht nur ein Wirtschaftsprozess, als der er gegenwärtig meist diskutiert wird, sondern auch ein Kulturvorgang. Dieser heißt im Kern, dass alle Nationalkulturen in eine durchgängige und allseitige Beziehung getreten sind und einander durchdringen. Im Ergebnis bedeutet dies, dass alle weltweit auftretenden säkularen oder religiösen Lehren vom Menschen, abgelöst von ihrer nationalen oder kulturellen Herkunft, überall präsent und als Möglichkeit menschlicher Erfahrung und Orientierung tendenziell überall greifbar sind.

Wenn diese Tendenz sich verfestigen sollte, heißt dies: Das Christentum hat seine Stellung als die eine Herkunftsreligion Europas verloren. Vermutlich haben wir noch gar nicht begriffen und können auch noch gar nicht verstehen, was dies für die christlichen Kirchen im künftigen Europa bedeuten wird.

Das Stichwort, das insbesondere Lage und Stellung der Kirche in der säkularen Welt charakterisiert, ist schon angeklungen, muss aber besonders benannt werden: Pluralismus. Der Pluralismus einer säkularen Gesellschaft ist zunächst ein Ergebnis des Verlustes der Selbstverständlichkeit und fraglosen Gültigkeit der überlieferten Sinntraditionen. Dies berührt alle Felder sinnhaften Handelns: Ob Erziehung, Sexualität, Partnerwahl, Familie, Umgang mit Krankheit oder Gesundheit, Sterben und Tod: Die Bewältigung unserer Daseinsverhältnisse ist weitgehend nicht mehr geleitet durch die Selbstverständlichkeit einer sinnverbürgenden Kulturtradition, sondern hineingestellt in die prinzipielle Pluralität von Lebensstilen, Orientierungsmustern und Werthaltungen. Dieser Befund trifft im Kern natürlich gerade auch die gesellschaftliche und kulturelle Lage von Kirche und Christentum. Sie sind Teil jenes prinzipiellen Pluralismus. Dies betrifft die Kirche sowohl in der Außenperspektive, wo sie als eine Institution unter anderen dasteht; aber auch innerhalb der Kirche, insbesondere der protestantischen, ist der fundamentale gesellschaftliche Pluralismus unausweichlich präsent und bestimmend; so sind nahezu alle gesellschaftlich vorhandenen pluralen Lebenshaltungen auch intra muros der Kirche lebendig.

Zur Mission aufgerufen

Welche Anfragen und Herausforderungen stellt die so beschriebene Lage der Kirche? Hierzu abschließend nur

дет иметь значение для христианских Церквей в будущей Европе.

Хотя мы уже вскользь коснулись ключевого понятия, особенно характерного для отражения церковной ситуации в секулярном мире, назовем его еще раз: плюрализм. Плюрализм секулярного общества – это прежде всего результат утраты естественной, бесспорной, передаваемой из поколения в поколение нравственной традиции. И он распространяется на все сферы духовной и нравственной жизни, включая воспитание, сексуальность, выбор партнеров, семью, отношение к больным и здоровым, к процессу умирания и смерти. Преодолевая трудности бытия, мы больше не прибегаем как к чему-то само собой разумеющемуся к единственной этической и культурной традиции. Наоборот, мы оказались в центре принципиального многообразия форм жизни, направлений и признанных ценностей. Это, естественно, затрагивает самую суть общественной и культурной ситуации Церкви и христианства. Они – часть этого принципиального плюрализма. Это касается и связей Церкви с внешним миром, где она оказывается **одним** учреждением **из многих.** Но вместе с тем это касается и **внутренней** жизни Церкви, в особенности протестантской, где фундаментальный общественный плюрализм неизбежно оказывается присутствующим и определяющим; тем самым почти все имеющиеся в обществе формы жизни активно воспроизводятся и внутри Церкви.

Миссия и диалог с духом эпохи

Какие же запросы и вызовы ставит перед нами вышеописанная церковная ситуация? Приведем в заключение лишь некоторые из них, заметив, что и наши указания и замечания также отнюдь не отличаются полнотой и завершенностью.

Церкви должны не только воспринимать культурно-общественный плюрализм как угрозу, но и использовать его как шанс. Коль скоро, как было описано выше, Церкви и христианство превратились в одну из возможностей выбора на рынке духовных ценностей и коль скоро принадлежность к христианству перестала быть естественной в секуляризованном обществе, это дает Церкви шанс вновь обрести свою веру и свою основополагающую истину и жить по ним посреди многообразия всех предлагаемых истин. Ведь этот шанс увеличивается именно потому, что мы распрощались с существовавшей до сих пор естественной обязательностью христианства.

На рынке предлагаемых истин сможет удержаться

wenige – auch hier ganz unvollständige und unabgeschlossene – Hinweise und Bemerkungen.

Der kulturell-gesellschaftliche Pluralismus sollte von der Kirche nicht nur als Bedrohung, sondern auch als Chance gesehen und ergriffen werden. Eine dieser Chancen ist: Wenn Kirche und Christentum, wie beschrieben, eine Wahlmöglichkeit auf dem Markt angebotener Sinngebungen ist – wenn es also in säkularer Gesellschaft nicht mehr selbstverständlich ist, ein Christ zu sein – dann erlaubt dies, den eigenen Glauben und seine tragende Wahrheit im Konzert all der vielfältigen Wahrheitsangebote neu zu entdecken und zu leben. Solche Chance wird ja gerade erhöht durch den Abschied von traditional vermittelter Selbstverständlichkeit des Christentums.

Auf dem Marktplatz angebotener Wahrheiten wird nur bestehen, wer selbst von einer Wahrheit zu erzählen weiß. Zwei Wege verbieten sich deshalb: der eine wäre der Rückzug ins selbstgewählte Ghetto kirchlicher Innenwelt. Nicht nur, weil dies à la longue der Weg in eine »kirchliche Versektung« wäre, vielmehr und vor allem: Der Blick in die säkulare Situation unserer Gesellschaft zeigt auch viel Suche und Sehnsucht nach tragendem Lebenssinn. Solche Suche und Sehnsucht wahrzunehmen, aufzusuchen und ihnen dialogisch zu begegnen, ist die Chance und Herausforderung einer sich nicht in sich selbst abschließenden Kirche.

Zum anderen gilt aber auch: Kirchliche Anpassungsstrategien an den säkularen Zeitgeist sind kurzsichtig. Der Zeitgeist ist ein flüchtiges Gebilde und groß ist die Veraltungsgeschwindigkeit des jeweils vermeintlich Akutellen. Eine Gefahr gerade des heutigen Protestantismus ist es, dass er in einem

лишь тот, кому есть что рассказать о своей истине. Отсюда непозволительны два пути. Во-первых, это путь добровольного удаления в гетто внутрицерковной жизни. В долгосрочной перспективе этот путь ведет к «превращению Церкви в секту». Для христианства это было бы пагубным хотя бы потому, что при внимательном рассмотрении секулярной ситуации нашего общества можно отметить повсеместный поиск смысла жизни и тоску по нему. От умения распознать этот поиск и эту тоску, обратиться к ищущим и вступить с ними в диалог, не замыкаясь в самих себе, и зависит шанс для Церкви справиться с этим вызовом.

Во-вторых, нельзя забывать, что стратегии церковного приспособления к секулярному духу нашей эпохи краткосрочны. Дух времени быстротечен, и потому быстро устаревает мнимая актуальность. В этом лежит особая опасность для современного протестантизма. Местами можно наблюдать тенденции, направленные на то, чтобы приспособить основные

209 *Neben den Türmen der Kirchen erhebt sich im Stadtbild von Mannheim auch das Minarett einer Moschee. Deutschland ist heute ein multikulturelles und multireligiöses Land.*
Рядом с церковными башнями над городом Мангеймом возвышается минарет мечети. Германия является сегодня страной многих культур и религий.

Prozess von Selbstsäkularisierung seine eigene kirchliche Überflüssigkeit produziert; wenn er etwa meint, durch eilfertige Anpassung z. B. an politisch-gesellschaftliche Zeitströmungen sich Aktualität zu sichern. Freilich haben heute immer mehr kirchlich Verantwortliche erkannt: Gerade damit lässt sich in einer pluralen Gesellschaft keine eigene Kontur und Anziehungskraft schaffen. Auf die Höhe der Zeit wird die Kirche nur kommen, wo es ihr gelingt, das zu sagen, was im Konzert der vielen Stimmen des gesellschaftlichen Pluralismus nur sie sagen kann.

Deshalb ist der Kirche in einer säkularisierten Gesellschaft ihre missionarische Aufgabe neu gestellt. Sie wird sie freilich gegenwartsbezogen nur im Medium des Dialogs erfüllen können. So sind Mission und Dialog Leitworte heutigen kirchlichen Handelns in der säkularen Welt, die ein Anrecht hat, von den Christen etwas zu hören, »über die Hoffnung, die in euch ist« (1. Petrus 3,15).

Gottfried Küenzlen, München

вероучительные истины, формы традиционной богослужебной жизни или нравственные позиции, считавшиеся до сих пор христианскими, к мнимым «требованиям современности». Все это, равно как и готовность быстро приспосабливаться к актуальным политическим и общественным течениям, может ускорить процесс самосекуляризации, в ходе которого протестанты спровоцируют ненужность своей Церкви. К счастью, все больше ответственных церковных деятелей начинает осознавать, что как раз таким путем нельзя найти собственное лицо и увеличить свою притягательность в плюралистическом обществе. Церковь сможет идти в ногу со временем лишь в том случае, если в хоре многообразных голосов общественного плюрализма прозвучит ее собственный голос, присущий только **ей одной.**

Отсюда напрашивается новая постановка миссионерской задачи Евангелической Церкви в секуляризованной Германии. И справиться с этой задачей она сможет, с учетом требований времени, лишь пользуясь средствами диалога. Таким образом, миссия и диалог служат сегодня основным руководством для церковного действия в секулярном мире, который имеет право потребовать от христиан «отчета в вашем уповании» (1 Пет. 3. 15).

Готфрид Кюнцлен, Мюнхен

Reden von Gott in der Welt

Eine Kundgebung der EKD-Synode von 1999

Разговор о Боге в миру

Обращение Синода Евангелической Церкви в Германии в 1999 году

Kommt her, höret zu; ich will erzählen, was Gott mir angetan hat« (Psalm 66,16). Wer glaubt, kann nicht stumm bleiben. Wer glaubt, hat etwas zu erzählen von der Güte Gottes. Darum tragen wir die Bilder des Lebens, des Trostes und der Sehnsucht weiter und treten ein für die Sache Gottes – leise und behutsam, begeistert und werbend. So folgen wir dem Auftrag Jesu Christi. Dafür brauchen wir die Gemeinschaft mit anderen: die Gemeinschaft der Mütter und Väter, die vor uns geglaubt und ihren Erfahrungen mit dem lebendigen Gott in Geschichten und Liedern, Bildern und Gebeten Ausdruck gegeben haben, und die Gemeinschaft der Geschwister, die gemeinsam und vielsprachig für den Glauben eintreten.

Gott hat uns eine Botschaft anvertraut, die die Mühseligen und Beladenen erquickt und die Starken davor bewahrt, sich von Leistung und Erfolg ein erfülltes Leben zu versprechen. Diese Botschaft wollen wir weitersagen, mit dieser Botschaft werden wir gebraucht.

Gott will, dass allen Menschen geholfen werde und sie zur Erkenntnis der Wahrheit kommen (1. Timotheus 2,4). Wir müssen die Ziele, die wir uns bei unserem missionarischen Handeln setzen, am Willen Gottes messen.

Mission geschieht nicht um der Kirche willen. Die Kirche ist hineingekommen in die Mission Gottes. Wir haben den Auftrag, Menschen die Augen zu öffnen für die Wahrheit und die Schönheit der christlichen Botschaft. Wir wollen sie dafür gewinnen, dass sie sich in Freiheit an Jesus Christus binden und sich zur Kirche als der Gemeinschaft der Glaubenden halten. Diese Bindung geschieht grundlegend in der Taufe. Wer getauft ist, gehört fortan zu Christus. Eine Kirche, die Kinder tauft, ist dazu verpflichtet, zum persönlichen Glauben hinzuführen. »Wenn der Glaube nicht zur Taufe kommt, ist die Taufe nichts nütze« (Martin Luther).

Der Leib Christi soll wachsen. Darum wollen die Kirchen Mitglieder gewinnen. Dafür setzen wir uns kräftig ein. Eine Kirche, die den Anspruch, wachsen zu wollen, aufgegeben hat, ist in der Substanz gefährdet.

Die Mission der Kirche hat eine ökumenische Dimension. Es kommt nicht in erster Linie auf den Mitglieder-

Приидите, послушайте, все боящиеся Бога, и я возвещу Вам, что сотворил Он для души моей» (Пс. 66. 16). Кто верует, не может молчать. Кто верует, тому есть что рассказать о милости Божией. Поэтому мы несем в мир свой образ жизни, утешения и стремления и выступаем за дело Божие – тихо и осмотрительно, с восторгом и воодушевлением привлекая к себе новых последователей. Так мы выполняем поручение Иисуса Христа. Для этого нам необходимо общение с другими: с родителями, которые веровали еще до нас и сообщили о своем опыте общения с Богом живым в рассказах и песнопениях, в образах и молитвах; с братьями и сестрами, которые все вместе, многоязычно выступают за веру.

Господь доверил нам благую весть, которая успокаивает труждающихся и обремененных и оберегает сильных от ожидания воздаяния за свои успехи и заслуги в виде полноты жизни. Мы хотим распространить эту благую весть, от нас ждут этой благой вести.

Господь желает, чтобы все люди получили помощь и достигли познания истины (1 Тим. 2. 4). Цели, которые мы ставим перед собой в нашем миссионерском делании, мы должны сопоставлять с волей Божией.

Миссия совершается не ради Церкви как таковой. Церковь оказалась в миссии Божией. Нам дано поручение открывать людям глаза на истину и благолепие христианского благовестия. Мы хотим побудить их к тому, чтобы они сами решили обратиться к Иисусу Христу и присоединиться к Церкви как сообществу верующих. Это присоединение совершается в Крещении. Кто крестился, впредь принадлежит Христу. Церковь, крещающая детей, обязана приводить их к личной вере. «Если Крещение не дополняется верой, то такое Крещение тщетно» (Мартин Лютер).

Тело Христово должно возрастать. Поэтому Церковь стремится к привлечению новых членов. Мы усердно трудимся над этим. Церкви, отказавшейся от претензии на рост, угрожает утрата своей сущности.

zuwachs an, sondern darauf, dass Menschen überhaupt eine kirchliche Beheimatung finden. Eine gezielte Abwerbung von Mitgliedern verstößt gegen diesen ökumenischen Geist. Weil wir von der einen Kirche Christi her denken, freuen wir uns auch über das Wachsen anderer christlicher Kirchen.

Mission hat die Absicht, andere Menschen zu überzeugen, d. h. mitzunehmen auf einen Weg, auf dem die Gewissheit des christlichen Glaubens ihre eigene Gewissheit wird. Aber sie tut dies in Demut und Lernbereitschaft. Eine so verstandene Mission hat nichts mit Indoktrination oder Überwältigung zu tun. Sie ist an der gemeinsamen Frage nach der Wahrheit orientiert. Sie verzichtet aus dem Geist des Evangeliums und der Liebe auf alle massiven oder subtilen Mittel des Zwangs und zielt auf freie Zustimmung. So eine Mission ist geprägt vom Respekt vor den Überzeugungen der anderen und hat dialogischen Charakter. Der Geist Gottes, von dem Christus verheißen hat, dass er uns in alle Wahrheit leiten wird (Joh. 16,13), ist auch in der Begegnung und dem Dialog mit anderen Überzeugungen und Religionen gegenwärtig.

Gott hat uns nicht den Geist der Furcht gegeben, sondern den Geist der Kraft und der Liebe und der Besonnenheit (2. Timotheus 1,7). Darum nehmen wir die Si-

211 *Das »Bibelmobil« vor der Dreikönigskirche in Dresden. Der umgebaute Berliner Bus fährt seit 1992 quer durch Deutschland, um Menschen auch außerhalb der Kirche neu zum Glauben einzuladen.*
Автобус «Библия на колесах» перед Троицким храмом в Дрездене. Переоборудованный берлинский автобус с 1992 года ездит по всей Германии с целью привлечения людей, пребывающих вне Церкви, к знакомству со Священным Писанием.

Миссия Церкви имеет экуменическое измерение. Главное – не в увеличении численности прихожан, а в том, чтобы люди вообще нашли себе прибежище в Церкви. Целенаправленное переманивание прихожан противоречит духу экуменизма. Поскольку мы мыслим категориями **единой** Церкви Христовой, нас радует рост других христианских Церквей.

Цель миссии – убедить людей, то есть поставить их на наш путь, дабы очевидность христианской веры стала их собственной очевидностью. Но миссия предполагает смирение и готовность учиться. Такое понимание миссии не имеет ничего общего с идеологическим проникновением или с экспансией. Ориентиром ей служит общий вопрос об истине. Руководствуясь духом Евангелия и любви, такая миссия отказывается как от прямых, так и от изощренных средств насилия, ее цель – добровольное согласие. Она преисполнена уважения к убеждениям другого и носит характер диалога. Ибо Дух Божий, о котором Христос предсказал, что Он наставит нас на всякую истину (Ин. 16. 13), пребывает как при встрече, так и в диалоге с другими убеждениями и религиями.

Ибо дал нам Бог не Духа боязни, но Духа силы и любви и целомудрия (2 Тим. 1. 7). А посему мы трезво смотрим на ситуацию, в которой мы сегодня находимся, а также на трудности, вытекающие из нее.

По мере роста плюрализма растет разнообразие тех, к кому обращена христианская проповедь. Мы должны острее осознать необходимость специфической проповеди благой вести Божией, направленной к каждому человеку в отдельности. О вере следует говорить по-разному, с учетом того, к кому мы обращаемся: к членам Церкви, находящимся к ней «на полудистанции», к тем, кто вышел из ее лона, или к тем, кто совсем порвал с христианской традицией. Мы не должны ждать, пока люди сами заговорят с нами о Боге и жизни. Мы должны идти к ним и свидетельствовать своим христианским благовестием в гуще житейских обстоятельств людей, отошедших от веры или охладевших к ней.

Секуляризм и крушение традиций все острее ощущаются по всей Германии. Тем не менее на территории бывшей ГДР мы сталкиваемся с совершенно особой ситуацией. Там христиане находятся в явном меньшинстве по отношению к населению, сформировавшемуся в условиях продолжительной безрелигиозности. И через десять лет после «поворота» ничто не свидетельствует о том, что в обозримом будущем наступят какие-либо изменения. Люди выходили из Церкви массами, обратно же их можно

tuation, in der wir uns heute befinden, und die Schwierigkeiten, die damit gegeben sind, nüchtern in den Blick.

Mit der Pluralisierung nimmt die Verschiedenheit der Adressaten der christlichen Verkündigung zu. Wir müssen unser Bewusstsein für die Notwendigkeit einer adressatenorientierten, spezifischen Verkündigung von Gottes guter Nachricht schärfen. Gegenüber den Kirchenmitgliedern »in Halbdistanz«, den aus der Kirche Ausgetretenen und den mit der christlichen Tradition überhaupt nicht mehr in Berührung Gekommenen bedarf es einer je unterschiedlichen Weise, vom Glauben zu reden. Dabei dürfen wir nicht darauf warten, dass die Menschen von sich aus das Gespräch über Gott und die Welt suchen. Wir müssen auf sie zugehen und mit der christlichen Botschaft in den Lebenszusammenhängen der dem Glauben ferngerückten oder entfremdeten Menschen gegenwärtig sein.

Säkularisierung und Traditionsbruch sind in Deutschland insgesamt immer stärker spürbar. Im Gebiet der ehemaligen DDR haben wir es allerdings mit einer besonderen Situation zu tun. Dort sind Christen deutlich in der Minderheit gegenüber der durch anhaltende Konfessionslosigkeit geprägten Bevölkerung. Zehn Jahre nach der »Wende« sieht es nicht so aus, als könnte sich das in absehbarer Zeit ändern. Die Menschen haben die Kirche massenhaft verlassen, sie sind aber nur als einzelne zurückzugewinnen. Missionarische Konzepte, die im westlichen Teil Deutschlands gebräuchlich sind und Menschen im Blick haben, die noch etwas von Christentum und Glauben wissen, sind im östlichen Teil weniger geeignet. Wer über zwei und sogar über mehrere Generationen zum christlichen Glauben und zur Kirche kein Verhältnis mehr hat, kann nicht mehr unter die »Distanzierten« gerechnet werden. Im Kontakt mit Konfessionslosen wird es in besonderer Weise darauf ankommen, nach den Orten und Erfahrungen zu suchen, wo die christliche Botschaft die Lebensfragen der Menschen berührt und wo sich der Glaube als eine Hilfe in konkreten Lebensumständen erweist.

Es sind verschiedene Gaben, aber es ist derselbe Geist Gottes, der das alles wirkt (1. Korinther 12,6). Wir brauchen in der Kirche die Vielfalt missionarischer Wege und Konzepte, die unscheinbaren alltäglichen Bemühungen ebenso wie die groß angelegten Aktionen.

Von dieser Tagung der Synode geht das Signal aus: Die evangelische Kirche setzt das Glaubensthema und den missionarischen Auftrag an die erste Stelle. Sie gibt dabei einer Vielfalt von Wegen und Konzepten Raum; ihr ist an der Kooperation und gegenseitigen Ergänzung dieser unterschiedlichen Wege und Konzepte gelegen.

212 *Einer der bekanntesten Liedermacher und Sänger im evangelischen Bereich ist Manfred Siebald.*
Манфред Зибальд является одним из наиболее знаменитых в евангелических кругах авторов и исполнителей популярных христианских песен. Современная религиозная музыка играет большую роль в работе с молодежью. Она важна при евангелизации и на миссионерских праздниках.

будет вернуть лишь поодиночке. Миссионерские концепции, предназначенные для западной части Германии, то есть для людей, еще сохранивших представление о христианстве и вере, мало пригодны для восточной Германии. Люди, которые на протяжении двух или даже более поколений не имели никакого отношения к вере и Церкви, больше не могут быть причислены к числу тех, кто «дистанцировался». При налаживании контактов с людьми, не принадлежащими ни к какому вероисповеданию, успех будет зависеть от того, удастся ли нам обнаружить такое место и такой опыт, в которых христианское благовестие даст ответ на жизненные интересы людей. Все будет зависеть от того, сможет ли вера помочь людям в их конкретных житейских обстоятельствах.

Дары различны, но Дух один и тот же, производящий все во всех (1 Кор. 12. 6). Церковь нуждается в многообразных миссионерских путях и концепциях; возможны и незаметный повседневный труд, и крупномасштабные акции.

Цель нашего синодального собрания – подать следующий сигнал: Евангелическая Церковь выдвигает тему веры и миссионерского призвания на первое место, при этом она предполагает наличие многообразных путей и концепций и будет заботиться о согласовании и взаимном дополнении этих различных путей и концепций.

213 *Die drei Bischöfe Berlins sprechen den Segen bei der Eröffnung des ersten ökumenischen Kirchentages 2003 in Berlin (von links nach rechts): Bischof Wolfgang Huber (evangelisch), Erzbischof Georg Sterzinsky (römisch-katholisch) und Erzbischof Feofan (russisch-orthodox).*

Три берлинских епископа совместно преподают благословение при открытии Кирхентага в 2003 году. Слева направо: евангелический епископ Вольфганг Хубер, римско-католический архиепископ Георг Стершинский и русский православный архиепископ Феофан.

Statistik für Deutschland – Religionszugehörigkeit Stand: Ende 2000		Статистика по Германии – религиозная принадлежность (по состоянию на конец 2000 года)	
Bevölkerung insgesamt	82.260.000	Всего населения	82.260.000
Christen (67%)	55.000.000	Христиан (67%)	55.000.000
Muslime	3.200.000	Мусульман	3.200.000
Andere Religionen	560.000	Представителей других религий	560.000
Konfessionslose	23.500.000	Не принадлежат к какой-либо конфессии	23.500.000
Christen insgesamt	55.000.000	Христиан всего	55.000.000
Römisch-Katholische Kirche	26.817.000	Римско-Католическая Церковь	26.817.000
Evangelische Kirche (EKD)	26.614.000	Евангелическая Церковь (ЕЦГ)	26.614.000
Evangelische Freikirchen	369.000	Свободные евангелические Церкви	369.000
Orthodoxe Kirchen	1.200.000	Православные Церкви	1.200.000

Evangelisch in Deutschland (EKD) Stand: Ende 2000		Протестанты в Германии (ЕЦГ) (по состоянию на конец 2000 года)	
Gliedkirchen der EKD	24	Церкви – члены Евангелической Церкви в Германии	24
Mitglieder	26.614.000	Количество членов	26.614.000
Kirchengemeinden / Pfarreien	17.000	Количество приходов	17.000
Theologen und Theologinnen insgesamt	34.100	Количество пасторов, всего	34.100
Davon aktive Pastoren und Pastorinnen	23.200	Активных пасторов	23.200
Kindertaufen	230.300	Количество крещений	230.300
Taufen von Erwachsenen, Eintritte	61.500	Количество крещений взрослых, присоединений	61.500
Konfirmationen	260.000	Количество конфирмаций	260.000
Trauungen	69.650	Количество браковенчаний	69.650
Bestattungen	331.220	Количество церковных погребений	331.220
Austritte	188.500	Количество выходов из Церкви	188.500

Quelle: EKD-Kirchenamt

Источник: Церковное управление Евангелической Церкви в Германии

VI

Perspektiven

Перспективы

Die Russische Orthodoxe Kirche und Europa

Русская Православная Церковь и Европа

Die traditionelle Einstellung der Russischen Orthodoxen Kirche zu den Entwicklungen in Europa kann man vielleicht mit kritischer Anteilnahme bezeichnen. Russland, seine Kultur und Geschichte, das gesellschaftliche und staatliche Leben sind undenkbar ohne den europäischen Kontext. Es genügt daran zu erinnern, dass das Christentum nach Russland aus Byzanz kam, einem der wichtigsten geistigen Zentren bei der Gestaltwerdung des Kontinents. Das politische System des Landes sowie wesentliche Bereiche von Wissenschaft und Kultur entstanden unter dem Einfluss Westeuropas, darunter auch Deutschlands.

Zugleich war im Bewusstsein unseres Volkes immer das Gefühl der Eigenständigkeit im Verhältnis zum gesamteuropäischen Kontext lebendig. Dafür gibt es zwei Gründe. Erstens nimmt sich Russland wegen seiner geographischen Lage, seiner historischen Beziehungen und des ethnischen Bestandes seiner Bevölkerung als eurasisches Land wahr. Zweitens hat die russische-orthodoxe Tradition stets einen stärkeren Akzent auf die Existenz des gemeinsamen Organismus von Kirche und Volk gelegt als auf die individuell-persönliche Existenz. Als eine andere wichtige Besonderheit unserer Weltsicht kann man die unbedingte Priorität der geistigen, moralischen Dimension des Lebens bezeichnen, die Vorrangstellung des Strebens zum Himmel gegenüber allem Bemühen um weltliches Wohlergehen und die Einrichtung der materiellen Welt. Diese beiden Faktoren schufen und schaffen bis heute erhebliche Unterschiede in der Wahrnehmung von

Традиционное отношение Русской Православной Церкви к процессам, происходящим в Европе, можно, пожалуй, назвать критической сопричастностью. Россия, ее культура, история, общественная и государственная жизнь неотделимы от европейского контекста. Достаточно вспомнить, что христианство было воспринято Русью от Византии – одной из важнейших духовных сил, сформировавших облик континента. Политическая же система страны, значительная часть ее научной и культурной среды во многом сформировались под влиянием Западной Европы, в том числе Германии.

Одновременно в сознании нашего народа всегда присутствовало чувство самобытности по отношению к общеевропейскому контексту, и тому видятся две причины. Во-первых, Россия в силу своего географического положения, исторических связей и этнического состава населения ощущает себя евразийской страной. Во-вторых, русская православная традиция всегда подразумевала больший акцент на бытии соборного организма Церкви и народа, нежели на личностном бытии. Другой важной особенностью нашего мироощущения можно назвать безусловный приоритет духовного, нравственного измерения жизни, устремленности к Небу, над земным благополучием и обустройством материального мира. Эти два фактора создавали и до сих пор создают значительные различия между восприя-

214 *Junge Menschen aus Ost und West bei der Ökumenischen Versammlung 1997 in Graz: Das Christentum wird auch im neuen Europa eine Zukunft haben, wenn es den Kirchen gelingt, den Gottesglauben, das Evangelium von Jesus Christus und die christlichen Wertvorstellungen wie Nächstenliebe und Verantwortung für die Schöpfung an künftige Generationen weiterzugeben.*

Молодые люди с Востока и Запада во время Экуменической ассамблеи в Граце в 1997 году: Христианство будет иметь будущее и в новой Европе, если Церквам удастся передать следующему поколению веру в Бога, Евангелие Иисуса Христа и такие христианские ценности, как любовь к ближнему и ответственность за творение.

Moral, Recht und soziopolitischer Realität in Russland und im Westen.

Integration bei Wahrung der Eigenständigkeit

So war also die Beziehung zu Europa als Ganzem und zum Westen als einer nahen, aber dennoch andersartigen Realität für die russisch-orthodoxen Christen Gegenstand einer langen historischen Diskussion. Diese bestimmt noch heute in hohem Maße unsere Sicht auf die Gegenwart. In diesem Zusammenhang sei an die Worte von Fjodor Dostojewskij erinnert: »Wir dürfen uns auf keinen Fall von Europa lossagen. Europa ist unser zweites Vaterland, ich habe dies als erster leidenschaftlich bekannt und bekenne es stets. Europa ist uns fast so teuer wie Russland. Wenn die Allmenschlichkeit eine nationale russische Idee ist, dann muss jeder zuerst Russe werden, d. h. er selbst, und dann wird sich mit dem ersten Schritt alles ändern. Je stärker und selbständiger wir uns in unserem nationalen Geist entwickeln, umso stärker und näher wären wir der europäischen Seele, und indem wir uns mit ihr verschwägern, würden wir ihr sofort verständlicher werden.«

In den letzten Jahren ist die alte Diskussion zwischen »Westlern« und »Slawophilen« in der russischen Gesellschaft wieder aufgelebt. Sie wurde von zwei starken Pendelausschlägen der öffentlichen Meinung begleitet. Zuerst – am Ende der 80er und zu Beginn der 90er Jahre – erfasste die Gesellschaft ein unerhörter Ausbruch von Enthusiasmus im Verhältnis zu Westeuropa und den Vereinigten Staaten von Amerika. Die westliche Lebensart, ökonomisch effizient, die lange in der UdSSR die Rolle der verbotenen süßen Frucht gespielt hatte, erschien jetzt als das Ideal. Ausländische Ratgeber erhielten – wie früher zur Zeit Peters des Großen – die Möglichkeit, sich ungehindert in die russischen Angelegenheiten einzumischen. Kontakte mit dem Westen in allen möglichen Bereichen einschließlich des religiösen bekamen einen freundschaftlich-enthusiastischen Charakter.

Nach zwei, drei Jahren allerdings wurde dieser Enthusiasmus von einer realistischen Einstellung zum Westen abgelöst. Diese grenzte manchmal an Misstrauen und sogar Feindschaft. Das war in gewisser Weise unvermeidlich, weil der von der geschlossenen sowjetischen Gesellschaft erfundene »ideale Westen« in Wirklichkeit nicht existierte, und die postsowjetische Gesellschaft dies früher oder später begreifen musste.

Aber es gab auch andere, objektive Gründe. Die wohlwollende Einstellung des Westens zum Zerfall der Sowjetunion war schmerzlich für jene, die diesen Staat als die Grundlage ihrer nationalen Identität wahrgenommen hatten, und insbesondere für jene ethnischen Gruppen,

Интеграция и сохранение самобытности

Таким образом, отношение к Европе как единому целому и Западу как близкой, но все же отличающейся реальности является для русских православных христиан предметом длительной исторической дискуссии, во многом определяющей наш взгляд на современность. Нельзя не вспомнить слова Федора Достоевского: «Нам от Европы никак нельзя отказываться. Европа нам второе отечество, – я первый страстно это исповедовал и всегда исповедую. Европа нам почти так же всем дорога, как Россия... Если общечеловечность есть идея национальная русская, то прежде всего надо каждому стать русским, то есть самим собой, и тогда с первого шагу все изменится... Чем сильнее и самостоятельнее развились бы мы в национальном духе нашем, тем сильнее и ближе отозвались бы европейской душе и, породнившись с нею, стали бы тотчас ей понятнее».

За последние годы в российском обществе возобновилась дискуссия между западниками и славянофилами, которая сопровождалась двумя сильными колебаниями маятника общественного мнения. Сначала, в конце 80-х – начале 90-х годов, общество охватил небывалый взрыв энтузиазма по отношению к Западной Европе и Соединенным Штатам. Западный образ жизни, экономически эффективный и долго игравший в СССР роль лакомого запретного плода, стал восприниматься как идеальный. Зарубежные советчики, как некогда при Петре, получили возможность беспрепятственно вмешиваться в русские дела. Контакты с Западом в любых областях, включая религиозную, носили восторженно-дружеский характер.

Однако всего через два-три года энтузиазм сменился реалистическим отношением к Западу, иногда граничащим с недоверием и даже враждебностью. В какой-то мере это было неизбежно, поскольку придуманного закрытым советским обществом «идеального Запада» на деле не существовало, и рано или поздно общество постсоветское должно было это понять.

Но были и другие, объективные причины. Благосклонное отношение Запада к распаду СССР болью отозвалось в сердцах тех, кто воспринимал это государство как основу своей национальной идентичности, и особенно этнических групп, в одночасье обнаруживших себя в положении гонимых нацио-

die sich plötzlich in der Lage von verfolgten nationalen Minderheiten in den neuen Staaten wiederfanden. Die Ratschläge der westlichen Spezialisten erwiesen sich in Russland häufig als ineffektiv oder sogar kontraproduktiv, was berechtigte Kritik auslöste. Durch die Öffnung der Grenzen gelangte eine große Zahl von zweifelhaften Abenteurern aus Wirtschaft, Politik, Kultur und Religion in den postsowjetischen Raum. Schließlich wurde die westliche kulturelle Expansion – nicht zuletzt auch auf religiösem Gebiet durch Missionare – mit so groben und rücksichtslosen Methoden betrieben, dass dies ganz natürlicherweise Ablehnung und Widerstand hervorrief.

So besteht gegenwärtig bei den posttotalitären Völkern, die zu einem erheblichen Teil orthodoxe Gläubige sind, eine außerordentlich schwierige soziopolitische und kulturell-psychologische Situation. Diese wirkt sich auf die Perspektiven der Einbeziehung Russlands und einiger anderer Länder der GUS in die gesamteuropäischen Integrationsprozesse aus. Diese Situation, die in der Geschichte verwurzelt und auf die Zukunft ausgerichtet ist, dürfen weder Kirche noch Staat, noch die internationale Organisationen beim Entwurf der Architektur des neuen europäischen Hauses ignorieren.

Im Sinne des oben Gesagten bemüht sich die Russische Orthodoxe Kirche, die gesamteuropäischen Entwicklungsprozesse zu bedenken und mit den ihr zur Verfügung stehenden Mitteln daran teilzunehmen. Dabei berücksichtigt sie sowohl ihre göttliche Mission, Frieden und Einheit zu schaffen, als auch den Willen ihrer Gläubigen und deren Einstellung zu dieser Entwicklung, die durch eine komplizierte Geschichte und die Realität der Gegenwart bestimmt ist. Es muss auch bedacht werden, dass heute etwa die Hälfte der Gemeinden der Russischen Orthodoxen Kirche mit Millionen von Gläubigen außerhalb der Grenzen der Russischen Föderation in Ländern leben, die in ganz unterschiedlicher Weise in die internationalen europäischen Strukturen eingebunden sind.

Für unsere Kirche ist es jedenfalls unstrittig, dass die Annäherung der Völker, die Herstellung von Frieden und Eintracht sowie die Intensivierung der Kommunikation und Zusammenarbeit positive Güter sind. Der Apostel Paulus sagte: »Ist's möglich, so viel an euch liegt, so habt mit allen Menschen Frieden!« (Römer 12,18); und »Jagt dem Frieden nach mit jedermann« (Hebräer 12,14). Bedenkt man, dass Europa in hohem Maße ein christlich-kultureller Raum ist, dann kann das Zusammenwachsen der Völker auf diesem Kontinent in gewissem Sinn von den Christen als Erfüllung der Worte des Herrn und Erlösers Jesus Christus aufgefasst werden. Er hat gesagt: »Ich bitte aber für sie, damit sie alle eins seien. Wie du, Vater, in

нальных меньшинств в новых государствах. Советы западных специалистов во многом оказались в России неэффективными и даже контрпродуктивными, что вызвало справедливую критику. Открытие границ привело на постсоветское пространство большое количество второсортных авантюристов от бизнеса, политики, культуры и религии. Наконец, западная культурная экспансия, не в последнюю очередь осуществлявшаяся силами миссионеров, проводилась столь грубыми и бесцеремонными методами, что вызвала вполне закономерное отторжение и стремление к противодействию.

Таким образом, к настоящему времени в среде посттоталитарных народов, немалую часть которых составляют православные верующие, сложилась весьма непростая социополитическая и культурно-психологическая ситуация, влияющая на перспективы вовлечения России и некоторых других стран Содружества Независимых Государств в общеевропейские интеграционные процессы. Эту ситуацию, укорененную в истории и определенно устремленную в будущее, ни Церковь, ни государство, ни международные организации не должны игнорировать при разработке архитектурного проекта нового европейского дома.

Имея в виду вышесказанное, Русская Православная Церковь стремится осмыслять общеевропейские процессы и присущими ей средствами участвовать в них, учитывая как богозаповеданную миссию созидания мира и единства, так и волю своих верующих в их отношении к данным процессам, продиктованным сложной историей и реалиями сегодняшнего дня. При этом необходимо учитывать, что сегодня около половины приходов Русской Православной Церкви с десятками миллионов верующих находится вне пределов Российской Федерации, в странах, имеющих неодинаковые отношения с европейскими международными структурами.

Для нашей Церкви бесспорно, что сближение народов, созидание между ними мира и согласия, повышение уровня их общения и взаимодействия являются благом. Ибо Господь сказал: «Если возможно с вашей стороны, будьте в мире со всеми людьми» (Рим. 12. 18); «Старайтесь иметь мир со всеми» (Евр. 12. 14). Учитывая, что Европа в весьма значительной мере является христианским культурным пространством, сближение народов континента в определенной мере может восприниматься последователями Христовыми как содействие исполнению слов Господа и Спасителя: «Да будут все едино, как Ты, Отче, во

mir bist und ich in dir, so sollen auch sie in uns sein, damit die Welt glaube, dass du mich gesandt hast« (Johannes 17,21).

So gibt es bereits positive Resultate der begonnenen europäischen Integration, etwa die Öffnung der Grenzen zwischen Staaten, die Verstärkung der internationalen Zusammenarbeit auf wirtschaftlichem und politischem Gebiet, aber auch Kooperationen in Wissenschaft, Bildung und Kultur sowie im interkonfessionellen und interreligiösen Dialog und bei der gemeinsamen Teilnahme der Länder und Völker an weltweiten Entwicklungen.

Zugleich ist offensichtlich, dass für unsere Kirche die Einstellung zur europäischen Integration und die Beteiligung an diesem Prozess untrennbar mit der Sorge verbunden ist, wie die nationale Eigenständigkeit jedes Volkes bewahrt und weiterentwickelt werden kann. Diese Sorge bewegt uns – nicht nur aus historischen Gründen, sondern auch wegen der Verpflichtung unserer Kirche, die geistigen Traditionen der von ihr betreuten Nationen und ethnischen Gruppen zu bewahren. Dies ist besonders wichtig für das orthodoxe Bewusstsein. Die Möglichkeit, den Glauben der Väter und die ureigensten kulturellen Ausdrucksmittel dieses Glaubens zu verlieren, kann für die russische Orthodoxie niemals ein zulässiger Preis für die Integration mit wem auch immer sein. Man kann dies unterschiedlich beurteilen, aber die Geschichte hat dies vielfach bewiesen.

Der Patriarch von Moskau und ganz Russland, Aleksij II., wandte sich unlängst an die Teilnehmer einer Konferenz europäischer Parlamentarier und beantwortete aktuelle Fragen, die sowohl von Gläubigen als auch von der Öffentlichkeit an unsere Kirche gestellt wurden. Er sagte: »Die Geistlichen und Laien der Russischen Orthodoxen Kirche zeigen nicht zufällig Interesse am Stand und den Perspektiven der gesamteuropäischen Entwicklung. Wir orthodoxe Christen Russlands haben im 20. Jahrhundert einen schweren historischen Weg zurückgelegt. Heute bezeugen wir mit Freude, dass viele frühere Hindernisse für die Annäherung der Völker des Ostens und des Westens, des Südens und des Nordens in Europa beseitigt sind.

Die Schritte der europäischen Völker aufeinander zu nehmen wir als eine ausgesprochen positive Entwicklung wahr. Zugleich bleiben viele frühere Mauern bestehen, und manchmal werden sogar neue errichtet. Viele Länder und Völker sehen sich nicht in ausreichendem Maß in der Lage, auf die Entscheidungsmechanismen der gesamteuropäischen Politik Einfluss zu nehmen.

Wenn wir zusammenleben wollen – in Frieden und Sicherheit, so leben, dass jedem Menschen und jedem Volk eine gerechte Berücksichtigung seiner Interessen garan-

Мне, и Я в Тебе, так и они да будут в нас едино, – да уверует мир, что Ты послал Меня» (Ин. 17. 21).

Известны многие положительные итоги начавшейся европейской интеграции, такие как открытие границ между некоторыми государствами, усиление международного сотрудничества в экономической и политической областях, в сферах науки, образования, культуры, межконфессионального и межрелигиозного диалога, совместного участия стран и народов в общемировых процессах.

В то же время очевидно, что для нашей Церкви – не только в силу исторических и современных обстоятельств, но и в силу ее долга сохранять духовные традиции окормляемых ею наций и этнических групп – отношение к процессам европейской интеграции и участие в этих процессах неразрывно связано с заботой о сохранении и развитии национальной самобытности каждого народа, вовлеченного в данные процессы. Это особенно актуально для православного сознания. Возможность утраты отеческой веры и исконных культурных средств ее выражения никогда не станет для православных допустимой ценой интеграции с кем бы то ни было – можно по-разному относиться к этой реальности, но ее непреложность многократно доказана историей.

Обращаясь к участникам одной из конференций европейских парламентариев, Святейший Патриарх Московский и всея Руси Алексий II ответил на некоторые насущные вопросы, которые ставят перед нашей Церковью собственная паства и светская общественность. Его Святейшество сказал:

«Священнослужители и миряне Русской Православной Церкви не случайно проявляют интерес к состоянию и перспективам общеевропейских процессов. Мы, православные христиане Руси, прошли в XX столетии нелегкий исторический путь, и сегодня с радостью свидетельствуем, что устранены многие прежние препятствия к сближению народов Востока и Запада, Юга и Севера Европы.

Шаги европейских народов навстречу друг другу воспринимаются нами как явление глубоко положительное. В то же время сохраняются многие прежние средостения, а подчас возводятся новые... Многие страны и народы не чувствуют себя в достаточной степени способными влиять на механизмы определения общеевропейской политики...

Если мы хотим жить вместе, жить в мире и безопасности, жить так, чтобы каждый человек и каждый народ имели гарантии справедливого учета своих законных интересов, – принципы общеевро-

215 *Die erste Europäische Ökumenische Versammlung 1989 in Basel würdigte Patriarch Aleksij II. als ersten gemeinsamen Einsatz der Kirchen für Europa seit der Trennung der Christenheit in Ost und West im 11. Jahrhundert.* Святейший Патриарх охарактеризовал I Европейскую экуменическую ассамблею, проходившую в 1989 году в Базеле, как событие, которое впервые после произошедшего в XI веке разделения было призвано объединить христианскую Европу в служении примирения.

tiert ist –, dann müssen die Prinzipien des gesamteuropäischen Baues moralisch erneuert werden. Es ist lebensnotwendig, dass im »Familienrat« des europäischen Hauses jeder Stimmrecht hat und niemand vom Prozess der Entscheidungsfindung ausgeschlossen wird. Das ist besonders wichtig im Bereich der Sicherheit und der politisch-militärischen Fragen, denn jedes Volk muss sicher sein, dass sein Schicksal nicht von irgendjemandem gegen den eigenen Willen entschieden wird.«

Viele im Osten des europäischen Kontinents, der sich nach gegenwärtigen Vorstellungen vom Atlantik bis nach Wladiwostok erstreckt, haben gewisse Befürchtungen wegen des ungleichen Engagements im Prozess der europäischen Integration.

Auf dem VI. Weltkongress des russischen Volkes im Dezember 2001, an dem sich der Präsident Russlands, Wladimir Putin, sowie eine Reihe anderer führender russischer Politiker beteiligten, sagte Metropolit Kyrill von Smolensk und Kaliningrad: »Nichtreligiöse, entideologisierte, liberale Standards werden der Weltgemeinschaft als universale Muster für die Lebensgestaltung des Staates und des Menschen angeboten. Viele Völker verteidigen jedoch ihr Recht auf die eigene, traditionelle Lebensgestaltung, weil sie meinen, diese Lebensweise sei nicht etwas Vergangenes, sondern stelle die Grundlage für die Zukunft dar. Die Lage verschlimmert sich durch die negativen Folgen der Globalisierung. Um einen Konflikt zwischen den Zivilisationen zu vermeiden, muss man die Weltordnung so umgestalten, dass jedes Volk die Möglichkeit erhält, sich frei im Rahmen der eigenen kulturellhistorischen und religiösen Tradition zu entwickeln und

пейского строительства должны нравственно обновиться. Жизненно необходимо, чтобы на «семейных советах» европейского дома каждый имел право голоса и никто не оказался бы лишенным участия в процессе принятия решений. Это особенно важно в сфере безопасности и военно-политических вопросов, ведь каждый народ должен иметь уверенность, что его судьба не будет решаться кем-то помимо его воли».

Многие на востоке континента, простирающегося, согласно современному видению, от Атлантики до Владивостока, испытывают некоторые опасения относительно равномерности и политической неангажированности процессов европейской интеграции.

Выступая в декабре 2001 года на VI Всемирном русском народном соборе, прошедшем при участии Президента Владимира Путина и ряда других ведущих российских политиков, митрополит Смоленский и Калининградский Кирилл, председатель Отдела внешних церковных связей Московского Патриархата, сказал: «Нерелигиозный, деидеологизированный либеральный стандарт предлагается мировому сообществу в качестве универсального образца устроения жизни государства и человека. Однако многие народы стремятся отстоять право на собственный традиционный уклад, полагая его не достоянием прошлого, а основой для будущего. Положение усугубляется негативными последствиями глобализации. Чтобы предотвратить конфликт цивилизаций, следует переустроить мировой порядок таким образом, чтобы каждый народ получил возмож-

sich aktiv an wichtigen internationalen Entscheidungen zu beteiligen.

Die neue Weltordnung muss multipolar und vielgestaltig sein. Es muss anerkannt werden, dass die äußere Freiheit, das irdische Wohlergehen und das zur Zeit dominierende politisch-ökonomische Entwicklungsmodell keine Axiome und keine Imperative darstellen, sondern lediglich einige der ideologischen und kulturellen Wahlmöglichkeiten der Menschheit sind. Hält aber irgendeine Gesellschaft andere Werte für wichtiger, muss diese Wahl respektiert werden.

Welchen Platz soll Russland beim Aufbau einer neuen Weltordnung einnehmen? Ich bin sicher, unser Land ist durchaus in der Lage, eine wichtige Rolle in diesem Prozess zu spielen. Es besteht kein Zweifel, dass wir nicht wieder versuchen dürfen, der Welt unseren eigenen Willen aufzuzwingen. Zugleich müssen die Erfahrungen Russlands zur Grundlage der Entstehung einer eigenständigen

ность свободно развиваться в рамках собственной культурно-исторической и религиозной традиции, активно участвуя в принятии важнейших международных решений...

Новое устройство мира должно стать многополярным и многоукладным... Надо признать, что внешняя свобода, земное благополучие, ныне доминирующая политико-экономическая модель развития – все это отнюдь не аксиомы и не императивы, но лишь некоторые из идеологических и культурных выборов человечества. Если какое-то общество считает более важными другие ценности, то этот выбор следует уважать.

Какое место в созидании нового миропорядка должно принадлежать России? Уверен: наша страна способна сыграть важную роль в этом процессе. Бесспорно, нам не стоит вновь пытаться диктовать миру свою волю, и вместе с тем опыт России призван стать

216 *Der Präsident der Europäischen Kommission, Professor Romano Prodi (Mitte) empfängt im Sommer 2002 Mitglieder der Kommission »Kirche und Gesellschaft« der Konferenz Europäischer Kirchen (von links 1. Reihe): KEK-Generalsekretär Keith Clements, Bischof Wolfgang Huber (Berlin), der lutherische Erzbischof Jukka Paarma, Metropolit Jeremias vom Ökumenischen Patriarchat in Konstantinopel, Metropolit Kyrill von Smolensk und Kaliningrad, Pastor Rüdiger Noll und Erzpriester Wsewolod Tschaplin.*

Президент Европейской Комиссии профессор Романо Проди (в центре) принимает летом 2002 года религиозных лидеров Европы и членов комиссии «Церковь и общество» Конференции Европейских Церквей. Слева направо в первом ряду: генеральный секретарь КЕЦ Кит Клементс, епископ Вольфганг Хубер, архиепископ Юкка Паарма, митрополит Галльский Иеремия (Константинопольский Патриархат), митрополит Смоленский и Калининградский Кирилл, пастор Рюдигер Нолль (КЕЦ) и протоиерей Всеволод Чаплин.

russischen Zivilisation werden, die keine geringere Berechtigung zur Teilnahme an der Bestimmung des Schicksals der Menschheit hat, als die Länder des Westens, China, Indien, Afrika, Lateinamerika, die islamische oder die jüdische Welt.«

Man kann die kulturell-historische und ökonomische Wirklichkeit nicht ignorieren, die in den verschiedenen Teilen Europas entstanden ist. Viele Länder und Völker im Osten haben eine Mentalität, eine geistige Weltsicht und eine wirtschaftliche Struktur, die sich erheblich von dem unterscheiden, was im Westen entstanden ist, wo der Aufbau des vereinten Europas seinen Anfang nahm. Leider laufen heute die Integrationsprozesse häufig so ab, dass die Länder, die den europäischen zwischenstaatlichen Organisationen neu beitreten, praktisch keine Möglichkeit haben, diese zu modifizieren und für die eigenen historischen Traditionen annehmbarer zu gestalten. Darüber hinaus ist der osteuropäische Einfluss auf die Festlegung der Tagesordnung der europäischen Institutionen sowie ihrer rechtlichen und ethisch-philosophischen Standards bisher gering. Es besteht die Gefahr, dass die Völker weiterhin in reiche und arme aufgeteilt bleiben, wobei die Letzteren vom Mechanismus »gesamteuropäischer« politischer Entscheidungen ausgeschlossen sind. Zwischennationale und innenpolitische Konflikte bleiben eine Realität in Europa.

Partner im europäischen Einigungsprozess

Dieser nicht einfache Kontext erfordert nachdrücklich, dass die Christen Europas ihre Kräfte bündeln, damit die Einigung des Kontinents nicht zu neuen Spaltungen unter politischen, konfessionellen, wirtschaftlichen oder kulturellen Gesichtspunkten führt. Dies lässt sich nur erreichen, wenn eine wirkliche Gleichheit aller Völker, die sich vereinigen wollen, sichergestellt ist – wenn sie ihre Interessen adäquat vertreten können und einer Integration als Einbahnstraße eine Absage erteilt wird. Es ist zu hoffen, dass die Christen und Kirchen Europas eben eine solche Einheit schaffen, die auf die maximale Entfaltung des eigenständigen Potentials jedes Landes, jedes Volkes und jeder menschlichen Persönlichkeit ausgerichtet ist.

Die Russische Orthodoxe Kirche ist bestrebt, die eigene Sicht der Entwicklung in Europa und der Welt bei ihren Kontakten mit Regierungen vieler Länder und internationalen Organisationen – vor allem den europäischen – zum Ausdruck zu bringen. Zur Entwicklung dieser Kontakte wurde im Jahr 2002 eine Vertretung des Moskauer Patriarchats bei den europäischen internationalen Organisationen mit einem Büro in Brüssel eingerichtet. Unsere Kirche behält sich ständig das Recht vor, die eigene Posi-

основой формирования самобытной цивилизации, имеющей не меньше прав на участие в определении судеб человечества, чем страны Запада, Китай, Индия, Африка, Латинская Америка, исламский или иудейский мир».

Не стоит игнорировать культурно-исторических и экономических реальностей, сложившихся в разных частях Европы. Многие страны и народы имеют менталитет, духовное миропонимание и хозяйственное устройство, значительно отличающиеся от сложившихся на Западе, откуда берет свое начало строительство объединенной Европы. К сожалению, сегодня интеграционные процессы зачастую проходят таким образом, что страны, вновь присоединяющиеся к европейским межгосударственным организациям, оказываются практически лишены возможности модифицировать их, делая более приемлемыми для своих исторических традиций. Мало того, восточноевропейское влияние в целом остается пока незначительным при определении повестки дня европейских институций, их правовых и этико-философских стандартов. Существует угроза фиксации разделения народов на богатые и бедные, при котором последние оказываются отрезанными от механизма принятия «общеевропейских» политических решений. Реальностью остаются межнациональные и гражданские конфликты в Европе.

Партнеры в процессе объединения Европы

Данный непростой контекст настоятельно требует консолидации сил христиан Европы для того, чтобы объединение континента не обернулось новыми разделениями по политическому, конфессиональному, экономическому или культурному признаку. А достичь этого можно только путем обеспечения подлинного равенства объединяющихся народов, адекватного представительства их интересов, отказа от превращения интеграции в улицу с односторонним движением. Хочется надеяться, что христиане и Церкви Европы станут созидать именно такое единство, направленное на максимальное раскрытие самобытного потенциала каждой страны, каждого народа, каждой человеческой личности.

Свое видение европейских и мировых процессов Русская Православная Церковь стремится активно выразить в своих контактах с правительствами разных стран и международными структурами, прежде всего европейскими. Для развития этих контактов в 2002 году создано Представительство Московского Патриархата при европейских международных орга-

217 *Zum ersten Repräsentanten des Moskauer Patriarchats bei der Europäischen Union in Brüssel wurde im Juli 2002 Bischof Ilarion (links) ernannt. Im März 2003 weihte Metropolit Kyrill von Smolensk und Kaliningrad (rechts) das Gebäude der Vertretung in Brüssel und die Dreifaltigkeits-Kirche.*
В июле 2002 года Священный Синод назначил епископа Илариона (слева) первым представителем Московского Патриархата при европейских международных организациях. В марте 2003 года митрополит Смоленский и Калининградский Кирилл (справа) освятил Свято-Троицкий храм и здание представительства в Брюсселе.

tion selbstständig zu artikulieren. Zugleich sucht sie im Rahmen ihrer »europäischen« Tätigkeit die Zusammenarbeit mit anderen orthodoxen Landeskirchen, der Römisch-Katholischen Kirche, der Konferenz Europäischer Kirchen (KEK), mit dem neugegründeten Europäischen Rat der Religionsführer sowie mit vielen protestantischen Kirchen – einschließlich und im besonderen Maße – mit der Evangelischen Kirche in Deutschland.

Ein zentrales Element in der Architektur des europäischen Hauses war stets das Verhältnis zwischen Deutschland und Russland sowie den GUS-Ländern und den baltischen Staaten, deren orthodoxe Bürger traditionell vom Moskauer Patriarchat geistlich betreut werden. Zur Einschätzung dieser Beziehungen in Vergangenheit und Gegenwart und auch ihrer Perspektiven für die Zukunft sollen hier einige prinzipielle Überlegungen vorgetragen werden.

Zuallererst ist es notwendig, Folgendes festzustellen: Wenn man die kurzfristigen politischen oder nationalen Aspekte bei der Bewertung der Beziehungen zwischen Russland und Deutschland sowie ihrer Völker einmal beiseite lässt, dann entsteht trotz schwieriger, ja sogar mancher tragischer Momente der wechselseitigen Geschichte insgesamt ein eindrucksvolles und inspirierendes Bild.

низациях, базирующееся в Брюсселе. Всегда сохраняя за собой возможность самостоятельного выражения собственной позиции, наша Церковь одновременно сотрудничает в своей «европейской» деятельности с другими Поместными Православными Церквами, Римско-Католической Церковью, Конференцией Европейских Церквей, новосозданным Европейским советом религиозных лидеров, многими Протестантскими Церквами – в том числе – и в особенной степени – с Евангелической Церковью в Германии.

Важнейшим элементом европейской архитектуры всегда были и остаются взаимосвязи Германии с Россией и другими странами, православные граждане которых традиционно окормляются Московским Патриархатом. Оценивая эти взаимоотношения в прошлом и настоящем, а также их перспективы на будущее, можно и нужно высказать несколько принципиальных соображений.

Прежде всего необходимо сказать, что, если снять конъюнктурные политические или националистические наслоения с оценок отношений между Россией и Германией, их народами, то, несмотря на трудные и даже трагические моменты в их совместной истории, складывается в целом впечатляющая и

Wenn man diese Geschichte überblickt, so wird klar, dass die Russen mit den Deutschen außerordentlich unterschiedliche, aber insgesamt doch viel zahlreichere Kontakte hatten als mit irgendeinem anderen Volk. Es ist dabei offensichtlich, dass die auf Frieden und Zusammenarbeit gerichteten Beziehungen stets zum Nutzen beider Völker waren; sie dienten darüber hinaus dem Frieden in Europa und in der gesamten Welt.

Die Tragödie des Zweiten Weltkriegs sollte eine Grenze markieren. Die ungeheuren Opfer und Verluste, die viele Völker erlitten – und zwar in erster Linie Russen und Deutsche –, müssen eine historische Grenze sein, von der ab diese Völker in Frieden, Zusammenarbeit und Freundschaft leben. Die Nachkriegsperiode, gefüllt mit widersprüchlichen und häufig beunruhigenden Ereignissen, bestätigt im Ganzen doch klar: Geleitet von den eigenen nationalen Interessen einerseits und den Interessen der gesamten internationalen Gemeinschaft andererseits sind Russen und Deutsche in der Lage, aufeinander zuzugehen und konstruktiv zusammenzuarbeiten.

In beiden Ländern gibt es gesellschaftliche Gruppen, die das positive Interesse intensivieren wollen und das Ziel haben, mit unterschiedlichen Mitteln auf wechselseitiges geistiges Verstehen, menschlichen Umgang untereinander und die Annäherung von Russen und Deutschen hinzuwirken. Die Tätigkeit dieser Gruppen ist ebenso wie der Dienst der Kirchen außerordentlich wichtig für die europäische Einigung.

Erzpriester Wsewolod Tschaplin, Moskau

вдохновляющая картина. Оглядываясь на эту историю, мы видим, что русские имели с немцами разносторонний опыт общения больше, чем с кем-либо еще. И центральный вывод, очевидно, состоит в том, что отношения мира и сотрудничества были всегда на пользу обоим народам, служили делу мира в Европе и во всем мире.

Трагедия Второй мировой войны, огромные жертвы и утраты, которые понесли народы, в первую очередь русские и немцы, – должны быть историческим рубежом, от которого эти народы будут жить в мире, сотрудничестве и дружбе. Послевоенный период, наполненный противоречивыми, нередко тревожными событиями, все же ясно подтверждает, что русские и немцы способны идти навстречу друг другу, конструктивно взаимодействовать, руководствуясь как собственными национальными интересами, так и интересами всего международного сообщества.

Хочется надеяться, что Германия и Россия, их руководители и народы будут сохранять и укреплять взаимное доверие и сотрудничество. В связи с этим представляется необычайно важной деятельность общественных сил обеих стран, ставящая целью сохранять и повышать позитивный интерес друг ко другу, разнообразными средствами содействовать взаимному духовному познанию, человеческому общению и сближению русских и немцев.

Протоиерей Всеволод Чаплин, Москва

Europa fordert die Christen. Die Evangelische Kirche in Deutschland und Europa

Европа предъявляет требования к христианам. Евангелическая Церковь в Германии и Европа

Die Evangelische Kirche in Deutschland (EKD) ist ein Zusammenschluss von Landeskirchen, die im 16. Jahrhundert entstanden sind nach dem Prinzip »Cuius Regio, eius religio«. Jede dieser Landeskirchen hat bei der Gründung der EKD bereits eine ganz eigene Geschichte mit Europa und den anderen Kirchen in Europa mitgebracht. So ist die Beziehung der EKD zu Europa vielfältig und unterschiedlich.

In diesem Sinne ist das Thema »Die EKD und Europa« eines mit mehreren Facetten. Zunächst wird die Entstehung der verschiedenen Formen der Zusammenarbeit der EKD mit den anderen Kirchen auf europäischer Ebene skizziert, bevor die aktuellen Herausforderungen beschrieben werden.

Die Basis: Lebendige Begegnungen

Die Basis des europäischen Engagements der EKD sind die vielfältigen Kontakte der Gemeinden, Kirchenkreise, Gruppen, Landeskirchen, diakonischen Werke und Initiativen in alle Regionen Europas, insbesondere nach Mittel- und Osteuropa. Dazu gehören unter anderem gegenseitige Besuche, gemeinsames Bibelstudium, Unterstützung für Menschen, die in Not sind, Aufbau von Kirchen und diakonischen Einrichtungen, Versöhnungsinitiativen und Stipendien. Wichtige Botschafterinnen und Botschafter der EKD sind aber auch seit vielen Jahrhunderten die Menschen aus Deutschland, die im europäischen Ausland seit Generationen oder für begrenzte Zeit (vor allem aus beruflichen Gründen) leben und in den mehr als 150 deutschsprachigen Gemeinden in Oslo oder Madrid, Athen oder Moskau ihren Glauben leben und zugleich das Gespräch mit den christlichen Schwestern und Brüdern des Gastlandes suchen.

Bilaterale Beziehungen

Über dieses Netz vielfältiger Kontakte hinaus sind in vielen Jahrzehnten die bilateralen Beziehungen zwischen der EKD und einzelnen europäischen Kirchen gewachsen.

Von den Begegnungen zwischen der EKD und der Rus-

Евангелическая Церковь в Германии (ЕЦГ) – это объединение земельных Церквей, которые создавались в XVI веке по принципу «Cuius Regio, eius religio» – то есть на основании права каждого немецкого князя выбирать религию для себя и своих подданных. Каждая из земельных Церквей пришла к моменту основания ЕЦГ со своей собственной историей, тесно связанной с Европой и с другими европейскими Церквами. Поэтому отношения ЕЦГ с Европой отличаются многообразием и разносторонностью.

В этом смысле тема «ЕЦГ и Европа» весьма многогранна. Прежде чем дать представление об актуальных задачах, стоящих перед ЕЦГ, изложим вкратце, в каких формах осуществляется сотрудничество ЕЦГ с другими Церквами на европейском уровне.

Основа: живые встречи

Основой европейской вовлеченности ЕЦГ являются многосторонние контакты между приходами, церковными кругами, группами, земельными Церквами, церковными социальными службами и инициативными группами во всех регионах Европы, в особенности в Центральной и Восточной Европе. Это включает, помимо прочего, взаимные визиты, совместное изучение Библии, оказание помощи людям, пребывающим в нужде, строительство церквей и социальных учреждений, инициативы по примирению и предоставление стипендий. Важными посланниками ЕЦГ являются и те представители Германии, которые вот уже на протяжении многих веков – иногда из поколения в поколение, иногда ограниченный период времени (прежде всего по служебным делам) – живут за границей в Европе и исповедуют свою веру вдали от родины, в более чем 150 немецкоязычных приходах Осло или Мадрида, Афин или Москвы. Одновременно эти люди ищут общения с сестрами и братьями во Христе в стране своего пребывания.

sischen Orthodoxen Kirche ist schon an anderer Stelle die Rede. Ebenso ist als Versöhnungszeichen unter den Kirchen nach dem Desaster des Zweiten Weltkrieges eine intensive Beziehung zwischen dem damaligen Bund der Evangelischen Kirchen in der Deutschen Demokratischen Republik (DDR), der EKD und der Kirche von England entstanden, die zu der »Meissen Erklärung« geführt hat. 1991 haben diese Kirchen unterzeichnet, dass sie sich gegenseitig als Kirchen anerkennen und einen regelmäßigen Austausch pflegen wollen, obwohl sie noch die unterschiedlichen Auffassungen im Blick auf die apostolische Sukzession weiter klären müssen.

Auch zu vielen anderen Kirchen – orthodoxen wie reformierten und lutherischen – hat die EKD seit langer Zeit regelmäßige Beziehungen bzw. Verträge über die Zusammenarbeit, in denen die theologischen Grundlagen, die gemeinsamen Aufgaben und gegenseitigen Verpflichtungen beschrieben werden und die durch Besuche und Konsultationen mit Leben erfüllt werden. Diese vielen bilateralen Beziehungen sind ein wichtiges Element für das gegenseitige Verstehen im Blick auf die Vergangenheit und für das gemeinsame Engagement für Versöhnung in Europa. So wurden z. B. gerade in der schwierigen Zeit des Kosovo-Krieges die Kontakte zur Serbischen Orthodoxen Kirche intensiviert. Seit 1999 gibt es jährlich gemeinsame Konsultationen zu wichtigen Fragen des kirchlichen und gesellschaftlichen Lebens sowie gegenseitige Besuche.

Die Leuenberger Kirchengemeinschaft

Ein Grundproblem zwischen den Kirchen der Reformation, das heißt vor allem zwischen den lutherischen und den reformierten Kirchen, war bis in das 20. Jahrhundert hinein die Abendmahlsfrage. Seit 1973 haben 103 lutherische, reformierte, unierte, methodistische und hussitische Kirchen sowie die Waldenser und die Böhmischen Brüder aus Europa und fünf südamerikanische Kirchen, die aus ehemaligen deutschen Einwandererkirchen hervorgegangen sind, die Leuenberger Konkordie unterschrieben und bilden die Leuenberger Kirchengemeinschaft (benannt nach dem Ort Leuenberg bei Basel, wo das Dokument erarbeitet worden war).

Diese Konkordie versteht sich nicht als eine Union, sondern als eine »Übereinstimmung im Verständnis des Evangeliums«, auf deren Grundlage die Kirchen, die sie unterzeichnen, in »Kirchengemeinschaft« miteinander treten. Dies bedeutet, dass die Kirchen einander Gemeinschaft in Wort und Sakrament (Abendmahlsgemeinschaft) gewähren und eine möglichst große Gemeinsamkeit in Zeugnis und Dienst an der Welt anstreben. Die Kontroversen über die Präsenz Christi im Abendmahl

Двусторонние отношения

В дополнение к этой сети многообразных контактов за многие десятилетия сложились двусторонние отношения между ЕЦГ и отдельными европейскими Церквами.

О встречах между Евангелической Церковью в Германии и Русской Православной Церковью уже говорилось на страницах этой книги. Знаком примирения между Церквами после катастрофы Второй мировой войны стали также интенсивные отношения между тогдашним Союзом Евангелических Церквей в Германской Демократической Республике, ЕЦГ и Церковью Англии, результатом которых явилось Майсенское заявление: в 1991 году Церкви подписали документ о том, что они намерены взаимно признать друг друга Церквами и осуществлять регулярное общение. Вместе с тем они сделали оговорку, что им предстоит выяснить вопрос о все еще бытующем у них различном понимании апостольского преемства.

С рядом других Церквей – Православных, Реформатских и Лютеранских – ЕЦГ с давних пор также поддерживает регулярные отношения или заключает соглашения о сотрудничестве, излагающие богословские основы, общие задачи и взаимные обязательства, которые наполняются жизнью посредством визитов и консультаций. Эти многочисленные двусторонние отношения являются важнейшим элементом взаимопонимания как при оценке прошлого, так и в связи с совместными действиями, направленными на примирение в Европе. Так, к примеру, в тяжелый период войны в Косове были особенно усилены контакты с Сербской Православной Церковью. Начиная с 1999 года с ней ежегодно проводятся совместные консультации по важнейшим вопросам церковной и общественной жизни, осуществляются взаимные визиты.

Лойенбергское церковное объединение

Основной проблемой Церквей, сложившихся после Реформации, то есть прежде всего Лютеранских и Реформатских Церквей, вплоть до XX века было их отношение к Причастию. С 1973 года 103 Церкви, включая Лютеранские и Реформатские Церкви, Церкви Прусской унии, Методистские и Гуситские Церкви, а также вальденсов, чешских братьев из Европы и пять южноамериканских Церквей, происходящих из бывших Церквей немецких переселенцев, подписали Лойенбергское соглашение (получившее свое название от местечка Лойенберг под

werden gelöst durch eine Formulierung, die besagt, dass sich im Abendmahl Christus mit Brot und Wein gibt.

Nachdem die einzelnen Landeskirchen bereits früher der Kirchengemeinschaft beitraten, wurde die EKD 1999 das hundertste Mitglied. Mit diesem Beitritt reagiert die EKD auf die Herausforderungen, die sie durch die Entwicklungen in Europa und weltweit an die geschichtlich gewachsenen Strukturen in Territorialkirchen auf sich zukommen sieht. Ihr Anliegen ist es, dass die Leuenberger Kirchengemeinschaft über die Klärung theologischer Grundfragen hinaus evangelische Positionen zu europäischen Fragen formuliert.

Die Konferenz Europäischer Kirchen

»Europa« zu definieren fällt schwer – sowohl geographisch als auch historisch und geistesgeschichtlich. Europa war und ist geprägt von einer Fülle von religiösen, philosophischen und politischen Traditionen. Sie haben sich gegenseitig befruchtet – und sie haben sich gegenseitig bekämpft. Sie sind von den politisch Verantwortlichen zum Wohle der Menschen genutzt oder zu ihrem Verderben missbraucht worden.

Die Kirchen haben durch Jahrhunderte hindurch den Menschen das Evangelium verkündet, die Gegenwart des Dreieinigen Gottes in der Liturgie gefeiert und die ihnen aufgetragene Versöhnung in Wort und Tat verkündet. Aber die Kirchen waren auch verstrickt in die dunklen Seiten der europäischen Geschichte.

Dies gilt ganz sicher für die evangelische Christenheit in Deutschland. Im Stuttgarter Schuldbekenntnis von 19. Oktober 1945 haben ihre Vertreter das Versagen weiter Teile der Kirche in der Zeit des Nationalsozialismus eingestanden und um Vergebung gebeten. Das war eine der Voraussetzungen dafür, dass – als ein Zeichen der Vergebung und des Neubeginns im Geiste der Versöhnung – sich die europäischen Kirchen im Jahre 1959 in Nyborg in der Konferenz Europäischer Kirchen (KEK) zusammenschlossen.

Gerade angesichts der Teilung des europäischen Kontinents in einen West- und einen Ostblock – eine Teilung, die mitten durch Deutschland und auch die deutschen Kirchen ging – war die Zusammenarbeit in der Konferenz Europäischer Kirchen ein wichtiger Beitrag dazu, die Zusammengehörigkeit in Europa über den »eisernen Vorhang« hinweg zu bewahren. Sie war aber auch ein wichtiger Schritt, um die Gemeinschaft des byzantinisch geprägten Ostens mit dem abendländisch-römischen und reformatorischen Westen deutlich zu machen und zu stärken. Ein wichtiger Bereich der KEK war in allen Jahrzehnten seit der Gründung der Einsatz für die Menschen-

Базелем, где был подготовлен документ) и образовали Лойенбергское церковное объединение.

Это объединение понимается не как союз, а как «согласие в понимании Евангелия», на основе которого Церкви-участницы вступают в «церковное общение» друг с другом. Это означает, что Церкви предоставляют друг другу возможность общения в Слове и Евхаристии (интеркоммунион), стремятся к максимально возможной общности в свидетельстве и в служении миру. Разногласия относительно присутствия Христа в Причастии снимаются с помощью формулировки, согласно которой Христос проявляет Себя в Причастии в Хлебе и Вине.

После того как отдельные земельные Церкви уже присоединились к этому церковному объединению, Евангелическая Церковь в Германии стала в 1999 году 100-м по счету его членом. Тем самым ЕЦГ отреагировала на задачи, которые в ходе развития Европы и всего мира неизбежно встанут перед исторически сложившимися структурами Церквей, образованных по территориальному принципу. Цель ЕЦГ состоит в том, чтобы Лойенбергское церковное объединение, помимо выяснения основополагающих богословских проблем, определяло евангелические позиции по европейским вопросам.

Конференция Европейских Церквей

Трудно дать определение тому, что такое «Европа» – как в географическом, так и в историческом и духовно-историческом отношении. Европа формировалась и формируется под влиянием множества религиозных, философских и политических традиций. Эти традиции взаимно оплодотворяли друг друга и боролись друг с другом. Политики использовали их либо на благо людей, либо во зло им.

Церкви на протяжении столетий проповедовали людям Евангелие, праздновали присутствие Триединого Бога в литургии, словом и делом воплощали в жизнь свою миссию примирения. Однако они также были втянуты в мрачные страницы европейской истории.

Это, вне сомнения, касается и евангелических христиан Германии. В Штутгартском меморандуме о признании своей вины от 19 октября 1945 года представители Евангелических Церквей констатировали имевшую место неспособность широких церковных кругов противостоять национал-социализму и попросили прощения. Это явилось одной из предпосылок того, что – в знак прощения и обновления в духе примирения – европейские Церкви в 1959 году

rechte, insbesondere in Zusammenhang mit der Begleitung und Umsetzung der Arbeit der Konferenz für Sicherheit und Zusammenarbeit in Europa (KSZE-Prozess).

Seit den 70er Jahren gibt es eine regelmäßige Zusammenarbeit zwischen der KEK und dem Rat der Europäischen römisch-katholischen Bischofskonferenzen (CCEE), die besonders sichtbar wurde in den beiden großen Europäischen Ökumenischen Versammlungen in Basel (1989) und Graz (1997).

Deutschland ist von Beginn an Mitglied der Europäischen Union (EU). In der »Europäischen Ökumenischen Kommission für Kirche und Gesellschaft« (EECCS) haben die reformatorischen Kirchen aus den Mitgliedsländern der EU und des Europarats die Entwicklungen in beiden Institutionen begleitet und zu wichtigen ethischen Fragen ihre Positionen eingebracht. Sie entstand in den 50er Jahren aus der Brüsseler Initiative evangelischer EU-Beamter. Seit 1999 sind die EECCS und die KEK ineinander integriert. Die neue »Kommission Kirche und Gesellschaft« begleitet nun die Arbeit der europäischen Institu-

218 *Die zweite Europäische Ökumenische Versammlung im Juni 1997 in Graz stand unter dem Motto »Versöhnung: Gabe Gottes und Quelle neuen Lebens«. Am Schlussgottesdienst nahmen mehr als 20.000 evangelische, orthodoxe und römisch-katholische junge Leute teil.*

II Европейская экуменическая ассамблея проходила в июне 1997 года в Граце под девизом «Примирение: дар Божий и источник новой жизни». Заключительное богослужение собрало более 20 000 молодых протестантов, православных и римо-католиков.

объединились в Ниборге в рамках Конференции Европейских Церквей (КЕЦ).

Именно ввиду разделения европейского континента на западный и восточный блоки, разделения, которое прошло через Германию и через немецкие Церкви, – сотрудничество в Конференции Европейских Церквей стало важным вкладом в сохранение единства Европы поверх «железного занавеса». КЕЦ стала также важным шагом на пути к выявлению и укреплению связей между византийским Востоком и европейским – римским и реформаторским – Западом. Важнейшей сферой деятельности КЕЦ на протяжении всех десятилетий с момента ее основания было содействие выступлениям за права человека, в особенности в ходе подготовки и непосредственной реализации работы Совещания по безопасности и сотрудничеству в Европе.

Начиная с 70-х годов осуществляется регулярное сотрудничество между КЕЦ и римо-католическим Советом Епископских Конференций Европы (СЕКЕ), которое было наглядно продемонстрировано во время двух крупных Европейских экуменических ассамблей в Базеле (1989) и Граце (1997).

Германия с самого начала была членом Европейского Союза (ЕС). В рамках Европейской экуменической комиссии «Церковь и общество» (ЕЭКЦО) реформаторские церкви из стран-членов ЕС и Совета Европы следили за ходом развития дел в обоих учреждениях и представляли там свои позиции по важным вопросам этики. Комиссия возникла в 50-х годах по инициативе, поступившей из Брюсселя от служащих ЕС евангелического вероисповедания. С 1999 года структуры ЕЭКЦО и КЕЦ интегрированы друг в друга. Теперь уже новая комиссия «Церковь и общество» участвует в работе европейских учреждений, принимая в расчет взгляды всех Церквей-членов КЕЦ на Востоке и Западе, Севере и Юге. Сомодераторами этой комиссии являются протоиерей Всеволод Чаплин из Русской Православной Церкви и пастор Антье Хайдер-Ротвильм из Евангелической Церкви в Германии.

Брюссельское бюро ЕЦГ держит в поле своего внимания характер развития Европы в аспекте взаимоотношений между государством и Церковью в Германии и оказывает поддержку КЕЦ в технических и юридических вопросах.

Европейский вызов Церквам

Первая Европейская экуменическая ассамблея (ЕЭА), состоявшаяся в 1989 году в Базеле, была при-

tionen, indem sie die Perspektiven aller Mitgliedskirchen der KEK, im Osten wie im Westen, im Norden wie im Süden, einbringt. Ihre Vorsitzende sind Erzpriester Wsewolod Tschaplin (von der Russischen Orthodoxen Kirche) und Oberkirchenrätin Pastorin Antje Heider-Rottwilm (EKD). Das Brüsseler Büro der EKD begleitet die europäischen Entwicklungen im Blick auf das besondere Staat-Kirche-Verhältnis in Deutschland und unterstützt die KEK in technischen und juristischen Fragen.

Europäische Herausforderungen für die Kirchen

Die Erste Europäische Ökumenische Versammlung (EÖV) 1989 in Basel war »die erste Gelegenheit für die seit dem Schisma im 11. Jahrhundert getrennten Christen Europas, in einem gemeinsamen Bemühen um ein konkretes Programm ihr Amt der Versöhnung zu üben«, so Patriarch Alexij II. in seiner Rede zur Eröffnung der Zweiten Europäischen Ökumenischen Versammlung 1997 in Graz. Und der Patriarch fuhr fort: »Wir danken Gott für seine großzügige Gabe des gegenseitigen Verständnisses, die er uns bei unserer Begegnung in Basel zuteil werden ließ.«

Aber der Patriarch sagte auch: »Man sollte meinen, dass Europa nach Beendigung des Kalten Krieges und der ideologischen und politischen Spaltung unseres Kontinents zu einer Gemeinschaft wohlhabender Völker und Staaten werden würde. Die Wirklichkeit sieht jedoch anders aus. An die Stelle der alten Spaltungen sind neue getreten, und neue Probleme machen sich breit. Während die Integration in Westeuropa weiter voranschreitet, zerfällt Osteuropa. Die wirtschaftliche Kluft zwischen den Ländern im Westen und denen im Osten unseres Kontinents wird immer breiter und tiefer. Es besteht die Gefahr, dass an die Stelle des früheren »eisernen Vorhangs« ein neuer »silberner Vorhang« tritt, der nicht nur zwischen den Staaten eine Trennlinie zieht, sondern auch innerhalb der einzelnen Länder ...

Jeder Einwohner dieses Kontinents, sei er arm oder reich, orthodox, katholisch, protestantisch, nichtchristlich oder ungläubig, aus dem Osten, Westen oder der Mitte unseres Kontinents, sollte die Gewähr haben, dass seine Interessen in den europäischen Machtzentren auf angemessene und gerechte Weise verteidigt werden und dass sein Leben, seine Gesundheit und sein Eigentum auf entsprechende Weise vor Bedrohungen und Katastrophen geschützt werden. Ohne all dies können wir kaum echte Versöhnung erreichen und uns als Menschen fühlen, die in einem Heim, in einer Familie leben. Ich bin mir der Tatsache bewusst, dass viele gegen die Schaffung einer solchen Heimstatt sind, und die größten Hindernisse dabei

звана «впервые после произошедшего в XI веке разделения объединить весь христианский мир Европы в совместном исполнении конкретной программы служения примирения», как заявил Патриарх Алексий II в своей речи при открытии Второй Европейской экуменической ассамблеи в 1997 году в Граце. И далее Патриарх сказал: «Мы благодарны Господу за щедрые дары взаимопонимания во время встречи в Базеле».

Одновременно Патриарх отметил: «Казалось бы, со снятием остроты «холодной войны» и идеологическо-политического разделения Европы наш континент должен был стать содружеством благоденствующих народов и государств. Реальность оказалась иной. На месте старых появились новые разделения, возникли новые проблемы. В Западной Европе интеграция продолжается. На востоке Европы происходят дезинтеграционные процессы. Возникает и углубляется экономическая пропасть между странами востока и запада нашего континента. Реальна угроза замены бывшего «железного занавеса» новым – «серебряным», пролегшим не только между государствами, но и внутри них...

Каждый житель континента – богатый или бедный, православный, католик, протестант, инаковерующий или неверующий, представитель стран востока, запада или центра Европы – должен быть уверен, что его интересы адекватно и по-справедливости представлены в европейских центрах власти, и что его жизнь, здоровье и достояние достойно защищены от любых угроз и катастроф. Без этого мы вряд ли достигнем подлинного примирения, вряд ли сможем ощутить себя людьми, живущими в одном доме, единой семьей. Я сознаю, что у построения такого дома есть немало противников, и прежде всего этому препятствуют прошлые обиды и предубеждения, сохранившиеся, наверное, в каждом из нас. Наш общий долг, долг всех христиан Европы – противостать разделениям и несправедливости, свидетельствовать перед власть имущими и нашими обществами о возможности и необходимости созидания Европы без барьеров и вражды».

В этом отношении можно констатировать значительное совпадение целей Евангелической Церкви в Германии и Русской Православной Церкви. Активное участие в решении европейских проблем считается в ЕЦГ очень важным делом. Темы, стоящие на повестке дня в связи с развитием Европейского Союза и Совета Европы, обсуждаются в различных палатах и комиссиях, на Совете и на Синоде ЕЦГ; они в тесном

sind die Ressentiments und die Vorurteile, die wohl in jedem von uns überlebt haben. Deshalb ist es unsere Pflicht, die Pflicht der Christen in Europa, sich Spaltungen und Ungerechtigkeiten zu widersetzen und vor den Machthabern und in unseren Gesellschaften klar zum Ausdruck zu bringen, dass es möglich und notwendig ist, ein Europa ohne Schranken und ohne Zwietracht aufzubauen.«

In dieser Zielsetzung gibt es eine große Übereinstimmung zwischen der EKD und der Russischen Orthodoxen Kirche. Das Engagement für Europa wird in der EKD als sehr wichtig erachtet. Die Themen, die im Zusammenhang der Entwicklungen in der Europäischen Union und im Europarat auf der Tagesordnung stehen, werden in verschiedenen Kammern und Kommissionen, im Rat und der Synode beraten und durch das Büro des Bevollmächtigten des Rates der EKD bei der Bundesregierung und der Europäischen Union in Brüssel vertreten, in enger Zusammenarbeit mit der KEK und den anderen Kirchen. Wichtige Themenbereiche sind die Entwicklungen im Bereich der Bioethik, der Flüchtlings- und Asylpolitik, der Sicherheitsfragen, der wirtschaftlichen Gerechtigkeit innerhalb Europas und zwischen Europa und anderen Weltregionen sowie des Umweltschutzes. Dies alles sind Fragen, die zunehmend auf europäischer Ebene entschieden und im nationalen Kontext relevant werden.

Die Synode der EKD hat 1995 zum Schwerpunktthema »Europa« getagt und sich intensiv mit den Herausforderungen auf politischer Ebene für die theologische, seelsorgerliche, politische und diakonische Arbeit der evangelischen Kirche befasst.

Themen waren:

- *Eine Vision: Versöhnte Völker und Kulturen in Europa, Freiheit, die auf dem Evangelium gründet, eine europäische Hausordnung (mit Bezug zu der bei der 2. EÖV aufgestellten Hausordnung),*
- *Europa gestalten Kirche und Nation Subsidiarität, Föderalprinzip und Solidarität Souveränitätsverzicht bei der »Verfassung« der Staatengemeinschaft*
- *Europa sozial gestalten Ausgrenzungen vermeiden*
- *Europa als solidarische Gemeinschaft theologisch-ethische und kirchliche Perspektiven*
- *Wege des Friedens in Europa die gewaltfreie Konfliktbearbeitung Patenschaften für den Frieden der Friede Gottes, der höher ist als alle Vernunft.*

сотрудничестве с КЕЦ и другими Церквами представляются через бюро уполномоченного Совета ЕЦГ при федеральном правительстве и при Европейском Союзе в Брюсселе. Важнейшими темами дискуссии являются положение дел в сфере биоэтики, политика в отношении беженцев и ищущих политического убежища, вопросы безопасности, экономической справедливости как внутри Европы, так и между Европой и другими регионами мира, охрана окружающей среды. Данный круг вопросов во все более значительной мере решается на европейском уровне и становится важным в национальном контексте.

Европа была главной темой состоявшегося в 1995 году Синода Евангелической Церкви в Германии, в ходе заседаний которого велось интенсивное обсуждение задач, существующих на политическом уровне в связи с богословскими, душепопечительными, политическими и социальными вопросами деятельности Евангелических Церквей.

Рассматривались следующие темы:

- *Чаяния: примиренные народы и культуры Европы; свобода, основанная на Евангелии; европейские задачи (со ссылкой на разработанный во время Второй ЕЭА уклад совместного проживания в Европе)*
- *формирование новой Европы; Церковь и нация; субсидиарность, принципы оказания поддержки и солидарность; добровольное ограничение суверенитета при организации содружества государств;*
- *социальное устройство Европы; предотвращение изоляции;*
- *Европа как солидарное содружество; богословско-этические и церковные перспективы;*
- *пути сохранения мира в Европе; отказ от насилия при разрешении конфликтов; партнерство во имя мира; мир Божий, который выше всякого разума.*

В заключительном заявлении Синода сказано: «Синод выступает против опасности раскола Европы на объединенный Запад и распадающийся Восток.

Страны Центральной и Восточной Европы после окончания идеологического раскола Европы на Восток и Запад столкнулись с задачей построения

In der Schlusskundgebung der Synode heißt es: »Die Synode wendet sich gegen die Gefahr, dass Europa in einen integrierten Westen und einen desintegrierten Osten zerfällt. Die Länder in Mittel- und Osteuropa sehen sich nach dem Ende der ideologischen Ost-West-Spaltung Europas vor die Aufgabe gestellt, eine funktionierende Demokratie aufzubauen, eine nicht mehr zentralistisch verwaltete und geplante Wirtschaft in Gang zu bringen und dabei einem hemmungslosen Markt mit schädlichen sozialen und ökologischen Folgen Grenzen zu setzen. Die angesichts dieser Aufgaben bestehenden Schwierigkeiten haben bei vielen Menschen Enttäuschungen und Bitterkeit hervorgerufen. In Westeuropa, vor allem in der Europäischen Union, geht demgegenüber trotz mancher Ernüchterung der Prozess der Integration weiter. Das politische, wirtschaftliche und soziale Gefälle zwischen Ost- und Westeuropa ist unübersehbar. Daraus erwachsenem neuen Misstrauen zwischen Menschen in Ost- und Westeuropa müssen Christen, Gemeinden und Kirchen entgegenwirken und Begegnungen über die Grenzen hinweg schaffen.« Veröffentlicht sind diese Texte in »Europa zusammenführen und versöhnen – Äußerungen der Synode und des Rates der EKD sowie weiterer kirchlicher Gremien zur europäischen Einigung« (Kirchenamt der EKD, Hannover 1996).

Die Kirchen und die Rechtsentwicklung auf europäischer Ebene

Wichtige Fragen, die das Zusammenleben der Menschen in Gerechtigkeit und Frieden fördern sollen, stehen auf der Tagesordnung der europäischen Institutionen. Aber dass die Kirchen ihre Stimme erheben können, und vor allem dass sie in den jeweiligen Ländern ihren Auftrag wahrnehmen können, Menschen zu sammeln und den christlichen Glauben miteinander leben und verkündigen können oder dass sie sozial und diakonisch tätig werden können, ist nicht selbstverständlich. In den Zeiten der faschistischen oder der kommunistischen Regime wurden sie in vielen Ländern instrumentalisiert oder unterdrückt. Das ist – Gott sei Lob – in Europa zumeist Geschichte. Dass die Kirchen und Religionsgemeinschaften in den Verfassungen ihrer Länder aber einen angemessenen Platz bekommen, erfordert immer noch in vielen Ländern zähe Auseinandersetzung und die Notwendigkeit kompetenter Beratung. Die KEK leistet im Blick auf die Kirchen in Mittel- und Osteuropa – auch in Bezug auf ein gutes Miteinander von Mehrheits- und Minderheitenkirchen – dafür seit langer Zeit einen wichtigen Dienst.

Ein zweiter Aspekt ist die unterschiedliche Tradition im Selbstverständnis der Kirchen in Bezug auf ihre

действующей демократии, создания децентрализованной, неплановой экономики и вместе с тем ограничения разнузданных рыночных отношений с их вредными социальными и экологическими последствиями. Связанные с этим трудности вызвали разочарование и горечь у многих людей. Тем временем на Западе, особенно в Европейском Союзе, несмотря на определенное отрезвление, продолжается процесс интеграции. Политические, экономические и социальные различия между Восточной и Западной Европой огромны. Христиане, общины и Церкви должны противостоять возникновению вытекающего отсюда нового недоверия между людьми и организовывать встречи, преодолевающие границы».
(Церковное ведомство ЕЦГ, 1996 год).

Церкви и правовое развитие на европейском уровне

На повестке дня европейских структур стоят важные вопросы, разрешение которых должно способствовать совместной жизни людей в атмосфере справедливости и мира.

Но вопрос о том, всегда ли Церкви в состоянии возвышать свой голос и прежде всего исполнять свою миссию в соответствующих странах, собирая людей, живущих друг с другом по вере, благовествуя или осуществляя социальное и диаконическое служение, – вопрос далеко не риторический. В периоды господства фашистских и коммунистических режимов во многих странах Церкви или использовались в угоду властям, или подвергались гонениям. Слава Богу, в Европе это, как правило, уже принадлежит истории. Однако во многих странах все еще нужны упорные дискуссии и необходимы компетентные консультации для того, чтобы Церкви и религиозные объединения обрели надлежащее место в конституциях своих стран. В этом отношении КЕЦ уже с давних пор оказывает важные услуги Церквам Центральной и Восточной Европы – речь идет также о добром сосуществовании Церквей большинства и меньшинств.

Следующий аспект – это различные традиции в понимании Церквами собственной общественной роли и своих взаимоотношений с государством.

Например, в таких странах как Франция, где находившиеся в меньшинстве Протестантские Церкви, страдая от доминирования Римско-Католической Церкви, решительно выступали за четкое разделение общественных задач на подлежащие решению государственными институтами, с одной стороны, и

gesellschaftliche Rolle und ihr Verhältnis zum Staat.

In Ländern wie z. B. Frankreich, in denen die protestantischen Minderheitskirchen unter der Dominanz der römisch-katholischen Kirche gelitten haben, haben sie sich vehement für eine strikte Trennung von gesellschaftlichen Aufgaben, staatlichen Institutionen auf der einen Seite und kirchlichen und religiösen Tätigkeitsbereichen auf der anderen Seite eingesetzt (Laicité). Dieser Position widersprechen die Erfahrungen in Deutschland. Hier gibt es bei einer klaren Trennung zwischen Staat und Kirche dennoch eine geregelte gegenseitige Verantwortung im Rahmen der subsidiären, partizipatorischen und föderalen Strukturen im Staats- und Gesellschaftsaufbau der Bundesrepublik Deutschland. In den Bereichen des Religionsunterrichts in öffentlichen Schulen, der Jugend-, Alten-, Kranken-, Behindertenhilfe und dem Bildungs- und Ausbildungsbereich gibt es eine gute Kooperation.

Für die Kirchen in den Ländern der Europäischen Union sowie in den Ländern, die demnächst Mitglieder der EU werden, ist es wichtig, wahrzunehmen, dass sich die zunehmende Rechtsvereinheitlichung auf europäischer Ebene auch auf das Verhältnis Staat-Kirche auswirken kann.

Der EKD war es wichtig, sich im Zusammenhang des Amsterdamer Vertragswerkes zusammen mit anderen Kirchen einzusetzen für den so genannten Kirchenartikel: »Die Union achtet den Status, den Kirchen und religiöse Vereinigungen oder Gemeinschaften in den Mitgliedsstaaten nach deren Rechtsvorschriften genießen, und lässt ihn unangetastet. Ebenso achtet die Union den Status von weltanschaulichen und nichtkonfessionellen Organisationen.«

Damit wurde gewährleistet, dass durch europäisches Gesetz nicht in die nationale Gestaltung des Staat-Kirche-Verhältnisses – solange es die individuelle und kollektive Religionsfreiheit aller Menschen in einem Staat respektiert – eingegriffen werden kann. In der Debatte um die Charta der Grundrechte spielte diese Frage wieder eine wichtige Rolle – neben den ebenfalls wichtigen sozialen und ethischen Aspekten, zu denen sich die Kirchen äußerten. In intensiven Gesprächen unter den Kirchen im Rahmen der AG »Europäische Gesetzgebung« der KEK, in Kontakten mit nationalen Regierungen und Mitgliedern des Konventes, der die Charta erarbeitet hat, wurde erreicht, dass in der Präambel nun das »geistig-religiöse und sittliche Erbe« und in Artikel 10 die individuelle und kollektive Religionsfreiheit verankert ist. Nun wird es darauf ankommen, dieses auch in einer europäischen Verfassung festzuschreiben – und möglicherweise noch auszuweiten zur korporativen Religionsfreiheit, das heißt dem

относящиеся к церковной и религиозной сферам деятельности, с другой (Laicité). Этой позиции противоречит опыт, накопленный в Германии. Здесь, при четком разделении сфер деятельности между государством и Церковью, все же существует урегулированная взаимная ответственность в рамках субсидиарных структур, структур соучастия и федеральных структур в государственном и общественном устройстве Федеративной Республики Германии. Существует хорошее сотрудничество в сферах преподавания религии в государственных школах, работы с молодежью, оказания помощи старикам, больным и инвалидам, в области образования и профессиональной подготовки.

Церквам в странах, которые являются или станут членами Европейского Союза, важно принять во внимание, что возрастающая на европейском уровне правовая унификация может сказаться также на отношениях между государством и Церковью.

В связи с Амстердамским договором Евангелическая Церковь в Германии сочла важным выступить вместе с другими Церквами за внесение в него так называемой церковной статьи, согласно которой «Союз уважает статус, которым пользуются Церкви и религиозные объединения или сообщества в странах, входящих в состав ЕС, в соответствии с их правовыми предписаниями, и сохраняет его неприкосновенным. Вместе с тем Союз с уважением относится к статусу мировоззренческих и неконфессиональных организаций».

Тем самым гарантировалось, что европейское законодательство не имеет права вмешиваться в установившиеся в различных странах взаимоотношения между государством и Церковью до тех пор, пока это государство с уважением относится к индивидуальной и коллективной свободе религии всех людей.

Этот вопрос – наряду со столь же важными социальными и этическими аспектами, о которых высказывались Церкви, – продолжал играть важную роль в ходе дебатов о Хартии фундаментальных прав ЕС. В процессе интенсивных переговоров между Церквами в рамках рабочей группы «Европейское законодательство» КЕЦ, в ходе контактов с национальными правительствами и членами конвента, занимавшегося разработкой Хартии, было достигнуто согласие, что в преамбуле будет зафиксировано «духовно-религиозное и нравственное наследие», а в Статье 10 будет закреплена индивидуальная и коллективная свобода религии. Теперь все будет зависеть от того, будет ли это внесено в европейскую Конституцию –

Recht der Kirchen und Religionsgemeinschaften, sich als Körperschaften öffentlichen Rechts zu konstituieren.

An diesen zentralen Fragen und den Auseinandersetzungen darum wird deutlich:

- dass das Erbe und der Beitrag der christlichen Kirchen für eine europäische Kultur nicht (mehr) selbstverständlich und plausibel für alle Menschen in Europa sind und die Unverzichtbarkeit neu begründet und erwiesen werden muss;
- dass eine intensive Informationsarbeit in den eigenen Kirchen und Lobbyarbeit gegenüber den europäischen Institutionen notwendig ist;
- dass die Kirchen gemeinsam deutlich machen müssen, dass ihr Beitrag zu einem Europa in Gerechtigkeit und Frieden unverzichtbar ist.

Umso wichtiger ist die Stärkung der Arbeit der KEK und hier vor allem der »Kommission Kirche und Gesellschaft« mit ihren Büros in Genf, Brüssel und Straßburg. Und wichtig ist auch die Zusammenarbeit mit dem Büro der Katholischen Bischofskonferenzen der EU, der CO-MECE.

Ein weiterer Aspekt in der im Zusammenhang der Verfassungsdebatte eröffneten Diskussion um die Zukunft Europas ist die Frage danach, wie auf europäischer Ebene der Dialog der europäischen Institutionen mit den Kirchen weiter institutionalisiert werden kann. Sicher ist, dass die regelmäßigen halbjährlichen Dialogtreffen zu aktuellen Fragen zwischen KEK, COMECE und der Europäischen Kommission und die regelmäßigen Arbeitstreffen nicht ersetzt werden sollten, weder durch Einzelkontakte der Kirchen mit der EU – noch durch Ausweitung auf alle Religionsgemeinschaften. Die christlichen Kirchen Europas sind Träger eines spezifischen Erbes und Auftrages, den sie unverwechselbar in das Zusammenwachsen Europas einbringen – und gemeinsam gegenüber den politischen Institutionen vertreten sollten.

Gemeinsam zur Einheit im Glauben berufen

Von den großen Europäischen Ökumenischen Versammlungen war schon oben die Rede. Ein Ergebnis der 2. EÖV 1997 in Graz war, dass die Kirchen aufgefordert wurden, Leitlinien für die Vertiefung ihrer Zusammenarbeit zu formulieren.

Zum einen sollte es darum gehen, den Menschen in den verschiedenen Konfessionen, Ländern und Regionen Europas deutlich zu machen: Wir glauben gemeinsam an den Dreieinigen Gott, den Vater, den Sohn und den Heiligen Geist, wie er in der Heiligen Schrift bezeugt und in

и, возможно, даже расширено до предоставления корпоративной свободы религии, то есть предоставления Церквам и религиозным объединениям права конституироваться в качестве корпораций общественного права.

Эти центральные вопросы, а также дискуссия вокруг них, отчетливо показывают:

- наследие и вклад христианских Церквей в европейскую культуру больше не являются само собой разумеющимися и приемлемыми для всех людей Европы, но их признание должно вновь обосновываться и демонстрироваться;
- необходимо проводить интенсивную работу по информированию людей в собственных Церквах и по лоббированию европейских учреждений;
- Церкви общими усилиями должны продемонстрировать, что их вклад в справедливую и мирную Европу неоспорим.

Тем важнее усилить работу КЕЦ, и прежде всего комиссии «Церковь и общество» с ее бюро, расположенными в Женеве, Брюсселе и Страсбурге. Важно также осуществлять сотрудничество с бюро Комиссии Католических Епископских Конференций стран Евросоюза (COMECE) при его органах в Брюсселе.

Следующим аспектом дискуссии о будущем Европы, открывшейся в связи с конституционными дебатами, является вопрос о том, как можно в дальнейшем на европейском уровне институционализировать диалог европейских международных институций с Церквами. Несомненно, что регулярные, проходящие каждые полгода встречи-диалоги по актуальным вопросам между КЕЦ, COMECE и Европейской комиссией, а также систематический характер рабочих встреч не следует подменять ни отдельными контактами Церквей с ЕС, ни распространением этих контактов на все религиозные объединения. Христианские Церкви Европы являются носителями специфического наследия и наказа, которые они должны неизменно вкладывать в процесс интеграции Европы и совместно представлять в политических учреждениях.

Совместно побуждать к единению в вере

Выше уже говорилось о Европейских экуменических ассамблеях. Результатом Второй ЕЭА, проходившей в 1997 году в Граце, было то, что в адрес Церквей поступил призыв сформулировать направляющие линии для углубления их сотрудничества.

219 *Die Kommission »Kirche und Gesellschaft« im Mai 2000 in Moskau: Eine kleine Delegation auf dem Weg ins Außenministerium der Russischen Föderation.*
Май 2000 года в Москве: небольшая делегация членов комиссии «Церковь и общество» на пути в Министерство иностранных дел Российской Федерации.

dem ökumenischen Glaubensbekenntnis von Nizäa-Konstantinopel (381 n. C.) zum Ausdruck kommt. Weiter sollte deutlich werden: Gott ruft uns zur Einheit: »Alle sollen eins sein: Wie du, Vater, in mir bist und ich in dir, sollen auch sie eins sein, damit die Welt glaube, dass du mich gesandt hast« (Johannes 17,21). Daraus folgt, den Weg zur Einheit als von Christus aufgetragen anzunehmen und zu gehen – und damit auch in der Welt und insbesondere in Europa ein Zeugnis für das versöhnende und heilende Handeln Gottes abzulegen.

Nach intensiven Beratungen und Konsultationen – mit und auch unter den orthodoxen Kirchen Europas – wurden die »Leitlinien für die wachsende Zusammenarbeit unter den Kirchen Europas« (Charta Oecumenica) in der Woche nach Ostern 2001 in die Kirchen Europas gesandt. Sie sind kein lehramtlich-dogmatischer oder kirchenrechtlich-gesetzlicher Text. Sie beschreiben grundlegende Aufgaben und daraus abgeleitete Leitlinien und Verpflichtungen. Sie sollen in den Gesprächen in den Kirchen, zwischen den Kirchen eines Landes und unter den Kirchen in Europa dazu führen, sich auf der Basis des Glaubens an den Dreieinigen Gott auf konkrete gemeinsame Schritte zu verständigen.

Gemeinsam zum Zeugnis in der Welt berufen

Viele Landeskirchen und Gemeinden in der EKD haben sich an der Diskussion um die Entstehung des Textes beteiligt. Der Rat der EKD hat eine Stellungnahme zum Vorentwurf abgegeben und die Endfassung vom April 2002 begrüßt. Er hofft, dass die Mitgliedskirchen von

С одной стороны, речь должна идти о том, чтобы четко дать понять людям различных вероисповеданий, стран и регионов Европы: мы веруем в одного Триединого Бога, Отца, Сына и Святого Духа, как Он был засвидетельствован в Священном Писании и как это выражено во вселенском Никео-Цареградском Символе веры (381).

Далее следует дать понять, что Бог призывает нас к единству: «Да будут все едино, как Ты, Отче, во Мне, и Я в Тебе, так и они да будут в нас едино, – да уверует мир, что Ты послал Меня» (Ин. 17. 21). Отсюда следует, что необходимо принять путь к единству как Христово поручение и следовать по нему, свидетельствуя тем самым в мире и, в частности, в Европе о примиряющем и спасительном действии Бога.

После интенсивных совещаний и консультаций с Православными Церквами Европы, а также между ними, в послепасхальную неделю 2001 года Церквам Европы были разосланы «Направляющие линии растущего сотрудничества между Церквами Европы» (Экуменическая хартия). Это не учительный или догматический текст, а также не собрание церковно-правовых предписаний. Данный документ излагает основополагающие задачи и вытекающие отсюда направляющие линии и обязательства. По мере обсуждения его в Церквах, между Церквами в одной стране и между европейскими Церквами, он должен вести к достижению договоренности о конкретных совместных шагах, основанных на вере в Триединого Бога.

Вместе мы призваны свидетельствовать в мире

Многие земельные Церкви и общины Евангелической Церкви в Германии приняли участие в дискуссии при составлении текста хартии. Совет ЕЦГ подготовил заключение о предварительном проекте и приветствовал его окончательный вариант в апреле 2002 года. Он возлагает надежды на то, что Церкви-члены КЕЦ и СЕКЕ воспользуются этим документом и будут чувствовать себя обязанными его реализовать. Земельные Церкви и ЕЦГ будут распространять эти «направляющие линии» в ходе всех межцерковных консультаций, чтобы выявлять проистекающие из них соглашения или новые, общие задачи.

Важным в этом документе для ЕЦГ является и то, что в нем было прямо указано на существующие в настоящий момент напряженные отношения между Церквами. Это касается также следующего заявления: «В духе Евангелия мы призваны к совместному переосмыслению истории христианских Церквей».

KEK und CCEE ihn nutzen und sich zur Umsetzung verpflichten. Die Landeskirchen und die EKD werden die Leitlinien in alle zwischenkirchlichen Konsultationen einbringen um zu klären, wo sich daraus Übereinstimmungen und wo sich neue Herausforderungen für das Miteinander ergeben.

Wichtig an den Leitlinien ist der EKD, dass sie auch nüchtern die gegenwärtigen zwischenkirchlichen Spannungen benennen. Dazu gehört auch die Aussage: »Im Geiste des Evangeliums müssen wir gemeinsam die Geschichte der christlichen Kirchen aufarbeiten.«

Und im dritten Abschnitt heißt es: »Die Kirchen fördern eine Einigung des europäischen Kontinents. Ohne gemeinsame Werte ist die Einheit dauerhaft nicht zu erreichen. Wir sind überzeugt, dass das spirituelle Erbe des Christentums eine inspirierende Kraft zur Bereicherung Europas darstellt. Aufgrund unseres christlichen Glaubens setzen wir uns für ein humanes und soziales Europa

А в третьем разделе говорится: «Церкви содействуют единению европейского континента. Без общих ценностей не может быть достигнуто устойчивого единства. Мы убеждены, что духовное наследие христианства представляет собой вдохновляющую силу для духовного обогащения Европы. С позиций нашей христианской веры мы выступаем за гуманную и социальную Европу, в которой будут действовать права человека и такие основные ценности, как мир, справедливость, свобода, терпимость, право на участие и солидарность. Мы подчеркиваем свое благоговение перед даром жизни, ценностью семьи и брака, стремление по преимуществу выступать за права бедных, готовность к прощению и милосердие во всем. Как Церкви и как международные объединения мы должны противостоять опасности того, чтобы Европа не превратилась в объединяющийся Запад и распадающийся Восток.

220 *Hohe Repräsentanten der in der »Arbeitsgemeinschaft Christlicher Kirchen in Deutschland« zusammengeschlossenen Kirchen unterzeichnen auf dem Kirchentag im Sommer 2003 in Berlin die »Charta Oecumenica«. Diese »Leitlinien für die wachsende Zusammenarbeit unter den Kirchen Europas« sehen im Christentum eine »inspirierende Kraft«.*
Высокопоставленные представители Церквей, входящих в состав «Рабочей группы христианских Церквей в Германии», подписывают на Кирхентаге летом 2003 года в Берлине «Charta Oecumenica». Эти основные направления для расширения сотрудничества между Церквами Европы характеризуют христианство как «вдохновляющую силу».

ein, in dem die Menschenrechte und Grundwerte des Friedens, der Gerechtigkeit, der Freiheit, der Toleranz, der Partizipation und der Solidarität zur Geltung kommen. Wir betonen die Ehrfurcht vor dem Leben, den Wert von Ehe und Familie, den vorrangigen Einsatz für die Armen, die Bereitschaft zur Vergebung und in allem die Barmherzigkeit. Als Kirchen und als internationale Gemeinschaften müssen wir der Gefahr entgegentreten, dass Europa sich zu einem integrierten Westen und einem desintegrierten Osten entwickelt. Auch das Nord-Süd-Gefälle ist zu beachten. Zugleich ist jeder Eurozentrismus zu vermeiden und die Verantwortung Europas für die ganze Menschheit zu stärken, besonders für die Armen in der ganzen Welt.

Wir verpflichten uns, uns über Inhalte und Ziele unserer sozialen Verantwortung miteinander zu verständigen und die Anliegen und Visionen der Kirchen gegenüber den säkularen europäischen Institutionen möglichst gemeinsam zu vertreten; die Grundwerte gegenüber allen Eingriffen zu verteidigen; jedem Versuch zu widerstehen, Religion und Kirche für ethnische oder nationalistische Zwecke zu missbrauchen.«

Daraus folgen Aufgaben und Verpflichtungen, so:

- Völker und Kulturen versöhnen,
- die Schöpfung bewahren,
- Gemeinschaft mit dem Judentum vertiefen,
- die Beziehungen zum Islam pflegen.

Für die EKD sind dieses Herausforderungen, denen sie sich gemeinsam mit den anderen Kirchen in Europa stellen will im Geiste des Apostels Paulus: »Der Gott der Hoffnung erfülle uns mit aller Freude und mit allem Frieden im Glauben, damit wir reich werden an Hoffnung in der Kraft des Heiligen Geistes« (Römer 15,13).

Antje Heider-Rottwilm, Hannover

Также нужно обратить внимание на противостояние Север – Юг. Одновременно следует избегать любого евроцентризма и укреплять ответственность Европы за все человечество, в особенности за бедных во всем мире.

Мы обязуемся: договариваться друг с другом о содержании и целях нашей социальной ответственности и, по возможности, совместно представлять интересы и чаяния Церквей в отношениях с секулярными европейскими структурами; защищать основные права человека от всяческих нападок; противостоять любой попытке злоупотребления религией и церковью в этнических или националистических целях».

Отсюда вытекают следующие задачи и обязательства:

- примирять народы и культуры;
- сохранять творение;
- углублять общение с иудаизмом;
- поддерживать отношения с исламом.

Для Евангелической Церкви в Германии – это те вызовы, на которые она хочет совместно с другими европейскими Церквами дать ответ в духе апостола Павла: «Бог же надежды да исполнит вас всякой радости и мира в вере, дабы вы, силою Духа Святого, обогатились надеждою» (Рим. 15. 13).

Антье Хайдер-Ротвильм, Ганновер

Autorenverzeichnis

Dr. Ruth ALBRECHT, geb. 1954, ev.-luth., Hamburg, Pastorin

Patriarch ALEKSIJ II. (Ridiger), geb. 1929, russ.-orth., Moskau, Patriarch von Moskau und ganz Russland

Erzpriester Valentin ASMUS, geb. 1950, russ.-orth., Moskau, Dozent an der Moskauer Geistlichen Akademie

Dr. phil. Sergej AWERINCEW, geb. 1937, russ.-orth., Moskau, Korrespondierendes Mitglied der Russischen Akademie der Wissenschaften, Mitglied der Russischen Akademie der Naturwissenschaften

Dr. Dieter BACH, geb. 1932, ev., Duisburg, Pfarrer und Direktor der Ev. Akademie Mülheim (em.)

Igumen DAMASKIN (Orlowskij), geb. 1949, russ.-orth., Moskau, Präsident der Stiftung »Zum Gedenken an die Märtyrer und Bekenner der Russischen Orthodoxen Kirche«, Mitglied der Kommission zur Kanonisierung der Heiligen

Dr. Hans-Dieter DÖPMANN, geb. 1929, ev., Berlin, Professor für Kirchengeschichte und Ostkirchenkunde an der Humbold-Universität (em.)

Dr. Klaus ENGELHARDT, geb. 1932, ev., Karlsruhe, Professor und Bischof (em.) der Evangelischen Kirche in Baden

Erzbischof FEOFAN (Galinskij), geb. 1954, russ.-orth., Berlin, Erzbischof von Berlin und Deutschland

Archimandrit GENNADIJ (Gogolew), geb. 1967, russ.-orth., Kostroma, Rektor des Geistlichen Seminars und Stellv. Leiter der Abteilung für Jugendarbeit des Moskauer Patriarchats

Dr. Hermann GOLTZ, geb. 1946, ev., Halle, Professor für Konfessionskunde der orthodoxen Kirchen an der Martin-Luther-Universität Halle-Wittenberg

Antje HEIDER-ROTTWILM, geb. 1950, ev., Hannover, Oberkirchenrätin im Kirchenamt der Evangelischen Kirche in Deutschland

Dr. Heinz Joachim HELD, geb. 1928, ev., Hannover, Bischof und Leiter der Ökumene- und Auslandsarbeit der Evangelischen Kirche in Deutschland (em.)

Michael HÜBNER, geb. 1960., ev.-luth., Erlangen, Exekutivsekretär für orthodoxe Stipendiaten der Evangelischen Kirche in Deutschland und Studienleiter beim Martin-Luther-Bund

Bischof ILARION (Alfejew), geb. 1966, russ.-orth., Wien, Bischof von Wien und Österreich, Vertreter des Moskauer Patriarchats bei den Europäischen Organisationen

Erzpriester Dr. Wladimir IWANOW, geb. 1943, russ.-orth., Berlin/München, Professor für Pastoraltheologie am Orthodoxen Institut der Maximilians-Universität München und Chefredakteur der »Stimme der Orthodoxie«

Diakon Igor IWONIN, geb. 1970, russ.-orth., St. Petersburg, Lehrer an der Geistlichen Akademie

Heiner KOCH, geb. 1945, ev.-luth., Hannover, Mitarbeiter der Ostkirchen- und Aussiedlerarbeit der Ev.-Luth. Landeskirche Hannovers

Manfred KOCK, geb. 1936, ev., Köln, Präses der Evangelischen Kirche im Rheinland (em.) und Vorsitzender des Rates der Evangelischen Kirche in Deutschland

Dr. h. c. Rolf KOPPE, geb. 1941, ev.-luth., Hannover, Bischof

Авторы

Доктор Сергей Аверинцев. Род. 1937. Православный. Москва. Член-корреспондент Российской академии наук, действительный член Российской академии естественных наук.

Патриарх Алексий II (Ридигер). Род. 1929. Православный. Москва. Патриарх Московский и всея Руси.

Доктор Рут Альбрехт. Род. 1954. Лютеранка. Гамбург. Пастор.

Протоиерей Валентин Асмус. Род. 1950. Православный. Москва. Доцент Московской Духовной академии.

Доктор Дитер Бах. Род. 1932. Лютеранин. Дуйсбург. Пастор. Директор Евангелической академии в Мюльгейме (на покое).

Архимандрит Геннадий (Гоголев). Род. 1967. Православный. Кострома. Ректор Костромской духовной семинарии и заместитель председателя Отдела по делам молодежи Московского Патриархата.

Доктор Герман Гольтц. Род. 1946. Лютеранин. Галле. Доцент кафедры сравнительного богословия православных Церквей университета имени Мартина Лютера в Галле-Виттенберг.

Игумен Дамаскин (Орловский). Род. 1949. Православный. Москва. Президент Фонда «Памяти мучеников и исповедников Русской Православной Церкви», член Синодальной комиссии по канонизации святых.

Доктор Ганс-Дитер Дёпманн. Род. 1929. Лютеранин. Берлин. Профессор по церковной истории и изучению восточных Церквей в университете имени Гумбольдта (на покое).

Дитрих Затлер. Род. 1943. Лютеранин. Гамбург. Пастор, настоятель «Сурового дома» в Гамбурге.

Протоиерей, доктор Владимир Иванов. Род. 1943. Православный. Берлин/Мюнхен. Профессор пастырского богословия в Православном институте Мюнхенского университета Максимилиана, главный редактор журнала «Голос Православия».

Диакон Игорь Ивонин. Род. 1970. Православный. Санкт-Петербург. Преподаватель Санкт-Петербургской Духовной академии.

Епископ Иларион (Алфеев). Род. 1966. Православный. Вена. Епископ Венский и Австрийский. Представитель Московского Патриархата при европейских международных организациях.

Митрополит Кирилл (Гундяев). Род. 1946. Православный. Москва/Смоленск. Митрополит Смоленский и Калининградский. Председатель Отдела внешних церковных связей Московского Патриархата.

Манфред Кок. Род. 1936. Лютеранин. Кельн. Презес Евангелической Церкви в Рейнланде (на покое). Председатель Совета Евангелических Церквей в Германии.

Почетный доктор Рольф Коппе. Род. 1941. Лютеранин. Ганновер. Епископ и вице-президент Церковного ведомства и руководитель Отдела по экумене и деятельности за границей Евангелической Церкви в Германии.

Ильзе Коппе-Гартманн. Род. 1942. Лютеранка. Ганновер/Геттинген. Преподавательница русского языка.

Гейнер Кох. Род. 1945. Лютеранин. Ганновер. Сотрудник по взаимоотношениям с восточными Церквами и переселенцами Евангелической Лютеранской земельной Церкви Ганновера.

und Vizepräsident des Kirchenamtes sowie Leiter der Ökumene- und Auslandsarbeit der Evangelischen Kirche in Deutschland

Ilse KOPPE-HARTMANN, geb. 1942, ev.-luth., Hannover/ Göttingen, Lehrerin für Russisch

Dr. Georg KRETSCHMAR, geb. 1925, ev.-luth., St. Petersburg, Erzbischof der Ev.-Luth. Kirche in Russland, der Ukraine, in Kasachstan und Mittelasien (ELKRAS) und Professor für Kirchengeschichte und Neues Testament an der Maximilians-Universität München (em.)

Karl KRUSCHEL, geb. 1945, ev., Schwerte, Diplom-Pädagoge

Dr. Gottfried KÜENZLEN, geb. 1945, ev., München, Professor für Ev. Theologie und Sozialethik an der Hochschule der Bundeswehr in München

Metropolit KYRILL (Gundjajew), geb. 1946, russ.-orth., Moskau/ Smolensk, Metropolit von Smolensk und Kaliningrad (Königsberg), Vorsitzender des Kirchlichen Außenamts des Moskauer Patriarchats

Erzbischof LONGIN (Talypin) von Klin, geb. 1946, russ.-orth., Düsseldorf, Ständiger Vertreter des Moskauer Patriarchats in der Bundesrepublik Deutschland

Rita NELJUBOWA, geb. 1962, russ.-orth., Moskau, Mitarbeiterin im Kirchlichen Außenamt des Moskauer Patriarchats

Dr. Carsten NICOLAISEN, geb. 1934, ev.-luth., München, Kirchenhistoriker

Aleksej OSIPOW, geb. 1938, russ.-orth., Sergijew Posad, Professor an der Moskauer Geistlichen Akademie

Stefan REDER, geb. 1961, ev.-luth., St. Petersburg, Pastor

Dr. h. c. Claus-Jürgen ROEPKE, geb. 1937, ev.-luth., München, Oberkirchenrat der Ev.-Luth. Kirche in Bayern (em.) und Präsident des Martin-Luther-Bundes

Dietrich SATTLER, geb. 1943, ev.-luth., Hamburg, Pastor und Vorsteher des »Rauhen Hauses« in Hamburg

Dr. Günther SCHULZ, geb. 1936, ev., Münster, Professor für Kirchengeschichte an der Universität Münster (em.) und Direktor des Ostkircheninstituts

Elena SPERANSKAJA, geb. 1948, russ.-orth., Moskau, Mitarbeiterin im Kirchlichen Außenamt des Moskauer Patriarchats

Hypodiakon Nikolaus THON, geb. 1948, russ.-orth., Bochum, Diplom-Theologe und Geschäftsführer der »Kommission der Orthodoxen Kirche in Deutschland, Verband der Diözesen«

Erzpriester Wsewolod TSCHAPLIN, geb. 1968, russ.-orth., Moskau, Stellv. Vorsitzender des Kirchlichen Außenamts des Moskauer Patriarchats

Доктор Георг Кречмар. Род. 1925. Лютеранин. Санкт-Петербург. Архиепископ Евангелической Лютеранской Церкви в России, Украине, Казахстане и Центральной Азии. Профессор по церковной истории и Новому Завету в Мюнхенском университете Максимилиана (на покое).

Карл Крушель. Род. 1945. Лютеранин. Шверте. Дипломированный педагог.

Доктор Готфрид Кюнцлен. Род. 1945. Лютеранин. Мюнхен. Профессор евангелического богословия и социальной этики в Университете бундесвера в Мюнхене.

Архиепископ Клинский Лонгин (Талыпин). Род. 1946. Православный. Дюссельдорф. Постоянный представитель Московского Патриархата в Федеративной Республике Германии.

Рита Нелюбова. Род. 1962. Православная. Москва. Сотрудница Отдела внешних церковных связей Московского Патриархата.

Доктор Карстен Николайзен. Род. 1934. Лютеранин. Мюнхен. Церковный историк.

Алексей Осипов. Род. 1938. Православный. Сергиев Посад. Профессор Московской Духовной академии.

Стефан Редер. Род. 1961. Лютеранин. Санкт-Петербург. Пастор.

Почетный доктор Клаус-Юрген Рёпке. Род. 1937. Лютеранин. Мюнхен. Старший церковный советник (оберкирхенрат) Евангелической Лютеранской Церкви в Баварии (на покое) и Президент Союза Мартина Лютера.

Елена Сперанская. Род. 1948. Православная. Москва. Сотрудница Отдела внешних церковных связей Московского Патриархата.

Иподиакон Николаус Тон. Род. 1948. Православный. Бохум. Дипломированный богослов и исполнительный директор «Комиссии Православной Церкви в Германии, Союз епархий».

Архиепископ Феофан (Галинский). Род. 1954. Православный. Берлин. Архиепископ Берлинский и всей Германии.

Антье Хайдер-Ротвильм Род. 1950. Лютеранка. Ганновер. Старшая церковная советница в Церковном ведомстве Евангелической Церкви в Германии.

Доктор Хайнц Йоахим Хельд. Род. 1928. Лютеранин. Ганновер. Епископ. Руководитель Отдела по экумене и деятельности за границей Евангелической Церкви в Германии (на покое).

Михаэль Хюбнер. Род. 1960. Лютеранин. Эрланген. Исполнительный секретарь по делам православных стипендиатов Евангелической Церкви в Германии, руководитель учебной части Союза Мартина Лютера.

Протоиерей Всеволод Чаплин. Род. 1968. Православный. Москва. Заместитель председателя Отдела внешних церковных связей Московского Патриархата.

Доктор Гюнтер Шульц. Род. 1936. Лютеранин. Мюнстер. Профессор по церковной истории Мюнстерского университета (на покое), директор Института по изучению восточных Церквей.

Доктор Клаус Энгельхардт. Род. 1932. Лютеранин. Карлсруэ. Профессор и епископ (на покое) Евангелической Церкви в Бадене.